KB047763

변호사 시험

공법기록특강

제3판

성 중 탁

박영사

▌개정 제3판 머리말 ▌

변호사를 그만두고 2012년 로스쿨 교수로 부임한 이래 처음 강의를 맡은 과목이 3학년 공법기록연습 수업이었다. 그렇게 짧은 경험을 바탕으로 2016년 처음 변호사시험 공법기록형 해설집을 출간하게 되었고, 이후 이 책의 역사도 어언 8년이 넘어가고 있다. 그동안 경북대 로스쿨에서 공법기록연습 수업 교재로 이 책을 사용하면서 매학기 수업마다 크고 작은 새로운 점들이 발견되고, 또 문구를 조금씩 수정하기를 반복하였다. 지난 개정판에서도 수정한 횟수만큼 이 책에 대한 정확도와 신뢰도는 높아졌다고 자평하였지만 개정3판은 그 신뢰도를 더욱 높이고자 노력하였다. 무엇보다 전국의 로스쿨생들이 보내준 성원에 거듭 감사한 마음을 전하고 싶다. 이 책을 통해 전국의 로스쿨에서 다양한 특강을 경험할 수 있었고, 방문하는 로스쿨마다 학생들에게 응원과 감사의 인사를 받은 것은 교수로서 정말 뿌듯하고 벅찬 감동이었다. 이 책에 대한 전국 로스쿨생들의 일관된 평가는 답안의 정확성과 문제 풀이과정을 담은 메모에 대한 유용함이다. 특히, 풍부한 모범답안은 고득점의 지름길이 될 것이다. CBT 방식이 도입되기 전까지는 답안 내용이 길어 실제 답안 작성을 함에 있어 다소 괴리가 있다는 지적도 있었지만, 13회 변호사시험부터 도입된 CBT 방식의 평가는 이러한 괴리감도 잠재웠다. CBT 방식은 예전 수기 방식보다 더 많은 답안 글자 수를 요구하고 또 충분히 가능하게 된 것이다. 시험 방식의 변화로 정확하면서도 풍부한 답안이 고득점을 받기에 보다 유리해진 상황인 만큼 이 책의 가치는 훨씬 높아졌다고 생각된다. 이번 개정3판은 제1회 변호사시험부터 13회 변호사시험에 걸친 변호사 본시험 공법기록을 담았다. 그리고, 모범답안 해설과 메모 부분에서 약간의 수정, 보완을 하였으며(그 과정에서 전국의 로스쿨생들이 소중한 의견을 다수 보내주었다), 특히 해설 부분 서두에 공법기록형 답안 작성 과정과 방법을 상세히 소개하는 내용을 추가한 것이 이번 개정3판에서 가장 달라진 부분으로, 공법기록형 공부는 전국의 모든 학생들이 3학년이 되어 시작하고, 속된 말로 '맨땅에 헤딩'하는 식으로 시작하는 것이 현실이기에 이번 개정에서는 학생들의 요청을 받아 헌법과 행정법 파트 각 기록형 답안작성 방법이 상세히 담긴 답안작성 해설서를 추가한 것이다. 이를 통해 공법사례형까지 충실히 대비할 수 있도록 책의 내공은 더욱 강화되었다. 그리고 모범답안 해설에서도, 실제 답안에 반드시 들어가야 할 부분(써야 할 부분)은 따로 밑줄을 그어 수험 편의성과 효율성을 보다 높였다. 변호사시험 기록형에 대한 두려움을 극복하는 가장 좋은 방법은 기출문제에 익숙해지는 것이다. 초판과 개정판에서도 매번 강조한 것처럼 이 책이 가지는 가장 큰 장점은 기록 문제에서 답안작성에 필요한 주요 쟁점(답안에 적을 내용)을 기록 내용 어디에서, 어떻게 추출해 낼 수 있는지 그 방법을 알려주는 메모를 달았다는 점이다. 공법기록형 시험은 이 책 한 권만 보면 될 것임을 거듭 강조하고 싶다. 끝으로, 이번 개정 3판이 나오기까지 변함없이 큰 도움을 주신 장유나 차장님과 그 뒤에서 든든한 버팀목이 되어 주신 박영사 안상준 대표님과 장규식 차장님, 그리고 모범답안을 검토해

주는 등으로 소중한 도움을 준 공태선 재판연구원 등 여러 제자들에게도 감사한 마음을 꼭 전하고 싶다. 그리고 이 책을 보는 전국의 로스쿨 학생들에게 변호사시험 합격의 영광이 꼭 함께 하기를 간절히 기도한다.

2024년 갑진년 청룡의 해에 따스한 봄날을 기다리며

▌제2판 머리말▐

박영사로 출판사를 바꾸어 초판을 낸 지도 2년이 지났다. 2016년 처음 공법기록형 기출 해설집을 출간한 것까지 포함하면 이 책에 대한 역사도 이제 횟수로는 7년차에 접어들었다. 책을 출간하고 실제 수업에서 교재로 사용한 횟수만큼 이 책에 대한 정확도와 신뢰도는 높아졌다고 자평해 본다. 무엇보다 지난 2020년 발간된 박영사 초판에 대한 성원을 잊을 수 없다. 초판에 대한 전국 로스쿨생들의 일관된 평가는 모범답안의 정확성과 문제 풀이과정을 담은 메모에 대한 유용함이었다. 다만, 모의고사 주요 기록까지 포함하는 바람에 책 분량이 너무 많고, 모범답안 해설이 길어 실제 답안 작성을 함에 있어 다소 괴리가 있다는 지적도 있었다. 이에 이번 개정판은 이를 감안하여 모의고사 기록을 제외하고 1회부터 11회에 걸친 변호사 본시험 기록만을 담아 출간하게 되었다. 그리고 모범답안 해설 역시 분량을 가능한 줄이고자 노력하였는데 그래도 수험생들이 느끼기엔 길다는 인상을 줄 수 있을 것이다. 이는 저자의 고민이 담긴 부분이었다. 너무 지나치게 짧게 모범답안을 축소하는 것은 로스쿨 교수이자 학자로서 가진 양심에 반하는 점도 상당 부분 작용하였다. 대신 일부 상세한 해설은 학생들로 하여금 공법사례형까지 충실히 대비할 수 있도록 보강하였으며, 실전 답안지에 써야 할 부분은 해당 부분에 밑줄을 그어 수험적 편의성과 효율성을 보완하였다. 변호사시험은 법조인이 되기 위한 기본적인 자질을 갖추었는지를 평가하는 시험이다. 그중에서도 기록형시험은 변호사 시험 합격 후 실무에 나가 바로 사용할 수 있는 과목으로서 졸업생들 입장에서는 가장 효용가치가 높은 과목이라고 평가된다. 그런데 현실적으로 로스쿨 학생들은 3학년이 되면 절대다수가 공법기록형 시험에 대해 두려움을 가지게 된다. 두려움을 극복하는 방법은 익숙해지는 것이다. 기출 문제를 수시로 풀면서 스스로 답안 작성을 해보면 두려움은 어느새 사라지게 된다. 초판에서도 강조한 것처럼 다른 수험서와 비교하여 이 책이 가지는 가장 큰 차별은 기록문제에서 답안 작성에 필요한 주요 쟁점(답안에 적을 내용)을 기록 어디에서, 어떻게 추출해 낼 수 있는지 그 방법을 알려주는 메모를 달았다는 점이다. 적어도 공법기록형 시험은 이 책 한 권만 보면 된다는 자부심은 여전히 유효하다. 나아가 공법기록형에 대한 심화학습 차원에서 개정판에 담지 못하게 된 변호사시험 모의고사 주요 기록 중 향후 출제 가능성이 높은 기록문제들에 대해서는 따로 출간할 계획을 가지고 있으니 기대해도 좋을 듯하다. 끝으로, 지난 초판과 마찬가지로 개정판이 나오기까지 큰 버팀목이 되어 주신 박영사 안상준 대표님과 장규식 차장님, 장유나 과장님 등에게 감사한 마음을 전하며, 이 책을 보는 전국의 로스쿨 학생들에게 변호사시험 합격의 영광이 꼭 있기를 기원한다.

2022년 임인년 힘찬 호랑이 해를 맞이하여 경북대 법학전문대학원 연구실에서

성중탁 교수

▌머리말▐

로스쿨이 도입된 지 10년이 훌쩍 지나면서 변호사시험도 어느덧 9회째를 넘겼다. 사법시험까지 폐지가 되면서 이제 변호사시험은 법조인을 배출하는 유일무이한 통로가 되었다. 변호사시험은 법조인이 되기 위한 기본적인 자질을 갖추었는지를 평가하는 시험이다. 그중에서도 기록형 시험은 변호사시험 합격 후 실무에 나가 바로 접하게 되는 과목으로서 폐지 논란에도 불구하고 졸업한 학생들 입장에서는 가장 효용가치가 높은 시험과목이라고 평가된다. 그런데 전국의 대다수 로스쿨에서 공법기록수업은 3학년때 처음 개설되는바, 3학년 6월 첫 모의고사(종합시험)를 앞두고 기록형에 대해 제대로 감을 익히지 못한 채 첫 시험을 치루는 경우가 다반사이다. 이로 인해 로스쿨 학생들 다수가 공법기록형 시험에 대해 상당한 두려움을 가지고 있다. 이러한 두려움을 조기에 극복하기 위해서는 공법기록형에 대한 시험 준비 역시 가능하면, 2학년 여름방학 내지 늦어도 겨울방학때부터는 기출 문제 등을 수시로 접하면서 문제의 유형과 답안 작성 기법 등을 위한 기본기를 충실하게 다질 필요가 있다. 이를 위해 이 책은 그동안 9회에 걸친 변호사시험과 2012년부터 2019년까지의 모의시험(종합시험) 공법기록형 문제 중 잘 만들어지고 또 언제든지 다시 출제될 가능성이 큰 문제에 대해 그 풀이방법과 모범답안을 상세히 다루었다. 무엇보다, 다른 수험서와 비교하여 이 책이 가지는 가장 큰 차별적인 점은 학생들로 하여금 기록문제에서 주어진 본문 내용 중에서 답안 작성에 필요한 주요 핵심 쟁점(답안에 적을 내용)을 기록 어디에서, 어떻게 구체적으로 추출해 낼 수 있는지에 관한 기술이 쉽게 연마될 수 있도록 메모를 달았다는 점이다. 많은 기출 문제를 담기 위해 분량이 많아진 점이 부담될 수 있지만, 적어도 변호사시험 과목 중 공법기록형 시험은 이 책 한 권만 보면 된다는 자부심을 담아 혼신을 다하여 집필하였다. 다만, 사람의 일이라 여전히 부족한 점이나 오류도 곳곳에서 발견될 수 있음을 고백한다. 끝으로, 이 책이 나오기까지 음으로 양으로 많은 도움을 주신 박영사 안종만 · 안상준 대표님과 장규식, 장유나 과장님 등에게 다시 한 번 뜨거운 감사의 인사를 전하며, 이 책을 보는 전국의 로스쿨 학생들에게 변호사시험 합격의 영광이 반드시 있기를 기원한다.

2020년 庚子年 2월에

봄기운이 돋아나는 경북대 법학전문대학원 연구실에서

성중탁 교수

❙ 로스쿨 공법 공부방법론 ❙

1. 로스쿨 공법 공부의 현실

“**로스쿨 3년 동안 공법, 형사법, 민사법 중에 공법을 제일 소홀하게 공부하였습니다. 시간이 없어 헌법 통치구조파트는 마지막까지 거의 공부를 못했고 그런 이유로 본 시험에서 정말 조마조마한 마음으로 시험에 임하였는데 그 자체로 큰 고통이었습니다.**” 어느 수험생의 고백이다. 이는 사실상 대다수 로스쿨 학생들의 고백이기도 하다. 공법은 그 ‘추상성’ 때문에 많은 학생들이 다른 과목에 비하여 어려움을 느낀다. 그러나, **그 이면에는 대부분의 로스쿨생들이 변시 공법과목의 경우 그 출제 비중에 비하여 민사법과 형사법만큼 충분히 공부하지 않는 까닭이 더 크다. 로스쿨 학생들 면면을 살펴보면 3년 내내 공법과목을 꾸준히 공부하는 학생은 매우 드물다.** 따라서 3년 **동안 평소보다 공법과목에 조금만 더 시간을 투자한다면 상대평가인 변호사시험에서 보다 고득점을 받아 합격에 큰 힘을 보태는 전략과목이 될 수 있을 것이다.** 이 글을 보는 학생들은 아래 글을 통해 공법을 변시 전략과목으로 만들어 보자.

2. 헌법 공부방법론

가. 시작은 무조건 두꺼운 기본서로!

다른 모든 과목과 마찬가지로 1학년 시작은 기본서로 해야 한다. 명망 높은 허영, 성낙인, 정종섭, 한수웅 교수님의 기본서든 김유향 변호사의 ‘기본강의 헌법’이든 무슨 기본서라도 한 권을 붙잡고 시작하고 이를 마지막 변시 수험장에도 들고 가야 한다(이른바, 두꺼운 기본서를 3년 동안 단권화시켜 1시간 만에 1200페이지가 넘는 기본서를 훑어 볼 수 있는 수준이 되어야 한다). 2학년 이후 요약서 등으로 갈아타는 경우가 있는데 이는 절대 비추(非推)한다. 헌법공부의 핵심은 ‘기본권 및 헌법재판소’부분이며, 고득점은 ‘통치구조론’을 얼마나 공부하냐에 달려있다고 본다. 평균 이상의 득점이면 변호사시험에 합격할 것이라고 판단하는 것은 매우 위험한 생각이다. 선택형은 물론 사례형에서 부속법령 및 세부 통치구조론의 출제에 따라 합격선이 널뛰기 할 수 있으므로 최대한 통치구조론(헌법 2)도 충실히 공부해야 한다.

나. 헌법재판소의 판례에 대한 중압감에 대하여

헌법 부분의 객관식 문제의 절반 이상, 대부분의 사례형 문제가 헌법재판소의 판례를 변형하여 묻는 방식이다. 비법학사와 로스쿨 1학년 신입생 등은 수많은 헌재 판례를 보고 그 결론을 암기해야 한다는 생각에 부담감을 크게 느끼곤 한다. 물론 모든 판례의 결론을 안다면 좋겠지만 사실상 불가능하다. 결국은 판례에 따라 자세하게 볼 판례와 단순히 결론을 암기할 객관식용 판례로 구분을 해야 한다. 이와 같은 구분은 ① 이미 기출된 판례 혹은 기출된 판례와 유사하나 아직 기출되지 않은 판례, ② 기본서에 자세히 나와 있는 판례, ③ 여러 번 회독을 하면서 자연스럽게 중요하다고 느껴지는 판례 등으로 본인이 체크할 수 있다. 이와 같은 판단은 단순한 요약서로는 힘들기 때문에 적어도 1학년 초학자들에게 두꺼운 기본교과서를 잡는 것을 추천하는 것이다.

다. 헌법재판법 부분

헌법의 사례형, 기록형은 헌법소송과 밀접한 관련이 있다. 위헌법률심판, 헌법소원, 권한쟁의심판 등이 그것이다. 이와 같은 소송요건은 반드시 암기해야 한다. 사례형, 기록형은 항상 시간이 부족하므로 이와 같은 단순한 암기사안을 '배점에 맞는 분량으로' 빨리 적은 후 다른 문제를 풀어야 한다. 헌법재판별 요건사실을 먼저 적은 후 반드시 당해 사안에 적용하는 것도 잊지 말아야 한다.

라. 통치구조론

많은 학생들이 단순 암기부분이라고 생각하는 부분이다. 암기 성향이 짙은 것은 부인할 수 없는 사실이다. 하지만 변시 본 시험과 모의시험 등의 출제된 부분(특히 객관식)을 벗어나기 힘드므로 기출 위주로 공부를 하는 것이 안전하다. <u>지금까지의 사례형 문제에서는 대부분 기본권을 물어봤으나 앞으로는 통치구조론이 더 자주 출제될 가능성이 높다. 하지만 통치구조론 특성상 사례형 문제는 그 쟁점이 열 가지를 넘지 않을 것이므로 객관식 공부를 충실히 한다면 사례문제에서 결론을 틀리는 불상사는 예방할 수 있다</u>. 항상 인내심을 갖고 공부하자!

3. 행정법 공부방법론

가. 정확한 용어, 개념잡기의 중요성

행정법을 처음 공부하는 사람들이 어려움을 느끼는 이유는 <u>'재량행위, 기속행위, 하자, 하자의 승계, 허가, 인가, 특허, 부담, 처분성....'등 용어의 생소함 때문이다</u>. 이와 같은 어려운 용어만으로도 벅찬데, 강학상 개념과 판례가 사용하는 개념 사이에 차이도 있어 이와 같은 이론과 판례간의 괴리감은 학생들로 하여금 책을 덮고 싶은 마음을 증폭시킨다. 그러므로 초학자들은 가장 먼저 정확한 용어의 개념을 이해하여야 한다. 혼자 공부하는 것은 어려울 수 있으므로 학교수업을 듣기 전에 미리 동영상 강의를 통해 강사 강의를 듣는 것도 좋은 방법이다. <u>하지만 강사들의 요약서들 중 요약이 심하게 된 책들은 이해가 힘든 부분도 있으므로 헌법과 마찬가지로 행정법도 공부의 시작은 홍정선, 박균성, 정하중 교수님 등 주요 교수님들 책으로 기본서를 단권화 시켜 나가는 것이 가장 좋은 방법이다</u>.

나. 행정소송법

행정법의 핵심은 행정소송법이다. 처분 → 행정심판 → 재결 → 취소소송으로 이루어지는 절차를 이해하고 있어야 한다. 사법시험과 달리 변호사시험은 행정법 객관식문제가 출제되는데, 헌법에 비하여 상대적으로 판례 결론을 묻는 비중이 적고, 행정소송의 절차를 꿰고 있는지 묻는 경우가 많으며, 최근에는 난이도까지 크게 높아서 이와 같은 소송법 문제가 더 많아지는 추세이다. 취소소송을 중심으로 행정소송을 공부해야 하며, 판례가 그러한 결론을 낸 과정을 알고 있어야 한다(말은 거창하지만 쉽게 말해서, 단순히 판례 결론을 외우지 말고, 그 판례가 위치한 기본서의 이론이 하단의 판례에서 어떻게 구현되었는지를 보아야 한다는 것이다. 이것이 헌법에 비하여 행정법이 어렵게 느껴지는 이유이다). 그렇다면 모든 판례들을 이런 방식으로 공부해야 할까? 그런 것은 사실상 불가능하다. 기본서에 학설대립이 있거나, 중요한 이론 설명과 함께 위치한 판례의 경우를 중심으로 이러한 공부를 하면 될 것이다. 또한 객관식 기출문제를 풀어보면 단순히 결론을 묻는 문제와 이와 같은 절차를 이해해야 하는 판례가 구분되는 것을 알 수 있다.

다. 행정법 각론

많은 학생들이 행정소송법을 공부한 뒤 '행정법 1회독 했다!'고 외친다. 마치 행정법 각론은 객관식에서 한 두 문제 나오는 불의타의 영역으로 생각을 한다. 하지만 행정법은 행정법 각론까지 공부를 해야 비로소 끝이 난 것이다. 실제로 객관식 문제도 약 3－5문제 정도 꾸준히 출제되고 있으며 사례형으로도 최근 들어 본격적으로 나오고 있다. 이와 같은 흐름은 당연한 것이다. 사법시험 시절 행정법 각론은 한 문제 정도 작게나마 반드시 출제되는 영역이었다. 사법시험 폐지 후 변호사시험에서 이러한 경향을 이어가려고 하는 것이 보이며, 과거 사법시험에서 출제되었던 쟁점이 지속적으로 출제되고 있다. 행정법 각론은 크게 지방자치법, 공물, 토지보상법으로 구분할 수 있는데 일단 이 세 가지는 무조건 충실히 공부해야 할 것이다. 행정법 각론은 출제되는 부분에서만 출제가 되므로 객관식문제를 이용해서 충분히 강약조절을 할 수 있으나 차제에는 그 출제 범위가 보다 확대될 것으로 점쳐진다.

4. 공법 선택형

형사법에 비하여, 공법은 기본서를 열심히 봐도 객관식 문제를 제대로 못 푸는 경우가 많다. 이는 지극히 정상적인 것이다. 다른 과목에 비하여 부속 법령 등 단순 암기사항이 많고, 이론과 실제 시험 문제 간의 괴리감이 큰 과목이기 때문이다. 이를 역이용하면 오히려 공부에 도움이 될 수도 있다. 대부분의 학생들은 기본서를 다른 과목과 마찬가지로 판례 위주로 공부를 할 것이다. 하지만 공법 객관식 문제 중에는 이 같은 공부로 풀리지 않으며 '뭐 이렇게 세세한 것을 내나?'라는 생각과 함께 한숨이 나오는 문제들이 존재한다. 이러한 문제들은 객관식 문제로 '따로' 공부를 해야 한다. 그렇다면 기본서 + 객관식 문제집으로 공부량이 2배로 늘어 공법 책을 덮고 싶은 생각이 또 한 번 든다. 하지만 우리는 객관식 문제를 100점 맞을 필요가 없다. 이와 같이 조문 위주로 나오는 문제들은 얼마 되지 않고 **그동안 축적된 모의고사와 변호사 본시험은 물론 최근 5년내 사법시험 등에서 반복 출제되는 것을 알 수 있다. 즉, 기출문제를 풀면서 반복되는 분야를 기본서에 따로 표시해 두는 등으로 흐름을 파악한다면 공법선택형도 단권화가 되면서 공부량을 얼마든지 줄일 수 있다**. 변호사시험에서 헌정사 문제 등 '지엽적인 암기문제!'로 생각한 문제들은 대부분 출제자들이 모의고사에서 먼저 출제한 것임을 명심하자! 물론 굳이 그렇게 까지 공부를 해야 하냐고 묻는 사람도 존재한다. 하지만 형사 객관식은 대부분의 학생이 잘 보는 편이고, 민사 객관식인 갈수록 어려워지고 있다. 공법에서 조금만 노력하면 합격에 누구보다 한 발짝 쉽게 다가갈 수 있다.

5. 공법 사례형

공법 사례형은 기출문제에서 출제되는 부분이 반복되고 있다. 기존의 변호사시험이나 모의고사를 풀어보면 쟁점이 반복되는 것을 알 수 있다. 이러한 특징 때문에 공법은 어느 정도 궤도에 오른 학생들의 경우 평균 이상의 득점을 확보하기 쉽다. 하지만 작년 변호사시험부터 기존에 출제되지 않았던 중요한 주제들이 출제되는 것이 보인다. 앞으로도 변별력 확보를 위하여 이러한 경향이 지속될 것이라고 생각한다. 기본서를 찬찬히 읽는다면 당연히 많은 쟁점을 공부할 수 있을 것이다. 하지만 대부분의 수험생들은 시간이 부족하다. 그렇다면 수험생들은 어떻게 새롭게 출제될 내용을 예상할 수 있을까? 바로 '예전 사법시험과 5급공채(입법고시, 법원행시, 일반행시 등) 행정법 문제'를 활용하는 것이다. 사법시험과 5급공채는 항상 새로운 쟁점들을 함께 출제해 왔다. 작년부터 변호사시험에도 이러한 내용들이 들어가는 것을 알 수 있다. 꼭 손으로 풀어보지 않더라도 어떠한 내용들이 다른 국가시험에서 나왔는지 확인한다면 다른 수험생들과 큰 차이를 낼 수 있을 것이라고 생각한다. 헌법 사례형의 경우 대부분 판례사안을 기초로 만들어진다. 그렇다면 당해 판례에서 '제한된 기본권, 침해가 된 기본권'을 정확하게 알고 있어야 한다(기본서를 읽다보면 재산권 침해 같아 보이나 헌재는 반사적 이익으로 보아 재산권 침해를 인정하지 않는 등의 사안이 그 예이다). 이러한 판례는 헌법재판소가 정확하게 명시한 기본권들을 적어주냐에 따라서 득점이 달라지기 때문에 판례가 제한, 침해되었다고 한 기본권들을 암기하여야 한다. ① 기본서에 전문이 기재된 판례 ② 최신판례 중 결론뿐만 아니고 당해 기본권들을 세세하게 설명한 판례 ③ 다른 국가시험에서 당해 기본권들을 꼬아서 출제한 판례 등을 위주로 공부하면 될 것이다. 대부분의 변호사시험 과목들이 그러하듯이, 공법 또한 객관식 → 사례 → 기록 → 객관식간의 순환출제가 나타난다. 올해 객관식으로 나왔던 내용이 내년에 사례로 나오고, 사례로 나왔던 내용이 기록으로 나오는 경우가 많다. 결국 객관식 공부를 열심히 한다면 사례형도 추가로 대비 할 수 있다. 객관식 공부를 열심히 한다는 것은 단순히 정답을 찍고 넘어가는 것을 의미하지 않는다. 단순 판례결론을 묻는 문제를 제외하고, 문제에서 묻는 바가 무엇인지, 다른 지문이 틀린 이유는 무엇인지를 파악하는 것이 열심히 하는 것이다. 초학자들에게 객관식 문제는 공부의 방향을 잡아주고, 어느 정도 공부가 된 학생들에겐 사례대비용으로 활용될 수 있다.

6. 공법 기록형

수험생들은 변호사시험의 '기록형'에 대하여 막연히 공포심을 갖고 있다. 3학년들 조차도 실제로 기록형을 직접 써보는 것은 3학년 들어 6월에 처음 치루는 첫 모의고사와 8월, 10월 모의고사 2번밖에 없어 상당히 애를 먹곤 한다. 기본적인 공부도 부족한데 소장을 쓰라니! 하지만 적어도 '공법 기록형'은 큰 걱정을 할 필요가 없다. **헌법은 사례형과 기록형이 사실상 큰 차이가 없으며, 행정법도 행정절차법 및 행정소송법을 충실히 공부했다면 어렵지 않게 기록형 답안지를 쓸 수 있다**. 핵심은 기록을 보면서 지금까지 배웠던 어떤 쟁점을 묻고 있는지, 그러한 쟁점의 기본내용은 무엇인지, 사안에서 어떻게 적용할 것인지 여부이다. 기본서 등을 충실히 읽고 공부했다면 3학년 때 공법 기록을 처음 접하더라도 전혀 늦지 않다. 많은 학생들은 민사기록의 경우 청구취지를 달달 외우는 반면, 공법 기록의 청구취지는 다소 소홀한 경향이 있다. 공법기록에 나올 수 있는 청구취지는 제한적이므로 조금만 시간을 투자해서 몇 가지 유형만 암기하면 수월하게 작성할 수 있다. 청구취지는 배점이 큰 항목이므로 최대한 정확하게 쓰는 연습을 하자! 기록형도 사례형처럼 모든 기출문제를 다 봐야 하는가? 물론 다 공부를 한다면 좋겠지만 역시 수험생들은 시간이 부족하다. 기록형은 얼마나 많은 문제를 실전처럼 답안 작성을 해보았는가가 핵심 관건이다. 3학년의 경우 기출문제 5회분 정도를 시간을 재고 작성하는 것이 현실적인 공부량인 것 같은데 그 배를 하면 고득점은 확실해 질 것이다. 무엇보다 공부할 시간을 따로 낼 것이 아니라 학교수업(ex.공법기록연습)을 통하여 새로운 쟁점이나, 새로운 청구취지 등을 공부하는 용도로 효율적으로 활용하는 것이 현실적인 대안이다. 즉, 기록형 공부의 기본은 변시와 모의시험 공법기록기출 교재를 중심으로 공법기록연습 수업을 반드시 들어야 한다. **수업 수강 방식 역시 가능하면 기록을 같이 보면서 기록 내용 중 주요 메모 부분에 대한 체크를 통해 기록에서 문제를 추출해내는 능력을 길러야 한다. 특히 모범 답안지와 채점기준표를 머릿속에 암기하여 변시 본시험까지 형식적인 요건을 최대한 외우고 들어가야 한다**(1, 2회는 물론 최근 7회 변시에서는 입증방법, 첨부 서류 등 형식적 기재사항을 쓰는 부분이 실제로 출제되기도 하였다).

공법기록은 다른 기록과는 다르게 공법 사례형과 상당히 유사한 측면이 많다. 그 때문에 수업시간에 사례에 나오는 헌재법 적법요건 부분을 잘 외워두면 기록에도 유용하고 빠르게 쓸 수 있어 본안부분에 시간을 좀 더 할애 할 수 있게 되고, 시간도 절약이 되기 때문에 암기할 부분은 반드시 암기해 두어야 한다. 기록형 시험 역시 과잉금지 원칙에서의 4단계 심사시 들어가는 정형적인 문구 등 다양한 쟁점에서의 정형적 용어와 문장을 최대한 외워야 한다. 그리고, 본안 위법성 내지 위헌성 파트에서 사안의 포섭을 풍부하게 작성하면 보다 고득점을 얻을 수 있다. 최근 6회와 7회 변시 기록형은 문제가 매우 까다로운 데다 시간까지 너무 없었는바, 이런 시험에서는 주어진 2시간의 시간 안에 끝까지 답안지를 모두 채

운다는 생각으로 시험에 임하는 자세도 중요하다.

정리하면, 3학년이 되어도 막상 공법기록과목은 실제 답안을 쓸 수 있는 시간이 그리 많지 않기 때문에 3학년 3번의 모의고사를 반드시 응시하여 본인의 점수를 받아보고 어떤 부분이 부족한지 꼭 확인할 필요가 있다. 거기에 더하여 기록형 답안에 반드시 들어가는 특정한 문구를 많이 써주고 사안의 포섭을 풍부하게 작성해 주면 높은 점수를 받기란 한결 쉬워진다. 결론적으로 본 교재에서 제시하는 모범 답안지를 많이 읽어보고, 직접 손으로도 써 보는 연습을 통하여 향후 나오는 시험의 비슷한 쟁점에서 최대한 비슷하게 쓰려고 노력을 하면 좋은 결과를 얻을 수 있을 것이다.

7. 마치며

필자의 제자가 필자에게 변호사시험을 마치고 찾아와 한 말이 기억난다. "**처음 공법을 공부할 때 난해함과 암기의 부담 속에 많은 어려움을 겪었는데, 어쩔 수 없이 억지로라도 애착을 갖으려 노력하고 공법에 대한 충분한 시간을 투자하며 공부를 하다 보니 어느 순간 다른 과목에 비하여 쉽게 고득점을 받을 수 있는 전략과목이 되었다**"고 말이다. 변호사시험은 각 과목 간의 균형성이 매우 중요하다. 수험생들 사이에서 민사법의 경우 많은 양의 시간과 노력을 투자하는 것이 당연하게 느끼는 반면 공법은 여전히 3학년때 시작하는 과목으로 잘못 이해하고 있는 학생이 의외로 많다. 문제는, 출제 교수들이 이러한 점을 알고서 공법과목의 난이도를 갈수록 올리고 있는 점이다. 다만, 거듭 강조컨대, 공법은 출제 비중에 맞는 시간과 노력을 약간만 투여하면, 생각보다 고득점 전략과목이 될 수 있다는 점이다. 아무쪼록 이 책을 보는 모든 전국의 로스쿨 수험생들이 다가오는 변호사시험에서 우수한 성적으로 합격하기를 진심으로 기도한다.

▌차 례▌

▌1부 문제편

▌2부 해설편

공법
기록
특강
제1부

변호사시험
문제편

2012년도 제1회
~
2024년도 제13회

총 13회

2012년도 제1회

변호사시험

공법 기록형 문제

2012년도 제1회 변호사시험 문제

목 차

【문제】

재미노래연습장의 영업자인 박미숙은 2011. 12. 22. 관련서류를 가지고 법무법인 필승 소속의 나성실 변호사를 찾아와 노래연습장 등록취소처분에 대해서 불복을 하고 싶다고 하면서 법적 절차를 밟아 줄 것을 요청하였다. 박미숙으로부터 사건을 의뢰받은 법무법인 필승의 담당변호사 나성실은 박미숙에 대한 노래연습장 등록취소처분이 위법하여 승소가능성이 있다는 결론을 내리고 관할법원에 이에 관한 소송을 제기하려고 한다. 나성실 변호사의 입장에서 소장 작성 및 제출일을 2012. 1. 3.로 하여, 본 기록에 첨부된 소장양식에 따라 취소소송의 소장을 작성하시오.

【작성요령 및 주의사항】

1. '이 사건 처분의 경위'는 8줄 내외로 작성할 것
2. '이 사건 소의 적법성'에서는 제소기간과 피고적격을 중심으로 작성할 것
3. '이 사건 처분의 위법성'에서는 사실관계와 참고자료에 수록된 관계법령과 제공된 법전 내 법령, 기존 판례 및 학설의 입장에 비추어 볼 때 설득력 있는 주장을 중심으로 작성할 것
4. '이 사건 처분 근거법령의 위헌성'에서는 참고자료에 수록된 음악산업진흥에 관한 법률 제22조 제1항 제4호, 제27조 제1항 제5호 및 동법 시행령 제9조 제1호의 위헌성 여부에 대해서만 작성할 것
5. '입증방법' 및 '첨부서류'에서는 각각 3개 항목만 기재하여도 무방함
6. 「음악산업진흥에 관한 법률」은 '음악진흥법'으로 약칭하여도 무방함
7. 법률상담일지, 법무법인 필승의 내부회의록 등 기록에 나타난 사실관계만을 기초로 하고, 그것이 사실임을 전제로 할 것

메모:16
모든 사례형, 기록형 문제에서 배점이 50점 이상인 경우 기술할 쟁점은 최소 4~5개 이상 임을 명심해야 한다.

메모:36
문제에서 주된 목차를 모두 잡아주고 있음에도 불구하고 문제에서 요구하는 목차를 고려하지 않은 답안도 상당수 되었다.

메모:17
변호사시험의 경우 수험생 입장에서는 어디까지나 문제의 처분 시점 당시의 판례를 숙지하는 것이 필요하고, 기록형시험 역시 사례형과 마찬가지로 그러한 판례의 해석, 적용(사안의 경우 검토)능력을 테스트하는데 목적이 있다. 따라서 이 사건 처분의 위법성을 주장함에 있어서도 처분 당시 판례에 의하는 것이 원칙이다. 단 판례가 없을 경우에는 보충적으로 학설을 참고하여야 한다. 기존 판례와 학설의 입장에 비추어 답안을 작성하라는 것은 수험생 개인의 독단적인 법률상 주장에 근거하지 말라는 것이다. 판례나 학설에 대하여 비판적인 견해를 가지고 있더라도 답안은 기존의 판례와 학설을 기초로 하여야 한다. 이렇게 하여야만 기록의 해답에 대한 시비를 야기하지 않게 되고 채점의 공정성도 기할 수 있다. 다만, 법조 실무상 변호사는 당해 사안에 적용될 수 있는 판례에 대하여 비판적인 입장을 가질 수 있고, 그 판례의 변경을 적극 주장할 수도 있다.

8. 참고자료에 수록된 관계법령(그중 일부 조문은 현행 법령과 차이가 있을 수 있음)과 제공된 법전 내의 법령이 이 사건 처분시와 소장 작성 및 제출시에 시행되고 있는 것으로 볼 것
9. 각종 서류 등에 필요한 서명, 날인 또는 무인, 간인, 접수인 등은 모두 갖추어진 것으로 볼 것

참고: 전체 배점은 100점이고, 그중 '4. 이 사건 처분 근거법령의 위헌성'에 대한 배점은 20점이다.

메모:18
배점을 잘 살펴야 한다. 다수 학생들이 배점이 낮은 부분(적법요건 부분)에 많은 시간을 할애한 반면 정작 주요 배점이 부여된 본안청구 부분을 적게 작성하는 용두사미적 답안이 여전히 많다.

소장양식

소 장

원 고 ○○○

피 고 ○○○

○○○○의 소

청구취지

청구원인

1. 이 사건 처분의 경위

2. 이 사건 소의 적법성

3. 이 사건 처분의 위법성

4. 이 사건 처분 근거법령의 위헌성

5. 결론

입증방법

첨부서류

○○○○. ○○. ○○.

원고 ○○○

○○○○ 법원 귀중

메모:37
취소소송의 적법요건을 기억하자. 취소소송은, ① 당해 행정청의, ② 처분 등이 존재하고, ③ 그것이 위법하여, ④ 원고적격을 가진 자가, ⑤ 피고적격을 가진 행정청을 피고로, ⑥ 제소기간 내에, ⑦ 일정한 형식의 소장에 의하여,(⑧ 예외적으로는 행정심판을 거쳐) ⑨ 관할 행정법원에, ⑩ 취소, 변경을 구하는 것이다. 한편 소송요건의 구비 여부는 직권조사사항이다.

메모:13
청구취지에 항상 "소송비용은 피고의 부담으로 한다."가 들어가야 한다. 민사상 금전청구의 경우 가집행 문구도 반드시 들어가야 함에 주의해야 한다.

메모:1
행정소송 소장의 전형적 목차이므로 행정소송 소장 작성 시험이 나오면 이대로 하면 된다. 다만, 처분 근거법령의 위헌 여부는 문제에서 별도로 요구할 경우에만 작성하면 될 것이다.

메모:2
일반 소장에서는 처분경위 부분에서 제소기간 준수 등을 간략히 언급하고 넘어가는 것이 대부분이나, 변시에서는 수험생의 실력을 검증하기 위하여 별도로 나눈 것이다. 특히 소의 적법성부분은 답변서 본안전 항변사항으로, 피고 입장에서 집중 반박해야 하는 부분이다. 본안전 항변(제소기간, 원·피고 적격, 소의 이익(협의의 소익), 관할 등 소의 적법성 요건)이 인용되면 본안에서 처분의 위법성판단에서 더 나아갈 필요 없이 각하된다.

메모:19
'처분의 위법성'은 취소소송에서 가장 중요하며 배점도 가장 높으므로 답안에 가장 많은 분량을 할애해야 한다.

메모:20
당해 처분서를 비롯해 원고에게 (유리한) 자료를 갑호증으로 제출한다. 기록 목록 중 처분서 및 자술서, 노래방등록증 등을 제출하면 된다. 재판 진행 중에 추가로 입증자료를 제출할 수 있으므로 소장 제출 시 모두 제출해야 하는 것은 아니다. 그 다음에 마지막으로 필요한 소송위임장 등 필요한 첨부서류를 표시한다.

메모:21
이 사건의 경우 관할이 서울행정법원이 아님에 주의하여야 한다.

수임번호 2011-301	법률상담일지		2011. 12. 22.
의 뢰 인	박미숙(재미노래연습장 영업자)	의뢰인 전화	041-200-1234(영업장) ***-****-****(휴대전화)
의뢰인 영업장 주소	충남 천안시 동남구 안서동 11-1	의뢰인 팩스	

상 담 내 용

1. 의뢰인 박미숙은 충남 천안시 동남구 안서동 11-1에서 재미노래연습장이라는 상호로 노래방을 운영하다가 청소년 출입시간 위반으로 등록취소처분을 받고 본 법무법인을 방문하였다.
2. 박미숙은 초등학교 동창이 소개한 전(前) 영업자 이원숙에게서 2011. 6. 17. 오케이노래연습장의 영업을 양수하였다. 영업자의 지위를 승계받은 박미숙은 **2011. 6. 24.** 영업자 및 상호가 변경된 등록증을 발급받아 2011. 7. 1.부터 재미노래연습장이라는 상호로 영업을 시작하였다.
3. 박미숙은 2011. 7. 25. 오후 7시에 회사원 일행 7명을 출입시켜 영업을 하다가 오후 8시경 천안시 동남구청 담당직원의 단속을 받았다. 그런데 위 일행 중 1명이 만 17세로 밝혀졌다.
4. 박미숙은 천안시장 명의의 2011. 8. 12.자 등록취소처분 사전통지서를 송달받았으나 바빠서 의견제출을 하지 않았다.
5. 박미숙의 모친인 윤숙자는 대구에 떨어져 살고 있는데, 2011. 9. 16. 박미숙의 집을 잠시 방문하였다가 같은 날 박미숙이 외출한 사이에 우편집배원으로부터 노래연습장 등록취소처분 통지서를 교부받았다. 윤숙자는 깜빡 잊고 위 통지서를 박미숙에게 전달하지 않은 채 이를 가지고 2011. 9. 17. 대구 집으로 돌아갔다.
6. 한편, 박미숙은 *2011. 10. 13.* 노래연습장 등록취소처분 통지서를 우편집배원으로부터 직접 교부받았다.
7. 박미숙은 2011. 11. 5. 모친인 윤숙자와 전화통화를 하는 과정에서, 윤숙자가 등록취소처분 통지서를 2011. 9. 16. 교부받은 채 자신에게 전달하지 않았다는 사실을 뒤늦게 알게 되었다.
8. 박미숙의 음악산업진흥에관한법률위반 피의사건에 관하여는 현재 수사진행 중이다.
9. 의뢰인 희망사항
   의뢰인 박미숙은 자신이 청소년 출입시간 위반을 1회만 했을 뿐인데 노래연습장 등록취소처분을 받아 억울하다고 하면서 등록취소처분에 대하여 소송 제기를 희망하고 있다.

법무법인 필승(담당변호사 나성실)
전화 041-555-1786, 팩스 041-555-1856, 이메일 ***@********.***
충남 천안시 신부동 76-2 법조빌딩 3층

메모:15 기록 상담일지와 내부회의록 등은 주어진 문제의 쟁점을 파악할 수 있는 가장 중요한 부분에 해당하므로 항상 꼼꼼히 살펴야 할 부분이다.

메모:41 영업 및 상호 변경일을 잘 기억할 것.

메모:28 처분의 송달은 우편교부 또는 정보통신망 이용 등의 방법에 의하되 송달받을 자(대표자 또는 대리인을 포함)의 주소, 거소, 영업소, 사무소 또는 전자우편주소로 한다.

메모:25 원고와 동거하지 않는 모친 윤숙자는 이 사건 처분통지서 수령 사실을 원고에게 알리지 않았으며, 원고 역시 이 사건 처분이 있음을 알지 못하였기 때문에 윤숙자가 처분통지서를 수령한 날을 원고가 처분이 있음을 안 날로 볼 수 없다.

메모:8 제소기간은 위 송달일인 2011. 10. 13.을 기준으로 90일 이내이다(행정소송법 제20조 제1항).

메모:43 이 사건의 핵심 주장사항이다.

법무법인 필승의 내부회의록

일 시: 2011. 12. 23. 14:00 ~ 15:00

장 소: 법무법인 필승 소회의실

참석자: 김정통 변호사(행정소송팀장), 나성실 변호사

김 변호사: 박미숙 사건의 소송제기와 관련하여 회의를 개최하여 승소전략을 강구하고자 합니다. 나 변호사께서 이 사건 검토 결과를 보고해 주기 바랍니다.

나 변호사: 예, 말씀드리겠습니다. 첫째로, 천안시 담당공무원 홍민원에게 요청하여 관련자료를 받아본 결과 박미숙에 대한 등록취소처분을 하기에 앞서 사전통지는 하였으나 그 밖의 다른 의견진술 기회는 주지 않은 것으로 확인되었습니다. 둘째로, 박미숙으로부터 영업양도양수계약서를 전달받아 검토해본 결과 계약은 유효하고, 박미숙은 영업자 등이 변경된 등록증을 적법하게 발급받았습니다. 셋째로, 관련규정을 확인해 본 결과, 노래연습장에 대한 단속 및 처분권한을 갖고 있는 천안시장이 내부적인 사무처리의 편의를 도모하기 위하여 동남구청장으로 하여금 그 단속 및 처분권한을 사실상 행사하게 하고 있습니다.

김 변호사: 박미숙이 등록취소를 받은 이유는 무엇인가요?

나 변호사: 담당공무원 홍민원에게 확인한 바에 따르면, 박미숙과 전(前) 영업자인 이원숙이 청소년 출입시간 위반을 한 것이 합계 4회가 되어서 등록취소가 되었다고 합니다.

김 변호사: 이원숙이 받은 제재처분의 내역을 확인해 보았나요?

메모:22
소장에서 처분의 위법성 중 절차상 하자 주장과 관련하여, 의견진술기회 등의 청문을 실시하지 않은 경우 판례는 청문조항이 법규에 명시되어 있음에도 이를 하지 아니한 처분의 위법을 인정하는 것이 일반적이다. 즉 판례는 "식품위생법에 규정된 소정의 청문절차를 거치지 아니하거나 거쳤다고 하여도 그 절차적 요건을 제대로 준수하지 아니한 경우에는 가사 영업정지사유 사유가 인정된다고 하더라도 그 처분은 위법하다"고 판시하였다(대판 1991. 7. 9. 91누971).
이 사건의 경우 사전통지서를 통해 의견진술기회는 부여했으나, 근거법령인 음악진흥법은 그에 더하여 특별히 '노래연습장등록취소를 하는 경우 청문을 반드시 실시하도록' 하고 있으므로, 청문절차를 반드시 거쳐야 한다. 그럼에도 피고는 이를 행하지 아니하였으므로 사안의 경우 청문절차를 누락한 절차상의 하자가 있다.

메모:26
수임관청이 내부위임에 따라 위임관청의 이름으로 행한 처분의 취소나 무효확인을 구하는 소송의 피고적격은 위임관청에게 있다(대판 1991. 10. 8. 91누520). 그에 반해 수임관청이 자신의 이름으로 행한 경우에는 수임관청에게 피고적격이 있으며, 당해 행위는 당연 무효로 본다.(참고로, 외부위임의 경우에는 수임관청에게 처분권한도 있고 또 피고 적격도 있다.)

나 변호사: 관련자료를 검토해본 결과, 이원숙은 청소년출입시간을 위반하였다는 사유로 ① 2010. 3. 3. 영업정지 10일, ② 2010. 11. 19. 영업정지 1월, ③ 2011. 2. 1. 영업정지 3월의 처분을 각각 받은 사실이 확인되었습니다.

메모:27
승계전까지 총 3회 제재처분을 받은 사실을 알 수 있는바 취소소송 소장 작성시 이 부분을 잘 기억해서 피고가 이 사건 처분을 행함에 있어 기준으로 삼은 위반횟수 산정에도 오류가 있음을 주장해야 한다.

김 변호사: 박미숙은 영업양수를 할 때 이원숙이 제재처분을 받았다는 사실을 몰랐다고 하던가요?

나 변호사: 박미숙은 양도양수계약 당시에, 동일한 사유로 제재처분이 이미 3회 있었다는 사실을 양도인 이원숙으로부터 들어서 알고 있었다고 합니다.

메모:10
영업양도의 경우 전 주인이 받은 행정제재처분의 효력이 승계인에게 자동 포괄승계되는 것인지 아니면, 제재처분을 안 경우에만 승계가 되는 것인지 주의해서 살펴볼 필요가 있다. 관련 참고 법령부터 유심히 살펴보아야 한다.

김 변호사: 법률상담일지를 보니 등록취소처분 통지서가 2회에 걸쳐 송달된 것으로 되어 있던데 어떻게 된 것인가요.

나 변호사: 천안시 담당공무원에게 확인해본 바에 의하면, 박미숙의 모친 윤숙자가 박미숙의 집을 잠시 방문했다가 처분통지서를 2011. 9. 16. 교부받았습니다. 그 후에 담당공무원은 처분관련서류를 검토하는 과정에서 송달에 문제가 있다고 판단하여 종전의 처분통지서를 다시 발송하였고, 2011. 10. 13. 박미숙 본인이 이를 직접 교부받은 것입니다.

김 변호사: 추가적인 질문이나 의견이 있습니까?

나 변호사: 처분의 근거조항인 음악산업진흥에 관한 법률 시행령 조항의 위헌성 여부 이외에 법률 조항의 위헌성 여부도 소장에 포함시키려고 하는데 괜찮겠습니까?

김 변호사: 좋은 생각입니다. 시행령 조항의 위헌성 여부를 소장에 포함시키는 것은 물론이고, 위헌법률심판제청신청을 하기 전이라도 법률 조항의 위헌성 여부도 소장에 포함시켜 주장하는 것이 좋겠습니다. 박미숙이 영업을 계속할 수 있도록 집행정지신청도 할 필요가 있는데 이 부분은 다른 변호사에게 맡겨놓았으니 나 변호사는 소장 작성 준비를 잘 해주기 바랍니다. 이상 회의를 마치겠습니다. 끝.

메모:29
일반적으로 영업정지처분이나, 운전면허 등 면허정지처분을 받으면 1심판결시까지 취소처분의 집행을 정지해 달라는 집행정지신청을 같이 내는 것이 보통이다. 당사자 권리구제를 위해 변호사로서 기본적인 준비사항에 해당하는바 민사소송에서의 보전처분 이상으로 중요한 사항이다.

천 안 시

우 330-070 / 충남 천안시 서북구 불당동 234-1	전화 041-234-2644	전송 041-234-2647
처리과 환경위생과 과장 박병훈	계장 이을식	담당 홍민원

문서번호 환경위생 11-788

시행일자 2011. 9. 13.

받 음 박미숙 (상호: 재미노래연습장) 귀하

제 목 노래연습장 등록취소처분 통지

메모:39
불이익 처분에 대한 통지절차이다. 소장 "이 사건 처분의 경위"를 작성할 때 참고할 부분이며, 특히 위반 날짜, 위반 법령 내용, 처분의 내용, 처분시점 등을 잘 메모해야 한다.
변시 기록형에 나오는 처분서의 경우 위와 같이 상세히 안내하지 않고 다음장에 나오는 처분서만 나오는 경우도 많다.

---

1. 항상 시정발전에 협조하여 주시는 귀하께 감사드립니다.
2. 귀하께서는 음악산업진흥에 관한 법률 제22조(노래연습장업자의 준수사항 등) 제1항 제4호 및 동법 시행령 제9조(노래연습장업자의 준수사항) 제1호의 규정에 의하여 당해 영업장소에 출입시간 외에 청소년을 출입하게 하여서는 아니됨에도 불구하고 2011. 7. 25. 이를 위반하였으므로, 동법 제23조(영업의 승계 등), 제27조(등록취소 등) 제1항 제5호 및 동법 시행규칙 제15조(행정처분의 기준 등) [별표 2]의 규정에 의하여 붙임과 같이 행정처분하오니 양지하시기 바랍니다.
3. 만약 이 처분에 불복이 있는 경우 처분이 있음을 안 날로부터 90일 이내에 행정심판법에 의한 행정심판 또는 행정소송법에 의한 행정소송을 제기할 수 있음을 알려드립니다.

붙임: 행정처분서(재미노래연습장)

천 안 시 장 천안시장의인

행정처분서			
영업소의 소재지	천안시 동남구 안서동 11-1		
영업소의 명칭	재미노래연습장		
영업자의 성명	박미숙	주민등록번호	******-*******
위 반 사 항	노래연습장에 출입시간 외에 청소년을 출입시킨 행위 (4차 위반)		
행정처분 내역	노래연습장 등록취소		
지시(안내)사항	생략(이 부분은 제대로 기재된 것으로 볼 것)		

귀 업소는 위 위반사항으로 적발되어 음악산업진흥에 관한 법률 제27조 제1항 제5호, 제22조 제1항 제4호, 제23조, 동법 시행령 제9조 제1호, 동법 시행규칙 제15조 [별표 2]에 의하여 위와 같이 행정처분합니다.

2011년 9월 13일

천 안 시 장 (천안시장의인)

메모:7
소장 청구취지를 작성하는데, 참고하여야 할 주요 내용이 들어가 있다. 청구취지는 **"주체(피고) - 언제(일자) - 상대방(원고에 대하여 한) - 목적과 행위(특정처분) - 취소한다." 순서로 작성**하는데, 이 사건의 경우 "피고가 2011. 9. 13. 원고에게 한 노래연습장등록취소처분은 이를 취소한다."라고 작성하면 된다. 취소소송은 이른바 형성의 소이므로 "취소한다"로 족하고, 민사 대여금반환 청구 등의 이행청구와 같이 "○○를 취소하라"라고 작성하여서는 아니된다.

메모:3
소의 명칭 및 취소 대상을 결정하는 것이다. 등록취소처분을 취소하여 달라는 소송을 제기해야 하므로 이 사건 소 제목은 "노래연습장 **등록취소처분 취소청구**"가 될 것이다.

메모:48
처분의 근거 법령에서 별표기준이 나오면 항상 위 별표의 법적성질이 무엇인지를 답안에서 먼저 밝혀줄 필요가 있다.

메모:4
처분서인 공문서에 나타난 대외적 처분의 주체가 피고 적격이 있는 자임을 명심하자. 이 사건의 경우 **처분서에 직인을 날인한 처분명의자인 천안시장이 피고**가 된다. 천안시장이 동남구청장에게 노래연습장 단속 및 처분권한을 행사하게 하는 내부위임을 하여 이 사건 원고에 대한 단속을 하였지만, 이 사건 처분명의자는 천안시장이므로 동남구청장은 피고적격이 없다.

우편송달보고서

증서 2011년 제387호 2011년 9월 13일 발송

1. 송달서류 노래연습장 등록취소처분 통지 및 행정처분서 1부(환경위생 11-788)

발송자 천안시장

송달받을 자 박미숙 귀하

천안시 동남구 안서동 369

영수인	**박미숙의 모 윤숙자** (서명)
영수인 서명날인 불능	
~~1~~	송달받을 자 본인에게 교부하였다.
~~2~~	송달받을 자가 부재 중이므로 사리를 잘 아는 다음 사람에게 교부하였다.
	사무원
	피용자
	동거자
~~3~~	다음 사람이 정당한 사유 없이 송달받기를 거부하므로, 그 장소에 서류를 두었다.
	송달받을 자
	사무원
	피용자
	동거자
송달연월일	2011. 9. 16. 16시 40분
송달장소	천안시 동남구 안서동 369

위와 같이 송달하였다.

2011. 9. 19.

우체국 집배원 고배달 

<table>
<tr><td colspan="2">

우편송달보고서

증서 2011년 제402호 2011년 10월 10일 발송
</td></tr>
<tr><td colspan="2">1. 송달서류 노래연습장 등록취소처분 통지 및 행정처분서 1부(환경위생 11-788)
발송자 천안시장
송달받을 자 박미숙 귀하
천안시 동남구 안서동 369</td></tr>
<tr><td colspan="2">영수인 박미숙 (서명)</td></tr>
<tr><td colspan="2">영수인 서명날인 불능</td></tr>
<tr><td colspan="2">① 송달받을 자 본인에게 교부하였다.</td></tr>
<tr><td rowspan="4">2</td><td>송달받을 자가 부재 중이므로 사리를 잘 아는 다음 사람에게 교부하였다.</td></tr>
<tr><td>사무원</td></tr>
<tr><td>피용자</td></tr>
<tr><td>동거자</td></tr>
<tr><td rowspan="5">3</td><td>다음 사람이 정당한 사유 없이 송달받기를 거부하므로, 그 장소에 서류를 두었다.</td></tr>
<tr><td>송달받을 자</td></tr>
<tr><td>사무원</td></tr>
<tr><td>피용자</td></tr>
<tr><td>동거자</td></tr>
<tr><td colspan="2">송달연월일 2011. 10. 13. 10시 50분</td></tr>
<tr><td colspan="2">송달장소 천안시 동남구 안서동 369</td></tr>
<tr><td colspan="2">위와 같이 송달하였다.
2011. 10. 17.
우체국 집배원 고배달 </td></tr>
</table>

메모:42
위 처분이 있음을 안 날로부터 90일, 처분일로부터 1년이 제소기간이다(행정소송법 제20조 제1항, 제2항).

주 민 등 록 표
(등 본)

이 등본은 세대별 주민등록표의 원본 내용과 틀림없음을 증명합니다.

2011년 12월 26일

천안시 동남구 안서동장

세대주	박 미 숙	세대구성 사유 및 일자	전입세대구성 2000-5-25

번호	주 소 (통/반)	전입일 / 변동일 변 동 사 유
현주소 전입	천안시 동남구 안서동 369(5/3)	2000-5-25/2000-5-25 전입
현주소	천안시 동남구 안서동 369(5/3)	

번호	세대주 관계	성 명 주민등록번호	전입일/변동일	변 동 사 유
1	본인	박 미 숙 ******-*******		
2	자	강 민 음 ******-*******		
3	자	강 보 람 ******-*******		
	= 이 하 여 백 =			

서기 2011년 12월 26일

수입 증지
350원
충남 천안시

천안시 동남구 안서동장 안서동장의인

주 민 등 록 표
(등 본)

이 등본은 세대별 주민등록표의 원본 내용과 틀림없음을 증명합니다.

2011년 12월 26일

대구광역시 남구 대명제10동장

세대주	윤 숙 자	세대구성 사유 및 일자	전입세대구성 1978-9-27

번호	주 소 (통/반)	전입일 / 변동일 변 동 사 유
현주소 전입	대구광역시 남구 대명10동 203(1/2)	1978-9-27/1978-9-27 전입
현주소	대구광역시 남구 대명10동 203(1/2)	

번호	세대주 관계	성 명 주민등록번호	전입일/변동일	변 동 사 유
1	본인	윤 숙 자 ******-*******		
	= 이 하 여 백 =			

서기 2011년 12월 26일

수입 증지 350원 대구광역시 남구

대구광역시 남구 대명제10동장 대명10동장인

단속결과보고서

제2011-189호

수신: 동남구청장

참조: 보건위생과장

제목: 음악산업진흥에 관한 법률 위반업소 단속결과보고

메모:30
동남구청장은 피고적격이 없음에 거듭 주의하자. 동남구청장을 피고적격으로 삼을 경우 실제 소송에서는 소가 각하될 수 있으므로 큰 감점이 예상된다.

노래연습장 불법영업 지도·단속 계획에 따라 해당업소에 현지 출장한 결과를 아래와 같이 보고합니다.

출장일시	2011. 7. 25. 18:00 ~ 24:00
단 속 반	1개반 2명
단속업소	천안시 동남구 관할구역 내 노래연습장 5개소
중점단속사항	- 청소년 출입시간 준수 여부 - 주류 판매위반 여부
단속결과	- 위반업소 : 재미노래연습장(안서동 11-1) 음악산업진흥에 관한 법률 제22조(노래연습장업자의 준수사항 등) 제1항 제4호, 동법 시행령 제9조(노래연습장업자의 준수사항) 제1호의 규정에 따라 노래연습장업자는 당해 영업장소에 출입시간(오전 9시부터 오후 6시까지) 외에 청소년을 출입시켜서는 아니됨에도 불구하고, 위 노래연습장 영업자 박미숙이 2011. 7. 25. 20:00경 자신이 운영하는 재미노래연습장에서 청소년 정미성(만 17세)을 최성연 등 6명과 함께 노래방에 출입시간 외에 출입시켜 영업하였음을 확인하고, 박미숙, 최성연, 정미성으로부터 해당행위에 대한 자술서 및 확인서를 징구하였습니다.

위와 같이 조치결과를 보고합니다.

2011년 7월 26일

보고자 : 천안시 동남구청 6급 이점검 (이점검)

천안시 동남구청 7급 이미연 (이미연)

자 술 서

이름: 박미숙(******-*******)

주소: 충남 천안시 동남구 안서동 369번지

저는 천안시 동남구 안서동 11-1번지에서 "재미노래연습장"을 운영하고 있는 박미숙입니다. 개업 후 한 두 번 와서 얼굴을 아는 최성연을 비롯한 회사 사람들 7명이 오늘 저녁 7시쯤에 왔길래 6호실로 안내하여 주었습니다. 그런데 저녁 8시쯤 구청에서 단속반이 나와서 손님들의 나이를 조사하기 시작하였고 회사 사람들 중에서 정미성이 만 17세라는 사실이 밝혀졌습니다. [겉모습으로는 모두 성인이었기 때문에 저로서는 그들 중에 청소년이 있다고는 꿈에도 생각하지 못하였습니다.]

메모:44
사실오인에 의한 정당한 착오로 위법성에 대한 기대가능성이 전혀 없었음을 주장해야 하는 대목이다.

저는 살아오면서 지금까지 한 번도 법을 어긴 사실이 없었습니다. 그런데 이번에 출입시간 외에 청소년을 출입시켰다고 하여 단속을 당하고 보니 너무 억울합니다.

앞으로는 나이 확인을 더 철저히 해서 절대로 법을 어기는 일이 없도록 할 테니 저의 어려운 처지를 생각해서 선처해 주실 것을 간절히 부탁드립니다.

2011년 7월 25일

박미숙 (서명)

확 인 서

메모:31
탄원서 성격도 있는데 이 부분은 처분의 위법성으로 재량일탈·남용을 주장할 때 필요성, 상당성 부분에서 원용하기 좋은 내용이 있다.

성 명 : 허성연

주민등록번호 : ******-*******

주 소 : 천안시 성정동 689번지 제일빌라 5동 101호

저는 천안시 동남구 소재 동남전자 주식회사에 다니고 있습니다. 정미성은 직장 후배입니다. 오늘 정미성을 포함하여 직장동료들과 저녁 회식을 마치고, 그냥 헤어지기 서운해서 근처 노래방에 가서 노래를 부르기로 하였습니다. 재미노래방은 한 두 번 가본 적이 있어 일행들과 함께 오늘 저녁 7시경 노래방 6호실로 들어가 노래를 부르던 중 갑자기 구청에서 단속을 나왔는데, 신분증을 일일이 조사하는 과정에서 정미성이 1993년생으로 만 17세에 해당되어 청소년인 사실이 드러났습니다. 정미성이 나이가 들어보여서 그런지는 몰라도 노래방에 들어갈 때 신분증 검사를 따로 하지는 아니하였고, 저를 알고 있는 노래방 사장님이 곧바로 노래방 6호실로 안내하였습니다. 이번 일로 인하여 노래방 사장님께 피해가 가지 않도록 해주십시오.

2011. 7. 25.

허성연 (서명)

확 인 서

이　　름 : 정미성

주민등록번호 : ******-*******

주　　소 : 천안시 원성동 245번지 제일아파트 2동 503호

저는 고등학교 과정을 검정고시로 마치고 천안시 동남구에 있는 동남전자 주식회사에 갓 취업하였습니다. 오늘 최성연 대리님 등 6명과 함께 저녁회식에 참석하였다가 식사를 마치고 그냥 헤어지기 서운해서 노래방을 가기로 하였습니다. 직장 선배들과 함께 근처에 있는 재미노래방에 왔습니다. 이 노래방은 처음 온 곳인데 노래방 사장님이 최성연 대리님을 알아봐서 그런지 따로 신분 확인을 하지는 아니하였습니다. 노래방 6호실에서 2PM의 "Hands Up"을 부르고 있는데 마침 구청에서 단속을 나와 저에게 나이를 묻길래 주민등록증을 제시했습니다. 청소년이 노래방에 왔다고 왜 단속을 하는지 모르겠습니다. 그러면 우리는 어디로 가야 합니까?

2011. 7. 25.

정미성 (서명)

천 안 시

우 330-070 / 충남 천안시 서북구 불당동 234-1	전화 041-234-2644	전송 041-234-2647
처리과 환경위생과 과장 박병훈	계장 이을식	담당 홍민원

수 신 자 박미숙(재미노래연습장 영업자)

시행일자 2011. 8. 12.

제 목 노래연습장 등록취소처분 사전통지서

행정절차법 제21조 제1항의 규정에 의하여 우리 기관이 하고자 하는 처분의 내용을 통지하오니 의견을 제출하여 주시기 바랍니다.

메모:14
이 사건 처분의 사전통지서로 절차상 위법 사유와 관련하여 불이익한 처분에 대한 사전통지절차를 적법하게 거쳤으므로 이 부분 절차상 하자는 없다.
다만, 의견제출 기회를 주었다고 하여 법률이 규정한 청문절차를 다 이행하였다고 볼 수는 없으므로 이 사건의 경우 청문을 미실시한 하자는 여전히 남아 있다.

1. 예정된 처분의 제목		노래연습장 등록취소			
2. 당사자	성명(명칭)	박미숙(재미노래연습장)			
	주 소	충남 천안시 동남구 안서동 369			
3. 처분의 원인이 되는 사실		노래연습장에 출입시간 외에 청소년 출입 (4차 위반)			
4. 처분하고자 하는 내용		노래연습장 등록취소			
5. 법적 근거		음악산업진흥에 관한 법률 제27조 제1항 제5호, 제22조 제1항 제4호, 제23조, 동법 시행령 제9조 제1호, 동법 시행규칙 제15조 [별표 2]			
6. 의견제출		기관명	천안시청	부서명	환경위생과
		주 소	천안시 서북구 불당동 234-1		
		기 한	2011. 8. 31.까지		

천 안 시 장 천안시장의인

등록번호 제11-56호

노래연습장업 등록증

1. 성명(영업자): 박미숙
2. 생년월일: 1965. 6. 5.
3. 상호: 재미노래연습장
4. 영업소 소재지: 충남 천안시 동남구 안서동 11-1
5. 영업소 면적: 125㎡

「음악산업진흥에 관한 법률」 제20조 · 제21조 및 같은 법 시행규칙 제10조 · 제11조에 따라 노래연습장업(청소년실 [o] 유 [ ] 무)([ ] 등록증 [o] 변경등록증)을 ([o] 발급 [ ] 재발급)합니다.

2011년 6월 24일

메모:32
원고가 양수받게 되는 행정제재처분의 승계기간은 위 노래연습장 변경등록일로부터 1년 전까지 전 주인이 받은 제재처분에 한정된다(음악산업진흥법 제23조 제3항).

천 안 시 장 천안시장의인

피 의 자 신 문 조 서

피 의 자 : 박미숙

위의 사람에 대한 음악산업진흥에관한법률위반 피의사건에 관하여 2011. 10. 24. 천안동남경찰서에서 사법경찰관 경위 최순찰은 사법경찰리 경사 오배석을 참여하게 하고, 아래와 같이 피의자임에 틀림 없음을 확인하다.

문 피의자의 성명, 주민등록번호, 직업, 주거, 등록기준지 등을 말하십시오.

답 성명은 박미숙 (朴美淑)

주민등록번호는 ******-******* (만 46세)

직업은 노래연습장업자

주거는 충남 천안시 동남구 안서동 369

등록기준지는 생략

직장주소는 충남 천안시 동남구 안서동 11-1

연락처는 직장전화 041-200-1234 휴대전화 ***-****-****

입니다.

사법경찰관은 피의사건의 요지를 설명하고 사법경찰관의 신문에 대하여 형사소송법 제244조의3에 따라 진술을 거부할 수 있는 권리 및 변호인의 참여 등 조력을 받을 권리가 있음을 피의자에게 알려주고 이를 행사할 것인지 그 의사를 확인하다.

진술거부권 및 변호인 조력권 고지 등 확인

1. 귀하는 일체의 진술을 하지 아니하거나 개개의 질문에 대하여 진술을 하지 아니할 수 있습니다.
2. 귀하가 진술을 하지 아니하더라도 불이익을 받지 아니합니다.
3. 귀하가 진술을 거부할 권리를 포기하고 행한 진술은 법정에서 유죄의 증거로 사용될 수 있습니다.
4. 귀하가 신문을 받을 때에는 변호인을 참여하게 하는 등 변호인의 조력을 받을 수 있습니다.

문　　피의자는 위와 같은 권리들이 있음을 고지 받았는가요.

답　　예, 고지 받았습니다.

문　　피의자는 진술거부권을 행사할 것인가요.

답　　아닙니다.

문　　피의자는 변호인의 조력을 받을 권리를 행사할 것인가요.

답　　아닙니다. 혼자서 조사를 받겠습니다.

이에 사법경찰관은 피의사실에 관하여 다음과 같이 피의자를 신문하다.

문　　피의자는 전과가 있나요.

답　　없습니다.

문　　피의자의 병역관계를 말하시오.

답　　해당사항 없습니다.

문　　학력 관계를 말하시오.

답　　대구시 소재 상서여자상업고등학교를 졸업했습니다.

문 가족관계를 말하시오.

답 2000년 이혼한 후에 아들 강믿음(15세), 딸 강보람(14세)과 함께 살고 있습니다.

문 피의자의 경력은 어떠한가요.

답 저는 이혼 후 10년간 식당에서 일하다가 모아둔 돈으로 무슨 사업을 할까 고민하다가 마침 이원숙이 노래방을 내놓았다는 이야기를 초등학교 동창을 통해 전해 듣고, 자기 사업을 하고 싶어 노래방을 양수하여 2011년 7월 1일부터 영업을 하다가 등록취소를 당했으며 그 외 특별한 경력은 없습니다.

문 재산관계를 말하시오.

답 제 소유의 부동산은 없고, 전세보증금 2천만원에 전세들어 생활하고 있습니다. 월수입 100만원으로 근근이 생활하고 있습니다.

문 피의자는 술과 담배를 어느 정도 하는가요.

답 술과 담배는 하지 않습니다.

문 피의자의 건강상태를 말하시오.

답 혈압이 높은 편이고, 건강이 그리 좋지는 못합니다.

문 피의자는 믿는 종교가 있는가요.

답 없습니다.

문 피의자는 청소년을 출입시간 외에 노래연습장에 손님으로 출입시켜 영업을 하다가 단속에 걸린 사실이 있나요.

답 예, 그런 사실이 있습니다.

문 어떻게 단속에 걸린 것인가요.

답 2011년 7월 25일 저녁 평소와 마찬가지로 영업을 하던 중, 저녁 7시경 노래방에 한 두 번 찾아왔던 최성연이 처음 보는 정미성 등 일행 6명과 함께 찾아왔습니다. 그런데 저녁 8시경 구청 단속직원들이 갑자기 들이닥쳐 손님들의 신분증을 확인하기 시작했습니다. 그 과정에서 최성연과 함께 온 정미성이 만 17세인 사실이 밝혀졌습니다.

메모:45
이 부분 모두 재량일탈 남용사유로서 비례원칙 위반으로 주장할 수 있는 부분이다.

[문 피의자는 평소 노래방 손님들의 나이를 어떻게 확인하고 있나요.

답 노래방을 개업한지 얼마 안 되었고 청소년으로 보이는 손님이 출입시간 외에 온 경우는 별로 없었지만, 청소년으로 의심되는 손님이 들어오면 나이를 확인하곤 했습니다.

문 그날 손님들의 나이는 어떻게 확인하였나요.

답 최성연은 재미노래방에 이미 한 두 번 와서 아는 손님이었고 당시 일행 7명이 우르르 몰려왔는데 그 중에 청소년으로 보이는 사람이 없어서 노래방 6호실로 바로 안내하였습니다.

문 피의자는 단속 당시에 노래방을 운영한지 얼마나 되었나요.

답 이원숙으로부터 노래방을 양수하고 변경등록을 마친 후 영업을 시작한지 1달이 채 못되었습니다.]

문 노래방 규모는 어떤가요.

답 노래방은 약 40평으로 청소년실 1개와 일반실 6개가 있습니다.

문 더 하고 싶은 말이 있나요.

답 탄원서를 가져왔으니 선처해주시기 바랍니다.

이때 피의자가 제출하는 탄원서를 조서 말미에 편철하다.

문 이상의 진술내용에 대하여 이의나 의견이 있는가요.

답 없습니다. ㉑

위 조서를 진술자에게 열람하게 한 바, 진술한 대로 오기나 증감, 변경할 것이 전혀 없다고 말하므로 간인한 후 서명 날인케 하다.

진술자 박미숙 ㊞

2011년 10월 24일

천안동남경찰서

사법경찰관 경위 허 순 찰 ㊞

사법경찰리 경사 오 배 석 ㊞

탄 원 서

저는 천안시 동남구 안서동 11-1번지에서 "재미노래연습장"을 운영하던 박미숙입니다. 저는 10년 전에 남편과 성격 차이 때문에 이혼하고 난 뒤에 어린 자식 둘을 어떻게 키울까하고 걱정이 태산 같았습니다. 그 이후 10년간 식당에서 일하면서 모은 돈으로 제 사업을 하려고 알아보던 중, 초등학교 동창의 소개로 알게 된 이원숙으로부터 그녀가 운영하던 "오케이노래연습장"을 인수하게 되었습니다. 처음에는 노래방을 해 본 적이 없어서 많이 망설였는데, 이원숙이 "노래방 영업은 카운터에 앉아 있기만 하면 되고 별로 힘들 게 없으며, 또 필요하면 여러 가지로 조언을 해 주겠다"고 하여서 이원숙에게 권리금 1천만원을 주고 노래방을 인수하였습니다. 노래방 인테리어에 500만원이 들었고, 보증금 3천만원에 월 50만원씩을 임대료로 내고 있습니다. 제가 "재미노래연습장"이라는 상호로 영업을 시작한지 한 달도 채 지나지 않은 지난 2011년 7월 25일 저녁 7시쯤의 일입니다. 같은 회사 사람들로 보이는 일행 일곱 명이 제 노래방에 왔는데, 모두 나이가 들어 보였고 그 중에 청소년이 있다고는 전혀 생각하지 못하였습니다. 그런데 불시에 천안시 동남구청에서 단속을 나와서 그 손님들 중의 한 명인 정미성이 만 17세라는 사실이 밝혀졌습니다. 구청 직원은 왜 청소년을 출입시간 이외에 출입시켰느냐고 다그쳤는데, 저로서는 생각도 못한 너무 뜻밖의 일인지라 당황하여 어찌 할 바를 몰랐습니다. 제가 그 날, 제 노래방에 한두 번 와서 안면이 있던 최성연과 그 일행 여섯 명의 신분증과 나이를 일일이 확인하지 않은 것은 결과적으로 보면 제 불찰입니다. 그렇지만, 제가 노래방을 양수한 이후로 중고등학생이나 청소년으로 보이는 손님들을 저녁 6시 이후에 출입시킨 적은 한 번도 없습니다. 그런데 이번에 회사 사람들 중 한 명이 청소년이라는 이유로 저에게 등록취소처분을 하여 영업을 하지 못하게 한 것은 너무나 가혹합니다.

저로서는 노래방이 유일한 생계수단이고, 노래방을 운영하지 못하게 되면 당장의 생계가 막막하고 한창 교육비가 들어가는 자식들을 제대로 키울 수가 없습니다. 그리고, 제가 이원숙에게 지급한 권리금이나 투자한 인테리어 비용을 회수할 길이 없어서 저는 금전상으로 큰 손해를 입게 됩니다. 또, 이번 일로 노래방 등록이 취소되고 형사처벌까지 받게 된다면 저로서는

메모:12
소장 처분의 위법성 주장시 '비례원칙' 위반사유로 그대로 원용할 수 있는 부분이다. 즉, 피고는 이 사건 처분으로 달성되는 공익과 원고가 입게 되는 불이익(사익)을 비교, 형량하지 않은 가운데 지나치게 무거운 처분을 하여 비례원칙(특히, 상당성부분)을 위반하였다. 따라서 이 사건 처분은, 원고가 청소년을 출입시킨 경위, 원고가 노래방을 양수하여 영업하기 위하여 권리금과 보증금, 인테리어비용 등을 투자한 점, 노래방 영업이 자녀들과 유일한 생계수단인 점 등을 고려하지 않은 채 재량권의 일탈·남용한 위법한 처분에 해당한다고 주장할 수 있다.

메모:34
이 부분은 처분의 위법성과 관련하여, 원고 박미숙이 성인인 직장동료 6명과 함께 섞여 들어오는 청소년을 사전에 미리 알아내어 출입을 제한시킬 수 있었는지에 대한 기대가능성이 없거나 높지 않기 때문에 이 사건 영업정지처분은 청소년 출입제한에 관한 법리오해 또는 사실오인에 기한 처분사유의 부존재 위법이 있다고 주장할 수 있다.

너무나 감당하기 힘든 일입니다. 그러니 이번에 한하여 저에게 관대하게 용서하여 주시기 바랍니다. 앞으로는 조금이라도 청소년이라고 의심이 드는 손님에 대해서는 그 손님이 혼자 왔든지, 여러 사람이 왔든지 간에 나이 확인을 철저히 해서 절대로 법을 어기는 일이 없도록 하겠습니다. 저의 어려운 처지를 생각해서 선처해 주실 것을 간절히 부탁드립니다.

2011년 10월 24일

탄원인 박미숙 올림 ㊞

메모:5
각종 민, 형사, 행정 소송에서 당사자 본인이 탄원서를 많이 작성하여 제출하는 것이 유리하다. 특히, 형사사건의 경우 구치소에 수감된 피고인 중에는 거의 매일 탄원서를 재판부로 보내는 사람도 있는데, 이러한 반성문과 탄원서를 보내면 양형에 일응 참작이 될 수 있다.

천안동남경찰서장님 귀하

참고자료 1 - 음악산업진흥에 관한 법률(발췌)

메모:23
이 사건 처분 근거법령의 위헌성 부분으로 별도 배점이 있는 부분으로 면밀히 검토할 필요가 있다.
근거법령의 위헌성에 대한 문제가 나오면, 대부분 포괄위임입법금지원칙 위반, 의회유보원칙 위반, 명확성원칙 위반, 과잉금지원칙(목·수·침·법) 위반이 주로 문제되므로 이를 정형적으로 언급할 필요가 있다.
즉, 처분의 근거로서 국회가 만든 법률이 문제되는 경우 항상 상위 법률이 하위 행정입법(시행령, 시행규칙 등)에 포괄적으로 위임하였는지 및 국민의 권리 의무와 관련된 본질적인 부분을 법률에 규율하지 아니한 채 위임한 의회유보원칙위반 여부가 문제되고,
또한, 반대로 법률에서 위임받은 하위 행정입법(법규명령이나, 법령보충적 행정규칙)의 위헌, 위법성이 문제되는 경우 상위 위임입법의 한계일탈 여부(법률유보, 법률우위원칙 위반 등)가 주로 문제되며, 예외적으로 상위법률 자체가 위헌이면 하위 행정입법도 위헌무효가 되므로 상위법에 대한 위헌 심사도 함께 문제될 수 있다.

제1조(목적) 이 법은 음악산업의 진흥에 필요한 사항을 정하여 관련 산업의 발전을 촉진함으로써 국민의 문화적 삶의 질을 높이고 국민경제의 발전에 이바지함을 목적으로 한다.

제2조(정의) 이 법에서 사용하는 용어의 정의는 다음과 같다.

1. ~ 12. <생략>

13. "노래연습장업"이라 함은 연주자를 두지 아니하고 반주에 맞추어 노래를 부를 수 있도록 하는 영상 또는 무영상 반주장치 등의 시설을 갖추고 공중의 이용에 제공하는 영업을 말한다.

14. "청소년"이란 함은 18세 미만의 자(「초·중등교육법」 제2조의 규정에 따른 고등학교에 재학 중인 학생을 포함한다)를 말한다.

제11조(노래연습장업자의 교육) ① 시장·군수·구청장(자치구의 구청장을 말한다. 이하 같다)은 다음 각 호의 경우에는 대통령령이 정하는 바에 따라 노래연습장업자에 대하여 준수사항, 재난예방, 제도변경사항 등에 관한 교육을 실시할 수 있다.

1. 노래연습장업을 신규등록하는 경우
2. 노래연습장업의 운영 및 재난방지방법 등 관련 제도가 변경된 경우
3. 그 밖에 시장·군수·구청장이 필요하다고 인정하는 경우

② 시장·군수·구청장은 제1항의 규정에 불구하고 제1항 제1호의 경우에는 노래연습장업자에 대한 교육을 실시하여야 한다. 이 경우 교육은 월별 또는 분기별로 통합하여 실시할 수 있다.

제16조(음반·음악영상물제작업 등의 신고) ① ~ ④ <생략>

제18조(노래연습장업의 등록) ① 노래연습장업을 영위하고자 하는 자는 문화체육관광부령으로 정하는 노래연습장 시설을 갖추어 시장·군수·구청장에게 등록하여야 한다.

메모:6
공법 기록형이나 사례형 문제에서 신고, 등록제가 나오면 관련 쟁점으로 항상 직업의 자유 등 침해여부가 쟁점이 될 수 있는데, 이에 대해 우리 헌법재판소는 대부분 합헌으로 결정하고 있음에 주의하자. 나아가, 행정법상 신고, 등록, 인가, 허가, 특허의 개념상, 법적 효과상 차이점에 대해서도 공부해 두어야 한다. 최근 단순 이론적 지식을 20-30점 정도 배점으로 삼아 묻는 방안도 논의 중이다.

② 제1항의 규정에 따른 등록의 절차·방법 및 운영 등에 관하여 필요한 사항은 문화체육관광부령으로 정한다.

제19조(영업의 제한) 제16조 및 제18조에 따라 신고 또는 등록하고자 하는 자가 다음 각 호의 어느 하나에 해당하는 때에는 제16조 및 제18조의 규정에 따른 신고 또는 등록을 할 수 없다.

1. 제27조 제1항의 규정에 따라 영업의 폐쇄명령 또는 등록의 취소처분을 받은 후 1년이 경과되지 아니하거나 영업정지처분을 받은 후 그 기간이 종료되지 아니한 자(법인의 경우에는 그 대표자 또는 임원을 포함한다)가 같은 업종을 다시 영위하고자 하는 때
2. 노래연습장업자가 제27조 제1항의 규정에 따라 영업의 폐쇄명령 또는 등록의 취소처분을 받은 후 1년이 경과되지 아니하거나 영업정지처분을 받은 후 그 기간이 종료되지 아니한 경우에 같은 장소에서 같은 업종을 다시 영위하고자 하는 때

제20조(신고증 · 등록증의 교부) 시·도지사 또는 시장·군수·구청장은 제16조 및 제18조의 규정에 따른 신고를 받거나 등록을 한 경우에는 문화체육관광부령이 정하는 바에 따라 신청인에게 신고증 또는 등록증을 교부하여야 한다.

제21조(신고 또는 등록사항의 변경) ① 제16조 및 제18조의 규정에 따라 신고 또는 등록을 한 자가 문화체육관광부령이 정하는 중요사항을 변경하고자 하는 경우에는 문화체육관광부령이 정하는 바에 따라 시·도지사 또는 시장·군수·구청장에게 변경신고 또는 변경등록을 하여야 한다.
② 시·도지사 또는 시장·군수·구청장은 제1항의 규정에 따라 변경신고 또는 변경등록을 받은 경우에는 문화체육관광부령이 정하는 바에 따라 신고증 또는 등록증을 갱신하여 교부하여야 한다.

제22조(노래연습장업자의 준수사항 등) ① 노래연습장업자는 다음 각 호의 사항을 지켜야 한다.

1. 영업소 안에 화재 또는 안전사고 예방을 위한 조치를 할 것
2. 접대부(남녀를 불문한다)를 고용·알선하거나 호객행위를 하지 아니할 것

3. 「성매매알선 등 행위의 처벌에 관한 법률」 제2조 제1항의 규정에 따른 성매매 등의 행위를 하게 하거나 이를 알선·제공하는 행위를 하지 아니할 것

4. 기타 대통령령이 정하는 사항을 준수할 것

② 누구든지 영리를 목적으로 노래연습장에서 손님과 함께 술을 마시거나 노래 또는 춤으로 손님의 유흥을 돋우는 접객행위를 하거나 타인에게 그 행위를 알선하여서는 아니 된다.

제23조(영업의 승계 등) ① 제16조 또는 제18조의 규정에 따라 신고 또는 등록을 한 영업자가 그 영업을 양도하거나 사망한 때 또는 그 법인의 합병이 있는 때에는 그 양수인·상속인 또는 합병 후 존속하는 법인이나 합병에 의하여 설립되는 법인은 그 영업자의 지위를 승계한다.

② <생략>

③ 제1항의 규정에 따라 영업자의 지위를 승계하는 경우 종전의 영업자에게 제27조 제1항 각 호의 위반을 사유로 행한 행정제재처분의 효과는 그 행정제재처분일로부터 1년간 영업자의 지위를 승계 받은 자에게 승계되며, 행정제재처분의 절차가 진행 중인 때에는 영업자의 지위를 승계받은 자에게 행정제재처분의 절차를 속행할 수 있다. 다만, 영업자의 지위를 승계받은 자가 승계시에 그 처분 또는 위반사실을 알지 못한 경우에는 그러하지 아니하다.

④ <생략>

제27조(등록취소 등) ① 시·도지사 또는 시장·군수·구청장은 제2조 제8호 내지 제11호 및 제13호의 규정에 따른 영업을 영위하는 자가 다음 각 호의 어느 하나에 해당하는 때에는 그 영업의 폐쇄명령, 등록의 취소처분, 6개월 이내의 영업정지명령, 시정조치 또는 경고조치를 할 수 있다. 다만, 제1호 또는 제2호에 해당하는 때에는 영업을 폐쇄하거나 등록을 취소하여야 한다.

1. 거짓 그 밖의 부정한 방법으로 신고 또는 등록을 한 때
2. 영업의 정지명령을 위반하여 영업을 계속한 때
3. <생략>
4. 제21조의 규정에 따른 변경신고 또는 변경등록을 하지 아니한 때
5. 제22조의 규정에 따른 노래연습장업자 준수사항을 위반한 때

메모:38
이 사건 처분 근거법률의 위헌주장과 관련하여, 노래연습장업자의 주의사항에 대한 위임규정인 음악진흥법 제22조 제1항 제4호는 '기타 대통령령이 정하는 사항'이라고 규정하여 하위법규에 규정될 내용 및 범위에 관한 최소한의 기본 사항 등이 법률에 전혀 규정되어 있지 않아 포괄위임금지원칙 위반가능성 있다. 한편 법률유보(의회유보)원칙은 단순히 행정작용이 법률에 근거를 두기만 하면 충분한 것이 아니라, 국가공동체와 구성원에게 기본적이고도 중요한 영역, 특히 국민의 기본권 실현 관련영역은 국회가 그 본질적 사항에 대해서 스스로 결정하여야 한다는 요구까지 내포한다(98헌바70), **위 규정은 노래연습장업자 준수사항을 법률에서 일부 규정하고 있으나, 권리제한 · 의무부과의 본질적인 중요부분에 대하여 법률에서 규정하지 않은 채 대통령령에 대부분 위임하였기 때문에 의회유보원칙에도 위반된다고 주장 가능한 것이다.**

메모:24
영업승계의 효력은 권리의무에 관한 포괄승계가 원칙이므로, 주인이 바뀌더라도 동일 상호로 등록된 연습장이 받은 행정처분은 누적되는 것이 원칙이다.

메모:33
소외 이원숙은 노래방 영업 중에 이 사건 처분 사유와 같은 청소년 출입제한 시간 위반 사유로 3회의 제재처분을 받은 바 있고, 원고는 양수 계약 당시 위 3회 제재처분 사실을 이원숙으로부터 들어 알고 있었으므로 이를 승계함이 원칙이다. 다만, 노래연습장 변경등록을 한 날로부터 1년 전까지 이원숙이 받은 행정제재처분만 승계받는 것이다.

6. <생략>

② 제1항의 규정에 따라 영업의 폐쇄명령 또는 등록의 취소처분을 받은 자는 그 처분의 통지를 받은 날부터 7일 이내에 신고증 또는 등록증을 반납하여야 한다.

③ 제1항의 규정에 따른 행정처분의 기준 등에 관하여 필요한 사항은 문화체육관광부령으로 정한다.

제30조(청문) ① [시·도지사 또는 시장·군수·구청장은 제27조의 규정에 따라 영업의 폐쇄명령 또는 등록의 취소를 하고자 하는 경우에는 청문을 실시하여야 한다].

메모:9
등록취소 처분시 청문실시가 의무규정으로 되어 있음에 주의해야 한다.

참고자료 2 - 음악산업진흥에 관한 법률 시행령(발췌)

제1조(목적) 이 영은 「음악산업진흥에 관한 법률」에서 위임된 사항과 그 시행에 관하여 필요한 사항을 규정함을 목적으로 한다.

제8조 <삭제>

제9조(노래연습장업자의 준수사항) 법 제22조 제1항 제4호에 따라 노래연습장업자가 준수하여야 할 사항은 다음 각 호와 같다.

1. 당해 영업장소에 출입시간(오전 9시부터 오후 6시까지) 외에 청소년이 출입하지 아니하도록 할 것
2. 주류를 판매·제공하지 아니할 것

참고자료 3 - 음악산업진흥에 관한 법률 시행규칙(발췌)

제1조(목적) 이 규칙은 「음악산업진흥에 관한 법률」 및 「음악산업진흥에 관한 법률 시행령」에서 위임된 사항과 그 시행에 관하여 필요한 사항을 규정함을 목적으로 한다.

제10조(신고증·등록증의 교부 및 재교부) ① ~ ③ <생략>

제11조(신고 또는 등록사항의 변경신고 등) ① 법 제21조 제1항에 따라 음반·음악영상물제작업, 음반·음악영상물배급업 또는 온라인음악서비스제공업을 신고하거나 노래연습장업을 등록한 자가 변경신고 또는 변경등록을 하여야 하는 사항은 다음 각 호와 같다.

1. 영업자(법인의 경우에는 그 대표자를 말한다)의 변경
2. 영업소 소재지의 변경
3. 제작품목 또는 배급품목의 변경(음반·음악영상물제작업 및 음반·음악영상물배급업에 한한다)
4. 상호의 변경
5. 영업소 면적의 변경과 청소년실 유무의 변경(노래연습장업에 한한다)

② ~ ⑤ <생략>

제15조(행정처분의 기준 등) ① 법 제27조 제3항에 따른 행정처분의 기준은 별표 2와 같다.

② 시·도지사 또는 시장·군수·구청장은 제1항에 따른 행정처분을 하는 경우에는 별지 제14호 서식의 행정처분기록대장에 그 처분내용 등을 기록·관리하여야 한다.

③ 법 제23조에 따라 영업자의 지위를 승계하려는 자는 담당 공무원에게 해당영업소의 행정처분기록대장의 열람을 청구할 수 있다.

[별표 2] 행정처분의 기준 (제15조 관련)

메모:49
별표기준이 문제가 되면 항상 위 별표의 법적성질이 무엇인지를 답안에서 먼저 밝혀줄 필요가 있다.

1. 일반기준

가. ~ 나. <생략>

다. 위반행위의 횟수에 따른 행정처분의 기준은 최근 1년간 같은 위반행위로 행정처분을 받은 경우에 적용한다. 이 경우 행정처분 기준의 적용은 같은 위반행위에 대하여 최초로 행정처분을 한 날을 기준으로 한다.

메모:11
소외 이원숙이 영업할 당시 원고의 이 사건 처분 사유와 같은 청소년 출입제한 시간 위반 사유로 이미 3회의 제재처분을 받은 바 있고 원고는 양수 당시 제재처분이 이미 3회 있었다는 사실을 들어 알고 있었으므로 모두 승계함이 원칙이나 위 별표 기준에 따라 원고는 노래연습장 변경등록을 한 날로부터 1년 전까지에 해당하는 2회의 제재처분만을 승계받게 된다.

라. <생략>

마. 위반사항의 내용으로 보아 그 위반의 정도가 경미하거나 위반행위가 고의·과실이 아닌 사소한 부주의나 오류로 인한 것으로 인정되는 경우에는 영업정지처분에 해당되는 경우에 한하여 그 처분기준의 2분의 1의 범위에서 감경하여 처분할 수 있다.

메모:40
1/2까지 감경처분을 할 수 있다고 규정하고 있는바, 사안의 경우 원고가 고의나 과실이 아닌 사소한 부주의에 의해 미성년자 한명을 출입시킨 경우에 해당하는 이상 영업정지 기간 3개월에서 1/2 감경함이 상당하다는 주장도 가능하다.

바. <생략>

2. 개별기준

위반사항	근거법령	행정처분기준			
		1차위반	2차위반	3차위반	4차위반
가. ~ 라. <생략>					
마. 법 제22조 및 동법 시행령 제9조에 따른 노래연습장업자의 준수사항을 위반한 때	법 제27조 제1항 제5호				
1) 영업소 안에 화재 또는 안전사고 예방을 위한 조치를 취하지 아니한 때		경고	영업정지 10일	영업정지 20일	영업정지 1월
2) 접대부(남녀를 불문한다)를 고용·알선한 때		영업정지 1월	영업정지 2월	등록취소	
3) 「성매매알선 등 행위의 처벌에 관한 법률」 제2조 제1항에 따른 성매매 등의 행위를 하게 하거나 이를 알선·제공하는 행위를 한 때		등록취소			
4) 청소년 출입시간 외에 청소년을 출입시킨 때		영업정지 10일	영업정지 1월	영업정지 3월	등록취소
5) 주류를 판매·제공한 때		영업정지 10일	영업정지 1월	영업정지 3월	등록취소
바. <생략>					

메모:46
이 사건 처분 근거법령에 대한 위헌 심사시 기본권을 제한하는 입법은 과잉금지원칙 준수 여부를 심사하여야 하는데, 입법목적의 정당성, 수단의 상당성, 피해의 최소성, 법익의 균형성의 요건의 충족여부 심사가 그것이다. 처분 근거법령은 청소년의 야간 노래연습장 출입을 전면적으로 제한하고 있어, ① 원고의 헌법 제15조가 보장하는 영업수행의 자유(원고)와 헌법 제10조로부터 파생되는 일반적 행동의 자유 및 다른 업종종사자에 비하여 합리적 이유 없는 차별을 받게 되어 평등권의 침해를 야기하게 되었으며, ② 기타 부수적으로 청소년 입장에서도 노래연습장에 출입할 수 없게 되어 그들의 행복추구권(일반적 행동자유권), 휴식권, 프라이버시권 등의 기본권이 침해받을 여지가 있다고 서술하면 일부 **가점요인**이 될 것이다.(참고로, 위헌법률심판은 헌법소원과 달리 객관소송 성질이 강해 제3자 기본권 침해 주장도 일정부분 가능)

메모:47
원고는 노래연습장 변경등록을 한 날로부터 1년 전까지 이원숙이 받은 행정제재처분을 승계받게 되어 변경등록일인 2011. 6. 24.로부터 1년 전의 처분을 합산한 기준을 가지고 피고는 행정처분을 내려야 하는바, 이 사건에서 2010. 6. 24.이 위 변경등록일로부터 1년 이내에 해당하므로 2010. 3. 3.자 처분은 제외되므로 이 사건 행정처분의 기준이 되는 위반횟수는 총 4회가 아니라 3회가 되므로 위 별표 규정에 따르더라도 등록취소처분이 아니라 영업정지 3월 처분을 하여야 한다. 따라서 이 사건 등록취소처분은 법규정에도 반하는 위법한 처분에 해당한다고 주장 가능하다.

참고자료 4 - 법원조직법(발췌)

제3조(법원의 종류) ① 법원은 다음의 6종으로 한다.

1. 대법원
2. 고등법원
3. 특허법원
4. 지방법원
5. 가정법원
6. 행정법원

② 지방법원 및 가정법원의 사무의 일부를 처리하게 하기 위하여 그 관할구역안에 지원과 가정지원, 시법원 또는 군법원(이하 "시·군법원"이라 한다) 및 등기소를 둘 수 있다. 다만, 지방법원 및 가정법원의 지원은 2개를 합하여 1개의 지원으로 할 수 있다.

③ 고등법원·특허법원·지방법원·가정법원·행정법원과 지방법원 및 가정법원의 지원, 가정지원, 시·군법원의 설치·폐지 및 관할구역은 따로 법률로 정하고, 등기소의 설치·폐지 및 관할구역은 대법원규칙으로 정한다.

부칙 <법률 제4765호, 1994. 7. 27.>

제1조(시행일) ① ~ ② <생략>

제2조(행정사건에 관한 경과조치) 부칙 제1조 제1항 단서의 규정에 의한 행정법원에 관한 사항의 시행당시 행정법원이 설치되지 않은 지역에 있어서의 행정법원의 권한에 속하는 사건은 행정법원이 설치될 때까지 해당 지방법원 본원 및 춘천지방법원 강릉지원이 관할한다.

참고자료 5 - 각급 법원의 설치와 관할구역에 관한 법률(발췌)

제1조(목적) 이 법은「법원조직법」제3조 제3항에 따라 각급 법원의 설치와 관할구역을 정함을 목적으로 한다.

제4조(관할구역) 각급 법원의 관할구역은 다음 각 호의 구분에 따라 정한다. 다만, 지방법원 또는 그 지원의 관할구역에 시·군법원을 둔 경우「법원조직법」제34조 제1항 제1호 및 제2호의 사건에 관하여는 지방법원 또는 그 지원의 관할구역에서 해당 시·군법원의 관할구역을 제외한다.

1. 각 고등법원·지방법원과 그 지원의 관할구역: 별표 3
2. 특허법원의 관할구역: 별표 4
3. 각 가정법원과 그 지원의 관할구역: 별표 5
4. 행정법원의 관할구역: 별표 6
5. 각 시·군법원의 관할구역: 별표 7
6. 항소사건(抗訴事件) 또는 항고사건(抗告事件)을 심판하는 지방법원 본원 합의부 및 지방법원 지원 합의부의 관할구역: 별표 8
7. 행정사건을 심판하는 춘천지방법원 및 춘천지방법원 강릉지원의 관할구역: 별표 9

[별표 3] 고등법원 · 지방법원과 그 지원의 관할구역

고등법원	지방법원	지원	관할구역
서울	서울중앙		서울특별시 종로구 · 중구 · 성북구 · 강남구 · 서초구 · 관악구 · 동작구
	서울동부		서울특별시 성동구 · 광진구 · 강동구 · 송파구
	서울남부		서울특별시 영등포구 · 강서구 · 양천구 · 구로구 · 금천구
	서울북부		서울특별시 동대문구 · 중랑구 · 도봉구 · 강북구 · 노원구
	서울서부		서울특별시 서대문구 · 마포구 · 은평구 · 용산구
	의정부		의정부시 · 동두천시 · 구리시 · 남양주시 · 양주시 · 연천군 · 포천시 · 가평군, 강원도 철원군. 다만, 소년보호사건은 앞의 시 · 군 외에 고양시 · 파주시
		고양	고양시 · 파주시
	인천		인천광역시. 다만, 소년보호사건은 앞의 광역시 외에 부천시 · 김포시
		부천	부천시 · 김포시
	수원		수원시 · 오산시 · 용인시 · 화성시. 다만, 소년보호사건은 앞의 시 외에 성남시 · 하남시 · 평택시 · 이천시 · 안산시 · 광명시 · 시흥시 · 안성시 · 광주시 · 안양시 · 과천시 · 의왕시 · 군포시 · 여주군 · 양평군
		성남	성남시 · 하남시 · 광주시
		여주	이천시 · 여주군 · 양평시
		평택	평택시 · 안성시
		안산	안산시 · 광명시 · 시흥시
		안양	안양시 · 과천시 · 의왕시 · 군포시
	춘천		춘천시 · 화천군 · 양구군 · 인제군 · 홍천군. 다만, 소년보호사건은 철원군을 제외한 강원도
		강릉	강릉시 · 동해시 · 삼척시
		원주	원주시 · 횡성군
		속초	속초시 · 양양군 · 고성군
		영월	태백시 · 영월군 · 정선군 · 평창군

고등법원	지방법원	지원	관할구역
대 전	대 전		대전광역시 · 연기군 · 금산군
		홍 성	보령시 · 홍성군 · 예산군 · 서천군
		공 주	공주시 · 청양군
		논 산	논산시 · 계룡시 · 부여군
		서 산	서산시 · 태안군 · 당진군
		천 안	천안시 · 아산시
	청 주		청주시 · 청원군 · 진천군 · 보은군 · 괴산군 · 증평군. 다만, 소년보호사건은 충청북도
		충 주	충주시 · 음성군
		제 천	제천시 · 단양군
		영 동	영동군 · 옥천군
대 구	대 구		대구광역시 중구 · 동구 · 남구 · 북구 · 수성구 · 영천시 · 경산시 · 칠곡군 · 청도군
		서 부	대구광역시 서구 · 달서구 · 달성군, 성주군 · 고령군
		안 동	안동시 · 영주시 · 봉화군
		경 주	경주시
		포 항	포항시 · 울릉군
		김 천	김천시 · 구미시
		상 주	상주시 · 문경시 · 예천군
		의 성	의성군 · 군위군 · 청송군
		영 덕	영덕군 · 영양군 · 울진군
부 산	부 산		부산광역시 중구 · 서구 · 동구 · 영도구 · 부산진구 · 북구 · 사상구 · 강서구 · 사하구 · 동래구 · 연제구 · 금정구
		동 부	부산광역시 해운대구 · 남구 · 수영구 · 기장군
	울 산		울산광역시 · 양산시
	창 원		창원시 의창구 · 성산구 · 진해구, 김해시. 다만, 소년보호사건은 양산시를 제외한 경상남도
		마 산	창원시 마산합포구 · 마산회원구, 함안군 · 의령군
		통 영	통영시 · 거제시 · 고성군

메모:35
행정법원이 설치되지 않은 곳의 행정사건 관할은 해당 지역 지방법원 본원의 관할 (법원조직법 부칙(법률 제4765호, 1994. 7. 27) 제2조).

고 등 법 원	지 방 법 원	지 원	관 할 구 역
		밀 양	밀양시 · 창녕군
		거 창	거창군 · 함양군 · 합천군
		진 주	진주시 · 사천시 · 남해군 · 하동군 · 산청군
광 주	광 주		광주광역시 · 나주시 · 화순군 · 장성군 · 담양군 · 곡성군 · 영광군
		목 포	목포시 · 무안군 · 신안군 · 함평군 · 영암군
		장 흥	장흥군 · 강진군
		순 천	순천시 · 여수시 · 광양시 · 구례군 · 고흥군 · 보성군
		해 남	해남군 · 완도군 · 진도군
	전 주		전주시 · 김제시 · 완주군 · 임실군 · 진안군 · 무주군. 다만, 소년보호사건은 전라북도
		군 산	군산시 · 익산시
		정 읍	정읍시 · 부안군 · 고창군
		남 원	남원시 · 장수군 · 순창군
	제 주		제주시 · 서귀포시

[별표 6] 행정법원의 관할구역

고 등 법 원	행 정 법 원	관 할 구 역
서 울	서 울	서울특별시

참고자료 6 – 달력

■ 2010년 1월~12월

2010년 1월

일	월	화	수	목	금	土
					1	2
3	4	5	6	7	8	9
10	11	12	13	14	15	16
17	18	19	20	21	22	23
24/31	25	26	27	28	29	30

2010년 2월

일	월	화	수	목	금	土
	1	2	3	4	5	6
7	8	9	10	11	12	13
14	15	16	17	18	19	20
21	22	23	24	25	26	27
28						

2010년 3월

일	월	화	수	목	금	土
	1	2	3	4	5	6
7	8	9	10	11	12	13
14	15	16	17	18	19	20
21	22	23	24	25	26	27
28	29	30	31			

2010년 4월

일	월	화	수	목	금	土
				1	2	3
4	5	6	7	8	9	10
11	12	13	14	15	16	17
18	19	20	21	22	23	24
25	26	27	28	29	30	

2010년 5월

일	월	화	수	목	금	土
						1
2	3	4	5	6	7	8
9	10	11	12	13	14	15
16	17	18	19	20	21	22
23/30	24/31	25	26	27	28	29

2010년 6월

일	월	화	수	목	금	土
		1	2	3	4	5
6	7	8	9	10	11	12
13	14	15	16	17	18	19
20	21	22	23	24	25	26
27	28	29	30			

2010년 7월

일	월	화	수	목	금	土
				1	2	3
4	5	6	7	8	9	10
11	12	13	14	15	16	17
18	19	20	21	22	23	24
25	26	27	28	29	30	31

2010년 8월

일	월	화	수	목	금	土
1	2	3	4	5	6	7
8	9	10	11	12	13	14
15	16	17	18	19	20	21
22	23	24	25	26	27	28
29	30	31				

2010년 9월

일	월	화	수	목	금	土
			1	2	3	4
5	6	7	8	9	10	11
12	13	14	15	16	17	18
19	20	21	22	23	24	25
26	27	28	29	30		

2010년 10월

일	월	화	수	목	금	土
					1	2
3	4	5	6	7	8	9
10	11	12	13	14	15	16
17	18	19	20	21	22	23
24/31	25	26	27	28	29	30

2010년 11월

일	월	화	수	목	금	土
	1	2	3	4	5	6
7	8	9	10	11	12	13
14	15	16	17	18	19	20
21	22	23	24	25	26	27
28	29	30				

2010년 12월

일	월	화	수	목	금	土
			1	2	3	4
5	6	7	8	9	10	11
12	13	14	15	16	17	18
19	20	21	22	23	24	25
26	27	28	29	30	31	

■ 2011년 1월~12월

2011년 1월

일	월	화	수	목	금	토
						1
2	3	4	5	6	7	8
9	10	11	12	13	14	15
16	17	18	19	20	21	22
23/30	24/31	25	26	27	28	29

2011년 2월

일	월	화	수	목	금	토
		1	2	3	4	5
6	7	8	9	10	11	12
13	14	15	16	17	18	19
20	21	22	23	24	25	26
27	28					

2011년 3월

일	월	화	수	목	금	토
		1	2	3	4	5
6	7	8	9	10	11	12
13	14	15	16	17	18	19
20	21	22	23	24	25	26
27	28	29	30	31		

2011년 4월

일	월	화	수	목	금	토
					1	2
3	4	5	6	7	8	9
10	11	12	13	14	15	16
17	18	19	20	21	22	23
24	25	26	27	28	29	30

2011년 5월

일	월	화	수	목	금	토
1	2	3	4	5	6	7
8	9	10	11	12	13	14
15	16	17	18	19	20	21
22	23	24	25	26	27	28
29	30	31				

2011년 6월

일	월	화	수	목	금	토
			1	2	3	4
5	6	7	8	9	10	11
12	13	14	15	16	17	18
19	20	21	22	23	24	25
26	27	28	29	30		

2011년 7월

일	월	화	수	목	금	토
					1	2
3	4	5	6	7	8	9
10	11	12	13	14	15	16
17	18	19	20	21	22	23
24/31	25	26	27	28	29	30

2011년 8월

일	월	화	수	목	금	토
	1	2	3	4	5	6
7	8	9	10	11	12	13
14	15	16	17	18	19	20
21	22	23	24	25	26	27
28	29	30	31			

2011년 9월

일	월	화	수	목	금	토
				1	2	3
4	5	6	7	8	9	10
11	12	13	14	15	16	17
18	19	20	21	22	23	24
25	26	27	28	29	30	

2011년 10월

일	월	화	수	목	금	토
						1
2	3	4	5	6	7	8
9	10	11	12	13	14	15
16	17	18	19	20	21	22
23/30	24/31	25	26	27	28	29

2011년 11월

일	월	화	수	목	금	토
		1	2	3	4	5
6	7	8	9	10	11	12
13	14	15	16	17	18	19
20	21	22	23	24	25	26
27	28	29	30			

2011년 12월

일	월	화	수	목	금	토
				1	2	3
4	5	6	7	8	9	10
11	12	13	14	15	16	17
18	19	20	21	22	23	24
25	26	27	28	29	30	31

■ 2012년 1월~3월

2012년 1월

일	월	화	수	목	금	토
1	2	3	4	5	6	7
8	9	10	11	12	13	14
15	16	17	18	19	20	21
22	23	24	25	26	27	28
29	30	31				

2012년 2월

일	월	화	수	목	금	토
			1	2	3	4
5	6	7	8	9	10	11
12	13	14	15	16	17	18
19	20	21	22	23	24	25
26	27	28	29			

2012년 3월

일	월	화	수	목	금	토
				1	2	3
4	5	6	7	8	9	10
11	12	13	14	15	16	17
18	19	20	21	22	23	24
25	26	27	28	29	30	31

2013년도 제2회

변호사시험

공법 기록형 문제

2013년도 제2회 변호사시험 문제

목 차

【문 제】

1. 의뢰인 송미령을 위하여 김신뢰 변호사의 입장에서 헌법소원심판청구서를 작성하시오. 단, '청구이유' 중 '2. 이 사건 헌법소원의 적법성'에서는 문제되는 적법요건을 중심으로 기술할 것. (80점)

2. 의뢰인 전화랑을 위하여 김신뢰 변호사의 입장에서 영업정지 처분의 취소를 구하는 소장의 '청구취지'와 '청구원인' 중 '3. 이 사건 처분의 위법성' 부분을 작성하시오. 단, '3. 이 사건 처분의 위법성'에서는 처분의 근거법령의 위헌성·위법성을 다투는 내용을 제외할 것. (20점)

메모:14
현재는 취소소송 소장과, 헌법소원심판청구서 작성이 50점씩 출제되는 경향이며, 장래에 모의고사에서 나온바와 같이 답변서나 준비서면 작성 문제도 나올 가능성이 있다.

메모:1
문제를 잘 읽어야 한다. 청구취지를 빠뜨린 학생이 다수 있거나, 처분의 위법성 이외에도 소장의 전반적인 부분을 쓴 학생들도 다수 있었다. 배점 없다.

메모:26
처분의 근거법령의 위헌성, 위법성은 앞의 헌법소원에서 다루어질 내용이므로 위 설문에서는 '고시의 법적 구속력 인정여부'만을 청구원인에서 언급하라는 취지이다. 그럼에도 다수 학생은 헌법소원 내용을 중복해서 설명한 경우가 많았다. 추가 배점 없다.

【작성요령 및 주의사항】

1. 참고자료로 제시된 법령은 가상의 것으로, 이에 근거하여 작성할 것. 이와 다른 내용의 현행 법령이 있다면, 제시된 법령이 현행 법령에 우선하는 것으로 할 것.

2. 기록에 나타난 사실관계만을 기초로 하고, 그것이 사실임을 전제로 할 것.

3. 기록 내의 각종 서류에는 필요한 서명, 날인, 무인, 간인, 정정인이 있는 것으로 볼 것.

4. 송달이나 접수, 통지, 결재가 필요한 서류는 모두 적법한 절차를 거친 것으로 볼 것.

5. 헌법소원심판청구서의 작성일과 제출일은 2013. 1. 4.로 할 것.

헌법소원심판청구서 양식

헌법소원심판청구서

청 구 인

청구취지

침해된 권리

침해의 원인이 되는 공권력의 행사 또는 불행사

청구이유

1. 쟁점의 정리
2. 이 사건 헌법소원의 적법성
3. 이 사건 규정의 위헌성
4. 결 론

첨부서류

○○○○. ○○. ○○.

청구인의 ○○○

귀중

소장 양식

소　　장

원　고

피　고

○○○○의 소

청구취지

청구원인

1. 이 사건 처분의 경위

2. 이 사건 소의 적법성

3. 이 사건 처분의 위법성

4. 결론

입증방법

첨부서류

○○○○. ○○. ○○.

원고　　○○○

귀중

수임번호 2012-501	법률상담일지		2012. 12. 20.
의 뢰 인	1. 송미령 2. 전화랑	의뢰인 전화	1. *** - **** - **** 2. *** - **** - ****
의뢰인 영업장 주소	1. 서울 서대문구 홍은동 300 2. 서울 서대문구 홍은동 79	의뢰인 전송	
상 담 내 용			

1. 의뢰인 송미령은 중국 국적의 여성으로서 미용사 자격을 취득한 후 2012. 9. 3. 미용실을 개설하였으나, 공중위생 관련 규정이 점빼기와 귓볼뚫기를 금지하고 있다며 헌법소원을 청구하기 위해 국선대리인 선임신청을 하였고, 헌법재판소가 본 변호사를 국선대리인으로 선정하자, 송미령이 본 법인을 방문하였다.
2. 의뢰인 전화랑은 미용사 면허를 가진 자로서 2010. 8. 30.부터 미용실을 운영하여 오다가 2012년 여름에 /단골손님 2명에게 점빼기와 귓볼뚫기를 했다는 사유로 공중위생 관련 법령에 따라 영업정지 2월의 행정처분을 받고 이웃 동네에 사는 송미령과 함께 본 법인을 방문하였다.
3. 전화랑은 오랜 단골 고객인 김미순이 오랜만에 휴가를 얻어 얼굴의 점을 빼달라고 간곡히 부탁하기에 거절하지 못하고 점빼기를 해 주었다고 한다.
4. 전화랑은 그 후 위 김미순의 동생이자 역시 단골 고객인 김용순이 연휴 때 찾아와 병원에서 점을 빼면 너무 비싸다며 간곡히 부탁해서 역시 거절하지 못하였고 서비스로 귓볼뚫기도 해 주었다고 한다.
5. 의뢰인 전화랑에게 문의한바, 영업정지 처분을 하기 전에 사전 통지 및 청문절차를 거쳤다고 한다.
6. 의뢰인 희망사항

   의뢰인 송미령은 미용사가 점빼기와 귓볼뚫기를 할 수 있도록 공중위생 관련 규정에 대한 헌법소원을 청구하여 주기를 희망하고 있고, 의뢰인 전화랑은 단골 고객 2명에게 마지못해 점빼기와 귓볼뚫기 시술을 해 준 것인 데도 영업정지 2월의 처분을 받은 것은 억울하다며 위 영업정지 처분에 대한 취소소송을 제기하여 줄 것을 희망하고 있다.

법무법인 정의(담당변호사 김신뢰)
전화 02-555-****, 전송 02-555-****, 전자우편 ***@justicelaw.com
서울 서초구 서초동 100-2 정의빌딩 3층

메모:2 외국인의 기본권 주체성이 하나의 논점임을 떠올려야 한다.

메모:16 미용사라는 직업이 나왔으므로 제한(침해)되는 기본권에 직업(수행)의 자유가 쟁점이 될 것임을 숙지해야 한다.

메모:3 법령에서 '금지규정'을 두고 있는바, 이것이 청구인의 기본권을 제한(침해)하여 이 사건 헌법소원의 대상이 될 것임을 암시하고 있다.

메모:17 소장에서 이 사건 처분의 위법성 부분에서 다룰 비례원칙 심사단계 중 '필요성, 상당성'부분에서 언급할 내용에 해당한다.

메모:4 이 사건 소장 처분의 위법성 중 청문 절차상의 하자는 없음을 암시한다.

법무법인 정의 내부회의록

일 시: 2012. 12. 21. 14:00 ~ 15:00

장 소: 법무법인 정의 소회의실

참석자: 이길수 변호사(송무팀장), 김신뢰 변호사

이 변호사: 송미령, 전화랑 의뢰인 사건과 관련하여 몇 가지 논의할 사항이 있을 것 같습니다.
김 변호사님, 전화랑 씨에 대한 영업정지 처분에 대해 절차상 하자가 있다고 주장할 만한 점은 없는지요?

김 변호사: 저도 그 점에 착안해서 검토하고 전화랑 씨와 서대문구청에 확인했습니다만, 절차상의 하자는 없는 것 같습니다. 처분에 관한 사전 통지도 했고, 공중위생관리법 제12조에서 요구하는 청문도 실시한 것으로 확인되었습니다. 처분의 방식이나 이유 제시에 관해서도 별다른 하자가 발견되지 않았습니다.

이 변호사: 점빼기나 귓볼뚫기가 의료행위에 해당하는지에 관한 판례가 있는지 확인해 보았나요?

김 변호사: 점빼기나 귓볼뚫기에 관한 판례는 없는 것 같습니다. 관련 판례로는 '곰보수술, 눈쌍꺼풀, 콧날세우기 등 미용성형수술은 질병의 예방 또는 치료행위가 아니므로 오직 일반의사에게만 허용된 의료법 제25조 소정의 의료행위라고 단정할 수 없다.'는 취지의 1972년 대법원 판결이 있었지만, 1974년 이 판결을 폐기하면서 '코높이기 성형수술행위도 의료행위에 해당한다.'는 대법원 판결이 있었습니다. 문신시술행위는 의료행위에 해당한다는 대법원 판례가 있고, 이를 전제로 하여 판단한 헌법재판소 결정도 있습니다. 비교적 최근인 2007년에도 속눈썹 이식과 같은 미용성형술은 의료행위라고 본 대법원 판례가 있습니다.

메모:30
참고자료로 판례를 제시하고 있으면 과잉금지원칙이나 비례원칙 심사시 원용할 문구들이 있음을 명심하자.

이 변호사: 송미령 씨의 헌법소원 말인데요, 심판대상을 무엇으로 삼아 헌법소원을 청구해야 하나요?

김 변호사: 송미령 의뢰인의 경우 아직 위반행위를 하지 않아 행정처분을 받은 바 없고, 형사처벌 규정은 없습니다. 그래서 공중위생관리법이나 그 하위 규정 중 점빼기나 귓볼뚫기를 할 수 없게 하고 있는 근거규정을 심판대상으로 삼아 기본권 침해를 주장하는 헌법소원이 될 것 같습니다. 그런데 헌법재판소의 주류적 판례에 비추어보면 상위법인 공중위생관리법 규정보다는 보건복지부 고시의 해당 규정을 심판대상으로 삼아 헌법소원을 청구하는 것이 타당할 것 같습니다.

메모:5
이번 문제는 헌법재판소법 제68조 제1항 법령헌법소원청구서 작성문제에 해당하는바, 심판대상을 문제에서 알려주고 있음에도 불구하고 청구취지 대상을 특정조차 못한 답안이 많았다.

이 변호사: 좋은 생각입니다. 그렇게 하시죠. 헌법소원 요건은 상당히 까다로운 것으로 알고 있는데, 적법요건에 다른 문제는 없는지 잘 검토해 주시기 바랍니다.

김 변호사: 네, 잘 알겠습니다.

이 변호사: 그럼, 소장과 헌법소원 청구서 작성 준비를 잘 해주기 바랍니다. 이상으로 회의를 마치겠습니다. 끝.

대법원 2007.6.28. 선고 2005도8317 판결 【의료법위반】 (발췌)
[공2007.8.1.(279),1206]

【판시사항】
[1] 의료행위의 의미 및 미용성형술이 의료행위에 포함되는지 여부(한정 적극)
[2] 속눈썹 또는 모발의 이식시술 행위가 의료행위에 해당한다고 한 사례
[3] 무면허 의료행위가 정당행위로서 위법성이 조각되기 위한 요건
[4] 의사가 모발이식시술을 하면서 이에 관하여 어느 정도 지식을 가지고 있는 간호조무사로 하여금 모발이식시술행위 중 일정 부분을 직접 하도록 맡겨둔 채 별반 관여하지 않은 것이 정당행위에 해당하지 않는다고 한 사례

【판결요지】
[1] 의료행위라 함은 질병의 예방과 치료행위뿐만 아니라 의학적 전문지식이 있는 의료인이 행하지 아니하면 사람의 생명, 신체나 공중위생에 위해를 발생시킬 우려가 있는 행위를 포함하므로, 질병의 치료와 관계가 없는 미용성형술도 사람의 생명, 신체나 공중위생에 위해를 발생시킬 우려가 있는 행위에 해당하는 때에는 의료행위에 포함된다.
[2] 의사가 속눈썹이식시술을 하면서 간호조무사로 하여금 피시술자의 후두부에서 채취한 모낭을 속눈썹 시술용 바늘에 일정한 각도로 끼우고 바늘을 뽑아낸 뒤 이식된 모발이 위쪽을 향하도록 모발의 방향을 수정하도록 한 행위나, 모발이식시술을 하면서 간호조무사로 하여금 식모기(植毛機)를 피시술자의 머리부위 진피층까지 찔러 넣는 방법으로 수여부에 모낭을 삽입하도록 한 행위가 진료보조행위의 범위를 벗어나 의료행위에 해당한다고 한 사례.
[3] 의료행위에 해당하는 어떠한 시술행위가 무면허로 행하여졌을 때, 그 시술행위의 위험성의 정도, 일반인들의 시각, 시술자의 시술의 동기, 목적, 방법, 횟수, 시술에 대한 지식수준, 시술경력, 피시술자의 나이, 체질, 건강상태, 시술행위로 인한 부작용 내지 위험 발생 가능성 등을 종합적으로 고려하여 법질서 전체의 정신이나 그 배후에 놓여 있는 사회윤리 내지 사회통념에 비추어 용인될 수 있는 행위에 해당한다고 인정되는 경우에만 사회상규에 위배되지 아니하는 행위로서 위법성이 조각된다.

메모:27
이번 문제에서 수험생은 답안에서 청구인의 행위는 이러한 사회상규에 위배되지 아니하는 행위에 해당한다고 주장해야 한다. 이는 넓게 보면 처분사유의 부존재 목차로 따로 구성해도 되는 것으로 가점사안이기도 하다. 기록내용에 주어진 참고용 판례는 항상 답안 작성시 쓸 거리(내용)를 제공한다.

[4] 의사가 모발이식시술을 하면서 이에 관하여 어느 정도 지식을 가지고 있는 간호조무사로 하여금 모발이식시술행위 중 일정 부분을 직접 하도록 맡겨둔 채 별반 관여하지 않은 것이 정당행위에 해당하지 않는다고 한 사례.

【전 문】

【피 고 인】 피고인 1외 6인
【상 고 인】 피고인들
【변 호 인】 변호사 노인수외 7인
【원심판결】 서울중앙지법 2005. 10. 13. 선고 2005노1994 판결

【주 문】
원심판결 중 피고인 1에 대한 부분을 파기하고, 이 부분 사건을 서울중앙지방법원 합의부에 환송한다. 나머지 피고인들의 상고를 모두 기각한다.

【이 유】
상고이유를 판단한다.
1. 피고인들에 대한 무면허의료행위 부분에 대하여
가. 의료행위라 함은 질병의 예방과 치료행위뿐만 아니라 의학적 전문지식이 있는 의료인이 행하지 아니하면 사람의 생명, 신체나 공중위생에 위해를 발생시킬 우려가 있는 행위를 포함하므로(대법원 1992. 5. 22. 선고 91도3219 판결, 2000. 2. 22. 선고 99도4541 판결, 2003. 9. 5. 선고 2003도2903 판결 등 참조), 질병의 치료와 관계가 없는 미용성형술도 사람의 생명, 신체나 공중위생에 위해를 발생시킬 우려가 있는 행위에 해당하는 때에는 의료행위에 포함된다(대법원 1974. 11. 26. 선고 74도1114 전원합의체 판결, 2005. 6. 10. 선고 2005도2740 판결 등 참조).

메모:11
헌법소원심판청구서에서 과잉금지위반 여부 심사시 이 사건 심판대상 조항은 공중보건 내지 사람의 생명, 신체와 관련된 의료행위에 대한 단속조항으로서 입법목적의 정당성, 수단의 적합성은 인정된다고 기술하면서 원용할 수 있는 부분이다.

위와 같은 법리 및 기록에 비추어 보건대, 원심은 제1심이 적법하게 채택한 증거를 종합하여 판시와 같은 사실을 인정한 다음, 의사인 피고인 1이 속눈썹이식시술을 하면서 피시술자의 후두부에서 채취한 모낭을 간호조무사인 제1심 공동피고인 1로 하여금 속눈썹시술용 바늘(안과용 각침)에 일정한 각도로 끼우고 바늘을 뽑아낸 뒤 이식된 모발이 위쪽을 향하도록 모발의 방향을 수정하도록 한 행위나, 나머지 피고인들이 모발이식시술을 하면서 위 제1심 공동피고인 1로 하여금 식모기(植毛機)를 피시술자의 머리부위 진피층까지 찔러 넣는 방법 행위수여부에 모낭을 삽입하도록 한 행위가 진료보조행위의 범위를 벗어나 의료행위에 리부위 진피보아, 피고인들이 의료행위 중 일부인 위와 같은 행위를 위 제1심 공동피고인 1로 하여금 하게 한 이

상 무면허의료행위의 공범이 된다시피 판단하여, 피고인들에 대한 이 사건 무면허의료행위의 공소사실을 유죄로 인정한 제1심판결을 유지하였는바, 원심의 위와 같은 증거취사 및 사실인정과 판단은 옳고, 상고이유로 주장하는 바와 같은 채증법칙 위반 및 무면허의료행위에 관한 법리오해나 이로 인한 심리미진 등의 위법이 없다.

나. **의료행위에 해당하는 어떠한 시술행위가 무면허로 행하여졌을 때, 그 시술행위의 위험성의 정도, 일반인들의 시각, 시술자의 시술의 동기, 목적, 방법, 횟수, 시술에 대한 지식수준, 시술경력, 피시술자의 나이, 체질, 건강상태, 시술행위로 인한 부작용 내지 위험발생 가능성 등을 종합적으로 고려하여 법질서 전체의 정신이나 그 배후에 놓여 있는 사회윤리 내지 사회통념에 비추어 용인될 수 있는 행위에 해당한다고 인정되는 경우에만 사회상규에 위배되지 아니하는 행위로서 위법성이 조각된다**(대법원 2002. 12. 26. 선고 2002도5077 판결, 2004. 10. 28. 선고 2004도3405 판결, 2006. 3. 23. 선고 2006도1297 판결 등 참조).

메모:12
마찬가지로, 헌법소원심판청구서 중 과잉금지원칙 위반 심사시 이 사건에서 단속의 대상이 된 점빼기 등의 행위가 이에 해당하므로 이 부분을 잘 원용하면, 이 사건 심판대상조항은 침해최소성 내지 법익균형성에 반한다는 주장을 쉽게 기술할 수 있을 것이다.

위와 같은 법리 및 기록에 비추어 보건대, 간호조무사에 불과한 위 제1심 공동피고인 1이 모발이식시술에 관하여 어느 정도 지식을 가지고 있다고 하여도 의료 전반에 관한 체계적인 지식과 의사 자격을 가지고 있지는 못한 사실, 피고인 5는 모발이식시술을 하면서 식모기를 환자의 머리부위 진피층까지 찔러 넣는 방법으로 수여부에 모발을 삽입하는 행위 자체 중 일정 부분에 대해서는 위 제1심 공동피고인 1에게만 맡겨둔 채 별반 관여를 하지 아니한 사실 등을 인정한 다음, 이러한 위 피고인의 행위는 의료법을 포함한 법질서 전체의 정신이나 사회통념에 비추어 용인될 수 있는 행위에 해당한다고 볼 수 없어 위법성이 조각되지 아니한다고 하여, 위 피고인의 정당행위 주장을 배척한, 원심의 조치는 옳고 정당행위에 관한 법리오해의 위법이 없다.

(중략)

3. 결 론

그러므로 원심판결 중 피고인 1에 대한 부분을 파기하고, 이 부분 사건을 다시 심리·판단하게 하기 위하여 원심법원에 환송하며, 나머지 피고인들의 상고를 모두 기각하기로 관여 대법관의 의견이 일치되어 주문과 같이 판결한다.

대법관 이홍훈(재판장) 김영란(주심) 김황식 안대희

제 2012 - 45 호

영업신고증

메모:24
외국인이지만 적법한 영업등록을 마치고, 미용실을 경영하고 있던 청구인은 직업수행의 자유와 평등권에 대한 기본권 주체성이 인정된다.

대표자	성명 송 미 령	생년월일 1985. 10. 15.
영업소	명칭(상호) 힐링미용실	
	소재지 서울 서대문구 홍은동 300	
	영업의 종류 미용업	
조건		

「공중위생관리법」 제3조 제1항 및 같은 법 시행규칙 제3조 제1항에 따라 영업의 신고를 하였음을 증명합니다.

2012년 9월 3일

서대문구청장 서대문 구청장인

질 의 서

송미령 : 미용업 영업신고증 번호(제2012-45호)
영업소 소재지 : 서울 서대문구 홍은동 300 힐링미용실
전화 : 02)399-****

저는 서대문구에서 힐링미용실을 개업한 송미령이라고 합니다. 저는 올해 여름 미용사 면허를 취득하였으나, 예전에 다른 분이 운영하는 미용실에서 보조로 일할 때 그 미용실에서 헤어 펌이나 염색 외에도 입술 문신, 점제거, 귀뚫기 등의 기술을 배워서 그로 인한 수입이 상당했던 경험이 있습니다. 그래서 제가 미용실을 개업하면서 아는 분들에게 제 미용실에 오시면 두피케어도 해드리고 점도 빼드린다면서 꼭 들러달라고 말씀을 드렸더니 어떤 분이 이제 점은 미용실에서 빼면 안 되는 것으로 알고 있다고 하셔서 문의를 드립니다. 과연 그런지, 그 외에 구체적으로 어떠한 행위가 금지되는 것인지 알려주시기 바랍니다. 만약 금지된다면, 귀 협회에서 미용실에서 점을 빼는 행위 등이 안 되는 것으로 정한 것인지요.

2012. 9. 3.

대한미용업협회장 귀하

대 한 미 용 업 협 회

수신자 : 송미령(영업소 소재지 : 서울 서대문구 홍은동 300 힐링미용실)

제 목 : 질의서 회신

회신일 : 2012. 9. 10.[1)]

메모:13
청구기간 기산일(기본권 침해 안 날로부터 90일 이내) : 이 사건의 경우에는 기본권 침해를 안 날은 일종의 공식기관에 해당하는 대한미용사업협회로부터 청구인이 행위불가 회신을 받은 날인 2012. 9. 10.이다.

귀하가 요청한 질의에 대하여 다음과 같이 회보합니다.

- 공중위생관리법 관련 법령 및 **보건복지부 고시**에 따라 2011. 10. 15.부터 미용업자가 점빼기·귓볼뚫기·쌍꺼풀수술·문신·박피술 그 밖에 유사한 의료행위를 더 이상 할 수 없도록 규율되고 있습니다. 또한 그 외에 피부미용을 위하여 약사법에 따른 의약품 또는 의료기기법에 따른 의료기기를 사용하여서도 아니됩니다.

메모:18
이 사건에서 청구인의 기본권 행사를 제한하는 근거인 보건복지부 고시가 단순한 행정규칙이 아니라 상위 공중위생관리법과 결합하여 법규성을 가지는 **법령보충적 행정규칙**임을 알 수 있다.

- 따라서 귀하가 문의한 점빼기, 귓볼뚫기 등 비교적 간단한 시술도 더 이상 미용업자의 면허로 행할 수 없음을 알려드립니다.
- 만약 이를 위반할 경우 관련 법령에 의하여 영업정지나 면허취소 등의 행정조치를 받을 수 있으므로 항상 이를 숙지하시고 영업시 착오가 없도록 만전을 기해주시기 바랍니다.

대한미용업협회장 대한미용업협회장인

우편번호 150-010 서울 중구 신당동 38 고려빌딩 4층 전화 02)709-**** 팩스 02)709-****

---

1) 헌법재판소 2011. 7. 28. 자 2010헌마432 결정 판시사항

[1] **형사법 조항에 의한 기본권침해 사유가 발생한 시점은 청구인의 행위가 당해 법령의 위반행위에 해당한다는 이유로 형사처벌을 받을 가능성이 발생하는 시점, 즉, 당해 법령의 위반을 이유로 검사가 공소제기한 시점이고,** '공소장 부본을 송달받은 날'이 당해 법령에 의하여 기본권침해 사유가 발생하였음을 안 날**이라고 보아야 한다.** 그렇다면 사건 공소장 부본이 송달된 날로부터 90일이 경과된 날에 국선대리인선임신청을 한 이 사건 형법 조항에 대한 심판청구는 청구기간을 도과하였다.

[2] 헌법재판소법 제69조 제1항의 "그 사유가 있음을 안 날"은 공권력의 행사에 의한 기본권침해의 사실관계를 안 날을 뜻하는 것이므로 청구인은 제1회 공판기일에 국민참여재판의 대상사건에 사기죄가 포함되지 않는다는 것도 알았다고 보아야 한다. 그렇다면 제1회 공판기일로부터 90일이 경과된 날에 국선대리인선임신청을 한 이 사건 **국민재판참여법 조항**에 대한 심판청구는 청구기간을 도과하였다.

국선대리인선임신청서

신 청 인　　송　미　령

서울 서대문구 홍은동 101 소망빌라 지층 1호

전화　***-****-****

신 청 이 유

1. 헌법소원 사유

청구인은 한국에서 태어난 중국 국적의 여자로서 2005년 1월경부터 서울 서대문구 소재 미용실에서 미용사 보조원으로 다년간 일하다가 퇴직한 후, 미용사가 되기 위해 서울 강남구 소재 미용학원에서 1년 여 간 수강 및 실습을 하고 미용사 면허시험에 응시하여 2012. 8. 31. 미용사 자격을 취득하였습니다. 청구인은 2012. 9. 3. 미용실을 개설하여 그동안 배우고 익힌 기술을 활용하여 점빼기와 귓볼뚫기 등 미용행위를 하려고 하였으나, 대한미용업협회에 질의한 결과 공중위생 관련 규정에서 미용사는 점빼기와 귓볼뚫기를 할 수 없도록 하고 있다는 회신을 같은 달 10. 받았습니다. 이에 본인이 미용업을 하는 데 커다란 장애가 있어 동 규정을 대상으로 헌법소원심판을 청구하려고 합니다.

접수
No. 500
2012. 11. 20.
헌법재판소
심판사무국

2. 무자력 사유

청구인의 부모님은 청구인이 어렸을 때 돌아가셨기 때문에 청구인은 일찍부터 미용실에서 미용사 보조원으로 일했고, 그때 받은 월급의 일부를 떼어 적금을 들어

메모:6
이 부분을 통해, 헌법소원 심판청구서에서 기본권침해 관련 과잉금지원칙위반(비례 원칙) 심사를 함에 있어 법익의 균형성 부분을 채울 수 있는바, 위 부분을 잘 원용하여 이 사건 법령을 통해 달성하고자 하는 공익보다 침해되는 사익이 더 크다는 점을 강조해야 할 것이다.

돈을 모아 미용학원에 다녔고, 2012. 8. 31. 드디어 꿈에 그리던 미용사 자격을 취득하였습니다. 따라서 청구인은 현재 일정한 수입이 없는 상태이고 금전적으로 도와줄 수 있는 친척이나 형제들도 없는 터라 헌법소원을 청구하기 위한 변호사를 대리인으로 선임할 자력이 전혀 없습니다.

3. 결 론

이상과 같은 이유로 헌법소원심판청구를 위한 국선대리인을 선정해 주시기를 앙망합니다.

2012. 11. 20.

메모:7
법령헌법소원에 있어 국선대리인 선임신청이 있는 경우 '국선대리선임 신청일'이 헌법소원 청구기간(90일) 내에 청구한 것인지 여부를 판단하는 기준시점이다. 즉, 본인이 국선대리인 선임신청을 한 날에 헌법소원심판을 청구한 것으로 보아 청구기간의 경과여부를 계산한다(헌법재판소법 제70조 제1항). 그리고, 이 경우 청구인의 국선대리인은 **선임일로부터 60일 이내에 심판청구서를 헌법재판소에 제출하여야 한다**(헌법재판소법 제70조 제5항). 이 사건의 경우 기본권 침해를 안 날은 대한미용사업협회로부터 청구인이 회신을 받은 날인 2012. 9. 10.**이며, 그로부터 90일 이내인 2012. 11. 20.에 국선대리인 선임을 신청**하였으므로 제소기간을 준수한 것이 된다.

신 청 인 송 미 령 

헌법재판소 귀중

헌 법 재 판 소

제1지정재판부

결 정

사 건 2012헌사500 국선대리인선임신청

신 청 인 송 미 령

서울 서대문구 홍은동 101 소망빌라 지층 1호

주 문

청구인이 청구하고자 하는 헌법소원심판사건에 관하여 변호사 김신뢰를 청구인의 국선대리인으로 선정한다.

이 유

청구인의 국선대리인 선임신청은 헌법재판소법 제70조 제1항에서 정한 국선대리인 선임요건에 해당되므로 주문과 같이 결정한다.

2012. 12. 14.

재판장 재판관 김 ○ ○________________

재판관 이 ○ ○________________

재판관 박 ○ ○________________

정본입니다.

헌법재판소
사무관 인

단속결과보고서

제2012-189호

수신: 서대문구청장
참조: 환경위생과장
제목: 공중위생관리법 위반업소 단속결과 보고

미용업소 불법영업 신고에 따라 해당업소에 현지 출장한 결과를 아래와 같이 보고합니다.

출장일시	2012. 7. 30. 13:00 ~ 17:00
단 속 반	1개반 2명
단속업소	서울특별시 서대문구 관할 구역 내 미용실
중점단속사항	점빼기 등 의료행위 금지 준수 여부
단속결과	- 위반업소 : 화랑미용실(홍은동 79) - 공중위생관리법 제4조(공중위생영업자의 위생관리의무 등) 제4항에 따라 미용업자는 점빼기 · 귓볼뚫기를 하여서는 아니됨에도 불구하고, 위 미용업소 영업자 전화랑이 2012. 7. 25. 10:00경 자신이 운영하는 화랑미용실에서 김미순(만 27세)을, 2012. 7. 30. 14:00경 같은 장소에서 김용순(만 21세)을 상대로 점을 빼고 귓볼을 뚫어주는 영업을 하였음을 확인하고, 전화랑, 김미순, 김용순으로부터 해당행위에 대한 자술서와 확인서를 받았습니다.

위와 같이 조치결과를 보고합니다.

2012년 7월 31일

보고자 : 서대문구청 환경위생과 6급 정수인(정수인)
서대문구청 환경위생과 7급 정성원(정성원)

자 술 서

메모:19
전화랑에 대한 취소 소장 청구원인 중 처분의 위법성 사유로서 비례원칙 위반 심사시 상당성 부분인, '침해되는 사익이 보호하고자 하는 공익보다 훨씬 크다'는 점을 주장할 때 원용 가능한 사정이 기술되어 있다.

이름: 전화랑(****** - *******)

주소: 서울 서대문구 홍은동 일품아파트 2동 103호

저는 2010년 여름부터 서울 홍은동 상가에서 "화랑미용실"을 운영하고 있는 전화랑입니다. 제가 17세부터 약 3년 전까지 제가 살던 읍내 미용실에서 미용보조로 일했었는데 그 곳에서 미용사가 손님들 점도 빼주고 귀를 뚫어주기도 하는 것을 옆에서 보고 배웠습니다. 손기술만 있으면 간단히 배울 수 있었으니까요. 그 당시 손님들이 미용실에서 하니 간편하고 저렴하다며 매우 만족하셨던 기억이 납니다. 그 때 옆에서 보고 배운 기술로 이번에 제 미용실에 찾아온 손님 김미순 등에게 해드린 것입니다. 그래도 제가 제 이름으로 미용실을 운영한 이후에 요새는 미용실에서 헤어나 메이크업 외에 함부로 손님들에게 점빼기, 귀뚫기 등은 하면 안된다고 미용업협회로부터 들은 적이 있었던 것 같아 사실 한 번도 하지 않았는데, 예전부터 저의 오랜 단골 고객인 김미순씨가 오랜만에 휴가를 얻었는데 점을 빼달라고 간절히 부탁하여 그만 거절하지 못하고 해드렸습니다. 그런데 이후에 그 손님 동생 분이자 역시 단골 고객인 김용순씨가 연휴 때 또 찾아오셔서 병원 가서 점을 빼면 너무 비싸다며 간곡히 부탁하기에 그만 거절하지 못하고 해드렸습니다. 그 분이 아직 귀를 뚫지 않아서 저의 서비스 차원에서 그 분 귀도 뚫어주게 되었던 것이고요. 미용실을 해 보신 분은 아실 것입니다. 단골 고객 관리가 얼마나 어려운 일인지요.

저는 가정 형편이 어려워 17세부터 집을 나와 미용실 보조로 일했습니다. 그 때 미용실 보조 월급은 너무 적었고 심지어 어떤 달에는 못받기도 하였는데 그래도 그렇게 10년 이상 한푼 두푼 모은 돈에다 은행대출을 받아 겨우 서른이 넘어 제 이름으로 미용실을 열었고 지금 결혼하여 두 아이의 아빠로 한 가정을 책임지고 있는 가장입니다. 미용실 운영수입으로 상가월세매달 150만원 내고 직원 월급 주고 나면 겨우 가족들 먹고 사는 정도여서 저축 한 번 제대로 해보지 못했습니다. 그래도 제 스스로의 힘으로 기술도 익히고 제 이름으로 미용실도 열어서 동네 손님들 상대로 일요일도 쉬지 않고 일하면서 소시민으로 행복하게 살아왔는데, 행여 이번 일로 영업정지라도 받으면 월세는 어떻게 낼지, 동네 장사인데 이미지에 손상을 입게 되는 것은 아닌지, 손님들이 다른 상가에 있는 미용실로 모두 옮기시지 않을지 너무 걱정되어서 요새 밥도 입에 들어가지 않습니다. 저는 지금까지 살면서 한 번도 법을 어긴 사실이 없었습니다. 그런데 이번에 제가 단골 손님들 부탁으로 점을 빼준 일 등으로 단속을 당하고 보니 너무 억울합니다.

앞으로는 아무리 부탁하더라도 절대로 법을 어기는 일이 없도록 할 테니 저의 어려운 처지를 생각해서 선처해 주실 것을 간절히 부탁드립니다.

2012년 7월 30일

전화랑 (서명)

확 인 서

성 명 : 김미순

주민등록번호 : ****** – *******

주 소 : 서울 서대문구 홍은동 일동빌라 3동 23호

저는 서울 서대문구 홍은동에 있는 한식당 '다헌'에서 서빙일을 하고 있습니다. 저희 한식당은 고급 한식집이라 손님들 서빙이 중요해서 제가 근처 화랑미용실에서 드라이 등 헤어관리를 자주 받았습니다. 그런데 식당일 때문에 평소 눈썹 아래 늘 거슬리던 점을 빼기 위해 휴가를 얻기가 참 어려웠습니다. 게다가 근처에 피부과도 없고 병원 예약도 잡기 어려워 답답해하고 있던 차에, 화랑미용실 사장님과 대화하다가 예전에 미용보조로 일하던 미용실에 점을 빼러 온 손님에 관한 에피소드를 얘기하시기에 하실 수 있다 생각하고 부탁하게 된 것입니다. 저희 어머니도 예전에 다른 미용실에서 점을 빼셨는데 너무 잘 마무리되었다며 안심시켜주셨고 제가 점을 빼고 난 후 제 동생도 부탁하게 된 것입니다. 전화랑 사장님이 요새는 미용실에서 점 빼면 안된다고 몇 번을 거절하셨는데도 말입니다. 성실하고 바른 분이니 제발 이번 일로 인하여 미용실 사장님께 피해가 가지 않도록 해 주십시오.

메모:20
전화랑에 대한 취소 소장의 위법성 중 비례성 심사단계에서 필요성, 상당성부분에 원용가능한 문구들이다(원고가 고의로 적극 점빼기 영업을 유치한 것이 아니라 손님의 간곡한 부탁에 의해 한 것이라는 점).

2012. 7. 30.

김미순 (서명)

확 인 서

이 름 : 김용순
주민등록번호 : ****** - *******
주 소 : 서울 서대문구 홍은동 일동빌라 3동 23호

저는 서울 서대문구에 살고 있는 대학생입니다. 저의 언니 김미순이 평소 화랑미용실 단골이라 저도 가끔 따라가서 파마도 하고 그랬는데 언니가 그 미용실에서 이번에 점을 빼고 인상이 환해져서 저도 친구들이 평소 지적하던 얼굴의 점이 더 커지기 전에 빨리 빼야겠다는 생각에 찾아가게 된 것입니다. 언니는 더 이상 부탁하면 안된다며 말렸지만, 제 대학 학비로 허리가 휘어지는 부모님께 점 빼러 피부과 비용 달라는 말이 떨어지지 않아 언니 몰래 화랑미용실에 찾아가서 고집을 피웠습니다. 전화랑 미용실 사장님이 정말 곤란하다고 몇 번 거절하셨는데 작은 점 하나이고 앞으로 머리할 친구들 많이 데려오겠다며 집요하게 부탁했습니다. 요새 보기 드물게 성실하고 바르게 살아가시는 분인데 저희 자매 때문에 영업정지까지 당할 수 있다고 하니 정말 괴롭습니다.
솔직히 [점 빼는 일이 1, 2분 만에 끝나는 간단한 일이고, 위험한 일도 아니며, 무슨 대단한 의료기기나 의료기술이 필요한 일도 아닌 것 같은데 그리고 일반인 입장에서는 병원 가서 점 빼려면 비싸고 번거로운데 왜 기술 있는 미용사가 점을 제거하면 위법이라고 단속하는 건지 잘 모르겠습니다. 게다가 저는 그날 귀도 뚫어 달라고 했는데 귀 뚫는 것도 병원 가서 하지 않으면 안 된다니 좀 과도하다고 생각합니다.]
제발 미용실 사장님이 영업정지만큼은 받지 않도록 선처해주시길 부탁드립니다.

2012. 7. 30.

김용순 (서명)

메모:8
전화랑에 대한 취소소송 소장 중 처분의 위법성 부분에 들어가게 되는 비례원칙 위반심사시 필요성(침해최소성)과 상당성(법익균형성) 부분에서 원용할 수 있는 문구이다. 이를 통해 헌법소원의 경우 침해최소성이나, 법익균형성이 인정되지 아니하여 기본권 침해에 해당하고, 행정소송의 경우 본 처분은 재량일탈·남용에 해당하여 위법하다는 것으로 마무리하면 된다.

서대문구청

우 123-456 / 서울 서대문구	연희동 133-2	전화 02-345-****	전송 02-345-****
처리과 환경위생과	과장 박병두	계장 이희열	담당 이민우

문서번호 **환경위생 12-531**

시행일자 2012. 12. 13.

받 음 **전화랑 (상호: 화랑미용실) 귀하**

제 목 **미용업소** 영업정지처분 통지

---

1. 항상 구정 발전에 협조하여 주시는 귀하께 감사드립니다.
2. 귀하께서는 공중위생관리법 제4조(공중위생영업자의 위생관리의무등) 제4항에 의하여 미용업자는 위생관리기준 등을 준수하여야 함에도 이를 위반하여, 2012. 7. 25. 및 같은 달 30. 점빼기·귓볼뚫기를 하였으므로, 동법 제11조(공중위생영업소의 폐쇄등) 제2항 및 동법 시행규칙 제19조(행정처분기준) [별표 7]의 규정에 의하여 붙임과 같이 행정처분하오니 양지하시기 바랍니다.
3. 만약 이 처분에 불복이 있는 경우 처분이 있음을 안 날부터 90일 이내에 행정심판법에 의한 행정심판 또는 행정소송법에 의한 행정소송을 제기할 수 있음을 알려드립니다.

붙임: 행정처분서(화랑미용실) 1부. 끝.

메모:9
이 사건 영업정지 행정처분의 경위와 근거법령으로서 처분의 위법성 주장에서 반드시 살펴야 하는 법규가 기재되어 있다. 특히, '별표'가 들어가 있으면 일단 별표의 법적 성질이 무엇인지(법규명령/행정규칙)를 고민한 후 필요하면 답안지에 언급해야 한다.

서 대 문 구 청 장 서대문구청장인

행정처분서

영업소의 소재지	서울 서대문구 홍은동 79		
영업소의 명칭	화랑미용실		
영업자의 성명	전화랑	주민등록번호	****** – *******
위 반 사 항	미용업자가 점빼기·귓볼뚫기를 한 행위 (1차 위반)		
행정처분 내역	영업정지 2월(2013. 1. 9.~2013. 3. 8.)		
지시(안내)사항	생략(이 부분은 제대로 기재된 것으로 볼 것)		

귀 업소는 위 위반사항으로 적발되어 공중위생관리법 제4조 제4항, 제11조 제2항, 동법 시행규칙 제19조 [별표 7]에 의하여 위와 같이 행정처분합니다.

메모:28
이 사건 문제가 된 영업정지 행정처분의 직접적인 근거로서, 해당처분의 취소를 구하는 행정소송에서는 위 근거법규(특히, 별표)의 법적 성질에 대하여 반드시 검토하여야 한다.

2012년 12월 13일

서 대 문 구 청 장

메모:15
처분서에 직인 날인된 자가 바로 당해 행정처분의 주체이자 피고가 된다.

<table>
<tr><td colspan="2">우편송달보고서
증서 2012년 제402호 2012년 12월 13일 발송</td></tr>
<tr><td colspan="2">송달서류 미용업소 영업정지처분 통지 및 행정처분서 1부(환경위생 12-531)
발송자 서대문구청장
송달받을 자 전화랑 귀하
서울 서대문구 홍은동 일품아파트 2동 103호</td></tr>
<tr><td colspan="2">영수인 전화랑 (서명)</td></tr>
<tr><td colspan="2">영수인 서명날인 불능</td></tr>
<tr><td>①</td><td>송달받을 자 본인에게 교부하였다.</td></tr>
<tr><td rowspan="4">~~2~~</td><td>송달받을 자가 부재 중이므로 사리를 잘 아는 다음 사람에게 교부하였다.</td></tr>
<tr><td>사무원</td></tr>
<tr><td>피용자</td></tr>
<tr><td>동거자</td></tr>
<tr><td rowspan="5">~~3~~</td><td>다음 사람이 정당한 사유 없이 송달받기를 거부하므로, 그 장소에 서류를 두었다.</td></tr>
<tr><td>송달받을 자</td></tr>
<tr><td>사무원</td></tr>
<tr><td>피용자</td></tr>
<tr><td>동거자</td></tr>
<tr><td colspan="2">송달연월일 2012. 12. 17. 11시 20분</td></tr>
<tr><td colspan="2">송달장소 서울 서대문구 홍은동 일품아파트 2동 103호</td></tr>
<tr><td colspan="2">위와 같이 송달하였다.
2012. 12. 18.
우체국 집배원 박무섭 ⑩ </td></tr>
</table>

담 당 변 호 사 지 정 서

사 건	영업정지처분 취소
원 고	전화랑
피 고	서울특별시 서대문구청장

위 사건에 관하여 당 법인은 원고의 소송대리인으로서 변호사법 제50조 제1항에 의하여 그 업무를 담당할 변호사를 다음과 같이 지정합니다.

담당변호사	변호사 김신뢰

2012. 12. 20.

수입 증지
350원
서울특별시

법무법인 정 의
대표변호사 김정대 법무법인 정 의

서울 서초구 서초동 100-2 정의빌딩 3층
전화 02-555-**** 전송 02-555-****

서울행정법원 귀중

참고자료 1 - 공중위생관리법(발췌)

제1조(목적)

이 법은 공중이 이용하는 영업과 시설의 위생관리등에 관한 사항을 규정함으로써 위생수준을 향상시켜 국민의 건강증진에 기여함을 목적으로 한다.

제2조(정의)

① 이 법에서 사용하는 용어의 정의는 다음과 같다.

1. "공중위생영업"이라 함은 다수인을 대상으로 위생관리서비스를 제공하는 영업으로서 숙박업·목욕장업·이용업·미용업·세탁업·위생관리용역업을 말한다.
2. "숙박업"이라 함은 손님이 잠을 자고 머물 수 있도록 시설 및 설비등의 서비스를 제공하는 영업을 말한다. 다만, 농어촌에 소재하는 민박등 대통령령이 정하는 경우를 제외한다.
3. "목욕장업"이라 함은 다음 각목의 어느 하나에 해당하는 서비스를 손님에게 제공하는 영업을 말한다. 다만, 숙박업 영업소에 부설된 욕실 등 대통령령이 정하는 경우를 제외한다.
가. 물로 목욕을 할 수 있는 시설 및 설비 등의 서비스
나. 맥반석·황토·옥 등을 직접 또는 간접 가열하여 발생되는 열기 또는 원적외선 등을 이용하여 땀을 낼 수 있는 시설 및 설비 등의 서비스
4. "이용업"이라 함은 손님의 머리카락 또는 수염을 깎거나 다듬는 등의 방법으로 손님의 용모를 단정하게 하는 영업을 말한다.
5. "미용업"이라 함은 손님의 얼굴·머리·피부등을 손질하여 손님의 외모를 아름답게 꾸미는 영업을 말한다.
6. "세탁업"이라 함은 의류 기타 섬유제품이나 피혁제품등을 세탁하는 영업을 말한다.
7. "위생관리용역업"이라 함은 공중이 이용하는 건축물·시설물등의 청결유지와 실내공기정화를 위한 청소등을 대행하는 영업을 말한다.
8. "공중이용시설"이라 함은 다수인이 이용함으로써 이용자의 건강 및 공중위생에 영향을 미칠 수 있는 건축물 또는 시설로서 대통령령이 정하는 것을 말한다.

② 제1항 제2호 내지 제7호의 영업은 대통령령이 정하는 바에 의하여 이를 세분할 수 있다.

제3조(공중위생영업의 신고 및 폐업신고)

① 공중위생영업을 하고자 하는 자는 공중위생영업의 종류별로 보건복지부령이 정하는 시설 및 설비를 갖추고 시장·군수·구청장(자치구의 구청장에 한한다. 이하 같다)에게 신고하여야 한다. 보건복지부령이 정하는 중요사항을 변경하고자 하는 때에도 또한 같다.

② 제1항의 규정에 의하여 공중위생영업의 신고를 한 자(이하 "공중위생영업자"라 한다)는 공중위생영업을 폐업한 날부터 20일 이내에 시장·군수·구청장에게 신고하여야 한다.

③ 제1항 및 제2항의 규정에 의한 신고의 방법 및 절차 등에 관하여 필요한 사항은 보건복지부령으로 정한다.

제4조(공중위생영업자의 위생관리의무등)

① 공중위생영업자는 그 이용자에게 건강상 위해요인이 발생하지 아니하도록 영업관련 시설 및 설비를 위생적이고 안전하게 관리하여야 한다.

② 목욕장업을 하는 자는 다음 각호의 사항을 지켜야 한다. 이 경우 세부기준은 보건복지부장관이 고시로 정한다.

1. 제2조 제1항 제3호 가목의 서비스를 제공하는 경우 : 목욕장의 수질기준 및 수질검사방법 등 수질 관리에 관한 사항
2. 제2조 제1항 제3호 나목의 서비스를 제공하는 경우 : 위생기준 등에 관한 사항

③ 이용업을 하는 자는 다음 각호의 사항을 지켜야 한다.

1. 이용기구는 소독을 한 기구와 소독을 하지 아니한 기구로 분리하여 보관하고, 면도기는 1회용 면도날만을 손님 1인에 한하여 사용할 것. 이 경우 이용기구의 소독기준 및 방법은 보건복지부장관이 고시로 정한다.
2. 이용사면허증을 영업소안에 게시할 것
3. 이용업소표시등을 영업소 외부에 설치할 것

④ 미용업을 하는 자는 다음 각호의 사항을 지켜야 한다.

1. 미용기구는 소독을 한 기구와 소독을 하지 아니한 기구로 분리하여 보관하고, 면도기는 1회용 면도날만을 손님 1인에 한하여 사용할 것

2. 미용사면허증을 영업소안에 게시할 것

3. 그 밖에 미용업자가 준수하여야 할 위생관리기준은 보건복지부장관이 고시로 정한다.

⑤ 세탁업을 하는 자는 세제를 사용함에 있어서 국민건강에 유해한 물질이 발생되지 아니하도록 기계 및 설비를 안전하게 관리하여야 한다. 이 경우 유해한 물질이 발생되는 세제의 종류와 기계 및 설비의 안전관리에 관하여 필요한 사항은 보건복시부장관이 고시로 정한다.

⑥ 위생관리용역업을 하는 자는 사용장비 또는 약제의 취급시 인체의 건강에 해를 끼치지 아니하도록 위생적이고 안전하게 관리하여야 한다.

메모:29
이 사건 심판대상 고시의 모법이 위헌이 되면 그 하위 행정입법 또한 당연무효가 되는바, 심판대상조항의 상위법에 위임규정이 나오면 일단 당해 규정이 지나치게 포괄적으로 위임되어 있지 않은지에 대해 의심해야 한다. 나아가 동 법률의 내용이 도대체 위생관리기준이 무엇인지 알 수 없도록 되어 있어 이른바 권리제한이나 의무부과의 본질적인 사항은 반드시 법률에 규정해야 한다는 의회유보원칙을 위반한 것은 아닌지도 의문을 가져야 한다.

제6조(이용사 및 미용사의 면허등)

① 이용사 또는 미용사가 되고자 하는 자는 다음 각호의 1에 해당하는 자로서 보건복지부령이 정하는 바에 의하여 시장·군수·구청장의 면허를 받아야 한다.

1. 전문대학 또는 이와 동등 이상의 학력이 있다고 교육과학기술부장관이 인정하는 학교에서 이용 또는 미용에 관한 학과를 졸업한 자

1의 2. 「학점인정 등에 관한 법률」 제8조에 따라 대학 또는 전문대학을 졸업한 자와 동등 이상의 학력이 있는 것으로 인정되어 같은 법 제9조에 따라 이용 또는 미용에 관한 학위를 취득한 자

2. 고등학교 또는 이와 동등의 학력이 있다고 교육과학기술부장관이 인정하는 학교에서 이용 또는 미용에 관한 학과를 졸업한 자

3. 교육과학기술부장관이 인정하는 고등기술학교에서 1년 이상 이용 또는 미용에 관한 소정의 과정을 이수한 자

4. 국가기술자격법에 의한 이용사 또는 미용사의 자격을 취득한 자

② 다음 각호의 1에 해당하는 자는 이용사 또는 미용사의 면허를 받을 수 없다.

1. 금치산자

2. 「정신보건법」 제3조 제1호에 따른 정신질환자. 다만, 전문의가 이용사 또는 미용사로서 적합하다고 인정하는 사람은 그러하지 아니하다.

3. 공중의 위생에 영향을 미칠 수 있는 감염병환자로서 보건복지부령이 정하는 자

4. 마약 기타 대통령령으로 정하는 약물 중독자

5. 제7조 제1항 제1호 또는 제3호의 사유로 면허가 취소된 후 1년이 경과되지 아니한 자

제8조(이용사 및 미용사의 업무범위등)

① 제6조 제1항의 규정에 의한 이용사 또는 미용사의 면허를 받은 자가 아니면 이용업 또는 미용업을 개설하거나 그 업무에 종사할 수 없다. 다만, 이용사 또는 미용사의 감독을 받아 이용 또는 미용 업무의 보조를 행하는 경우에는 그러하지 아니하다.

② 이용 및 미용의 업무는 영업소외의 장소에서 행할 수 없다. 다만, 보건복지부령이 정하는 특별한 사유가 있는 경우에는 그러하지 아니하다.

③ 제1항의 규정에 의한 이용사 및 미용사의 업무범위에 관하여 필요한 사항은 보건복지부장관이 고시로 정한다.

제9조의2(영업의 제한)

시·도지사는 공익상 또는 선량한 풍속을 유지하기 위하여 필요하다고 인정하는 때에는 공중위생영업자 및 종사원에 대하여 영업시간 및 영업행위에 관한 필요한 제한을 할 수 있다.

제10조(위생지도 및 개선명령)

시·도지사 또는 시장·군수·구청장은 다음 각호의 1에 해당하는 자에 대하여 즉시 또는 일정한 기간을 정하여 그 개선을 명할 수 있다.

1. 제3조제1항의 규정에 의한 공중위생영업의 종류별 시설 및 설비기준을 위반한 공중위생영업자
2. 제4조의 규정에 의한 위생관리의무등을 위반한 공중위생영업자
3. 제5조의 규정에 의한 위생관리의무를 위반한 공중위생시설의 소유자 등

제11조(공중위생영업소의 폐쇄등)

① 시장·군수·구청장은 공중위생영업자가 이 법 또는 이 법에 의한 명령에 위반하거나 또는 「성매매알선 등 행위의 처벌에 관한 법률」·「풍속영업의 규제에 관한 법률」·「청소년 보호법」·「의료법」에 위반하여 관계행정기관의 장의

요청이 있는 때에는 6월 이내의 기간을 정하여 영업의 정지 또는 일부 시설의 사용중지를 명하거나 영업소폐쇄등을 명할 수 있다. 다만, 관광숙박업의 경우에는 당해 관광숙박업의 관할행정기관의 장과 미리 협의하여야 한다.

메모:25
이 사건 처분은 기속행위가 아닌 재량행위임을 알 수 있다. 그러므로 본 사안에 있어서 1차 위반의 경우 군이 2개월의 영업정지 처분으로 나아간 것은 비례의 원칙을 위반하여 재량일탈・남용에 해당함을 강조할 수 있다.

② 제1항의 규정에 의한 영업의 정지, 일부 시설의 사용중지와 영업소폐쇄명령등의 세부적인 기준은 보건복지부령으로 정한다.

③ 시장·군수·구청장은 공중위생영업자가 제1항의 규정에 의한 영업소폐쇄명령을 받고도 계속하여 영업을 하는 때에는 관계공무원으로 하여금 당해 영업소를 폐쇄하기 위하여 다음 각호의 조치를 하게 할 수 있다.

1. 당해 영업소의 간판 기타 영업표지물의 제거
2. 당해 영업소가 위법한 영업소임을 알리는 게시물등의 부착
3. 영업을 위하여 필수불가결한 기구 또는 시설물을 사용할 수 없게 하는 봉인

④ 시장·군수·구청장은 제3항 제3호의 규정에 의한 봉인을 한 후 봉인을 계속할 필요가 없다고 인정되는 때와 영업자등이나 그 대리인이 당해 영업소를 폐쇄할 것을 약속하는 때 및 정당한 사유를 들어 봉인의 해제를 요청하는 때에는 그 봉인을 해제할 수 있다. 제3항 제2호의 규정에 의한 게시물등의 제거를 요청하는 경우에도 또한 같다.

제11조의2(과징금처분)

① 시장·군수·구청장은 제11조 제1항의 규정에 의한 영업정지가 이용자에게 심한 불편을 주거나 그 밖에 공익을 해할 우려가 있는 경우에는 영업정지 처분에 갈음하여 3천만원 이하의 과징금을 부과할 수 있다. 다만, 풍속영업의규제에관한법률 제3조 각호의 1 또는 이에 상응하는 위반행위로 인하여 처분을 받게 되는 경우를 제외한다.

② 제1항의 규정에 의한 과징금을 부과하는 위반행위의 종별·정도 등에 따른 과징금의 금액 등에 관하여 필요한 사항은 대통령령으로 정한다.

③ 시장·군수·구청장은 제1항의 규정에 의한 과징금을 납부하여야 할 자가 납부기한까지 이를 납부하지 아니한 경우에는 지방세체납처분의 예에 의하여 이를 징수한다.

④ 제1항 및 제3항의 규정에 의하여 시장·군수·구청장이 부과·징수한 과징금은 당해 시·군·구에 귀속된다.

제12조(청문)

① 시장·군수·구청장은 제7조의 규정에 의한 이용사 및 미용사의 면허취소·면허정지, 제11조의 규정에 의한 공중위생영업의 정지, 일부 시설의 사용중지 및 영업소폐쇄명령등의 처분을 하고자 하는 때에는 청문을 실시하여야 한다.

제18조(위임 및 위탁)

① 보건복지부장관은 이 법에 의한 권한의 일부를 대통령령이 정하는 바에 의하여 시·도지사 또는 시장·군수·구청장에게 위임할 수 있다.

② 보건복지부장관은 대통령령이 정하는 바에 의하여 관계전문기관등에 그 업무의 일부를 위탁할 수 있다.

제20조(벌칙)

① 다음 각호의 1에 해당하는 자는 1년 이하의 징역 또는 1천만원 이하의 벌금에 처한다.

1. 제3조 제1항 전단의 규정에 의한 신고를 하지 아니한 자
2. 제11조 제1항의 규정에 의한 영업정지명령 또는 일부 시설의 사용중지명령을 받고도 그 기간중에 영업을 하거나 그 시설을 사용한 자 또는 영업소 폐쇄명령을 받고도 계속하여 영업을 한 자

② 다음 각호의 1에 해당하는 자는 6월 이하의 징역 또는 500만원 이하의 벌금에 처한다.

1. 제3조 제1항 후단의 규정에 의한 변경신고를 하지 아니한 자
2. 제3조의2 제1항의 규정에 의하여 공중위생영업자의 지위를 승계한 자로서 동조제4항의 규정에 의한 신고를 하지 아니한 자

③ 다음 각호의 1에 해당하는 자는 300만원 이하의 벌금에 처한다.

1. 제5조의 규정에 위반하여 위생관리기준 또는 오염허용기준을 지키지 아니한 자로서 제10조의 규정에 의한 개선명령에 따르지 아니한 자
2. 제7조 제1항의 규정에 의하여 면허가 취소된 후 계속하여 업무를 행한 자 또는 동조동항의 규정에 의한 면허정지기간중에 업무를 행한 자, 제8조 제1항의 규정에 위반하여 이용 또는 미용의 업무를 행한 자

제22조(과태료)

① 다음 각호의 1에 해당하는 자는 300만원 이하의 과태료에 처한다.

1. 제3조 제2항의 규정을 위반하여 폐업신고를 하지 아니한 자

1의2. 제4조 제2항의 규정을 위반하여 목욕장의 수질기준 또는 위생기준을 준수하지 아니한 자로서 제10조의 규정에 의한 개선명령에 따르지 아니한 자

2. 제4조 제2항의 규정에 위반하여 목욕장업소의 시설 및 설비를 위생적이고 안전하게 관리하지 아니한 자

3. 제9조의 규정에 의한 보고를 하지 아니하거나 관계공무원의 출입·검사 기타 조치를 거부·방해 또는 기피한 자

4. 제10조의 규정에 의한 개선명령에 위반한 자

5. 제11조의5를 위반하여 이용업소표시등을 설치한 자

메모:10 영업정지처분과 별도로 과태료처분도 하는 것은 입법목적의 달성을 위하여 불합리하거나 지나치게 과도한 제재에 해당하여 과잉금지원칙에 위반된다고 주장 가능하다.

② 다음 각호의 1에 해당하는 자는 200만원 이하의 과태료에 처한다.

1. 제4조 제3항의 규정에 위반하여 이용업소의 위생관리 의무를 지키지 아니한 자

2. 제4조 제4항의 규정에 위반하여 미용업소의 위생관리 의무를 지키지 아니한 자

3. 제4조 제5항의 규정에 위반하여 세탁업소의 위생관리 의무를 지키지 아니한 자

4. 제4조 제6항의 규정에 위반하여 위생관리용역업소의 위생관리 의무를 지키지 아니한 자

5. 제8조 제2항의 규정에 위반하여 영업소외의 장소에서 이용 또는 미용업무를 행한 자

6. 제17조 제1항의 규정에 위반하여 위생교육을 받지 아니한 자

부칙 <법률 제9839호, 2005. 2. 8.>

제1조 (시행일) 이 법은 공포후 6월이 경과한 날부터 시행한다.

참고자료 2 - 공중위생관리법 시행규칙(발췌)

제19조(행정처분기준) 법 제7조 제2항 및 법 제11조 제2항의 규정에 의한 행정처분의 기준은 별표 7과 같다.

부칙 <보건복지부령 제19048호, 2010. 5. 25.>

제1조 (시행일) 이 규칙은 공포한 날부터 시행한다.

[별표 7]

행정처분기준(제19조 관련)

Ⅰ. 일반기준

1. 위반행위가 2 이상인 경우로서 그에 해당하는 각각의 처분기준이 다른 경우에는 그 중 중한 처분기준에 의하되, 2 이상의 처분기준이 영업정지에 해당하는 경우에는 가장 중한 정지처분기간에 나머지 각각의 정지처분기간의 2분의 1을 더하여 처분한다.
2. 행정처분을 하기 위한 절차가 진행되는 기간 중에 반복하여 같은 사항을 위반한 때에는 그 위반횟수마다 행정처분 기준의 2분의 1씩 더하여 처분한다.
3. 위반행위의 차수에 따른 행정처분기준은 최근 1년간 같은 위반행위로 행정처분을 받은 경우에 이를 적용한다. 이때 그 기준적용일은 동일 위반사항에 대한 행정처분일과 그 처분후의 재적발일(수거검사에 의한 경우에는 검사결과를 처분청이 접수한 날)을 기준으로 한다.
4. 행정처분권자는 위반사항의 내용으로 보아 그 위반정도가 경미하거나 해당위반사항에 관하여 검사로부터 기소유예의 처분을 받거나 법원으로부터 선고유예의 판결을 받은 때에는 Ⅱ. 개별기준에 불구하고 그 처분기준을 다음의 구분에 따라 경감할 수 있다.
   가. 영업정지의 경우에는 그 처분기준 일수의 2분의 1의 범위안에서 경감할 수 있다.
   나. 영업장폐쇄의 경우에는 3월 이상의 영업정지처분으로 경감할 수 있다.

메모:21
처분의 취소를 구하는 항고소송 소장 작성이 문제로 나왔을 경우, 기록에서 주어진 대상 처분의 직접적 근거로서 별표가 나오면 그 형식이 부령 등 법규명령이라고 할지라도 그 실질은 대외적 구속력이 없이 단지 행정기관 내부 사무처리 준칙이나 지침에 불과한 행정규칙이 아닌지 의심해야 한다. 이른바 '법규명령 형식의 행정규칙'의 법적 성질에 관하여 논할 필요가 있는 것이다.

Ⅱ. 개별기준

4. 미용업

위반사항	관련법규	행정처분기준			
		1차 위반	2차 위반	3차 위반	4차 위반
1. 미용사의 면허에 관한 규정을 위반한 때	법 제7조 제1항				
가. 국가기술사격법에 따라 미용사 자격이 취소된 때		면허취소			
나. 국가기술자격법에 따라 미용사 자격정지처분을 받은 때		면허정지	(국가기술자격법에 의한 자격정지처분기간에 한한다)		
다. 법 제6조제2항제1호 내지 제4호의 결격사유에 해당한 때		면허취소			
라. 이중으로 면허를 취득한 때		면허취소	(나중에 발급받은 면허를 말한다)		
마. 면허증을 다른 사람에게 대여한 때		면허정지 3월	면허정지 6월	면허취소	
바. 면허정지처분을 받고 그 정지기간중 업무를 행한 때		면허취소			
2. 법 또는 법에 의한 명령에 위반한 때	법 제11조 제1항				
가. 시설 및 설비기준을 위반 한 때	법 제3조 제1항	개선명령	영업정지 15일	영업정지 1월	영업장 폐쇄명령
나. 신고를 하지 아니하고 영업소의 명칭 및 상호 또는 영업장 면적의 3분의 1 이상을 변경한 때	법 제3조 제1항	경고 또는 개선명령	영업정지 15일	영업정지 1월	영업장 폐쇄명령
다. 신고를 하지 아니하고 영업소의 소재지를 변경한 때	법 제3조 제1항	영업장 폐쇄명령			
라. 영업자의 지위를 승계한 후 1월 이내에 신고하지 아니한 때	법 제3조의2 제4항	개선명령	영업정지 10일	영업정지 1월	영업장 폐쇄명령
마. 미용업자가 준수하여야 할 위생관리기준을 위반한 때	법 제4조 제4항	영업정지 2월	영업정지 3월	영 업 장 폐쇄명령	
바. 영업소 외의 장소에서 업무를 행한 때	법 제8조 제2항	영업정지 1월	영업정지 2월	영업장 폐쇄명령	

사. 시·도지사, 시장·군수·구청장이 하도록 한 필요한 보고를 하지 아니하거나 거짓으로 보고한 때 또는 관계공무원의 출입·검사를 거부·기피하거나 방해한 때	법 제9조 제1항	영업정지 10일	영업정지 20일	영업정지 1월	영업장 폐쇄명령
아. 시·도지사 또는 시장·군수·구청장의 개선명령을 이행하지 아니한 때	법 제10조	경고	영업정지 10일	영업정지 1월	영업장 폐쇄명령
자. 영업정지처분을 받고 그 영업정지기간중 영업을 한 때	법 제11조 제1항	영업장 폐쇄명령			
차. 위생교육을 받지 아니한 때	법 제17조	경고	영업정지 5일	영업정지 10일	영업장 폐쇄명령
3. 「성매매알선 등 행위의 처벌에 관한 법률」·「풍속영업의 규제에 관한 법률」·「의료법」에 위반하여 관계행정기관의 장의 요청이 있는 때	법 제11조 제1항				
가. 손님에게 성매매알선등행위 또는 음란행위를 하게 하거나 이를 알선 또는 제공한 때					
(1) 영업소		영업정지 2월	영업정지 3월	영업장 폐쇄명령	
(2) 미용사(업주)		면허정지 2월	면허정지 3월	면허취소	
나. 손님에게 도박 그 밖에 사행행위를 하게 한 때		영업정지 1월	영업정지 2월	영업장 폐쇄명령	
다. 음란한 물건을 관람·열람하게 하거나 진열 또는 보관한 때		개선명령	영업정지 15일	영업정지 1월	영업장 폐쇄명령
라. 무자격안마사로 하여금 안마사의 업무에 관한 행위를 하게 한 때		영업정지 1월	영업정지 2월	영업장 폐쇄명령	

참고자료 3 - 보건복지부 고시

미용업자 위생관리기준(2011. 10. 15. 보건복지부 고시 제2011-35호)

공중위생관리법 제4조 제4항의 규정에 의하여 미용업자가 준수하여야 할 **위생관리기준**은 다음과 같다.

1. 점빼기·귓볼뚫기·**쌍꺼풀수술·문신·박피술** 그 밖에 이와 유사한 의료행위를 하여서는 아니 된다.
2. 피부미용을 위하여 「약사법」에 따른 의약품 또는 「의료기기법」에 따른 의료기기를 사용하여서는 아니 된다.
3. 미용기구 중 소독을 한 기구와 소독을 하지 아니한 기구는 각각 다른 용기에 넣어 보관하여야 한다.
4. 1회용 면도날은 손님 1인에 한하여 사용하여야 한다.
5. 영업장 안의 조명도는 75룩스 이상이 되도록 유지하여야 한다.
6. 영업소 내부에 미용업 신고증 및 개설자의 면허증 원본을 게시하여야 한다.
7. 영업소 내부에 최종지불요금표를 게시 또는 부착하여야 한다.

부칙

이 고시는 2011년 10월 15일부터 시행한다.

메모:22
위생관리기준을 행정규칙인 '고시'형식으로 규정하고 있는바 이 경우 고시의 법적 성질에 대해 고민해야 한다.

메모:23
법률에서 고시로 위임한 것임을 알 수 있는바, 이른바 '법령보충적 행정규칙'에 해당함을 알 수 있는 대목이다. 국민에 대한 구속력이 있는 법령보충적 행정규칙은 법령헌법소원의 대상으로서 '공권력의 행사'에 해당한다.

메모:32
'위생관리기준이란 뭘까? 문제가 된 점빼기와 귓볼뚫기가 위생관리기준에 해당하는 사항일까? 아닌 것 같다. 그렇다면 위임범위를 넘어선 것 같다'라는 의심을 하여야 한다. 이른바 법률우위원칙 내지 법률유보원칙 위반을 주장할 수 있을 것이다.

참고자료 4 - 관보

제17914호　　　　　관　　보　　　　　2011. 10. 15.

고　　시

◉ **보건복지부 고시 제2011-35호** 「미용업자 위생관리기준」을 다음과 같이 고시합니다.

2011년 10월 15일
보건복지부장관

공중위생관리법 제4조 제4항의 규정에 의하여 미용업자가 준수하여야 할 위생관리기준은 다음과 같다.

1. 점빼기·귓볼뚫기·쌍꺼풀수술·문신·박피술 그 밖에 이와 유사한 의료행위를 하여서는 아니 된다.
2. 피부미용을 위하여 「약사법」에 따른 의약품 또는 「의료기기법」에 따른 의료기기를 사용하여서는 아니 된다.
3. 미용기구 중 소독을 한 기구와 소독을 하지 아니한 기구는 각각 다른 용기에 넣어 보관하여야 한다.
4. 1회용 면도날은 손님 1인에 한하여 사용하여야 한다.
5. 영업장 안의 조명도는 75룩스 이상이 되도록 유지하여야 한다.
6. 영업소 내부에 미용업 신고증 및 개설자의 면허증 원본을 게시하여야 한다.
7. 영업소 내부에 최종지불요금표를 게시 또는 부착하여야 한다.

부칙

이 고시는 2011년 10월 15일부터 시행한다.

◇ 개정이유

[미용업은 공중위생영업으로서 손님의 외모를 아름답게 꾸미는 업인데도 불구하고 최근 미용업자가 미용시술을 빙자하여 쌍꺼풀수술, 문신, 박피술 등을 시행하거나 의약품 또는 의료기기를 사용하는 사례가 많고, 이로 인한 피해 사례가 발생하였거나 우려되고 있으므로, 미용업자가 의료에 관한 전문적 지식과 기술을 필요로 하는 시술을 하거나 의약품 또는 의료기기 사용을 하지 못하게 하는 등 미용업자 위생관리기준을 명확히 정함으로써 국민의 건강과 위생보호에 만전을 기하려는 것임]

메모:31
헌법소원심판청구서 과잉금지위반 심사 부분 중 입법목적의 정당성 부분에 활용하면 좋은 내용이다.

◇ 주요내용

가. 점빼기·귓볼뚫기·쌍꺼풀수술·문신·박피술 그 밖에 이와 유사한 의료행위를 금지함(제1호).

나. 피부미용을 위하여 「약사법」에 따른 의약품 또는 「의료기기법」에 따른 의료기기의 사용을 금지함(제2호).

참고자료 - 달력

■ 2012년 2월 ~ 2013년 1월

2012년 2월

일	월	화	수	목	금	토
			1	2	3	4
5	6	7	8	9	10	11
12	13	14	15	16	17	18
19	20	21	22	23	24	25
26	27	28	29			

2012년 3월

일	월	화	수	목	금	토
				1	2	3
4	5	6	7	8	9	10
11	12	13	14	15	16	17
18	19	20	21	22	23	24
25	26	27	28	29	30	31

2012년 4월

일	월	화	수	목	금	토
1	2	3	4	5	6	7
8	9	10	11	12	13	14
15	16	17	18	19	20	21
22	23	24	25	26	27	28
29	30					

2012년 5월

일	월	화	수	목	금	토
		1	2	3	4	5
6	7	8	9	10	11	12
13	14	15	16	17	18	19
20	21	22	23	24	25	26
27	28	29	30	31		

2012년 6월

일	월	화	수	목	금	토
					1	2
3	4	5	6	7	8	9
10	11	12	13	14	15	16
17	18	19	20	21	22	23
24	25	26	27	28	29	30

2012년 7월

일	월	화	수	목	금	토
1	2	3	4	5	6	7
8	9	10	11	12	13	14
15	16	17	18	19	20	21
22	23	24	25	26	27	28
29	30	31				

2012년 8월

일	월	화	수	목	금	토
			1	2	3	4
5	6	7	8	9	10	11
12	13	14	15	16	17	18
19	20	21	22	23	24	25
26	27	28	29	30	31	

2012년 9월

일	월	화	수	목	금	토
						1
2	3	4	5	6	7	8
9	10	11	12	13	14	15
16	17	18	19	20	21	22
23/30	24	25	26	27	28	29

2012년 10월

일	월	화	수	목	금	토
	1	2	3	4	5	6
7	8	9	10	11	12	13
14	15	16	17	18	19	20
21	22	23	24	25	26	27
28	29	30	31			

2012년 11월

일	월	화	수	목	금	토
				1	2	3
4	5	6	7	8	9	10
11	12	13	14	15	16	17
18	19	20	21	22	23	24
25	26	27	28	29	30	

2012년 12월

일	월	화	수	목	금	토
						1
2	3	4	5	6	7	8
9	10	11	12	13	14	15
16	17	18	19	20	21	22
23/30	24/31	25	26	27	28	29

2013년 1월

일	월	화	수	목	금	토
		1	2	3	4	5
6	7	8	9	10	11	12
13	14	15	16	17	18	19
20	21	22	23	24	25	26
27	28	29	30	31		

2014년도 제3회

변호사시험

공법 기록형 문제

2014년도 제3회 변호사시험 문제

목 차

【문 제】

1. 의뢰인의 **아들 김동식**을 위하여 김정의 변호사의 입장에서 헌법소원심판 청구서를 주어진 양식에 따라 작성하시오. (80점)

2. 의뢰인의 아들 김동식을 위하여 김정의 변호사의 입장에서 대한중학교장의 **각 처분**의 취소를 구하는 소장의 **'청구취지'와 '청구원인' 중 '3. 이 사건 처분의 위법성' 부분을 작성**하시오. 다만, '3. 이 사건의 처분성의 위법성'에서는 처분의 근거가 된 법령의 위헌·위법성을 다투는 내용을 제외할 것. (20점)

메모:12
이 사건 청구인은 미성년자이므로 소장 서두 부분에 법정대리인(부모)까지 반드시 기재한 후 대리인과 담당변호사까지 기재하여야 한다.

메모:17
미성년자도 원칙적으로 기본권의 주체가 되고, 다만 기본권 행사에서 제한을 받는 경우가 있는바, 이 사건 청구인은 미성년자이나 기본권 주체로서 교육을 받을 권리를 향유하고 있어 청구인 능력이 인정된다. 다만, 민법 제909조에 따라 청구인의 친권자인 부모가 헌법소원심판청구를 대리하는 형식을 취한다.

메모:2
이 사건에서 문제되는 처분은 2013. 6. 21.자 서면사과명령처분과 2013. 7. 5.자 퇴학처분 2개이다.

메모:20
문제에서 소장의 청구취지와 이 사건 처분의 위법성 부분만을 작성하라고 하였음에 주의하자. 20점 배점인 만큼 나머지 처분의 경위나 소의 적법성 부분은 따로 기재해봤자 배점이 없다. 또한 근거법령의 위헌성 부분도 앞의 1번 문제에서 이미 다루었으므로 2번 문제에서는 따로 적시하면 쓸데없는 중복으로 추가 배점 없다. 시간 안배가 절대적으로 중요한 상황에서 문제에서 요구하는 답안이 무엇인지를 정확하게 체크하여야 한다.

【작성요령 및 주의사항】

1. 참고자료로 제시된 법령은 가상의 것으로, 이에 근거하여 작성할 것. 이와 다른 내용의 현행 법령이 있다면 제시된 법령이 현행 법령에 우선하는 것으로 할 것.

2. 기록에 나타난 사실관계만을 기초로 하고, 그것이 사실임을 전제로 할 것.

3. 기록 내의 각종 서류에는 필요한 서명, 날인, 무인, 간인, 정정인이 있는 것으로 볼 것.

4. 송달이나 접수, 통지, 결재가 필요한 서류는 모두 적법한 절차를 거친 것으로 볼 것.

5. (생략)이나 ☐로 표시된 것은 모두 기재된 것으로 볼 것.

6. 헌법소원심판청구서의 작성일과 제출일은 2014. 1. 3.로 할 것.

7. 서술어는 경어를 사용할 것.

※ 답안의 첨부서류에는 적법요건에 관한 것만 기재하고, 서류명은 목차에 있는 것으로 할 것.

헌법소원심판청구서 양식

헌 법 소 원 심 판 청 구 서

청 구 인

청구취지

당해사건

위헌이라고 해석되는 법률조항

청구이유

Ⅰ. 쟁점의 정리

Ⅱ. 적법요건의 구비 여부

Ⅲ. 위헌이라고 해석되는 이유

Ⅳ. 결 론

첨부서류

20XX . . .

청구인 대리인

(인)

귀중

소장 양식

소 장

원 고

피 고

퇴학처분등 취소의 소

청구취지

청구원인

1. 이 사건 처분의 경위

2. 이 사건 소의 적법성

3. 이 사건 처분의 위법성

4. 이 사건 처분 근거법령의 위헌성

5. 결론

입증방법

첨부서류

2013. 7. 15.

원고 ☐ (인)

서울행정법원 귀중

수임번호 2013 - 431	법률상담일지		2013. 7. 10.
의뢰인	김갑동	**의뢰인 전화**	010-4545-4545
의뢰인 주소	서울 서초구 잠원로 25	**의뢰인 전송**	
상 담 내 용			

1. 의뢰인의 아들 김동식은 서울 서초구 반포로 45에 있는 공립학교인 대한중학교 2학년 3반에 재학중이다. 대한중학교장은 2013. 6. 21. 김동식이 같은반 급우인 조민우를 학년 초부터 지금까지 지속적으로 괴롭혔다는 이유로 그의 보호자인 의뢰인과 그의 처 이순희를 학교로 불러 김동식과 함께 상담한 후, 김동식이 3일 이내에 조민우에게 서면으로 사과할 것을 명하고 김동식과 의뢰인 부부에게 그와 같은 내용으로 작성된 서면사과명령서를 교부하였다.

2. 이후 의뢰인은 김동식으로부터 조민우와 몇 차례 말싸움을 한 적은 있지만 그를 괴롭히거나 때린 사실이 전혀 없기 때문에 사과와 반성의 뜻이 담긴 서면사과문을 절대로 작성할 수 없다는 말을 들었고, 평소 김동식이 결석을 단 한 번도 하지 않을 정도로 착실하게 학교생활을 해왔기 때문에 처인 이순희와 상의하여 교장의 서면사과명령에 따르지 않기로 결정하였다. 그리고 의뢰인 부부는 교장을 찾아가 서면사과명령에 따르지 않을 것임을 분명히 함과 동시에 서면사과명령이 조민우의 일방적 주장에 근거한 편파적인 조치라고 항의하였다.

3. 이러한 항의를 접한 대한중학교장은 학교폭력대책자치위원회 위원장에게 김동식이 자신의 가해사실을 전혀 인정하지 않을 뿐 아니라 피해학생인 조민우를 다시 괴롭힐 수도 있어 우선적인 긴급선도조치로서 서면사과명령을 발령하였다는 사실, 서면사과명령에도 불구하고 김동식 및 의뢰인 부부가 응하지 않은 사실, 그 이후에도 김동식이 반성하지 않고 수업시간에 면학분위기를 저해하고 있다는 사실을 알리고, 위 서면사과명령의 추인과 김동식에 대한 추가적인 징계를 위하여 자치위원회의 소집을 요청하였다.

메모:23
국공립학교인 만큼 민사소송이 아닌 행정소송의 문제이다. 또한 국·공립학생의 신분관계(특수신분관계)와 기본권제한에 관한 언급시 가점이 주어진다. 판례상 국립대학인 서울대학교는 인적, 물적 종합시설로서 공법상 영조물이며, 서울대학교와 학생과의 관계는 공법상 영조물이용관계로서 공법관계이다(헌재결 1992. 10. 1. 92헌마68.76(병합)).

메모:24
미성년자이므로 헌법소원심판청구의 경우 미성년자의 기본권 주체성에 대해 간략히 답안에 언급할 필요가 있다.

메모:4
'서면사과'라는 문구가 나오면 수험생 입장에서는 바로 사죄광고사건(양심의 자유와 인격권에 반하여 위헌)이 떠올라야 한다. 인격권은 보충적이므로 양심의 자유 침해여부에 대해서만 언급하여도 충분하다. 실제 답안에서 양심의 자유를 의외로 많이 누락했다.

메모:1
청구인은 일관되게 폭행사실은 부인하고 있다. 그럼에도 불구하고 학교 차원에서 그에 대한 사실조사가 전혀 이루어지지 아니하였는바, 사실오인의 하자가 있음이 기록 중에 발견된다.

메모:7
소장에서 재량 일탈·남용 주장시 사용할 수 있는 형량사유에 해당한다.

메모:22
소장의 경우 학교 당국 차원에서 조민우 주장에 관하여 같은 반 급우들을 상대로 사실여부에 대한 조사를 전혀 하지 아니한 사실오인의 하자(위법)가 있다. 따라서 원고 김동식의 피해자 조민우에 대한 폭력행위 및 괴롭힘 사실의 부존재 → 사과명령 근거 없음 → 이에 터 잡은 퇴학처분 역시 근거 없다는 주장이 논리적으로 주장가능하게 될 것이다.

메모:10
헌법소원의 경우 1차 서면사과명령처분의 경우 양심의 자유나 인격권 등을 침해하는지 여부가 문제될 것이다.

4. 이에 2013. 7. 3. 소집된 자치위원회는 대한중학교장의 보고를 받고, 김동식 및 의뢰인 부부의 변명을 들은 다음, 위 서면사과명령의 추인과 함께 김동식에 대한 퇴학처분을 의결하여 같은 날 대한중학교장에게 퇴학처분조치를 요청하였다.

5. 이러한 요청에 따라 대한중학교장은 김동식에게 퇴학을 명하는 처분을 하였고, 퇴학처분통지서를 교부받은 의뢰인은 상담을 위하여 본 법무법인 사무실을 방문하였다.

메모:36 헌법소원부분에서 학교를 못 다니게 하는 2차 퇴학처분의 경우 ① 헌법 제31조 제2항 '의무교육' 조항에 위반되는지 여부와 ② 청구인의 교육을 받을 권리 ③ 학부모의 자녀교육권 등의 침해여부가 핵심 쟁점이 될 것이다.

6. 의뢰인 희망사항 : 의뢰인은 대한중학교장의 서면사과명령과 퇴학처분이 부당하므로 이를 취소하고, 김동식이 다시 학교에 다닐 수 있기를 희망한다.

메모:37 이 사건 취소소송의 대상인 각 처분이다.

법무법인 진리(담당변호사 김정의)
전화 02-555-6789, 팩스 02-555-6790, 이메일 justicekim@truthlaw.com
서울 서초구 서초중앙로 200 진리빌딩 2층

법무법인 진리의 내부회의록

일 시: 2013. 7. 11. 14:00 ~ 15:00

장 소: 법무법인 진리 소회의실

참석자: 이기자 변호사(송무팀장), 김정의 변호사

이 변호사: 다음은 김동식 학생 사건과 관련하여 논의할까요? 의뢰인의 요구사항이 무엇이던가요?

김 변호사: 의뢰인의 아들이 같은 반 친구를 지속적으로 괴롭혔다는 이유로 학교장으로부터 서면사과명령을 받았고, 명령에 따르지 않겠다고 하자 퇴학처분을 당하였습니다. [그런데 의뢰인은 자신의 아들이 피해학생인 조민우와 몇 차례 말싸움을 한 적이 있긴 하지만 때리거나 괴롭힌 적은 없다고 합니다. 그리고 의뢰인이 같은 반의 다른 친구들에게도 물어보니 김동식이 피해학생을 때리거나 괴롭히는 등의 행위를 하는 것을 보지 못했다고 합니다.]

메모:3 청구인은 일관되게 폭력행사 사실을 부인하고 있다. 오히려, 자체 조사결과 폭력을 행사한 적이 없는 것으로 밝혀졌는바, 그럼에도 학교 차원에서 그에 대한 사실조사가 전혀 이루어지지 아니한 점은, 이 사건 처분에 사실오인(처분사유의 부존재)의 하자가 있음을 주장해야 한다.

이 변호사: 그래서 의뢰인을 위하여 어떤 구제절차를 생각하고 있나요?

김 변호사: 서울행정법원에 [서면사과명령처분과 퇴학처분에 관한 행정소송을 제기]하고자 합니다.

메모:5 위 2개의 처분 모두의 취소를 구하는 소장 청구취지 작성해야 한다.

이 변호사: 당연히 그래야겠지요. 그런데, 혹시 서면사과명령과 퇴학처분의 사전통지절차에 관해서 문제가 없던가요?

김 변호사: 그렇지 않아도 그 부분에 대하여 검토를 해보았습니다. 『학교폭력 예방 및 대책에 관한 법률』 제5조 제1항에서는 가해학생에 대한 조치에 대하여 그 법률에서 정한 절차를 다른 법률에 우선하여 적용하게 되어 있습니다. 그리고 의뢰인에게 알아본 결과 사전통지 절차에 관해서는 별다른 법적인 문제점을 찾지 못했습니다.

메모:35
사전통지 관련 절차상 하자는 없음을 암시한다. 다만 뒤에서 나오지만 처분의 근거와 이유제시를 부실하게 한 절차상 하자가 있음을 알 수 있다.

이 변호사: 그러면 사과명령처분과 퇴학처분의 근거가 되는 법률조항에 헌법적으로 문제가 되는 것은 없는지 검토해 보았나요?

김 변호사: 예. 검토해 보았는데, 헌법적인 쟁점이 많이 있는 것 같습니다. 그래서 저는 일단 위 처분들에 대한 행정소송을 제기하여 처분들이 위법하다고 다투면서 위 처분들의 근거가 되는 법률조항들에 대한 위헌제청을 신청할 생각입니다.

이 변호사: 행정법원이 위헌제청 신청을 받아들이지 않을 것에 대비해서 다른 구제수단이 있는지도 생각해 보시기 바랍니다. 쟁점이 많네요. 잘 검토해 주시기 바랍니다.

메모:6
추가로 헌법재판소법 제68조 제2항 위헌심사형 헌법소원 심판청구를 하라는 것이다.

김 변호사: 네, 잘 알겠습니다.

이 변호사: 그럼, 이상으로 오늘 회의를 마치겠습니다. 끝.

서면사과명령서

메모:21
사례형 및 기록형 답안 작성시 사안에서 **제한되는 기본권이 무엇인지를 먼저 정확히 추출한 후 비로소 해당 기본권의 침해 여부에 대한 과잉금지원칙 위반 여부 심사를 행하는 것이 답안작성 순서**임을 명심해야 한다. 사과명령은 학교폭력을 행한 사실이 없는 청구인에게 그 본심에 반하여 '사과한다'라고 표현케 하여 폭력을 자인하도록 하는 의미의 사죄를 강요하는 것에 해당한다. 이는 청구인의 신념에 반하여 자기의 행위가 비행이며 죄가 된다고 외부에 표시하기를 명령하는 한편, 사과문을 서면으로 작성하는 과정에서 청구인의 인격권이 침해될 여지도 있는 것이다.

인적사항	성　　명	김동식(金棟植) (1999. 4. 5. 생)
	학년 / 반	2학년 3반
	보 호 자	김갑동, 이순희
	주　　소	서울 서초구 잠원로 25.

위 김동식 학생은 피해학생인 2학년 3반 조민우에게 3일 이내에 서면으로 사과할 것을 명합니다.

메모:8
처분문서인 서면사과명령서에 해당 처분의 근거법령과 이유 고지 및 비위 사실관계, 불복방법 등을 누락한 절차상 하자가 있음을 알 수 있다.

2013. 6. 21.

대학중학교장 [대한중학교장인]

〈2013년도 제3회 회의〉

회 의 록

일 시: 2013. 7. 3. 15:00

장 소: 대한중학교 회의실

참석자: 위원장 이정현
위원 정지원, 박사랑, 주성만, 송윤서
대한중학교장 하정우, 가해학생 김동식 및 부모 김갑동·이순희

작성자: 간사 김영수

위원장: 성원이 되었으므로 2013년도 제3회 대한중학교 학교폭력대책자치위원회를 개최합니다. 이번 회의는 학교장의 요청에 의하여 소집된 것입니다. 먼저 교장선생님의 보고가 있겠습니다.

학교장: 우선 보고에 앞서 학교에 불미스러운 일이 발생하여 여러 위원님들께 심려를 끼친 점 사과드립니다. 저희 학교 2학년 3반 담임선생님이 피해자 조민우 학생의 요청으로 상담을 하는 과정에서 같은 반의 급우인 김동식 학생으로부터 지속적으로 괴롭힘을 당했다는 사실을 알고 저에게 보고하였습니다. 그래서 제가 진상을 파악해본 결과 심각한 일이라고 판단되어 2013. 6. 21. 김동식 학생의 부모를 학교로 모셔서 상담을 하고 선도에 긴급한 조치로서 김동식 학생에게 3일 이내에 서면으로 사과할 것을 명하였습니다. 따라서 서면사과명령에 대하여 위원회의 추인을 받고자 이 사실을 보고합니다.

위원장: 보고 잘 들었습니다. 피해학생과 가해학생 모두를 상담하였나요?

학교장: 담임선생님께서 먼저 만나고 제가 추가로 상담하여 내용을 확인하였고, 피해학생과 가해학생의 진술서를 이 자리에 가져왔습니다.

위원장: 위원님들! 서면사과명령 추인 요청 건에 대해 이견 있으시면 말씀해주시기 바랍니다.

위원들 중 이견을 개진한 사람은 없고, 추인에 동의하다.

위원장: 그럼 김동식에 대한 서면사과명령이 추인되었음을 의결합니다. 다음 안건에 대하여 교장선생님께서 설명해주시기 바랍니다.

학교장: 앞에서 말씀드린 것처럼 김동식 학생에게 서면사과를 명하자 김동식 학생과 부모님이 함께 저를 찾아와서 왜 조민우 학생의 말만 믿고 편파적인 조치를 하느냐고 항의하면서 절대로 사과하지 않겠다고 했습니다. 그 이후 김동식 학생은 담임선생님 말씀도 잘 따르지 않고 수업시간에 일부러 딴청을 피우는 일이 많았다고 합니다. 그래서 담임선생님이 여러 차례 타일렀으나 이제 더 이상 타이르는 것만으로는 어렵겠다고 저에게 하소연하고 있습니다. 그러니 여러 위원님들께서는 김동식 학생에게 취할 합당한 조치를 논의하여 주시기 바랍니다.

위원장: (회의장 밖에 대기 중이던 김동식 학생 및 그 부모인 김갑동과 이순희를 입장시키고) 교장선생님께서 김동식 학생에 대한 추가적인 조치를 요청하였습니다. 이에 대하여 김동식 학생과 부모님께서 하실 말씀이 있으면 차례로 말씀해주시기 바랍니다.

김갑동: 서면사과명령을 받은 날 밤에 아들의 이야기를 들었습니다. 아들은

조민우와 솔직히 몇 차례 티격태격 말싸움을 한 적은 있지만 조민우의 말처럼 지속적으로 괴롭히거나 때린 적이 없다고 합니다. 제가 생각하기에도 아들은 절대 그럴 애가 아닙니다. 얼마 전 집에서 기르던 강아지가 심하게 아픈 적이 있었습니다. 그때 우리 애는 끙끙거리며 앓고 있는 강아지가 애처로워 울면서 밤새 그것을 품에 꼭 끌어안고 어쩔 줄을 몰라 했습니다. 한낱 미물에게도 연민과 동정에 사무치는 아이가 사람을 때리고 괴롭히다니요 … ….
그리고 우리 아들은 지금까지 단 한 번도 결석이나 지각을 하지 않을 정도로 착실한 아이입니다. 좋습니다. 설령 우리 애가 조민우 학생을 몇 대 때렸다고 칩시다. 아이들끼리의 가벼운 다툼 끝에 몇 대 때린 것을 가지고 어린 학생에게 징계를 한다니 너무 심한 것 아닙니까! 절대 수긍 못 합니다.

김동식: [저는 민우와 진짜 친한 친구라 생각했는데, 민우가 이렇게 나오니 정말 억울해요. 같이 다니면서 몇 번 말다툼을 한 적은 있지만, 제가 친구 민우를 왜 때리고 괴롭히겠어요? 저는 그런 적 절대 없어요. 정말 민우가 왜 그러는지 모르겠네요. 진짜 억울해요.]

메모:38
김동식은 지속적으로 일관되게 부인하고 있음을 알 수 있다.

위원장: 위원님들! 김동식 학생과 부모님께 질문할 것이 있습니까?

학교장: 별다른 질문 없습니다.

위원장: (김동식과 김갑동, 이순희를 퇴실시키고) 위원님들! 김동식 학생에게 취할 조치를 논의하여 주시기 바랍니다.

위원 주성만: 가해학생 때문에 조민우 학생이 육체적 피해뿐만 아니라 정신적인 고통도 많이 받은 것 같습니다. 교장의 서면사과명령도 따르지 않고 학교 분위기도 말이 아니고요. 오늘 부모님이 하는 태도를 보십시오. 격리가 필요하다고 봅니다.

위원 박사랑: 그래도 어린 학생인데 선처하는 것이 좋다고 생각합니다.

위원장: (다른 의견 없음을 확인하고) 심의를 마치고 표결을 하도록 하겠습니다.

위원장: (투표용지를 확인하고) 퇴학 4표, 출석정지 1표가 나왔습니다. 개표결과 법령상의 의결요건을 충족하였으므로 학교장에게 가해학생을 퇴학시키라고 요청하겠습니다. 여러분! 수고 많으셨습니다. 이상으로 2013학년도 제3회 대한중학교 학교폭력대책자치위원회를 마치겠습니다. 끝.

대한중학교 학교폭력대책자치위원회

진 술 서

이름 : 김동식
학년 / 반 : 2학년 3반

저는 대한중학교 2학년 3반 김동식입니다. 조민우는 2학년 들어서 처음으로 알게 되었는데 같은 동네 살더라구요. 그래서 함께 학교에서 집으로 다녔어요. 그런데, 알고 보니 되게 바보같고 답답해요. 제가 갑자기 돈이 급해서 빌려달라고 하면 치사하게 빌려주지 않는 거예요. [그래서 두 번인가 싸운 적은 있어요. 그렇지만 때리지는 않았어요. 말로만 싸웠어요. 그게 전부예요. 민우가 선생님께 왜 그렇게 말했는지 모르겠어요. 억울해요.]

메모:19
처분의 위법성 주장시 가해자가 이렇게 부인하는 이상 학교장은 2학년 3반 학생들을 상대로 두 학생의 평소의 성품과 다른 학우들과의 관계 및 조민우가 원고 때문에 고통당하고 있다는 하소연을 한 적이 있었는지 여부 등을 자체적으로 진상조사하는 한편, 조민우 부모를 면담하여 사실여부를 보다 정확히 확인하는 과정을 거쳐야 했음에도 전혀 이러한 절차를 행한 적이 없다. 따라서 피고의 원고에 대한 각 처분은 사실을 오인하여 처분의 근거 없이 행해진 위법한 처분이라고 주장 가능하다.(처분사유의 부존재)

2013년 5월 31일

김동식

진 술 서

메모:11
피해 학생인 조민우의 진술서만 있고, 객관적인 입장에 있는 다른 동료 급우들에 대한 조사내용이 담긴 확인서, 진술서 등이 전혀 존재하지 아니함을 알 수 있는바, 이 역시 처분의 위법성 주장사유로서 사실오인의 위법 주장이 가능한 부분이다.

메모:18
조민우 진술서는 중학교 2학년 학생이 작성하였다고는 볼 수 없는 단어와 문장 및 형식으로 되어 있는바, 이는 조민우가 원고에게 불이익한 제재를 받도록 하기 위해서 법률전문가의 도움을 얻어 작성했거나 이미 작성된 문서를 그대로 베껴서 제출하였다고 의심할 수밖에 없어 그 내용의 진실성도 신뢰하기가 어렵다는 주장(사실오인의 위법)이 가능하다.

이름 : 조민우
학년 / 반 : 2학년 3반

저는 대한중학교 2학년 3반 조민우입니다. 같은 반 친구인 김동식으로부터 같은 반이 된 이후 줄곧 괴롭힘을 당하고 있어 그 사실에 대해 다음과 같이 말씀드립니다.
김동식과는 2학년 같은 반이 된 후 처음 알게 되었는데, 같은 동네에 사는 관계로 등하교를 하면서 자주 마주치게 되어 금방 친하게 지냈습니다. 3월쯤인가 수업을 마치고 함께 집으로 가는데, 김동식이 급히 돈이 필요하다고 하면서 내일 아침에 갚을 테니 2만 원을 빌려달라고 하여 마침 아침에 어머니로부터 받은 책값이 생각나 내일 아침까지는 꼭 달라고 하면서 2만 원을 빌려주었습니다. 그런데 다음 날 아침에 김동식이 돈을 갚지 않아 오후에 함께 집에 오면서 조심스럽게 돈을 달라고 하였지만, 김동식은 깜빡 잊었다고 하면서 내일은 꼭 갚겠다고 하였고, 그 후로도 하루하루 그렇게 변명을 하면서 돈을 갚지 않았습니다. 그래서 일주일쯤이 지나 더 이상은 안 되겠다고 생각한 나머지 김동식에게 어머니께 말씀드리겠다고 하였는데, 갑자기 주먹으로 얼굴과 가슴을 마구 때리면서 돈을 갚지 않은 것을 부모님이나 선생님께 알리면 오늘보다도 더 심하게 맞을 거라고 겁을 주었습니다.
그 후로부터 김동식은 학교를 오가면서 군것질을 할 때마다 저에게 돈을 내라고 하였고, 수업시간에 필요한 준비물도 꼭 자기 것까지 챙겨오라고 하면서 만약 갖고 오지 않으면 그 자리에서나 집으로 가는 길에서 욕을 하면서 주먹이나 발로 때렸습니다. 생각해보니 3월 말부터 김동식에 관한 일로 담임선생님과 상담한 날까지 거의 매일 김동식으로부터 군것질 비용이나 학용품 값으로 돈을 빼앗겼거나 맞았습니다.
이 일로 담임선생님과 상담을 하기 전까지 많은 고민을 하였지만, 더 이상 참아서 해결될 일이 아니라고 생각해서 먼저 부모님과 상의한 후 어머니와 함께 담임선생님을 찾아가 상담을 하게 되었습니다.
지금까지 제가 한 말은 모두 거짓이 아님을 맹세합니다.

2013년 5월 31일

조민우

조치요청서

<table>
<tr><td rowspan="3">가해학생
인적사항</td><td>성 명</td><td>(한글) 김동식
(한자) 金棟植</td><td>생년월일</td><td>1999. 4. 5.</td></tr>
<tr><td>학년 / 반</td><td colspan="3">2학년 3반</td></tr>
<tr><td>주 소</td><td colspan="3">서울 서초구 잠원로 25</td></tr>
<tr><td rowspan="4">보 호 자</td><td>성 명</td><td>김갑동
이훈희</td><td>학생과의
관계</td><td>아버지
어머니</td></tr>
<tr><td>주 소</td><td colspan="3">서울 서초구 잠원로 25</td></tr>
<tr><td rowspan="2">전 화
번 호</td><td>자 택</td><td colspan="2">02 - 5300 -4545</td></tr>
<tr><td>휴대전화</td><td colspan="2">010 - 4545 -4545</td></tr>
<tr><td>요청조치</td><td colspan="4">퇴 학</td></tr>
<tr><td>사 유</td><td colspan="4">품행불량</td></tr>
</table>

위와 같이 학교폭력의 가해학생에 대한 조치를 요청합니다.

2013년 7월 3일

위원장 이정현 (이정현)

위 원 정지원 (정지원)

박사랑 (박사랑)

주성만 (주성만)

송윤서 (송윤서)

대한중학교 학교폭력대책자치위원회 위원 (자치위원회위원장인)

대한중학교장 귀중

징계처분통지서

<table>
<tr><td rowspan="6">수
신
자</td><td rowspan="3">가해학생</td><td rowspan="2">성 명</td><td>김동식</td><td>소 속</td><td>2학년 3반</td></tr>
<tr><td>金棟植</td><td>생년월일</td><td>1999. 4. 5.</td></tr>
<tr><td>주 소</td><td colspan="3">서울 서초구 잠원로 25</td></tr>
<tr><td rowspan="3">보 호 자</td><td>성 명</td><td>김갑동
이훈희</td><td>학생과의
관계</td><td>아버지
어머니</td></tr>
<tr><td>주 소</td><td colspan="3">서울 서초구 잠원로 25</td></tr>
<tr><td>연 락 처</td><td colspan="3">(자택) 02 - 5300 -4545
(휴대전화) 010 - 4545 - 4545</td></tr>
</table>

위 하생에 대하여 학교폭력대책자치위원회의 요청에 따라 2013. 7. 5. 퇴학처분하였음을 통지합니다.

○ 덧붙임 : 징계처분서 1통

2013년 7월 5일

대한중학교장 대한중학교장인

징계처분서

<table>
<tr><td rowspan="3">인적사항</td><td rowspan="2">성　　명</td><td>김동식</td><td>소　　속</td><td>2학년 3반</td></tr>
<tr><td>金棟植</td><td>생년월일</td><td>1999. 4. 5.</td></tr>
<tr><td>주　　소</td><td colspan="3">서울 서초구 잠원로 25</td></tr>
<tr><td rowspan="3">보 호 자</td><td>성　　명</td><td>김갑동
이훈희</td><td>학생과의
관계</td><td>아버지
어머니</td></tr>
<tr><td>주　　소</td><td colspan="3">서울 서초구 잠원로 25</td></tr>
<tr><td>연 락 처</td><td colspan="3">(자택) 02 - 5300 -4545
(휴대전화) 010 - 4545 -4545</td></tr>
<tr><td>징계내역</td><td colspan="4">퇴　학</td></tr>
<tr><td>징계사유</td><td colspan="4">품행 불량</td></tr>
<tr><td colspan="5">위 학생에 대하여 위와 같이 처분함.

2013년 7월 5일

대한중학교장 [대한중학교장인]</td></tr>
</table>

메모:9
앞의 1차 처분인 서면사과명령서의 경우 처분의 근거법령, 이유 및 사실관계를 누락한 것과 비교할 부분이다. 물론 여기서도 근거법령 누락되었으며, 이유제시도 상당히 미흡하다.

수 령 증

대한중학교 2학년 3반 김동식에 대한 징계처분서와 징계처분 통지서 각 2통을 정히 수령함.

2013. 7. 8.

수령자　　보호자 김갑동 Kimkapdoog
　　　　　보호자 이순희 이순희
　　　　　본 인 김동식 김동식

전달 확인자

소 속　대학중학교 행정실
성 명　이 배 달 (010 - 3456 - ****)

대한중학교장 귀하

서울행정법원

변론조서

2차

사 건 2013구합246 퇴학처분등 취소

재 판 장	판사 이 명 판	기 일:	2013. 12. 5. 14:00
	판사 박 중 립	장 소:	제215호 법정
	판사 김 공 정	공개여부:	공 개
법원주사보	이 사 무	고지된	
		다음 기일:	2014. 1. 9. 10: 00

사건과 당사자들 호명

원 고 대리인 [ ] 출석

피 고 대리인 변호사 송영서 출석

증거관계 별지와 같음(원고증인 등)

변론속행

법원주사보 이 사 무 (인)

재판장 판사 이 명 판 (인)

메모:25

사안의 경우 서울행정법원에 계속중인 2013구합246호 퇴학처분 취소소송에서 그 처분의 근거인 학폭법 각 규정이 위헌결정되면 청구인에 대한 퇴학처분 등이 위헌법률에 근거한 처분이 되어 취소될 가능성이 있어 재판의 결론이나 주문에 영향을 주는 경우이므로, 재판의 전제성 요건을 갖추고 있다. 참고로, **재판의 전제성의 요건은 반드시 암기**해야 한다. 즉, ① 구체적인 사건이 법원에 계속 중이어야 하고, ② 위헌 여부가 문제되는 법률이 당해 소송사건의 재판에 적용되는 것이어야 하며, ③ 그 법률이 헌법에 위반되는지의 여부에 따라 당해 사건을 담당하는 법원이 다른 내용의 재판을 하게 되는 경우를 말하는바, 여기서 다른 내용의 재판을 하게 되는 경우라 함은 원칙적으로 법원이 심리 중인 당해 사건의 재판의 결론이나 주문에 어떤 영향을 주는 경우뿐만 아니라 문제된 법률의 위헌 여부가 재판의 주문자체에는 아무런 영향을 주지 않는다고 하더라도 재판의 결론을 이끌어 내는 이유를 달리하는 데 관련되어 있거나 또는 재판의 내용과 효력에 관한 법률적 의미가 달라지는 경우도 포함한다(헌재결 1992. 12. 24. 92헌가8).

메모:13

당해사건은 '서울행정법원 2013구합246 퇴학처분등 취소'이다. 사건번호와 사건제목을 반드시 기재해야 감점을 받지 않는다.

위헌법률심판제청신청

신 청 인 김 동 식
서울 서초구 잠원로 25
(이하 생략)

신청취지

[   ] 의 위헌 여부에 대한 심판을 제청한다.

라는 결정을 구합니다.

신청이유

(생략)

2013. 10. 31.

위 신청인의 대리인 [   ] 의 (인)

서울행정법원 제1부 귀중

서울행정법원

제 1 부

결 정

사 건	2013아135 위헌제청신청
신 청 인	김 동 식
	서울 서초구 잠원로 25
	(이하 생략)
당해사건	서울행정법원 2013구합246 퇴학처분등 취소

주 문

[신청인의 위헌법률심판제청신청을 기각한다.]

메모:14
법률의 위헌 여부 심판의 제청신청이 기각된 때에는 그 신청을 한 당사자는 헌법재판소에 헌법소원심판을 청구할 수 있다(헌법재판소법 제68조 제2항).

이 유

(생략)
그렇다면 이 사건 신청은 이유 없으므로 기각하기로 하여 주문과 같이 결정한다.

[2013. 11. 28.]

메모:15
기각 결정일은 2013. 11. 28. 이나 헌재법 제68조 제2항 헌법소원의 적법요건인 청구기간의 기산점은 기각 결정일이 아니라 기각 결정문 송달일임에 주의해야 한다.

재판장 판사 이 명 판
판사 박 중 립
판사 김 공 정

송달증명원

<table>
<tr><td>사 건</td><td colspan="3">2013아135 위헌제청신청</td></tr>
<tr><td>신 청 인</td><td colspan="3">김동식</td></tr>
<tr><td>피신청인</td><td colspan="3"></td></tr>
<tr><td colspan="4">위 사건에 관하여(판결, (결정), 명령, 화해조서, 인낙조서, 조정조서, 기타:)
에 대한 아래의 신청에 따른 제 증명을 발급하여 주시기 바랍니다.

2103. 12. 13.

신청인 소송대리인 ☐ (인)</td></tr>
<tr><td colspan="4">신청할 제 증명 사항을 신청번호에 ○표하시고,
필요한 통수와 발급 대상자의 성명을 기재합니다.</td></tr>
<tr><td>신청
번호</td><td>발급
통수</td><td>신청의 종류</td><td>비 고</td></tr>
<tr><td>1</td><td></td><td>집행문부여</td><td></td></tr>
<tr><td>(2)</td><td>1</td><td>송달증명</td><td>2013. 12. 6. 송달</td></tr>
<tr><td>3</td><td></td><td>확정증명</td><td></td></tr>
<tr><td>4</td><td></td><td>승계증명</td><td></td></tr>
<tr><td>5</td><td></td><td>재판서·조서의
정본·등본·초본</td><td></td></tr>
<tr><td colspan="4">서울행정법원 귀중</td></tr>
<tr><td colspan="2">위 증명문서를 틀림없이
수령하였습니다.</td><td>2013. 12. 13.</td><td>수령인 ☐ (인)</td></tr>
</table>

메모:16

헌법재판소법 제68조 제2항의 헌법소원 심판은 위헌심판제청신청 기각결정을 통지받은 날부터 30일 이내에 청구해야 하는바(헌재법 제69조 제2항), 청구인은 2013. 12. 6. 서울행정법원 2013아135호 위헌법률심판제청신청 기각결정을 송달받고, **그로부터 30일 이내**인 2014. 1. 3. 이 사건 심판청구를 하여 청구기간을 준수하였다.

참고법령

학교폭력예방 및 대책에 관한 법률(발췌)

[(2012. 12. 28. 법률 제12345호로 전부개정된 것)]

메모:28 헌법소원심판청구 대상인 법률의 경우 거의 대부분 연혁정보가 있으므로, 청구취지에서 해당법률 ( )안의 법률연혁정보를 빠뜨리지 말고 기재하여야 한다. 빠트리면 감점이 주어진다.

제1조(목적) 이 법은 [학교폭력의 예방과 대책에 필요한 사항을 규정함으로써 피해학생의 보호, 가해학생의 선도·교육 및 피해학생과 가해학생 간의 분쟁조정을 통하여 학생의 인권을 보호하고 학생을 건전한 사회구성원으로 육성함을 목적]으로 한다.

메모:34 과잉금지원칙 중 목적의 정당성을 검토할 때 참조할 수 있다.

제2조(정의) 이 법에서 사용하는 용어의 정의는 다음 각 호와 같다.

1. "학교폭력"이란 학교 내외에서 학생을 대상으로 발생한 상해, 폭행, 감금, 협박, 약취·유인, 명예훼손·모욕, 공갈, 강요·강제적인 심부름 및 성폭력, 따돌림, 사이버 따돌림, 정보통신망을 이용한 음란·폭력 정보 등에 의하여 신체·정신 또는 재산상의 피해를 수반하는 행위를 말한다.
2. "학교"란 「초·중등교육법」 제2조에 따른 초등학교·중학교·고등학교·특수학교 및 각종학교와 같은 법 제61조에 따라 운영하는 학교를 말한다.
3. "가해학생"이란 가해자 중에서 학교폭력을 행사하거나 그 행위에 가담한 학생을 말한다.
4. "피해학생"이란 학교폭력으로 인하여 피해를 입은 학생을 말한다.

제3조(해석·적용의 주의의무) 이 법을 해석·적용함에 있어서 국민의 권리가 부당하게 침해되지 아니하도록 주의하여야 한다.

제5조(다른 법률과의 관계) ① 학교폭력의 규제, 피해학생의 보호 및 가해학생에 대한 조치에 있어서 다른 법률에 특별한 규정이 있는 경우를 제외하고는 이 법을 적용한다.
② 제2조제1호 중 성폭력은 다른 법률에 규정이 있는 경우에는 이 법을 적용하지 아니한다.

제12조(학교폭력대책자치위원회의 설치·기능) ① 학교폭력의 예방 및 대책에 관련된 사항을 심의하기 위하여 학교에 학교폭력대책자치위원회(이하 "자치위원회"라 한다)를 둔다. 다만, 자치위원회 구성에 있어 대통령령으로 정하는 사유가 있는 경우에는 교육감의 보고를 거쳐 둘 이상의 학교가 공동으로 자치위원회를 구성할 수 있다.

② 자치위원회는 학교폭력의 예방 및 대책 등을 위하여 다음 각 호의 사항을 심의한다.
1. 학교폭력의 예방 및 대책수립을 위한 학교 체제 구축
2. 피해학생의 보호
3. 가해학생에 대한 선도 및 징계
4. 피해학생과 가해학생 간의 분쟁조정
5. 그 밖에 대통령령으로 정하는 사항

제13조(자치위원회의 구성 · 운영) ① 자치위원회는 위원장 1인을 포함하여 5인 이상 10인 이하의 위원으로 구성한다.(이하 생략)
② 자치위원회는 분기별 1회 이상 회의를 개최하고, 자치위원회의 위원장은 다음 각 호의 어느 하나에 해당하는 경우에 회의를 소집하여야 한다.
1. 자치위원회 재적위원 4분의 1 이상이 요청하는 경우
2. 학교의 장이 요청하는 경우
3. 피해학생 또는 그 보호자가 요청하는 경우
4. 학교폭력이 발생한 사실을 신고받거나 보고받은 경우
5. 가해학생이 협박 또는 보복한 사실을 신고받거나 보고받은 경우
6. 그 밖에 위원장이 필요하다고 인정하는 경우
③ 자치위원회는 회의의 일시, 장소, 출석위원, 토의내용 및 의결사항 등이 기록된 회의록을 작성 · 보존하여야 한다.

제17조(가해학생에 대한 조치) ① 자치위원회는 피해학생의 보호와 가해학생의 선도 · 교육을 위하여 가해학생에 대하여 다음 각 호의 어느 하나에 해당하는 조치(수 개의 조치를 병과하는 경우를 포함한다)를 할 것을 학교의 장에게 요청하여야 하며, 각 조치별 적용 기준은 대통령령으로 정한다. 다만, 퇴학처분은 의무교육과정에 있는 가해학생에 대하여는 적용하지 아니한다.
1. 피해학생에 대한 서면사과
2. 피해학생 및 신고 · 고발 학생에 대한 접촉, 협박 및 보복행위의 금지
3. 학교에서의 봉사
4. 사회봉사
5. 학내외 전문가에 의한 특별 교육이수 또는 심리치료
6. 출석정지
7. 학급교체
8. 전학
9. 퇴학처분

메모:29
헌법소원 청구취지 심판대상에 제17조 제1항 제1호(사과명령조항)와 제17조 제1항 제9호(퇴학처분조항)라고만 기재하는 것은 잘못이다. 제17조 제4항 중 제1항 제1호 부분 및 제7항 본문 중 제1항 제9호 부분과 같은 항 단서 제1호가 심판대상이다 **(이 사건 처분인, 대한중학교장이 행한 구체적인 처분의 근거조항을 정확히 기재해야 함).** 다만, 수험전략상 청구취지에서 너무 많은 시간을 할애하다간 낭패를 볼 수 있으므로 "00부분"의 경우 생략하고 해당 법조항만 정확히 기재하고 배점이 많은 적법요건과 본안 위헌부분에 집중하는 것도 효율적인 답안 작성 방법일 수도 있다.

메모:32
근거법령의 위헌주장시 과잉금지위반심사에서 가장 중요한 침해최소성과 관련하여, 위 학폭법 제17조 제1항 각호에서는 사회봉사(제4호), 출석정지(제6호) 등 청구인과 피해학생이 당분간 접촉하지 않도록 격리시킬 수 있는 방안이 있는 등 청구인의 기본권을 최소한으로 침해할 수 있는 여러 다른 적절한 수단이나 방법이 존재함에도 불구하고, 교육기회를 종국적으로 박탈하는 가장 무거운 퇴학처분을 한 것은 침해의 최소성에 위반된다고 주장할 수 있을 것이다.

② ~ ③ (생략)

④ 학교의 장은 가해학생에 대한 선도가 긴급하다고 인정할 경우 우선 제1항 제1호부터 제3호까지와 제5호 중 어느 하나의 조치를 할 수 있으며, 제5호와 제6호는 병과조치할 수 있다. 이 경우 자치위원회에 즉시 보고하여 추인을 받아야 한다.

⑤ 자치위원회는 제1항 또는 제2항에 따른 조치를 요청하기 전에 가해학생 및 보호자에게 의견진술의 기회를 부여하는 등 적정한 절차를 거쳐야 한다.

⑥ 제1항에 따른 요청이 있는 때에는 학교의 장은 14일 이내에 해당 조치를 하여야 한다.

⑦ 제4항에 따른 조치에도 불구하고 가해학생이 이를 거부하거나 회피하는 때에는 학교의 장은 자치위원회의 심의를 거쳐 제1항 제4호, 6호부터 9호까지의 처분 중 어느 하나의 조치를 하여야 한다. 다만, (9호) 퇴학처분의 경우 다음 각호의 어느 하나에 해당 하는 자에 한해 시행하여야 한다.

1. 품행이 불량하여 개전의 가망이 없다고 인정된 자
2. 정당한 이유없이 수업일수의 1/3을 초과하여 출석하지 아니한 자

⑧ 학교의 장이 학폭법 제17조 제4항, 제6항, 제7항의 조치를 할 때에는 그 근거와 이유를 제시하여 가해학생과 그 보호자에게 통지하여야 한다.

메모:26
법 문언상 선도조치가 재량행위임을 알 수 있다. 따라서, 처분의 취소를 구하는 소장작성시 이 사건 서면사과명령은 다른 조치에 비하여 선도에 필요한 긴급한 조치도 아니고, 가해자가 원하지 않는 사과명령은 피해 최소의 수단도 아니어서 비례원칙에 위반되어 재량 일탈·남용 주장 가능하다.
또한, 헌법소원심판청구서상의 과잉금지위반 주장내용을 참고로 소장 비례성위반 주장을 작성하면 되는데, 피고의 원고에 대한 퇴학처분은 급우 상호간의 경미한 다툼에 대하여 학생신분을 박탈하여 학교로부터 완전히 격리시키는 것이 가장 가혹한 징계이므로 적법한 징계양정에 관한 재량권을 일탈·남용한 위법한 처분으로 취소되어야 한다고 서술하면 된다.

메모:27
퇴학조치 역시 선택재량 사항임을 알 수 있다. 그런데, 원고의 경우 개근할 정도로 착실한 학생, 경미한 비위사실, 부모의 자녀 선도다짐 등 비례성 심사를 통해 충분히 퇴학처분보다 완화된 처분이 가능하였음에도 퇴학처분을 내린 것은 지나치게 가혹하여 재량일탈·남용에 해당한다고 주장 가능하다.

메모:30
'품행이 불량'하다고 할 때, '품행'은 학생이 지녀야 할 본분과 태도와 같은 넓은 개념으로 이해될 수 있지만, 품행이 '불량하다는 것은 학생이 어느 정도 일탈행위를 하였을 때를 불량하다로 볼 것인지에 관한 기준설정이 어려워(막연하고 추상적인 용어) 판단자의 주관에 따라 자의적인 해석을 할 수밖에 없어(예측가능성이 없음) 명확성 원칙에 반한다고 주장할 수 있다.
만약, 제2호도 심판대상이 되었다면, "정당한 이유없이"에서 '정당한 이유'도 마찬가지로 명확성원칙 위반 주장이 가능하다.

메모:33
학교폭력대책법 제17조 제8항에 의한 이유제시의무(근거법령, 사실관계 기재 등)가 있음에도 불구하고 이 사건 서면사과명령서와 퇴학처분서에는 그에 관한 설명이 모두 누락되어 있어 절차상 하자가 존재함을 알 수 있다.

교육기본법

(2012. 3. 21. 법률 제12234호로 일부개정된 것)

제1조(목적) 이 법은 교육에 관한 국민의 권리·의무 및 국가·지방자치단체의 책임을 정하고 교육제도와 그 운영에 관한 기본적 사항을 규정함을 목적으로 한다.

제2조(교육이념) 교육은 홍익인간(弘益人間)의 이념 아래 모든 국민으로 하여금 인격을 도야(陶冶)하고 자주적 생활능력과 민주시민으로서 필요한 자질을 갖추게 함으로써 인간다운 삶을 영위하게 하고 민주국가의 발전과 인류공영(人類共榮)의 이상을 실현하는 데에 이바지하게 함을 목적으로 한다.

제3조(학습권) 모든 국민은 평생에 걸쳐 학습하고, 능력과 적성에 따라 교육 받을 권리를 가진다.

제4조(교육의 기회균등) ① 모든 국민은 성별, 종교, 신념, 인종, 사회적 신분, 경제적 지위 또는 신체적 조건 등을 이유로 교육에서 차별을 받지 아니한다.

② 국가와 지방자치단체는 학습자가 평등하게 교육을 받을 수 있도록 지역 간의 교원 수급 등 교육 여건 격차를 최소화하는 시책을 마련하여 시행하여야 한다.

제5조(교육의 자주성 등) ① 국가와 지방자치단체는 교육의 자주성과 전문성을 보장하여야 하며, 지역 실정에 맞는 교육을 실시하기 위한 시책을 수립·실시하여야 한다.
② 학교운영의 자율성은 존중되며, 교직원·학생·학부모 및 지역주민 등은 법령으로 정하는 바에 따라 학교운영에 참여할 수 있다.

제6조(교육의 중립성) ① 교육은 교육 본래의 목적에 따라 그 기능을 다하도록 운영되어야 하며, 정치적·파당적 또는 개인적 편견을 전파하기 위한 방편으로 이용되어서는 아니 된다.
② 국가와 지방자치단체가 설립한 학교에서는 특정한 종교를 위한 종교교육을 하여서는 아니 된다.

제7조(교육재정) ① 국가와 지방자치단체는 교육재정을 안정적으로 확보하기 위하여 필요한 시책을 수립·실시하여야 한다.
② 교육재정을 안정적으로 확보하기 위하여 지방교육재정교부금 등에 관하여 필요한 사항은 따로 법률로 정한다.

[**제8조(의무교육)** ① 의무교육은 6년의 초등교육과 3년의 중등교육으로 한다.
② 모든 국민은 제1항에 따른 의무교육을 받을 권리를 가진다.]

메모:31
이 사건 퇴학처분이 헌법과 법률이 정하고 있는 의무교육원칙을 위반하는지 여부가 문제된다. 헌법은 '모든 국민은 그 보호하는 자녀에게 적어도 초등교육과 법률이 정하는 교육을 받게 할 의무를 진다'(헌법 제31조 제2항)고 규정하고, 교육기본법은 '의무교육은 6년의 초등교육과 3년의 중등교육으로 한다. 모든 국민은 의무교육을 받을 권리를 가진다'(교육기본법 제8조 제1항, 제2항)고 규정하여 모든 국민은 그 보호하는 자녀에게 교육을 받게 할 의무가 있으며, 의무교육을 받을 권리가 있음을 밝히고 있다. 한편, 의무교육의 범위는 '초등교육과 법률이 정하는 교육'이며, 여기서 '법률이 정하는 교육'이란 '6년의 초등교육과 3년의 중등교육'을 의미함을 알 수 있다.

제9조(학교교육) ① 유아교육·초등교육·중등교육 및 고등교육을 하기 위하여 학교를 둔다.
② 학교는 공공성을 가지며, 학생의 교육 외에 학술 및 문화적 전통의 유지·발전과 주민의 평생교육을 위하여 노력하여야 한다.
③ 학교교육은 학생의 창의력 계발 및 인성(人性) 함양을 포함한 전인적(全人的) 교육을 중시하여 이루어져야 한다.
④ 학교의 종류와 학교의 설립·경영 등 학교교육에 관한 기본적인 사항은 따로 법률로 정한다.

참고자료 - 달력

■ 2013년 2월 ~ 2014년 1월

2 월

일	월	화	수	목	금	토
					1	2
3	4	5	6	7	8	9
10	11	12	13	14	15	16
17	18	19	20	21	22	23
24	25	26	27	28		

3 월

일	월	화	수	목	금	토
					1	2
3	4	5	6	7	8	9
10	11	12	13	14	15	16
17	18	19	20	21	22	23
24/31	25	26	27	28	29	30

4 월

일	월	화	수	목	금	토
	1	2	3	4	5	6
7	8	9	10	11	12	13
14	15	16	17	18	19	20
21	22	23	24	25	26	27
28	29	30				

5 월

일	월	화	수	목	금	토
			1	2	3	4
5	6	7	8	9	10	11
12	13	14	15	16	17	18
19	20	21	22	23	24	25
26	27	28	29	30	31	

6 월

일	월	화	수	목	금	토
						1
2	3	4	5	6	7	8
9	10	11	12	13	14	15
16	17	18	19	20	21	22
23/30	24	25	26	27	28	29

7 월

일	월	화	수	목	금	토
	1	2	3	4	5	6
7	8	9	10	11	12	13
14	15	16	17	18	19	20
21	22	23	24	25	26	27
28	29	30	31			

8 월

일	월	화	수	목	금	토
				1	2	3
4	5	6	7	8	9	10
11	12	13	14	15	16	17
18	19	20	21	22	23	24
25	26	27	28	29	30	31

9 월

일	월	화	수	목	금	토
1	2	3	4	5	6	7
8	9	10	11	12	13	14
15	16	17	18	19	20	21
22	23	24	25	26	27	28
29	30					

10 월

일	월	화	수	목	금	토
		1	2	3	4	5
6	7	8	9	10	11	12
13	14	15	16	17	18	19
20	21	22	23	24	25	26
27	28	29	30	31		

11 월

일	월	화	수	목	금	토
					1	2
3	4	5	6	7	8	9
10	11	12	13	14	15	16
17	18	19	20	21	22	23
24	25	26	27	28	29	30

12 월

일	월	화	수	목	금	토
1	2	3	4	5	6	7
8	9	10	11	12	13	14
15	16	17	18	19	20	21
22	23	24	25	26	27	28
29	30	31				

2014년 1월

일	월	화	수	목	금	토
			1	2	3	4
5	6	7	8	9	10	11
12	13	14	15	16	17	18
19	20	21	22	23	24	25
26	27	28	29	30	31	

2015년도 제4회

변호사시험

공법 기록형 문제

2015년도 제4회 변호사시험 문제

목 차

【문 제】

메모:1
문제내용을 정확하게 읽고 이해하는 것은 문제풀이의 시작이자 끝이라 해도 과언이 아니다. 기재하여야 할 부분과 기재하지 말라고 지시한 것을 정확히 구분해서 메모하는 습관이 중요하다. 채점을 해보면 매번 기재하지 말라고 한 것을 기술한 답안이 나오곤 한다.

1. 의뢰인 홍길동의 대리인 법무법인 희망의 이름으로 취소소송 소장을 주어진 소장 양식에 따라 아래 사항을 준수하여 작성하시오. (50점)

가. 원고, 피고 및 소송대리인의 주소·연락처 등은 기재하지 말 것.

나. 이 사건 처분의 경위, 결론, 입증방법, 첨부서류 등은 기재하지 말 것. OOOO된 부분은 기재할 것.

다. 취소소송의 제기일은 법령상 허용되는 가장 마지막 일자로 기재할 것.

라. 이 사건 소의 적법성 부분을 기재하되, 원고적격과 협의의 소의 이익은 기재하지 말 것.

마. 이 사건 처분의 위법성 부분에서 「집회 및 시위에 관한 법률」의 위헌 부분은 기재하지 말 것.

메모:54
이번 문제는 당해사건으로서 형사재판 계속 중 관련 처벌조항의 위헌성여부에 관해 헌법재판소법 제68조 제2항 소정의 위헌심사형헌법소원에 관한 문제임을 알 수 있다.

2. 의뢰인 홍길동의 대리인 법무법인 희망의 이름으로 집회및시위에관한법률 위반죄 [처벌의 근거 법률의 위헌 여부를 다투는 헌법소원심판청구서]를 주어진 양식에 따라 아래 사항을 준수하여 작성하시오(50점)

가. 청구인 및 대리인의 주소·연락처 등은 기재하지 말 것.

나. 사건의 개요, 결론, 첨부서류 등은 기재하지 말 것. OOOO된 부분은 기재할 것.

다. 심판청구일은 법령상 허용되는 가장 마지막 일자로 기재할 것.

【작성요령 및 주의사항】

1. 참고자료로 제시된 법령은 가상의 것으로, 이에 근거하여 작성할 것. 이와 다른 내용의 현행 법령이 있다면, 제시된 법령이 현행 법령에 우선하는 것으로 할 것.
2. 기록에 나타난 사실관계만을 기초로 하고, 그것이 사실임을 전제로 할 것.
3. 기록 내의 각종 서류에는 필요한 서명, 날인 또는 무인, 간인, 정정인이 있는 것으로 볼 것 .
4. 송달이나 접수, 통지, 결재가 필요한 서류는 모두 적법한 절차를 거친 것으로 볼 것.
5. (생략)으로 표시된 것은 모두 기재된 것으로 볼 것.
6. 서술어는 경어를 사용할 것.

1. 소장 양식

소 장

원 고

피 고

○○○○ 청구의 소

청구취지

청구원인

1. 이 사건 처분의 경위 (기재 생략)

2. 이 사건 소의 적법성

3. 이 사건 처분의 위법성

4. 결론 (기재 생략)

입증방법 (기재 생략)

첨부서류 (기재 생략)

○○○○. ○○. ○○.

○○○ (인)

○○○○ 귀중

2. 헌법소원심판청구서 양식

헌법소원심판청구서

청 구 인

청구취지

당해사건

심판 대상 법률조항

청구이유

1. 사건의 개요 (기재 생략)

2. 재판의 전제성

3. 위헌이라고 해석되는 이유

4. 결론 (기재 생략)

첨부서류 (기재 생략)

○○○○. ○○. ○○.

○○○ (인)

○○○○ 귀중

수임번호 2014-101	법률상담일지		2014. 5. 29.
의 뢰 인	홍길동(공무원)	의뢰인 전화	02-783-4795(직장전화) 010-9977-5431(휴대전화)
의뢰인 영업장 주소	서울 용산구 한강대로 67길 10 벽진아파트 101동 2309호	의뢰인 팩스	hgd@kmail.com

상 담 내 용

1. 의뢰인 홍길동은 안전행정부 지방자치지원과 사무관으로 재직하고 있는데, 동성애에 관한 깊은 혐오감을 갖고, 그것에 대한 개방이 우리 사회를 타락시킬 것이라는 소신을 갖고 있으며, 동성애 반대 모임인 건강가족지킴회 부회장의 역할을 맡고 있다.

2. 의뢰인은 서울시 의회에서 동성애자를 비롯한 성소수자의 인권을 보호하는 인권조례안을 2013. 12. 13. 밤 11시경 의결, 통과시키자 큰 분노를 느꼈다.

3. 의뢰인은 2013. 12. 14. 00:30경부터 수차례에 걸쳐 자신의 트위터계정에 위 인권조례의 부당성을 역설하고 그 조례의 공포에 임박해서 그날 오후2시에 청계광장에서 번개모임을 가질 것을 제안하는 글을 올렸다.

4. 의뢰인은 2013. 12. 14. 오전 10시경 종로경찰서에 집회신고서를 제출하였으나, 담당경찰관이 48시간 전에 신고하지 않았다는 이유로 반려했다.

5. 의뢰인의 번개모임 공지에 찬성하여 건강가족지킴회원들을 비롯한 20여 명이 예정시간에 위 청계광장에 모여 집회를 갖고 동성애에 반대나 서울시장의 퇴진을 요구하는 구호 등을 외쳤다.

6. 현장에 온 관할 종로경찰서 소속 경찰들은 위 집회가 미신고집회임을 이유로 해산명령을 하였으나 의뢰인 등은 이에 응하지 않았다. 이것이 원인이 되어 의뢰인은 2013. 12. 19. 집회및시위에관한법률위반죄로 벌금 100만 원의 약식기소가 되었는데, 2014. 1. 3. 정식재판청구를 하여 현재 서울중앙지방법원 형사 제15단독에 계속 중이다.

메모:27
청구인은 공무원이므로 제68조 제1항 권리구제형 헌법소원의 경우 심판청구서 작성시 서두에서 '특별권력관계'와 사법심사 가능성에 대해 간단히 언급할 필요가 있다. 다만, 이번 사안은 제68조 제2항 위헌심사형 헌법소원이므로 이를 따로 적시할 필요가 없으나, 문제되는 기본권의 확정이나 과잉금지원칙 위반 심사에 앞서 공무원의 이중적지위(특수신분관계)를 언급하여도 무방하다.(가점가능)

메모:2
트위터에 글을 올리는 등으로 봐서 이 사건에서도 주요 쟁점이 표현의 자유가 될 것임을 암시하고 있다.

메모:4
집회에 관한 신고제도가 사전허가로 작용하는 것은 아닌지, 집회 신고 반려의 법적 성질이 무엇인지 등 이 사건에서 문제되는 집회 관련 법적 쟁점을 예상할 수 있다.

메모:6
4.번 항에서와 같이 신고가 반려되었기 때문에 결과적으로는 이 사건 집회는 미신고 집회가 되었는데 <u>이 경우 미신고 집회의 법적 성질과 그 보호범위가 문제될 수 있다.</u>

메모:8
해산명령은 그 자체로 집회의 자유에 대한 침해라는 주장이 가능하며, 해산명령 불응에 대한 형사처벌까지 하고 있어 과도한 기본권 제한이라고 주장 가능하다.

메모:45
'집시법위반죄'로 형사재판 계속 중에 있으므로 이 사건의 경우에도 재판의 전제가 된 해당 집시법 조항에 대한 위헌법률심판청구를 하는 것이 순서임을 쉽게 예측할 수 있다.

7. 여기에 그치지 않고, 의뢰인은 2014. 3. 12. 안전행정부장관이 위 사실들을 이유로 의뢰인을 대상으로 중앙징계위원회에 징계요구를 한 사실을 통보받았고, 4. 1. 중앙징계위원회에 출석하여 의견을 진술하였지만, 4. 3. 해임 징계처분서를 교부받았다.

8. 의뢰인은 2014. 4. 25. 소청심사위원회에 소청을 청구하였고, 5. 9. 소청심사위원회에 참석하여 자신의 의견을 진술한 결과, 정직 3월로 변경된 결정을 받았다. 이 결정서를 5. 14. 의뢰인의 아들(용산과학고 2학년 재학중)이 대신 받았으며(당시 의뢰인은 출장 중이었음), 의뢰인은 이틀 후인 5. 16. 저녁에 집에 돌아와 이 사실을 알게 되었다.

9. 의뢰인은 단순히 번개모임으로 소규모의 평화적 집회를 했을 뿐인데, 이를 이유로 하여 해산명령이 발해지고 또 그 뒤 엄청난 결과로 이어진 것에 철저한 검토를 요청하였다.

10. 의뢰인의 희망사항

큰 뜻 없이 SNS(트위터)에 글을 올리고 집회에 참여하였을 뿐인데 이렇게 가혹한 결과가 되어 너무나 어이가 없다고 함. 그리고 2008년도에 국무청리표창도 받았는데 공무원징계요구시 확인서에 공적사항의 기재가 누락되어 아쉽다고 함. 아무쪼록 최선의 노력을 다하여 억울함을 풀어주기를 거듭 당부함.

법무법인 희망(담당변호사 정환수)
전화 02-555-1234, 팩스 02-555-5678, 이메일 jhs@hope.com
서울 서초구 서초중앙로 30길 10 희망빌딩 2층

메모:47
처분문서상 처분을 행한 안전행정부장관이 피고가 될 것이다. 정부조직법이 개정되었다고 하여 행정자치부장관으로 기재하면 피고에 대한 기재를 잘못한 것이다.

메모:48
공무원징계에 관한 소청심사전치주의 적용 및 소청결과 징계 정도가 변경된 경우 취소소송의 대상적격이 무엇인지가 문제된다. 이는 2014년 제3회 모의시험에서 이미 중요한 쟁점으로 기출된 것이었는데 그 이듬해 본 변호사시험에서 그대로 기출된 쟁점으로 기출의 중요성이 거듭 확인된 사안이다.

메모:49
제소기간과 관련하여 미성년자인 가족의 결정문 수령권한 여부. 즉, 수령의 적법성도 작은 논점에 해당하는바, 본인이 아닌 가족이 대신 송달 받은 경우 송달의 적법성 및 제소 기산점을 언제로 볼 것인지가 문제된다.

메모:50
집회의 자유 등 기본권 침해여부에 대한 심사기준으로서 과잉금지원칙 위반 심사시 '침해 최소성'이나 '법익 균형성' 부분에서 그대로 원용하여 서술할 부분에 해당한다.

메모:51
징계처분 취소 소장 작성 문제에서 당해 징계처분의 위법성 부분 중 "징계처분에 관한 절차상 하자"로 주장할 수 있는 부분이다. 징계양정시 공무원 표창(공적 사항)은 반드시 고려해야 하기 때문이다.

법무법인 희망의 내부회의록

일 시: 2014. 6. 9. 17:00 ~ 18:00

장 소: 법무법인 희망 소회의실

참석자: 김대승 변호사(송무팀장), 정환수 변호사

김 변호사: 다음은 홍길동 씨 사건과 관련하여 논의할까요? 의뢰인의 요구사항은 무엇이던가요?

정 변호사: 의뢰인은 동성애 반대와 관련하여 SNS(트위터)에 게재한 글은 평소 자신의 소신을 밝힌 것이고, 청계광장 집회는 평화롭게 진행되었는데, 이를 이유로 징계하고 형사처벌까지 하는 것은 가혹하다는 것입니다.

메모:36
이 사건 집회의 자유 관련 과잉금지위반의 점에 대한 핵심 내용이 암시되어 있는바 답안지에 이 부분을 그대로 원용하여 목-수-침-법 4단계 심사를 상세히 기술하면 된다.

김 변호사: 의뢰인을 위하여 어떤 구제절차를 생각하고 있나요?

정 변호사: 징계와 관련해서는 법원에 행정소송을 제기하고, 형사재판과 관련해서는 처벌의 근거인 집회 및 시위에 관한 법률 조항에 대한 위헌법률심판 제청을 신청할 생각입니다.

김 변호사: 좋습니다. 그런데, 혹시 징계처분과 관련하여 문제는 없던가요?

정 변호사: 의뢰인은 2008년도에 국무총리표창도 받았는데 공무원징계요구시 확인서에 공적사항의 기재가 누락되어 억울하다고 하니 이 부분을 주장해야 할 것 같습니다. 또한 처분의 근거가 된 공무원 복무규정에도 문제가 많은 것 같습니다. 그 외에도 위법사유들이 존재하니 검토하여 소장에 반영하겠습니다.

메모:5
실제 공적사항 기재 누락으로 인한 징계처분의 절차상 하자를 인정한 관련 대법원 판례가 있는데 당시 답안 대부분은 그 판례를 인용하지 못하였다. 그러나 판례를 적시하지 못하였다고 할지라도 절차상 하자 부분에서 위 점을 언급하면 일정 배점은 받을 것이다.

메모:3
이 사건 징계처분의 근거가 된 복무규정은 대통령령으로 국가공무원법 제65조 4항의 위임을 받아 그 내용을 구체화하고 있는 법규명령에 해당한다. 법규명령이 위헌무효인 경우 그에 근거한 이 사건 징계처분도 하자가 존재한다고 할 것이므로 소장 처분의 위법성 주장시 복무규정에 대한 위헌주장도 따로 할 필요가 있음을 암시한다.

김 변호사: 집시법 처벌규정에는 무슨 문제가 없나요?

정 변호사: 우선 사전신고제 자체는 문제가 없는 것 같습니다. 그런데 의뢰인의 경우처럼 법정시한 내에 신고할 여지가 없이 촉박하게 이루어지는 집회에 대해서까지 사전신고를 의무화하고 이를 위반한 경우 형사처벌까지 하는 것은 문제의 소지가 있습니다. 이에 대한 검토가 필요한 것 같습니다.

김 변호사: 그렇군요. 또 다른 문제는 없습니까?

정 변호사: 의뢰인의 말에 따르면 집회 당시 토요일이긴 해도 청계광장에 사람들이 많지 않았고, 다른 행사나 집회가 개최되고 있지도 않아서 의뢰인 일행만이 차분한 분위기에서 집회를 진행하였다고 합니다. 이와 같이 아무런 위험성이 없는 집회까지 단지 미신고였다는 이유만으로 해산명령의 대상으로 볼 수 있는지 검토해봐야 할 것 같습니다.

김 변호사: 법원이 위헌제청 신청을 받아들이지 않을 것을 대비해서 헌법소원심판을 청구할 것까지 검토해보시기 바랍니다. 쟁점이 많네요. 잘 검토해 주시기 바랍니다.

정 변호사: 네. 잘 알겠습니다.

김 변호사: 그럼, 이상으로 오늘 회의를 마치겠습니다. 끝.

메모:37
이하, 헌법 파트 기록으로 집회 시위에 관한 자유권이 집시법 조항과 맞물려 이 사건에서 가장 문제되는 기본권임을 암시한다.

메모:41
비록 문제가 없다고 서술되어 있으나, 집회에 대한 사전신고제가 표현의 자유에서 금지되는 사전검열, 즉 사실상 허가로 작용하고 있다는 점을 간략히 언급하면 가점요인이 된다.

메모:38
촉박하게 갑자기 이루어진 집회에 대해서도 집회의 자유 보호 범주에 들어간다는 것이 통설이므로 미신고 집회의 보호 범위와 정도에 관해서도 언급할 필요가 있다. 위 쟁점은 과거 사시2차에서도 출제된 적이 있다.

메모:7
본안 위헌성 심사 중 가장 배점이 많은 과잉금지위반 중 '침해 최소성' 심사에서 그대로 원용할 수 있는 내용이다.

메모:35
이 사건 위헌법률심판청구에서 문제가 되는 집시법 조항에 대하여 단순위헌청구가 아닌 한정위헌청구를 해보라는 것이 출제자의 의도임을 암시하는 문구이다(헌재결 2014. 1. 28. 2011헌바174 참조).

메모:9
헌재법 제68조 제2항 위헌심사형 헌법소원임을 암시하고 있다.

소 송 위 임 장	
사 건	징계처분 관련 행정소송
원 고	홍길동
피 고	OOO
위 사건에 관하여 다음 표시 수임인을 소송대리인으로 선임하고, 다음 표시에서 정한 권한을 수여합니다.	
수임인	법무법인 희망 서울 서초구 서초중앙로 30길 10 희망빌딩 2층 전화 02-555-1234 전송 02-555-5678
수권사항	1. 일체의 소송행위 1. 반소의 제기 및 응소, 상소의 제기, 동 취하 1. 소의 취하, 화해, 청구의 포기 및 인낙, 참가에 의한 탈퇴 1. 복대리인의 선임 1. 목적물의 수령 1. 공탁물의 납부, 공탁물 및 이자의 반환청구와 수령 1. 담보권의 행사 최고 신청, 담보 취소 신청, 동 신청에 대한 동의, 담보 취소결정 정본의 수령, 동 취소결정에 대한 항고권 포기 1. 강제집행신청, 대체집행신청, 가처분, 가압류 등 보전처분과 관련한 모든 소송 행위 1. 인지환급금의 수령에 관한 행위, 소송비용액확정결정신청 등 1. 등록사항별 증명서, 주민등록등·초본, 기타 첨부서류 발급에 관한 행위
2014. 6. 9.	
위임인	홍 길 동 (인)
OOOO 귀중	

메모:30
이를 통해 이 사건 소장 사건 제목이 '징계처분 취소청구의 소'가 될 것임을 유추할 수 있다.

안전행정부

수　　신　**홍길동**

제　　목　징계(해임) 처분

---

1. 귀하의 국가공무원법 위반행위 등에 대해서는 별첨 징계처분 사유 설명서와 같은 이유로 아래와 같이 징계 처분합니다.

인적사항	홍길동(*****-*******) 안전행정부 사무관, 5급
징　　계	해임 (2014. 6. 1.)

2. 만약 이 처분에 불복할 경우에는 안전행정부 소청심사위원회에 소청심사를 청구할 수 있음을 알려드립니다.

메모:10 공무원 징계의 경우 소청심사 전치주의가 적용된다(2014년도 제3회 변시모의고사 기록형 문제 기출문제임).

붙임: 징계처분 사유 설명서 1부. 끝.

2014년 4월 3일

안전행정부장관 **안전행정부 장관의인**

메모:57 처분서에 도장을 날인한 주체인 안전행정부장관이 피고적격 있는 자이다.

시행: 2014. 4. 3.

주소: 서울 종로구 세종로 1 정부중앙청사 1005호

전화 : 02-783-4787

– 10 –

징계처분 사유 설명서

소 속	직 위 (직급)	성 명
안전행정부	사무관(5급)	홍길동

주 문	해임(2014. 6. 1.)
이 유	징계 의결서 사본 기재와 같음.

「공무원징계령」제16조에 따라 위와 같이 처분하였음을 통지합니다.

2014 년 4 월 3 일

안전행정부장관 [안전행정부 장관의인]

붙임: 징계의결서 사본 1부. 끝.

유의사항
이 처분에 불복할 때에는 「국가공무원법」 제76조 제1항에 따라 이 사유 설명서를 받은 날부터 30일 이내에 소청심사위원회에 심사를 청구할 수 있습니다.

메모:26
공무원에 대한 징계 기타 불이익 처분에 대해서는 반드시 소청심사위원회에서 심사청구를 거쳐야 행정소송을 제기할 수 있다(소청전치주의, 국가공무원법 제76조).

징계의결서

메모:52 취소소송 소장은, 위 처분서에 나타난 처분이유 순서대로 각각 반박하는(반대되는) 내용으로 '이 사건 청구의 위법성' 부분을 적시하면 된다.

징계등 혐의자 인적사항	소 속	직 위(직급)	성 명
	안전행정부	사무관(5급)	홍 길 동

의결 주문	해임 (2014. 6. 1.)

이유	- 징계혐의자는 2013년 12월 14일부터 17일 사이에 10차례에 걸쳐 성소수자 인권조례를 반대하는 내용을 SNS(트위터)에 올림으로써 국가공무원법상 정치운동 금지의무를 위반함 - 징계혐의자는 2013년 12월 14일 청계광장에서 열린 집회를 신고없이 주최하였을 뿐만 아니라 미신고집회에 대한 해산명령에 불응하여 「집회 및 시위에 관한 법률」을 위반함으로써 「국가공무원법」상 성실의무를 위반함 - 의무위반의 형태와 정도, 징계혐의자의 재직기간 및 반성하는 태도 등을 종합적으로 고려하여 주문과 같이 양정함. 근거법령 - 국가공무원법 제78조 제1항 제1호, 제65조 제4항, 국가공무원 복무규정 제27조 제1항 제1호, 제27조 제2항 제3호 - 국가공무원법 제78조 제1항 제1호, 제56조, 집회 및 시위에 관한 법률 제22조 제2항, 제6조 제1항, 제24조 제5호, 제20조 제2항, 제20조 제1항 제2호

메모:11 이 사건 징계처분 취소소송 '처분의 위법성' 주장 시 원고의 행위는 위 국가공무원법상 금지되는 정치운동금지의무 위반이 아니거나 그에 해당하지 않음을 상세히 설시해야 한다.

메모:23 마찬가지로, 청구의 위법성 주장 시 신고를 하지 않았다는 이유만으로 헌법의 보호범위를 벗어나 개최가 허용되지 않는 불법 집회 내지 시위라고 단정할 수 없다는 대법원 판결(대판 2012. 4. 26. 2011도6294)을 적시하며 반박하여야 한다.

메모:12 마찬가지로, 청구의 위법성 주장 시 원고의 행위는 위와 같은 공무원의 성실의무 위반에도 해당하지 않는다는 점을 주장하여야 한다.

메모:14 이번 기록은 취소소송에서 이 사건 징계처분의 근거 법령에 해당하는 위 복무규정의 위헌, 위법성 심사도 해야 함에 주의하자(향후 이런 출제는 지양될 것이다).

메모:13 헌법소원심판 대상 법률조항에 해당하므로 뒤에서 나오는 관련 참조 법조문에서 꼼꼼히 확인해야 한다(특히, 이 사건의 경우 한정위헌을 청구하는 형식으로 작성하라는 것이 출제자의 의도로 보이므로 법조문을 더욱 유심히 살펴야 한다).

2014년 4월 1일

중앙징계위원회 [중앙징계 위원회 의장인]

소 청 심 사 위 원 회

결 정

사　　건: 2014-1234

청 구 인: 홍길동(******-*******)

주　　소: 서울시 용산구 한강대로 67길 10 벽진아파트 101동 2309호

피청구인: 안전행정부장관

주 문

피청구인의 청구인에 대한 해임을 정직 3월(2014. 8. 1. ~ 10. 31)로 변경한다.

> 메모:28 행정심판을 거친 후 제기된 행정소송의 경우 그 대상적격이 재결인지, 아니면 원행정처분인지 등이 문제되는데, 특히 이 사건과 같은 소청심사위원회의 변경재결이 존재하는 경우 그 대상이 변경재결인지, 원행정처분인지, 변경된 원행정처분인지가 문제된다.

> 메모:29 **변경재결이 존재하는 이상 원행정처분은 변경된 상태로 존속한다 할 것이므로 그 대상은 변경된 원처분이라 할 것이다.** 대법원 판례도 대체로 같다(대판 1997. 11. 14 97누7235).

이 유

1. 원 징계처분의 내용

피청구인은 청구인이 2013년 12월 14일부터 17일 사이에 10차례에 걸쳐 서울시 성소수자 인권조례의 제정에 반대하는 내용의 글을 SNS(트위터)에 올렸고, 또한 2013년 12월 14일 청계광장에서 성소수자 인권조례 규탄집회를 미신고 주최하였을 뿐만 아니라 미신고 집회에 대한 해산명령에 불응하였다는 이유로 국가공무원법상 정치운동 금지의무위반 및 성실의무위반을 근거로 하여 청구인에게 해임처분을 했다.

2. 판 단

관련 증거(……생략)에 의하면 청구인이 국가공무원법상 정치운동 금지의무 위반행위 및 성실의무 위반행위를 한 사실은 인정된다. 그러나 위와 같은 위반사실에 비해서 해임처분은 지나치게 무거우므로 정직 3월로 변경한다.

> 메모:15 이 사건 원고(청구인)가 과연 이에 해당하는 것인지에 대해 반드시 다투어 주어야 한다.

> 메모:21 변경된 정직처분 역시 지나치게 무거운 징계에 해당하여 위법하다는 주장을 해야 하는바, 구체적으로 비례원칙(적합성－필요성－상당성)에 반하여 재량을 일탈·남용한 징계처분이라는 점을 비교적 상세히 서술해야 한다. 주장할 수 있는 사유로는 18년간 장기 공직생활, 국무총리 표창, 지금까지 징계받은 사실 전무, 이 사건 정직으로 인해 가족부양의 어려움 등의 사유가 있음을 기록 내용을 통해 알 수 있다.

2014 .5. 9.

소청심사위원회 위원장 김성훈(인)

위 원 김기현(인)

위 원 김대철(인)

위 원 박규동(인)

위 원 이시경(인)

위 원 이재원(인)

위 원 조정우(인)

위 원 최경수(인)

메모:55
원처분주의에 따라 재결청인 소청심사위원회가 아닌 원징계처분자인 안전행정부장관이 피고가 됨에 주의하자.

<table>
<tr><td colspan="2">우편송달보고서
증서 2014년 제402호 2014년 5월 9일
발송</td></tr>
<tr><td colspan="2">송달서류 소청심사결정문 1부
발송자 소청심사위원회
송달받을 자 홍길동 귀하
서울시 용산구 한강대로 67길 10 벽진아파트 101동 2309호</td></tr>
<tr><td colspan="2">영수인 홍우식 (서명)</td></tr>
<tr><td colspan="2">영수인 서명날인 불능</td></tr>
<tr><td>1</td><td>송달받을 자 본인에게 교부하였다.</td></tr>
<tr><td rowspan="4">2</td><td>송달받을 자가 부재 중이므로 사리를 잘 아는 다음 사람에게 교부하였다.</td></tr>
<tr><td>사무원</td></tr>
<tr><td>피용자</td></tr>
<tr><td>동거자 홍우식(홍길동의 자)</td></tr>
<tr><td rowspan="5">3</td><td>다음 사람이 정당한 사유 없이 송달받기를 거부하므로, 그 장소에 서류를 두었다.</td></tr>
<tr><td>송달받을 자</td></tr>
<tr><td>사무원</td></tr>
<tr><td>피용자</td></tr>
<tr><td>동거자</td></tr>
<tr><td colspan="2">송달연월일 2014. 5. 14. 17시 20분</td></tr>
<tr><td colspan="2">송달장소 서울시 용산구 한강대로 67길 10 벽진아파트 101동 2309호</td></tr>
<tr><td colspan="2">위와 같이 송달하였다.
2014. 5. 14.
우체국 집배원 김배달 (인) 김배달</td></tr>
</table>

메모:58
동거 가족에게 송달된 경우 적법한 송달로 본다는 것이 판례의 태도이다.

■ 공무원 징계령 [별지 제1호서식]

공무원 징계의결 요구서

<table>
<tr><td rowspan="3">1. 인적 사항</td><td colspan="2">성명(한글) 홍길동
(한자) 洪吉童</td><td>생년월일
1971. 2. 5.</td></tr>
<tr><td>소속
안전행정부</td><td>직위(직급)
사무관(5급)</td><td>재직기간
17년</td></tr>
<tr><td colspan="3">주소
서울시 용산구 한강대로 67길 10 벽진아파트 101동 2309호</td></tr>
<tr><td>2. 징계 사유</td><td colspan="3">가. 국가공무원법상 정치운동 금지의무 위반(2013년 12월 14일부터 2013년 12월 17일 사이에 10차례에 걸쳐 건강가족지킴이[HEALTHYFAMILYPROTECTOR)라는 이름으로 성소수자 인권조례안을 비판하는 글을 SNS(트위터)에 올림]
나. 국가공무원법상 성실의무 위반[2013년 12월 14일 청계광장에서 미신고 집회를 주최하고, 미신고집회에 대한 해산명령에 불응하여 약식기소됨]</td></tr>
<tr><td rowspan="2">3. 징계의결 또는 징계부가금 부과 의결 요구권자의 의견</td><td colspan="3">징계의결 요구의견
중징계를 요구함.</td></tr>
<tr><td colspan="3">징계부가금 부과 대상 여부
[ ] 해당됨(대상금액: 원 / 배) [V] 해당 없음</td></tr>
</table>

위와 같이 징계의결 또는 징계부가금 부과 의결을 요구합니다.

2014년 3월 12일

안전행정부장관 [안전행정부 장관의 인]

징계위원회 귀중

■ 공무원 징계령 [별지 제1호의2서식]

확 인 서

<table>
<tr><td rowspan="2">1. 인적사항</td><td>소속</td><td colspan="2">직위(직급)</td><td colspan="2">성명</td></tr>
<tr><td>안전행정부</td><td colspan="2">사무관(5급)</td><td colspan="2">홍길동</td></tr>
<tr><td rowspan="6">2. 비위유형</td><td colspan="5">금품 및 향응 수수 관계 ([ ]해당함, [V]해당 없음)</td></tr>
<tr><td colspan="5">공금의 횡령·유용 관계 ([ ]해당함, [V]해당 없음)</td></tr>
<tr><td colspan="5">성폭력 비위 관계 ([ ]해당함, [V]해당 없음)</td></tr>
<tr><td colspan="5">성매매 비위 관계 ([ ]해당함, [V]해당 없음)</td></tr>
<tr><td colspan="5">성희롱 비위 관계 ([ ]해당함, [V]해당 없음)</td></tr>
<tr><td colspan="5">음주운전 관계 ([ ]해당함, [V]해당 없음)</td></tr>
<tr><td rowspan="2">3. 징계부가금</td><td colspan="5">대상 여부([ ]해당함, [V]해당 없음), 대상금액(원, 배)</td></tr>
<tr><td colspan="2">형사처벌 및 변상책임 이행 상황 등</td><td colspan="3">집회및시위에관한법률위반으로 약식 명령[정식재판청구 중임]</td></tr>
</table>

<table>
<tr><td rowspan="4">4. 감경 대상 공적 유무 및 감경 대상 비위 해당 여부</td><td colspan="3">공적 사항</td><td colspan="3">징계 사항[불문(경고) 포함]</td></tr>
<tr><td>포상일</td><td>포상 종류</td><td>시행청</td><td>날짜</td><td>종류</td><td>발령청</td></tr>
<tr><td></td><td>(해당사항 없음)</td><td></td><td></td><td>해당사항 없음</td><td></td></tr>
<tr><td colspan="6">성실한 업무처리 또는 능동적 업무처리 과정에서의 과실로 인한 비위 해당 여부 ([ ]해당함, [V]해당 없음)</td></tr>
<tr><td>5. 혐의자의 평소 행실</td><td colspan="6">혐의자는 평상시에 성실하게 근무하였으며 과거 징계사실은 없음</td></tr>
<tr><td>6. 근무 성적(최근 2년)</td><td colspan="6">(2012년 6월) 95점, (2012년12월) 96점,
(2013년 6월) 94점, (2013년12월) 97점</td></tr>
<tr><td>7. 그 밖의 사항</td><td colspan="6">해당사항 없음.</td></tr>
</table>

위 기재 사항이 사실과 다름 없음을 확인합니다.

2014년 3월 12일

작성책임자 안전행정부 부이사관 김주희 (서명 또는 인)

안전행정부장관 [안전행정부 장관의인]

메모:43
공무원 징계령 제7조 제6항 제3호는 공무원에 대한 징계의결을 요구할 때는 징계사유의 증명에 필요한 관계 자료뿐 아니라 '감경대상 공적 유무' 등이 기재된 확인서를 징계위원회에 함께 제출하여야 한다고 규정하고 있으므로, 징계위원회의 심의과정에 감경사유에 해당하는 공적 사항이 제시되지 아니한 경우 이는 관계 법령이 정한 징계절차를 지키지 아니한 것으로서 위법하다(대판 2012. 10. 11. 2012두13245).

메모:59
국무총리표창이라는 공적사실이 존재함에도 불구하고 징계양정 과정에서 이를 누락한 절차상 하자가 존재한다.

국무총리표창장

이 름 : 홍길동

직위 및 소속 : 행정안전부 주사(6급)

위 사람은 행정안전부 모범공무원으로서 10년간 재직하면서 투철한 국가관으로 열과 성을 다하여 국가발전에 기여하였으므로 그 공로를 기려 표창하는 바입니다.

2008. 4. 12.

국무총리 [국무총리의인]

트윗 내용 (일부)

HEALTHYFAMILY PROTECTOR 건강가족지킴이	@HEALTHYFAMILY PROTECTOR 성소수자 인권 조례의 폐지를 위해서 노력하겠습니다. 건강가족을 지키기 위해서 우리 회원분들 계속 파이팅해주시기 바랍니다. 2013. 12. 15. 23:03 태그 : #성소수자 인권조례, #규탄집회 ➡ 트윗
	@HEALTHYFAMILY PROTECTOR [어제 집회소식] 안녕하세요... 성소수자 인권조례 규탄집회가 어제 있었습니다. 어제 참석해주신 여러분께 진심으로 감사드립니다.^^ 신고를 하지 않고 집회를 했다는 등의 이유로 제가 경찰서까지 다녀왔습니다만 이에 굴하지 않고 저는 앞으로도 계속해서 2013. 12. 15. 23:02 ➡ 트윗
	@HEALTHYFAMILY PROTECTOR 서울시 의회에서 통과시킨 인권조례의 공포에 임박해서 시민의 힘을 모읍시다. 오늘(토요일) 오후2시에 청계광장에서 뜻을 같이 하는 사람들이 급히 번개모임을 갖겠습니다. 부디 많이 와주십시오. 2013. 12. 14. 00:31 태그 : #동성애 절대반대, #청계광장, #조례폐지 ➡ 트윗
	@HEALTHYFAMILY PROTECTOR [성소수자 인권조례가 통과되었다고 합니다. 오늘 규탄집회합니다.] 안녕하십니까... 저는 건강가족지킴회 부회장을 맡고 있는 홍길동입니다. 방금 전에 성소수자 인권조례가 전격적으로 통화되었다고 합니다. 동성애의 정당화는 우리 사회를 크게 잘못된 방향으로 이끌 것입니다. 2013. 12. 14. 00:30 ➡ 트윗

<table>
<tr><td colspan="2">담 당 변 호 사 지 정 서</td></tr>
<tr><td>사 건</td><td>위헌법률심판제청신청 및 헌법소원</td></tr>
<tr><td>원 고</td><td>홍길동</td></tr>
<tr><td>피 고</td><td>ㅇㅇㅇ</td></tr>
<tr><td colspan="2">위 사건에 관하여 당 법인은 원고의 소송대리인으로서 변호사법 제50조 제1항에 의하여 그 업무를 담당할 변호사를 다음과 같이 지정합니다.</td></tr>
<tr><td>담당변호사</td><td>변호사 정 환 수</td></tr>
<tr><td colspan="2">2014. 6. 9.

법무법인 희 망 [법무법인 희 망]
대표변호사 최인권

서울 서초구 서초중앙로 30길 10 희망빌딩 2층
전화 02-555-1234 전송 02-555-5678

OOOO 귀중</td></tr>
</table>

서 울 중 앙 지 방 검 찰 청

2013. 12. 19.

사건번호 2013형제56789호

수 신 자 서울중앙지방법원

제 목 **공소장**

검사 정의윤은 아래와 같이 공소를 제기하여 약식명령을 청구합니다.

Ⅰ. 피고인 관련사항 및 의견

피고인 홍길동(******-*******), 42세

직업 공무원, 02-783-4796, 010-9977-5431

주거 서울 용산구 한강대로 67길 10 벽진아파트 101동 2309호

등록기준지 서울 강남구 개포동 506

죄 명 **집회및시위에관한법률위반**

적용법조 집회 및 시위에 관한 법률 제22조 제2항, 제6조 제1항, 제24조 제5호, 제20조 제2항, 제20조 제1항 제2호, 형법 제37조, 제38조, 형사소송법 제334조 제1항

메모:53 이 사건 위헌심사형 헌법소원은 본안형사재판에서 공소가 제기된 법률조항에 대하여 그 위헌여부를 다투는 것이므로 헌법소원 심판대상 법률임을 유추할 수 있다.

변호인 없음

의 견 벌 금 1,000,000(일백만)원

(미결구금일수 1일, 1일 환산금액 50,000원)

가납명령청구

Ⅱ. 공소사실

피고인은 안전행정부 소속 공무원인데, 동성애를 반대하는 모임인 '건강가족지킴회'의 부회장을 담당하던 중, 2013. 12. 13. 23:00경 서울시의회에서 동성애자를 비롯한 성소수자의 인권을 보호하는 인권조례안이 통과되었다는 소식을 접한 후 긴급히 집회를 개최하기로 결심하였다.

피고인은 2013. 12. 14. 00:30경 서울 용산구 한강대로 67길 10 벽진아파트 101동 2309호 피고인의 집에서 피고인의 휴대전화를 이용하여 SNS(트위터)에 "금일 오후2시 청계광장에서 개최하는 규탄대회에 참여해 달라."는 취지로 글을 올려 '건강가족지킴회' 회원 등을 비롯한 팔로어들에게 집회사실을 알린 다음, 14:00경 공소외 황재철 등 20명과 함께 서울 종로구 청계1가에 있는 청계광장에서 '동성애 조례 반대'라고 적힌 플래카드 1개와 '동성애 반대', '서울시장 퇴진' 등의 구호가 적힌 피켓 4개를 들고, 소형휴대마이크 1개를 동원하여 '동성애 반대'와 '건전사회 유지' 등의 구호를 제창하면서 미신고 집회를 주최하였다.

메모:16
공소사실에서 기재된 원고의 위와 같은 행위가 과연 집시법 제20조 제1항 각호에서 금지하고 있는 '미신고 집회'에 해당하는지 여부가 쟁점이 될 것인데, 원고 변호사 입장에서는 당연히 아니라고 주장해야 할 것이다.

이에 종로경찰서장으로부터 권한을 부여받은 같은 경찰서 경비계장은 미신고 집회를 이유로 14:35경 자진해산을 요청하였고, 자진해산 요청을 따르지 아니하자 이에 경비계장이 계속하여 14:45경 1차 해산명령을, 14:55경 2차 해산명령을, 15:05경 3차 해산명령을 각 발하였음에도 피고인 등 집회참가자들은 지체없이 해산하지 아니하였다.

검사 정 의 윤 (인)

서 울 중 앙 지 방 법 원

약 식 명 령

사　　건　2013고약46926　집회및시위에관한법률위반
(2013형제56789호)

피 고 인　홍길동 (******-*******), 공무원
주거　서울 용산구 한강대로 67길 10 벽진아파트 101동 2309호
등록기준지　서울 강남구 개포동 506

주형과　피고인을 벌금 1,000,000(일백만)원에 처한다.

부수처분　위 벌금을 납입하지 아니하는 경우 금 50,000(오만)원을 1일로 환산한 기간 노역장에 유치한다.

범죄사실　별지기재와 같다.

적용법령　집회 및 시위에 관한 법률 제22조 제2항, 제6조 제1항, 제24조 제5호, 제20조 제2항, 제20조 제1항 제2호 (각 벌금형 선택), 형법 제37조, 제38조, 제70조, 제69조 제2항.

검사 또는 피고인은 이 명령등본을 송달받은 날로부터 7일 이내에 정식재판을 청구할 수 있습니다.

2013. 12. 27.

판사 홍 수 지 (인)

범 죄 사 실

메모:39
소장 "처분의 경위"를 작성해야 할 경우 그대로 옮겨다 적으면 될 부분이다.

피고인은 안전행정부 소속 공무원인데, 동성애를 반대하는 모임인 '건강가족지킴회'의 부회장을 담당하던 중, 2013. 12. 13. 23:00경 서울시의회에서 동성애자를 비롯한 성소수자의 인권을 보호하는 인권조례안이 통화되었다는 소식을 접한 후 긴급히 집회를 개최하기로 결심하였다.

피고인은 2013. 12. 14. 00:30경 서울 용산구 한강대로 67길 10 벽진아파트 101동 2309호 피고인의 집에서 피고인의 휴대전화를 이용하여 SNS(트위터)에 "금일 오후2시 청계광장에서 개최하는 규탄대회에 참여해 달라."는 취지로 글을 올려 '건강가족지킴회'회원 등을 비롯한 팔로어들에게 집회사실을 알린 다음, 14:00경 공소외 황재철 등 20명과 함께 서울 종로구 청계1가에 있는 청계광장에서 '동성애 조례 반대'라고 적힌 플래카드 1개와 '동성애 반대', '서울시장 퇴진' 등의 구호가 적힌 피켓 4개를 들고, 소형휴대마이크 1개를 동원하여 '동성애 반대'와 '건전사회 유지' 등의 구호를 제창하면서 미신고 집회를 주최하였다.

이에 종로경찰서장으로부터 권한을 부여받은 같은 경찰서 경비계장은 미신고 집회를 이유로 14:35경 자진해산을 요청하였고, 자진해산 요청을 따르지 아니하자 이에 경비계장이 계속하여 14:45경 1차 해산명령을, 14:55경 2차 해산명령을, 15:05경 3차 해산명령을 각 발하였음에도 피고인 등 집회 참가자들은 지체없이 해산하지 아니하였다.

서 울 중 앙 지 방 법 원

결　　정

사　　건　2014초기173　위헌제청신청
피 고 인　홍길동
　　　　　서울 용산구 한강대로 67길 10 벽진아파트 101동 2309호
　　　　　(이하 생략)
당해사건　서울중앙지방법원 2014고단12345 집회및시위에관한법률위반

메모:22
재판의 전제성과 관련하여, 이 사건 위헌심사형 헌법소원심판의 당해사건은 "서울중앙지방법원 2014고단12345 집회및시위에관한법률위반"사건으로, 현재 피고인의 정식재판청구에 의해 법원에 계속 중임이 명백하다. 또한, 위 사건에서 집시법 규정 및 하위 법규명령 등에 대한 위헌성 여부가 문제되고 있는바, 문제되는 법률이 당해 사건에 적용되는 경우로, 만약 위 규정이 위헌무효로 결정되면 무죄판결을 하여야 할 것인바, 판결 주문에 차이가 있는 경우에 해당한다.

주　　문

신청인의 위헌법률심판제청신청을 모두 기각한다.

이　　유

(생략)
그렇다면 이 사건 신청은 이유 없으므로 모두 기각하기로 하여 주문과 같이 결정한다.

2014.　9.　22.

판사 노 준 혁 (인)

송 달 증 명 원

사 건	2014초기173 위헌제청신청
신청인	홍길동
피신청인	

위 사건에 관하여(판결, (결정) 명령, 화해조서, 인낙조서, 조정조서, 기타:)
에 대한 아래의 신청에 따른 제증명을 발급하여 주시기 바랍니다.

2014. 9. 30.

신청인 홍 길 동 (인)

신청한 제증명 사항을 신청번호에 O표하시고,
필요한 통수와 발급 대상자의 성명을 기재합니다.

신청 번호	발급 통수	신청의 종류	비 고
1		집행문부여	
(2)	1	송달증명	2014. 9. 26. 송달
3		확정증명	
4		승계증명	
5		재판서·조서의 정본·등본·초본	

서울중앙지방법원 귀중

위 증명문서를 틀림없이 수령하였습니다.	2014. 9. 30.	수령인 홍 길 동 (인)

메모:40
위헌 여부 심판의 제청신청을 기각하는 결정을 통지받은 날부터 30일 이내에 헌법재판소법 제68조 제2항의 헌법소원심판을 청구해야 한다(헌법재판소법 제69조 제2항).

피 의 자 신 문 조 서

피 의 자 : 홍 길 동

위의 사람에 대한 집회및시위에관한법률위반 피의사건에 관하여 2013. 12. 17. 서울종로경찰서에서 사법경찰관 경위 권지훈은 사법경찰리 경사 오성문을 참여하게 하고, 아래와 같이 피의자임에 틀림없음을 확인하다.

문 피의자의 성명, 주민등록번호, 직업, 주거, 등록기준지 등을 말하십시오.

답 성명은 홍 길 동(洪吉童)
주민등록번호는 ******-******* (만 42세)
직업은 공무원
주거는 서울 용산구 한강대로 67길 10 벽진아파트 101동 2309호
등록기준지는 서울 강남구 개포동 506
직장주소는 서울 종로구 세종로 1 정부중앙청사 안전행정부
연락처는 휴대전화 010-9977-5431
입니다.

사법경찰관은 피의사건의 요지를 설명하고 사법경찰관의 신문에 대하여 형사소송법 제244조의3에 따라 진술을 거부할 수 있는 권리 및 변호인의 참여 등 조력을 받을 권리가 있음을 피의자에게 알려주고 이를 행사할 것인지 그 의사를 확인하다.

진술거부권 및 변호인 조력권 고지 등 확인

1. 귀하는 일체의 진술을 하지 아니하거나 개개의 질문에 대하여 진술을 하지 아니할 수 있습니다.
2. 귀하가 진술을 하지 아니하더라도 불이익을 받지 아니합니다.
3. 귀하가 진술을 거부할 권리를 포기하고 행한 진술은 법정에서 유죄의 증거로 사용될 수 있습니다.
4. 귀하가 신문을 받을 때에는 변호인을 참여하게 하는 등 변호인의 조력을 받을 수 있습니다.

문 피의자는 위와 같은 권리들이 있음을 고지 받았는가요.

답 예, 고지 받았습니다.

문　피의자는 진술거부권을 행사할 것인가요.

답　아닙니다.

문　피의자는 변호인의 조력을 받을 권리를 행사할 것인가요.

답　아닙니다. 혼자서 조사를 받겠습니다.

사법경찰관은 피의사실에 관하여 다음과 같이 피의자를 신문하다.

문　피의자는 전과가 있나요.

답　없습니다.

문　피의자의 병역관계를 말하시오.

답　저는 대학 1년을 마치고 현역으로 입대하여 복무를 마치고 제대하였습니다.

문　학력 관계를 말하시오.

답　한국대학교 4학년을 졸업했습니다.

문　가족관계를 말하시오.

답　위 주거지에서 처 이귀순 42세, 용산과학고 2학년인 자 홍우식 16세와 함께 살고 있습니다. 형제가 없기 때문에 제가 시골 고향에 계신 80세 부모님에게 매달 용돈을 드리고 있어 부모님을 사실상 부양하고 있습니다.

문　피의자의 경력은 어떠한가요.

답　저는 대학을 졸업한 후 7급 공무원시험에 합격하여 1997. 3. 1. 임용된 이래, 2005. 10. 3. 6급으로 승진, 2012. 5. 3. 5급 사무관으로 승진하였고, 현재 지방자치지원과에 근무하고 있습니다.

문　재산관계를 말하시오.

답　제 소유의 벽진아파트 4억여 원이 있으나 은행융자금이 2억 원가량 있고, 월수입 420만 원 정도로 생활하고 있습니다.

문　피의자는 술과 담배를 어느 정도 하는가요.

답 주량은 소주로 반 병 정도 마시고 담배는 피우지 않습니다.

문 피의자의 건강상태를 말하시오.

답 건강상태는 양호한 편이고 신장은 173센티, 몸무게 74킬로, 혈액형은 O형입니다.

문 피의자는 믿는 종교가 있는가요.

답 없습니다.

문 피의자는 이 조사를 받는 계기가 된 집회를 주최한 사실이 있나요.

답 예.

문 언제, 어느 곳에서 열린 집회를 주최했나요.

답 2013. 12. 14. 토요일이었고, 서울 종로구 청계1가에 있는 청계광장에서입니다. 시간은 점심 먹고 나서 오후 2시경부터입니다.

문 어떤 경위로 집회에 참가하게 되었나요.

답 우리나라에서 동성애를 허용해서는 정말 큰일 납니다. 그런데 어찌된 셈인지 서울시의회가 동성애자를 비롯한 성소수자의 인권을 보호한다는 인권조례안을 2013. 12. 13. 금요일 밤 11시경에 의결하여 통화시켰고, 뉴스에서는 서울시장이 일요일 오전에 이를 공포한다고 하였습니다. 그 소식을 듣고 이런 일이 있나 싶어, 조례가 공포되기 전에 동성애반대의 번개모임을 가져야 하겠다고 결심했습니다. 그래서 12. 14. 00:30경 "오후 2시에 청계광장에서 동성애 반대와 인권조례 통과를 규탄하는 성격의 모임을 갖자."라고 제 트위터 계정에 글을 올렸습니다.

문 결국 그 글이 원인이 되어 이 사건 집회가 개최된 것이네요.

답 예. 맞습니다. 사실상 제가 주최한 것입니다.

문 그 집회에는 어떤 사람들이 몇 명 정도 참석하였나요.

답 제가 동성애 반대모임인 '건강가족지킴회'의 부회장직을 맡고 있습니다. 그 트윗글은 위 모임의 회원들이나 그 외 제 팔로어들에게 트윗되었는데, 청계광장 집회에 나온 사람들을 보니, 대체로 '건강가족지킴회'의 회원들이었습니다. 몇 명의 다른 사람들도 참여하여 얼추 20명 정도 모였던 것 같습니다.

문 [그 집회를 하는데 필요한 신고를 하지 않은 것은 사실이지요.

답 꼭 그런 것은 아닙니다. 아침에 일어나 외출준비를 마친 뒤 집을 나서, 아마 10시경 되었을 겁니다.] 종로경찰서에 가서 집회에 필요한 [신고서류를 작성하여 제출하였더니, 담당자는 집회시간으로부터 48시간 전이 아니라는 이유로 못 받겠다고 하더군요.]

문 집회에서의 상황을 소상하게 말해보세요.

답 [우리 회원들이 각자 급하게 준비해 둔 '동성애 조례 반대'라는 플래카드가 걸렸고, '동성애 반대'나 '서울시장 퇴진'이라고 적은 종이 피켓 4개가 있어 이들 회원들이 들고 집회했습니다. 누구랄 것 없이 한 사람씩 나서 소형휴대용 마이크로 동성애 반대에 관한 소신들을 피력하고, 간간히 '동성애 반대', '건전사회 유지' 같은 구호를 선창하면 나머지 사람들은 이를 따라 했습니다. 뭐 특별한 것 없이 그냥 동호회 회원들이 모여 어떤 일을 의논하는 것 같은 모양이었습니다.]

문 집회 중에 경찰이 미신고집회이므로 집회를 그만둬 달라고 요청한 사실을 기억하나요.

답 예.

문 그래서 집회가 종료되었나요.

답 아닙니다. [그 때 저희들 생각으로는 무슨 피크닉에 온 것처럼 가벼운 마음으로 집회에 참석하고 때때로 구호를 제창한 것뿐인데, 민주국가에서 이 정도 모임을 하는 것에까지 경찰이 개입한다는 것은 지나치다고 보았습니다.] 그래서 별일이야 있겠나 하는 가벼운 마음으로 계속 집회를 이어갔습니다.

문 종로경찰서 경비계장이 처음 14:35경 자진해산요청을 하였고, 그 후 14:45경 1차 해산명령을, 14:55경 2차 해산명령을, 15:05경 3차 해산명령을 각 발한 사실을 알고 있는가요.

답 정확한 시간에 대한 기억은 없으나 경찰에서 계속 해산명령을 내린 것은 맞습니다. 아마 물으신 대로 그렇게 경찰에서 한 것이 맞을 것입니다.

문 해산명령에 따라 해산하였나요.

메모:31
소장 처분의 위법성 주장 시 이 사건의 경우 48시간 전에 신고가 불가능한 긴급집회로서 원고는 신고가 가능했던 시점에 즉시 신고를 하였으나, 경찰이 그 신고를 반려한 것에 해당하므로 신고 의무를 다한 것으로 보아야 한다. 따라서 집시법상 금지되는 미신고집회에 해당하지 않는다고 주장해야 한다.

메모:32
소장 처분의 위법성 주장 시 신고의 효력과 관련하여 집시법상 신고는 이른바, '수리를 요하지 않는 신고'에 해당한다고 봄이 상당하므로 경찰서장이 이를 반려하여도 적법한 신고의 효력은 이미 발생하였다고 주장하는 것도 가능하다고 할 것이다.

메모:33
소장 처분의 위법성 주장 시 재량권의 일탈·남용(비례원칙 위반) 주장부분에서 그대로 적극 원용(사용)할 수 있는 내용이다.

메모:34
소장 처분의 위법성 주장 시 이 사건의 경우 평화로운 집회였으므로 미신고집회에 해당한다고 보더라도 집시법 제20조 제1항에서 규정하고 있는 해산명령의 대상에는 해당되지 않는다고 주장할 수 있다.

답 아까도 말했지만, 이런 정도의 집회에 당국이 간섭한다는 것이 어이없게 느껴져 이에 따르지 않았습니다. 집회를 계속함에 따라 홍도 점차 사라지고 시간이 바쁜 사람은 가고 그러고 하여 대충 10명 정도가 남았는데, 경찰이 저희들을 갑자기 모두 연행했습니다.

문 이상의 진술이 사실인가요.

답 예.

문 더 하고 싶은 말이 있나요.

답 한 가지는 꼭 더 말하고 싶군요. 민주법치국가에서 이런 일상적인 집회에까지 당국이 그토록 민감하게 반응할 필요가 있을까요. 아무쪼록 선처를 바랍니다.

문 조서에 진술한 대로 기재되지 아니하였거나 사실과 다른 부분이 있는가요.

답 없습니다.

위 조서를 진술자에게 열람하게 한 바, 진술한 대로 오기나 증감, 변경할 것이 전혀 없다고 말하므로 간인한 후 서명 날인케 하다.

진술자 홍 길 동 (인)

2013년 12월 17일

서울종로경찰서

사법경찰관

경위 권 지 훈 (인)

사법경찰리

경사 오 석 문 (인)

관련법령

「국가공무원법」(2008. 3. 28 법률 제8996호로 개정된 것)

제56조 (성실 의무) 모든 공무원은 법령을 준수하며 성실히 직무를 수행하여야 한다.

제65조 (정치 운동의 금지) ① 공무원은 정당이나 그 밖의 정치단체의 결성에 관여하거나 이에 가입할 수 없다.
② 공무원은 선거에서 특정 정당 또는 특정인을 지지 또는 반대하기 위한 다음의 행위를 하여서는 아니 된다.

1. 투표를 하거나 하지 아니하도록 권유 운동을 하는 것
2. 서명 운동을 기도·주재하거나 권유하는 것
3. (이하 생략)

③ 공무원은 다른 공무원에게 제1항과 제2항에 위배되는 행위를 하도록 요구하거나, 정치적 행위에 대한 보상 또는 보복으로서 이익 또는 불이익을 약속하여서는 아니 된다.
④ 제3항 외에 정치적 행위의 금지에 관한 한계는 국회규칙, 대법원규칙, 헌법재판소규칙, 중앙선거관리위원회규칙 또는 대통령령으로 정한다.

제78조 (징계 사유) ① 공무원이 다음 각 호의 어느 하나에 해당하면 징계 의결을 요구하여야 하고 그 징계 의결의 결과에 따라 징계처분을 하여야 한다.

1. 이 법 및 이 법에 따른 명령을 위반한 경우
2. 직무상의 의무(다른 법령에서 공무원의 신분으로 인하여 부과된 의무를 포함한다)를 위반하거나 직무를 태만히 한 때

「국가공무원 복무규정」(2009. 1. 19 대통령령 제13579호로 개정된 것)

제27조 (정치적 행위) ① 법 제65조의 규정에 있어서의 정치적 행위는 다음 각호의 어느 하나에 해당하는 정치적 목적을 가진 것을 말한다.

메모:17
이 사건 징계처분의 근거규정인 복무규정의 경우 위 법률규정에 비추어 행정입법에 대한 위임입법의 한계는 선거운동과 정당 가입 등에 관련된 영역으로 한정된다고 할 것이다. 그럼에도 국가공무원복무규정 제27조 제1항은 국가 또는 지방자치단체의 정책을 반대하는 것으로 확장하고 있으며, 동조 제2항은 그 방법에 있어 SNS를 포함하고 있는바, 이는 법률유보(법률우위) 원칙에 위배된다. 또한, 위 국가공무원법 규정에서 '국가 및 지방자치단체의 정책에 대한 반대'를 정치적 행위로 해석할 아무런 근거를 찾을 수 없음에도 시행령에서 비로소 이러한 제한을 가하는 것은 위임의 한계를 일탈한 것에 해당한다(법률우위원칙 위배).

메모:18
이 사건 징계처분의 근거규정에 해당하는 위 국가공무원법 제65조 제4항은 금지되는 정치적 행위의 한계에 대해 구체적인 사항을 전혀 정하지 않은 채, 대통령령인 공무원복무규정에 포괄 위임한 것이라고 주장해야 한다. 다만, 판례는 공무원의 정치적 중립성을 훼손할 가능성이 큰 행위에 한하여 금지될 것임은 충분히 예상할 수 있으므로, 정치행위 규제조항은 포괄위임금지원칙에 위배되지 아니한다고 보았다(헌재결 2014. 3. 27. 2011헌바42). 수험생입장에서는 문제에서 '위임 조항'이 나오면 포괄위임에 해당한다고 일단 주장하는 것이 안전하다.

메모:42
해임처분의 근거조항

메모:20
참고로, 위 법규명령이 위헌으로 무효가 된 경우 그 법규명령에 근거한 행정처분의 효력이 문제되는데 일반적으로 헌재의 위헌선고 이전에 처분이 있었던 경우 그 하자는 중대하나, 그 법규명령이 취소되기 이전에는 명백하지 않아 처분의 취소사유에 그친다(당해 행정처분 시점과 헌재 위헌 선고 전후 시점 차이 문제).

1. 국가 또는 지방자치단체의 정책을 반대하는 것
2. (생략)
3. (생략)

② 제1항에 규정된 정치적 행위의 한계는 제1항의 규정에 따른 목적을 가지고 다음 각호의 어느 하나에 해당하는 행위를 하는 것을 말한다.

1. (생략)
2. (생략)
3. 국가 또는 지방자치단체의 정책을 반대하는 의견을 집회나 그 밖에 여럿이 모인 장소에서 발표하거나 문서, 도서, 신문과 같은 간행물, 사회관계망서비스(SNS) 등에 게시하는 행위

메모:19
비록 이번 문제에서 출제자는 명확성원칙 부분은 채점기준에 상정하지 아니하였지만, 사안과 같이 '국가 혹은 지방자치단체의 정책에 반대하는 행위'라는 것은 그 정책의 범위가 어디까지인지, 그리고 반대하는 행위 중 SNS 글 작성 횟수나 표현수위에 따라 징계수위가 달라지는 것인지 등에 대해 지나치게 막연하게 포괄적으로 규정되어 있는바 이는 명확성의 원칙에도 반한다.
나아가, 위 복무규정은 국가 또는 지방자치단체의 정책이 공무원의 정치적 중립성 확보와 관련 없는 단순 행정정책인지 여부 등을 불문하고 일률적으로 그 정책을 반대하는 의견 표현을 금지하고 있으며, 여럿이 모인 장소라면 그 모임의 성격이나 친분 등을 고려하여 판단하여야 함에도 이를 고려하지 않은 채 의견발표 자체를 전면 금지함은 표현의 자유도 침해한다(침해 최소성 위반에서 주장 가능).

「공무원징계령」(2010. 6. 15 대통령령 제22199호로 개정된 것)

제2조(징계위원회의 종류 및 관할) ① 징계위원회는 중앙징계위원회와 보통징계위원회로 구분한다.
② 중앙징계위원회는 다음 각 호의 징계 또는 법 제78조의 2에 따른 징계부가금(이하 "징계부가금"이라 한다) 사건을 심의 · 의결한다.

1. 고위공무원단에 속하는 공무원의 징계 또는 징계부가금(이하 "징계등"이라 한다)사건

1의 2. 다음 각 목의 어느 하나에 해당하는 공무원(이하 "5급이상공무원등"이라 한다)사건

가. 5급 이상 공무원
나. (생략)

제7조(징계의결등의 요구) ① 법 제78조 제1항·제4항 및 제78조의2 제1항에 따라 5급 이상 공무원(고위공무원단에 속하는 공무원을 포함한다)에 대해서는 소속 장관이, 6급이하 공무원등에 대해서는 해당 공무원의 소속 기관의 장 또는 소속 상급기관의 장이 관할 징계위원회에 징계의결등을 요구하여야 한다. 다만, 겸임공무원에 대해서는 본직기관의 장이 징계의결등을 요구하여야 한다.
⑥ 제1항·제3항 및 제5항에 따라 징계의결등을 요구할 때에는 징계등 사유에 대한 충분한 조사를 한 후에 그 증명에 필요한 다음 각 호의 관계 자료를 첨부하여 관할 징계위원회에 제출하여야 하고, 중징계 또는 경징계로 구분하여 요구하여야 한다. 다만, 「감사원법」 제32조 제1항 및 제10항에 따라 감사원장이 「국가공무원법」 제79조에서 정한 징계의 종류를 구체적으로 지정하여 징계요구를 한 경우에는 그러하지 아니하다.

1. 별지 제1호 서식의 공무원 징계의결등 요구서
2. (생략)
3. 별지 제1호의2 서식의 확인서

「공무원징계령 시행규칙」(2010. 8. 2 행정안전부령 제151호로 개정된 것)

제4조(징계의 감경) ① 징계위원회는 징계의결이 요구된 사람에게 다음 각 호의 어느 하나에 해당하는 공적이 있는 경우에는 별표 3의 징계의 감경기준에 따라 징계를 감경할 수 있다. (단서생략)

1. (생략)
2. 「정부표창규정」에 따라 국무총리 이상의 표창(공적상 및 창안상만 해당한다. 이하 이 호에서 같다)을 받은 공적. 다만, 비위행위 당시 6급 이하 공무원, 연구사, 지도사와 기능직공무원은 중앙행정기관장인 청장(차관급 상당 기관장을 포함한다) 이상의 표창을 받은 공적

「집회 및 시위에 관한 법률」 (2007. 5. 11. 법률 제8424호로 개정된 것)

메모:56
이 사건 위헌심사형 헌법소원의 심판대상이다.

제6조 (옥외집회 및 시위의 신고 등) ① 옥외집회나 시위를 주최하려는 자는 그에 관한 다음 각 호의 사항 모두를 적은 신고서를 옥외집회나 시위를 시작하기 720시간 전부터 48시간 전에 관할 경찰서장에게 제출하여야 한다. 다만, 옥외집회 또는 시위 장소가 두 곳 이상의 경찰서의 관할에 속하는 경우에는 관할 지방경찰청장에게 제출하여야 하고, 두 곳 이상의 지방경찰청 관할에 속하는 경우에는 주최지를 관할하는 지방경찰청장에게 제출하여야 한다.

1. 목적
2. 일시(필요한 시간을 포함한다)
3. 장소
4. 주최자(단체인 경우에는 그 대표자를 포함한다), 연락책임자, 질서유지인에 관한 다음 각 목의 사항
   가. 주소
   나. 성명
   다. 직업
   라. 연락처
5. 참가 예정인 단체와 인원
6. 시위의 경우 그 방법(진로와 약도를 포함한다)

제20조 (집회 또는 시위의 해산) ① 관할경찰관서장은 다음 각 호의 어느 하나에 해당하는 집회 또는 시위에 대하여는 상당한 시간 이내에 자진해산을 할 것을 요청하고 이에 따르지 아니하면 해산을 명할 수 있다.

1. (생략)
2. 제6조 제1항에 따른 신고를 하지 아니하거나, 제8조 또는 제12조에 따라 금지된 집회 또는 시위

②집회 또는 시위가 제1항에 따른 해산명령을 받았을 때에는 모든 참가자는 지체 없이 해산하여야 한다.

메모:24
사전신고의 대상이 되는 집회와 그 밖의 위법한 집회를 동등하게 취급하고 있어 평등원칙 위배 주장을 할 수도 있다. 즉, 단순한 신고의무 위반집회와 법률상 허용되지 않는 집회를 그 위법성 고려 없이 동등하게 취급하는 것이 불평등하다는 것이다.

제22조 (벌칙) ②제5조 제1항 또는 제6조 제1항을 위반하거나 제8조에 따라 금지를 통고한 집회 또는 시위를 주최한 자는 2년 이하의 징역 또는 200만원 이하의 벌금에 처한다.

메모:46
미신고 집회 그 자체에 대한 형사처벌조항의 위헌성(집시법 제22조 제2항 중 제6조 제1항) 검토해야 한다.

제24조 (벌칙) 다음 각 호의 어느 하나에 해당하는 자는 6개월 이하의 징역 또는 50만원 이하의 벌금·구류 또는 과료에 처한다.

1. ~ 4. (생략)
5. 제16조 제5항, 제17조 제2항, 제18조 제2항 또는 제20조 제2항을 위반한 자

메모:44
미신고 집회 해산명령 불응에 대한 형사처벌 조항(집시법 제24조 제5호 중 제20조 제2항, 제1항 제2호 중 제6조 제1항)의 위헌성도 아울러 검토해야 한다.

「각급 법원의 설치와 관할구역에 관한 법률」(발췌)

제1조(목적) 이 법은「법원조직법」제3조 제3항에 따라 각급 법원의 설치와 관할구역을 정함을 목적으로 한다.

제4조(관할구역) 각급 법원의 관할구역은 다음 각 호의 구분에 따라 정한다. 다만, 지방법원 또는 그 지원의 관할구역에 시·군법원을 둔 경우「법원조직법」제34조 제1항 제1호 및 제2호의 사건에 관하여는 지방법원 또는 그 지원의 관할구역에서 해당 시·군법원의 관할구역을 제외한다.

1. 각 고등법원·지방법원과 그 지원의 관할구역: 별표 3
2. 특허법원의 관할구역: 별표 4
3. 각 가정법원과 그 지원의 관할구역: 별표 5
4. 행정법원의 관할구역: 별표 6
5. 각 시·군법원의 관할구역: 별표 7
6. 항소사건(抗訴事件) 또는 항고사건(抗告事件)을 심판하는 지방법원 본원 합의부 및 지방법원 지원 합의부의 관할구역: 별표 8
7. 행정사건을 심판하는 춘천지방법원 및 춘천지방법원 강릉지원의 관할구역: 별표 9

[별표 6] 행정법원의 관할구역

고 등 법 원	행 정 법 원	관 할 구 역
서 울	서 울	서울특별시

메모:25
중앙행정기관의 장을 피고로 하여 소를 제기하는 경우, 대법원 소재지를 관할하는 행정법원에 소를 제기할 수 있다(행정소송법 제9조). 안전행정부(현재, 행정안전부) 장관은 중앙행정기관의 장이라 할 것이므로 이 사건 소도 대법원 소재지를 관할하는 행정법원에 제기할 수 있다. 따라서 '서울행정법원'이 관할법원이 된다. 계속 출제되는 쟁점 중 하나이다.

참고자료 - 달력

■ 2013년 10월 ~ 2014년 12월

2013년 10월

일	월	화	수	목	금	토
		1	2	3	4	5
6	7	8	9	10	11	12
13	14	15	16	17	18	19
20	21	22	23	24	25	26
27	28	29	30	31		

2013년 11월

일	월	화	수	목	금	토
					1	2
3	4	5	6	7	8	9
10	11	12	13	14	15	16
17	18	19	20	21	22	23
24	25	26	27	28	29	30

2013년 12월

일	월	화	수	목	금	토
1	2	3	4	5	6	7
8	9	10	11	12	13	14
15	16	17	18	19	20	21
22	23	24	25	26	27	28
29	30	31				

2014년 1월

일	월	화	수	목	금	토
			1	2	3	4
5	6	7	8	9	10	11
12	13	14	15	16	17	18
19	20	21	22	23	24	25
26	27	28	29	30	31	

2014년 2월

일	월	화	수	목	금	토
						1
2	3	4	5	6	7	8
9	10	11	12	13	14	15
16	17	18	19	20	21	22
23	24	25	26	27	28	

2014년 3월

일	월	화	수	목	금	토
						1
2	3	4	5	6	7	8
9	10	11	12	13	14	15
16	17	18	19	20	21	22
23/30	24/31	25	26	27	28	29

2014년 4월

일	월	화	수	목	금	토
		1	2	3	4	5
6	7	8	9	10	11	12
13	14	15	16	17	18	19
20	21	22	23	24	25	26
27	28	29	30			

2014년 5월

일	월	화	수	목	금	토
				1	2	3
4	5	6	7	8	9	10
11	12	13	14	15	16	17
18	19	20	21	22	23	24
25	26	27	28	29	30	31

2014년 6월

일	월	화	수	목	금	토
1	2	3	4	5	6	7
8	9	10	11	12	13	14
15	16	17	18	19	20	21
22	23	24	25	26	27	28
29	30					

2014년 7월

일	월	화	수	목	금	토
		1	2	3	4	5
6	7	8	9	10	11	12
13	14	15	16	17	18	19
20	21	22	23	24	25	26
27	28	29	30	31		

2014년 8월

일	월	화	수	목	금	토
					1	2
3	4	5	6	7	8	9
10	11	12	13	14	15	16
17	18	19	20	21	22	23
24	25	26	27	28	29	30/31

2014년 9월

일	월	화	수	목	금	토
	1	2	3	4	5	6
7	8	9	10	11	12	13
14	15	16	17	18	19	20
21	22	23	24	25	26	27
28	29	30				

2014년 10월

일	월	화	수	목	금	토
			1	2	3	4
5	6	7	8	9	10	11
12	13	14	15	16	17	18
19	20	21	22	23	24	25
26	27	28	29	30	31	

2014년 11월

일	월	화	수	목	금	토
						1
2	3	4	5	6	7	8
9	10	11	12	13	14	15
16	17	18	19	20	21	22
23/30	24	25	26	27	28	29

2012년 10월

일	월	화	수	목	금	토
	1	2	3	4	5	6
7	8	9	10	11	12	13
14	15	16	17	18	19	20
21	22	23	24	25	26	27
28	29	30	31			

2016년도 제5회

변호사시험

공법 기록형 문제

2016년도 제5회 변호사시험 문제

목 차

메모:21
외국인이 나오는 경우 헌법소원의 적법요건과 관련하여 청구인능력요건으로서, 외국인의 기본권 주체성을 검토해야 한다. 즉, 문제가 되는 관련 기본권을 확정한 후 권리의 성질상 그 기본권에 대한 외국인의 기본권 주체성을 개별적으로 인정할 수 있는 경우에 해당하여야 한다.

【문 제】

1. 의뢰인 김나타샤를 위하여 담당변호사의 입장에서 주어진 양식에 따라 헌법소원심판청구서를 작성하되(가처분신청서는 작성하지 말 것), 아래 사항을 준수 하시오. (50점)

   가. 양식 중 "청구인" 부분, "Ⅰ. 사건의 개요" 부분, "Ⅳ. 결론" 부분, "첨부서류" 부분의 **내용은 기재하지 말 것.**

   나. 양식 중 "Ⅱ. 적법요건의 구비 여부" 부분에 대한 배점은 18점임.

   다. 헌법소원심판청구서의 작성일 및 제출일은 2016. 1. 4.로 할 것.

2. 의뢰인 옐레나 구르초바를 위하여 담당변호사의 입장에서 취소소송 소장 및 집행정지신청서를 주어진 양식에 따라 아래 사항을 준수하여 작성하시오. (50점)

   가. 첨부 소장 양식과 집행정지신청서 양식의 ①부터 ⑨까지의 부분에 들어갈 내용만 기재할 것.

   나. 소장 양식의 "2. 이 사건 소의 적법성" 부분(④에 해당)에서는 피고적격, 대상적격, 협의의 소의 이익, 제소기간만을 기재할 것.

   다. 소장 양식의 "3. 이 사건 처분의 위법성" 부분(⑤에 해당)에서는 근거법령의 위헌·위법성 및 처분의 절차적 하자에 관한 사항은 기재하지 말 것.

   라. 소장의 작성일(제출일과 동일함, ⑥에 해당)은 체류기간연장 불허결정과 출국 명령 모두에 대하여 허용되는 제소기간 내 최종일을 기재할 것.

   마. 집행정지신청서 양식의 신청취지 부분(⑧에 해당)에서 본안사건의 번호는 '이 법원 20XX구합1234호'로 하고, "2. 집행정지의 요건" 부분에서는 "(기재 생략)" 표시된 요건들을 제외한 "라. 그 밖의 요건" 부분(⑨에 해당)만을 기재할 것.
   ※ 집행정지신청서 양식의 ⑧, ⑨에 대한 배점은 10점임.

메모:38
기록 문제에서 요구하는 답안 작성 부분과 해당 답안에 대한 배점 사항 등을 정확히 숙지한 후 이를 바탕으로 답안 작성시 적절한 분량과 시간 안배를 하는 것이 중요하다. 매번 시험에서 문제에서 요구하지 않은 부분에 대한 장황한 서술을 하여 시간 낭비한 답안이 나오는데 지극히 경계해야 할 점이다.

【작성요령 및 주의사항】

1. 참고법령은 가상의 것으로, 이에 근거하여 작성할 것. 이와 다른 내용의 현행 법령이 있다면, 제시된 법령이 현행 법령에 우선하는 것으로 할 것.

   ※ 출입국관리법은 본 기록의 참고법령에 제시된 조문들만을 참조하고, 배부된 법전에 수록된 내용은 참조하지 말 것.

2. '재외동포의 출입국과 법적 지위에 관한 법률'은 '재외동포법'으로, '출입국관리법'은 '출입국법'으로, '민원사무 처리에 관한 법률'은 '민원처리법'으로 약칭하여도 됨.

3. 기록에 나타난 사실관계만을 기초로 하고, 그것이 사실임을 전제로 할 것.

4. 기록 내의 각종 서류에 필요한 서명, 날인, 무인, 간인, 정정인, 직인 등은 모두 적법하게 갖추어진 것으로 볼 것.

5. 송달이나 접수, 통지, 결재가 필요한 서류는 모두 적법한 절차를 거친 것으로 볼 것.

6. "(생략)"으로 표시된 부분은 모두 기재된 것으로 불 것.

7. 서술어는 경어를 사용할 것.

헌법소원심판청구서 양식

헌 법 소 원 심 판 청 구 서

청 구 인

청 구 취 지

침 해 된 권 리

침 해 의 원 인

청 구 이 유

Ⅰ. 사건의 개요

Ⅱ. 적법요건의 구비 여부

Ⅲ. 위헌이라고 해석되는 이유

Ⅳ. 결 론

첨 부 서 류

2016. 1. 4.

청구인의 대리인 (인)

귀중

소장 양식

소　장

원 고　옐레나 구르초바
남원시 광한루길 123
소송대리인 법무법인 지리산
(생략)

피 고　①

②　청구의 소

메모:44
소장 사건 명칭과 관련하여, "체류기간연장 불허처분 등 취소(청구) 또는 체류기간연장 거부처분 등 취소(청구) 또는 출국명령(처분) 등 취소(청구)의 소"라고 기재해야 한다. 즉, 이번 문제의 경우 2개의 처분에 대한 취소를 구하므로 '~등'을 반드시 표기해야 한다.

청 구 취 지

③

청 구 원 인

1. 이 사건 처분의 경위 (기재 생략)
2. 이 사건 소의 적법성

④

3. 이 사건 처분의 위법성

⑤

4. 결 론 (기재 생략)

입 증 방 법 (기재 생략)
첨 부 서 류 (기재 생략)

⑥ 20○○. ○○. ○○.

원고 소송대리인 (생략) (인)

⑦ **귀중**

집행정지신청서 양식

집 행 정 지 신 청 서

신 청 인　옐레나 구르초바
피신청인　(생략)

메모:12
집행정지신청서의 경우 본안 사건이 아닌 신청사건이므로 '원고', '피고'가 아닌 '신청인', '피신청인'으로 기재해야 한다.

신 청 취 지

메모:13
실무상 집행정지신청서 작성시 정지기간의 경우 판결의 선고시까지 대신 판결확정시까지도 구하는 것도 가능하다.

⑧

신 청 이 유

1. 이 사건 처분의 경위 (기재 생략)

2. 집행정지의 요건

가. 처분등의 존재 (기재 생략)
나. 본안소송이 적법하게 계속 중임 (기재 생략)
다. 본안청구가 이유 없음이 명백하지 않음 (기재 생략)

메모:40
향후 이 부분 모두를 묻는 문제가 출제가능하며, 헌법소원에서의 가처분신청도 마찬가지이다.

라. 그 밖의 요건 ⑨

3. 결 론 (기재 생략)

입 증 방 법 (기재 생략)

첨 부 서 류 (기재 생략)

20○○. ○○. ○○. (기재 생략)

신청인의 대리인 (생략) (인)

(생략)**귀중**

수임번호 2015-101	법 률 상 담 일 지		2015. 11. 18.
의 뢰 인	김나타샤	의뢰인 전화	010-2345-****(휴대전화)
의 뢰 인 주 소	서울 서초구 반포대로 1238 민국아파트 205동 302호	의뢰인 E-mail	natasha_kim@***.com
상 담 내 용			

1. 의뢰인 김나타샤는 우즈베키스탄공화국 국적의 재외동포인데, 식자재 공급업을 하고 있는 5촌 당숙의 초청에 따라 2015. 10. 22. 단기방문(C-3) 체류자격으로 입국하였다.

2. 의뢰인의 조부(祖父)는 1933년경 그의 부모와 함께 연해주로 이주하였다가 제2차 세계대전 중 현재의 우즈베키스탄 지역으로 강제이주되었다. 의뢰인의 부(父)는 1993. 3. 1. 우즈베키스탄공화국에 귀화하여 국적을 취득하였고, 의뢰인은 그 해 6. 29. 출생하여 우즈베키스탄공화국 국적을 취득하였다.

3. 의뢰인은 고향 친구인 옐레나 구르초바와 함께 서울에서 [우즈베키스탄 전통음식점을 개업하기로 하고,] 관련된 법적 문제를 알아보기 위해 2015. 10. 26. 민간 재외동포 지원단체인 '재단법인 어울림'에서 상담을 받았다. 상담결과 의뢰인은 자신에게는 재외동포(F-4) 체류자격이 가장 적절하다는 조언을 받았다.

4. 이에 의뢰인은 '재단법인 어울림'의 상담사와 함께 재외동포(F-4) 체류자격의 구체적인 요건과 우즈베키스탄 전통음식점을 개업하기 위한 여러 가지 법적 문제를 알아보던 중, [2015. 11. 16.에서야 **관계 법령**상 우즈베키스탄이 **위험국가**로 지정되어 있어 의뢰인에게는 재외동포(F-4) 체류자격이 부여될 수 없다는 점을 알게 되었다.]

5. 의뢰인은 우즈베키스탄이 대한민국에 대하여 위험 국가일 것이라고는 상상조차 못 했었는데, 자신이 [**우즈베키스탄 국적의 재외동포라는 이유만으로** 재외동포(F-4) **체류자격**을 받지 못하도록 한 관계 법령이 자신의 권리를 불합리하게 침해한다]고 생각하게 되었다.

메모:41
직업의 자유가 문제되는 기본권이 될 것이다.

메모:1
이 사건 헌법소원심판청구의 적법요건 중 청구기간 관련하여, 기산일이 문제된다(법령소원: 법령시행 이후 비로소 해당사유가 발생한 경우로서 청구인이 구체적으로 이를 안 날이라고 보여지는 2015. 11. 16부터 90일, 해당사유가 발생한 날로부터 1년을 기산하여야 한다(헌재법 제69조 제1항).
한편, 법령헌법소원의 경우 청구기간이 문제되는 경우는 2가지로, ① 정년단축, 보험금, 연금 등의 지급중단에 관한 법률 등 소위 '처분적 법령'의 경우 법령 공포, 시행일부터 바로 청구인의 기본권에 직접적으로 영향을 미치는 경우 그 공포, 시행일이 기산점이 되고, 이 사건과 같이 ② 법 시행 이후 현실적으로 별도의 집행행위를 통해 영향을 미치는 경우에는 처분이 있음을 안 날이 기산점이 된다.
참고로, ① 법령헌법소원의 경우 청구기간이 불변기간은 아니지만 행정소송법이 준용되어 정당한 사유가 있는 경우 청구기간의 추완이 예외적으로 허용된다. ② 위헌법률심판과 위헌심사형헌법소원의 경우의 경우에는 추완이 허용이 되지 아니하며, ③ 권한쟁의심판 청구기간의 경우 불변기간에 해당하여 민소법이 준용되어 청구기간 추완이 허용된다.

메모:42
평등권과 거주이전의 자유가 문제되는 기본권이 될 수 있음을 암시한다.

6. 의뢰인의 희망사항

자의적으로 우즈베키스탄을 위험 국가로 지정하여 의뢰인에게 재외동포(F-4) 체류자격이 부여되지 않도록 한 관계 법령의 위헌성을 헌법소송을 통해 다투기를 희망함.

법무법인 지리산(담당변호사 성삼재)

전화 02-555-****, 팩스 02-555-****

서울 서초구 서초중앙로 50 지리산빌딩 5-6층

메모:39

자의적으로라는 말은 평등원칙(자의금지원칙)을 위반하였다는 암시이다.

메모:22

공법기록문제에서 상담일지 등에서 **'이주, 입국, 음식점 개업, 다른 나라 동포와의 비교' 등이 나오면, 문제되는 기본권이 거주이전의 자유, 직업(선택)의 자유, 평등권임**을 알 수 있다.

이 경우 위헌 심사시 자유권적 기본권으로서, 거주이전과 직업의 자유는 단계이론 설시 후 과잉금지원칙 위반여부심사로 목-수-침-법 순서대로 간단하게 서술하면 족하며(다른 요건이 갖추어졌음에도 국적만을 이유로 예외 없이 체류자격 부여하지 않는 점 등을 강조하여야 할 것임), 평등권의 경우 먼저, 평등의 개념(상대적 평등)을 간단히 서술하고, 그 후 위반 심사의 전제요건으로서 비교집단 설정과 차별존재의 확인(외국국적 동포간 국적에 따른 차별)을 서술한 후 평등권 침해여부에 대한 서술을 하면 된다. 평등권이나 평등원칙 위반 여부는 항상 자유권적 기본권에 대한 과잉금지위반 여부 검토와 별개로 분리하여 따로 검토해야 한다.

- 평등의 개념(상대적 평등)
- 비교집단 설정과 차별존재의 확인(외국국적 동포 간 국적에 따른 차별)
- 심사기준(자의금지심사) : 국민이 아닌 외국인의 차별문제인 만큼 엄격심사 대상은 아닌 것으로 보여지므로 합리적 이유 유무만 검토

수임번호 2015-102	법 률 상 담 일 지		2015. 11. 18.
의 뢰 인	옐레나 구르초바	의뢰인 전화	010-3456-****(휴대전화)
의 뢰 인 주 소	전북 남원시 광한루길 123	의뢰인 E-mail	imelena1988@***.com

상 담 내 용

1. 의뢰인 옐레나 구르초바는 우즈베키스탄공화국 국적의 여성인데, 2012. 9. 4. 대한민국 국민 이몽룡과 혼인하여 결혼이민(F-6) 체류자격(기간 : 2012. 9. 14. ~ 2015. 9. 13.)을 받아 전북 남원시에 체류하던 중, 2015. 6. 5. 이몽룡의 지속적인 폭행 및 유기 등을 이유로 관할 법원에 이혼소송을 제기하였다.

2. 의뢰인은 이혼소송절차에서 위자료와 관련하여 다툼 있었으나 결혼이주민 상담기관으로부터 "이몽룡의 자력으로는 위자료를 받기 어려우므로 신속하게 소송을 종결하는 것이 좋고, 의뢰인에게 책임이 없는 사유로 이혼하면 체류자격이 유지되므로 조정에 갈음하는 결정을 받는 경우에도 그러한지 법무부에 확인해보자"는 조언을 듣고, 자신의 사정을 법무부에 질의하여 담당공무원으로부터 서면답변을 받았다.

3. 위 서면답변을 믿은 의뢰인은, 재판부에 이몽룡의 귀책사유로 이혼한다는 내용을 조정에 갈음하는 결정서에 기재하여 준다면 위자료를 포기하겠다는 취지로 진술하였고, 재판부가 이를 받아들여 2015. 8. 5. 조정에 갈음하는 결정을 하였다. 의뢰인과 이몽룡은 이 결정에 이의를 제기하지 않아 이혼하게 되었다.

4. 의뢰인은 2015. 8. 24. 관할 행정청에 체류기간 연장허가 신청을 하였는데, 관할 행정청은 "확정판결이 아닌 조정에 갈음하는 결정의 방식으로 이혼한 경우에는 출입국관리법 시행령 [별표 1] 28의4. 결혼이민(F-6) 다목에 정한 '자신에게 책임이 없는 사유로 정상적인 혼인관계를 유지할 수 없다고 인정 되는 사람'에 해당한다고 볼 수 없다"는 사유를 들어 2015. 9. 3. 체류기간 연장 불허결정을 하였다. 이 결정은 2015. 9. 7. 송달되었다.

메모:14
이 사건 처분의 위법성과 관련하여, 신뢰보호위반이 주요 쟁점임을 알 수 있다. 답안 소장에서는 신뢰보호원칙에 대한 일반요건을 간단히 적시한 후, 사안의 경우 위 상담내용을 잘 요약해서 신뢰보호 위반으로 결론을 내려주면 된다.

메모:35
신뢰보호위반 요건 사실로서 공적기관인 법무부의 견해표명을 신뢰한 김 나타샤의 행위가 있었음을 알 수 있다.

메모:36
법무부의 종전 견해표명에 배치되는 관할행정청(전주출입국관리사무소장)의 처분이 존재함을 알 수 있다.

메모:37
소의 적법성 중 제소기간과 관련하여, 처분 있음을 안 날의 기준이 되는 날이다(행정소송법 제20조). 사안에서 불허처분서가 2015. 9. 7. 송달되어 그 날이 안 날로 추정되고, 그로부터 90일을 기산하면 2015. 12. 7.이 제소 만기가 된다(12. 6.은 일요일).

5. 의뢰인이 위 불허결정에서 정해진 출국기한까지 출국하지 않자 관할 행정청은 2015. 11. 16. 의뢰인에게 2015. 12. 14.까지 출국하라는 출국명령을 하였다. 이 명령은 2015. 11. 17. 송달되었다.

6. 한편, 의뢰인은 「민원사무 처리에 관한 법률」 제18조 제1항에 따라 체류기간 연장 불허결정에 대하여 관할 행정청에 2015. 9. 21. 이의신청을 하였으나, 관할 행정청은 2015. 9. 30. 이의신청을 기각하였고, 그 결정은 2015. 10. 5. 송달되었다.

7. 의뢰인의 희망사항
의뢰인은 결혼이민(F-6) 체류자격으로 한국에서 계속 체류할 수 있도록 체류 기간연장 불허결정 및 출국명령에 대하여 취소소송으로 다투면서 동시에 출국명령에 대하여는 집행정지신청을 해주기를 희망함.

법무법인 지리산(담당변호사 성삼재)
전화 02-555-****, 팩스 02-555-****
서울 서초구 서초중앙로 50 지리산빌딩 5-6층

메모:15
소장 소의 적법성 부분에서 다루어야 하는 이 사건 취소의 대상은 다음과 같은 두 가지 처분이다.
(1) 체류기간연장 불허처분(거부처분)
거부처분이므로 법률상 · 조리상 신청권 필요하다는 점을 기술해야 하는바, 기록에 주어진 법문 중 출입국관리법 제25조, 시행령 제31조 제1항, 시행규칙 제76조 제2항 제6호, 별표5의2 등을 보면 처분을 하는 주체와 대상이 명시되어 있다.
(2) 출국명령: 처분성에 의문 없다.
두 개의 처분에 대한 취소를 구하므로 청구취지는 다음과 같다. "피고가 원고에 대하여 한 2015. 9. 3. 체류기간연장 불허처분과 2015. 11. 16. 출국명령처분을 각 취소한다."
두 가지 처분에 대한 취소를 모두 기술하여야 하며, 마지막 문구로 명령어인 "취소하라"라고 기재하면 큰 감점이다.

법무법인 지리산 내부회의록

일 시: 2015. 11. 19. 17:00 ~ 18:00
장 소: 법무법인 지리산 소회의실
참석자: 김훈정 변호사(송무팀장), 성삼재 변호사

김 변호사: 우선 김나타샤 씨 사건에 관하여 논의할까요? 의뢰인이 재외동포(F-4) 체류자격을 신청하려고 한다고 들었는데요, 필요한 요건들은 확인되었나요?

성 변호사: 네, 재외동포(F-4) 체류자격 신청에 필요한 서류들은 모두 확보하여 놓았습니다. 의뢰인이 외국국적동포라는 점을 증명할 수 있는 서류들도 있고, 의뢰인은 음식점 개업을 준비 중이므로 이를 위해 체결한 상가임대차계약서도 있습니다. 그런데 의뢰인은 '재단법인 어울림'의 도움을 받아 이러한 준비를 하는 과정에서 관계법령상 우즈베키스탄 국적인 자신에게는 재외동포(F-4) 체류자격이 부여될 수 없다는 점을 알게 된 것입니다.

김 변호사: 그렇군요. 의뢰인이 관계법령으로 인한 기본권 침해를 주장하고 있으므로 헌법소원만을 청구해야 할 텐데, 특히 적법요건에 대해 면밀히 검토하시기 바랍니다.

성 변호사: 네, 잘 알겠습니다. 또한, 음식점 개업도 가까워오므로 헌법재판소에 제출할 가처분신청서는 이미 작성해 놓았습니다.

> 메모:3
> 출제가능 예상문제로 헌법소원에서의 가처분 문제가 있다. 헌법재판소는 제68조 제1항에 의한 헌법소원심판에서 가처분을 인정할 수 있다고 판시한 바 있는데(헌재결 2006. 2. 23. 2005헌사754 등), 이 판례는 법률과 대통령령에 대한 헌법소원심판에서 효력중지가처분을 인정한 것이다. 가처분 요건: ⅰ) 기존 상태를 그대로 유지하는 경우 당사자 등의 이익이나 법질서에 회복하기 어려운 손해를 피하거나, 급박한 위험을 방지하거나 또는 기타 필요한 이유가 있어야 하고(가처분결정의 사유), ⅱ) 그 효력을 긴급하게(긴급성), ⅲ) 정지시켜야 할 필요가 있을 것(필요성)을 요한다. 나아가 이중가설이론에 따라 ⅳ) 가처분을 발한 뒤 본안에서 청구가 기각되었을 때 발생하게 될 불이익과 가처분을 발하지 않고 본안청구가 인용되었을 때 발생하게 될 불이익을 서로 비교형량하여 후자의 불이익이 전자의 불이익보다 큰 경우에 필요성을 인정하고 있다(2024년 제13회 변시 공기록 기출).

김 변호사: 다음은 옐레나 구르초바 씨 사건과 관련하여 논의할까요? 의뢰인의 상황은 어떠한가요?

성 변호사: 의뢰인은 이혼소송을 신속히 종료하기 위하여 조정에 갈음하는 결정을 받았는데, 당초 서면질의 회신내용과는 달리 체류기간연장도 불허되고 2015. 12. 14.까지 출국하라는 출국명령까지 받게 된 상황입니다.

김 변호사: 의뢰인을 위하여 어떤 구제절차를 생각하고 있나요?

성 변호사: [체류기간연장 불허결정과 출국명령에 관해서는 취소소송을 제기]하고, 그중 출국명령에 대하여는 출국기한이 임박하였으므로 [집행정지도 신청]할 생각입니다.

김 변호사: [우선 체류기간연장 불허결정]에 대해서는 검토해 보았나요?

성 변호사: [출입국관리법 시행령 [별표 1] 28의4. 다목에 규정된 "국민인 배우자와 혼인한 상태로 국내에 체류하던 중 그 배우자의 사망이나 실종, 그 밖에 자신에게 책임이 없는 사유로 정상적인 혼인관계를 유지할 수 없다고 인정되는 사람"이라는 조항의 **해석이 쟁점이 될 것 같습니다.**]

김 변호사: 일단 문언상으로는 의뢰인의 주장처럼 이혼소송의 종료방식 자체는 직접적인 연관이 없는 것 같은데 어떤가요?

성 변호사: 네, 자신에게 책임이 없다는 사정의 입증문제로 보입니다. 또한, 의뢰인이 법무부에 자신의 사정을 구체적으로 질의하여 받은 회신공문, 병원에서 상해 진단을 받은 소견서 등 자료도 충분히 있습니다.

김 변호사: 그렇군요. 또 다른 문제는 없습니까?

성 변호사: [법리적으로 소의 이익이 있는지가 걱정입니다. 현재 의뢰인의 당초 결혼이민(F-4) 체류자격은 3년의 기간이 만료되었고, 연장허가도 불허된 상태이므로 불허결정을 취소하더라도 체류자격이 부여될 수 없다고 관할 행정청이 항변할지 모르겠습니다.]

김 변호사: 그렇군요. 소송요건에 관하여 적극적으로 검토해 주시기 바랍니다. 다음으로 출국명령에 대하여 살펴볼까요? 출국명령은 체류기간 연장허가를 받지 못한 것 자체가 요건인 것 같은데, 본안에서 주장할 만한 다른 사유가 있는가요?

메모:10
이 사건 취소소송의 청구취지가 2개가 될 것임을 암시하는 부분이다.

메모:9
집행정지 요건으로는 ① 회복하기 어려운 손해발생과 ② 그 손해를 예방하기 위한 긴급한 필요가 그것인데, 사안의 경우 소장 처분의 위법성 부분에서 기술한 비례원칙 위반 여부에 대한 서술내용을 그대로 원용하여, 집행정지를 인용하여도 공공복리에 영향이 없고, 그에 반해 집행정지가 되지 않을 경우 이 사건 신청인이 출국명령 기한 내로 출국해야만 하는 회복하기 어려운 손해 발생 및 이를 예방하기 위하여 긴급한 필요성이 충분히 있음을 서술하면 될 것이다.

메모:8
이는 거부처분에 해당하므로 소장 청구의 적법성 부분에서 거부처분의 경우 법규상·조리상 신청권 필요하다는 점을 반드시 기술해야 한다. 기록에 주어진 법문 중 출입국관리법 제25조, 시행령 제31조 제1항, 시행규칙 제76조 제2항 제6호, 별표5의2 등을 보면 법규상 신청권이 있음을 알 수 있다고 서술하면 족하다.

메모:11
이 사건 2개 처분에 대한 취소소송의 핵심 주장 사유이다.

메모:2
이는 취소소송의 '협의의 소의 이익'을 인정할 수 있는지에 대한 문제로서 거부처분에서는 항상 문제가 되는 쟁점이다.
(1) 먼저, 체류기간연장 불허처분의 경우 체류기간이 이미 만료되었으므로 체류기간연장 불허처분을 취소하더라도 곧바로 체류자격이 유지되는 것은 아니나, 다만 취소판결이 확정되면 판결의 기속력에 의하여 체류기간 연장신청에 대하여 행정청이 재처분을 하게 될 것이고 재처분을 내리기까지는 적법한 체류자격이 유지된다고 할 것이므로 이 부분에서 소의 이익이 인정된다고 주장가능하다.
(2) 출국명령 부분은 협의의 소익과 관련하여서는 따로 언급할 필요가 없다고 할 것이다.

성 변호사: 네, 출입국관리법 제68조 제1항의 문언을 살펴보고, 출국명령의 성질을 검토해 볼 필요가 있을 것 같습니다.

김 변호사: 그럼 의뢰인 측의 사정으로 주장할 만한 것은 있는가요?

성 변호사: 네, 의뢰인은 남편과 결혼하여 적법하게 입국한 후 3년 이상을 국내에서 거주하여 왔습니다. 의뢰인은 결혼생활을 유지하기 위하여 계속 노력하였으나, 결혼 당시에는 알지 못했던 남편의 지속적인 폭행과 유기 등으로 불가피하게 이혼 하게 된 사정이 있습니다. 또한, 고향친구인 김나타샤와 서울에서 음식점을 동업하기로 약속하고 그동안 모아온 자신의 전 재산인 3,000만 원 정도를 투자하여 새로운 삶을 살기를 기대하고 있습니다. 더불어 자신이 한국에서 돈을 벌어야 우즈베키스탄의 친정에 도움을 줄 수 있으므로, 자신의 잘못과 무관한 사정으로 한국을 떠나야 하는 것은 심히 가혹하다고 할 것입니다.

메모:16
소장 이 사건 처분의 위법성 사유 중 재량권의 일탈·남용 부분의 논거로서 비례원칙 위반 주장시 그대로 원용, 서술해야 할 내용이다.

김 변호사: 그렇군요. 쟁점이 많고 의뢰인의 사정이 딱하나니 최선을 다하여 준비하여 주시기 바랍니다. 특히 각 처분에 대하여 제소기간을 도과하지 않도록 주의하시기 바랍니다.

성 변호사: 네, 잘 알겠습니다.

김 변호사: 그럼, 이상으로 오늘 회의를 마치겠습니다. 끝.

담 당 변 호 사 지 정 서

메모:43
헌법소원심판청구에서의 변호사 강제주의 요건 충족 사실을 알 수 있다.

사　　건	(생　　략)
청 구 인	김나타샤
피청구인	

위 사건에 관하여 당 법무법인은 청구인의 대리인으로서 변호사법 제50조 제1항에 의하여 그 업무를 담당할 변호사를 다음과 같이 지정합니다.

담당변호사	변호사　성 삼 재

2015. 11. 18.

법무법인　지 리 산
대표변호사　노 고 단

법무 법인 지리산

서울 서초구 서초중앙로 50 지리산빌딩 5~6층
전화 02-555-****　전송 02-555-****

헌법재판소 귀중

담 당 변 호 사 지 정 서

사 건	(생 략)
청 구 인	옐레나 구르초바
피청구인	(생 략)

위 사건에 관하여 당 법무법인은 청구인의 대리인으로서 변호사법 제50조 제1항에 의하여 그 업무를 담당할 변호사를 다음과 같이 지정합니다.

담당변호사	변호사 성 삼 재

2015. 11. 18.

법무법인 지 리 산 [법무법인 지리산]
대표변호사 노 고 단

서울 서초구 서초중앙로 50 지리산빌딩 5~6층
전화 02-555-**** 전송 02-555-****

(생략) 귀중

김나타샤
관련 서류

고려인동포 뿌리 찾기 사업회

메모:34
이 사건 헌법소원심판청구의 적법요건과 관련하여 김나타샤는 아래 사실조회 회신 기록 이하에서 나오는 재외동포(F-4) 체류자격 신청서와 관련 첨부서류(국적취득증명서, 출생증명서 등)를 모두 갖추고 있으므로 이 사건 재외동포(F-4) 체류자격을 받지 못하도록 한 관계 법령에 대한 법령헌법소원심판청구의 자기관련성, 권리보호이익 등을 인정할 수 있다고 기술하여야 한다.

수 신 재단법인 어울림 이사장
(경유)
제 목 사실조회 회신

귀 재단에서 2015. 10. 27. 조회를 의뢰하신 사실관계에 대해 아래와 같이 회신합니다.

아 래

◦ 김덕후(DUKHU KIM)는 1930년 5월경 경북 청도에서 태어나, 1933년 월일 불상경 부모와 함께 러시아 연해주로 이주하였고, 제2차 세계대전 중 현재의 우즈베키스탄 타슈켄트 지역으로 강제이주되었음.

◦김빅토르(VICTOR KIM)는 위 김덕후의 아들로서 1960년 8월 15일 타슈켄트에서 출생하였음.

◦김빅토르는 1993년 3월 1일 우즈베키스탄공화국의 귀화허가를 받아 우즈베키스탄 공화국의 국적을 취득하였음.

◦김나타샤(NATASHA KIM)는 위 김빅토르의 딸로서 1993년 6월 29일 타슈켄트에서 출생하였음.

◦이상 사실은 본 사업회 타슈켄트 지부의 현장 조사와 우즈베키스탄공화국 대한민국 대사관의 확인에 따른 것임. 끝.

재단법인 고려인동포 뿌리 찾기 사업회 이사장 직인

기안자 대리 박 술 이 검토자 조사과장 신 승 철 결재권자 총무국장 왕 건
시행 조사과-101(2015.11.11.)
우 서울 강남구 강남대로 21길 123 고려인빌딩 /
전화번호(02)****-**** 팩스번호(02)***-**** / 공개 구분: 비공개

국적취득 사실증명서

메모:33
김 나타샤의 재외동포(F-4) 체류자격 신청서 첨부서류.

이 름	빅토르 (VICTOR)
성	김 (KIM)
성 별	남
생 년 월 일	1960. 8. 15.
출 생 지	타슈켄트
국 적 취 득 사 유	귀화
국 적 취 득 일	1993. 3. 1.

위 사실을 증명합니다.

2015. 10. 28.

타슈켄트 출입국관리사무소장 (직인)

인 증 문

위 번역문은 원문과 다름이 없음을 서약합니다.

2015년 10월 29일

서약인 김빅토르 *Victor Kim*

위 사람은 본직의 면전에서 위 번역문이 원문과 다름이 없음을 확인하고 서명날인하였다. 이 공관에서 위 인증한다.

서명 (서 명)

주우즈베키스탄공화국 대한민국대사관 직 인

○ 발 행 일 : 2015년 10월 29일
○ 등록번호 : 2015년 제5678호(인증)
○ 수수료 : 납부완료

성명 : ***
직위 : ***
재외공관 명칭: 주우즈베키스탄공화국 대한민국대사관
소재지 : *** ***

출 생 증 명 서

메모:32
김 나타샤의 재외동포(F-4) 체류자격 신청서 첨부서류.

출생아의 부　김 빅토르(VICTOR KIM)
생년월일 1960. 8. 15.
출 생 지 타슈켄트

출생아의 모　김 마리아(MARIA KIM)
생년월일 1963. 7. 17.
출 생 지 타슈켄트

출 생 아　성별 여
성명 김 나타샤(NATASHA KIM)
출생일시　1993. 6. 29. 09:30
출생장소　타슈켄트 국립병원

위 사실을 증명합니다.
1963. 6. 29.
타슈켄트 국립병원장 (직인)

인 증 문

위 번역문은 원문과 다름이 없음을 서약합니다.

2015년 10월 29일

서약인 김빅토르 *Victor Kim*

위 사람은 본직의 면전에서 위 번역문이 원문과 다름이 없음을 확인하고 서명날인하였다. 이 공관에서 위 인증한다.

서 명 (서 명)　주우즈베키스탄공화국 대한민국대사관 직 인

○ 발 행 일 : 2015년 10월 29일
○ 등록번호 : 2015년 제5679호(인증)　성명 : ***
○ 수수료 : 납부완료　직위 : ***
재외공관 : 주우즈베키스탄공화국 대한민국대사관
소재지 : *** ***

(앞 쪽)

외 국 인 등 록 증

ALIEN REGISTRATION CARD

사진 (첨부된 것으로 볼 것)	외국인 등록번호	930629-6****** 성 별 F
	성 명	Natasha Kim
	국 가 지 역	Uzbekistan
	체류자격	단기방문(C-4)

발급일자 2015. 10. 28.

서울출입국관리사무소장

CHIEF, SEOUL IMMIGRATION OFFICE

(뒤 쪽)

일련번호 1-011-000-****

·체류기간

허가일자	만료일자	확 인
2015. 10. 22.	2016. 1. 19.	서 울

·체류지

신고일	2015. 10. 28.	확인	서 울
체류지	서울 서초구 반포대로 1238 민국아파트 205동 302호		
신고일		확인	
체류지			
신고일		확인	
체류지			

유효확인 http://www.immigration.go.kr

민원안내 국번없이 ☎1345

상가건물 임대차 표준계약서

임대인(현주인)과 임차인(김나타샤)은 아래와 같이 임대차 계약을 체결한다.

메모:23
헌법소원심판청구서 작성시 청구인 김나타샤의 기본권 주체 인정여부와 관련하여, 김나타샤는 우즈베키스탄인이지만 외국국적동포로서 한국에서 음식점 개업을 준비하기 위해 상가임대차계약서를 체결하는 등 적법하게 입국하여 우리나라에서 일정한 생활관계를 형성, 유지하고 있다는 점에서 직업의 자유 등 기본권의 주체성이 인정되는 경우에 해당하므로 청구인 능력을 갖추었다고 주장해야 한다.

[임차 상가건물의 표시]

소 재 지	서울 용산구 이태원로 3000 지상 1층 점포			
토 지	지목	대(垈)	면적	80.3 ㎡
건 물	구조·용도	벽돌조 기와지붕 영업시설	면적	80.3 ㎡
임차할부분	점포 1층 전부		면적	80.3 ㎡
유위사항 : 임차할 부분을 특정하기 위해서 도면을 첨부하는 것이 좋습니다.				

[계약내용]

제1조(보증금과 차임) 위 상가건물의 임대차에 관하여 임대인과 임차인은 합의에 의하여 보증금 및 차임을 아래와 같이 지급하기로 한다.

보 증 금	금 일억 원정 (₩ 100,000,000)
계 약 금	금 일천만 원정(₩ 10,000,000)은 계약시에 지급하고 수령함. 수령인(현주인)
중 도 금	금 원정(₩)은 년 월 일에 지급하며
잔 금	금 구천만 원정(₩ 90,000,000)은 2015년 12월 14일에 지급한다.
차임(월세)	금 육십만 원정(₩ 600,000)은 매월 1 일에 지급한다. 부가세 □ 불포함 ☑ 포함
	(입금계좌 : 대한은행 1234-5678910 예금주 : 현주인)
환 산 보 증 금	**금 일억육천만 원정(₩ 160,000,000)**
유의사항 : ① 당해 계약이 환산보증금을 초과하는 임대차인 경우 확정일자를 부여받을 수 없고, 전세권 등을 설정할 수 있습니다. ② 보증금 보호를 위해 등기사항증명서, ※ 미납국세·선순위확정일자 현황 확인방법은 "별지" 참조	

제2조(임대차기간) 임대인은 임차 상가건물을 임대차 목적대로 사용·수익할 수 있는 상태로 2015년 12월 14일까지 인도하고, 임대차기간은 인도일로부터 2 년 ____월 ____일까지로 한다.
제3조(임차목적) 임차인은 임차 상가건물을 요식업 (업종)을 위한 용도로 사용한다.

(생 략)

[특약사항]

① 입주 전 수리 및 개량 ② 임대차기간 중 수리 및 개량 ③ 임차 상가건물 인테리어 ④ 관리비의 지급주체, 시기 및 범위 ⑤ 귀책사유 있는 채무불이행시 손해배상액예정 등에 관하여 임대인과 임차인은 특약할 수 있습니다.

본 계약을 증명하기 위하여 계약 당사자가 이의 없음을 확인하고 각각 서명·날인 후 임대인, 임차인, 개업공인중개사는 매 장마다 간인하여, 각각 1통씩 보관한다.

2015 년 11 월 4 일

임대인	주 소	서울 서초구 반포대로 1234 대한아파트 102동 405호						서명 또는 날인 ㉤
	주민등록번호 (법인등록번호)	600610-1******		전 화	010-1234-****	성 명 (회사명)	현주인	
	대 리 인	주소		주민등록번호		성 명		
임차인	주 소	서울 서초구 반포대로 1234 민국아파트 205동 302호						서명 또는 날인㉤
	주민등록번호 (법인등록번호)	930629-6****** (외국인등록번호)		전 화	010-2345-****	성 명 (회사명)	김나타샤	
	대 리 인	주소		주민등록번호		성 명		
임차인	주 소							서명 또는 날인 ㉤
	주민등록번호 (법인등록번호)			전 화		성 명 (회사명)		
	대 리 인	주소		주민등록번호		성 명		
개업공인중개사	사무소소재지	서울 용산구 이태원로 3002		사무소소재지				
	사무소명칭	이태원공원		사무소명칭				
	대 표	서명 및 날인	이태원 ㉤	대 표	서명 및 날인	㉤		
	등록번호	35*****	전화 1588-****	등록번호		전화		
	소속 공인중개사	서명 및 날인	이태화 ㉤	소속 공인중개사	서명 및 날인	㉤		

엘레나 구르초바
관련 서류

(앞 쪽)

외 국 인 등 록 증

ALIEN REGISTRATION CARD

사진 (첨부된 것으로 볼 것)	외 국 인 등록번호	880327-6*****	성 별	F
	성 명	Elena Gurtschova		
	국 가 지 역	Uzbekistan		
	체류자격	결혼이민(F-6)		

발급일자 2012. 9. 15.

전주출입국관리사무소장

CHIEF, JEONJU IMMIGRATION OFFICE

(뒤 쪽)

일련번호 1-011-000-****

·체류기간

허가일자	만료일자	확 인
2012. 9. 14.	2015. 9. 13.	전 주

·체류지

신고일	2012. 9. 15.	확인	전 주
체류지	전북 남원시 광한루길 123		
신고일		확인	
체류지			
신고일		확인	
체류지			

유효확인 http://www.immigration.go.kr

민원안내 국번없이 ☎1345

<table>
<tr><td colspan="7"></td><td>원부대조필</td></tr>
<tr><td>등록번호</td><td>11919</td><td colspan="5" rowspan="2">소 견 서</td><td rowspan="2">㊞</td></tr>
<tr><td>연 번 호</td><td>56789</td></tr>
<tr><td>환자성명</td><td>엘레나 구르초바</td><td>주민등록 번 호</td><td>880327-6******</td><td>성별</td><td>여</td><td>연령</td><td>만 27세</td></tr>
<tr><td>주 소</td><td colspan="3">(생 략)</td><td colspan="2">전화번호</td><td colspan="2">(생 략)</td></tr>
<tr><td rowspan="2">진 단 명</td><td colspan="5" rowspan="2">다발성 타박상, 피하출혈</td><td colspan="2">한국질병분류번호</td></tr>
<tr><td colspan="2">(생 략)</td></tr>
<tr><td>발 병 일</td><td colspan="2">미 상</td><td>진단일</td><td colspan="4">2015. 6. 3.</td></tr>
<tr><td>내 용</td><td colspan="7">안면부, 대퇴부 및 복부 등에 다발성 타박상 및 피하출혈이 관찰됨.
피하출혈 부위의 피부색이 다양한 것으로 보아 최소한 12주 이상 여러 차례의 타박상이 발생한 것으로 추정됨.
환자의 진술에 따르면 남편의 지속적인 폭행으로 인한 것이라고 함.
상처 부위에 대하여 치료를 실시하였으며, 수 주간의 안정가료를 요함.</td></tr>
<tr><td>비 고</td><td colspan="2">(생 략)</td><td>용 도</td><td colspan="4">기 타</td></tr>
<tr><td colspan="4">위와 같이 진단함.

발 행 일 : 2015년 6월 3일
의료기관명 : 남원춘향병원
주 소 : (생략)
전 화 번 호 : (생략)
진 료 과 : 외과
면 허 번 호 : 119119</td><td colspan="4">의사 성명 : 전명의 (서명)
남원춘향병원장 (직인)</td></tr>
</table>

법 무 부

수 신 옐레나 구르초바(전북 남원시 관한루길 13)
제 목 질의에 대한 회신

1. 귀하께서 2015. 7. 20. 질의하신 사안에 대한 의견을 회신해 드립니다.

2. 귀하의 질의내용은 아래와 같습니다.

남편의 지속적인 폭행과 유기 등으로 인해 이혼소송을 준비하던 중, 소송절차를 신속하게 종료시키기 위하여 '확정판결' 대신 '조정에 갈음하는 결정'을 받는 경우에도 결혼이민(F-6) 체류자격이 유지되어 체류기간이 연장되는지 여부.

3. 귀하의 질의에 대한 우리부의 의견은 아래와 같습니다.

출입국관리법 시행령 [별표 1] 28의4. 결혼이민(F-6) 다목의 규정에 따라 "국민인 배우자와 혼인한 상태로 국내에 체류하던 중 그 배우자의 사망이나 실종, 그 밖에 자신에게 책임없는 사유로 정상적인 혼인관계를 유지할 수 없다고 인정되는 사람"은 결혼이민(F-6) 체류자격이 인정됩니다.

따라서 남편의 지속적인 폭행과 유기 등으로 인해 이혼하게 되는 경우와 같이 "자신에게 책임없는 사유로 정상적인 혼인관계를 유지할 수 없다고 인정되는 사람"으로 볼 수 있는 경우에는 결혼이민(F-6) 체류자격이 유지되는 것이며, 이 경우에 이혼의 방식은 '확정판결' 또는 '조정에 갈음하는 결정' 등 어떠한 방식에 따르더라도 무방하다고 할 것입니다. 끝.

메모:17
소장 처분의 위법성 사유로서 신뢰보호위반 주장시 원용가능한 부분이다. 즉, 사안의 경우 원고가 이혼 소송 중 담당 공무원에게 질문을 한 후 담당공무원이 조정에 갈음하는 결정도 연장사유가 된다고 하여 이의를 하지 않았으나, 그 후 아래 기록과 같이 전주출입국관리사무소장이 연장사유가 되지 않는다면서 거부처분을 행한 바, 이는 행정청의 견해표명을 신뢰하고 그 신뢰에 귀책사유가 없었던 원고의 신뢰를 침해는 것으로 신뢰보호 원칙에 반하여 위법한 처분에 해당한다고 주장 가능하다.

법 무 부 장 관 [법 무 부 장관의인]

기안자 주무관 정성무 검토자 사무관 김종민 결재권자 체류관리과장 유승섭

시행 체류관리과-20151234 (2015. 7. 30.) 공개 구분: 공개

주소 경기 과천시 정부과천청사 1동 법무부 전화번호 (02)2110-1234

○ ○ ○ ○ 법 원
결 정

사 건 2015드단1000 이혼 및 위자료
원 고 옐레나 구르초바
피 고 이몽룡

위 사건의 공평한 해결을 위하여 당사자의 이익 기타 모든 사정을 참작하여 다음과 같이 결정한다.

결정사항

1. 원고와 피고는 피고의 지속적인 폭행과 유기 등의 귀책사유로 이혼한다.
2. 원고는 나머지 청구를 포기한다,
3. (생략)

청구의 표시

(이하 생략)

2015. 8. 5.

판 사 ○ ○ ○ (인)

결 정 서 교 부
2015. 8. 5.
수령인 옐레나 구르초바 (인)

※ 이 결정서 정본을 송달받은 날로부터 2주일 이내에 이의를 신청하지 아니하면 이 결정은 재판상 화해와 같은 효력을 가지며, 재판상 화해는 확정판결과 같은 효력이 있습니다.

■ 출입국관리법 시행규칙 [별지 제34호 서식]

체류기간 연장허가 신청서
EXTENSION OF SOJOURN PERIOD APPLICATION FORM

성 명 Name IN Full	Full Name 엘레나 구르초바(Elena Gurtschova)															성 별 Gender	[ ]남 M [ ]여 F
생년월일 또는 외국인등록번호 Date of Birth or Alien Registration No. (If any)	년 Year				월 Month		일 Day		외국인등록번호 후단 Registration No.							국 적 Nationality / others	우즈베키스탄 공화국
	1	9	8	8	0	3	2	7	6	*	*	*	*	*	*		

여권 번호 Passport No.	(생략)	여권 발급일자 Passport Issue Date	(생략)	여권 유효기간 Passport Expiry Date	(생략)
대한민국 내 주소 Address In Korea	전북 남원시 광한루길 123				

전화 번호 Telephone No.	(생략)	휴대 전화 Cell phone No.	010-3456-****
본국 주소 Address In Home Country	(생략)	전화 번호 Telephone No.	(생략)

신청일 Date of application	2015.8.24.	신청인 서명 또는 인 Signature/Seal	엘레나 구르초바 (인)

신청인 제출서류	1. 조정에 갈음하는 결정서(○○○○법원) 2. 소견서 3. 그 밖에 출입국관리법 시행규칙 [별표 5의2]에 정한 모든 서류
담당 공무원 확인사항	**관계 법령이 정하는 첨부서류를 모두 갖추었음.**

공 용 란 (For Official Use Only)						
기본 사항	최초입국일	2012.9.14.	체류자격	F-6	체류기간	3년
접수 사항	접수일자	2015.8.24.	접수번호	(생략)		

(생 략)

수입인지 첨부란(Revenue Stamp Here) / 수수료 면제(Exemption) [ ] (면제사유:)
첨부

■ 출입국관리법 시행규칙 [별지 제43호 서식]

체류기간연장 불허결정통지서
DISAPPROVAL NOTICE ON THE EXTENSION OF SOJOURN PERIOD

발행번호 (No. 2015-123)

인적사항 Personal Information	성 명 엘레나 구르초바 Name in Full	
	생년월일 1988. 3. 27 Date of Birth	국적 우즈베키스탄공화국 Nationality
	성 별 [ ] 남 [√] 여 Sex [ ] M [√] F	
	대한민국 내 주소 전북 남원시 광한루길 123 Address in Korea	
불허사유 Reasons for Denial	확정판결이 아닌 조정에 갈음하는 결정의 방식으로 이혼한 경우에는 출입국관리법 시행령 [별표 1] 28의4. 결혼이민(F-6) 다목에 정한 "자신에게 책임이 없는 사유로 정상적인 혼인관계를 유지할 수 없다고 인정되는 사람"에 해당한다고 볼 수 없음.	
출국기한 Deadline for Departure	2015. 9. 13.	

「출입국관리법」 제25조 및 「출입국관리법 시행령」 제33조 제1항에 따라 귀하가 신청한 체류기간연장에 대하여는 허가하지 아니하기로 결정하였으므로 이를 통보합니다.

Your application for an extension of sojourn has been denied... (생략) ...

2015 년 9 월 3 일

불허결정통지서
2015. 10. 5.
수령인 엘레나 구르초바 (인)

전주출입국관리사무소장 [전주출입국관리사무소장의 인]

CHIEF, JEONJU IMMIGRATION OFFICE

메모:18
기록 중 사건의 주된 처분서에 명기된 근거 법령을 잘 기억하여 기록 말미에 주어진 참고법령에서 해당 법령을 차례대로 찾아서 관련 법령의 특별한 쟁점을 추출해내야 하며, 이를 바탕으로 답안 작성시 법령을 적재적소에 잘 기재(법 ○○조 ○○항 괄호표시)하면 추가 가점이 주어진다.

메모:24
소장 중 체류연장허가불허처분의 위법성과 관련하여, 먼저, 원고는 법령상 허가처분거부사유에 해당하지 않음을 강조해야 한다. 원고는 출입국관리법 제25조, 시행령 제33조 제1항, 시행규칙 제76조 제2항 제6호, 별표5의2 등에 정한 모든 절차를 적법하게 거쳤으므로 피고가 연장허가를 거부할 사정이 없다. 오히려, 법 제25조, 시행령 제33조 제1항 단서, [별표 1]의 28의4. 다목, 시행규칙 제76조 제2항 및 [별표 5의2] 등을 종합하면, 원고는 **'자신에게 책임 없는 사유로 정상적인 혼인 관계를 유지할 수 없다고 인정되는 사람'**에 해당하므로 체류기간 연장 대상에 해당한다고 주장하여야 한다.
또한, 설령 불허사유에 해당한다고 하더라도 불허처분은 재량행위에 해당하므로 무조건적인 불허처분을 행함은 재량권의 일탈·남용에 해당한다고 주장하여야 한다. 원고에게 위 귀책사유가 없다는 점은 문제기록 중 조정결정서, 소견서 등을 근거로 주장하면 된다.

메모:25
신뢰보호위반 주장시 신뢰에 반하는 불허(거부)처분의 존재에 관한 부분이다. 즉, 기록 중 회의록, 소견서, 불허통지서 등을 종합하면 원고가 이혼 소송 중 담당공무원에 질의한즉 조정에 갈음하는 결정도 연장사유가 된다고 답변하여 이의를 하지 않았는데, 나중에 반대로 연장사유가 되지 않는다면서 거부처분을 행함은 명백한 신뢰보호 위반이라는 것이다.

메모:27
체류기간연장불허처분을 구하는 청구의 피고가 누구인지와 관련하여, 체류기간연장 불허결정통지서 등 기록상 처분을 행한 당사자로 당해 처분서에 직인을 찍은 주체가 피고가 된다.

전주출입국관리사무소

수신　옐레나 구르초바(전북 남원시 광한루길 123)

제목　이의신청 결정결과 통지

1. 귀하께서 2015. 9. 21.「민원사무 처리에 관한 법률」 제18조 제1항에 따라 제기하신 체류기간연장 불허결정(2015. 9. 3.)에 대한 이의신청 사건에 대한 결정 결과를 통지해 드립니다.

2. 귀하의 이의신청에 대한 결정결과는 아래와 같습니다.
   ◦ 결정내용 : 이의신청을 기각한다.
   ◦ 결정이유 : 확정판결이 아닌 조정에 갈음하는 방식으로 이혼한 경우에는 출입국관리법 시행령 [별표 1] 28의4. 결혼이민(F-6) 다목에 정한 "자신에게 책임이 없는 사유로 정상적인 혼인관계를 유지할 수 없다고 인정되는 사람"에 해당한다고 볼 수 없으며, 그 밖의 다른 사유도 볼 수 없음.

3. 귀하는 「민원사무 처리에 관한 법률」 제18조 제3항에 따라 이의신청 여부와 관계없이 「행정심판법」에 따른 행정심판 또는 「행정소송법」에 따른 행정소송을 제기할 수 있습니다. 끝.

전주출입국관리사무소장　[전주출입국관리사무소장의 인]

통 지 서 교 부
2015. 10. 5.
수령인 옐레나 구르초바 (인)

시행 : 2015. 9. 30.
주소 : 전북 전주시 완산구 전북도청길 123
전화 : 063-284-2473

■ 출입국관리법 시행규칙 [별지 제123호서식]

출 국 명 령 서
DEPARTURE ORDER

Date 2015. 11. 16.

인적사항 Personal Information	성 명 엘레나 구르초바 Name in Full	
	생년월일 1988. 3. 27 Date of Birth	성 별 [ ] 남 [√] 여 Sex [ ] M [√] F
	국 적 우즈베키스탄공화국 Nationality	직 업 무직 occupation
	대한민국 내 주소 전북 남원시 광한루길 123 Address in Korea	

위 사람에 대하여 「출입국관리법」 제68조 제1항에 따라 출국을 명합니다,
In accordance with Article68(1) of the Immigration Act, the person above is ordered to leave the Republic of Korea by the Chief of JEONJU Immigration Office.

1. 출국명령 이유(적용 법규정) Reason for Order(Applicable Provision)
   출입국관리법 제68조 제1항 제1호, 제46조 제1항 제8호, 제25조
2. 출국기한 Deadline for Departure
   2015. 12. 14.
3. 주거제한 Restriction on Residence
   해당 없음
4. 기타 필요한 조건 The Others
   해당 없음

메모:26
출국명령 처분의 근거 법조문이다. 앞의 연장불허처분과 달리 출국명령처분의 경우 처분 근거법령만 적시한 채 처분이유를 생략한 것은 절차상 하자로 주장 가능하다.

출국명령서 교부
2015. 11. 17.
수령인 엘레나 구르초바 (인)

전주출입국관리사무소장 전주출입국관리사무소장의 인

CHIEF, JEONJU IMMIGRATION OFFICE

메모:19
출국명령의 취소를 구한 청구의 경우 피고가 누구인지와 관련하여, 위 처분을 한 행정청은 출국명령서 등 기록상 처분을 한 당사자로 당해 처분서에 직인을 찍은 주체인 전주출입국관리사무소장임을 알 수 있다. 이번 사안은 하나의 소송을 통해 2개 이상의 처분 취소를 구하는 경우이다.

참 고 법 령

「재외동포의 출입국과 법적 지위에 관한 법률」(발췌) (2014.12.31. 법률 제34567호로 개정된 것) (2015.1.1. 시행)

제1조(목적) 이 법은 재외동포(在外同胞)의 대한민국에의 출입국과 대한민국 안에서의 법적 지위를 보장함을 목적으로 한다.

제2조(정의) 이 법에서 "재외동포"란 다음 각 호의 어느 하나에 해당하는 자를 말한다.
1. 대한민국의 국민으로서 외국의 영주권(永住權)을 취득한 자 또는 영주할 목적으로 외국에 거주하고 있는 자(이하 "재외국민"이라 한다)
2. 대한민국의 국적을 보유하였던 자(대한민국정부 수립 전에 국외로 이주한 동포를 포함한다) 또는 그 직계비속(直系卑屬)으로서 외국국적을 취득한 자 중 대통령령으로 정하는 자(이하 "외국국적동포"라 한다)

제3조(적용 범위) 이 법은 재외국민과 「출입국관리법」 제10조에 따른 체류자격 중 재외동포 체류자격(이하 "재외동포체류자격"이라 한다)을 가진 외국국적동포의 대한민국에의 출입국과 대한민국 안에서의 법적 지위에 관하여 적용한다.

제5조(재외동포체류자격의 부여) ① 법무부장관은 대한민국 안에서 활동하려는 외국국적동포에게 신청에 의하여 재외동포체류자격을 부여할 수 있다.

② 법무부장관은 외국국적동포에게 다음 각 호의 어느 하나에 해당하는 사유가 있으면 제1항에 따른 재외동포체류자격을 부여하지 아니한다. 다만, 제1호나 제2호에 해당하는 외국국적동포가 38세가 된 때에는 그러하지 아니하다.
1. 직계존속(直系尊屬)이 외국에 영주할 목적 없이 체류한 상태에서 출생하여 외국국적을 취득함으로써 복수국적자(複數國籍者)가 된 남자가 병역을 기피할 목적으로 법률 제7499호 「국적법 중 개정법률」 시행 전 종전 제12조의 이중국적자의 국적선택의무에 따라 18세가 되는 해의 1월 1일 전에 대한민국 국적을 이탈하여 외국인이 된 경우
2.~3. (생략)
4. 법무부장관이 고시하는 위험 국가의 국적자인 경우

③ 재외동포체류자격의 취득 요건과 절차 및 재외동포체류자격을 취득한 자의 활동 범위는 대통령령으로 정한다.

제10조(출입국과 체류) ① (생략)

② 재외동포체류자격을 부여받은 외국국적동포의 취업이나 그 밖의 경제활동은 사회질서 또는 경제안정을 해치지 아니하는 범위에서 자유롭게 허용된다.

메모:20

헌법소원심판청구시 이 사건 법률 제5조 제2항 제4호의 경우 '법무부장관이 고시하는 위험 국가의 국적자인 경우'라고만 규정하여 포괄적으로 위임을 하고 있을 뿐 그 정도나 기준 등에 대해서 아무런 규정이 없어 고시에 어떠한 내용이 포함될지 전혀 예측할 수 없다. 뿐만 아니라 고시의 내용이 전문적·기술적 사항이나 경미한 사항이라고 보기도 어려워 포괄위임입법 금지 원칙에 위배된다고 주장가능하다. 나아가, 이 사건 법률은 '위험 국가의 국적자'라고만 규정하고 있을 뿐 '위험'의 의미와 관련하여 그 정도나 범위, 내용에 대하여 아무런 기준을 제시하고 있지 않다. 이는 매우 불명확한 규정으로 통상적인 법감정을 가진 일반인을 기준으로 볼 때 그 대강을 판단하기 어렵고, 행정청의 자의적인 법적용이 이루어질 가능성이 매우 높다고 보여지므로 명확성의 원칙에도 위배된다고 주장할 수 있을 것이다.

③ 주민등록을 한 재외국민과 국내거소신고를 한 외국국적동포가 90일 이상 대한민국 안에 체류하는 경우에는 건강보험 관계법령으로 정하는 바에 따라 건강보험을 적용받을 수 있다.

④ ~ ⑧ (생략)

「재외동포의 출입국과 법적 지위에 관한 법률 제5조 제2항 본문 제4호에서 규정하는 국가에 관한 고시」 (2014.12.31. 법무부고시 제500-123호) (2015.1.1. 시행)

레바논, 리비아, 세르비아, 시리아, 아프가니스탄, 요르단, 우즈베키스탄, 우크라이나, 이란, 이라크, 이집트, 카자흐스탄. 키르키즈스탄, 체첸, 파키스탄(총 15개국)

메모:4
이 사건 헌법소원 심판청구 대상 법령과 관련하여, 「재외동포의 출입국과 법적 지위에 관한 법률」(2014. 12. 31. 법률 제34567호로 개정된 것) 제5조 제2항 본문 제4호와 「재외동포의 출입국과 법적 지위에 관한 법률 제5조 제2항 본문 제4호에서 규정하는 국가에 관한 고시」(2014. 12. 31. 법무부고시 제500-123호) 중 "우즈베키스탄" 부분임을 알 수 있다.

메모:5
법령 헌법소원 청구 요건과 관련하여, 먼저, 공권력 행사에 해당여부로서 법령소원에서 법률은 크게 문제될 것이 없으나, 법무부고시 등 **'행정규칙 형식의 법규명령'(이른바, 법령보충적 행정규칙)**의 공권력 행사성 인정 문제가 항상 중요한 쟁점이 되는데 이에 대해 간단한 이론적 근거와 판례의 태도를 언급할 필요가 있다. 판례는 행정규칙은 행정규칙이 갖는 일반적 효력으로서가 아니라 행정기관에 법령의 구체적 내용을 보충할 권한을 부여한 법령규정의 효력에 의하여 그 내용을 보충하는 기능을 갖게 되고, 따라서 이와 같은 행정규칙은 당해 **법령의 위임 한계를 벗어나지 않는 한 상위법규와 결합하여 대외적인 구속력**이 있는 법규명령으로서의 효력을 가진다고 일관되게 판시하고 있다.
또한, 직접성 문제로서 사안의 경우 상위법인 재외동포법 제5조 제2항 본문 제4호와 하위법령인 법무부고시가 체계적으로 밀접불가분의 관계에 있고, 상·하위법령이 결합하여 직접적으로 청구인의 체류자격을 금지하고 있으므로 기본권침해의 직접성이 인정된다고 할 것이다.

「재외동포의 출입국과 법적 지위에 관한 시행령」 (발췌) (2014.12.31. 대통령령 제34567호로 개정된 것) (2015.1.1. 시행)

제1조(목적) 이 영은 「재외동포의 출입국과 법적지위에 관한 법률」에서 위임된 사항과 그 시행에 관하여 필요한 사항을 규정함을 목적으로 한다.

제3조(외국국적동포의 정의) 법 제2조 제2호에서 "대한민국의 국적을 보유하였던 자(대한민국정부수립 이전에 국외로 이주한 동포를 포함한다) 또는 그 직계비속(直系卑屬)으로서 외국국적을 취득한 자중 대통령령이 정하는 자"란 다음 각 호의 어느 하나에 해당하는 자를 말한다.

1. 대한민국의 국적을 보유하였던 자(대한민국정부 수립 이전에 국외로 이주한 동포를 포함한다. 이하 이 조에서 같다)로서 외국국적을 취득한 자
2. 부모의 일방 또는 조부모의 일방이 대한민국의 국적을 보유하였던 자로서 외국국적을 취득한 자

제4조(재외동포체류자격의 부여) ① 법무부장관은 법 제3조의 규정에 의한 재외동포체류자격을 신청한 외국국적동포가 법 제5조 제2항 각 호의 어느 하나에 해당하는지의 여부를 판단하기 위하여 관계기관의 장에게 신청자에 대한 신원조회 및 범죄경력조회를 의뢰하거나 기타 필요한 사항에 대하여 의견을 구할 수 있다. 이 경우 관계기관의 장은 조회의뢰나 의견요청을 받은 날부터 30일 이내에 이에 관한 조회결과나 의견을 제시하여야 한다.

② ~ ③ (생략)

④ 「출입국관리법 시행령」 제7조 제1항, 제12조 및 제23조의 규정은 재외동포체류자격의 취득요건과 절차 및 재외동포 체류자격을 취득한 자의 활동범위에 관하여 이를 준용한다.

「출입국관리법」 (발췌)
(2011.10.12. 대통령령 제23456호) (2011.10.12. 시행)

제1조(목적) 이 법은 대한민국에 입국하거나 대한민국에서 출국하는 모든 국민 및 외국인의 출입국관리를 통한 안전한 국경관리와 대한민국에 체류하는 외국인의 체류관리 및 난민(難民)의 인정절차 등에 관한 사항을 규정함을 목적으로 한다.

제2조(정의) 이 법에서 사용하는 용어의 뜻은 다음과 같다.
1. "국민"이란 대한민국의 국민을 말한다.
2. "외국인"이란 대한민국의 국적을 가지지 아니한 사람을 말한다.
3. ~ 14. (생략)

제7조(외국인의 입국) ① 외국인이 입국할 때에는 유효한 여권과 법무부장관이 발급한 사증(査證)을 가지고 있어야 한다.
② ~ ④ (생략)

제10조(체류자격) ① 입국하려는 외국인은 대통령령으로 정하는 체류자격을 가져야 한다.
② 1회에 부여할 수 있는 체류자격별 체류기간의 상한은 법무부령으로 정한다.

제18조(외국인 고용의 제한) ① 외국인이 대한민국에서 취업하려면 대통령령으로 정하는 바에 따라 취업활동을 할 수 있는 체류자격을 받아야 한다.
② ~ ⑤ (생략)

제25조(체류기간 연장허가) 외국인이 체류기간을 초과하여 계속 체류하려면 대통령령으로 정하는 바에 따라 체류기간이 끝나기 전에 법무부장관의 체류기간 연장허가를 받아야 한다.

제46조(강제퇴거의 대상자) ① 지방출입국·외국인관서의 장은 이 장에 규정된 절차에 따라 다음 각 호의 어느 하나에 해당하는 외국인을 대한민국 밖으로 강제퇴거 시킬 수 있다.
1. ~ 7. (생략)
8. 제20조, 제23조, 제24조 또는 제25조를 위반한 사람
9. ~ 14. (생략)

② (생략)

제68조(출국명령) ① 지방출입국·외국인관서의 장은 다음 각 호의 어느 하나에 해당하는 외국인에게는 **출국명령을 할 수 있다.**
1. 제46조 제1항 각 호의 어느 하나에 해당한다고 인정되는 사람
2. ~ 5. (생략) 제67조에 따른 출국권고를 받고도 이행하지 아니한 사람

② 지방출입국·외국인관서의 장은 제1항에 따라 출국명령을 할 때에는 출국명령서를 발급하여야 한다.
③ 제2항에 따른 출국명령서를 발급할 때에는 법무부령으로 정하는 바에 따라 출국기한을 정하고 주거의 제한이나 그 밖에 필요한 조건을 붙일 수 있다.
④ (생략)

메모:6
옐레나에 대한 소장 작성시 출국명령처분의 위법성과 관련하여, 먼저, 법 제25조 위반에 해당하지 않아 법 제46조 강제퇴거대상자가 아니므로 결과적으로 법 제68조에 근거한 이 사건 출국명령처분은 법령상 근거가 없는 위법한 처분에 해당한다고 주장가능하며, 다음으로, 법령상 출국명령사유가 있다고 하더라도, 반드시 출국명령을 해야 하는 것이 아닌 재량행위에 해당한다고 할 것이므로, 재량의 일탈·남용여부도 풍부하게 검토하여 기술해야 한다. 사안의 경우 회의록, 소견서 등의 내용을 바탕으로 비례원칙 일반 요건인 '적합성–필요성–상당성'위반의 점을 풍부하게 서술하여 재량일탈·남용을 주장하면 된다.

제92조(권한의 위임) ① 법무부장관은 이 법에 따른 권한의 일부를 대통령령으로 정하는 바에 따라 지방출입국·외국인관서의 장에게 위임할 수 있다.
② (생략)

메모:28
피고 적격과 관련하여 전주출입국관리사무소장은 체류기간연장불허결정, 출국명령 등을 행할 수 있는 적법한 수임관청임을 알 수 있다.

「출입국관리법 시행령」(발췌)
(2011.10.12. 대통령령 제23456호) (2011.10.12. 시행)

제7조(사증발급) ① 법 제7조제1항에 따라 사증(査證)을 발급받으려는 외국인은 사증발급 신청서에 법무부령으로 정하는 서류를 첨부하여 재외공관의 장에게 제출하여야 한다.
② ~ ⑤(생략)

제12조(체류자격의 구분) 법 제10조 제1항에 따른 외국인의 체류자격은 별표 1과 같다.

제23조(외국인의 취업과 체류자격) ① 법 제18조 제1항에 따른 취업활동을 할 수 있는 체류자격은 별표 1 중 9. 단기취업(C-4), 19. 교수(E-1)부터 25. 특정활동(E-7)까지, 25의3. 비전문취업(E-9), 25의4. 선원취업(E-10) 및 31. 방문취업(H-2) 체류자격으로 한다. 이 경우 "취업활동"은 해당 체류자격의 범위에 속하는 활동으로 한다.
② 다음 각 호의 어느 하나에 해당하는 사람은 제1항에도 불구하고 별표 1의 체류자격 구분에 따른 취업활동의 제한을 받지 아니한다.
1. ~ 2. (생략)
3. 별표 1 중 28의4. 결혼이민(F-6)의 체류자격을 가지고 있는 사람

③ 별표 1 중 28의2. 재외동포(F-4) 체류자격을 가지고 있는 사람은 제1항에도 불구하고 다음 각 호의 어느 하나에 해당하는 경우를 제외하고는 별표 1의 체류자격 구분에 따른 활동의 제한을 받지 아니한다. 다만, 허용되는 취업활동이라도 국내 법령에 따라 일정한 자격이 필요할 때에는 그 자격을 갖추어야 한다.
1. 단순노무행위를 하는 경우
2. 선량한 풍속이나 그 밖의 사회질서에 반하는 행위를 하는 경우
3. 그 밖에 공공의 이익이나 국내 취업질서 등을 유지하기 위하여 그 취업을 제한할 필요가 있다고 인정되는 경우

④ ~ ⑥ (생략)

메모:30
이 사건에서 옐레나 구르초바의 경우 결혼이민(F-6)의 체류자격연장허가 여부가 쟁점이 되므로 위 별표 1 중 28의4. 조항을 유심히 살펴야 한다.

메모:31
이 사건에서 김 나타샤의 경우 단기방문(C-3)체류자격으로 입국하였으므로 우즈베키스탄 전통음식점을 경영하기 위해서는 재외동포(F-4) 체류자격이 필요하므로 그 취득가부가 쟁점이 된다.

제31조(체류기간 연장허가) ① 법 제25조에 따른 체류기간 연장허가를 받으려는 사람은 체류기간이 끝나기 전에 체류기간 연장허가 신청서에 법무부령으로 정하는 서류를 첨부하여 출입국관리사무소의 장(이하 "사무소장"이라 한다) 또는 출입국관리사무소 출장소의 장(이하 "출장소장"이라 한다)에게 제출하여야 한다.
② ~ ③ (생략)

제33조(체류기간 연장 등을 허가하지 아니할 때의 출국통지) ① 법무부장관은 제29조부터 제31조까지의 규정에 따른 허가 등을 하지 아니할 때에는 신청인에게 체류기간 연장 등 불허결정 통지서를 발급하여야 한다. 이 경우 제30조의 체류자격 변경허가를 하지 아니할 때에는 이미 허가된 체류자격으로 체류하게 할 수 있다.

제96조(권한의 위임) ① 법무부장관은 법 제92조제1항에 따라 법 제20조, 제23조부터 제25조까지, 제25조의2, 제25조의3에 따른 그의 권한을 법무부령으로 정하는 바에 따라 사무소장·출장소장에게 위임한다.
② (생략)

메모:29
권한의 위임조항에 의하여 수임관청인 전주출입국관리사무소장은 체류기간연장불허결정, 출국명령 등을 적법하게 행할 수 있다.

[별표 1]

외국인의 체류자격(제12조 관련)**(발췌)**

체류자격(기호)	체류자격에 해당하는 사람 또는 활동범위
8. 단기방문(C-3)	시장조사, 업무 연락, 상담, 계약 등의 상용활동과 관광, 통과, 요양, 친지 방문, 친선경기, 각종 행사나 회의 참가 또는 참관, 문화예술, 일반연수, 강습, 종교의식 참석, 학술자료 수집, 그 밖에 이와 유사한 목적으로 90일을 넘지 않는 기간 동안 체류하려는 사람(영리를 목적으로 하는 사람은 제외한다)
28의2. 재외동포(F-4)	「재외동포의 출입국과 법적 지위에 관한 법률」 제2조 제2호에 해당하는 사람(단순 노무행위 등 이 영 제23조 제3항 각 호에서 규정한 취업활동에 종사하려는 사람은 제외**한다**)
28의4. 결혼이민(f-6)	가. 국민의 배우자 나. (생략) 다. 국민인 배우자와 혼인한 상태로 국내에 체류하던 중 **그 배우자의 사망이나 실종**, 그 밖에 자신에게 책임이 없는 사유로 정상적인 혼인관계를 유지할 수 없는 사람으로서 법무부장관이 인정하는 사람

메모:7
이 사건 헌법소원심판청구의 적법요건 중 기본권 침해의 자기관련성 요건과 관련하여, 청구인 나타샤의 직업이 직업의 자유의 보호영역에 포섭되지 아니하는 단순노무행위에 해당하지 아니하여야 함에 주의하자. 즉, 출입국관리법시행령 제23조 제3항 제3호 및 동법 시행규칙 제27조의2 제1항, 제2항에 의한 재외동포의 취업활동제한의 구체적 범위는 법무부장관이 지정하여 고시한다. 재외동포(F-4) 체류자격 소지자가 국내거소신고를 하면 단순노무활동 및 사행행위 등을 제외하고는 국내에서 모든 취업활동이 허용되는 등 광범위한 혜택을 받을 수 있다. 다만, 허용되는 취업활동이라도 국내 법령에 의하여 일정한 자격을 요구하는 때에는 그 자격을 갖추어야 한다. 단순노무행위(법무부장관 고시 제2015-29호, 2015.2.1.) : 단순하고 일상적인 육체노동을 요하는 업무로서 한국표준직업분류(통계청고시)상의 단순노무직 근로자의 취업분야가 이에 해당한다.

「출입국관리법 시행규칙」 (발췌)
(2011.10.12. 법무부령 제1234호) (2011.10.12. 시행)

제18조의2(1회에 부여하는 체류자격별 체류기간의 상한) 법 제10조 제2항의 규정에 의하여 1회에 부여할 수 있는 체류자격별 체류기간의 상한은 별표 1과 같다.

제65조(출국명령기한등) ① 법 제68조 제2항의 규정에 의한 출국명령서를 발부하는 때에는 그 발부일부터 30일의 범위 내에서 출국기한을 정하여야 한다.
② (생략)

제76조(사증발급 등 신청시의 첨부서류) ① 다음 각 호에 해당하는 때의 체류자격별 첨부서류는 별표 5와 같다.
1. 영 제7조 제1항에 따라 사증의 발급을 신청하는 때
2. ~ 4. (생략)
② 다음 각 호에 해당하는 때의 체류자격별 첨부서류는 별표 5의2와 같다.
1. ~ 5. (생략)
6. 영 제31조에 따라 체류기간 연장허가를 신청하는 때

[별표 1]

1회에 부여하는 체류자격별 체류기간의 상한(제18조의2 관련)(발췌)

체류자격(기호)	1회에 부여하는 체류기간의 상한
8. 단기방문(C-3)	90일
28의2. 재외동포(F-4)	3년
28의4. 결혼이민(F-6)	3년

[별표 5]

사증발급신청 등 첨부서류(제76조 제1항 관련)(발췌)

체류자격(기호)	
단기방문(C-3)	○ 상용목적 등 입국목적을 증명할 수 있는 서류
재외동포(F-4)	○대한민국의 국적을 보유하였던 자로서 외국국적을 취득한 자 ·가족관계기록사항에 관한 증명서 또는 제적등본 그 밖에 본인이 대한민국의 국민이었던 사실을 증명하는 서류 ·외국국적을 취득한 원인 및 그 연월일을 증명하는 서류 ·연간납세증명서, 소득증명서류 등 체류기간중 단순노무행위 등 영 제23조 제3항 각호에서 규정한 취업활동에 종사하지 아니할 것임을 소명하는 서류(법무부장관이 고시하는 불법체류가 많이 발생하는 국가의 외국국적동포에 한함) ·그 밖에 법무부장관이 필요하다고 인정하는 서류 ○부모의 일방 또는 조부모의 일방이 대한민국의 국적을 보유하였던 자로서 외국국적을 취득한 자 ·직계존속이 대한민국의 국민이었던 사실을 증명하는 서류 ·본인과 직계존속이 외국국적을 취득한 원인 및 그 연월일을 증명하는 서류 ·직계존비속의 관계임을 증명하는 서류(출생증명서 등) ·연간납세증명서, 소득증명서류 등 체류기간 중 단순노무행위 등 영 제23조 제3항 각호에서 규정한 취업활동에 종사하지 아니할 것임을 소명하는 서류(법무부장관이 고시하는 불법체류가 많이 발생하는 국가의 외국국적동포에 한함) ·그 밖에 법무부장관이 필요하다고 인정하는 서류

[별표 5의2]

체류기간 연장허가 신청 첨부서류(제76조제2항 관련)(발췌)

체류자격(기호)	첨 부 서 류
결혼이민(F-6)	3. 영 별표 1 중 28의4. 결혼이민(F-6)란의 다목에 해당하는 사람 ○ 사망·실종 사실을 증명할 수 있는 서류 또는 그 밖에 본인의 귀책사유 없이 혼인관계가 단절되었음을 증명할 수 있는 서류

「출입국관리법 시행규칙 별표 5 사증발급신청 등 첨부서류에 관한 고시」 (2011.10.12. 법무부고시 제450-5호) (2011.10.12. 시행)

가나, 나이지리아, 네팔, 러시아, 몽골, 미얀마, 방글라데시, 베트남, 스리랑카, 우즈베키스탄, 우크라이나, 이란, 인도, 인도네시아, 중국, 카자흐스탄, 키르키즈스탄, 태국, 파키스탄, 필리핀(총 20개국)

「법무부와 그 소속기관 직제 시행규칙」 (발췌) (2013.12.31. 법무부령 제1500호) (2013.12.31. 시행)

제29조(관할구역) 출입국관리사무소와 그 출장소의 관할구역은 별표 4와 같다.

[별표 4]

출입국관리사무소와 그 출장소의 명칭·위치 및 관할구역(제29조 관련) (발췌)

명 칭	위 치	관 할 구 역
전주출입국관리사무소	전라북도 전주시	전라북도(군산시는 제외한다)
전주출입국관리사무소 군산출장소	전라북도 군산시	전라북도 군산시, 충청남도 장항항

「민원사무 처리에 관한 법률」 (발췌) (2014.11.19. 법률 제34550호) (2014.11.19. 시행)

제18조(거부처분에 대한 이의신청) ① 민원사항에 대한 행정기관의 장의 거부처분에 불복하는 민원인은 그 거부처분을 받은 날부터 90일 이내에 그 행정기관의 장에게 문서로 이의신청을 할 수 있다.

② 행정기관의 장은 이의신청을 받은 날부터 10일 이내에 그 이의신청에 대하여 결정하고 그 결과를 민원인에게 지체 없이 문서로 통지하여야 한다.

③ 민원인은 제1항에 따른 이의신청 여부와 관계없이 「행정심판법」에 따른 행정심판 또는 「행정소송법」에 따른 행정소송을 제기할 수 있다.

「각급 법원의 설치와 관할구역에 관한 법률」(발췌)
(2014.12.30. 법률 제34560호) (2014.12.30. 시행)

제1조(목적) 이 법은 「법원조직법」 제3조 제3항에 따라 각급 법원의 설치와 관할구역을 정함을 목적으로 한다.

제4조(관할구역) 각급 법원의 관할구역은 다음 각 호의 구분에 따라 정한다. (단서생략)

1. 각 고등법원·지방법원과 그 지원의 관할구역 : 별표 3
2. ~ 3. (생략)
4. 행정법원의 관할구역 : 별표 6
5. ~ 7. (생략)

[별표 3]

<u>고등법원·지방법원과 그 지원의 관할구역</u>

고등법원	지방법원	지원	관할구역
서울	서울중앙		서울특별시 종로구·중구·강남구·서초구·관악구·동작구
	서울동부		서울특별시 성동구·광진구·강동구·송파구
	서울남부		서울특별시 영등포구·강서구·양천구·구로구·금천구
	서울북부		서울특별시 동대문구·중랑구·성북구·도봉구·강북구·노원구
	서울서부		서울특별시 서대문구·마포구·은평구·용산구
	의정부		의정부시·동두천시·양주시·연천군·포천시, 강원도 철원군. 다만, 소년보호사건은 앞의 시·군 외에 고양시·파주시·남양주시·구리시·가평군
		고 양	고양시·파주시
		남양주	남양주시·구리시·가평군
	인 천		인천광역시
		부 천	부천시·김포시
	수 원		수원시·오산시·용인시·화성시. 다만, 소년보호사건은 앞의 시 외에 성남시·하남시·평택시·이천시·안산시·광명시·시흥시·안성시·광주시·안양시·과천시·의왕시·군포시·여주시·양평군
		성 남	성남시·하남시·광주시

고 등 법 원	지 방 법 원	지 원	관 할 구 역
서 울	수 원	여 주	이천시·여주시·양평군
		평 택	평택시·안성시
		안 산	안산시·광명시·시흥시
		안 양	안양시·과천시·의왕시·군포시
	춘 천		춘천시·화천군·양구군·인제군·홍천군. 다만, 소년보호사건은 철원군을 제외한 강원도
		강 릉	강릉시·동해시·삼척시
		원 주	원주시·횡성군
		속 초	속초시·양양군·고성군
		영 월	태백시·영월군·정선군·평창군
광 주	광 주		광주광역시·나주시·화순군·장성군·담양군·곡성군·영광군
		목 포	목포시·무안군·신안군·함평군·영암군
		장 흥	장흥군·강진군
		순 천	순천시·여수시·광양시·구례군·고흥군·보성군
		해 남	해남군·완도군·진도군
	전 주		전주시·김제시·완주군·임실군·진안군·무주군. 다만, 소년보호사건은 전라북도
		군 산	군산시·익산시
		정 읍	정읍시·부안군·고창군
		남 원	남원시·장수군·순창군
	제 주		제주시·서귀포시

메모:45
피고가 전주지방출입국관리소장인데 전주의 경우 서울과 달리 행정법원이 따로 없으므로 전주지방법원 본원에서 행정사건을 함께 처리하고 있다.

[별표 6]

행정법원의 관할구역

고 등 법 원	행 정 법 원	관 할 구 역
서 울	서 울	서울특별시

참고자료 - 달력

■ 2015년 1월 ~ 2016년 2월

2015년 1월

일	월	화	수	목	금	토
				1	2	3
4	5	6	7	8	9	10
11	12	13	14	15	16	17
18	19	20	21	22	23	24
25	26	27	28	29	30	31

2015년 2월

일	월	화	수	목	금	토
1	2	3	4	5	6	7
8	9	10	11	12	13	14
15	16	17	18	19	20	21
22	23	24	25	26	27	28

2015년 3월

일	월	화	수	목	금	토
1	2	3	4	5	6	7
8	9	10	11	12	13	14
15	16	17	18	19	20	21
22	23	24	25	26	27	28
29	30	31				

2015년 4월

일	월	화	수	목	금	토
			1	2	3	4
5	6	7	8	9	10	11
12	13	14	15	16	17	18
19	20	21	22	23	24	25
26	27	28	29	30		

2015년 5월

일	월	화	수	목	금	토
					1	2
3	4	5	6	7	8	9
10	11	12	13	14	15	16
17	18	19	20	21	22	23
24/31	25	26	27	28	29	30

2015년6월

일	월	화	수	목	금	토
	1	2	3	4	5	6
7	8	9	10	11	12	13
14	15	16	17	18	19	20
21	22	23	24	25	26	27
28	29	30				

2015년 7월

일	월	화	수	목	금	토
			1	2	3	4
5	6	7	8	9	10	11
12	13	14	15	16	17	18
19	20	21	22	23	24	25
26	27	28	29	30	31	

2015년 8월

일	월	화	수	목	금	토
						1
2	3	4	5	6	7	8
9	10	11	12	13	14	15
16	17	18	19	20	21	22
23/30	24/31	25	26	27	28	29

2015년 9월

일	월	화	수	목	금	토
		1	2	3	4	5
6	7	8	9	10	11	12
13	14	15	16	17	18	19
20	21	22	23	24	25	26
27	28	29	30	31		

2015년 10월

일	월	화	수	목	금	토
				1	2	3
4	5	6	7	8	9	10
11	12	13	14	15	16	17
18	19	20	21	22	23	24
25	26	27	28	29	30	31

2015년 11월

일	월	화	수	목	금	토
1	2	3	4	5	6	7
8	9	10	11	12	13	14
15	16	17	18	19	20	21
22	23	24	25	26	27	28
29	30					

2015년 12월

일	월	화	수	목	금	토
		1	2	3	4	5
6	7	8	9	10	11	12
13	14	15	16	17	18	19
20	21	22	23	24	25	26
27	28	29	30	31		

2016년 1월

일	월	화	수	목	금	토
					1	2
3	4	5	6	7	8	9
10	11	12	13	14	15	16
17	18	19	20	21	22	23
24/31	25	26	27	28	29	30

2016년 2월

일	월	화	수	목	금	토
	1	2	3	4	5	6
7	8	9	10	11	12	13
14	15	16	17	18	19	20
21	22	23	24	25	26	27
28	29					

2017년도 제6회

변호사시험

공법 기록형 문제

2017년도 제6회 변호사시험 문제

목 차

【문 제】

1. 행정소장의 작성 (50점)
의뢰인 박갑동을 위하여 법무법인 동해의 담당변호사 입장에서 취소소송의 소장을 첨부된 양식에 따라 아래 사항을 준수하여 작성하시오.

가. 첨부된 소장 양식의 ①부터 ⑧까지의 부분에 들어갈 내용만 기재할 것

나. 소장 양식의 "2. 이 사건 소의 적법성" 부분 (④)에서는 대상적격 및 제소기간만을 기재할 것

다. 소장양식의 "3. 이 사건 처분의 위법성" 부분(⑤)에서는 기존 판례 및 학설의 입장에 비추어 설득력 있는 주장을 중심으로 작성하되, 근거법령의 위헌·위법성에 관하여는 기재하지 말 것

라. 소장의 작성일(제출일과 동일함, ⑦)은 다툴 수 있는 처분 모두에 대하여 허용되는 제소기간 내 최종일을 기재할 것

메모:2
문제에서 학설을 언급하라고 한 만큼 답안에 학설의 제목은 물론 구체적 내용도 간략히 적시할 필요가 있다.

메모:1
아래, 위헌법률심판제청신청서 작성시 다뤄야 할 내용이므로 소장에서는 작성하지 말라는 취지이다. 만약 중복적으로 작성하여도 별도 점수가 없다.

2. 위헌법률심판제청신청서의 작성 (50점)
의뢰인 박갑동을 위하여 법무법인 동해의 담당변호사 입장에서 위헌법률 심판제청신청서를 첨부된 양식에 따라 아래 사항을 준수하여 작성하시오.

가. 첨부된 위헌법률심판제청신청서 양식의 ①부터 ⑧까지의 부분에 들어갈 내용만 기재할 것

나. "Ⅰ. 쟁점의 정리" 부분(③)에서는 본안과 관련된 쟁점만 간략하게 기재할 것

【작성요령 및 주의사항】

1. 참고법령은 가상의 것으로, 이에 근거하여 작성하며, 이와 다른 내용의 현행 법령이 있다면 제시된 법령이 현행 법령에 우선하는 것으로 할 것

2. 행정소장 작성시 '학교환경위생정화구역내 금지행위 및 시설해제결정'은 '금지해제결정'으로, '학교환경위생정화구역내 금지행위 및 시설해제 결정 취소처분'은 '금지해제결정 취소처분'으로, '속초교육지원청 공무원휴양시설 건립기금'은 '건립기금'으로 약칭할 수 있음

3. 위헌법률심판제청신청서 작성 시 "신청이유" 부분에서 「성매매알선 등 행위의 처벌에 관한 법률」은 '성매매처벌법'으로, 「아동·청소년의 성보호에 관한 법률」은 '청소년성보호법'으로 약칭할 수 있음

4. 기록에 나타난 사실관계만을 기초로 하고, 그것이 사실임을 전제로 할 것

5. 기록 내의 각종 서류에 필요한 서명, 날인, 무인, 간인, 정정인, 직인 등은 모두 적법하게 갖추어진 것으로 볼 것

6. 송달이나 접수, 통지, 결재가 필요한 서류는 모두 적법한 절차를 거친 것으로 볼 것

7. "(생략)"으로 표시된 부분은 모두 기재된 것으로 볼 것

8. 서술어는 반드시 경어를 사용할 것(미준수 시 감점)

【행정소장 양식】

소　장

원　고 (생략)

피　고 [①]

[②] 청구의 소

청 구 취 지

[③]

청 구 원 인

1. 이 사건 처분의 경위 (생략)

2. 이 사건 소의 적법성

[④]

3. 이 사건 처분의 위법성

[⑤]

4. 결　론

[⑥]

입 증 방 법

(생략)

첨 부 서 류

(생 략)

[⑦ ○○○○. ○○. ○○.]

원고 소송대리인 (생략)

[⑧] 귀중

【위헌법률심판제청신청서 양식】

위헌법률심판제청신청서

사　　건　[①]
피 고 인　(생략)
신 청 인　피고인

신 청 취 지

[②]

신 청 이 유

Ⅰ. 쟁점의 정리

[③]

Ⅱ. 재판의 전제성

[④]

Ⅲ. 이 사건 조항의 위헌성

[⑤]

Ⅳ. 결　론

[⑥]

첨 부 서 류
(생략)

2017. (생략)

신청인의 대리인 [⑦]

[⑧] **귀중**

수임번호 2016-111	법 률 상 담 일 지		2016. 9. 19.
의 뢰 인	박갑동	의뢰인 전화	010-9988-2388(휴대전화)
의 뢰 인 주 소	속초시 영랑로2길 1, 3동 701호 (영랑동, 대관령아파트)	의뢰인 E-mail	pgd65@***.com
상 담 내 용			

1. 의뢰인 박갑동은 희귀병 치료를 전문으로 하는 의사로서 강원도 속초시 영랑동에서 병원을 운영하고 있는데, 위 병원 인근에 대지를 소유하고 있다. 그 대지는 「학교보건법」에 따라 설정·고시된 **학교환경위생정화구역 내에 위치**하고 있다.

2. 의뢰인은 위 대지에 의료관광호텔인 외설악**의료관광호텔**을 신축하기 위하여 「관광진흥법」 제15조에 따른 사업계획승인을 받은 후, 필요한 서류를 첨부하여 관할 행정청에 학교환경위생정화구역내 금지행위 및 시설해제신청을 하였다. 관할 행정청은 2016. 7. 1. 학교환경위생정화위원회의 심의를 거쳐, 2016. 7. 4. 의뢰인에게 건립기금 납부 조건이 부가된 학교환경위생정화 구역내 금지행위 및 시설해제결정(이하 '금지해제결정')을 하였다.

3. 의뢰인이 2016. 8. 3.까지 건립기금을 납부하지 않자, 관할 행정청은 학교 환경위생정화위원회의 심의를 거쳐, 2016. 8. 17. 위 **금지해제결정을 취소**하였다. 관할 행정청은 금지해제결정을 취소함에 있어 의뢰인에게 의견을 제출할 수 있다는 뜻과 의견을 제출하지 아니한 경우의 처리방법 등을 **미리 알리지 아니하였다**.

4. 의뢰인은 금지해제결정을 받자 은행으로부터 막대한 자금을 대출받아 의료관광호텔 신축을 위한 공사에 착수하였다. 그런데 호텔사업부지 위에 터파기 공사가 상당 부분 진척된 단계에서 금지해제결정이 취소되어 현재는 공사의 진행이 중단된 상태이다. 이로 인하여 의뢰인은 **상당한 재정적 어려움**을 겪고 있다.

5. 한편, 의뢰인은 건립기금 조건 부가와 관련된 문제점을 파악하기 위하여 속초시 학교환경위생정화위원회의 회의록(2016. 7. 1.자)을 공개해 줄 것을 관할 행정청에 청구하였으나, 관할 행정청은 2016. 9. 5. 비공개결정을 하였다.

6. 의뢰인의 희망사항
의뢰인은 취소소송을 통하여 **건립기금을 납부하지 않으면서, 의료관광호텔 사업을 계속 추진**할 수 있기를 희망하고, 아울러 속초시 학교환경위생정화 위원회의 회의록 **정보에 대한 비공개결정을** 다투기를 희망함

법무법인 동해(담당변호사 나근면)
전화 033-777-**, 팩스 033-777-******
속초시 중앙대로 50 법조빌딩 3층

메모:38 소장 비례원칙위반 주장 사유로서, 학교보건법 제6조 제1항에서 학교환경정화를 이유로 금지하고 있는 일반관광호텔 등에 비해 의료관광호텔은 학생들의 학습환경에 미치는 악영향이 비교적 크지 않다고 주장해야 한다.

메모:5 건립기금납부명령은 행정상 부담으로서 부당결부금지원칙 위반을 떠올려야 한다. 그리고 부담이 나올 경우 부담의 독립쟁송 가능성과 취소가능성 등은 답안에서 자동적으로 언급해줘야 한다. 이는 종래 전형적인 행정법 부관 관련 사례형 문제도 마찬가지이다.

메모:7 부당결부금지원칙 위반의 전형적 예이다.

메모:13 수익적 행정행위의 철회에 해당하는바 그 철회의 정당성을 다루어야 한다.

메모:3 사전통지, 청문 절차위반에 해당할 수 있다는 힌트이다.

메모:9 신뢰보호원칙, 비례원칙 위반을 주장할 수 있다.

메모:11 비공개결정은 거부처분에 해당하므로 거부처분의 행정소송의 대상적격과 관련하여 처분성 요건 등을 언급해야 한다[국민에게 정보공개청구권이 인정(정보공개법 제5조 제1항)].

메모:46 이 사건 취소소송의 대상이 총 3개임을 알 수 있다. "금지해제결정취소, 건립기금납부명령, 정보비공개결정 각 취소"

법무법인 동해 내부회의록

일시: 2016. 9. 22. 21:00 ~ 23:00

장소: 법무법인 동해 회의실

참석자: 김삼수 변호사(송무팀장), 나근면 변호사

김 변호사: 지금부터 수임번호 2016-111호 의뢰인 박갑동 씨 사건에 관하여 승소 전략을 강구하고자 합니다. 검토결과를 보고해주기 바랍니다.

나 변호사: 말씀드리겠습니다. 우선 의뢰인이 **의료관광호텔사업을 계속 추진하려면** 취소소송을 통하여 금지해제결정 취소처분의 효력을 **소멸시키는** 것이 중요합니다.

김 변호사: 더 자세히 논의해 봅시다. 외설악의료관광호텔이 건축되면 인근 학교 학생들의 학습 환경에 나쁜 영향이 있는가요?

나 변호사: 해당시설은 의료관광호텔이고 내부에 유흥시설이 들어설 수 없어서, 영랑중학교의 면학분위기를 훼손하지 않으며 학생들의 학습 환경에 나쁜 영향을 미치지 않습니다. 의뢰인이 건립기금을 납부하지 않았기 때문에 금지해제결정을 취소한 것으로 생각됩니다.

메모:4
- 수익적 행정행위 철회의 한계 내지 철회의 위법성으로서 비례원칙, 신뢰보호원칙 위반에 해당하는 것은 아닌지를 검토해야 한다.
- 이익형량요소 – 정화위원회에서 2016. 7. 1. 나쁜 영향이 없다고 하였다가 특별한 사정변경 없이 8월에는 나쁜 영향을 미친다고 판단한 것은 근거가 없다(신뢰보호위반 주장도 가능).

메모:39
부당결부금지원칙 위반의 점을 주장할 수 있는 힌트이다.

김 변호사: 의뢰인이 관할 행정청에 미리 의견을 개진할 기회가 없었나요?

나 변호사: 의뢰인은 금지해제결정 취소처분에 대하여 미리 의견을 제출할 수 있는 기회를 제공받지 못하였습니다. 다만, 의뢰인은 2016. 8. 16. 담당공무원과의 전화 통화에서 "건립기금을 납부하지 않았으니 금지해제결정이 곧 취소될 수 있다."라는 말을 듣고 즉시 관할 행정청에 **청문**을 실시해 달라는 신청서를 제출하였으나, 관할 행정청은 「학교보건법」에 청문에 관한 규정이 없다는 이유로 받아들이지 않았습니다.

메모:6
행정절차법 제21조 제1항 소정의 침익적 처분으로서 사전통지의 대상에 해당한다. 이를 거치지 아니하였으므로 절차하자(결여)로 위법하다.

메모:8
청문신청을 하였음에도 청문을 실시하지 않았으므로 **행정절차법 제22조 제1항**에 비춰 이 또한 위법하다.

김 변호사: 의뢰인은 왜 건립기금을 납부하지 않은 것인가요?

나 변호사: 의뢰인은 관할 행정청이 법령에 근거도 없이 건립기금 납부 조건을 일방적으로 부가하는 것은 위법하다고 생각하여 이를 다투는 소송을 제기하려던 차에 금지해제결정 취소처분을 받은 것입니다.

메모:10 건립기금납부명령이란 '부담'이 부당결부금지원칙위반에 해당함을 주장하라는 힌트이다.

김 변호사: 그렇군요. 그런데 금지해제결정 취소처분으로 금지해제결정과 그에 부가된 조건도 함께 소멸되기 때문에 그 부분을 더 이상 소송으로 다툴 수 없게 되는 것이 아닌가요?

나 변호사: 금지해제결정 취소처분에 대하여 오늘 관할 행정심판위원회로부터 집행정지결정을 받았으니 염려하지 않으셔도 됩니다.

김 변호사: 다행이군요. **금지해제결정**에 부가된 조건에 문제가 있다는 이유로 그 결정 전체를 다투게 되면 오히려 의뢰인에게 불리하게 되는 점을 고려하기 바랍니다. 정보공개와 관련하여서는 의견이 없나요?

메모:22 **부담인 건립기금납부명령만을 대상으로** 다툴 필요가 있는 것이다.

나 변호사: 정보 비공개결정의 경우, 일부패소의 위험을 감안하여 반드시 필요한 부분만 다투는 것이 좋겠습니다.

메모:12 이 사건 금지해제결정취소처분 결정과정이 담긴 속초시 학교환경위생정화위원회 회의록이 정보공개법 제9조 제1항 제5호 소정의 **비공개 대상에 해당하는지 여부가 쟁점**이다. 발언자의 인적사항을 제외한 발언내용은 의사결정과정에 있는 정보에 준하는 사항으로 종국적인 공개 여부는, 이익형량을 거쳐 결정하여야 한다(대판 2003. 8. 22. 2002두12946). 이 사건의 경우는 ㉠ 이미 알려져 있기 때문에 업무수행의 불공정 우려 없고 ㉡ 건립기금과 관련된 공익적 사항에 대한 공개 필요성이 인정된다. → 인적사항을 제외한 부분공개결정을 하였어야 함에도, 전부비공개결정을 한 것은 위법하다고 주장

김 변호사: 좋습니다. 각 처분에 대하여 제소기간이 도과하지 않도록 주의바랍니다. 이상으로 회의를 마치겠습니다. 끝.

메모:40 제소일은 이 사건 3가지 처분 중 **가장 먼저 만료되는 날을 기준**으로 삼아야 하므로 2016. 10. 4.이다(* 말미⑦에 반영).

수임번호 2016-159	법 률 상 담 일 지		2016. 11. 15.
의뢰인	박갑동	의뢰인 전화	010-9988-2388(휴대전화)
의뢰인 주 소	속초시 영랑로2길 1, 3동 701호(영랑동, 대관령아파트)	의뢰인 E-mail	pgd65@***.com

상 담 내 용

1. 의뢰인 박갑동은 희귀병 치료를 전문으로 하는 의사로서 강원도 속초시 영랑동에서 병원을 운영하고 있는데, 의료관광호텔 신축 건으로 2016. 9. 19. 본 법무법인에 내방하여 법률상담을 받은 후 위 건과 관련된 소송행위를 본 법무법인에게 위임하였다.

2. 의뢰인은 2016. 8. 하순경 인터넷 채팅사이트를 통해 알게 된 정을순에게 현금 15만 원을 주고 성교행위를 한 사실이 있는데, 이와 같이 성매매를 하였다는 사실로 2016. 11. 1. 기소되었고, 2016. 11. 14. 공소장 부본을 송달받았다. 이에 형사재판과 관련된 법적 문제를 알아보고 변호인의 조력을 받기 위해 금일 본 법무법인에 다시 내방하였다.

3. 의뢰인은 정을순에게 현금 15만 원을 주고 성교행위를 1회 한 사실은 인정하나, 정을순이 먼저 의뢰인에게 돈을 주면 성관계를 하겠다는 제안을 하였으므로 자신이 오히려 피해자라고 생각하고 있다.

4. 의뢰인은 「성매매알선 등 행위의 처벌에 관한 법률」을 찾아보고, 위 법률이 돈을 받고 성을 파는 사람뿐만 아니라 돈을 주고 성을 사는 사람도 똑같이 처벌하도록 하고 있음을 알게 되었다. 의뢰인은 성매매를 처벌하려면 원인 제공자인 성판매 여성을 처벌하는 것만으로도 충분할 것으로 보이는데, 성관계를 강요하거나 여성의 성을 착취한 적도 없는 자신까지 형사처벌하도록 한 관계 법령이 자신의 권리를 불합리하게 침해한다고 생각하게 되었다.

5. 의뢰인의 희망사항
   의뢰인은 어떠한 강제력도 행사하지 않은 성매수자를 **형사처벌하도록 한** 관계 법령의 위헌성을 헌법소송을 통해 다투기를 희망함.

법무법인 동해(담당변호사 나근면)
전화 033-777-***, 팩스 033-777-****
속초시 중앙대로 50 법조빌딩 3층

메모:23
재판의 전제성 일반 요건 언급 필요
- 구체적인 사건이 법원에 계속 중일 것
- 당해사건에 적용되는 법률일 것
- 그 위헌 여부에 따라 당해사건 담당 법원이 다른 내용의 재판을 하게 되는 경우일 것(이 사건에서는 위헌결정이 있는 경우 무죄선고 가능)
- 이 사건에서, ① 제청신청인에 대한 형사재판이 춘천지방법원 속초지원에 계속 중이고, ② 심판대상조항들은 제청신청인에 대한 형사처벌의 근거가 된 조항으로서 당해사건에 적용되며, ③ 그 위헌 여부에 따라 재판의 주문이 달라지므로, 심판대상조항의 위헌 여부는 재판의 전제성이 있다.

메모:44
평등원칙위반을 주장할 수 있음을 암시한다.

메모:14
성적자기결정권, 사생활의 비밀과 자유가 제한되는 기본권이고, 본안 과잉금지위반 주장사유 중 침해최소성 부분에서 주장할 수 있는 논거이다.

법무법인 동해 내부회의록

일시: 2016. 11. 16. 17:00 ~ 18:00

장소: 법무법인 동해 회의실

참석자: 김삼수 변호사(송무팀장), 나근면 변호사

김 변호사: 수임번호 2016 - 159호 박갑동 씨의 형사사건에 관하여 논의하겠습니다. 의뢰인이 성매매 혐의로 공소제기되어 형사재판을 앞두고 있다고 들었는데요, 의뢰인을 위하여 어떤 소송전략을 구상하고 있나요?

나 변호사: 의뢰인이 경찰 및 검찰 수사과정에서 성매매 사실을 모두 인정하는 취지로 진술하였기 때문에 형사재판에서 무죄변론을 하기는 어려울 것 같습니다. 그런데 의뢰인은 어떠한 강제력도 행사하지 않은 성매수자의 성매매 자체를 금지하고, 이를 위반하면 징역형으로까지 처벌할 수 있도록 한 관계 법령이 부당하다고 생각하고 있습니다. 그래서 제1회 공판기일 이후에 관계 법령에 대해 위헌법률심판제청신청을 하려고 생각하고 있습니다.

메모:21 과잉금지원칙 위반 중 침해최소성 주장 논거이다.

김 변호사: 그렇군요. 의뢰인이 관계 법령의 위헌성을 주장하고 있으니 법원이 위헌법률심판제청신청을 받아들여 헌법재판소로부터 위헌 판단을 받을 수 있도록, 관계 법령으로 인해 침해되는 의뢰인의 기본권 등 위헌성에 대해 면밀히 검토하시기 바랍니다.

나 변호사: 네, 잘 알겠습니다.

김 변호사: 그리고 관계 법령을 살펴보다 보니 최근 사회문제로 되고 있는 스폰서 계약의 경우에도 성매매처벌법에 의해 처벌되는지 여부가 궁금해지더군요.

나 변호사: 성행위의 대가로 일정 기간 금품이나 재산상의 이익을 주기로 하는 내용의 소위 스폰서 계약의 경우 성매매처벌법으로는 처벌되지 않습니다.

메모:45
평등원칙 위반과 관련하여 비교집단의 존재(스폰서 계약 등 특정인을 상대로 한 성매수자와 비교하여 불특정인을 상대로 한 성매수자를 구분하여 규율)

김 변호사: 그렇군요. 성매매가 근절의 대상이 되어야 할 만큼 해로운 행위인지에 대해서는 많은 논의가 있는 것으로 알고 있는데, 이에 대해서도 나 변호사께서 잘 검토하여 주시기 바랍니다.

나 변호사: 네, 잘 알겠습니다.

김 변호사: 그럼, 이상으로 오늘 회의를 마치겠습니다. 끝.

담 당 변 호 사 지 정 서

사 건	(생략)
원 고	박갑동
피 고	(생략)

위 사건에 관하여 법무법인 동해는 원고의 소송대리인으로서 변호사법 제50조 제1항에 의하여 그 업무를 담당할 변호사를 다음과 같이 지정합니다.

담당변호사	변호사 나 근 면

2016. 9. 19.

법무법인 동해
대표변호사 김 영 현 [법무법인 동 해]

속초시 중앙대로 50 법조빌딩 3층
전화 033-777-****, 팩스 033-777-****

(생략) 귀중

강원도 속초교육지원청

수 신　박 갑 동

제 목　학교환경위생정화구역내 금지행위 및 시설해제신청에 대한 회신

---

1. 귀하의 2016. 6. 20.자 학교환경위생정화구역내 금지행위 및 시설해제신청 관련입니다.

2. 우리 청은 속초시 영랑로2길 3 외설악의료관광호텔에 대한 학교환경위생정화구역내 금지행위 및 시설해제신청에 대하여, 「학교보건법」 제5조 제1항, 제6조 제1항 제13호 등의 규정에 의하여 속초시 학교환경위생정화위원회의 심의를 거쳐 붙임과 같이 회신합니다.

붙임: 학교환경위생정화구역내 금지행위 및 시설해제신청 결과통보서 1부. 끝.

강 원 도 속 초 교 육 지 원 청

교 육 장

강원도속초
교육지원청
교육장인

기안	주무관 김소이	검토	사무관 박권	전결	운영관리과장 조상숙
시행	운영관리과-20161178 (2016.7.4.)			공개구분	(생략)
주소	(생략)			전화번호	(생략)

학교환경위생정화구역내 금지행위 및 시설해제신청 결과통보서

예정행위 및 시설	업종	의료관광호텔업	명칭(상호)	외설악의료관광호텔
	소재지	속초시 영랑로2길 3		
	위치	속초시 영랑로2길 3	면적(m²)	7,500

학교환경위생정화구역해당 학교 및 거리	학교명	영랑중학교		
	출입문(M)	120		
	경계선(M)	120		

신청인	성명 박갑동	생년월일 1965. **. **.
	주소 속초시 영랑로2길 1, 3동 701호	전화번호 010-9988-2388

결과 및 해제조건	결 과	**해제[√], 금지[ ]**
		[근거] 예정행위 및 시설은 영랑중학교에 재학 중인 청소년기 학생들의 학습과 학교보건위생에 나쁜 영향을 주지 아니한다고 판단됨
	해제조건	**신청인은 2016. 8. 3.까지 강원도 속초교육지원청에 속초교육지원청**공무원휴양시설 건립기금 10억원을 납부할 것

메모:24 수익적 행정행위의 부관으로서 부담에 해당한다. 부당결부금지원칙위반으로 의뢰인 박갑동은 그 취소를 희망한다.

신청결과에 이의가 있는 경우에는 「행정심판법」 제27조 및 「행정소송법」 제20조에 따라 처분이 있음을 안 날부터 90일 이내에 행정심판 또는 행정소송을 청구할 수 있음을 알려드립니다.

2016년 7월 4일

강원도 속초교육지원청 교육장 (인) [강원도속초교육지원청교육장인]

메모:25 취소소송의 경우 처분서에 도장을 날인한 주체가 피고적격 있는 행정청이다. 즉, 이 사건 건립기금납부명령 취소소송의 피고가 되는 것이다.

우편송달보고서

증서 2016년 제402호 2016년 7월 4일 발송

송달서류 학교환경위생정화구역내 금지행위 및 시설해제신청에 대한 회신 1부

발송자 강원도 속초교육지원청 교육장

송달받을 자 박갑동 귀하

속초시 영랑로2길 1, 3동 701호(영랑동, 대관령아파드)

<table>
<tr><td>영수인</td><td>박갑동 (서명)</td></tr>
<tr><td>영수인</td><td>서명날인 불능</td></tr>
<tr><td>①</td><td>송달받을 자 본인에게 교부하였다.</td></tr>
<tr><td rowspan="4">2</td><td>송달받을 자가 부재 중이므로 사리를 잘 아는 다음 사람에게 교부하였다.</td></tr>
<tr><td>사무원</td></tr>
<tr><td>피용자</td></tr>
<tr><td>동거자</td></tr>
<tr><td rowspan="5">3</td><td>다음 사람이 정당한 사유 없이 송달받기를 거부하므로, 그 장소에 서류를 두었다.</td></tr>
<tr><td>송달받을 자</td></tr>
<tr><td>사무원</td></tr>
<tr><td>피용자</td></tr>
<tr><td>동거자</td></tr>
<tr><td>송달연월일</td><td>2016. 7. 5. 10시 50분</td></tr>
<tr><td>송달장소</td><td>속초시 영랑로길 1, 3동 701호 (영랑동, 대관령아파트)</td></tr>
</table>

위와 같이 송달하였다.

2016. 7. 7.

우체국 집배원 고배달 (고배달)

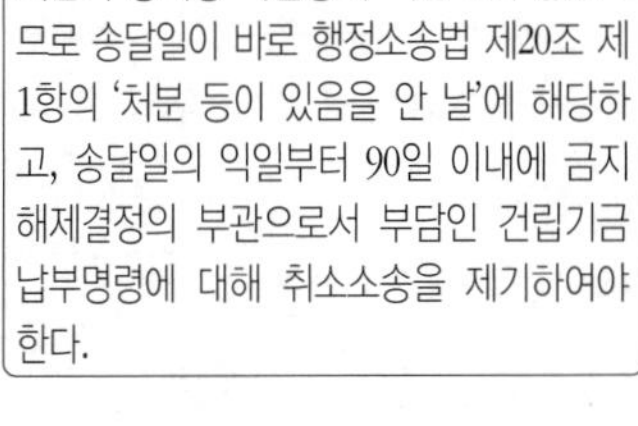

메모:35

처분의 상대방 박갑동이 직접 교부받았으므로 송달일이 바로 행정소송법 제20조 제1항의 '처분 등이 있음을 안 날'에 해당하고, 송달일의 익일부터 90일 이내에 금지해제결정의 부관으로서 부담인 건립기금납부명령에 대해 취소소송을 제기하여야 한다.

메모:34

부담인 건립기금납부명령 제소기간의 기산점의 경우 행정소송법에 특별한 규정이 없으므로 민법 규정을 준용하여 초일을 산입하지 않는다(헌법소송도 마찬가지임). 이 사건에서 처분서 송달일이 2016. 7. 5.이므로 제소기간은 2016. 7. 6.부터 기산하여 90일 이내인데, 7월과 8월에 각각 31일까지 있어 이 사건에서의 제소기간 만료일은 2016. 10. 3.이 된다. 그런데, 10. 3.은 관공서 공휴일에 관한 규정에 따라 공휴일인 개천절에 해당하므로, 그 다음날인 2016. 10. 4.이 제소기간 만료일에 해당한다.

강원도 속초교육지원청

수 신 박 갑 동

제 목 **학교환경위생정화구역내 금지해제결정 취소처분 통보**

메모:49
사안은 금지해제라는 수익적 행정행위의 철회에 해당한다. 수익적 행정행위의 철회는 당사자에게 침익적 결과를 야기하므로 이 경우에는 이익형량의 원칙에 따라 철회의 사유에 대한 공익과 이로 인해 피해를 입는 사인의 사익을 비교형량하여 철회 여부를 결정해야 한다. 다만 이 경우 사인의 신뢰는 보호가치 있는 신뢰일 것을 요한다. 한편, 판례도 이 경우에는 이익형량이 필요하다고 본다.

1. 우리 청은 귀하가 신청한 학교환경위생정화구역내 금지행위 및 시설해제신청에 대하여 2016. 7. 4. 금지해제결정을 한 바 있습니다[관련공문: 운영관리과-20161178(2016.7.4.) 참조].

2. 우리 청은 속초시 학교환경위생정화위원회의 심의를 거쳐 다음의 사유로, 위 금지해제결정을 취소합니다.

메모:48
'위 각 처분 사유에 해당하지 않는다' 라고 답안지 '위법성' 부분에 서술해 주어야 한다.

가. 예정시설인 외설악의료관광호텔이 설치될 경우 관광객 증가로 인하여 교통량 및 유동 인구가 증가하고 공사로 인한 소음·먼지가 발생하게 되며 관련 유흥시설의 증가로 영랑중학교의 면학분위기를 해치는 등 청소년기 학생들의 학습과 학교보건위생에 나쁜 영향을 주는 것으로 판단된다.

나. 금지해제결정을 받은 박갑동은 2016. 8. 3.까지 우리 청에 속초교육지원청 공무원휴양시설 건립기금 10억 원을 납부하지 않았다.

(근거법령) 「학교보건법」 제6조 제1항 제13호 등

3. 우리 청의 처분에 이의가 있는 경우에는 「행정심판법」 제27조 및 「행정소송법」 제20조에 따라 처분이 있음을 안 날부터 90일 이내에 행정심판 또는 행정소송을 청구할 수 있음을 알려드립니다.

강 원 도 속 초 교 육 지 원 청
교 육 장

강원도속초
교육지원청
교육장인

메모:36
금지해제결정 취소처분의 처분청으로서 취소소송의 피고적격자이다.

기안	주무관	김소이	검토	사무관	박권	전결	운영관리과장	조상숙
시행		운영관리과-20161234 (2016.8.17.)				공개구분	(생략)	
주소		(생략)				전화번호	(생략)	

<table>
<tr><td colspan="2">우편송달보고서
증서 2016년 제452호 2016년 8월 17일 발송</td></tr>
<tr><td colspan="2">송달서류 학교환경위생정화구역내 금지해제결정 취소처분 통보 1부
발송자 강원도 속초교육지원청 교육장
송달받을 자 박갑동 귀하
속초시 영랑로2길 1, 3동 701호(영랑동, 대관령아파드)</td></tr>
<tr><td colspan="2">영수인 박갑동 (서명)</td></tr>
<tr><td colspan="2">영수인 서명날인 불능</td></tr>
<tr><td>(1)</td><td>송달받을 자 본인에게 교부하였다.</td></tr>
<tr><td rowspan="4">2</td><td>송달받을 자가 부재 중이므로 사리를 잘 아는 다음 사람에게 교부하였다.</td></tr>
<tr><td>사무원</td></tr>
<tr><td>피용자</td></tr>
<tr><td>동거자</td></tr>
<tr><td rowspan="5">3</td><td>다음 사람이 정당한 사유 없이 송달받기를 거부하므로, 그 장소에 서류를 두었다.</td></tr>
<tr><td>송달받을 자</td></tr>
<tr><td>사무원</td></tr>
<tr><td>피용자</td></tr>
<tr><td>동거자</td></tr>
<tr><td colspan="2">송달연월일 2016. 8. 19. 11시 50분</td></tr>
<tr><td colspan="2">송달장소 속초시 영랑로길 1, 3동 701호 (영랑동, 대관령아파트)</td></tr>
<tr><td colspan="2">위와 같이 송달하였다.
2016. 8. 22.
우체국 집배원 고배달</td></tr>
</table>

메모:33
금지해제결정취소처분의 기산점은 송달일이 2016. 8. 19.이므로, 제소 만료일은 2016. 11. 17.이다.

강원도 속초교육지원청

수신자 박갑동
제 목 정보 ([ ]공개 [ ]부분 공개 **[√]비공개**) 결정 통지서

접수번호	(생략)	접수	2016.8.29.

청구내용	2016. 7. 1.자 속초시 학교환경위생정화위원회 회의록 중 1) 회의록에 기재된 발언내용 2) 회의록에 기재된 발언내용에 대한 해당 발언자의 인적사항
비공개(전부) 내용 및 사유	1. 청구대상 회의록에 기재된 발언내용 중 중요한 사항은 이미 언론과 인터넷 등을 통하여 공개되어 있어 쉽게 검색이 가능하므로 정보공개의 이익이 없음 2. 청구대상 회의록에 기재된 발언내용은 '의사결정과정에 있는 사항' 또는 이에 준하는 사항에 해당하고, 위 회의록에 기재된 발언내용에 대한 해당 발언자의 인적사항에 관한 정보는 '개인에 관한 사항으로서 공개될 경우 사생활의 비밀 또는 자유를 침해할 우려가 있다고 인정되는 정보'에 해당함 (근거법령) 「공공기관의 정보공개에 관한 법률」 제9조 제1항 제5호 및 제6호 등

1. 귀하의 정보공개 청구에 대한 결정내용을 「공공기관의 정보공개에 관한 법률」 제13조 제1항 및 제4항에 따라 위와 같이 통지합니다.
2. 정보공개와 관련한 공공기관의 비공개 결정 또는 부분 공개 결정에 대하여 이의가 있는 경우에는 「공공기관의 정보공개에 관한 법률」 제18조 및 같은 법 시행령 제18조에 따라 공공기관으로부터 공개 여부의 결정 통지를 받은 날부터 30일 이내에 해당 기관에 문서로 이의신청을 하실 수 있습니다.
3. 정보공개와 관련한 공공기관의 결정에 대하여 불복하는 경우에는 처분이 있음을 안 날부터 90일 이내에 행정심판 또는 행정소송을 제기할 수 있습니다.

강 원 도 속 초 교 육 지 원 청
교 육 장

강원도속초
교육지원청
교육장인

기안 주무관 김소이 검토 사무관 박권 전결 운영관리과장 조상숙
시행 운영관리과-20161345 (2016.9.5.)
주소 (생략) / 홈페이지 주소 (생략)
전화번호 (생략) / 전자우편 주소 (생략) / 공개

메모:16
① 원고는 널리 알려진 정보라는 이유로 단순히 비공개대상에 해당하는 것은 부당하다고 주장해야 한다(인터넷 등에 널리 알려진 경우에도 청구가능하다는 대판 2008. 11. 27. 2005두15694 판결).
② 정보공개법 제9조 제1항 **제5호 해석 : 의사결정과정에 제공된 회의관련 자료나 의사결정과정이 기록된 회의록**은, 의사가 결정·집행된 경우 의사결정과정에 있는 사항에 준하는 사항으로서 비공개대상정보에 포함될 수 있다(다만 이익형량을 거쳐 공개여부 결정). → '공개될 경우 업무의 공정한 수행에 현저한 지장을 초래한다고 인정할 만한 상당한 이유가 있는 경우'에 해당하는지 여부는, 비공개에 의하여 보호되는 업무수행의 공정성 등의 이익과 공개에 의하여 보호되는 국민의 알권리 보장과 국정에 대한 국민의 참여 및 국정운영의 투명성 확보 등의 이익을 비교·교량하여 구체적인 사안에 따라 판단한다. → 학교환경위생구역 내 금지행위(숙박시설) 해제결정에 관한 학교환경위생정화위원회의 회의록에 기재된 발언내용에 대한 해당 발언자의 인적사항 부분에 관한 정보는 비공개대상에 해당한다(대판 2003. 8. 22. 2002두12946).
③ 이 사건 회의록에 기재된 발언내용에 관한 이익형량
- 이미 알려져 있기 때문에 업무수행의 불공정 우려 없음
- 건립기금과 관련된 공익적 사항에 대한 공개 필요

③ 결국, "공개에 의하여 보호되는 국민의 알권리보장과 국정에 대한 국민의 참여 및 국정운영의 투명성 확보 등의 이익이 비공개에 의하여 보호되는 업무수행의 공정성 등의 이익보다 크다." 즉, 부분공개결정을 하였어야 함에도, 전부비공개 결정을 한 것은 위법(대판 2003. 8. 22. 2002두12946 판결).

메모:37
처분서에 도장이 날인된 정보비공개결정의 처분청으로서 취소소송의 피고적격자이다.

<table>
<tr><td colspan="2">

우편송달보고서

</td></tr>
<tr><td colspan="2">증서 2016년 제502호 　　　　　　　　2016년 9월 6일 발송</td></tr>
<tr><td colspan="2">송달서류 정보 비공개결정 통지서 1부
발송자 강원도 속초 교육지원청 교육장
송달받을 자 박갑동 귀하
속초시 영랑로2길 1, 3동 701호(영랑동, 대관령아파트)</td></tr>
<tr><td colspan="2">영수인 박갑동 (서명)</td></tr>
<tr><td colspan="2">영수인 서명날인 불능</td></tr>
<tr><td>(1)</td><td>송달받을 자 본인에게 교부하였다.</td></tr>
<tr><td rowspan="4">2</td><td>송달받을 자가 부재 중이므로 사리를 잘 아는 다음 사람에게 교부하였다.</td></tr>
<tr><td>사무원</td></tr>
<tr><td>피용자</td></tr>
<tr><td>동거자</td></tr>
<tr><td rowspan="5">3</td><td>다음 사람이 정당한 사유 없이 송달받기를 거부하므로, 그 장소에 서류를 두었다.</td></tr>
<tr><td>송달받을 자</td></tr>
<tr><td>사무원</td></tr>
<tr><td>피용자</td></tr>
<tr><td>동거자</td></tr>
<tr><td colspan="2">송달연월일 2016. 9. 7. 09시 50분</td></tr>
<tr><td colspan="2">송달장소 속초시 영랑로길 1. 3동 701호 (영랑동. 대관령아파트)</td></tr>
<tr><td colspan="2">위와 같이 송달하였다.

2016. 9. 12.

우체국 집배원 고배달 </td></tr>
</table>

메모:15
정보비공개처분에 대한 송달일 2016. 9. 7.이 기산점이므로 제소기간 만료일은 2016. 12. 6.이다.

춘천지방검찰청 속초지청

2016. 11. 1

사건번호 2016년 형제161223호
수 신 자 춘천지방법원 속초지원 발 신 자
검 사 김동우 김동우 (인)
제목 **공소장**
아래와 같이 공소를 제기합니다.

Ⅰ. 피고인 관련사항

피 고 인 1. 박갑동 (65****-1******), 51세
직업 의사, 010-****-****
주거 속초시 영랑로2길 1, 3동 701호(영랑동, 대관령아파트)
등록기준지 서울 서초구 서초대로 500
죄 명 성매매알선등행위의처벌에관한법률위반(성매매)
적용법조 (생략)
구속여부 불구속
변 호 인 없음

접수 No. 623 2016. 11. 1. 춘천지방법원 속초지원 형사접수실

1223

피 고 인 2. 정을순(96****-2******), ○세
직업 무직, 010-****-****
주거 강릉시 경포대로13길 11(삼척동)
등록기준지 강릉시 경포대로 65
죄 명 성매매알선등행위의처벌에관한법률위반(성매매)
적용법조 (생략)
구속여부 불구속
변 호 인 법무법인 강릉(담당변호사 김철현)

Ⅱ.공소사실

1. 피고인 박갑동

[피고인 박갑동은 **2016. 8. 26.** 14:00경 속초시 (주소 생략)에 있는 금강호텔 705호에서 인터넷 채팅사이트 "하나클럽"을 통해 알게 된 정을순(여, ○세)에게 성매매 대금 명목으로 현금 15만 원을 주고 1회 성교행위를 하여 성매매를 하였다.]

메모:50
사안에서 위헌법률심판제청신청 대상 법률인 성매매처벌법이 2015년도에 일부 개정되어 2016. 8. 29.부터 시행되고 있지만, 본 사안의 경우 행위시법주의에 따라 개정 전 성매매처벌법이 심판대상이 됨에 주의해야 한다.

2. 피고인 정을순

피고인 정을순은 위 제1항 기재 일시·장소에서 위와 같이 박갑동으로부터 15만원을 받고 1회 성교행위를 하여 성매매를 하였다.

Ⅲ. 첨부서류

1. 변호인선임서 1통 (생략)

춘 천 지 방 법 원
속 초 지 원
공 판 조 서

메모:27 당해사건의 관할. 위헌제청신청의 관할은 강릉지원이 아닌 속초지원이다(참고법령 관할구역 참조). 헌법재판소/춘천지방법원 강릉지원 등 오기한 경우에는 점수 부여할 수 없다.

제 1 회

사 건 2016고단623 성매매알선등행위의처벌에관한법률위반(성매매)

메모:41 당해 사건명

판 사	안덕중	기 일 :	2017. 1. 9. 10:00
		장 소 :	제405호 법정
		공개 여부 :	공개
법 원 사 무 관	박사무	고 지 된	
		다음기일 :	2017. 2. 6. 15:00
피 고 인	1. 박갑동 2. 정을순		각 출석
검 사	김가연		
변 호 인	법무법인 동해 담당변호사 나근면 (피고인 1을 위하여)		출석
	법무법인 강릉 담당변호사 김철현 (피고인 2를 위하여)		출석

메모:42 위헌법률심판제청신청서 제출인

판사

피고인들은 진술을 하지 아니하거나 각개의 물음에 대하여 진술을 거부할 수 있고, 이익되는 사실을 진술할 수 있음을 고지

판사의 인정신문

성 명 : 1. 박갑동 2. 정을순

주민등록번호 : 각 공소장 기재와 같음

직 업 : 〃

주 거 : 〃

등록기준지 : 〃

판사

피고인들에 대하여

주소가 변경될 경우에는 이를 법원에 보고할 것을 명하고, 소재가 확인되지 않을 때에는 피고인들의 진술 없이 재판할 경우가 있음을 경고

검사

공소장에 의하여 공소사실, 죄명, 적용법조 낭독

피고인 박갑동

공소사실 모두 인정한다고 진술

피고인 정을순

공소사실 모두 인정한다고 진술

피고인 박갑동의 변호인 변호사 나근면

피고인 박갑동을 위하여 유리한 변론을 하고, 위헌법률심판제청신청을 위하여 변론 속행을 요청함 (변론기재는 생략)

피고인 정을순의 변호사 김철현

피고인 정을순을 위하여 유리한 변론을 함 (변론기재는 생략)

판사

증거조사를 하겠다고 고지

증거관계 별지와 같음 (검사, 변호인)

판사

각 증거조사 결과에 대하여 의견을 묻고 권리를 보호하는 데에 필요한 증거조사를 신청할 수 있음을 고지

소송관계인

별 의견 없다고 각각 진술

판사

변론 속행

2017. 1. 9.

법 원 사 무 관　　박사무 ㊞
판　　　　　사　　안덕중 ㊞

진 술 서

<table>
<tr><td>성 명</td><td colspan="3">정을순 (한자 : 丁乙順)</td><td>성 별</td><td>여</td></tr>
<tr><td>생년월일</td><td colspan="2">1996. 3. 15.</td><td>주민등록번호</td><td colspan="2">960315-2******</td></tr>
<tr><td>등 록
기준지</td><td colspan="5">강릉시 경포대로 65</td></tr>
<tr><td rowspan="2">주 거</td><td colspan="5">강릉시 경포대로13길 11(삼척동)</td></tr>
<tr><td>(통 반)</td><td>휴 대
전 화</td><td>010-****-****</td><td>직 장
전 화</td><td>없음</td></tr>
<tr><td>직 업</td><td>무직</td><td>직 장
소재지</td><td colspan="3"></td></tr>
</table>

위의 사람은 성매매알선등행위의처벌에관한법률위반(성매매) 피의사건의 (피의자, 피해자, 목격자, 참고인) (으)로서 다음과 같이 임의로 자필 진술서를 작성 제출함

진술거부권 고지 및 변호인 조력 등 확인 (생략)

1. 저는 2016.8.26 14:00경 속초시에 있는 금강호텔 705호에서 인터넷 채팅 사이트 "하나클럽"을 통해 알게 된 박갑동으로부터 15만 원을 받고, 박갑동과 1회 성관계를 한 사실이 있습니다.

1. 쉽게 돈을 벌 수 있다는 생각에, 인터넷 채팅사이트를 통해 알게된 박갑동에게 제가 먼저 성매매를 제안하였습니다.

1. 과거에도 인터넷 채팅사이트를 통해 알게 된 남자들로부터 돈을 받고 성관계를 한 사실로 여러 번 단속된 적이 있습니다.

1. 잘못을 깊이 반성하오니 선처 바랍니다. 다시는 성매매를 하지 않겠습니다.

이상 진술 내용은 전부 사실이며, 이 진술서는 자필로 제가 직접 작성하였습니다.

2016. 8. 27.

진술인 정을순 (인)

피 의 자 신 문 조 서

메모:43
피신조서 내용 중 본인진술 부분 등에는 항상 과잉금지원칙위반(헌법재판)이나 비례원칙(행정소송) 사유로 기재할 부분이 내포되어 있다.

피의자 : 박 갑 동

위의 사람에 대한 성매매알선등행위의처벌에관한법률위반(성매매) 피의사건에 관하여 2016. 9. 6. 속초경찰서 수사과 사무실에서 사법경찰관 경위 유연해는 사법경찰리 경사 황동원을 참여하게 하고, 아래와 같이 피의자임에 틀림없음을 확인하다.

문 피의자의 성명, 주민등록번호, 직업, 주거, 등록기준지 등을 말하십시오.

답 성명은 박갑동(朴甲東)

주민등록번호, 직업, 주거, 등록기준지, 직장주소, 연락처는 각각 (생략)

사법경찰관은 피의사건의 요지를 설명하고 사법경찰관의 신문에 대하여 「형사소송법」 제244조의3에 따라 진술을 거부할 수 있는 권리 및 변호인의 참여 등 조력을 받을 권리가 있음을 피의자에게 알려주고 이를 행사할 것인지 그 의사를 확인하다.

진술거부권 및 변호인 조력권 고지 등 확인

1. 귀하는 일체의 진술을 하지 아니하거나 개개의 질문에 대하여 진술을 하지 아니할 수 있습니다.
1. 귀하가 진술을 하지 아니하더라도 불이익을 받지 아니합니다.
1. 귀하가 진술을 거부할 권리를 포기하고 행한 진술은 법정에서 유죄의 증거로 사용될 수 있습니다.
1. 귀하가 신문을 받을 때에는 변호인을 참여하게 하는 등 변호인의 조력을 받을 수 있습니다.

문 피의자는 위와 같은 권리들이 있음을 고지받았는가요.

답 예, 고지를 받았습니다.

문 피의자는 진술거부권을 행사할 것인가요.

답 아닙니다.

문 피의자는 변호인의 조력을 받을 권리를 행사할 것인가요.

답 변호사 없이 조사를 받겠습니다.

이에 사법경찰관은 피의사실에 관하여 다음과 같이 피의자를 신문하다.

문　피의자는 형사처벌을 받은 적이 있나요.

답　그런 사실 없습니다.

(기타 병역관계, 학력, 사회경력, 가족관계, 재산이나 월수입, 건강상태 등의 질문과 답변에 대하여는 생략)

문　피의자는 정을순을 알고 있나요.

답　예. 제가 즐겨 찾는 인터넷 채팅사이트 "하나클럽"에서 채팅을 하다 알게 된 사람입니다.

문　피의자가 정을순과 인터넷 채팅을 처음 한 날짜를 구체적으로 기억하나요.

답　예. 실제로 정을순과 만나기 전날 밤이었으니, 2016. 8. 25. 23:00경으로 기억합니다.

문　피의자는 정을순과 실제로 만나 성교행위를 한 사실이 있나요.

답　예. 인터넷 채팅사이트에서 다음 날인 2016. 8. 26. 14:00경 속초시에 있는 금강 호텔 근처에서 만나기로 했습니다. 그 후 금강호텔 705호실에 투숙하여 1회 관계를 가졌습니다.

문　피의자는 정을순에게 성교행위의 대가로 돈을 준 사실이 있나요.

답　예. 채팅 도중 정을순이 저에게 돈을 주면 만나주겠다는 취지로 말을 하였고, 제가 15만 원을 제안하고 다음 날 만났던 것입니다. 호텔에 투숙하기 전에 현금으로 15만 원을 정을순에게 직접 건네주었습니다.

문　피의자와 정을순은 이날 처음 알게 된 사이인가요.

답　예. 그렇습니다.

문　피의자가 성매매를 한 사실을 인정하는가요.

답　[예. 제가 정을순에게 돈을 주고 성관계를 한 사실 자체는 인정합니다. 그렇지만 정을순이 저에게 먼저 제의를 했고, 비록 돈을 조금 주기는 했지만 제가 정을순에게 어떠한 강제력을 행사한 바도 없습니다. 성인들끼리 합의하여 돈을 주고 성관계를 한 것이 범죄행위가 된다고는 생각지도 못했습니다.]

메모:18
성인 간 합의한 성관계를 형사처벌하는 것은 과잉금지원칙 위반에 해당하여 성적자기결정권, 프라이버시권 등을 침해한다고 주장할 수 있다. 수단의 적합성 내지 침해최소성 주장과 관련하여, 성매매 근절을 위해서는 ① 성매매 예방교육의 실시, ② 성 산업 자체의 억제 또는 ③ 일정구역 안에서만 성매매를 허용하는 등 형사처벌 보다 덜 제약적인 방법이 가능하다. 나아가, 성인 간의 자발적 성매매는 성매매여성의 직업의 자유로서 존중받아야 하며, 사회적 유해성은 물론 피해자도 없다고 할 수 있다. 그럼에도 심판대상 조항들이 성매수자에게 징역형까지 부과할 수 있도록 하는 것은 과도한 형벌권의 행사에 해당한다.

문　이상의 진술에 대하여 이의나 의견이 있는가요.

답　없습니다.

위의 조서를 진술자에게 열람하게 하였던바, 진술한 대로 오기나 증감·변경할 것이 전혀 없다고 말하므로 간인한 후 서명·무인하게 하다.

진술자 박 갑 동 (무인)

2016. 9. 6.

속초경찰서

사법경찰관　경위　유 연 해 ㊞

사법결찰리　경사　황 동 원 ㊞

피 의 자 신 문 조 서

성　　　명 : 박갑동
주민등록번호 : (생략)

위의 사람에 대한 성매매알선등행위의처벌에관한법률위반(성매매) 피의사건에 관하여 2016. 10. 12. 춘천지방검찰청 속초지청 301호 검사실에서 검사 김동우는 검찰주사 전예리를 참여하게 한 후, 아래와 같이 피의자임에 틀림없음을 확인하다.
주민등록번호, 직업, 주거, 등록기준지, 직장주소, 연락처는 각각 (생략)

검사는 피의사실의 요지를 설명하고 검사의 신문에 대하여 「형사소송법」 제244조의3에 따라 진술을 거부할 수 있는 권리 및 변호인의 참여 등 조력을 받을 권리가 있음을 피의자에게 알려주고 이를 행사할 것인지 그 의사를 확인하다.

[진술거부권 및 변호인 조력권 고지하고 변호인 참여 없이 진술하기로 함(생략)]

이에 검사는 피의사실에 관하여 다음과 같이 피의자를 신문하다.
문　피의자는 형사처벌을 받은 적이 있나요.
답　그런 사실 없습니다.
(기타 병역관계, 학력, 사회경력, 가족관계, 재산이나 월수입, 건강상태 등의 질문과 답변에 대하여는 생략)
문　피의자는 정을순에게 현금 15만 원을 주고 성교행위를 한 사실이 있는가요.
답　예. 2016. 8. 26. 24:00경 속초시에 있는 금강호텔 705호실에 들어가기 직전에 현금 15만 원을 건내주고 1회 성교행위를 하였습니다.
문　어떻게 발각되어 경찰의 수사를 받게 되었나요.
답　그날 속초시에서 대대적으로 성매매 단속을 하는 날이었다고 합니다. 호텔에서 경찰관에게 적발이 되었는데, 정을순이 이미 여러 차례 적발된 적이 있어 저까지 바로 입건되었습니다.

문　피의자는 그날 정을순을 처음 만났나요.

답　예. 맞습니다. 그날 처음 본 사람입니다.

문　피의자가 성매매를 한 사실은 인정하나요.

답　예. 제가 정을순에게 돈을 주고 성관계를 한 것은 사실입니다. 그렇지만 그러한 제안 자체는 정을순이 저에게 먼저 하였고, 저는 합의 하에 돈을 주고 성관계를 하는 것이 이렇게 죄가 되는지도 몰랐습니다. 만일 제가 성매매로 조사를 받는 다는 사실이 알려지게 되면 그동안 의사로서 힘들게 쌓아 온 제 명성에 금이 가는 것뿐만 아니라, 환자들까지 저를 찾지 않을 것 같아 많이 두렵습니다. 돈을 벌 목적으로 저를 유혹한 정을순이 많이 원망스럽습니다. 원인을 제공한 성판매자를 나라에서 엄격하게 단속하여 저 같은 피해자가 더 이상 발생하지 않기를 바랍니다.

메모:17
성적자기결정권 침해 여부를 따지는 과잉금지위반 심사 시 은밀한 성생활 영역에서의 상호 합의 여부는 개인의 성품이나 매력, 호감, 처한 환경 등 다양한 요인에 따라 달리 결정될 수 있음에도, 유독 경제적 대가를 매개로 한 성관계를 가질 수 없도록 전면금지하는 것은 미혼자 등이나 그 외에 다른 여건을 갖추지 못한 사람들에게 사실상 성생활을 포기하라고 강요하는 것이고, 이는 인간의 본성과 행복추구권 등을 거스르는 가혹한 처사라고 주장할 수 있다.

문　조서에 진술한 대로 기재되지 아니하였거나 사실과 다른 부분이 있는가요.

답　없습니다.

위의 조서를 진술자에게 열람하게 하였던바, 진술한 대로 오기나 증감·변경할 것이 전혀 없다고 말하므로 간인한 후 서명·무인하게 하다.

진술자 박 갑 동 (무인)

2016. 10. 12.

춘천지방검찰청 속초지청

검　　사　　김 동 우 ㊞

검찰주사　　전 예 리 ㊞

참 고 법 령

「학교보건법」 (발췌)

제1조(목적) 이 법은 학교의 보건관리와 환경위생 정화에 필요한 사항을 규정하여 학생과 교직원의 건강을 보호·증진함을 목적으로 한다.

제2조(정의) 이 법에서 사용하는 용어의 뜻은 다음과 같다.

1. (생략)
2. "학교"란 「유아교육법」 제2조 제2호, 「초·중등교육법」 제2조 및 「고등교육법」 제2조에 따른 각 학교를 말한다.
3. (생략)

제5조(학교환경위생 정화구역의 설정) ① 학교의 보건·위생 및 학습 환경을 보호하기 위하여 교육감은 대통령령으로 정하는 바에 따라 학교환경위생 정화구역을 설정·고시하여야 한다. 이 경우 학교환경위생 정화구역은 학교 경계선이나 학교 설립예정지 경계선으로부터 200미터를 넘을 수 없다.

② - ④ (생략)

⑤ 제1항에 따른 교육감의 권한은 대통령령으로 정하는 바에 따라 교육장에게 위임할 수 있다.

제6조(학교환경위생 정화구역에서의 금지행위 등) ① 누구든지 학교환경위생 정화구역에서는 다음 각 호의 어느 하나에 해당하는 행위 및 시설을 하여서는 아니 된다. 다만, 대통령령으로 정하는 구역에서는 제2호, 제3호, 제6호, 제10호, 제12호부터 제18호까지와 제20호에 규정된 행위 및 시설 중 교육감이나 교육감이 위임한 자가 학교환경위생정화위원회의 심의를 거쳐 **학습과 학교보건위생에 나쁜 영향을 주지 아니한다고 인정하는 행위 및 시설은 제외**한다.

메모:32
의뢰인 박갑동의 의료관광호텔업도 아래 제13호의 호텔에 해당하여 원칙적으로 설치가 금지되어 있는 시설에 해당한다.

메모:31
최초 처분인 금지해제결정의 근거이다. 소장 재량일탈남용 여부 심사(비례성 심사) 시 의료관광호텔은 아래 각호의 행위 및 시설과 비교하여 상대적으로 학습환경에 미치는 영향이 비교적 적다고 할 수 있다. 또한 일반관광호텔에 비하여 의료목적시설이므로 학교환경에 대한 나쁜 영향이 크지 않다는 점을 주장해야 한다.

1. 「대기환경보전법」, 「악취방지법」 및 「수질 및 수생태계 보전에 관한 법률」에 따른 배출허용기준 또는 「소음·진동관리법」에 따른 규제기준을 초과하여 학습과 학교보건위생에 지장을 주는 행위 및 시설
2. 총포화약류(銃砲火藥類)의 제조장 및 저장소, 고압가스·천연가스·액화석유가스 제조소 및 저장소
3. 삭제
4. 「영화 및 비디오물의 진흥에 관한 법률」 제2조 제11호의 제한상영관
5. 도축장, 화장장 또는 납골시설

6. 폐기물수집장소
7. 폐기물처리시설, 폐수종말처리시설, 축산폐수배출시설, 축산폐수처리시설 및 분뇨처리시설
8. 가축의 사체처리장 및 동물의 가죽을 가공·처리하는 시설
9. 감염병원, 감염병격리병사, 격리소
10. 감염병요양소, 진료소
11. 가축시장
12. 주로 주류를 판매하면서 손님이 노래를 부르는 행위가 허용되는 영업과 위와 같은 행위 외에 유흥종사자를 두거나 유흥시설을 설치할 수 있고 손님이 춤을 추는 행위가 허용되는 영업
13. 호텔, 여관, 여인숙
14. 당구장(「유아교육법」 제2조 제2호에 따른 유치원 및 「고등교육법」 제2조 각 호에 따른 학교의 학교환경위생 정화구역은 제외한다)
15. 사행행위장·경마장·경륜장 및 경정장(각 시설의 장외발매소를 포함한다)
16. 「게임산업진흥에 관한 법률」 제2조 제6호에 따른 게임제공업 및 같은 조 제7호에 따른 인터넷컴퓨터게임시설제공업(「유아교육법」 제2조 제2호에 따른 유치원 및 「고등교육법」 제2조 각 호에 따른 학교의 학교환경위생 정화구역은 제외한다)
17. 「게임산업진흥에 관한 법률」 제2조 제6호 다목에 따라 제공되는 게임물 시설, 「고등교육법」 제2조 각 호에 따른 학교의 학교환경위생 정화구역은 제외한다)
18. 「게임산업진흥에 관한 법률」 제2조 제8호에 따른 복합유통게임제공업
19. 「청소년보호법」 제2조 제5호 가목7)에 해당하는 업소와 같은 호 가목8) 또는 9) 및 같은 호 나목7)에 따라 여성가족부장관이 고시한 영업에 해당하는 업소
20. 그 밖에 제1호부터 제19호까지의 규정과 유사한 행위 및 시설과 미풍양속을 해치는 행위 및 시설로서 대통령령으로 정하는 행위 및 시설

② 제1항의 학교환경위생 정화위원회의 조직, 기능 및 운영에 관한 사항은 대통령령으로 정한다.

③ 특별시장·광역시장·특별자치시장·도지사·특별자치도지사 및 시장·군수·구청장(자치구의 구청장을 말한다. 이하 같다) 또는 관계 행정기관의 장은 제1항에 따른 행위와 시설을 방지하기 위하여 공사의 중지·제한, 영업의 정지, 허가(인가·등록·신고를 포함한다)의 거부·취소 등의 조치를 하여야 하며, 필요하면 시설 철거를 명할 수 있다.

「학교보건법 시행령」 (발췌)

제1조(목적) 이 영은 「학교보건법」(이하 "법"이라 한다)에서 위임된 사항과 그 시행에 필요한 사항을 규정함을 목적으로 한다.

제3조(학교환경위생 정화구역) ① 법 제5조 제1항에 따라 시·도의 교육감(이하"교육감"이라 한다)이 학교환경위생 정화구역(이하 "정화구역"이라 한다)을 설정할 때에는 절대정화구역과 상대정화구역으로 구분하여 설정하되, 절대정화구역은 학교출입문(학교설립예정지의 경우에는 설립될 학교의 출입문 설치 예정 위치를 말한다)으로부터 직선거리로 50미터까지인 지역으로 하고, 상대정화구역은 학교경계선 또는 학교설립예정지경계선으로부터 직선거리로 200미터까지인 지역 중 절대정화구역을 제외한 지역으로 한다.

②-③ (생략)

제5조(제한이 완화되는 구역) 법 제6조 제1항 각 호 외의 부분 단서에서 "대통령령으로 정하는 구역"이란 제3조 제1항에 따른 상대정화구역을 말한다.

제7조(학교환경위생정화위원회의 설치·운영) ① 학교환경위생정화업무에 관한 사항을 심의하기 위하여 교육감이 위임한 사람의 소속으로 학교환경위생정화위원회(이하 "정화위원회"라 한다)를 둔다.

② 정화위원회는 위원장과 부위원장 각1명을 포함한 13명 이상 17명 이내의 위원으로 구성한다.

③ 위원장과 부위원장은 위원 중에서 호선하며, 위원장은 회의에 관한 사무를 총괄하고 정화위원회를 대표한다.

④ 위원장은 정화위원회의 회의를 소집하고, 그 의장이 된다.

⑤ 위원은 해당 교육감 또는 교육감이 위임한 자가 소속 직원, 관련기관의 공무원, 학부모 또는 지역사회의 관련 전문가 중에서 학식과 경험이 있는 사람을 임명하거나 위촉하되, 학교운영위원회 위원인 학부모가 위원 총수의 2분의 1 이상이 되어야 한다.

⑥ 정화위원회는 재적위원 과반수의 출석으로 개의하고, 출석위원 3분의 2 이상의 찬성으로 의결한다.

⑦ 위원장은 회의에 부치는 안건과 관련된 학교의 장을 정화위원회에 출석하게 하여 그 의견을 들을 수 있다.

⑧ - ⑩ (생략)

제32조(권한의 위임) ① 법 제5조 제1항에 따른 교육감의 정화구역 설정권한은 법 제5조 제5항에 따라 교육장에게 위임한다.

② (생략)

메모:29
교육감으로부터 정화구역설정 권한을 위임받은 속초교육지원청 교육장 소속의 속초시 학교환경위생정화위원회가 법 제6조 각 호의 시설 등이 학습과 학교보건위생에 나쁜 영향을 미치는지 여부를 심의하게 된다.

메모:28
교육감의 정화구역 설정 권한이 교육장에게 (외부)위임되어 있으므로, 수임관청인 속초교육지원청 교육장이 그 소속 속초시 학교환경위생정화위원회의 심의를 거쳐 법 제6조 단서상의 금지해제결정을 하게 된다. **즉, 속초교육지원청 교육장이 금지해제 여부의 관할 행정청이며 이 사건 금지해제결정 취소처분취소소송의 피고적격자이다.**

「관광진흥법」(발췌)

제1조(목적) 이 법은 관광 여건을 조성하고 관광자원을 개발하며 관광사업을 육성하여 관광 진흥에 이바지하는 것을 목적으로 한다.

제3조(관광사업의 종류) ① 관광사업의 종류는 다음 각 호와 같다.

1. (생략)
2. 관광숙박업: 다음 각 목에서 규정하는 업
   가. 호텔업; 관광객의 숙박에 적합한 시설을 갖추어 이를 관광객에게 제공하거나 숙박에 딸리는 음식·운동·오락·휴양·공연 또는 연수에 적합한 시설 등을 함께 갖추어 이를 이용하게 하는 업
   나. 휴양 콘도미니엄업: (생략)
3. - 7. (생략)

② 제1항 제1호부터 제4호까지, 제6호 및 제7호에 따른 관광사업은 대통령령으로 정하는 바에 따라 세분할 수 있다.

제4조(등록) ① 제3조 제1항 제1호부터 제4호까지의 규정에 따른 여행업, 관광숙박업, 관광객 이용시설업 및 국제회의업을 경영하려는 자는 특별자치도지사·시장·군수·구청장(자치구의 구청장을 말한다. 이하 같다)에게 등록하여야 한다.

② 삭제

③ 제1항에 따른 등록을 하려는 자는 대통령령으로 정하는 자본금·시설 및 설비 등을 갖추어야 한다.

④ - ⑤ (생략)

제15조(사업계획의 승인) ① 관광숙박업을 경영하려는 자는 제4조제1항에 따른 등록을 하기 전에 그 사업에 대한 사업계획을 작성하여 특별자치도지사·시장·군수·구청장의 승인을 받아야 한다.

② - ③ (생략)

「관광진흥법 시행령」(발췌)

제1조(목적) 이 영은 「관광진흥법」에서 위임된 사항과 그 시행에 필요한 사항을 규정함을 목적으로 한다.

제2조(관광사업의 종류) ① 「관광진흥법」(이하 "법"이라 한다) 제3조 제2항에 따라 관광사업의 종류를 다음과 같이 세분한다.

1. (생략)
2. 호텔업의 종류
가. 관광호텔업: 관광객의 숙박에 적합한 시설을 갖추어 관광객에게 이용하게 하고 숙박에 딸린 음식·운동·오락·휴양·공연 또는 연수에 적합한 시설 등(이하 "부대시설"이라 한다)을 함께 갖추어 관광객에게 이용하게 하는 업(業)
나. - 바. (생략)
사. 의료관광호텔업: 의료관광객의 숙박에 적합한 시설 및 취사도구를 갖추거나 숙박에 딸린 음식·운동 또는 휴양에 적합한 시설을 함께 갖추어 주로 외국인 관광객에게 이용하게 하는 업
3. - 6. (생략)
② (생략)

제5조(등록기준) 법 제4조 제3항에 따른 관광사업의 등록기준은 별표 1과 같다.

[별표 1] 관광사업의 등록기준(제5조 관련)

1. (생략)
2. 호텔업
가. - 바. (생략)
사. 의료관광호텔업
(1) (생략)
(2) 욕실이나 샤워시설을 갖춘 객실이 20실 이상일 것
(3) 객실별 면적이 19제곱미터 이상일 것
(4) 「학교보건법」 제6조 제1항 제12호, 제15호, 제19호에 따른 영업이 이루어지는 시설을 부대시설로 두지 아니할 것
(5) 의료관광객의 출입이 편리한 체계를 갖추고 있을 것
(6) 외국어 구사인력 고용 등 외국인에게 서비스를 제공할 수 있는 체제를 갖추고 있을 것
(7) (생략)
(8) 대지 및 건물의 소유권 또는 사용권을 확보하고 있을 것
(9) (생략)

메모:30
위 관광사업 등록기준에 따라 유흥시설은 어차피 의료관광호텔업의 부대시설로 설치될 수 없다. 따라서 금지해제결정 취소처분의 근거로 속초교육지원청 교육장이 유흥시설 설치로 학습환경에 유해한 영향을 미치게 된다고 내세우는 것은 적절하지 않다.

「관공서의 공휴일에 관한 규정」(발췌)

제1조(목적) 이 영은 관공서의 공휴일에 관한 사항을 규정함을 목적으로 한다.

제2조(공휴일) 관공서의 공휴일은 다음과 같다. 다만, 재외공관의 공휴일은 우리나라의 국경일중 공휴일과 주재국의 공휴일로 한다.

1. 일요일
2. 국경일 중 3·1절, 광복절, 개천절 및 한글날
3. 1월 1일
4. 설날 전날, 설날, 설날 다음날(음력 12월 말일, 1월 1일, 2일)
5. 삭제
6. 석가탄신일(음력 4월 8일)
7. 5월 5일(어린이날)
8. 6월 6일(현충일)
9. 추석 전날, 추석, 추석 다음날(음력 8월 14일, 15일, 16일)
10. 12월 25일(기독탄신일)

10의1. - 11.(생략)

「성매매알선 등 행위의 처벌에 관한 법률」(발췌)

[시행 2014.7.29.] [법률 제12458호, 2014.1.28. 개정]

제1조(목적) 이 법은 성매매, 성매매알선 등 행위 및 성매매 목적의 인신매매를 근절하고, 성매매피해자의 인권을 보호함을 목적으로 한다.

제2조(정의) 이 법에서 사용하는 용어의 뜻은 다음과 같다.

1. "성매매"란 불특정인을 상대로 하여 금품이나 그 밖의 재산상의 이익을 받거나 받을 것을 약속하고 성행위를 하거나 그 상대방이 되는 것을 말한다.
2. (생략)
3. (생략)
4. "성매매피해자"란 다음 각 목의 어느 하나에 해당하는 사람을 말한다.

가. 위계, 위력, 그 밖에 이에 준하는 방법으로 성매매를 강요당한 사람

나. 업무관계, 고용관계, 그 밖의 관계로 인하여 보호 또는 감독하는 사람에 의하여 「마약류관리에 관한 법률」 제2조에 따른 마약·향정신성의약품 또는 대마(이하 "마약 등"이라 한다)에 중독되어 성매매를 한 사람

다. 청소년, 사물을 변별하거나 의사를 결정할 능력이 없거나 미약한 사람 또는 대통령령으로 정하는 중대한 장애가 있는 사람으로서 성매매를 하도록 알선·유인된 사람

라. 성매매 목적의 인신매매를 당한 사람

제5조(다른 법률과의 관계) 이 법에서 규정한 사항에 관하여 「아동·청소년의 성보호에 관한 법률」에 특별한 규정이 있는 경우에는 그 법에서 정하는 바에 따른다.

제6조(성매매피해자에 대한 처벌특례와 보호) ① 성매매피해자의 성매매는 처벌하지 아니한다.

② (생략)

[**제10조(성매매금지)** [누구든지 대통령령이 정하는 성행위] 중 어느 하나에 해당하는 성매매를 하여서는 아니 된다.

제26조(벌칙) ① 제10조를 위반하여 성매매를 한 사람은 1년 이하의 징역이나 300만 원 이하의 벌금·구류 또는 과료에 처한다.]

② (생략)

메모:19

- 당해 사건이 형사사건인 경우 위헌법률심판청구 시 **금지조항(제10조)과 그 위반효과에 해당하는 처벌조항(제26조 제1항) 모두 심판대상으로 삼는 것이 안전하다.**
- 시행령 조항을 심판대상으로 삼은 경우 큰 감점이다.
- 각 조항 중 '성매수자'('성구매자' 등 동일한 의미의 표현 사용 가능)에 관한 부분으로 한정해야 한다(성매매 부분으로 한정한 경우에는 점수 미부여). 성매수자에 관한 부분으로 특정하지 않고, 조항만 맞춘 경우에는 감점될 수 있다.

메모:20

형벌법규가 심판대상이 되는 경우 죄형법정주의의 법률주의(헌법 제12조 제1항) 위배가 주요 쟁점이 될 가능성이 크다.

- 형벌법규는 원칙적으로 형식적인 의미의 법률의 형태로 제정되어야 하고 예외적으로 법규명령 등에 위임을 허용한다 하더라도 그 위임은 특히 긴급한 필요가 있거나 미리 법률로써 자세히 정할 수 없는 부득이한 사정이 있는 경우에 한정되어야 하며, 그 경우에도 법률에서 범죄의 구성요건은 처벌대상인 행위가 어떠한 행위일 것이라고 이를 예측할 수 있을 정도로 구체적으로 정하고 **형벌의 종류 및 그 상한과 폭을 명백히 규정하여야 한다.**
- 죄형법정주의위반 대신 "포괄위임(입법)금지원칙" 또는 "형벌조항의 위임 한계 일탈" 등으로 기재하여도 무방하다.

「성매매알선 등 행위의 처벌에 관한 법률 시행령」(발췌)

[시행 2014.7.29.] [대통령령 제21087호, 2014.1.28. 개정]

제1조(목적) 이 영은 「성매매알선 등 행위의 처벌에 관한 법률」(이하 "법"이라 한다)에서 위임된 사항과 그 시행에 관하여 필요한 사항을 규정함을 목적으로 한다.

제19조(금지되는 성매매의 유형) 법 제10조에서 "대통령령이 정하는 성행위"라 함은 다음 각 호에 해당하는 행위를 말한다.

1. 성교행위
2. 구강, 항문 등 신체의 일부 또는 도구를 이용한 유사 성행위

「성매매알선 등 행위의 처벌에 관한 법률」 (발췌)

[시행 2016.8.29.] [법률 제23456호, 2015.12.28. 개정]

제1조(목적) 이 법은 성매매, 성매매알선 등 행위 및 성매매 목적의 인신매매를 근절하고, 성매매피해자의 인권을 보호함을 목적으로 한다.

제2조(정의) ① 이 법에서 사용하는 용어의 뜻은 다음과 같다.

1. "성매매"란 불특정인을 상대로 금품이나 그 밖의 재산상의 이익을 수수(收受)하거나 수수하기로 약속하고 다음 각 목의 어느 하나에 해당하는 행위를 하거나 그 상대방이 되는 것을 말한다.

가. 성교행위
나. 구강, 항문 등 신체의 일부 또는 도구를 이용한 유사 성교행위
2. - 4. (생략)
② (생략)

제10조(성매매금지) 누구든지 성매매를 하여서는 아니 된다.

제21조(벌칙) ① 제10조를 위반하여 성매매를 한 사람은 1년 이하의 징역이나 300만 원 이하의 벌금·구류 또는 과료(科料)에 처한다.
② (생략)

「성매매알선 등 행위의 처벌에 관한 법률 시행령」(발췌)

[시행 2016.8.29.] [대통령령 제34087호, 2016.1.1. 개정]

제1조(목적) 이 영은 「성매매알선 등 행위에 관한 법률」에서 위임된 사항과 그 시행에 관하여 필요한 사항을 규정함을 목적으로 한다.

제19조(금지되는 성매매의 유형) 삭제

「각급 법원의 설치와 관할구역에 관한 법률」(발췌)

[시행 2016.3.11.] [법률 제11151호, 2012.1.17. 일부개정]

제1조(목적) 이 법은 「법원조직법」 제3조 제3항에 따라 각급 법원의 설치와 관할구역을 정함을 목적으로 한다.

제4조(관할구역) 가급 법원의 관할구역은 다음 각 호의 구분에 따라 정한다. (단서 생략)
1. 각 고등법원·지방법원과 그 지원의 관할구역: 별표 3
2. 특허법원의 관할구역: 별표 4
3. 각 가정법원과 그 지원의 관할구역: 별표 5
4. 행정법원의 관할구역: 별표 6
5. 각 시·군법원의 관할구역: 별표 7
6. 항소사건(抗訴事件) 또는 항고사건(抗告事件)을 심판하는 지방법원 본원 합의부 및 지방법원 지원 합의부의 관할구역: 별표 8
7. 행정사건을 심판하는 춘천지방법원 및 춘천지방법원 강릉지원의 관할구역: 별표 9
8. 회생법원의 관할구역: 별표 10

[별표 3]

고등법원·지방법원과 그 지원의 관할구역

고등법원	지방법원	지원	관할구역
서울	서울중앙		서울특별시 종로구·중구·강남구·서초구·관악구·동작구
	의정부		의정부시·동두천시·양주시·연천군·포천시, 강원도 철원군. 다만, 소년보호사건은 앞의 시·군 외에 고양시·파주시·남양주시·구리시·가평군
		고 양	고양시·파주시
		남양주	남양주시·구리시·가평군
	인천		인천광역시
		부천	부천시·김포시
	수원		수원시·오산시·용인시·화성시. 다만, 소년보호사건은 앞의 시 외에 성남시·하남시·평택시·이천시·안산시·광명시·시흥시·안성시·광주시·안양시·과천시·의왕시·군포시·여주시·양평군
		성남	성남시·하남시·광주시
		여주	이천시·여주시·양평군
		평택	평택시·안성시
		안산	안산시·광명시·시흥시
		안양	안양시·과천시·의왕시·군포시
	춘천		춘천시·화천군·양구군·인제군·홍천군. 다만, 소년보호사건은 철원군을 제외한 강원도
		강릉	강릉시·동해시·삼척시
		원주	원주시·횡성군
		속초	속초시·양양군·고성군
		영월	태백시·영월군·정선군·평창군

메모:47
행정사건이 아닌 민·형사사건의 관할. 즉, 이 사건 형사사건의 관할은 강릉지원이 아닌 속초지원이며, 위헌제청신청사건의 관할 역시 속초지원이다.

[별표 9]

행정사건을 심판하는 춘천지방법원 및 춘천지방법원 강릉지원의 관할구역

명 칭	관 할 구 역
춘천지방법원	춘천지방법원의 관할구역 중 강릉시·동해시·삼척시·속초시·양양군·고성군을 제외한 지역
춘천지방법원 강릉지원	강릉시·동해시·삼척시·속초시·양양군·고성군

메모:26
* 행정사건의 관할
반드시 춘천지방법원 강릉지원이라고 기재해야 한다. 단순히 서울행정법원이라고만 묻는 문제는 지양될 것이므로 마지막까지 주의를 요한다.

참고자료 - 달력

2016년 1월

일	월	화	수	목	금	토
					1	2
3	4	5	6	7	8	9
10	11	12	13	14	15	16
17	18	19	20	21	22	23
24/30	25	26	27	28	29	30

2016년 2월

일	월	화	수	목	금	토
	1	2	3	4	5	6
7	**8**	**9**	**10**	11	12	13
14	15	16	17	18	19	20
21	22	23	24	25	26	27
28	29					

2016년 3월

일	월	화	수	목	금	토
		1	2	3	4	5
6	7	8	9	10	11	12
13	14	15	16	17	18	19
20	21	22	23	24	25	26
27	28	29	30	31		

2016년 4월

일	월	화	수	목	금	토
					1	2
3	4	5	6	7	8	9
10	11	12	**13**	14	15	16
17	18	19	20	21	22	23
24	25	26	27	28	29	30

2016년 5월

일	월	화	수	목	금	토
1	2	3	4	**5**	6	7
8	9	10	11	12	13	**14**
15	16	17	18	19	20	21
22	23	24	25	26	27	28
29	30	31				

2016년 6월

일	월	화	수	목	금	토
			1	2	3	4
5	**6**	7	8	9	10	11
12	13	14	15	16	17	18
19	20	21	22	23	24	25
26	27	28	29	30		

2016년 7월

일	월	화	수	목	금	토
					1	2
3	4	5	6	7	8	9
10	11	12	13	14	15	16
17	18	19	20	21	22	23
24/31	25	26	27	28	29	30

2016년 8월

일	월	화	수	목	금	토
	1	2	3	4	5	6
7	8	9	10	11	12	13
14	**15**	16	17	18	19	20
21	22	23	24	25	26	27
28	29	30	31			

2016년 9월

일	월	화	수	목	금	토
				1	2	3
4	5	6	7	8	9	10
11	12	13	**14**	**15**	**16**	17
18	19	20	21	22	23	24
25	26	27	28	29	30	

2016년 10월

일	월	화	수	목	금	토
						1
2	**3**	4	5	6	7	8
9	10	11	12	13	14	15
16	17	18	19	20	21	22
23/30	24/31	25	26	27	28	29

2016년 11월

일	월	화	수	목	금	토
		1	2	3	4	5
6	7	8	9	10	11	12
13	14	15	16	17	18	19
20	21	22	23	24	25	26
27	28	29	30			

2016년 12월

일	월	화	수	목	금	토
				1	2	3
4	5	6	7	8	9	10
11	12	13	14	15	16	17
18	19	20	21	22	23	24
25	26	27	28	29	30	31

2017년 1월

일	월	화	수	목	금	토
1	2	3	4	5	6	7
8	9	10	11	12	13	14
15	16	17	18	19	20	21
22	23	24	25	26	**27**	**28**
29	**30**	31				

2017년 2월

일	월	화	수	목	금	토
			1	2	3	4
5	6	7	8	9	10	11
12	13	14	15	16	17	18
19	20	21	22	23	24	25
26	27	28				

2018년도 제7회

변호사시험

공법 기록형 문제

2018년도 제7회 변호사시험 문제

목 차

【 문 제 】

1. 소장의 작성 (50점)

의뢰인 왕재수와 김정비를 위하여 법무법인 필승의 담당변호사 입장에서 취소소송의 소장을 작성하되, 첨부된 양식의 ①부터 ⑧까지의 부분에 들어갈 내용을 아래 사항을 준수하여 작성하시오.

가. 청구원인 중 처분의 위법성 부분에서는 근거법령의 위헌·위법성에 관하여는 기재하지 말 것.

나. 소장의 작성일에는 제소기간 내 최종일을 기재할 것.

2. 위헌법률심판제청신청서의 작성 (50점)

의뢰인 왕재수와 김정비를 위하여 법무법인 필승의 담당변호사 입장에서 운전면허취소의 근거가 되는 법률조항에 대한 위헌법률심판제청신청서를 작성하되, 첨부된 양식의 ①부터 ⑦까지의 부분에 들어갈 내용을 작성하시오(심판대상조항의 개정 연혁은 고려하지 않음).

※ 참고

1. 이 사안과 관련하여 공소제기된 형사소송의 사건번호는 서울남부지방법원 2017고단623이고, 담당재판부는 형사7단독임.

2. 문제1에 따라 제소된 행정소송의 사건번호는 서울행정법원 2017구단1075이고, 담당재판부는 행정3단독**이라고 가정함.**

메모:9
이 사건 위헌법률심판제청 **신청 법원**에 해당한다.

【 소장 양식 】

소 장

원 고 [①]

피 고 (생략)

[②] 청구의 소

청 구 취 지

[③]

청 구 원 인

1. 이 사건 처분의 경위 (생략)

2. 이 사건 소의 적법성 (생략)

3. 이 사건 처분의 위법성

[④]

4. 결 론 (생략)

입 증 방 법

[⑤]

첨 부 서 류

[⑥]

⑦ OOOO. OO. OO.

원고들의 소송대리인 (생략)

[⑧] **귀중**

메모:20
이번 문제는 답안에 원고를 기재하도록 되어 있으므로 법무법인, 담당변호사, 사무실 주소, 연락처까지 모두 정확히 기재하여야 한다. 소송대리인을 누락하면 점수를 받을 수 없다.

메모:21
'자동차**운전면허취소처분 취소** 청구의 소'가 될 것이다.

메모:22
- '~운전면허처분을 취소하라'라고 기재하면 0점, '피고는 ~ 취소한다.'라고 기재하여도 0점, '원고~에 대하여'를 누락한 경우 0점, 행정처분일(2017. 7. 31.)을 다른 날짜로 기재한 경우 0점, 원고 김정비에 대하여 제1종 소형운전면허취소처분의 취소만 구한다고 청구취지를 작성하여도 0점이 될 수 있다.
- 소송비용 부분을 작성하지 않으면 감점, '…라는 판결을 구한다.' 부분을 누락하거나, '…라는 결정을 구한다.'로 기재하면 0점, 청구취지에서 가집행을 기재하면 추가 감점될 수 있다.

메모:23
행정처분통지서, 사전통지서, 재결서, 송달보고서를 모두 써야 한다. 호증 번호를 쓰지 않거나, 증거명만 쓰면 배점이 없을 수 있다.

메모:24
소장 부본 1통, 위 입증방법 각 1통, 위임장 및 담당변호사 지정서를 반드시 써야 한다.

메모:32
소장 작성 날짜(2017. 12. 26.)를 틀리면 배점이 없다.

메모:25
서울행정법원이라고만 기재해야 한다. '서울행정법원 3단독'은 잘못된 기재이다.

【 위헌법률심판제청신청서 양식 】

위헌법률심판제청신청서

사　　건 ①

신 청 인　1. 왕재수 2. 김정비

신 청 취 지

②

신 청 이 유

Ⅰ. 재판의 전제성

③

Ⅱ. 이 사건 조항들의 위헌성

④

Ⅲ. 결　론

⑤

2017. (생략)

⑥

⑦ 귀중

메모:26
"(서울행정법원) 2017구단1075 운전면허 취소처분"이다. 사건번호를 기재하지 않거나 틀리면 배점이 없다. 법원명 오기시에도 배점이 없다. 사건번호만 기재하고 사건명을 틀리거나 미기재시에도 감점대상이다.

메모:27
"도로교통법 제93조 제1항 제5호, 제46조 제1항 및 도로교통법 제93조 제1항 단서 중 제14호에 관한 부분이 헌법에 위반되는지 여부에 관한 심판을 제청한다."라는 결정을 구합니다.
- 효과조항(제93조 제1항 제5호)은 쓰지 않고 금지조항(제46조 제1항)만 쓴 경우 감점이다.
- 제청신청서이므로 "헌법에 위반된다.", "위헌임을 확인한다.", "위헌이다." 라고 쓰면 배점이 없거나 감점이다.
- "~라는 결정을 구합니다."를 누락하거나, " ~라는 판결을 구합니다."라고 쓰도 감점 내지 배점이 없을 수 있다.

메모:28
이 사건의 경우 ① 김정비, 왕재수 등 제청신청인들에 대한 운전면허취소처분을 다투는 재판이 서울행정법원에 계속 중이고, ② 심판대상조항들은 제청신청인들에 대한 운전면허취소처분의 근거가 된 조항으로서 당해사건에 적용되며, ③ 그 위헌 여부에 따라 당해 사건의 주문이 달라지는 경우이므로 재판의 전제성이 있다.

메모:29
신청인들 대리인은 현재 행정사건을 담당하고 있는 "법무법인 필승 담당변호사 최강"이라고 기재해야 한다.

메모:30
위헌법률심판제청신청은 사건이 계속중인 당해사건 재판부인 "**서울행정법원 행정3단독**"에 하는 것이다.

<table>
<tr><td>수임번호
2017-301</td><td colspan="2">**법 률 상 담 일 지**</td><td>상담일자 2017. 9. 12.
상담자 최강</td></tr>
<tr><td>의 뢰 인</td><td>왕재수, 김정비</td><td>의뢰인
전화</td><td>왕재수: 010-1234-5678
김정비: 010-9012-8765</td></tr>
<tr><td>의 뢰 인
주 소</td><td>왕재수: 서울 서초구 서초중앙로 6길 33, 3동 101호(서초동, 헤리티지 캐릭터빌)
김정비: 서울 강서구 신월로 15길 88, 205호(신월동, 서민빌라)</td><td>의뢰인
E-mail</td><td>왕재수: ohlucky@gmail.com
김정비: okcar@naver.com</td></tr>
<tr><td colspan="4">상 담 내 용</td></tr>
</table>

메모:38 소장 원고 주소지 기재사항이다.

1. 의뢰인 왕재수는 18도1234 람보르기니 및 29무5678 아우디 차량의 소유자이고, 의뢰인 김정비는 왕재수와 고등학교 동창으로서 카센터의 정비기사이다. 왕재수는 몇 년전부터 도로를 질주하는 모험을 즐기고 있는데, 김정비가 근무하는 카센터에 차량수리를 맡기러 가면서 둘은 친해졌다.

2. 왕재수와 김정비는 2017. 6. 21. 22:00경 서울 강서구 개화동 소재 개화터널 앞 인천신공항 고속도로 서울방면 약 33㎞ 지점에 갔다. 왕재수는 18도1234 람보르기니 차량을, 김정비는 왕재수가 빌려준 29무5678 아우디 차량을 운전하였다. 왕재수와 김정비는 편도 4차로 도로의 3차로와 4차로를 나란히 운전하면서, 음악을 시끄럽게 틀고 수차례 경적을 크게 울려 가면서 달렸다.

3. 때마침 현장을 지나가던 순찰차가 왕재수와 김정비의 승용차를 갓길에 정차시켰다. 경찰관 최단속이 두 사람에게, '도로에서 교통상의 위험을 발생시킴으로써 도로교통법을 위반하였다'고 하면서 운전면허증의 제시를 요구하였다.

4. 김정비는 순순히 운전면허증을 제시하였으나, 왕재수는 자기는 잘못한 게 없다고 항의하면서 시비가 벌어졌다. 그 과정에서 왕재수가 최단속의 머리를 들이받았다.

5. 왕재수는 **제1종 보통면허를 가지고 있고, 김정비는 제1종 보통면허 및 제1종 소형면허**를 가지고 있다. [서울지방경찰청장은 왕재수와 김정비가 가지고 있는 **면허를 모두 취소**하였다.]

6. **김정비는 2017. 7. 20. 사건의 진행경과를 알아보러 서울지방경찰청에 들렀다가 운전면허취소 사전통지서를 발급**받았다. [담당 경찰관은 김정비에게 "동일한 내용을 중복해서 보낼 필요가 없기 때문에 왕재수에게는 **따로 운전면허취소 사전통지서를 보내지 않을 테니 그 내용을 왕재수에게 잘 전달해 달라**"고 하였다. 김정비는 사전통지서를 받아 온 다음 날, 왕재수를 만나서 왕재수도 면허가 취소될 것이라고 하면서 자기가 받은 사전통지서를 보여주었다.]

7. 그 후에, 왕재수와 김정비에 대하여 자동차운전면허 취소처분 통지서가 송달되어 왔고, 왕재수와 김정비가 행정심판을 제기하였으나 모두 기각되었다. 또한, 왕재수는 도로교통법위반 및 공무집행방해죄로, 김정비는 도로교통법위반죄로 불구속 기소되었다.

8. [김정비는 차량 수리 출장서비스를 나가거나 고객들의 차량을 수리한 후에 잘 고쳐졌는지를 확인하기 위하여 시험운행을 하는데, 만약에 **면허취소가 확정되면 출장과 시험운행을 할 수 없기 때문에 카센터를 그만두어야 한다. 또한 밤에는 대리운전기사도 하고 있는데, 면허가 취소되면 당장 생계가 막막하고**, 어머니의 약 값이나 치료비도 댈 수 없게 된다.]

9. 의뢰인의 희망사항
[왕재수와 김정비는 적절한 법적 방법을 통하여 그들의 **운전면허가 회복**되기를 희망]한다.

법무법인 필승
전화 02-555-7777, 팩스 02-555-9999
서울시 서초구 중앙대로 50, 승리빌딩 3층

메모:16
원고는 왕재수, 김정비가 되어야 하며, 청구취지 역시 두 사람이 가지고 있는 모든 운전면허 취소에 대한 취소를 구하는 청구가 되어야 할 것이다.

메모:17
왕재수에 대한 사전통지 절차상 하자가 있음을 알 수 있고, 절차상 하자는 독자적 위법사유에 해당한다. 즉 원고 왕재수와 원고 김정비의 처분사유가 다르기 때문에 원고 왕재수가 원고 김정비로부터 처분사유를 전해 들었다고 보기 어렵고, 가사 그렇다 하더라도 사전통지제도의 취지에 비추어 볼 때에, 피고가 따로 문서로 원고 왕재수에게 사전통지를 하지 않은 것은 그 자체로 위법하다.

메모:18
소장의 위법사유로서 비례원칙 위반(특히, 상당성)이나 위헌법률심판제청신청서의 위헌성 사유로서 과잉금지원칙위반(특히, 법익의 균형성)에서 주장할 내용이다.

메모:34
김정비의 경우 주된 기본권은 직업의 자유가 될 것이다.

메모:19
이 사건 취소소송 소장 제목을 유추할 수 있다.

법무법인 필승 내부회의록

일 시: 2017. 9. 14. 17:00 ~ 18:00
장 소: 법무법인 필승 회의실
참석자: 한통달 변호사(공법송무팀장), 최강 변호사

한 변호사: 수임번호 2017-301호 의뢰인 왕재수, 김정비씨 사건에 관하여 논의를 해 봅시다. 이 의뢰인들은 이미 관련 형사사건이 진행 중이라고 했나요?

최 변호사: 네, 도로교통법위반과 공무집행방해죄로 형사사건이 진행 중이고, 지금 형사팀에서 맡아서 수행하고 있습니다. 두 의뢰인 모두에게 도로교통법 위반행위로 운전면허취소처분이 내려졌고, 얼마 전에 두 사람 다 행정심판에서 기각재결을 받았다고 합니다.

한 변호사: 두 의뢰인이 모두 행정소송을 제기하고자 하는 건가요? 운전면허 취소 사유가 같을 테니 **함께 행정소송을 진행**하면 되겠네요.

최 변호사: 예, 일단 두 사람이 함께 행정소송을 제기할 예정입니다. 다만, 운전면허취소사유 중에서 공동위험행위를 했다는 점은 두 의뢰인에게 공통되지만, 왕재수 의뢰인은 단속 경찰에 대한 폭행도 운전면허취소사유로 추가되어 있습니다. 그런데 **단속 경찰에 대한 폭행은** 필요적 운전면허 취소사유여서 공동위험행위에 대한 운전면허취소사유가 위법하다 하더라도 왕재수 의뢰인은 운전면허 취소사유가 여전히 남아 있습니다.

한 변호사: **구체적인 사정이 다 다를 텐데 단속 경찰을 폭행하였다고 하여** 무조건 운전면허를 취소하도록 법률에서 규정하고 있는 것은 문제가 있다고 생각되는데요.

최 변호사: 네, 저도 그렇게 생각합니다. 그럼 **그 부분에 대하여 위헌법률심판 제청을 신청하도록 하겠습니다.**

메모:7
이 사건 운전면허취소처분취소 청구 소장 작성에 필요한 주요 쟁점을 제시하고 있다.

메모:13
특정 법령조항에서 '필요적 취소'를 규정하고 있는 경우 과잉금지원칙위반(특히 침해의 최소성)에 위배될 여지가 크다. 이 사건의 경우, 심판대상조항(도로교통법 제93조 제1항 제5호)은 교통단속 임무를 수행하는 경찰공무원 등을 폭행하기만 하면 폭행의 유형과 경위, 경중이나 위법성 정도 등을 고려하지 않고 필요적으로 면허를 취소하도록 규정하고 있는바, 이는 임의적 운전면허 취소 또는 정지제도만으로 교통단속 임무 수행시 폭행 근절이라는 입법목적을 달성할 수 있음에도 기본권침해의 정도가 큰 필요적 취소제도를 도입한 것으로 입법목적 달성을 위해 필요한 범위를 넘어 광범위한 규제하고 있어 **침해최소성 원칙에 위반**된다.

메모:48
위헌법률심판제청신청사건의 당해사건은 행정사건인 운전면허취소처분 취소청구 사건임을 암시하는 부분이다.

한 변호사: 기왕 위헌법률심판제청을 신청하는 것이라면 **취소의 다른 근거조항에 대하여도 신청하는 것이 어떨까요.**

최 변호사: 그렇잖아도 공동위험행위금지규정[1]의 내용이 너무 모호하지 않은가 하는 생각을 했었습니다. 그 외에는 다른 쟁점은 딱히 없을 것 같습니다.

> 메모:1 위헌법률심판제청신청서 작성시 반드시 이 부분에 대한 법조문을 찾아 명확성원칙 위반 여부를 기술해야 한다. 이 사건에서 문제되는 부분은 **'정당한 사유', '위해', '교통상의 위험'** 등이 있는바, 먼저, '정당한 사유 없이'와 관련하여, '정당한 사유'라는 추상적인 내용을 가진 용어를 공동위험행위의 판단기준으로 사용하고 있고, 무엇이 '정당한 사유'인가에 대하여 구체적인 기준을 제시하지 아니한 것은 공동위험행위 성립 여부를 법집행기관의 자의적 판단에 맡기는 것이므로 명확성원칙에 위배된다. 또한, **'다른 사람에게 위해' 또는 '교통상의 위험'**과 관련하여, '위해' 내지 '위험'은 다의적이고 추상적인 개념을 사용한 불명확한 조항인데, 어떤 행위가 '다른 사람에게 위해'를 주는 행위인 것인지, 어느 경우에 '교통상의 위험'이 발생하였다고 볼 것인지 판단하는 요소와 기준에 관하여 전혀 규정하고 있지 않으므로 명확성원칙에 위배된다.

한 변호사: 그렇군요. 그 조항에 대해서는 모호성 부분만 다투어 보기로 합시다. 관련 대법원 판례나 헌법재판소 결정은 찾아보았는가요?

최 변호사: 직접적인 판례나 결정은 찾지 못하였습니다. 다만, 기존의 다른 판례나 결정 등의 취지에 비추어 볼 때에 신청이 법원에 의해 받아들여질지는 모르겠습니다.

한 변호사: 기존에 나와 있는 판례나 결정의 취지에 다소 어긋난다고 하더라도 논리상 설득력이 있는 주장이라면 위헌법률심판제청신청서에서 주장해야 하지 않을까요? 위헌법률심판제청신청이 기각되면 헌법소원심판을 제기할 수가 있고, 판례나 결정은 언제든 바뀔 수 있는 것이니까, 변호사라면 적극적이고 도전적인 자세를 가지는 게 바람직하다고 봅니다.

최 변호사: 잘 알겠습니다.

한 변호사: **행정처분에 절차적인 문제는 없던가요?**

> 메모:39 절차상 하자가 있으니 기록에서 찾아 답안지에 잘 기재하라는 힌트이다.

최 변호사: 그 부분도 한번 검토해 보겠습니다.

한 변호사: 또, 면허취소처분을 한 **행정처분기준**에 따르면 김정비에 대하여는 면허취소가 아니라 **면허정지가 되어야 할 것 같은데, 왜 면허취소가 되었나요?**

---

1) 도교법 제46조(**공동위험행위**의 금지) ① 자동차등의 운전자는 도로에서 2명 이상이 공동으로 2대 이상의 자동차등을 **정당한 사유 없이** 앞뒤로 또는 좌우로 줄지어 통행하면서 **다른 사람에게 위해(危害)를 끼치거나 교통상의 위험**을 발생하게 하여서는 아니 된다.

최 변호사: 그렇지 않아도 그 부분을 경찰에 알아보았는데, 처분기준대로만 하면 김정비는 공동위험행위로 입건만 되었지 구속된 것이 아니기 때문에 면허정지처분이 내려져야 합니다. 처분청도 **지금까지는 처분기준대로 해 왔습니다**. 그런데 이번에는 위 기준과 달리 김정비에게 면허취소처분을 한 것입니다.

메모:8 종전 처분기준과 달리 더 불리한 처분을 하였으므로, 자기구속원칙 내지 평등원칙 위반 가능성을 검토해야 한다.

한 변호사: 그 까닭을 알아보았나요?

최 변호사: 이 사건의 경우에는 경찰이 왕재수에 대하여 매우 좋지 않은 감정을 갖고 있는 까닭에, 왕재수에 대하여 면허취소처분을 하면서 그와 공범관계에 있는 김정비에 대하여도 면허취소처분을 한 것으로 보입니다.

한 변호사: 그런 부분이 법적으로 문제가 되는지 잘 검토해보기 바랍니다.

최 변호사: 알겠습니다.

한 변호사: 추가적으로 논의하거나 이야기할 사항이 있는가요?

최 변호사: 왕재수씨가, 이번 행정사건 및 형사사건에 대한 수임료는 자기 것이든 김정비 것이든 모두 자기가 지불하겠다고 하면서, 김정비는 여러 가지로 사정이 매우 딱하니 김정비도 꼭 구제시켜 달라고 부탁하였습니다.

한 변호사: 김정비가 카센터에서 계속 근무하기 위해서 면허가 그대로 있어야 한다면 우선 집행정지신청을 해야 하지 않을까요?

최 변호사: 그렇지 않아도 집행정지신청은 따로 할 예정입니다.

한 변호사: 알겠습니다. 더 이상 논의할 게 없으면 이상으로 회의를 마치겠습니다. 이제 업무 시간이 끝났으니, 퇴근하시고 구체적인 작업은 내일부터 시작하도록 합시다. - 끝 -

담 당 변 호 사 지 정 서

사　　건	(생략)
원　　고	왕재수, 김정비
피　　고	서울특별시지방경찰청장
위 사건에 관하여 법무법인 필승은 원고의 소송대리인으로서 변호사법 제50조 제1항에 의하여 그 업무를 담당할 변호사를 다음과 같이 지정합니다.	
담당변호사	변호사　　최강

2017. 9. 12.

법무법인　　필승
대표변호사　류 미 라

서울시 서초구 중앙대로 50 법조빌딩 3층

전화 02-555-7777 팩스 02-555-9999

(생략) **귀중**

2017 년 10002 호

운전면허([ ]정지 · [√]취소)처분 사전통지서

주소 서울 강서구 신월로 15길 88, 205호(신월동, 서민빌라)

성명 김정비

메모:42
원고 김정비에 대해서만 사전통지서가 있으며, 왕재수의 경우 사전통지가 아예 생략되어 있음을 알 수 있다.

출석요구일 2017 년 7 월 27 일

메모:4
원고 김정비에 대하여는 위와 같이 도로교통법 시행규칙 별지 제81호 서식에 따른 사전통지가 있었지만, 사전통지의 내용이 불충분하여(**처분하려는 원인이 되는 사실과 처분의 내용 및 법적 근거, 의견을 제출할 수 있다는 뜻과 의견을 제출하지 아니하는 경우의 처리방법, 의견제출 기관의 명칭과 주소, 의견제출 기한 등 누락**) 행정절차법 제21조에 따른 적정한 사전통지로 볼 수 없다.

귀하가 아래와 같이 운전면허 취소대상이 된 사실에 대하여 확인하고자 하오니 2017년 7월 27일까지 서울특별시지방경찰청 교통관리계로 운전면허 취소처분 사전통지서, 운전면허증 및 도장을 지참하시고 출석해 주시기 바랍니다.

확인내용 : 운전면허 취소

2017년 7월 20일

서울특별시지방경찰청장 직인

통지서 발급일자 : 2017. 7. 20. 수령자 : 김정비 (인)
통지경찰관 : 서울특별시지방경찰청 계급 : 경사 성명: 조성민

안내전화: 02-2658-6957

보내는 사람　서울특별시 종구로 내자동 201-11
서울특별시지방경찰청
교통관리계

우편별납

받는 사람
서울 서초구 서초중앙로 6길 33, 3동 101호(서초동, 헤리티지캐릭터빌)왕재수 귀하

메모:31 소장 작성시 이 사건에서 문제되고 있는 자동차운전면허취소처분의 법적 성격(기속행위 또는 재량행위?)에 대하여도 간단히 언급하여야 한다. 기속행위인지 재량행위인지 여부에 따라 위법성 여부를 판단하는 기준이 달라질 것인바, 재량행위로 볼 경우 재량일탈·남용의 심사로 가야 할 것이다.

제1120-2584호

운전면허 (□정지 · ■취소)처분 결정통지서

① 성 명	왕재수	② 생년월일	1986. 9. 24.
③ 주 소	서울 서초구 서초중앙로 6길 33, 3동 101호(서초동, 헤리티지캐릭터빌)		
④ 면허번호	서울 19-06-826550-14		
⑤ 행정처분 결정내용	정지처분		
	취소처분	취소일자 2017년 8월 21일	
⑥ 사 유	2017. 6. 21. 22:00경 교통단속임무를 수행하는 경찰공무원을 폭행하고(도로교통법 제93조 제1항 제14호), 차량으로 공동위험행위를 함(도로교통법 제93조 제1항 제5호, 제46조 제1항)		

메모:46 위헌법률심판제청신청 대상 법률조항을 암시하고 있다.

「도로교통법」 제93조에 따라 위와 같이 운전면허 행정처분(취소)이 결정되어 통지하오니, 2017년 8월 7일까지 서초경찰서 교통관리계로 운전면허증을 반납하시기 바랍니다.

2017년　7 월　31 일

메모:45 이 사건 행정처분일

서울특별시 지방경찰청장　인

메모:47 피고 적격

※ 이의신청방법 안내

1. 위 운전면허 행정처분에 이의가 있는 사람은 처분 결정통지를 받은 날부터 60일 이내에 별지 제87호서식의 이의신청서에 처분결정통지서를 첨부하여 해당 지방경찰청(경찰서)에 이의를 신청할 수 있습니다.
2. 위 이의신청에 관계없이 「행정심판법」에 따라 행정처분이 있음을 안 날부터 90일(위 이의신청을 한 경우에는 이의신청 결과를 통보 받은 날부터 90일) 이내에 해당 지방경찰청(경찰서)을 경유하여 행정심판을 청구하거나, 행정심판 포털(www.simpan.go.kr)을 통하여 온라인으로 청구할 수 있습니다.
3. 다만, 위 운전면허 행정처분에 대한 행정소송은 행정심판의 재결을 거치지 아니하면 제기할 수 없습니다.

보내는 사람　서울특별시 종구로 내자동 201-11
서울특별시지방경찰청
교통관리계

요금후납

받는 사람
서울 강서구 신월로 15길 88, 205호 (신월동, 서민빌라)
김정비 귀하

제1120-2585호

운전면허 (□정지 · ■취소)처분 결정통지서

① 성 명	김정비	② 생년월일	1986. 8. 9.
③ 주 소	서울 강서구 신월로 15길 88, 205호 (신월동, 서민빌라)		
④ 면허번호	서울 19-09-932762-11		
⑤ 행정처분 결정내용	정지처분		
	취소처분	취소일자 2017년 8월 21일	
⑥ 사 유	도로교통법 위반		

「도로교통법」 제93조에 따라 위와 같이 운전면허 행정처분(취소)이 결정되 통지하오니, 2017 년 8월 7일까지 강서경찰서 교통관리계로 운전면허증 반납하시기 바랍니다.

2017년　7 월　31 일
서울특별시지방경찰청장 인

메모:33
이 사건 원고 김정비에 대한 취소처분의 경우 원고 왕재수와 달리 '도로교통법 위반'이라고만 기재되어 있고, 처분사유나 근거조문이 전혀 기재되어 있지 않은바, 도로교통법상 면허정지처분의 사유가 다양한 점, 이 사건은 그 중 공동위험행위 해당 여부가 문제되는 점, 공동행위자 중 1인인 왕재수는 필요적 면허취소사유인 '단속경찰폭행'사유가 추가되어 있으나 위 김정비는 그와 다른 점에서 '도로교통법위반' 기재만으로는 불이익한 행정처분에 대한 이유제시가 불충분한 절차상 하자가 있다고 주장해야 한다.

※ 이의신청방법 안내

1. 위 운전면허 행정처분에 이의가 있는 사람은 처분 결정통지를 받은 날부터 60일 이내에 별지 제87호서식의 이의신청서에 처분결정통지서를 첨부하여 해당 지방경찰청(경찰서)에 이의를 신청할 수 있습니다.
2. 위 이의신청에 관계없이 「행정심판법」에 따라 행정처분이 있음을 안 날부터 90일(위 이의신청을 한 경우에는 이의신청 결과를 통보 받은 날부터 90일) 이내에 해당 지방경찰청(경찰서)을 경유하여 행정심판을 청구하거나, 행정심판 포털(www.simpan.go.kr)을 통하여 온라인으로 청구할 수 있습니다.
3. 다만, 위 운전면허 행정처분에 대한 행정소송은 행정심판의 재결을 거치지 아니하면 제기할 수 없습니다.

<table>
<tr><td colspan="2">우편송달보고서
증서 2017년 제502호 2017년 8월 3일 발송</td></tr>
<tr><td colspan="2">송달서류 운전면허취소처분통지서 1부
발송자 서울특별시지방경찰청장
송달받을 자 왕재수 귀하
서울 서초구 서초중앙로 6길 33, 3동 101호(서초동, 헤리티지캐릭터빌)</td></tr>
<tr><td colspan="2">영수인 왕재수 (서명)</td></tr>
<tr><td colspan="2">영수인 서명날인 불능</td></tr>
<tr><td>①</td><td>송달받을 자 본인에게 교부하였다.</td></tr>
<tr><td rowspan="4">2</td><td>송달받을 자가 부재 중이므로 사리를 잘 아는 다음 사람에게 교부하였다.</td></tr>
<tr><td>사무원</td></tr>
<tr><td>피용자</td></tr>
<tr><td>동거자</td></tr>
<tr><td rowspan="5">3</td><td>다음 사람이 정당한 사유 없이 송달받기를 거부하므로, 그 장소에 서류를 두었다.</td></tr>
<tr><td>송달받을 자</td></tr>
<tr><td>사무원</td></tr>
<tr><td>피용자</td></tr>
<tr><td>동거자</td></tr>
<tr><td colspan="2">송달연월일 2017. 8. 4. 09시 50분</td></tr>
<tr><td colspan="2">송달장소 서울 서초구 서초중앙로 6길 33, 3동 101호(서초동, 헤리티지캐릭터빌)</td></tr>
<tr><td colspan="2">위와 같이 송달하였다.
2017. 8. 7.
서초우체국 집배원 서배달 </td></tr>
</table>

우편송달보고서		
증서 2017년 제503호		2017년 8월 3일 발송
송달서류 운전면허취소처분통지서 1부 발송자 서울특별시지방경찰청장 송달받을 자 김정비 귀하 서울 강서구 신월로 15길 88, 205호(신월동, 서민빌라)		
영수인 김정비 (서명)		
영수인 서명날인 불능		
①	송달받을 자 본인에게 교부하였다.	
2	송달받을 자가 부재 중이므로 사리를 잘 아는 다음 사람에게 교부하였다.	
	사무원	
	피용자	
	동거자	
3	다음 사람이 정당한 사유 없이 송달받기를 거부하므로, 그 장소에 서류를 두었다.	
	송달받을 자	
	사무원	
	피용자	
	동거자	
송달연월일 2017. 8. 7. 10시 05분		
송달장소 서울 강서구 신월로 15길 88, 205호(신월동, 서민빌라)		
위와 같이 송달하였다. 2017. 8. 8. 강서우체국 집배원 신배달 		

<table>
<tr><td colspan="5">중 앙 행 정 심 판 위 원 회
재 결 서</td></tr>
<tr><td>① 사 건</td><td colspan="4">2017행심12375 운전면허취소처분 취소</td></tr>
<tr><td rowspan="2">청 구 인</td><td>② 이 름</td><td colspan="3">왕재수</td></tr>
<tr><td>③ 주 소</td><td colspan="3">서울 서초구 서초중앙로 6길, 3동 101호(서초동, 헤리티지캐릭터빌)</td></tr>
<tr><td rowspan="2">선정대표자 · 관리인 · 대리인</td><td>④ 이 름</td><td colspan="3"></td></tr>
<tr><td>⑤ 주 소</td><td colspan="3"></td></tr>
<tr><td>⑥ 피청구인</td><td colspan="2">서울특별시지방경찰청장</td><td>⑦ 참 가 인</td><td></td></tr>
<tr><td>⑧ 주 문</td><td colspan="4">청구인의 심판청구를 기각한다.</td></tr>
<tr><td>⑨ 청구 취지</td><td colspan="4">생략</td></tr>
<tr><td>⑩ 이 유</td><td colspan="4">생략</td></tr>
<tr><td>⑪ 근거 법조문</td><td colspan="4">「행정심판법」 제46조</td></tr>
<tr><td colspan="5">위 사건에 대하여 주문과 같이 재결합니다.

2017. 8. 29.

중앙행정심판위원회 (인)</td></tr>
</table>

중 앙 행 정 심 판 위 원 회

재 결 서

<table>
<tr><td>① 사 건</td><td colspan="4">2017행심12390 운전면허취소처분 취소</td></tr>
<tr><td rowspan="2">청 구 인</td><td>② 이 름</td><td colspan="3">김정비</td></tr>
<tr><td>③ 주 소</td><td colspan="3">서울 강서구 신월로 15길 88, 205호(신월동, 서민빌라)</td></tr>
<tr><td rowspan="2">선정대표자 · 관리인 · 대리인</td><td>④ 이 름</td><td colspan="3"></td></tr>
<tr><td>⑤ 주 소</td><td colspan="3"></td></tr>
<tr><td>⑥ 피청구인</td><td colspan="2">서울특별시지방경찰청장</td><td>⑦ 참 가 인</td><td></td></tr>
<tr><td>⑧ 주 문</td><td colspan="4">청구인의 심판청구를 기각한다.</td></tr>
<tr><td>⑨ 청구 취지</td><td colspan="4">생략</td></tr>
<tr><td>⑩ 이 유</td><td colspan="4">생략</td></tr>
<tr><td>⑪ 근거 법조문</td><td colspan="4">「행정심판법」 제46조</td></tr>
</table>

위 사건에 대하여 주문과 같이 재결합니다.

2017. 8. 29.

중앙행정심판위원회 (인)

우편송달보고서

증서 2017년 제578호 2017년 8월 31일 발송

<table>
<tr><td colspan="2">송달서류 행정심판재결서 1부
발송자 중앙행정심판위원회
송달받을 자 왕재수 귀하
서울 서초구 서초중앙로 6길 33, 3동 101호(서초동, 헤리티지캐릭터빌)</td></tr>
<tr><td colspan="2">영수인 왕재수 (서명)</td></tr>
<tr><td colspan="2">영수인 서명날인 불능</td></tr>
<tr><td>①</td><td>송달받을 자 본인에게 교부하였다.</td></tr>
<tr><td rowspan="4">2</td><td>송달받을 자가 부재 중이므로 사리를 잘 아는 다음 사람에게 교부하였다.</td></tr>
<tr><td>사무원</td></tr>
<tr><td>피용자</td></tr>
<tr><td>동거자</td></tr>
<tr><td rowspan="5">3</td><td>다음 사람이 정당한 사유 없이 송달받기를 거부하므로, 그 장소에 서류를 두었다.</td></tr>
<tr><td>송달받을 자</td></tr>
<tr><td>사무원</td></tr>
<tr><td>피용자</td></tr>
<tr><td>동거자</td></tr>
<tr><td colspan="2">송달연월일 2017. 9. 25. 12시 50분</td></tr>
<tr><td colspan="2">송달장소 서울 서초구 서초중앙로 6길 33, 3동 101호(서초동, 헤리티지캐릭터빌)</td></tr>
<tr><td colspan="2">위와 같이 송달하였다.
2017. 9. 26.
서초우체국 집배원 서배달 </td></tr>
</table>

메모:40
행정소송법 제20조에 의하면 취소소송은 처분등이 있음을 안 날부터 90일 이내에 제기하여야 하나, 이 사건의 경우와 같이 행정심판청구가 있은 때의 기간은 재결서의 정본을 송달받은 날부터 기산하는바, 이 사건 처분의 경우 행정심판 재결서 송달일인 2017. 9. 25.과 2017. 9. 28.이 각 기산점이라고 할 것이고, 두 개 처분에 대하여 모두 제소가 가능한 기간의 최종일은 먼저 만료일이 도래하는 왕재수에 대한 처분에 대한 재결서 송달일인 2017. 9. 25. 익일로부터 90일이 되는 2017. 12. 25.(공휴일)의 익일인 2017. 12. 26.이다.

<table>
<tr><td colspan="2">

우편송달보고서

증서 2017년 제585호 2017년 8월 31일 발송</td></tr>
<tr><td colspan="2">송달서류 행정심판재결서 1부
발송자 중앙행정심판위원회
송달받을 자 김정비 귀하
서울 강서구 신월로 15길 88, 205호(신월동, 서민빌라)</td></tr>
<tr><td colspan="2">영수인 고모친 (서명)</td></tr>
<tr><td colspan="2">영수인 서명날인 불능</td></tr>
<tr><td>1</td><td>송달받을 자 본인에게 교부하였다.</td></tr>
<tr><td rowspan="4">②</td><td>송달받을 자가 부재 중이므로 사리를 잘 아는 다음 사람에게 교부하였다.</td></tr>
<tr><td>사무원</td></tr>
<tr><td>피용자</td></tr>
<tr><td>동거자 김정비의 모 고모친</td></tr>
<tr><td rowspan="5">3</td><td>다음 사람이 정당한 사유 없이 송달받기를 거부하므로, 그 장소에 서류를 두었다.</td></tr>
<tr><td>송달받을 자</td></tr>
<tr><td>사무원</td></tr>
<tr><td>피용자</td></tr>
<tr><td>동거자</td></tr>
<tr><td colspan="2">송달연월일 2017. 9. 28. 15시 00분</td></tr>
<tr><td colspan="2">송달장소 서울 강서구 신월로 15길 88, 205호(신월동 서민빌라)</td></tr>
<tr><td colspan="2">위와 같이 송달하였다.
2017. 9. 28.
강서우체국 집배원 서배달 </td></tr>
</table>

서울남부지방검찰청

2017. 8. 31.

사건번호 2017년 형제161322호

수 신 자 서울남부지방법원 발 신 자

검 사 김병희 **김병희(인)**

제 목 **공소장**

아래와 같이 공소를 제기합니다.

Ⅰ. 피고인 관련사항

1. 피 고 인 왕재수 (86****-1******), 31세
   직업 부동산임대업, 010-****-****
   주거 서울 서초구 서초중앙로 6길 33, 3동 101호(서초동, 헤리티지 캐릭터빌)
   등록기준지 경기 성남시 수정구 태평동 500
   죄 명 공무집행방해, 도로교통법위반(공동위험행위)
   적용법조 도로교통법 제150조 제1호, **제46조 제1항**[2], 형법 제136조 제1항, 제37조, 제38조
   구속여부 불구속
   변 호 인 법무법인 필승(담당변호사 김정상)

2. 피 고 인 김정비 (86****-1******), 31세
   직업 정비기사, 010-****-****
   주거 서울 강서구 신월로 15길 88, 205호(신월동, 서민빌라)
   등록기준지 서울 도봉구 쌍문동 207
   죄 명 도로교통법위반**(공동위험행위)**
   적용법조 도로교통법 제150조 제1호, 제46조 제1항
   구속여부 불구속
   변 호 인 법무법인 필승(담당변호사 김정상)

메모:11

이 사건 위헌법률심판제청 대상 법률조항을 유추할 수 있는 중요한 단서이다. 이번 시험은 기록문제 자체에서 참조법령이 상세히 제시되지 않아 학생들이 크게 당황하였는바, 이런 출제경향은 계속될 수 있다. 따라서 법전을 통해 관련 조항을 찾는 방법을 꾸준히 연습해야 한다. **이 사건의 경우 위헌심판제청대상은 효과조항(도로교통법 제93조 제1항 제5호)인 면허취소 조항과 취소의 원인을 제공한 금지조항(제46조 제1항)이다.** 금지조항인 제46조 제1항과 150조 제1호만 잘 추적하여도 주된 심판대상인 금지되는 공동위험행위의 효과조항에 해당하는 제93조 제1항 제5호를 잘 찾아 낼 수 있다.
단, 사안의 경우 재판의 전제가 되는 당해사건은 형사사건이 아닌 운전면허 취소 행정사건이므로 공무집행방해에 관한 부분은 심판대상이 아님에 주의해야 한다.

2) 제46조(공동 위험행위의 금지) ① 자동차등의 운전자는 도로에서 2명 이상이 공동으로 2대 이상의 자동차등을 **정당한 사유** 없이 앞뒤로 또는 좌우로 줄지어 통행하면서 **다른 사람에게 위해(危害)를 끼치거나 교통상의 위험**을 발생하게 하여서는 아니 된다.

Ⅱ. 공소사실

1. 피고인들의 도로교통법위반(공동위험행위)

피고인 왕재수는 부동산임대업을 하는 자이고, 피고인 김정비는 정비기사인 바, 피고인들은 2017. 6. 21. 22:00경 서울 강서구 개화동 소재 개화터널 앞 인천신공항고속도로 서울 방면 약 33km 지점에 이르러, 피고인 왕재수는 자신의 소유 18도1234 람보르기니 승용차를, 피고인 김정비는 위 피고인 왕재수 소유의 29무5678 아우디 승용차를 각각 운전하면서, 음악을 크게 틀고 경적을 울리며 3차로와 4차로를 나란히 운전하였다.

이로써 피고인들은 정당한 이유 없이 좌우로 줄을 지어 통행함으로써 교통상의 위험을 발생하게 하였다.

메모:2
이 사건 소장 처분의 위법성에서 주장할 수 있는 사유로서 왕재수와 김정비가 도로교통법에서 규정하고 있는 공동위험행위를 하지 않았음에도 막연히 그런 행위를 하였다고 피고가 착오하여 관련 법령을 잘못 적용한 **사실오인에 해당**한다고 주장할 수 있다. 즉, 좌우로 줄을 지어 통행한 행위는 금지되는 공동위험행위에 해당하지 않는다는 점을 강조해야 한다.

2. 피고인 왕재수의 공무집행방해

피고인은 위와 같은 일시, 장소에서 순찰 중이던 강서경찰서 소속 경장 최단속으로부터 교통상의 위험을 발생시킴으로써 도로교통법을 위반하였다는 이유로 단속을 받게 되자 도로교통법을 위반한 사실이 없다며 시비를 벌이다가 위 최단속의 머리를 1회 들이받았다.

이로써 피고인은 교통단속과 교통위해의 방지에 관한 경찰관의 정당한 직무집행을 방해하였다.

Ⅲ. 첨부서류

1. 변호인선임서 2통 (생략)

피 의 자 신 문 조 서

피 의 자 : 왕재수 위의 사람에 대한 공무집행방해 등 피의사건에 관하여 2017. 7. 31. 서울강서경찰서 수사과 사무실에서 사법경찰관 경위 정사경은 사법경찰리 경사 양사법을 참여하게 하고, 아래와 같이 피의자임에 틀림없음을 확인하다.

문　피의자의 성명, 주민등록번호, 직업, 주거, 등록기준지 등을 말하십시오.
답　성명은　왕재수(王財數)
　　주민등록번호, 직업, 주거, 등록기준지, 직장주소, 연락처 (각 생략)

사법경찰관은 피의사건의 요지를 설명하고 사법경찰관의 신문에 대하여 「형사소송법」 제244조의3에 따라 진술을 거부할 수 있는 권리 및 변호인의 참여 등 조력을 받을 권리가 있음을 피의자에게 알려주고 이를 행사할 것인지 그 의사를 확인하다.

[진술거부권 및 변호인 조력권 고지하고 변호인 참여 없이 진술하기로 함(생략)]

이에 사법경찰관은 피의사실에 관하여 다음과 같이 피의자를 신문하다.

[피의자의 범죄전력, 경력, 학력, 가족·재산 관계 등(생략)]

문　피의자는 김정비를 아나요.
답　예, 잘 압니다.
문　김정비를 어떻게 아는가요.
답　제 고등학교 동창이었는데, 고등학생 때에는 그리 친하게 지내지는 않았습니다. 그런데 제 차를 카센터에 맡기러 갔다가 거기서 일하는 김정비를 다시 만나게 되었고 그 후로 친해지게 되었습니다.
문　김정비와 같이 차를 운전하다가 교통경찰에게 단속된 사실이 있나요.
답　예, 있습니다.

문 언제, 어디서 단속된 것인가요.

답 2017. 6. 21. 22:00경 서울 강서구 개화동 소재 개화터널 앞 인천신공항고속도로 서울방면 약 33km 지점에서 단속에 걸렸습니다.

문 무슨 이유로 단속된 것인가요.

답 저와 김정비가 위와 같은 일시, 장소에서 차량을 운전하고 있었는데 음악을 크게 틀고 경적을 울렸다는 이유로 단속에 걸리게 되었습니다.

문 어떤 차를 운전하였나요.

답 저는 제 차인 18도1234 람보르기니 우라칸을 몰고, 김정비는 역시 제 차인 29무5678 아우디 R8을 몰았습니다. 두 차 모두 제 소유이기는 한데, 김정비가 차가 없어서 제 차인 아우디를 몰도록 빌려주었습니다.

문 피의자들은 스피드를 즐기며 서로 경주하는 동호회 소속인가요.

답 저는 5년 전부터 '광속오토클럽'이라는 동호회 회원이지만, 김정비는 회원이 아닙니다.

문 단속될 당시 다른 동호회 회원들도 차량을 운행하고 있었나요.

답 아닙니다. 사실 동호회 회원들은 매달 말일 정기적으로 모여서 질주를 즐기는데, 제가 미리 사전에 코스를 탐색하기 위하여 그 날 그 장소에 갔다가 단속된 것입니다.

문 당시 고속도로에 차량들이 많았나요.

답 밤 시간대이기는 했지만 공항고속도로라서 그런지 차량이 제법 많았습니다. 그래서 속도를 많이 낼 수는 없었습니다.

문 그렇다면 어떻게 운행을 하였나요.

답 차량이 꽤 많아서 속도를 낼 수 없기에 저와 김정비는 편도 4차로 도로의 3차로와 4차로를 나란히 운전하였습니다.

문 교통단속은 어떻게 이루어진 것인가요?

답 저와 김정비가 3차로와 4차로를 나란히 운전하고 있었는데 마침 밤이라서 날이 시원했습니다. 그래서 창문을 열고 평소 좋아하는 BTS의 DNA를 크게 틀고 따라 부르며 운전을 하고 있었는데, 김정비가 속도가 조금 빠른 것 같아서 경적을 한 번 울렸습니다. 그러니까 김정비도 따라 울리고 하다 보니 서로 장난처럼 수 차례 경적을 크게 울려 가면서 운전을 하였습니다. 그런데 그 때 순찰차가 따라오더니 갓길로 이동하라고 지시를 하여 차를

메모:43
왕재수에 대한 이 사건 제한받는 기본권은 왕재수가 이 사건 면허취소로 인해 운전동호회 활동을 더 이상 할 수 없게 된다는 점에서 '일반적 행동자유권' 제한됨을 알 수 있다.

메모:3
도로교통법 제46조 제1항의 '공동위험행위'는 도로에서 2명 이상이 공동으로 2대 이상의 자동차 등을 정당한 이유 없이 앞뒤로 또는 좌우로 줄지어 통행하면서 다른 사람에게 위해를 끼치거나 교통상의 위험을 발생하게 하는 것이다. 그런데, 원고들은 경적을 울리고 음악을 틀고 운행할 것일 뿐 다른 사람에게 위해를 끼치거나 교통상 위험을 발생시키지 않았다. 나란히 운전하는 행위나 경적을 울리고 음악을 크게 크는 행동 자체가 바로 다른 사람에게 위해를 끼치거나 교통위험을 발생시키는 것이라고 할 수 없다. 따라서, 피고 처분청이 원고들의 행위가 도로교통법 제46조 제1항의 '공동위험행위'에 해당한다고 본 것은 사실오인으로서 처분사유가 부존재하거나, 궁극적으로 재량권의 일탈·남용에 해당한다.

정차시켰는데, 경찰관이 '도로에서 교통상의 위험을 발생시킴으로써 도로교통법을 위반하였다'고 하면서 교통단속을 한 것입니다.

[공무집행방해 관련]

문 피의자는 위와 같은 일시, 장소에서 교통단속 경찰관의 직무집행을 방해한 사실이 있나요.

답 네, 있습니다. 경찰관 지시로 갓길에 차를 정차하였는데 경찰관이 교통상의 위험을 발생시켰다면서 운전면허증을 제시해 달라고 했습니다. 저는 음악을 크게 들으면서 운전하는 것이 도로교통법을 위반한 것이라고 생각하지는 못했기에 '내가 급제동이나 차선변경, 앞지르기를 한 것도 아니고 규정속도 맞춰서 달리면서 내 차안에서 내가 음악을 듣는 것도 죄냐, 대한민국에 그런 자유도 없느냐, 음악 크게 트는 게 도로교통에 무슨 방해가 되느냐?'고 말하면서 면허증을 창문으로 건네주다가 그만 떨어뜨리고 말았습니다.
그랬더니 경찰관이 저를 노려보면서 "지금 뭐하시는 겁니까? 내려"라고 저에게 반말을 하였고, 제가 그 말을 듣고 화가 나서 차에서 내려서 "그래, 내렸다. 어쩔래"라고 하였습니다. 그러자 그 경찰관이 저를 노려보다가 "뭐 이런 자식이 다 있어?"라고 혼자 중얼거리면서 순찰차 쪽으로 돌아서길래 순간 너무 화가 나서 그 경찰관의 머리를 한 번 들이받고 말았습니다.

메모:36
경찰이 먼저 욕을 하였다는 점을 소장 비례원칙위반의 점에서 주장할 수 있을 것이다.

문 운전면허증을 일부러 던진 것인가요.

답 그건 아닙니다. 건네주려고 했다가 실수로 떨어뜨린 것인데 경찰관은 제가 면허증을 일부러 던졌다고 생각했던 것 같습니다.

문 피의자에게 경찰관이 반말로 하차를 요구한 것 인가요.

답 그 당시에는 음악 좀 크게 틀고 운전한 것 뿐인데 외제차라고 일부러 단속을 하는 것이 아닌가 싶어서 짜증이 나 있었던 상태라서, 경찰관이 반말로 '내리라'고 했었던 것으로 기억하는데, 지금 다시 생각해 보니 정확하게 기억이 나지 않습니다.

문 경찰관이 피의자에게 직접 욕설을 하였나요.

답 저에게 직접 욕을 하였다기보다는 경찰관이 뒤로 돌아서면서 혼자 중얼거린 것인데 제가 똑똑히 들을 수 있을 정도로 거리가 가까웠습니다.

문 **당시 김정비도 경찰관을 폭행하였나요.**

답 **아닙니다.** 김정비는 차를 정차시킨 후 경찰관이 운전면허증을 제시하라고 하자 바로 잘못했다면서 운전면허증을 제시하였습니다. 그리고 제가 화가 나 차에서 내리자 따라 내린 뒤에 제 뒤편에서 어깨를 잡고 '그러지 말아라. 그러다 큰 일 난다.'고 말렸습니다.

문 피의자의 행위로 인하여 경찰관의 직무집행이 방해되리란 생각을 하지 못하였나요.

답 잘못하였습니다. 교통단속 사항이라고 생각은 하였지만, **음악을 크게 틀고 경적을 몇 번 울린 것만으로 법위반이라고 하니 순간 억울하여** 그랬던 것 같습니다. 그냥 넘어갈 수도 있는 일인데도, 제 차가 외제차이고 제가 나이가 어리다는 이유로 경찰관이 너무 깐깐하게 구는 것 같다는 생각도 들었습니다.

문 이상의 진술에 대하여 이의나 의견이 있나요.

답 없습니다. 저 때문에 곤란해진 김정비한테는 미안한 마음뿐입니다. 김정비에 대하여는 최대한 선처를 베풀어 주시기 바랍니다.

위의 조서를 진술자에게 열람하게 하였던바, 진술한 대로 오기나 증감·변경할 것이 전혀 없다고 말하므로 간인한 후 서명무인하게 하다.

진술자 **왕 재 수** (무인)

2017. 7. 31.

서울강서경찰서
사법경찰관 경위 **정 사 경** ㊞
사법경찰리 경사 **양 사 법** ㊞

피 의 자 신 문 조 서

피 의 자 : 김정비 위의 사람에 대한 도로교통법위반(공동위험행위) 피의사건에 관하여 2017. 7. 31. 서울강서경찰서 수사과 사무실에서 사법경찰관 경위 정사경은 사법경찰리 경사 양사법을 참여하게 하고, 아래와 같이 피의자임에 틀림없음을 확인하다.

문 피의자의 성명, 주민등록번호, 직업, 주거, 등록기준지 등을 말하십시오.

답 성명은 김정비(金整備)

주민등록번호, 직업, 주거, 등록기준지, 직장주소, 연락처 (각 생략)

사법경찰관은 피의사건의 요지를 설명하고 사법경찰관의 신문에 대하여 「형사소송법」 제244조의3에 따라 진술을 거부할 수 있는 권리 및 변호인의 참여 등 조력을 받을 권리가 있음을 피의자에게 알려주고 이를 행사할 것인지 그 의사를 확인하다.

[진술거부권 및 변호인 조력권 고지하고 변호인 참여 없이 진술하기로 함(생략)]

이에 사법경찰관은 피의사실에 관하여 다음과 같이 피의자를 신문하다.

[피의자의 범죄전력, 경력, 학력, 가족·재산 관계 등(생략)]

문 피의자는 왕재수를 아나요.

답 예, 압니다.

문 어떻게 아는가요.

답 제 고등학교 동창인데다가 제가 일하는 정비소에 자주 차를 맡겨서 친하게 되었습니다.

문 왕재수와 함께 교통단속을 당한 일이 있나요.

답 예, 그런 사실이 있습니다.

문 언제, 어디서 교통단속을 당하였나요.

답 2017. 6. 21. 22:00경 서울 강서구 개화동 소재 개화터널 앞 인천신공항고속도로 서울방면 약 33km 지점에서 운전을 하다가 단속을 당하게 되었습니다.

문 당시 어떤 차량을 운전하고 있었나요.

답 왕재수는 18도1234 람보르기니 우라칸을 몰고, 저는 29무5678 아우디 R8을 몰았습니다. 두 차 모두 왕재수 소유이기는 한데 제가 차가 없어서 왕재수가 저에게 아우디를 몰도록 빌려주었습니다.

문 피의자들은 스피드를 즐기며 서로 경주하는 동호회 소속인가요.

답 왕재수는 '광속오토클럽'이라는 동호회 회원이지만, 저는 아닙니다.

문 단속될 당시 그 동호회 회원들도 차량을 운행하고 있었나요.

답 아닙니다. 사실 그 동호회 회원들은 매달 말일 정기적으로 모여서 질주를 즐기는데, 왕재수가 미리 사전에 코스를 탐색하자고 하면서 차를 빌려 준다고 하여 처음에는 거절하였다가 따라 나선 것이라서, 당시 저와 왕재수만 인천신공항 고속도로를 운전하고 있었습니다.

문 당시 고속도로에 차량들이 많았나요.

답 밤 시간대이기는 했지만 공항고속도로라서 그런 것인지 차량이 제법 많았습니다. 그래서 속도를 많이 낼 수는 없었습니다.

문 그렇다면 어떻게 운행을 하였나요.

답 차량이 제법 많아서 속도를 낼 수 없기에, 저와 왕재수는 편도 4차로 도로의 3차로와 4차로를 나란히 운전하였습니다.

문 교통단속은 어떻게 이루어진 것인가요.

답 저와 왕재수가 앞서거니 뒷서거니 하면서 3차로와 4차로를 나란히 운전하고 있었는데 마침 밤이라서 날이 시원했습니다. 그래서 창문을 열고 평소 좋아하는 BTS의 DNA를 크게 틀고 따라 부르며 운전을 하고 있었는데, **갑자기 왕재수가 경적을 한 번 울리기에 저도 기분이 좋고 하여 따라 울렸더니 왕재수가 다시 울리 길래 저도 몇 차례 경적을 울렸습니다.**

그런데 그 때 순찰차가 따라오더니 갓길로 이동하라고 지시를 하여 차를 정차시켰는데, 경찰관이 '도로에서 교통상의 위험을 발생시킴으로써 도로교통법을 위반하였다'고 하면서 교통단속을 한 것입니다.

메모:15
도로교통법상의 **공동위험행위에 해당하지 않음을 암시**하는 부분이다. 사실오인의 위법이 있다는 것이다.

문 피의자는 당시 교통단속을 하는 경찰관에게 단속에 대한 항의를 하였나요.

답 아닙니다. 저는 경찰관이 도로교통법을 위반하였다고 운전면허증을 제시해 달라고 하자 바로 "잘못했습니다."고 사과하며 순순히 운전면허증을 제시하였습니다.

문 당시 왕재수도 단속에 순순히 응하였나요.

답 아닙니다. 왕재수는 좀 강하게 항의를 하였습니다.

문 뭐라고 항의하였나요.

답 잘 기억은 나지 않지만, "내 차 안에서 음악을 듣는 것도 죄냐, 음악 크게 트는 게 도로교통에 무슨 방해가 되느냐?"고 따졌던 것 같습니다.

문 피의자는 왕재수가 경찰관을 폭행하는 것을 본 사실이 있나요.

답 예, 당시 제가 차에 앉아서 상황을 보고 있었는데, 왕재수가 경찰관에게 단속에 항의하면서 면허증을 건네주다가 떨어뜨린 것 같습니다. 그러자 경찰관이 왕재수에게 내리라고 했고, 왕재수가 화가 나서 내리면서 반말로 대들다가 경찰관의 머리를 한 번 들이받았습니다.

문 왕재수는 경찰관이 자신에게 반말로 하차를 요구하였다는데 어떤가요.

답 당시 저는 차 안에 있었고 경찰관은 왕재수가 탄 람보르기니 운전석 앞 유리창문으로 몸을 기울이고 있었기 때문에 경찰관이 반말로 왕재수에게 하차를 요구했는지는 잘 모르겠습니다. 다만, 왕재수가 운전면허증을 떨어뜨리자 경찰관이 왕재수에게 "지금 뭐하시는 겁니까?"라고 소리치는 것을 듣기는 하였습니다.

문 왕재수는 경찰관이 자신에게 "뭐 이런 자식이 다 있어?"라고 말했다고 하는데 어떤가요.

답 네, 왕재수가 차에서 내려서 "내렸다. 어쩔래?"라고 하면서 경찰관한테 대들었는데, 경찰관은 그냥 왕재수를 쳐다보다가 뒤돌아서면서 혼잣말로 그런 말을 했던 것 같습니다.

문 피의자도 왕재수와 같이 경찰관을 폭행한 것인가요.

답 그건 절대 아닙니다. 평소 왕재수가 성격이 좀 급합니다. 그래서 왕재수가 흥분하여 차에서 내리자 일이 커질 것 같아서 왕재수를 말리려고 저도 따라 내리기는 했습니다.

그러나 왕재수의 어깨를 잡고 '그만해라'고 말렸을 뿐, 경찰관을 폭행하거나 경찰관의 단속에 항의하지는 않았습니다.

문 이상의 진술에 대하여 이의나 의견이 있나요.

답 **없습니다.**

다만, 마지막으로 하고 싶은 이야기가 있습니다. 제가 아직 결혼을 하지 않은 상태에서 보증금 2천만원에 월세 50만원의 셋방에서 어머니를 모시고 살고 있습니다. 어머니는 오랫동안 관절염으로 고생하고 계시는데 병원

메모:10
소장의 위법성 사유로서 비례원칙 위반(특히, 상당성)이나 위헌법률심판제청신청서의 위헌성 사유로서 과잉금지원칙위반(특히, 법익의 균형성)에서 주장할 내용이다.

치료비나 약값으로 매달 50만원쯤 들어갑니다. 지금도 제가 카센터에서 받는 월급 200만원으로 살아가기가 너무나 빠듯합니다. 그런데 [이번 일로 만약 직장을 잃게 되면 당장 먹고 살 길이 정말 막막하고, 아무리 생각해봐도 어머니 치료비나 약값을 마련할 길이 없습니다.] 다시는 도로에서 다른 운전자에게 폐를 끼치는 행동을 하지 않을 테니 이번 한번만 용서해주시기 바랍니다. 죄송합니다.]

메모:12
이 사건에서 김정비에 관해 제한되는 기본권(직업의 자유)을 유추할 수 있다. 운전면허를 필요적으로 취소하도록 함으로써 운전을 생업으로 하는 김정비에 대하여는 직업의 자유를 제한하게 된다.

위의 조서를 진술자에게 열람하게 하였던바, 진술한 대로 오기나 증감·변경할 것이 전혀 없다고 말하므로 간인한 후 서명무인하게 하다.

진술자 김 정 비 (무인)

2017. 7. 31.

서울강서경찰서
사법경찰관 경위 **정 사 경** ㉑
사법경찰리 경사 **양 사 범** ㉑

서울남부지방법원

공 판 조 서

제 1 회

사 건	2017고단10623 공무집행방해등		
판 사	이진오	기 일 :	2017. 10. 11. 10:00
		장 소 :	제405호 법정
		공개 여부 :	공개
법원사무관	최봉철	고 지 된	
		다음기일 :	2017. 11. 8. 15:00

피 고 인	1. 왕재수 2. 김정비	각 출석
검 사	이유진	출석
변 호 인	법무법인 필승 담당변호사 김정상 (피고인 1, 2를 위하여)	출석

판사

피고인들은 진술을 하지 아니하거나 각개의 물음에 대하여 진술을 거부할 수 있고, 이익되는 사실을 진술할 수 있음을 고지

판사의 인정신문

성 명 : 1. 왕재수 2. 김정비

주민등록번호 : 각 공소장 기재와 같음

직 업 : 〃

주 거 : 〃

등록기준지 : 〃

판사

피고인들에 대하여

주소가 변경될 경우에는 이를 법원에 보고할 것을 명하고, 소재가 확인되지 않을 때에는 피고인들의 진술 없이 재판할 경우가 있음을 경고

검사

공소장에 의하여 공소사실, 죄명, 적용법조 낭독

변론속행

2017. 10. 11.

법 원 사 무 관　　최봉철 ㉞

판　　　　사　　이진오 ㉞

참 고 법 령

메모:41
법률이 아니라 시행규칙만 제공하고 있으므로 실제 관련 법률 조항은 주어진 법전을 보고 직접 찾아야 한다.

「도로교통법 시행규칙」 (발췌)

제53조(운전면허에 따라 운전할 수 있는 자동차 등의 종류) 법 제80조제2항에 따라 운전면허를 받은 사람이 운전할 수 있는 자동차등의 종류는 별표 18과 같다.

메모:44
면허 취소와 정지는 원칙적으로 기속행위가 아닌 재량행위임을 알 수 있다.

제91조(운전면허의 취소·정지처분 기준 등) ① 법 제93조에 따라 운전면허를 취소 또는 정지시킬 수 있는 기준(교통법규를 위반하거나 교통사고를 일으킨 경우 그 위반 및 피해의 정도 등에 따라 부과하는 벌점의 기준을 포함한다)과 법 제97조 제1항에 따라 자동차 등의 운전을 금지시킬 수 있는 기준은 별표 28과 같다.

② 법 제93조 제3항에 따른 연습운전면허의 취소기준은 별표 29와 같다.

③ 연습운전면허를 받은 사람에 대하여는 별표 28의 기준에 의한 벌점을 관리하지 아니한다.

④ 경찰서장 또는 도로교통공단은 운전면허를 받은 사람이 제1항 및 제2항에 따른 취소사유에 해당하는 경우에는 즉시 그 사람의 인적사항 및 면허번호 등을 전산입력하여 지방경찰청장에게 보고하여야 한다.

메모:35
운전면허 정지, 취소의 경우 본 처분에 앞서 반드시 사전통지해야 함을 알 수 있다.

제93조(운전면허의 정지·취소처분 절차) ① 지방경찰청장 또는 경찰서장이 법 제93조[3]에 따라 운전면허의 취소 또는 정지처분을 하려는 때에는 별지 제81호 서식의 운전면허정지·취소처분사전통지서를 그 대상자에게 발송 또는 발급하여야 한다. 다만, 그 대상자의 주소 등을 통상적인 방법으로 확인할 수 없거나 발송이 불가능한 경우에는 운전면허대장에 기재된 그 대상자의 주소지를 관할하는 경찰관서의 게시판에 14일간 이를 공고함으로써 통지를 대신할 수 있다. ② 제1항에 따라 통지를 받은 처분의 상대방 또는 그 대리인은 지정된

---

3) 도로교통법 제93조(운전면허의 취소·정지) ① 지방경찰청장은 운전면허(연습운전면허는 제외한다. 이하 이 조에서 같다)를 받은 사람이 다음 각 호의 어느 하나에 해당하면 행정안전부령으로 정하는 기준에 따라 운전면허(운전자가 받은 모든 범위의 운전면허를 포함한다. 이하 이 조에서 같다)를 **취소하거나 1년 이내의 범위에서 운전면허의 효력을 정지시킬 수 있다.** 다만, 제2호, 제3호, 제7호부터 제9호까지(정기 적성검사 기간이 지난 경우는 제외한다), **제14호**, 제16호부터 제18호까지, 제20호의 **규정에 해당하는 경우에는 운전면허를 취소하여야 한다.**
1. 제44조제1항을 위반하여 술에 취한 상태에서 자동차등을 운전한 경우
2. 제44조제1항 또는 제2항 후단을 위반(자동차등을 운전한 경우로 한정한다. 이하 이 호 및 제3호에서 같다)한 사람이 다시 같은 조 제1항을 위반하여 운전면허 정지 사유에 해당된 경우
3. 제44조제2항 후단을 위반하여 술에 취한 상태에 있다고 인정할 만한 상당한 이유가 있음에도 불구하고 경찰공무원의 측정에 응하지 아니한 경우
4. 제45조를 위반하여 약물의 영향으로 인하여 정상적으로 운전하지 못할 우려가 있는 상태에서 자동차등을 운전한 경우
5. **제46조 제1항을 위반하여 공동 위험행위를 한 경우**

생략

14. 이 법에 따른 교통단속 임무를 수행하는 경찰공무원등 및 시·군공무원을 폭행한 경우

일시에 출석하거나 서면으로 이의를 제기할 수 있다. 이 경우 지정된 기일까지 이의를 제기하지 아니한 때에는 이의가 없는 것으로 본다.

③ 지방경찰청장 또는 경찰서장은 법 제93조에 따라 운전면허의 정지 또는 취소처분을 결정한 때에는 별지 제82호서식의 운전면허정지·취소처분결정통지서를 그 처분의 대상자에게 발송 또는 발급하여야 한다. 다만, 그 처분의 대상자가 소재불명으로 통지를 할 수 없는 때에는 운전면허대장에 기재된 그 대상자의 주소지를 관할하는 경찰관서의 게시판에 14일간 이를 공고함으로써 통지를 대신할 수 있다.

④ 운전면허의 취소대상자 또는 정지대상자(1회의 법규위반 또는 교통사고로 운전면허가 정지되는 사람에 한한다)로서 법 제138조에 따라 법규위반의 단속현장이나 교통사고의 조사과정에서 국가경찰공무원 또는 제주특별자치도의 자치경찰공무원(이하 "자치경찰공무원"이라 한다)으로부터 운전면허증의 제출을 요구받은 사람은 구술 또는 서면으로 이의를 제기할 수 있다. 다만, 운전면허의 취소 또는 정지처분이 결정된 사람의 경우에는 그러하지 아니하다.

⑤ 국가경찰공무원 또는 자치경찰공무원은 제2항 및 제4항에 따라 처분의 상대방 또는 그 대리인이 구두로 이의를 제기하는 때에는 그 내용을 별지 제83호서식의 진술서에 기재하고, 처분의 상대방 등으로 하여금 확인하게 한 후 서명 또는 날인하게 하여야 한다. 다만, 법 제44조의 규정을 위반하여 운전면허의 취소 또는 정지처분을 받아야 하는 사람이 이의를 제기하는 때에는 별지 제84호 서식의 주취운전자정황진술보고서에 기재한 후 서명 또는 날인하게 하여야 한다.

⑥ 지방경찰청장은 운전면허가 취소된 사람이 그 처분의 원인이 된 교통사고 또는 법규위반에 대하여 무혐의 불기소처분을 받거나 무죄의 확정판결을 받은 경우 도로교통공단에 즉시 그 내용을 통보하고, 도로교통공단은 즉시 취소당시의 정기적성검사기간, 운전면허증 갱신기간 또는 연습운전면허의 잔여기간을 유효기간으로 하는 운전면허증을 새로이 발급하여야 한다.

[별표 18]

운전할 수 있는 차의 종류(제53조 관련)

운전면허			운전할 수 있는 차량
종별	구 분		
제1종	대형면허		1. 승용자동차 2. 승합자동차 3. 화물자동차 4. 긴급자동차 5. 건설기계 가. 덤프트럭, 아스팔트살포기, 노상안정기 나. 콘크리트믹서트럭, 콘크리트펌프, 천공기(트럭 적재식) 다. 콘크리트믹서트레일러, 아스팔트콘크리트재생기 라. 도로보수트럭, 3톤 미만의 지게차 6. 특수자동차[대형견인차, 소형견인차 및 구난차(이하 "구난차 등"이라 한다)는 제외한다] 7. 원동기장치자전거
	보통면허		1. 승용자동차 2. 승차정원 15명 이하의 승합자동차 3. 승차정원 12명 이하의 긴급자동차(승용자동차 및 승합자동차로 한정한다) 4. 적재중량 12톤 미만의 화물자동차 5. 건설기계(도로를 운행하는 3톤 미만의 지게차로 한정한다) 6. 총중량 10톤 미만의 특수자동차(구난차등은 제외한다) 7. 원동기장치자전거
	소형면허		1. 3륜화물자동차 2. 3륜승용자동차 3. 원동기장치자전거
	특수면허	대형견인차	1. 견인형 특수자동차 2. 제2종 보통면허로 운전할 수 있는 차량
		소형견인차	1. 총중량 3.5톤 이하의 견인형 특수자동차 2. 제2종 보통면허로 운전할 수 있는 차량

		구난차	1. 구난형 특수자동차 2. 제2종보통면허로 운전할 수 있는 차량
제2종	보통면허		1. 승용자동차 2. 승차정원 10명 이하의 승합자동차 3. 적재중량 4톤 이하의 화물자동차 4. 총중량 3.5톤 이하의 특수자동차(구난차등은 제외한다) 5. 원동기장치자전거
	소형면허		1. 이륜자동차(측차부를 포함한다) 2. 원동기장치자전거
	원동기장치 자전거면허		원동기장치자전거
연습 면허	제1종 보통		1. 승용자동차 2. 승차정원 15명 이하의 승합자동차 3. 적재중량 12톤 미만의 화물자동차
	제2종 보통		1. 승용자동차 2. 승차정원 10명 이하의 승합자동차 3. 적재중량 4톤 이하의 화물자동차

비고

1. 「자동차관리법」 제30조에 따라 자동차의 형식이 변경승인되거나 같은 법 제34조에 따라 자동차의 구조 또는 장치가 변경승인된 경우에는 다음의 구분에 따른 기준에 따라 이 표를 적용한다.
   가. 자동차의 형식이 변경된 경우: 다음의 구분에 따른 정원 또는 중량 기준
      1) 차종이 변경되거나 승차정원 또는 적재중량이 증가한 경우: 변경승인 후의 차종이나 승차정원 또는 적재중량
      2) 차종의 변경 없이 승차정원 또는 적재중량이 감소된 경우: 변경승인 전의 승차정원 또는 적재중량
   나. 자동차의 구조 또는 장치가 변경된 경우 : 변경승인 전의 승차정원 또는 적재중량

2. 별표 9 (주) 제6호 각 목에 따른 위험물 등을 운반하는 적재중량 3톤 이하 또는 적재용량 3천리터 이하의 화물자동차는 제1종 보통면허가 있어야 운전을 할 수 있고, 적재중량 3톤 초과 또는 적재용량 3천리터 초과의 화물자동차는 제1종 대형면허가 있어야 운전할 수 있다.
3. 피견인자동차는 제1종 대형면허, 제1종 보통면허 또는 제2종 보통면허를 가지고 있는 사람이 그 면허로 운전할 수 있는 자동차(「자동차관리법」 제3조에 따른 이륜자동차는 제외한다)로 견인할 수 있다. 이 경우, 총중량 750킬로그램을 초과하는 3톤 이하의 피견인자동차를 견인하기 위해서는 견인하는 자동차를 운전할 수 있는 면허와 소형견인차면허 또는 대형견인차면허를 가지고 있어야 하고, 3톤을 초과하는 피견인자동차를 견인하기 위해서는 견인하는 자동차를 운전할 수 있는 면허와 대형견인차면허를 가지고 있어야 한다.

[별표 28]

운전면허 취소 · 정지처분 기준(제91조 제1항 관련)

1. (생략)
2. 취소처분 개별기준(발췌)

일련번호	위반사항	적용법조 (도로교통법)	내 용
6의2	공동위험행위	제93조	●법 제46조 제1항을 위반하여 공동위험행위로 구속된 때

3. 정지처분 개별기준(발췌)

가. 이 법이나 이 법에 의한 명령을 위반한 때

위 반 사 항	적용법조 (도로교통법)	벌점
4. 정차·주차위반에 대한 조치불응(단체에 소속되거나 다수인에 포함되어 경찰공무원의 3회이상의 이동명령에 따르지 아니하고 교통을 방해한 경우에 한한다)	제35조 제1항	40
4의2. 공동위험행위로 형사입건된 때	**제46조 제1항**	
4의3. 난폭운전으로 형사입건된 때	제46조의3	
5. 안전운전의무위반(단체에 소속되거나 다수인에 포함되어 경찰공무원의 3회 이상의 안전운전 지시에 따르지 아니하고 타인에게 위험과 장해를 주는 속도나 방법으로 운전한 경우에 한한다)	제48조	
6. 승객의 차내 소란행위 방치운전	제49조 제1항 제9호	
7. 출석기간 또는 범칙금 납부기간 만료일부터 60일이 경과될 때까지 즉결심판을 받지 아니한 때	제138조 및 제165조	

메모:5
별표 28의 법적 성격과 관련하여, 형식은 시행규칙(부령)에 딸려 있으나 그 성질은 행정기관 내부의 사무처리준칙을 규정한 것에 불과한 것으로 대외적으로 국민이나 법원을 직접 기속하는 효력을 가지는 것은 아니다.

메모:37
위헌법률심판청제청과 관련하여, 심판대상 법조문(도로교통법 제93조 제1항 단서 중 제14호)을 보면, 같은 항에 규정된 **임의적 취소사유**에 해당하는 약물의 영향으로 운전을 정상적으로 하지 못하는 경우(제4호), 교통사고로 사람을 사상한 후 필요한 조치 또는 신고를 하지 아니한 경우(제6호), 자동차 등을 이용하여 살인 또는 강간 등 부령으로 정하는 범죄행위를 한 경우(제11호)보다, **이 사건 14호 조항(경찰관 폭행)**에서 정하고 있는 행위의 반사회성, 가벌성의 정도가 훨씬 작음에도 이를 동일하게 필요적 취소사유로 규정하고 있는바, 이는 같은 것은 같게, 다른 것은 다르게라는 평등원칙에 위반된다고 주장 가능하다.

메모:14
이 사건 위헌법률심판제청 대상 법률조항을 유추할 수 있다. 위헌심판제청 대상은 **효과조항(도로교통법 제93조 제1항 제5호)이 주되고, 부수적으로 금지조항(제46조 제1항)**이다. 그러므로, 제46조 제1항만 잘 추적하여도 주된 심판대상인 금지되는 공동위험행위의 효과조항에 해당하는 제93조 제1항 제5호를 잘 찾아 낼 수 있다.

메모:6
시행규칙 별표 28의 법규성이 인정되지 않는 사무처리기준에 불과할지라도, 별표 28의 개별기준에 따르면 공동위험행위로 형사 입건된 경우는 정지사유이고, 구속된 경우가 취소사유인바, 원고 김정비는 불구속상태로 공동위험행위에 관한 종전 처분기준이나 관행보다 특별히 중하게 취급할 이유가 없는데도 원고 김정비에게 별표 처분기준과 달리 더 중한 취소처분을 내린 것은 자기구속원칙 위반에 해당한다. 나아가, 자기구속원칙위반이외에도 비례원칙 위반으로 인한 재량권일탈남용 심사도 반드시 해주어야 하다.

[별표 6]

행정법원의 관할구역

고등법원	행정법원	관할구역
서울	서울	서울특별시

[별표 9]

행정사건을 심판하는 춘천지방법원 및 춘천지방법원 강릉지원의 관할구역

명 칭	관 할 구 역
춘천지방법원	춘천지방법원의 관할구역 중 강릉시·동해시·삼척시·속초시·양양군·고성군을 제외한 지역
춘천지방법원 강릉지원	강릉시·동해시·삼척시·속초시·양양군·고성군

참고자료 - 달력

■ 2016년 1월 ~ 2017년 2월

2016년 1월

일	월	화	수	목	금	土
					1	2
3	4	5	6	7	8	9
10	11	12	13	14	15	16
17	18	19	20	21	22	23
24/31	25	26	27	28	29	30

2016년 2월

일	월	화	수	목	금	土
	1	2	3	4	5	6
7	8	9	10	11	12	13
14	15	16	17	18	19	20
21	22	23	24	25	26	27
28	29					

2016년 3월

일	월	화	수	목	금	土
		1	2	3	4	5
6	7	8	9	10	11	12
13	14	15	16	17	18	19
20	21	22	23	24	25	26
27	28	29	30	31		

2016년 4월

일	월	화	수	목	금	土
					1	2
3	4	5	6	7	8	9
10	11	12	13	14	15	16
17	18	19	20	21	22	23
24	25	26	27	28	29	30

2016년 5월

일	월	화	수	목	금	土
1	2	3	4	5	6	7
8	9	10	11	12	13	14
15	16	17	18	19	20	21
22	23	24	25	26	27	28
29	30	31				

2016년 6월

일	월	화	수	목	금	土
			1	2	3	4
5	6	7	8	9	10	11
12	13	14	15	16	17	18
19	20	21	22	23	24	25
26	27	28	29	30		

2016년 7월

일	월	화	수	목	금	土
					1	2
3	4	5	6	7	8	9
10	11	12	13	14	15	16
17	18	19	20	21	22	23
24/31	25	26	27	28	29	30

2016년 8월

일	월	화	수	목	금	土
	1	2	3	4	5	6
7	8	9	10	11	12	13
14	15	16	17	18	19	20
21	22	23	24	25	26	27
28	29	30	31			

2016년 9월

일	월	화	수	목	금	土
				1	2	3
4	5	6	7	8	9	10
11	12	13	14	15	16	17
18	19	20	21	22	23	24
25	26	27	28	29	30	

2016년 10월

일	월	화	수	목	금	土
						1
2	3	4	5	6	7	8
9	10	11	12	13	14	15
16	17	18	19	20	21	22
23/30	24/31	25	26	27	28	29

2016년 11월

일	월	화	수	목	금	土
		1	2	3	4	5
6	7	8	9	10	11	12
13	14	15	16	17	18	19
20	21	22	23	24	25	26
27	28	29	30			

2016년 12월

일	월	화	수	목	금	土
				1	2	3
4	5	6	7	8	9	10
11	12	13	14	15	16	17
18	19	20	21	22	23	24
25	26	27	28	29	30	31

2017년 1월

일	월	화	수	목	금	土
1	2	3	4	5	6	7
8	9	10	11	12	13	14
15	16	17	18	19	20	21
22	23	24	25	26	27	28
29	30	31				

2017년 2월

일	월	화	수	목	금	土
			1	2	3	4
5	6	7	8	9	10	11
12	13	14	15	16	17	18
19	20	21	22	23	24	25
26	27	28				

2019년도 제8회

변호사시험

공법 기록형 문제

2019년도 제8회 변호사시험 문제

목 차

【 문 제 】

Ⅰ. 행정소장 및 행정심판청구서의 작성 (50점)

1. 행정소장의 작성 (35점)

의뢰인 박시훈을 위하여 법무법인 우보의 담당변호사 입장에서 취소소송의 소장을 첨부된 양식에 따라 아래 사항을 준수하여 작성하시오.

가. 첨부된 행정소장 양식의 ①부터 ⑤까지의 부분에 들어갈 내용만 기재할 것

나. "2. 이 사건의 소의 적법성" 부분(③)에서는 **대상적격, 피고적격 및 전심절차만을 기재**할 것

다. "3. 이 사건 처분의 위법성" 부분(④)에서는 기존 판례 및 학설의 입장에 비추어 설득력 있는 주장을 중심으로 작성하되, 근거법령의 위헌·위법성에 관하여는 기재하지 말 것

라. 소장의 작성 및 제출일은 2018. 6. 8.이며, 관할법원(⑤)은 **행정소송법 제9조 제1항에 따른 법원**을 기재할 것

메모:23 답안 작성 요청한 부분 이외의 쓸데없는 부분은 적시하지 말아야 한다.

메모:24 마찬가지로, 원고적격, 청구기간 등은 적시 대상이 아님에 주의해야 한다.

메모:25 이 사건과 같은 공무원 징계사건의 경우 행정심판 전치주의가 적용됨을 암시한다.

메모:43 관련 판례 태도를 답안지에 언급해야만 주어진 배점을 모두 받을 수 있음을 암시한다.

메모:45 행정소송법 제9조 제1항에 의한 관할을 특별히 묻고 있으므로 피고 행정청 소재지인 세종특별자치시를 관할하는 지방법원 본원인 대전지방법원이 관할이 된다. 따라서, 중앙행정기관 등의 특례로서 예외적으로 서울행정법원에 관할이 인정되는 경우로 기재하여서는 아니 된다.

2. 행정심판청구서의 작성 (15점)

의뢰인 박시훈을 위하여 법무법인 우보의 담당변호사 입장에서 취소심판청구서를 첨부된 양식에 따라 아래 사항을 준수하여 작성하시오.

가. 첨부된 행정심판청구서 양식의 ①부터 ④까지의 부분에 들어갈 내용만 기재할 것

나. "3. 이 사건 처분의 위법·부당성" 부분(③)에서는 **비공개사유에 해당하지 않는 이유에 대해서 기존 판례 및 학설의 입장**에 비추어 설득력 있는 주장을 중심으로 작성할 것

메모:1
관련 판례 태도를 답안지에 언급해야만 주어진 배점을 모두 받을 수 있음을 암시한다.

다. 행정심판청구서 작성일(④, 제출일과 동일함)은 **법령상 허용되는 청구기간** 내 최종일을 기재할 것

메모:26
행정심판청구의 경우 행정심판기간을 특별히 강조하고 있다.

Ⅱ. 헌법소원심판청구서의 작성 (50점)

의뢰인 박시훈을 위하여 법무법인 우보의 담당변호사 입장에서 헌법소원심판청구서를 첨부된 양식에 따라 아래 사항을 준수하여 작성하시오.

가. 첨부된 헌법소원심판청구서 양식의 ①부터 ⑤까지의 부분에 들어갈 내용만 기재할 것

나. "청구취지" 부분(②)에서 심판대상조항의 개정연혁은 기재하지 말 것

다. "2. 이 사건 청구의 적법성" 부분(③)에서는 **재판의 전제성만 기재할 것**

메모:27
재판의 전제성 이외에 다른 부분은 적시할 필요가 없다.

라. 헌법소원심판청구서 작성일(⑤, 제출일과 동일함)은 법령상 허용되는 청구기간 내 최종일을 기재할 것

메모:44
헌재법 제68조 제2항 위헌심사형헌법소원의 청구기간은 **위헌제청신청 기각결정문을 송달받은 날로부터 30일 이내**임을 주의해야 한다.

【 행정소장 양식 】

소　　장

원　고 (생략)

피　고 [①]
주소 · 연락처 (생략)

사건명 (생략)

청 구 취 지

[②]

청 구 원 인

1. 이 사건 처분의 경우 (생략)

2. 이 사건 소의 적법성

[③]

3. 이 사건 처분의 위법성

[④]

4. 결 론 (생략)

입 증 방 법 (생략)

첨 부 서 류 (생략)

2018. 6. 8.

원고 소송대리인 (생략)

[⑤] **귀중**

【 행정심판청구서 양식 】

행정심판청구서

청 구 인 (생략)

피청구인 (생략)

청 구 취 지

①

청 구 이 유

1. 이 사건 처분의 경위 (생략)

2. 이 사건 청구기간의 준수

②

3. 이 사건 처분의 위법·부당성

③

4. 결 론 (생략)

증 거 서 류 (생략)

첨 부 서 류 (생략)

④ ○○○○. ○○. ○○.

청구인 대리인 (생략)

중앙행정심판위원회 귀중

【 헌법소원심판청구서 양식 】

헌법소원심판청구서

청구인 ①

주소 · 연락처 (생략)

메모:52
7회 변시와 달리 8회 변시에서는 청구인 대리인의 주소, 연락처 등을 생략하라고 되어 있다. 다만, 차회 변시에서 언제든 다시 나올 수 있다.

청 구 취 지

②

당 해 사 건 (생략)

위헌이라고 해석되는 조항 (생략)

청 구 이 유

1. 사건의 개요 (생략)

2. 이 사건 청구의 적법성

③

3. 위헌이라고 해석되는 이유

④

4. 결 론 (생략)

첨 부 서 류 (생략)

⑤ ○○○○. ○○. ○○.

청구인 대리인 (생략)

헌법재판소 귀중

수입번호 2018-108	법 률 상 담 일 지		2018. 5. 31.
의 뢰 인	박시훈	의뢰인 전화	043) 456-6789
의 뢰 인 주 소	청주시 흥덕구 분평로 23 흥덕빌라 105호	의뢰인 e-mail	psh@korea.kr
상 담 내 용			

1. 의뢰인은 교육부 고등교육정책실의 6급 일반직 **공무원**이다. **국가공무원법상 집단행위금지의무 위반과 정당가입금지의무 위반을 이유로 정직 3월의 징계처분**을 받았고 이에 불복하여 소청심사를 거쳤지만 기각결정을 받았다. 의뢰인이 징계처분 등을 받게 된 경위는 아래와 같다.

2. 의뢰인과 같은 고등교육정책실 소속 일반직 공무원인 김동욱은 2017. 10. 1. "개고기 식용을 결사반대한다."라는 제목으로 개가 불법 도축되는 것을 고발하는 의미에서 김동욱 본인이 강아지 탈을 쓰고 잔인하게 도축되는 장면을 **연출한 퍼포먼스를 동영상으로 촬영하여 유튜브에 올렸다.**

3. 교육부 고등교육정책실 이연중 과장은 2017. 11. 1. 위와 같은 행위가 공무원으로서 품위를 손상한다고 지적하면서 김동욱에게 이미 올린 동영상을 삭제하고 향후 이러한 행위를 중단할 것을 지시하였다. 그러나 김동욱은 이를 거부하였고 이후에도 지속적으로 유튜브에 같은 취지의 동영상을 올렸다. 이에 교육부장관은 2017. 11. 28. 김동욱을 직위해제하고 업무에서 배제했다.

4. 의뢰인은 김동욱이 평소의 소신을 밝힌 것뿐인데 직위해제처분까지 한 것은 지나치다고 보고 2018. 1. 3.부터 직위해제를 비판하는 내용으로 같은 교육부 6급 공무원 최강우 등과 함께 팻말을 들고 **릴레이 1인 피켓팅 시위**를 하는 한편, SNS에도 이와 같은 취지의 글을 릴레이로 올렸다. 의뢰인과 최강우는 개고기 식용에 반대하는 정당인 '동물보호당'에도 가입하였다.

5. 릴레이 1인 피켓팅 시위와 SNS 글 올리기에 참여했던 의뢰인은 국가공무원법상 집단행위금지의무 위반과 정당가입금지의무 위반을 이유로 징계절차에 회부되었고, 중앙징계위원회 회의에 출석하라는 통지서를 2018. 2. 28. 수령하였다. 의뢰인은 **변호사를 선임하여 2018. 3. 2. 열리는 중앙징계위원회에 함께 참석하고자 하였으나, 중앙징계위원회 사무국 직원이 변호사의 출입을 저지**하여 결국 의뢰인만 참석한 상태에서 회의가 개최되었다.

메모:2
공무원의 지위의 이중성이 문제될 수 있다. 즉, 공무원은 국민 전체에 대한 봉사자라는 공직자인 동시에 기본권 주체인 국민의 한 사람이라는 이중적 지위를 가지고(공무원 지위의 특수성), 헌법 7조 2항은 공무원의 정치적 중립을 규정하여 공무원의 당파성을 막고 있는바, 이러한 특수신분관계에서 오는 기본권의 제한문제를 정당가입금지로 인한 정당가입의 자유 제한 관계를 어떻게 풀어 나갈지를 고민해야 한다.

메모:4
'집단행위금지'에 비추어, 이 사건에 문제되는 기본권은 헌법 제21조 '표현의 자유'임을 유추할 수 있으며, '집단행위금지의무'의 용어 자체도 지나치게 포괄적이고, 추상적인 용어로서 명확성 원칙도 문제됨을 추단할 수 있다.

메모:3
'정당가입금지'라는 문구에 비추어, 이 사건에서 문제되는 또 다른 기본권으로 '정당가입의 자유'가 문제됨을 알 수 있다. 헌법 제8조 제1항을 떠올려야 한다.

메모:46
연출한 퍼포먼스를 유튜브에 올린 행위가 문제되므로 마찬가지로 이 사건에 문제되는 기본권은 헌법 제21조 '표현의 자유'임을 알 수 있다.

메모:60
과잉금지 내지 비례 원칙 위배사유임을 암시한다(침해의 최소성 위반).

메모:5
이 사건 취소소송 소장에서 징계처분의 절차상 하자로서, 인사 소청재결 자체에 고유한 절차상 하자가 있음을 암시한다. 즉 공무원징계령 제11조 제2항에서는 징계혐의자에게 충분한 진술을 할 수 있는 기회를 주어야 한다고 규정하고 있고, 판례도 "징계혐의자가 변호사를 선임하여 징계위원회에서 충분히 방어권을 행사하도록 하는 것은 법치국가원리와 적법절차원칙에 입각해서도 보장되어야 하는바, 징계위원회에 변호사 출석을 거부한 것은 위법하다."고 판시한 바 있다(대법원 2018. 3. 13. 선고 2016두33339 판결).

6. 의뢰인은 중앙징계위원회의 심의를 거쳐 교육부장관으로부터 2018. 3. 5. 정직 3월의 징계처분을 받았다. 함께 릴레이 1인 시위에 참여했던 최강우는 표창을 받은 공적 등 별도의 징계감경사유가 없음에도 불구하고 감봉 3월의 징계처분을 받았다.

7. 의뢰인은 위 징계처분에 대해 2018. 4. 2. 소청심사위원회에 소청심사를 청구하였으나, 2018. 4. 20. 기각되었고 이 결정문은 의뢰인과 동거하고 있는 모친에게 2018. 4. 23. 송달되었다. **위 소청심사위원회의 심의·결정에는 개고기 식용을 찬성하는 정당인 '미식가보호당'에 가입되어 있는 하영조 위원이 참여하였다. '미식가보호당'은 정당법에 따라 등록되어 있는 정당이다.**

8. 의뢰인은 징계처분에 대한 취소소송에 활용하기 위해서 2018. 3. 2. 개최된 중앙징계위원회의 회의록을 공개해 줄 것을 청구하였으나, 중앙징계위원회는 **'의사결정과정에 있는 사항 또는 이에 준하는 사항'에 해당한다는 이유로 2018. 4. 30. 비공개결정**을 하였다.

9. 의뢰인의 희망사항
의뢰인은 **징계처분 및 소청심사위원회의 기각결정에 대해서 취소소송을 제기**하고, 아울러 **정보비공개결정에 대해서는 행정심판을 청구**해 줄 것을 요청하고 있다.
한편 **취소소송 진행 중에 국가공무원법상 정당가입금지의무 및 집단행위금지의무 규정**에 대해 필요시 헌법소원도 제기해 줄 것을 바라고 있다.

법무법인 우보 (담당변호사 나형평)
전화 (043) 234-3456 팩스 (043) 345-4567
청주시 서원구 산남로 70번길 20 법조빌딩 204호

메모:47
이 사건 소장 처분의 실체상 위법사유로서, 원고 박시훈의 경우 소외 최강우에 대한 징계처분에 비하여 지나치게 과도한 징계를 받은 원고가 주장할 수 있는 위법성 사유로서 '평등원칙 위반'의 점도 주장해야 함을 암시한다.

메모:48
소장의 절차상 위법사유로서, 소청재결의 고유한 위법사유와 관련하여, **국가공무원법 제10조의2 제1항 제1호는 소청심사위원회위원의 결격사유 중 하나로 정당의 당원을 들고 있는바,** 이 사건에서 소청심사위원회위원으로 원고의 징계사건에 대한 심의·의결에 참여한 하영조가 미식가보호당의 당원이므로 위원 결격사유가 있는 경우에 해당하여 절차상의 하자로서 소청심사위원회 구성에 하자가 있음을 알 수 있다.

메모:49
이 사건 행정심판청구와 관련하여, 판례는 정보공개법 제9조 제1항 제5호의 해석과 관련해서 의사결정과정에 제공된 회의관련 자료나 의사결정과정이 기록된 회의록이라도 의사가 결정되거나 의사가 집행된 경우에는, 의사결정과정에 있는 사항에 준하는 것으로서 예외적으로 비공개대상 정보에 포함될 수 있다고 보고 있으나, 이 같이 **비공개를 주장하기 위해서는 그 공개로 인해 장래 관련 업무의 공정한 수행이 객관적으로 현저하게 지장을 받을 것이라는 '고도의 개연성' 요건을 필요로 하는 바,** 이 사건의 경우 이에 해당하지 않는다고 주장해야 한다.

메모:50
이 사건 취소소송의 대상적격은 '징계처분'과 '소청심사위원회 기각결정' 두 개임을 알 수 있다. 재결은 원칙적으로 항고소송 대상이 아니나, 재결자체에 고유한 하자가 있는 경우에는 재결자체의 취소를 구할 수도 있는데, 사안에서 출제자는 원처분과 재결 모두 취소를 구하라고 요구하고 있다.

메모:51
당해 사건이 계속 중에 관련 근거법률에 대한 위헌법률심판제청신청을 해보고, 그것이 기각되었을 경우 위헌심사형 헌법소원을 하라는 의미이다.

법무법인 우보 내부회의록 (행정소송 및 행정심판용)

일 시: 2018. 6. 1. 16:00 ~ 18:00
장 소: 법무법인 우보 회의실
참석자: 강열정 변호사(송무팀장), 나형평 변호사

강 변호사: 지금부터 수임번호 2018-108호 의뢰인 박시훈 사건에 관하여 행정소송과 행정심판의 성공적 수행을 위한 전략을 강구하고자 합니다. 검토결과를 보고해 주기 바랍니다.

나 변호사: 네, 말씀드리겠습니다. 의뢰인이 받은 징계처분 등에 대하여 취소소송을 법원에 제기하고, 정보비공개결정에 대하여 취소심판을 중앙행정심판위원회에 제기하여 다툴 필요가 있습니다.

> 메모:61 이 사건의 해결방안으로서 본 문제에 대한 답안작성 과제를 안내하고 있다.

강 변호사: 징계처분에 대한 취소소송에 관하여 좀 더 자세히 논의해 봅시다. 징계처분을 내린 사유가 무엇인가요?

나 변호사: 징계사유는 두 가지입니다. 첫째, 의뢰인을 비롯한 공무원 5명이 동료인 김동욱을 위해 팻말을 들고 릴레이 1인 피켓팅 시위를 하고, SNS에 글을 올린 것이 국가공무원법상 집단행위금지의무를 위반했다는 내용입니다. 둘째, 의뢰인이 동물의 권리보호를 강조하는 정당인 동물보호당에 가입한 것은 국가공무원법상 정당가입금지의무를 위반했다는 내용입니다.

> 메모:59 취소소송 소장에서 원고는 '피고가 내린 위와 같은 처분사유에 해당하지 않는다'는 주장을 펼쳐야 한다.

강 변호사: 그와 같은 징계사유에 대해서 다투어 볼 만한 점이 있나요?

나 변호사: 대법원 판례는 국가공무원법 제66조 제1항에 규정된 **'집단행위'**에 해당하려면, 공무원들의 행위가 반드시 같은 시간, 장소에서 행하여져야 하는 것은 아니지만, **공익에 반하는 어떤 목적을 위한 다수인의 행위로서 집단성이라는 표지를 갖추어야만 한다고 해석**함이 타당하다고 보고 있습니다.

> 메모:6 판례에 따르더라도 "집단행위"의 의미 자체가 무엇인지 다시 재해석을 해야 할 정도로 그 개념 지표가 지나치게 추상적이고, 불명확함을 암시한다(명확성원칙 위반).

강 변호사: 그렇다면 이와 같은 판례를 토대로 할 때 의뢰인의 행위가 집단행위에 해당하는지를 상세히 검토할 필요가 있겠네요.

메모:7 이는 의뢰인의 행위가 위 국가공무원법상 집단행위에 해당하지 않는다고 주장해야 함을 암시한다(처분사유의 부존재 내지 사실오인).

나 변호사: 네, 그리고 방금 말씀드린 판례는 국가공무원법상 '집단행위'란 직무전념의무를 해태하는 등의 영향을 가져오는 집단적 행위를 의미한다고 보고 있습니다. 이러한 점도 고려하여 위법성을 주장하려고 합니다.

강 변호사: 다음으로 '정당가입금지'에 대해서 다투어 볼 만한 점이 있나요?

나 변호사: 국가공무원법상 공무원의 정당가입이 금지되어 있는 것은 사실입니다. **이 부분은 취소소송의 소장에 작성하기보다는 국가공무원법상의 해당 규정이 위헌이라는 점을 향후 준비서면에서 주장하려고 합니다.**

메모:8 이상의 힌트대로 '정당가입금지' 부분은 향후 준비서면에서 별도로 다투겠다고 하므로 이 사건 취소소송 소장에서는 문제 삼을 필요가 없음에 주의하자.

강 변호사: 좋습니다. 징계처분의 위법성과 관련하여 위에서 언급한 내용 이외에도 절차적 하자 등 추가적으로 주장할 점은 없는지 검토하기 바랍니다. 징계처분 외에 소청심사결정에 대하여도 불복하여 다툴 필요는 없나요?

메모:65 절차상 하자가 있으니 잘 추출해 보라는 암시이다.

나 변호사: **소청심사위원회의 결정 자체를 취소소송의 대상으로 삼아 볼 만한 사유도 별도로 존재**하는 것으로 보입니다. 따라서 **징계처분 취소소송에 단순병합하여 소청심사위원회 결정에 대한 취소소송도 제기**해 보려고 합니다.

메모:62 재결 자체의 고유한 하자가 있음을 암시한다.

메모:9 이 사건에서 취소소송의 대상적격은 ① 징계처분과 ② 소청심사위원회 기각결정 두 개임을 계속 암시해 주고 있다.

강 변호사: 알겠습니다. 다음으로 **정보비공개결정에 대하여** 이야기해 봅시다. 의뢰인이 공개를 청구했던 정보는 무엇인가요?

나 변호사: 2018. 3. 2. 개최되었던 중앙징계위원회 회의록의 내용입니다. 회의록 내용을 입수할 경우 징계처분에 대한 취소소송 수행에 유용한 증거자료를 수집할 수 있을 것으로 판단됩니다.

강 변호사: 중앙징계위원회가 의뢰인의 정보공개청구에 대해서 비공개결정을 한 이유는 무엇인가요?

나 변호사: 청구대상 회의록에 기재된 발언내용 등이 **'의사결정과정에 있는 사항 또는 이에 준하는 사항'에 해당한다는 것이 이유**입니다.

메모:64 심판청구서 위법성 주장에서는 위 경우에 해당하지 않는다는 주장을 해야 한다.

강 변호사: 비공개결정 전부에 대해서 불복할 예정인가요?

나 변호사: 판례를 참고하여 **인용 가능한 범위에서 일부에 대해서만 불복하는 것이 효율적일 것**으로 생각하고 있습니다.

메모:10 이 사건 행정심판의 청구취지를 **'회의록에 기재된 인적 사항 부분을 제외한 나머지 부분을 취소한다'라는 부분공개의 재결을 구하는 것**으로 하라는 암시이다.

강 변호사: 좋습니다. 정보비공개결정에 대한 **행정심판의 청구기간**도 놓치지 않도록 유의하기 바랍니다.

메모:11 행정심판청구의 경우 행정심판기간에 대해 계속 주의를 하라고 강조하고 있는바, 주어진 법전에서 **행정심판법상 청구기간에 관한 조문인 제27조 제5항과 제58조를 반드시 찾아** 문제되는 쟁점을 찾을 수 있어야 한다.

나 변호사: 네, 행정소송 및 행정심판 준비에 최선을 다하겠습니다. <끝>

담 당 변 호 사 지 정 서

사 건	(생략)
원 고 (청구인)	박시훈
피 고 (피청구인)	(생략)

위 사건에 관하여 당 법무법인은 원고(청구인)의 소송대리인 및 행정심판 대리인으로서 변호사법 제50조 제1항에 의하여 그 업무를 담당할 변호사를 다음과 같이 지정합니다.

담당변호사	변호사 나형평

2018. 5. 31.

법무법인 우보
대표변호사 최공익 [법무법인 牛步]

청주시 서원구 산남로 70번길 20 법조빌딩 204호
전화 (043) 234-3456 팩스 (043) 345-4567

(생략) 귀중

■ 공무원 징계령 [별지 제1호 서식]

공무원 징계의결 또는 징계부가금 부과 의결 요구서

<table>
<tr><td rowspan="3">1. 인적사항</td><td colspan="2">성명 (한글) 박시훈
(한자) 朴時勳</td><td>생년월일
1980. 2. 5.</td></tr>
<tr><td>소속
교육부</td><td>직위(직급)
주무관(6급)</td><td>재직기간
10년</td></tr>
<tr><td colspan="3">주소
청주시 흥덕구 분평로 23 흥덕빌라 105호</td></tr>
<tr><td>2. 징계사유</td><td colspan="3">가. 혐의자는 2018. 1. 3.부터 1. 10.까지 김동욱에 대한 직위해제 처분을 비판하는 내용으로 최강우 등과 함께 릴레이 1인 피켓팅 시위를 하는 한편, SNS에도 이와 같은 취지의 글을 릴레이로 올림으로써 「국가공무원법」 제66조 제1항의 집단행위금지의무를 위반함
나. 혐의자는 「정당법」에 따라 등록되어 있는 정당인 ‘동물보호당’에 가입하여 「국가공무원법」 제65조 제1항의 정당가입금지의무를 위반함</td></tr>
<tr><td rowspan="2">3. 징계의결 또는 징계부가금부과의결 요구권자의 의견</td><td colspan="3">징계의결 요구의견
중징계를 요구함</td></tr>
<tr><td colspan="3">징계부가금 부과 대상 여부
[ ] 해당됨(대상금액: 원/ 배) [V] 해당 없음</td></tr>
</table>

위와 같이 징계의결을 요구합니다.

2018년 2월 20일

교육부장관 교육부 장관인

중앙징계위원회 귀중

■ 공무원 징계령 [별지 제1호의2 서식]

확　인　서

<table>
<tr><td rowspan="2">1. 인적사항</td><td colspan="3">소 속</td><td colspan="2">직 위(직 급)</td><td>성 명</td></tr>
<tr><td colspan="3">교육부</td><td colspan="2">주무관(6급)</td><td>박시훈</td></tr>
<tr><td rowspan="6">2. 비위유형</td><td colspan="6">금품 및 향응 수수 관계 ([ ]해당함, [V]해당 없음)</td></tr>
<tr><td colspan="6">공금의 횡령·유용 관계 ([ ]해당함, [V]해당 없음)</td></tr>
<tr><td colspan="6">성폭력 비위 관계 ([ ]해당함, [V]해당 없음)</td></tr>
<tr><td colspan="6">성매매 비위 관계 ([ ]해당함, [V]해당 없음)</td></tr>
<tr><td colspan="6">성희롱 비위 관계 ([ ]해당함, [V]해당 없음)</td></tr>
<tr><td colspan="6">음주운전 관계 ([ ]해당함, [V]해당 없음)</td></tr>
<tr><td rowspan="2">3. 징계부가금</td><td colspan="6">대상 여부([ ]해당함, [V]해당 없음), 대상금액(　　원,　　배)</td></tr>
<tr><td colspan="3">형사처벌 및 변상책임 이행 상황 등</td><td colspan="3">해당사항 없음</td></tr>
<tr><td rowspan="4">4. 감경 대상 공적 유무 및 감경 대상 비위 해당 여부</td><td colspan="3">공적 사항</td><td colspan="3">징계 사항[불문(경고) 포함]</td></tr>
<tr><td>포상일</td><td>포상 종류</td><td>시행청</td><td>날짜</td><td>종류</td><td>발령청</td></tr>
<tr><td></td><td>해당사항 없음</td><td></td><td></td><td>해당사항 없음</td><td></td></tr>
<tr><td colspan="6">성실한 업무처리 또는 능동적 업무처리 과정에서의 과실로 인한 비위 해당 여부 ([ ]해당함, [V]해당 없음)</td></tr>
<tr><td>5. 혐의자의 평소 행실</td><td colspan="6">혐의자는 평소 성실하게 근무하였으며 과거 징계사실은 없음</td></tr>
<tr><td>6. 근무 성적(최근 2년)</td><td colspan="6">(2016년) 96/100
(2017년) 95/100</td></tr>
<tr><td>7. 그 밖의 사항</td><td colspan="6">해당사항 없음</td></tr>
</table>

메모:34 비례원칙위반여부 심사시 원고에게는 평소 어떠한 비위사실도 없음에도 **이 사건 1회 비위사실로 중징계를 한 것은 필요성과 상당성원칙에 위배**된다는 주장을 해야 한다.

메모:33 비례원칙심사에서 주장할 내용이다.

위 기재 사항이 사실과 다름 없음을 확인합니다.

2018년 2월 19일

작성책임자 교육부 부이사관 최찬희　　　(서명 또는 인)

교육부장관 [교육부 장관인]

조사결과보고서

제2018-13호

수신: 교육부장관

참조: 고등교육정책실장

제목: 혐의자 박시훈의 국가공무원법 위반행위에 대한 조사결과보고

조사일시	2018. 2. 12. - 2. 14.
조사대상	이연중(교육부 4급), 김동욱(교육부 6급), 박시훈(교육부 6급), 최강우(교육부 6급)
조사내용	국가공무원법상 집단행위금지의무 및 정당가입금지의무 위반
중점조사사항	1. 김동욱의 유튜브 활동 2. 이연중의 조치 3. 박시훈과 최강우의 릴레이 1인 피켓팅 시위 및 SNS 활동 4. 박시훈과 최강우의 정당가입
조사결과	1. 김동욱의 유튜브 활동 김동욱은 2017. 10. 1. 19:30 "개고기 식용을 결사 반대한다."라는 제목으로 본인이 강아지 탈을 쓰고 도축되는 장면을 동영상으로 촬영하여 유튜브에 올림 2. 이연중의 조치 이연중 과장은 김동욱에게 유튜브에 올린 동영상을 삭제하도록 하고, 공무원으로서 품위를 유지하기 위해 향후 이러한 행위를 중단하도록 조치하였으나 김동욱이 이를 거부하였다고 함 3. **박시훈과 최강우의 릴레이 1인 피켓팅 시위 및 SNS 활동** **국가공무원법 제66조 제1항에서 "공무원은 노동운동이나 그 밖에 공무 외의 일을 위한 집단 행위를 하여서는 아니 된다."라고 되어 있음에도 박시훈과 최강우는 김동욱에 대한 직위해제처분이 부당하다고 생각하여 다른 동료 3인과 함께 2018. 1. 3.부터 1. 10.까지 퇴근 후 정부세종청사 교육부 건물 앞에서 1인씩 교대로 매일 1시간씩 팻말을 들고 릴레이 피켓팅 시위를 하고, SNS에도 이와 같은 취지의 글을 릴레이로 올림** 4. 박시훈과 최강우의 정당가입 박시훈과 최강우는 국가공무원법 제65조 제1항에 따라 정당가입이 금지되어 있음에도 2018. 1. 8. 및 같은 해 1. 10.에 각각 동물보호당에 입당하였으며, 동물보호당은 정당법에 따라 등록된 정당임

메모:65
이런 행위들은 '국가공무원법이 금지하는 집단행위에 해당하지 않는다'라는 점을 잘 설명해야 한다.

위와 같이 조사결과를 보고합니다.

2018년 2월 14일

보고자: 교육부 운영지원과 4급 이정우

교육부 운영지원과 5급 박경환

■ 공무원 징계령 [별지 제2호 서식]

출석통지서

인적사항	성명	박시훈	소속	교육부
			직위(직급)	주무관(6급)
	주소 청주시 흥덕구 분평로 23 흥덕빌라 105호			

출석 이유	징계위원회 출석 및 진술
출석 일시	**2018년 3월 2일 오전 10시**
출석 장소	세종특별자치시 갈매로 388 정부세종청사 15동 중앙징계위원회 회의실(303호)

유 의 사 항

1. 출석하여 진술하기를 원하지 않을 때에는 아래의 진술권 포기서를 즉시 제출하시기 바랍니다.
2. 사정이 있어 서면진술을 원할 때에는 징계위원회 개최일 전날까지 도착하도록 진술설를 제출하시기 바랍니다.
3. 정당한 사유서를 제출하지 않고 지정된 일시에 출석하지 않거나 서면진술서를 제출하지 않으면 진술할 의사가 없는 것으로 보아 처리합니다.
4. 성실하고 능동적인 업무처리 과정에서 과실로 인하여 징계의결등이 요구된 경우에는 징계위원회에서 징계감면을 받을 수 있으니, 이에 해당한다고 판단하는 경우 적극행정에 대한 증빙자료를 제출하시기 바랍니다.

「공무원 징계령」 제10조에 따라 위와 같이 귀하의 출석을 통지합니다.

2018년 2월 26일

중앙징계위원회 [중앙징계 위 원 회 위원장인]

박 시 훈 귀하

-------------------- 자 르 는 선 --------------------

진술권 포기서

인적사항	성명		소속
			직위(직급)
	주소		

본인은 귀 징계위원회에 출석하여 진술하는 것을 포기합니다.

년 월 일

성명 (서명 또는 인)

중앙징계위원회 귀중

210×297mm[백상지 80g/m^2]

우편송달보고서

증서 2018-제175호　　　　　　　　2018년 2월 26일 발송

송달서류	**출석통지서 1부**
발송자	중앙징계위원회
송달받은 자	박시훈 귀하 청주시 흥덕구 분평로 23 흥덕빌라 105호
영수인	박시훈 (서명)
영수인 서명날인 불능	
①	송달받을 자 본인에게 교부하였다.
~~2~~	송달받을 자가 부재중이므로 사리를 잘 아는 다음 사람에게 교부하였다. 사무원 피용자 동거자
~~3~~	다음 사람이 정당한 사유 없이 송달받기를 거부하므로, 그 장소에 서류를 두었다. 송달받을 자 사무원 피용자 동거자
송달연월일	2018. 2. 28. 17시 40분
송달장소	청주시 흥덕구 분평로 23 흥덕빌라 105호

위와 같이 송달하였다.

2018. 2. 28.

우체국 집배원　　　윤배달 

메모:41
기록 마지막 **참고 법령 중 공무원징계령 제10조 제1항**에서는 징계위원회 개최 **3일 전까지 출석통지서가 통보되어야 한다고 규정.** 이 사건의 경우 징계위원회는 2018. 3. 2. 개최되었고, 그 **2일 전인 2018. 2. 28.에 출석통지서가 원고에게 통보되었으므로 절차상 위법이 존재한다.**

교 육 부

수 신: 박시훈

제 목: 징계처분(정직 3월)

---

1. 귀하의 국가공무원법 위반행위에 대해서 붙임 징계처분 사유설명서와 같은 이유로 아래와 같이 처분합니다.

인적사항	박시훈 교육부 주무관, 6급
징 계	정직 3월 (2018. 3. 10. - 2018. 6. 9.)

2. 이 처분에 불복할 때에는 「국가공무원법」 제76조 제1항에 따라 징계처분 사유설명서를 받은 날부터 30일 이내에 소청심사위원회에 심사를 청구할 수 있습니다.

붙임: 징계처분 사유설명서 1부. 끝.

2018년 3월 5일

교육부장관 [교육부 장관인]

메모:53
처분서에 직인을 찍은 당사자로서 처분을 행한 행정청이 피고가 되는바(행정소송법 제13조 제1항), 이 사건 정직 3월의 처분청은 교육부장관이다. "교육부"라고 기재하면 틀린다.

시행: 2018. 3. 5.

주소: 세종특별자치시 갈매로 388 정부세종청사 14동 301호

전화: (044) 203-2000

■ 공무원 징계령 [별지 제4호 서식]

【√】징계처분
【 】징계부가금 부과처분 **사유설명서**
【 】징계부가금 감면처분

소 속	직 위(직급)	성 명
교육부	주무관(6급)	박시훈

주 문	정직 3월 (2018. 3. 10. - 2018. 6. 9.)
이 유	붙임의 징계 의결서 사본과 같음

「공무원징계령」 제19조에 따라 위와 같이 처분하였음을 통지합니다.

2018년 3월 5일

교육부장관 **교육부 장관인**

붙임: 징계 의결서 1부

유의사항
이 처분에 불복할 때에는 「국가공무원법」 제76조 제1항에 따라 이 사유설명서를 받은 날부터 30일 이내에 소청심사위원회에 심사를 청구할 수 있습니다.

■ 공무원 징계령 [별지 제3호 서식]

징계 의결서

징계혐의자 인적사항	소 속	직 위(직급)	성 명
	교육부	주무관(6급)	박시훈

의결 주문	정직 3월
이 유	- 혐의자는 2018. 1. 3.부터 1. 10.까지 김동욱에 대한 직위해제처분을 비판하는 내용으로 최강우 등과 함께 릴레이 1인 피켓팅 시위를 하는 한편, SNS에도 이와 같은 취지의 글을 릴레이로 올림으로써 「국가공무원법」상 집단행위금지의무를 위반함 - 혐의자는 「정당법」에 따라 등록되어 있는 정당인 동물보호당에 가입하여 「국가공무원법」상 정당가입금지의무를 위반함 - 의무위반의 형태와 정도, 혐의자의 재직기간 등을 종합적으로 고려하여 주문과 같이 양정함 **근거법령** - **국가공무원법 제78조 제1항 제1호, 제65조 제1항, 제66조 제1항**

메모:59 이러한 징계사유에 각각 해당하지 않는다라고 소장에서 주장해야 한다.

메모:35 이 사건 위헌심사형 헌법소원 심판대상 법률에 대한 힌트이므로 유심히 아래 참고법령에서 잘 살펴볼 필요가 있다.

2018년 3월 2일

중앙징계위원회 [중앙징계 위 원 회 위원장인]

우편송달보고서

증서 2018-제193호　　　　　　　　　2018년 3월 5일 발송

송달서류	징계처분서 각 1부
발송자	교육부장관
송달받은 자	박시훈 귀하 청주시 흥덕구 분평로 23 흥덕빌라 105호
영수인	정순자 (서명)
영수인 서명날인 불능	
~~1~~	송달받을 자 본인에게 교부하였다.
②	송달받을 자가 부재중이므로 사리를 잘 아는 다음 사람에게 교부하였다.
	사무원
	피용자
	동거자 정순자 (박시훈의 모)
~~3~~	다음 사람이 정당한 사유 없이 송달받기를 거부하므로, 그 장소에 서류를 두었다.
	송달받을 자
	사무원
	피용자
	동거자
송달연월일	2018. 3. 6. 16시 40분
송달장소	청주시 흥덕구 분평로 23 흥덕빌라 105호

위와 같이 송달하였다.

2018. 3. 7.

우체국 집배원　　　　윤배달 

■ 공무원 징계령 [별지 제5호 서식]

징계 또는 징계부가금 처리 대장

번호	인적사항 및 결과						
	소속	직급	성명	현 소속 직위 / 혐의 당시 소속 직위	혐의 내용	요구자 의견	결과 (의결)
1	교육부	6급	박시훈	주무관 / 주무관	집단행위금지 의무위반 등	중징계	정직 3월 (상동)
2	교육부	6급	최강우	주무관 / 주무관	집단행위금지 의무위반 등	중징계	감봉 3월 (상동)
3	(이하 생략)						

메모:36
소장 이 사건 처분의 위법 사유 중 하나로서 평등원칙 위반의 점을 주장해야 한다. 즉, 서로 유사한 행위를 한 최강우에 대하여 감봉 3월의 처분이 내려진 것과 비교할 때 원고에 대해서 정직 3월의 처분을 한 것은 합리적 차별이라고 보기 어렵다. 참고로, 행정의 자기구속의 원칙은 이번 사례와는 무관한 논점이므로 이를 기재한 경우는 배점이 없다.

번호	처리경위					
	성명	사실조사기간 / 조사자	징계위원회 개최	의결일	의결서 통보일	특기 사항
1	박시후	2018. 2. 12.-2. 14. / 이정우, 박경환	제1회 2018. 3. 2.	2018. 3. 2.	2018. 3. 2.	해당사항 없음
2	최강우	2018. 2. 12.-2. 14. / 이정우, 박경환	제1회 2018. 3. 2.	2018. 3. 2.	2018. 3. 2.	해당사항 없음
3	(이하 생략)					

탄 원 서

수신: 소청심사위원회

세종특별자치시 갈매로 388 정부세종청사 16동 706호

발신: 교육부 행정사무관 강의리 외 10인

저희는 이번에 국가공무원법상 집단행위금지의무 위반과 정당가입금지의무 위반을 이유로 정직 3월의징계처분을 받은 박시훈 주무관과 같은 부처(교육부)에서 근무하는 공무원들입니다.

박 주무관은 같은 고등교육정책실에 근무하는 최강우 주무관 등과 함께 김동욱 주무관의 직위해제처분의 부당성을 주장하는 내용의 릴레이 1인 피켓팅 시위를 하고, 같은 내용의 글을 SNS에 릴레이로 올렸습니다. 박 주무관은 김 주무관이 유튜브를 통해서 개고기를 식용 반대 운동을 했다는 이유로 직위해제를 당하는 모습을 보면서 이를 침묵하는 것이 정의롭지 못하다고 생각하여 그런 행동을 한 것으로 알고 있습니다.

박 주무관은 평소 동료들을 아끼고 힘든 업무도 도맡아서 하는 정말로 성실한 공무원입니다. 이는 박 주무관과 함께 근무한 경험이 있는 교육부 공무원이라면 모두가 인정하는 내용입니다. 이러한 상황을 고려하면 정직 3월의 징계는 너무나 가혹하다고 생각합니다. 직급도 동일하고, 근무기간·근무성적 등이 거의 같은 상황인 최 주무관에게는 감봉 3월의 경징계를 하면서 박 주무관에게만 정직 3월의 중징계를 한 것도 이해할 수 있습니다.

박 주무관은 10여 년간 공무원으로 군무하는 동안 형사처벌이나 징계처분을 받은 사실이 전혀 없고, 최근에 아내와 사별하는 아픔을 겪고 혼자서 노모와 세 자녀를 부양하는 어려운 상황에 있습니다. 이러한 제반 사정을 참작하여 박 주무관에게 최대한 관대하게 처분을 해 주시길 간곡히 부탁드립니다.

> 메모:12
> 소장 이 사건 처분의 위법 사유로서 '재량일탈남용(비례원칙)' 위반 주장시 답안지에 적시할 내용에 해당한다.

2018. 4. 10.

탄원인 교육부 행정사무관 강의리 외 10인 (서명생략)

소 청 심 사 위 원 회
결 정

메모:54
이 사건 소청심사위원회 결정은 재결에 고유한 위법이 있는 경우에 해당하여 취소소송의 대상이 된다(행정소송법 제19조).

사건: 2018-*****

소청인: 박시훈

피소청인: 교육부장관

주 문

소청인의 피소청인에 대한 청구를 기각한다.

이 유

1. 징계처분의 경위

소청인은 2018. 1. 3.부터 1. 10.까지 김동욱에 대한 직위해제처분을 비판하는 내용으로 최강우 등과 함께 팻말을 들고 릴레이 1인 피켓팅 시위를 하는 한편, SNS에도 이와 같은 취지의 글을 릴레이로 올림으로써 「국가공무원법」상 집단행위금지의무를 위반하였고, 「정당법」에 따라 등록되어 있는 정당인 '동물보호당'에 가입하여 「국가공무원법」상 정당가입금지의무를 위반하였다는 이유로 정직 3월의 처분을 받았다.

2. 판단

관련 증거(……생략)에 의하면 소청인이 「국가공무원법」 제66조 제1항의 집단행위금지의무 및 「국가공무원법」 제65조 제1항의 정당가입금지의무 위반행위를 한 사실이 인정된다.

2018. 4. 20.

소청심사위원회 **위원장 김기연 (인)**

위 원 김세윤 (인)
위 원 이희진 (인)
위 원 양영민 (인)
위 원 하영조 (인)
위 원 이승수 (인)
위 원 성주명 (인)
위 원 이윤재 (인)

메모:37
처분을 행한 행정청이 피고가 되는바(행정소송법 제13조 제1항), 이 사건 소청심사 결정의 처분청은 합의제행정기관인 소청심사위원회인 바, 그 표기는 **피고 2. 소청심사위원회 대표자 위원장 김기연이며, "소청심사위원회 위원장"이라고만 기재하면 감점 처리된다.**

우편송달보고서

증서 2018-제203호 2018년 4월 20일 발송

송달서류	소청심사위원회 결정문 1부
발송자	소청심사위원회
송달받은 자	박시훈 귀하 청주시 흥덕구 분평로 23 흥덕빌라 105호
영수인	정순자 (서명)
영수인 서명날인 불능	
~~1~~	송달받을 자 본인에게 교부하였다.
②	송달받을 자가 부재중이므로 사리를 잘 아는 다음 사람에게 교부하였다.
	사무원
	피용자
	동거자 정순자 (박시훈의 모)
~~3~~	다음 사람이 정당한 사유 없이 송달받기를 거부하므로, 그 장소에 서류를 두었다.
	송달받을 자
	사무원
	피용자
	동거자
송달연월일	2018. 4. 23. 16시 40분
송달장소	청주시 흥덕구 분평로 23 흥덕빌라 105호

위와 같이 송달하였다.

2018. 4. 24.

우체국 집배원 윤배달 

메모:13 이 사건 취소소송 소장의 적법성에서 **대상적격, 피고적격, 필요적 전치주의**만 작성하라고 하였으므로, 일반적으로 문제가 되는 제소기간, 원고적격 등 기타 소송요건을 작성하였을 경우 배점은 부여되지 않는다.

중앙징계위원회

수신자 박시훈

제 목 정보 ([ ]공개 [ ]부분 공개 [√]비공개) 결정 통지서

접수번호 (생략)	접수일 2018. 4. 24.

청구 내용	2018. 3. 2.자 혐의자 박시훈에 대한 중앙징계위원회 회의록 중 1) 회의록에 기재된 발언내용 2) 회의록에 기재된 발언내용에 대한 해당 발언자의 인적사항
비공개(전부) 내용 및 사유	1. **청구대상 회의록에 기재된 발언내용 및 그에 대한 해당 발언자의 인적사항은 '의사결정과정에 있는 사항'에 해당하고, 의사결정이 내려진 후라고 하더라도 '의사결정과정에 있는 사항에 준하는 사항'에 해당하며, 공개될 경우 업무의 공정한 수행에 지장을 초래한다고 인정할 만한 상당한 이유가 있는 정보에 해당함** 2. 근거법령: 「공공기관의 정보공개에 관한 법률」 제9조 제1항 제5호

메모:14
이 사건 정보공개 행정심판청구에서는 피청구인이 비공개 사유로 내세운 '공무의 공정한 수행이 객관적으로 현저히 지장을 받을 것이라는 고도의 개연성'이 존재한다고 보기 어렵다는 반박성 주장을 해야 하는바, "비공개에 의하여 보호되는 업무수행의 공정성과 공개에 의하여 보호되는 국민의 알 권리의 보장과 국정에 대한 국민의 참여 및 국정 운영의 투명성 확보 등의 이익을 비교 형량하더라도, 후자의 이익이 전자의 이익보다 더 크다."라고 주장해야 한다.

1. 귀하의 정보공개 청구에 대한 결정내용을 「공공기관의 정보공개에 관한 법률」 제13조 제1항 및 제4항에 따라 위와 같이 통지합니다.
2. 정보공개와 관련된 공공기관의 결정에 대하여 불복하는 경우에는 **처분이 있음을 안 날부터 120일 이내에 행정심판(서면 또는 온라인: www.simpan.go.kr) 또는 행정소송을 제기할 수 있습니다.**

메모:58
90일 이내임에도 이 사건의 경우 처분을 안 날로부터 120일로 잘못 고지하였다.

중앙징계위원회 [중앙징계 위 원 회 위원장인]

기안자 주무관 신순희 검토자 사무관 김원춘 결재권자 부이사관 명유세

시행일 2018. 4. 30.

주소 (생략) /홈페이지 주소 (생략)

전화번호 (생략) /전자우편 주소 (생략) / 공개

우편송달보고서

증서 2018-제210호 2018년 4월 30일 발송

송달서류	**정보비공개결정 통지서** 1부
발송자	중앙징계위원회
송달받은 자	박시훈 귀하 청주시 흥덕구 분평로 23 흥덕빌라 105호
영수인	박시훈 (서명)
영수인 서명날인 불능	
①	송달받을 자 본인에게 교부하였다.
~~2~~	송달받을 자가 부재중이므로 사리를 잘 아는 다음 사람에게 교부하였다.
	사무원
	피용자
	동거자
~~3~~	다음 사람이 정당한 사유 없이 송달받기를 거부하므로, 그 장소에 서류를 두었다.
	송달받을 자
	사무원
	피용자
	동거자
송달연월일	2018. 5. 4. 17시 30분
송달장소	청주시 흥덕구 분평로 23 흥덕빌라 105호

위와 같이 송달하였다.

2018. 5. 8.

우체국 집배원 윤배달 

메모:15

행정심판청구기간과 관련하여, 행정심판법 제27조 제5항에서 행정심판의 청구기간을 규정된 기간보다 긴 기간으로 잘못 알린 경우에는 알린 기간내에 행정심판을 제기하면 청구기간을 준수한 것으로 보는바, 이 사건의 경우 처분을 안 날로부터 120일로 잘못 고지하였는데, **행정처분의 송달일**(2018. 5. 4)**을 기준으로 120일을 계산하면 2018. 9. 1. 토요일 만료되므로, 민법 제161조에 따라 공휴일의 익일인 2018. 9. 3.이 취소심판을 제기할 수 있는 최종일**이 된다.

사실확인서

성명: 홍명변

직업: 변호사 (등록번호 1998-****)

주소: 청주시 서원구 산남로 70번길 24 승소빌딩 407호

본인은 다음과 같이 사실확인을 하는 바입니다.

다 음

본인은 박시훈 주무관으로부터 중앙징계위원회 징계절차의 대리를 위임받은 변호사 홍명변입니다. 본인은 위 위임계약에 따라 2018년 3월 2일 오전 10시부터 열리는 중앙징계위원회에 참석하여 대리를 해 줄 것을 요청받아 당일 오전 9시 45분경 중앙징계위원회 회의장에 들어가려고 하였습니다.

그런데 **중앙징계위원회 사무국 직원인 정상주가 중앙징계위원회에 변호사가 출석하여 발언하는 것은 허용하지 않는다고 하면서 회의장에 들어가는 것을 강력히 저지하였습니다. 이에 대해서 본인은 징계협의자의 방어권 보장을 위해** 변호사의 참여는 당연히 허용되어야 한다고 주장하면서 출입을 허용해 줄 것을 수차례 요청하였으나 회의장에 들어가지 못했습니다. **결국 당일 중앙징계위원회는 징계협의자인 박시훈 주무관만이 참석한 상태에서 개최되었습니다.**

> 메모:16
> 사실확인서나 참고인 진술조서 등도 반드시 활용할 곳이 있다. 이 사건의 경우 취소소송의 절차상 위법 사유로서 청구인 선임 변호인에 대한 피청구인의 참여 불허결정에 따라 원고의 징계처분과 관련된 충분한 방어권 보장이 이뤄지지 않았다고 주장해야 한다.

위의 내용은 사실 그대로임을 확인합니다.

2018. 6. 5.

변호사 홍명변

법무법인 우보 내부회의록 (헌법소원용)

일시: 2018. 8. 9. 14:00 ~ 15:00
장소: 법무법인 우보 회의실
참석자: 강열정 변호사(송무팀장), 나형평 변호사

강 변호사: 위뢰인 박시훈 사건에 대하여 논의하겠습니다. 의뢰인을 대리하여 제기한 위헌법률심판제청신청에 대해 기각결정이 나왔군요. 의뢰인을 위하여 어떤 구제절차를 생각하고 있나요?

나 변호사: 헌법재판소에 헌법소원을 제기해야 할 것 같습니다.

강 변호사: 법원에서 위헌제청신청이 기각되었으니, 헌법재판소로부터 위헌결정을 받을 수 있도록 관계 법령으로 인해 침해되는 의뢰인의 기본권이 무엇인지, 위반되는 헌법원칙이 있는지 등을 면밀히 검토하기 바랍니다.

나 변호사: 네, 잘 알겠습니다.

강 변호사: 국가공무원법상 집단행위금지규정의 **'공무 외의 일을 위한 집단 행위'** 부분은 이미 대법원에서 '공익에 반하는 목적을 위하여 직무전념의무를 해태하는 등의 영향을 가져오는 집단적 행위'로 축소해석하고 있습니다. 그렇다면 위헌성이 어느 정도 해소된 것으로 볼 수 있지 않을까요?

메모:30
'공익'의 의미가 무엇인지('공익'이라는 개념 자체의 추상성 + '공익에 반하는 행위'인지 여부에 대한 판단이 판단주체에 따라 달라짐) 불명확 및 직무전념의무를 해태하는 경우가 무엇인지가 불명확하다. 즉, 이 사건과 같은 릴레이 1인 시위가 '집단행위'에 해당하는지 자체가 불명확하다고 주장해야 한다(참고로 관련 사건에서 원심은 집단행위로 봤으나 대법원은 아니라고 하여 엇갈린 판단을 내림).

나 변호사: 판례가 축소해석하는 것으로 확립되어 있다고 하더라도, **개념의 불명확성 문제가 남아 있는 것으로 보입니다.**

메모:17
명확성 원칙 위반 주장에 관한 힌트이다.

강 변호사: 그렇다면 일단 대법원의 축소해석을 참고하면서도, 위헌성이 있는 부분을 설득력 있게 단순위헌으로 주장해 보기 바랍니다.

메모:29
내부회의록에서 대법원 판례를 참조하라고 하였으므로 대법원 판례를 언급하지 않고 기재한 경우에는 주어진 배점을 다 받을 수 없다.

나 변호사: 네, 잘 알겠습니다.

강 변호사: 이제 **집단행위금지 규정**에 대한 추가적인 논점을 이야기해 봅시다. 김동욱의 직위해제가 부당하다는 취지로 의뢰인이 릴레이 1인 피켓팅 시위를 한 것과 SNS에 글을 올린 것을 정치적 활동이라고 볼 수 있나요?

메모:18 표현의 자유에 관한 과잉금지원칙위반에서 적시할 사항이다.

나 변호사: **정치적 활동을 한 것으로 보기는 어려울 것 같습니다. 의뢰인은 동료인 김동욱에 대한 직위해제가 부당하다는 주장을 한 것이고, 이러한 의뢰인의 행동은 정치적 활동이라기보다는 동료의 징계에 관한 자신의 개인적 견해를 표현한 것으로 보아야 합니다.**

강 변호사: 좋습니다. 다음으로 정당가입으로 인한 의뢰인의 징계 부분을 논의해 봅시다. 어떠한 점에서 **정당가입금지 규정에 위헌성**이 있다고 보이나요?

메모:19 정당가입의 자유에 관한 과잉금지원칙위반에서 적시할 사항이다. 즉 공무원은 이중적 지위를 가지는바, 근무시간 외에는 사인의 지위에서 적절히 정당활동을 할 수 있어야 함에도 이를 **전면적으로 금지**하는 것은 침해최소성에 반한다고 주장해야 한다.

나 변호사: 공무원의 정치적 중립성이 중요하지만, 이를 강조한다고 하더라도 정당가입 자체를 원천적으로 금지**하는 것은 헌법적으로 문제가 있다**고 생각합니다.

강 변호사: 그러면 국가공무원법 조항 외에 관련된 정당법 조항도 심판대상으로 같이 다루어야 하지 않을까요?

나 변호사: 교육부 등 관련 기관에서 징계사유로 정당법 위반을 문제 삼고 있지 않기 때문에 굳이 그럴 필요는 없을 것 같습니다.

강 변호사: 그 쟁점은 그렇게 하지요. 끝으로 일반직 공무원과 기타 집단 간을 비교하여 보는 것은 설득력이 떨어지므로 그 부분은 주장하지 않아도 되겠습니다. 이상으로 오늘 회의를 마치겠습니다. <끝>

메모:39 헌법소원심판청구에서 평등원칙 위반은 주장하지 말라는 이야기이다.

○○○법원

결 정

사건 2018초기186 위헌법률심판제청신청
신청인 박시훈
청주시 흥덕구 분평로 23 흥덕빌라 105호

당해사건 **○○○ 법원 2018구합12345 징계처분등취소**

메모:22
재판의 전제성과 관련하여, 이 사건의 경우 ① 징계처분 취소소송이 법원에 계속 중이고, ② 심판대상조항들은 청구인에 대한 징계처분의 근거가 된 규정으로서 당해소송사건의 재판에 직접 적용되고, ③ 그 조항들의 위헌 여부에 따라 청구인에 대한 징계처분이 취소되는 등 다른 내용의 재판을 하게 되므로 재판의 전제성을 인정할 수 있다. 특히, 법원에 계속 중인 사건번호 **(대전지방법원 2018구합12345 징계처분등취소)**를 정확히 기재하면 좋은 평가가 가능하다.

주 문

신청인의 **위헌법률심판제청신청을 모두 기각**한다.

이 유

(생략)
그렇다면 이 사건 신청은 이유 없으므로 모두 기각하기로 하여 주문과 같이 결정한다.

메모:20
헌재법 제68조 제2항 위헌심사형 헌법소원심판 청구를 하라는 의미이다.

2018. 8. 2.

재판장 판사 김도담 (인)
판사 전정국 (인)
판사 황민현 (인)

송달증명원

사 건	2018초기186 위헌법률심판제청신청
청구인	박시훈
피청구인	(생략)

위 사건에 관하여 (판결, (결정), 명령, 화해조서, 인낙조서, 조정조서, 기타:)에 대한 아래의 신청에 따른 제증명을 발급하여 주시기 바랍니다.

2018. 8. 8.

신청인 박시훈 (인)

필요한 제증명 사항을 신청번호에 ○표하시고,
필요한 통수와 발급 대상자의 성명을 기재합니다.

신청 번호	발급 통수	신청의 종류	비교
1		집행문부여	
(2)	1	송달증명	**2018. 8. 7. 송달**
3		확정증명	
4		승계증명	
5		재판서·조서의 정본·등본·초본	

○○○ 법원 귀중

위 증명문서를 틀림없이 수령하였습니다.	2018. 8. 8.	수령인 박시훈 (인)

메모:21
제68조 제2항 위헌심사형 헌법소원심판 청구 가능 최종일인 2018. 9. 6.이 청구일자가 되는바, 기각 결정문 송달일(8. 7.) **다음날인 8. 8.부터 기산하고 8월은 31일까지 있으므로, 9. 6.이 30일이 되는 마지막 날이다.**

<table>
<tr><td colspan="2">대 리 인 선 임 서</td></tr>
<tr><td>사 건</td><td>(생략)</td></tr>
<tr><td>원 고
(청구인)</td><td>박시훈</td></tr>
<tr><td>피 고
(피청구인)</td><td>(생략)</td></tr>
<tr><td colspan="2">위 사건에 관하여 다음 표시 수입인을 청구인의 대리인으로 선임하고, 다음 표시에서 정한 권한을 수여합니다.</td></tr>
<tr><td>수입인</td><td>법무법인 우보
청주시 서원구 산남로 70번길 20 법조빌딩 204호
전화 (043) 234-3456
팩스 (043) 345-4567</td></tr>
<tr><td>수권사항</td><td>1. 헌법소원심판청구와 관련된 일체의 소송행위
1. (생략)</td></tr>
<tr><td colspan="2">2018. 8. 9.</td></tr>
<tr><td>위 임 인</td><td>박시훈 (인)</td></tr>
<tr><td colspan="2">헌법재판소 귀중</td></tr>
</table>

담 당 변 호 사 지 정 서

사 건	(생략)
원 고 (청구인)	박시훈
피 고 (피청구인)	(생략)

위 사건에 관하여 당 법무법인은 청구인의 대리인으로서 변호사법 제50조 제1항에 의하여 그 업무를 담당할 변호사를 다음과 같이 지정합니다.

담당변호사	변호사 나형평

2018. 8. 9.

법무법인 우보
대표변호사 최공익 법무 법인 牛 步

청주시 서원구 산남로 70번길 20 법조빌딩 204호
전화 (043) 234-3456 팩스 (043) 345-4567

헌법재판소 귀중

참고법령

「국가공무원법」 (발췌)
[시행 2017. 7. 26.] [법률 제14839호, 2017. 7. 26. 개정]

제1조(목적) 이 법은 각급 기관에서 근무하는 모든 국가공무원에게 적용할 인사행정의 근본 기준을 확립하여 그 공정을 기함과 아울러 국가공무원에게 국민 전체의 봉사자로서 행정의 민주적이며 능률적인 운영을 기하게 하는 것을 목적으로 한다.

제9조(소청심사위원회의 설치) ① 행정기관 소속 공무원의 징계처분, 그 밖에 그 의사에 반하는 불리한 처분이나 부작위에 대한 소청을 심사·결정하게 하기 위하여 인사혁신처에 소청심사위원회를 둔다.
②-⑤ <생략>

제10조의2(소청심사위원회위원의 결격사유) ① 다음 각 호의 어느 하나에 해당하는 자는 소청심사위원회의 위원이 될 수 없다.
1. <생략>
2. 「정당법」에 따른 정당의 당원
3. 「공직선거법」에 따라 실시하는 선거에 후보자로 등록한 자
② 소청심사위원회 위원이 제1항 각호의 어느 하나에 해당하게 된 때에는 당연히 퇴직한다.

메모:42
국가공무원법 제10조의2 제1항 제1호에서는 소청심사위원회위원의 결격사유 중의 하나로 정당법에 따른 정당의 당원을 들고 있는바, 이 사건의 경우 소청심사위원회 위원으로 원고의 징계사건에 대한 심의·의결에 참여한 하영조가 미식가보호당의 당원이므로 결격사유가 있음을 알 수 있다.

제14조(소청심사위원회의 결정) ① 소청 사건의 결정은 재적 위원 3분의 2 이상의 출석과 출석 위원 과반수의 합의에 따르되, 의견이 나뉠 경우에는 출석 위원 과반수에 이를 때까지 소청인에게 가장 불리한 의견에 차례로 유리한 의견을 더하여 그 중 가장 유리한 의견을 합의된 의견으로 본다.
②-④ <생략>
⑤ 소청심사위원회의 결정은 다음과 같이 구분한다.
1. 심사 청구가 이 법이나 다른 법률에 적합하지 아니한 것이면 그 청구를 각하한다.
2. 심사 청구가 이유 없다고 인정되면 그 청구를 기각(棄却)한다.
3. 처분의 취소 또는 변경을 구하는 심사 청구가 이유 있다고 인정되면 처분을 취소 또는 변경하거나 처분 행정청에 취소 또는 변경할 것을 명한다.
4. 처분의 효력 유무 또는 존재 여부에 대한 확인을 구하는 심사 청구가 이유 있다고 인정되면 처분의 효력 유무 또는 존재 여부를 확인한다.

5. 위법 또는 부당한 거부처분이나 부작위에 대하여 의무 이행을 구하는 심사 청구가 이유 있다고 인정되면 지체 없이 청구에 따른 처분을 하거나 이를 할 것을 명한다.
⑥-⑨ <생략>

제15조(결정의 효력) 제14조에 따른 소청심사위원회의 결정은 처분 행정청을 기속한다.

제16조(행정소송과의 관계) ① 제75조에 따른 처분, 그 밖에 본인의 의사에 반한 불리한 처분이나 부작위(不作爲)에 관한 행정소송은 소청심사위원회의 심사ㆍ결정을 거치지 아니하면 제기할 수 없다. ② <생략>

제63조(품위 유지의 의무) 공무원은 직무의 내외를 불문하고 그 품위가 손상되는 행위를 하여서는 아니 된다.

제65조(정치 운동의 금지) ① 공무원은 정당이나 그 밖의 정치단체의 결성에 관여하거나 이에 가입할 수 없다.

메모:56
위 제66조 제1항 "공무원의 정당가입" 부분도 제78조 제1항에서 규정하고 있는 "이 법"에 해당하는 조항으로서 이 사건 위헌심사형 헌법소원 심판 청구대상이다.

② 공무원은 선거에서 특정 정당 또는 특정인을 지지 또는 반대하기 위한 다음의 행위를 하여서는 아니 된다.
1. 투표를 하거나 하지 아니하도록 권유 운동을 하는 것
2. 서명 운동을 기도(企圖)ㆍ주재(主宰)하거나 권유하는 것
3. 문서나 도서를 공공시설 등에 게시하거나 게시하게 하는 것
4. 기부금을 모집 또는 모집하게 하거나, 공공자금을 이용 또는 이용하게 하는 것
5. 타인에게 정당이나 그 밖의 정치단체에 가입하게 하거나 가입하지 아니하도록 권유 운동을 하는 것
③-④ <생략>

제66조(집단 행위의 금지) ① 공무원은 노동운동이나 그 밖에 공무 외의 일을 위한 집단행위를 하여서는 아니 된다. 다만, 사실상 노무에 종사하는 공무원은 예외로 한다.
② 제1항 단서의 사실상 노무에 종사하는 공무원의 범위는 대통령령등으로 정한다.
③ 제1항 단서에 규정된 공무원으로서 노동조합에 가입된 자가 조합 업무에 전임하려면 소속 장관의 허가를 받아야 한다.
④ 제3항에 따른 허가에는 필요한 조건을 붙일 수 있다.

메모:28
헌법소원심판청구시 앞의 내부회의록에서 대법원 판례를 참조하라고 하였으므로 관련 대법원 판례를 언급하여야 한다. 대법원 판례는, '공무 외의 일을 위한 집단 행위'의 의미는 대법원 축소 해석에 의해 '공익에 반하는 목적을 위하여 직무전념의무를 해태하는 등의 영향을 가져오는 집단적 행위'로 인정하는데, 여기서 '공익'의 의미가 무엇인지('공익'이라는 개념 자체의 추상성 + '공익에 반하는 행위'인지 여부에 대한 판단이 판단주체에 따라 달라짐) 불명확하고, 직무전념의무를 해태하는 경우가 무엇인지가 불명확하며, 이 사건과 같은 릴레이 **1인 시위가 '집단행위'에 해당하는지**(원심은 집단행위로 봤으나 대법원은 아니라고 하여 엇갈린 판단을 내리고 있음)도 불명확하다고 보았다.

메모:38
위 제66조 제1항 본문의 '공무 외의 일을 위한 집단 행위' 부분도 제78조 제1항에서 규정하고 있는 "이 법"에 해당하는 조항으로서 이 사건 위헌심사형 헌법소원 심판청구 대상이다.

제75조(처분사유 설명서의 교부) 공무원에 대하여 징계처분등을 할 때나 강임ㆍ휴직ㆍ직위해제 또는 면직처분을 할 때에는 그 처분권자 또는 처분제청권자는 처분사유를 적은 설명서를 교부(交付)하여야 한다. 다만, 본인의 원(願)에 따른 강임ㆍ휴직 또는 면직처분은 그러하지 아니하다.

제76조(심사청구와 후임자 보충 발령) ① 제75조에 따른 처분사유 설명서를 받은 공무원이 그 처분에 불복할 때에는 그 설명서를 받은 날부터, 공무원이 제75조에서 정한 처분 외에 본인의 의사에 반한 불리한 처분을 받았을 때에는 그 처분이 있은 것을 안 날부터 각각 30일 이내에 소청심사위원회에 이에 대한 심사를 청구할 수 있다. 이 경우 변호사를 대리인으로 선임할 수 있다.
②-⑥ <생략>

제78조(징계 사유) ① 공무원이 다음 각 호의 어느 하나에 해당하면 징계 의결을 요구하여야 하고 그 징계 의결의 결과에 따라 징계처분을 하여야 한다.
1. 이 법 및 이 법에 따른 명령을 위반한 경우
2. 직무상의 의무(다른 법령에서 공무원의 신분으로 인하여 부과된 의무를 포함한다)를 위반하거나 직무를 태만히 한 때
3. 직무의 내외를 불문하고 그 체면 또는 위신을 손상하는 행위를 한 때
②-④ <생략>

메모:55
'이 법' 부분 중 이 사건에서 문제가 되는 것은 앞의 제65조 제1항의 '정당가입'부분과 제66조 제1항 본문의 '공무 외의 일을 위한 집단 행위'부분이다.

제79조(징계의 종류) 징계는 파면ㆍ해임ㆍ강등ㆍ정직(停職)ㆍ감봉ㆍ견책(譴責)으로 구분한다.

제81조(징계위원회의 설치) ① 공무원의 징계처분등을 의결하게 하기 위하여 대통령령등으로 정하는 기관에 징계위원회를 둔다.
② 징계위원회의 종류ㆍ구성ㆍ권한ㆍ심의절차 및 징계 대상자의 진술권에 필요한 사항은 대통령령등으로 정한다. ③ <생략>

제82조(징계 등 절차) ① 공무원의 징계처분등은 징계위원회의 의결을 거쳐 징계위원회가 설치된 소속 기관의 장이 하되, 국무총리 소속으로 설치된 징계위원회(국회ㆍ법원ㆍ헌법재판소ㆍ선거관리위원회에 있어서는 해당 중앙인사관장기관에 설치된 상급 징계위원회를 말한다. 이하 같다)에서 한 징계의결등에 대하여는 중앙행정기관의 장이 한다. 다만, 파면과 해임은 징계위원회의 의결을 거쳐 각 임용권자 또는 임용권을 위임한 상급 감독기관의 장이 한다.
② <생략>

「공무원 징계령」 (발췌)
[시행 2017.2.11.][대통령령 제27787호, 2017. 1. 10. 개정]

제1조의3(정의) 이 영에서 사용하는 용어의 뜻은 다음과 같다.
1. "중징계"란 파면, 해임, 강등 또는 정직을 말한다.
2. "경징계"란 감봉 또는 견책을 말한다.

제2조(징계위원회의 종류 및 관할) ① 징계위원회는 중앙징계위원회와 보통징계위원회로 구분한다.
② 중앙징계위원회는 다음 각 호의 징계 또는 법 제78조의2에 따른 징계부가금(이하 "징계부가금"이라 한다) 사건을 심의·의결한다.
1.-3. <생략>
4. 중앙행정기관 소속의 6급이하 공무원등에 대한 중징계 또는 중징계 관련 징계부가금(이하 "중징계등"이라 한다) 요구사건
③-⑤ <생략>

제7조(징계의결등의 요구) ① 법 제78조 제1항·제4항 및 제78조의2 제1항에 따라 5급이상 공무원등(고위공무원단에 속하는 공무원을 포함한다)에 대해서는 소속 장관이, 6급이하 공무원등에 대해서는 해당 공무원의 소속 기관의 장 또는 소속 상급기관의 장이 관할 징계위원회에 징계의결등을 요구하여야 한다. <단서 생략>
②-⑤ <생략>
⑥ 제1항·제3항 및 제5항에 따라 징계의결등을 요구할 때에는 징계등 사유에 대한 충분한 조사를 한 후에 그 증명에 필요한 다음 각 호의 관계 자료를 첨부하여 관할 징계위원회에 제출하여야 하고, 중징계 또는 경징계로 구분하여 요구하여야 한다. <단서 생략>
1. 별지 제1호 서식의 공무원 징계의결등 요구서
2. <생략>
3. 별지 제1호의2 서식의 확인서
4. <생략>
5. 혐의 내용에 대한 조사기록 또는 수사기록
6.-8. <생략>
⑦-⑧ <생략>

제10조(징계등 혐의자의 출석) ① 징계위원회가 징계등 혐의자의 출석을 명할 때에는 별지 제2호 서식에 따른 출석통지서로 하되, **징계위원회 개최일 3일 전에 징계등 혐의자에게 도달되도록 하여야 한다.** 이 경우 제2항에 따라 출석통지서를 징계등 혐의자의 소속

메모:40
이 사건의 경우 징계위원회는 2018. 3. 2. 개최되었고, 그 2일 전인 2018. 2. 28.에 출석통지서가 원고에게 통보되었으므로 절차상 위법이 존재한다.

기관의 장에게 송부하여 전달하게 한 경우를 제외하고는 출석통지서 사본을 징계등 혐의자의 소속 기관의 장에게 송부하여야 하며, 소속 기관의 장은 징계등 혐의자를 출석시켜야 한다.
②-⑧ <생략>

제11조(심문과 진술권) ① 징계위원회는 제10조 제1항에 따라 출석한 징계등 혐의자에게 혐의 내용에 관한 심문을 하고 필요하다고 인정할 때에는 관계인의 출석을 요구하여 심문할 수 있다.
② 징계위원회는 징계등 혐의자에게 충분한 진술을 할 수 있는 기회를 주어야 하며, 징계등 혐의자는 서면으로 또는 구술로 자기에게 이익이 되는 사실을 진술하거나 증거를 제출할 수 있다.
③-④ <생략>

메모:32
공무원징계령 제11조 제2항은 징계혐의자에게 충분한 진술을 할 수 있는 기회를 주어야 한다고 규정하고 있는바, 판례는 징계혐의자가 변호사를 선임하여 징계위원회에서 충분히 방어권을 행사하도록 하는 것은 법치국가원리와 적법절차원칙에 입각해 보장되어야 한다고 판시하고 있다. 이 사건의 경우 징계위원회에 변호사의 출석을 거부하였으므로 이는 위법한 것이다(대법원 2018. 3. 13. 선고 2016두33339 판결).

「각급 법원의 설치와 관할구역에 관한 법률」(발췌)

제1조(목적) 이 법은 「법원조직법」 제3조제3항에 따라 각급 법원의 설치와 관할구역을 정함을 목적으로 한다.

제4조(관할구역) 각급 법원의 관할구역은 다음 각 호의 구분에 따라 정한다. <생략>
1. 각 고등법원 · 지방법원과 그 지원의 관할구역: 별표 3
2.-3. <생략>
4. 행정법원의 관할구역: 별표 6
5.-6. <생략>
7. 행정사건을 심판하는 춘천지방법원 및 춘천지방법원 강릉지원의 관할구역: 별표 9
8. <생략>

[별표 3]

고등법원 · 지방법원과 그 지원의 관할구역

고등법원	지방법원	지 원	관 할 구 역
서울	서울중앙		서울특별시 종로구·중구·강남구·서초구·관악구·동작구
	서울동부		서울특별시 성동구·광진구·강동구·송파구
	서울남부		서울특별시 영등포구·강서구·양천구·구로구·금천구
	서울북부		서울특별시 동대문구·중랑구·성북구·도봉구·강북구·노원구
	서울서부		서울특별시 서대문구·마포구·은평구·용산구
	의정부		의정부시·동두천시·양주시·연천군·포천시, 강원도 철원군. 다만, 소년보호사건은 앞의 시·군 외에 고양시·파주시·남양주시·구리시·가평군
		고양	고양시·파주시
		남양주	남양주시·구리시·가평군
	인천		인천광역시
		부천	부천시·김포시
	수원		수원시·오산시·용인시·화성시. 다만, 소년보호사건은 앞의 시 외에 성남시·하남시·평택시·이천시·안산시·광명시·시흥시·안성시·광주시·안양시·과천시·의왕시·군포시·여주시·양평군
		성남	성남시·하남시·광주시
		여주	이천시·여주시·양평군
		평택	평택시·안성시
		안산	안산시·광명시·시흥시
		안양	안양시·과천시·의왕시·군포시
	춘천		춘천시·화천군·양구군·인제군·홍천군. 다만, 소년보호사건은 철원군을 제외한 강원도
		강릉	강릉시·동해시·삼척시
		원주	원주시·횡성군
		속초	속초시·양양군·고성군
		영월	태백시·영월군·정선군·평창군

대전	대전		대전광역시·세종특별자치시·금산군
		홍성	보령시·홍성군·예산군·서천군
		공주	공주시·청양군
		논산	논산시·계룡시·부여군
		서산	서산시·당진시·태안군
		천안	천안시·아산시
	청주		청주시·진천군·보은군·괴산군·증평군 다만, 소년보호사건은충청북도
		충주	충주시·음성군
		제천	제천시·단양군
		영동	영동군·옥천군

메모:31
행정소송법 제9조 제1항에 의한 관할을 물었으므로 피고 행정청 소재지인 세종특별자치시를 관할하는 지방법원 본원인 대전지방법원이 관할이다. "서울행정법원"등 다른 법원을 기재하면 0점이다.

[별표 6]

행정법원의 관할구역

고등법원	행정법원	관할구역
서울	서울	서울특별시

[별표 9]

행정사건을 심판하는 춘천지방법원 및 춘천지방법원 강릉지원의 관할구역

명칭	관할구역
춘천지방법원	춘천지방법원의 관할구역 중 강릉시·동해시·삼척시·속초시·양양군·고성군을 제외한 지역
춘천지방법원 강릉지원	강릉시·동해시·삼척시·속초시·양양군·고성군

참고자료 - 달력

■ 2018년 1월 ~ 2019년 2월

2018년 1월

일	월	화	수	목	금	토
	1	2	3	4	5	6
7	8	9	10	11	12	13
14	15	16	17	18	19	20
21	22	23	24	25	26	27
28	29	30	31			

2018년 2월

일	월	화	수	목	금	토
				1	2	3
4	5	6	7	8	9	10
11	12	13	14	15	16	17
18	19	20	21	22	23	24
25	26	27	28			

2018년 3월

일	월	화	수	목	금	토
				1	2	3
4	5	6	7	8	9	10
11	12	13	14	15	16	17
18	19	20	21	22	23	24
25	26	27	28	29	30	31

2018년 4월

일	월	화	수	목	금	토
1	2	3	4	5	6	7
8	9	10	11	12	13	14
15	16	17	18	19	20	21
22	23	24	25	26	27	28
29	30					

2018년 5월

일	월	화	수	목	금	토
		1	2	3	4	5
6	7	8	9	10	11	12
13	14	15	16	17	18	19
20	21	22	23	24	25	26
27	28	29	30	31		

2018년 6월

일	월	화	수	목	금	토
					1	2
3	4	5	6	7	8	9
10	11	12	13	14	15	16
17	18	19	20	21	22	23
24	25	26	27	28	29	30

2018년 7월

일	월	화	수	목	금	토
1	2	3	4	5	6	7
8	9	10	11	12	13	14
15	16	17	18	19	20	21
22	23	24	25	26	27	28
29	30	31				

2018년 8월

일	월	화	수	목	금	토
			1	2	3	4
5	6	7	8	9	10	11
12	13	14	15	16	17	18
19	20	21	22	23	24	25
26	27	28	29	30	31	

2018년 9월

일	월	화	수	목	금	토
						1
2	3	4	5	6	7	8
9	10	11	12	13	14	15
16	17	18	19	20	21	22
23/30	24	25	26	27	28	29

2018년 10월

일	월	화	수	목	금	토
	1	2	3	4	5	6
7	8	9	10	11	12	13
14	15	16	17	18	19	20
21	22	23	24	25	26	27
28	29	30	31			

2018년 11월

일	월	화	수	목	금	토
				1	2	3
4	5	6	7	8	9	10
11	12	13	14	15	16	17
18	19	20	21	22	23	24
25	26	27	28	29	30	

2018년 12월

일	월	화	수	목	금	토
						1
2	3	4	5	6	7	8
9	10	11	12	13	14	15
16	17	18	19	20	21	22
23/30	24/31	25	26	27	28	29

2019년 1월

일	월	화	수	목	금	토
		1	2	3	4	5
6	7	8	9	10	11	12
13	14	15	16	17	18	19
20	21	22	23	24	25	26
27	28	29	30	31		

2019년 2월

일	월	화	수	목	금	토
					1	2
3	4	5	6	7	8	9
10	11	12	13	14	15	16
17	18	19	20	21	22	23
24	25	26	27	28		

2020년도 제9회

변호사시험

공법 기록형 문제

2020년도 제9회 변호사시험 문제

목 차

메모:40
'인터넷게시판'이란 말이 나오면 헌법의 경우 문제되는 기본권이 표현의 자유임을 짐작할 수 있다.

메모:41
선거와 관련된 표현이 문제되면 표현의 자유 중에서도 '정치적 표현의 자유'라고 특정해야 정확하다.

메모:42
인적사항을 본인 의사와 무관하게 게시하는 것은 명예권, 인격권, 개인정보자기결정권 침해가 문제될 수 있을 것이다.

【 문 제 】

Ⅰ. 행정소송 소장의 작성 (50점)

의뢰인 이진정을 위하여 법무법인 돌담의 담당변호사 입장에서 취소소송의 소장을 첨부된 양식에 따라 아래 사항을 준수하여 작성하시오.

가. 첨부된 행정소송 소장 양식의 **①부터 ⑤까지의 부분에 들어갈 내용만 기재할 것**

나. "2. 이 사건 소의 적법성" 부분(③)에서는 피고적격, 대상적격, 협의의 소의 이익, 제소기간만을 기재할 것

다. "3. 이 사건 처분의 위법성" 부분(④)에서는 처분의 절차의 하자 및 근거법령의 위헌・위법성에 관하여는 **기재하지 말 것**

메모:47
기재하지 말 것을 각별히 유념해서 잘 메모해 두어야 한다.

라. 소장의 작성일(제출일과 동일함, ⑤에 해당)은 취소소송의 대상이 되는 처분 모두에 대하여 허용되는 제소기간 내 최종일을 기재할 것

Ⅱ. 헌법소원심판청구서의 작성 (50점)

의뢰인 전소심을 위하여 법무법인 돌담의 담당변호사 입장에서 헌법소원심판청구서를 첨부된 양식에 따라 작성하되, 첨부된 헌법소원심판청구서 양식의 ①부터 ③까지의 부분에 들어갈 내용만 기재하시오.

【 행정소송 소장 양식 】

소　　장

원　고　이진정

피　고　[①]

주소 · 연락처 (생략)

사건명　(생략)

청 구 취 지

[②]

청 구 원 인

1. 이 사건 처분의 경위 (생략)

2. 이 사건 소의 적법성

[③]

3. 이 사건 처분의 위법성

[④]

4. 결　론 (생략)

입 증 방 법 (생략)

첨 부 서 류 (생략)

[⑤]

원고 소송대리인 (생략)　**(인)**

서울행정법원 귀중

【 헌법소원심판청구서 양식 】

헌 법 소 원 심 판 청 구 서
청 구 인 (생략)
청 구 취 지
①
침 해 된 권 리 (생략)
침 해 의 원 인 (생략)
청 구 이 유
Ⅰ. 사건의 개요 (생략)
Ⅱ. 적법요건의 구비 여부
②
Ⅲ. 위헌이라고 해석되는 이유
③
Ⅳ. 결 론 (생략)
첨 부 서 류 (생략)
2020. 1. 7.
청구인의 대리인 (생략) (인)
헌법재판소 귀중

수임번호 2019-072	법 률 상 담 일 지		2019. 4. 25.
의 뢰 인	이진정	의뢰인 전 화	02-701-1234
의 뢰 인 주 소	서울 종로구 북촌로 500	의뢰인 E-mail	biolife@biolife.com
상 담 내 용			

1. 의뢰인은 「신문 등의 진흥에 관한 법률」에 따라 적법하게 신문사업자로 등록하여 특수주간신문 'Bio라이프'를 발행(월 2회)하고 있으며, 독자의 편의를 위해 인터넷홈페이지(www.biolife.com)를 관리 · 운영하고 있다. 의뢰인은 위 인터넷홈페이지에 '나도 한마디'라는 독자게시판을 관리 · 운영하고 있다.

2. 2019. 4. 3. '서울 서초구 병'을 비롯한 전국 12개 선거구에서 국회의원 재 · 보궐선거가 실시되었는데, 위 인터넷홈페이지 이용자들이 3. 21. 위 독자게시판에 '김대세' 후보자(위 선거에서 서울서초구 병에 기호 14번으로 입후보)를 비방하는 허위의 글을 게시하는 등, 위 선거의 **선거운동기간(3. 21. - 4. 2.) 중인 3. 21.부터 3. 27. 사이에 위 선거와 관련하여 후보자를 비방하는 허위의 글 505건을 게시**하였다.

3. 의뢰인은 평소 언론 매체에 부정적인 입장을 자주 표명해 온 김대세 후보자가 당선되는 것을 원치 않아서, 2019. 3. 27.자로 발행된 'Bio라이프' 신문 제30호에 여론조사결과 등 객관적 자료를 제시하지 아니하고 "서울서초병 김대세 낙선 유력, 이정윤 압도적 당선 확정적"이라는 제목의 기사를 보도하였다.

4. 의뢰인은 3. 28. 09시경 서울서초구선거관리위원회로부터 '의뢰인이 관리 · 운영하는 인터넷 홈페이지 게시판에 후보자를 비방하는 허위의 글이 다수 게시된 것'과 'Bio라이프 제30호에 여론조사결과 등 객관적 자료제시 없이 선거결과 예측보도를 한 것'에 대하여 공직선거법위반으로 조사를 받으라는 요구를 받고, 출석하여 조사를 받았다. [**의뢰인은 조사를 받고 돌아와서 위 기사에 대하여 "여론조사 없이 단순 인터뷰만을 근거로 하여 객관적 근거가 없는 기사였다."라는 취지의 정정 보도문을 게재**한 특별호(Bio라이프 제30-2호)를 발행하였다.]

메모:31
취소소송 소장 작성시 원고가 여론조사결과 없이 선거결과를 예측하는 보도를 한 점 등 공선법 위반으로 인적사항 공개등 여러 불이익한 처분을 당하였는바, 위 처분의 위법성과 관련하여 잘못을 인정하는 정정보도까지 게재하였음에도 행한 이 사건 각 처분은 비례원칙위반한 위법한 처분이라고 주장할 수 있을 것이다.

5. **서울서초구선거관리위원회**는 2019. 3. 29. '의뢰인이 관리 · 운영하는 인터넷 홈페이지 게시판에 후보자를 비방하는 허위의 글이 다수 게시된 것'을 이유로 의뢰인에 대하여 **인터넷 홈페이지** 독자**게시판**(나도 한마디)을 **폐쇄**할 것을 **요청**하였다. 의뢰인은 **당일 폐쇄요청서를 수령**하였다.

6. **중앙선거관리위원회**는 2019. 4. 8. 중앙선거관리위원회 인터넷홈페이지에 '4. 3. 국회의원 재 · 보궐선거'와 관련하여 「공직선거법」을 위반한 108명의 **인적사항 등을 공개**하였는데, 의뢰인도 **'여론조사결과 등 객관적 자료를 제시하지 않고 선거결과를 예측하는 보도를 한 것'을 이유**로 여기에 포함되었다.

7. 한편, **서울특별시장**은 2019. 4. 15. 의뢰인이 신문사업자로 등록한 발행목적과 발행내용에 현저히 위반하는 내용의 정치 · 연예 관련 기사를 반복적으로 게재하였다는 등의 이유로 의뢰인에 대하여 **발행정지 6개월 처분**을 하였다. 의뢰인은 2019. 4. 19. 발행정지처분서를 수령하였다.

8. 의뢰인의 희망사항

의뢰인은 독자게시판에 대한 폐쇄요청을 받은 것과 공직선거법위반자로 명단이 공개된 것, 그리고 신문에 대한 발행정지처분을 받은 것을 모두 다투어 주기를 원한다.

법무법인 돌담(담당변호사 박변호)
전화 02-585-1234, 팩스 02-585-5678
서울 서초구 서초중앙로 500 돌담빌딩

메모:38
취소소송 제소기간은 처분 중 가장 먼저 만료일이 도래하는 것을 기준으로 삼아야 한다. 이번 시험은 기록에서 우편송달보고서를 따로 제시해 주지 않고 있어, 상담일지에서 피고가 '인터넷 홈페이지 게시판 폐쇄요청서'를 수령한 날이 처분이 있음을 안 날이라고 보아 위 위 3. 29.부터 90일 이내인 6. 27.이 기간 만료일임을 알 수 있다.

메모:29
"폐쇄요청"의 처분성이 문제될 수 있다. 행정당국이 일반적으로 행하는 사인에 대한 '요청'이나 '요구'는 원칙적으로 **행정지도**에 해당하면서도 예외적으로는 행정처분의 성격도 띨 수 있는바, 이 사건에서는 행정지도가 행정처분이 되는 경우로 판례가 들고 있는 '이행의무의 존재', '의무위반시 불이익한 제재수단이 존재'하는 경우 등을 들어 행정처분에 해당함을 서술해야 한다.

메모:25
'인적사항 공개'의 처분성도 문제되는데, 인적사항공개는 피고가 행정관청으로서 우월한 법적지위에 근거하여 원고로 하여금 명예나 신용에 지장을 주어 특정 의무이행을 강제하려는 것으로 처분에 해당한다.

메모:30
처분에 해당함에 의문이 없다.

메모:26
이 사건 피고는 1. 서울서초구선거관리위원회 2. 중앙선거관리위원회 3. 서울특별시장이며, 각각 "피고 서울서초구선거관리위원회가 2019. 3. 29. 원고에 대하여 한 인터넷홈페이지 게시판 폐쇄요청처분과 피고 중앙선거관리위원회가 2019. 4. 8. 원고에 대하여 한 공직선거법위반자 인적사항등 공개처분 및 피고 서울특별시장이 2019. 4. 15. 원고에 대하여 한 발행정지처분을 모두 취소한다."는 청구취지가 될 것이다.

법무법인 돌담 내부회의록 (행정소송용)

일 시: 2019. 4. 26. 14:00 ~ 15:00
장 소: 법무법인 돌담 중회의실
참석자: 최부장 변호사(송무1팀장), 박변호 변호사

최 변호사: 박 변호사, 바이오라이프 사건의 소장을 준비하고 있습니까?

박 변호사: 네, 신문에 대한 **발행정지처분**과 함께 **인터넷 홈페이지 게시판 폐쇄요청**을 받은 것과 **공직선거법위반자로 인적사항등이 공개**된 것에 대해 모두 취소소송을 제기하려고 준비 중입니다.

최 변호사: 좋습니다. 먼저, 공선법위반 관련 쟁점을 살펴봅시다. 인터넷 홈페이지 게시판 폐쇄요청이란 말은 의뢰인이 자신이 관리·운영하는 게시판을 직접 폐쇄하라고 선관위가 의뢰인에게 요청하였다는 것이지요? 의뢰인은 왜 이런 요청을 받은 것인가요?

박 변호사: 사실 홈페이지 게시판에 공직선거법위반인 글을 게시한 사람은 인터넷 이용자들입니다. 하지만 공직선거법상 후보자에 대한 비방글이 게시되었을 때 그 홈페이지의 관리·운영자에게 일정한 처분을 할 수 있습니다. 의뢰인의 홈페이지 게시판에 '4.3. 국회의원 재 · 보궐선거' 후보자를 비방하는 정치 관련 글이 많이 올라왔던 것은 사실이고, 그래서 서초선관위는 홈페이지 관리운영자인 의뢰인에게 공직선거법 위반 글이 많이 게시된 게시판을 폐쇄하라고 한 것 같습니다.

최 변호사: **의뢰인 홈페이지 독자게시판에는 선거관련 글만 있었던 것인가요?**

박 변호사: **아닙니다. 평소에는 건강상식, 유머 관련 글도 많이 올라오는데** 특히 이번 선거운동기간에는 후보자 비방하는 허위 글이 많이 올라온 것이라고 합니다.

메모:36
의뢰인 홈페이지 독자게시판은 그 본래의 목적인 건강 관련 글이 대부분이므로 공익에도 여전히 부합한다고 할 수 있어 이 사건 폐쇄조치는 비례원칙에 위배된다는 주장을 해야 한다.

최 변호사: 내가 인터넷을 잘 안 해서 그러는데, 홈페이지 게시판을 폐쇄하면 의뢰인에게 큰 피해가 있는가요?

박 변호사: **홈페이지 게시판이 전부 폐쇄가 되면 독자들이 홈페이지에 정치나 선거 관련 글이 아닌 다른 의견을 개진하고 싶어도 할 수가 없고, 결**

메모:2
인터넷홈페이지 게시판 폐쇄 요청의 위법성과 관련하여 개별 정보만 삭제 요청하거나 홈페이지 게시판에 대해 일정기간 사용정지를 명하는 등의 보다 낮은 침해의 처분도 충분히 가능함에도 불구하고, 가장 극단적인 폐쇄처분을 예고했다는 점에서 비례원칙 위반에 해당한다고 주장해야 한다.

국 의뢰인의 홈페이지 방문자가 줄어들고 'Bio라이프'신문의 구독자 층에도 부정적인 영향을 미칠 것이 우려됩니다.

최 변호사: 그렇군요. 공직선거법위반자로 인적사항이 공개되었던데 그것은 어떻게 된 일인가요?

박 변호사: 의뢰인이 여론조사 등의 객관적 자료 없이 서울 서초구 병 선거구의 선거결과를 예측하는 기사를 보도하여 공선법위반자로 인적사항이 공개된 것입니다.

최 변호사: 왜 객관적 자료도 없이 기사를 보도한 것인가요?

박 변호사: 여론조사를 한 것은 아니지만 아무 근거없이 특정 후보를 지지하기 위하여 허위기사를 작성한 것은 아니었고 평소에 친분이 있는 유력 신문 및 종편 기자들과 리서치업체 관계자로부터 입수한 정보를 토대로 기사를 작성한 것이라고 합니다. 실제로 기사대로 홍영기 후보가 압도적으로 당선되었습니다.

> 메모:43
> 처분의 위법성과 관련하여, 원고가 여론조사는 안했지만 실제로 관련 조사와 취재는 하였고, 정정보도까지 하였으므로 법령에 따르면 '인적사항 공개 후 시정시 삭제' 사유에 해당한다.
> 또한 궁극적으로 원고 운영 이 사건 홈페이지는 구독자 수도 적고 실제 선거 결과도 게시 내용과 같아 선거의 공정성을 해쳤다고 보기 어려운바, 이러한 경우에까지 홈페이지를 폐쇄하고 게시자의 인적사항을 지속적으로 공개하는 것은 비례원칙 위반이라고 주장해야 한다.

최 변호사: 정리하면 의뢰인이 공직선거법을 위반하지 않았다고는 못하겠네요. 그렇다고, 독자게시판을 폐쇄하라고 하거나 개인의 인적사항을 공개해 버릴 정도의 사안인지는 의문이네요. 이 부분을 잘 검토하세요. 다음으로, 신문 발행정지에 대해 의논해 봅시다. 왜 발행정지를 당한 것이지요?

박 변호사: 'Bio라이프'는 원래 건강, 의학, 생명과학 분야의 기사를 제공하는 것을 목적으로 등록되었는데, 발행목적과 관계없는 정치인과 연예인에 대한 가십성 기사를 많이 게시하였기 때문입니다. 아마도 광고수입을 위해 신문 구독자 수를 늘리려고 의뢰인이 무리한 것 같습니다.

최 변호사: 그래요? 신문이 발행목적에 그렇게 구속을 받는지는 몰랐네요. 'Bio라이프'는 원래 발행목적과 달리 가십성 기사만 보도한 것인가요?

박 변호사: 아닙니다. 'Bio라이프'는 월 2회 발행되는 무가지인데, 건강, 의학, 생명과학 분야의 기사가 상당수입니다. 그런데 이 분야의 기사만으로는 구독자 수가 너무 적어서 간혹 연예인이나 정치인 관련 흥미 위주의 기사도 실었다고 합니다. 제가 이미 'Bio라이프'의 건강, 의학, 생명과학 분야 기사들의 목록을 정리해 두었습니다.

최 변호사: 알겠습니다. 그런데, 'Bio라이프'가 이전에도 「신문 등 진흥에 관한 법률」 위반으로 제재를 받은 적이 있나요? **발행정지 6개월이면 꽤 무거운 처분인 것 같은데요?**

박 변호사: 이번에 처음으로 제재를 받은 것입니다. 발행정지는 시도지사의 권한인데, 서울시의 경우 이러한 사안에 대해 **통상 발행정지 2개월 처분이 나간다고 합니다.**

최 변호사: 그럼 그런 내용도 잘 정리해서 주장해 보시지요. **그리고, 다른 처분들은 문제없지만, 공직선거법위반자로 이미 인적사항이 다 공개되어 버린 마당에 이제 와서 굳이 취소소송을 제기할 필요가 있는지 검토해 보세요.** 이상으로 회의를 마치겠습니다. 끝.

메모:3
취소소장에서, '신문발행정지 6개월 처분'의 위법성과 관련하여, 피고가 정지처분의 근거로서 제시하고 있는, '발행목적과 발행내용에 현저히 반하는 기사를 반복적으로 게재'의 경우 실제 발행목적에 맞는 기사와의 비율, 신문발행 목적에의 구속 정도, 다른 발행정지 사유 등과의 균형 등을 볼 때 원고의 행위가 '현저한 반복적 위반'에 해당되지 아니하며, 그동안 피고는 유사한 사안에서 통상 2개월의 발행정지처분을 하여 온 점에 비추어 이 사건 6개월 정지처분은 **평등원칙위반**, **자기구속위반** 등에 해당한다고 주장해야 한다.

메모:1
소장에서, 선거법 위반자로 인적사항 공개한 처분의 경우 **협의의 소익**도 따로 언급해야 한다. 즉, 인적사항등 공표가 계속되고 있는 점, 공개 대상자의 인적사항 등이 이미 공개되었더라도, 재판에서 공개결정의 위법함이 확인되어 취소판결이 선고되는 경우 판결의 기속력에 따라 위법한 결과를 제거해야 하는 조치를 취할 의무가 발생하므로 협의의 소익이 존재하는 경우에 해당한다.

담 당 변 호 사 지 정 서

사 건	(생략)
청 구 인	이진정
피청구인	

위 사건에 관하여 법무법인 돌담은 청구인의 대리인으로서 변호사법 제50조 제1항에 의하여 그 업무를 담당할 변호사를 다음과 같이 지정합니다.

담당변호사	최 부 장, 박 변 호

2019. 4. 26.

법무법인 돌 담
대표변호사 강 석 수 [법무법인 돌담]

서울 서초구 서초중앙로 500 돌담빌딩
전화 02-585-1234 전송 02-585-5678

서울 행정법원 귀중

신문사업업 등록증

<table>
<tr><td>등록번호</td><td colspan="2">서울, 12345호</td><td>제 호</td><td colspan="3">Bio라이프</td></tr>
<tr><td>종 별</td><td>특수주간신문</td><td>간 별</td><td>월2회
발 행</td><td>인 터 넷
홈페이지
주 소</td><td colspan="2">www.biolife.com</td></tr>
<tr><td>발행소</td><td colspan="3">서울 종로구 북촌로 500</td><td>전화번호</td><td colspan="2">02-701-1234</td></tr>
<tr><td>발행인</td><td colspan="6">이 진 정</td></tr>
<tr><td>편집인</td><td colspan="6">조 규 성</td></tr>
<tr><td>인쇄인</td><td colspan="6">이 윤 수</td></tr>
<tr><td>인쇄 장소</td><td colspan="6">서울 종로구 북촌로 500</td></tr>
<tr><td>발행목적</td><td colspan="6">건강, 의학, 생명과학 관련 신속한 정보공유 및 제공을 목적으로 함</td></tr>
<tr><td>발행 내용</td><td colspan="6">건강, 의학, 생명과학 관련 기사 및 정보의 제공</td></tr>
<tr><td>보급지역</td><td colspan="6">전국</td></tr>
<tr><td>보급대상</td><td colspan="2">일반인</td><td colspan="2">유가・무가(有價・無價)</td><td colspan="2">무가</td></tr>
<tr><td>등록일</td><td colspan="6">2018년 1월 2일</td></tr>
</table>

「신문 등의 진흥에 관한 법률」 제9조제4항 및 같은 법 시행령 제4조제4항에 따라 위와 같이 등록하였음을 증명합니다.

2018년 1월 2일

서 울 특 별 시 장

서울특별
시장의인

조 사 보 고 서

사　　건 : 서울서초선 2019-15327

조사일시 : 2019. 3. 28. 15:30

조사장소 : 제3조사실

참 석 자

(1) 피조사자: ㈜바이오라이프 대표이사 이진정

---

1. 위반사항

ㅇ 공직선거법 제82조의6조 제1항 (인터넷언론사 인터넷실명제 위반)

ㅇ 공직선거법 제82조의4 제2항 (후보자를 비방하는 허위의 글 게시)

2. 위반기간: 2019. 3. 21. 00:00 ~ 2019. 3. 28. 14:00

3. 조사내용

(1) 공직선거법 제82조의6조 제1항 위반 관련

○ 이진정은 자신이 발행하는 인터넷신문 'Bio라이프' 제30(2019. 3. 27. 발행)에 "서울 서초구 병 김대세 낙선 유력, 홍영기 압도적 당선 확정적"이라는 제목의 기사(본 건 기사)를 보도함

○ 본 건 기사는 이진정이 직접 작성 보도하였는데, 이를 위한 여론조사를 실시한 적은 없다고 혐의를 인정함

○ 다만 아무런 근거 없이 특정 후보를 지지하기 위하여 허위기사를 작성한 것은 아니고, 평소 친분이 있는 이상식(A일보 정치부장) 및 정문경(BCTV 보도국장), 안서인(리얼센티미터 대표) 등에 들은 정보를 바탕으로 기사를 작성한 것이라고 함.

○ 이진정은 오늘 즉시 'Bio라이프'를 발행하면서 본 기사에 대한 정정보도를 할 예정이고, 홈페이지에도 정정보도문을 게시하겠다고 함.

메모:37
인적사항공개 처분이유로 제시된 의뢰인의 보도가 여론조사등을 따로 하지는 않았지만 유력한 정보를 바탕으로 한 기사이며, 실제 결과까지 정확히 맞았다는 점에서 명백한 허위 정보를 기사화한 것은 아니라고 주장해야 한다.

(2) 공직선거법 제82조의4 제2항 위반의 건

○ 이진정이 관리 운영하는 홈페이지 독자게시판의 해당기간(2019. 3. 21.~27.)에 게시된 2000여 건 글 중 4.3 국회의원 재・보궐선거와 관련하여 후보자를 비방하는 허위의 게시글 505건임을 확인함

(3) 조치

○ 객관적 자료 없이 선거결과를 예측 보도한 행위 관련, 공직선거법위반으로 인적사항 등이 공개될 수 있고 추후 형사처벌이 될 수 있음을 고지함

○ 선거후보자에 대한 허위 비방 게시글 관련 홈페이지 독자 게시판 게시글 삭제 등의 요청을 할 수 있음을 고지함

2019. 3. 28.

서울서초구선거관리위원회 조사관 류연지 (인)

서울서초구선거관리위원회

수신 이진정 (서울 종로구 북촌로 500)
제목 인터넷홈페이지 게시판 폐쇄요청

메모:27
앞서 법률상담일지에서도 지적하였지만, 인터넷홈페이지 게시판 폐쇄요청의 처분성과 관련하여 행정지도의 처분성인정요건에 해당됨을 기술하여야 한다. 즉, 이 사건 피고 선관위의 성격과 우월적 지위-이행의무 명시적 부과-불이행에 대한 과태료, 2회 요구시 불이행에 대하여는 형사처벌 등 불이행에 대한 불이익과 제재절차의 존재 등이 그것이다.

1. 귀하의 무궁한 발전을 기원합니다.
2. 귀하가 관리・운영하는 인터넷홈페이지(www.biolife.com)의 독자게시판(게시판명: '나도 한마디')을 통해 「공직선거법」 제82조의4 제2항에 위반되는 정보가 게시・전송되고 있으므로, 본 위원회는 동법 제82조의4 제3항 제3호에 따라 위 게시판의 폐쇄조치를 귀하에게 요청합니다.

심의번호	서울서초선 2019-12345
관리운영자	이진정
조치대상	인터넷홈페이지 독자게시판 (게시판명: '나도 한마디')
URL	http://www.biolife.com/biolifeJAGE?###=12345
요청근거 및 요청내용	근거: 공직선거법 제82조의4 제3항 제3호, 동조 제2항. 내용: 인터넷홈페이지 게시판 폐쇄
위반 정보의 내용	공직선거후보자를 비방하는 허위의 게시글 505건. (세부내역은 붙임 참조)
이행기간	2019. 3. 31.까지

3. 귀하는 위 요청에 대한 조치결과를 우리 위원회에 지체 없이 통보하여야 하며, 이를 이행하지 않을 경우 「공직선거법」 제261조제6항제4호에 따라 300만원 이하의 과태료에 처해질 수 있습니다.
4. 본 요청에 이의가 있는 경우 요청을 받은 날로부터 3일 이내에 우리 위원회에 이의신청을 할 수 있음을 알려 드립니다.

붙임: 공직선거법위반 게시글 목록 1부. 끝.

서 울 서 초 구
선 거 관 리 위 원 회

서울서초구
선거관리위
원회의인

메모:48
처분서에 직인을 찍은 자가 피고 적격있는 자이다. 한편, '000 위원회'와 같이 피고가 합의제 행정청이거나 (공)법인인 경우 대표기관 및 그 성명을 기재하여야 한다. 이 사건에서 위원장이 따로 기재되어 있지 않은 것은 착오로 보여진다.

기안자 주무관 김공명 검토자 사무관 박권 결재권자 선거조사과장 박연본
시행 선거조사과-1234 (2019.3.29.)
우 도로명주소 (생략) / 홈페이지 주소 (생략)
전화번호 (생략) 팩스번호 (생략) / / 공개

〈붙임〉

공직선거법위반 게시글 목록

순번	게시물 제목	작성자명	게시일자	주요 내용
1	유명한 비리대마왕	braveheart	2019. 3 21. 01:10	000는 뇌물을 받고 부하직원에게 갑질을 하는 부패꼰대이고, 000가 국회의원에 또 당선되면 지역구를 말아먹을 것이다.
2	요새는 개나 소나 포퓰리즘이네	나는자연인	2019. 3 21. 01:15	000는 다 퍼준다고 선심공약 남발 해서 인기 몰이하는데 그거 다 거짓말이다. 청년수당, 신혼부부수당, 노인수당, 아동수당 ... 지킬 수 없어도 돈 준다고 공약 남발 하면 개돼지들이 막 찍어 준다. 000는 포퓰리즘 중독자다.
3	뒷돈을 얼마나 받아먹었는지 얼굴에 개기름 좔좔	우주최고미녀	2019. 3 21. 03:20	000가 사업 할 때에는 얼굴이 할배 같았는데 정치판에 뛰어 들어 금뱃지 달고는 얼굴에 개기름이 흐른다. 부정청탁 받지 않고서는 저렇게 얼굴이 필 리가 없다.
4	일자무식해도 정치 할 수 있나요?	내귀에캔디	2019. 3 21. 04:06	정치인들은 다 무식하다. 티비에 나와서 아무 말이나 하는 걸 보면 낯이 뜨겁다. 00당 후보자 000는 학력도 중졸이다.
5	지역구는 신경도 안 쓰고 여의도에만 가 있으면 국회의원인가	강다니엘내꺼	2019. 3 21. 07:10	000는 또 뽑아주면 안 된다. 지역구 살림에 신경도 안 쓰고 지역 민심에도 관심도 없고 여의도 안에서만 놀고 있다.
6	대세가 그 대세가 아니지	조아조아	2019. 3 21. 09:23	한 번 속고 또 또 뽑아주면 바보다. 아무도 실체를 모를 때나 대세지 이젠 대세가 아니다. 000은 서초5동 거덜 낸 놈이다.
~	(생략)			
505	악수 한 번 하기 어렵네	진짜사나이	2019. 3 27. 23:55	000은 선거유세 다니면서도 거들먹거렸다. 뻣뻣하게 고개 들고 다니면서 주민들하고 악수 한 번 안 했다.

중 앙 선 거 관 리 위 원 회
회 의 록

제 25차 회의

1. 일 시 2019년 4월 8일 10시.
2. 장 소 중앙선거관리위원회 대회의실.
3. 참석위원 위원 전원 참석.
4. 부의안건 '4.3 국회의원 재・보궐선거' 관련 [**공직선거법위반자 인적사항등 공개대상 결정**의 件]
5. 회의내용 1. 보고

○ '4.3 국회의원 재・보궐선거' 관련, 서울서초구 등 12개 각급선거관리위원회에서 「공직선거법」제280조제3항에 따라 공직선거법위반자 인적사항등 공개대상으로 결정한 결과를 보고받다.

– 인적사항등 공개대상자: 총 150명 [※세부내역: (생략)]

○ 위 결정에 대한 중앙선거관리위원회 공직선거법위반공개심의위원회 심의결과를 보고받다.

– 인적사항등 공개대상자: 총 108명 [※세부내역: (생략)]

2. 의결

○ 각급선거관리위원회가 공개대상자로 결정한 150명 중 총 108명을 공직선거법 제280조 제1항에 따라 공직선거법위반자 **인적사항등 공개대상자로 결정하다.**

순번	성명 (연령)	주소	법위반 일자 및 요지	위 반 조 항	관 할 선관위
1	**이진정**(45)	(생략)	2019.3.27. 여론조사 등 객관적 자료 제시 없이 선거결과 예측보도	제96조 제2항 제2호	서울 서초구
108	김동문(48)	(생략)	2019. 3. 21. 허위사실 유포	제82조의2 제2항	경북 경산시

○ **인적사항등 공개대상자 108명의 명단을 중앙선거관리위원회 인터넷 홈페이지에 즉시 공개하기로 하다.** 끝.

2019년 4월 8일

[**위 원 장 김 영 호**] **(인)**

메모:28
이번 기록은 인적사항공개에 대해서는 따로 처분서가 수록되어 있지 않은 점이 특징이자 함정인바 이를 놓쳐서는 아니 된다. 앞서 법률상담일지에서 언급하였듯이, "법위반자 인적사항등 공개"의 처분성과 관련하여, 피고의 인적사항공개는 상대방으로 하여금 명예를 훼손하고 수치심을 느끼게 하여 의무이행을 간접적으로 강제하려는 조치로서 공선법 제280조 제1항에 근거하여 이루어진 처분이다. 즉, 인적사항 공개로 인해 침해되는 원고의 권리나 사익, 피고의 행정청으로서의 우월적 지위와 이 사건 인적사항 공개가 그 우월성에 기해 이루어진 점 등에서 인적사항 공개(법위반 사실의 공표)는 단순한 사실행위가 아닌 권력적 사실행위(공권력 행사에 준하는 작용)로서 행정처분에 해당함을 서술해야 한다.

메모:34
위 회의록은 직접적인 처분서는 아니지만 인적사항공개처분의 주체(피고 적격)가 중앙선거관리위원장임을 알 수 있는 근거자료이다.

서 울 특 별 시

수신 이진정 (서울 종로구 북촌로 500)

제목 신문발행정지(6개월) 처분

메모:44 처분에 해당함은 별다른 다툼이 없다.

1. 우리시의 시정발전에 협조하여 주시는 귀하께 감사드립니다.
2. 귀하에 대하여 「**신문 등의 진흥에 관한 법률**」 **제22조 제2항 제2호**에 따라 아래와 같이 행정처분합니다.

등록번호 및 제호	서울, 12345, Bio라이프
종별	특수주간신문
발행인	이진정
위반사항	2018.1.9.부터 2019.2.28.까지 총 109회에 걸쳐 특정 연예인과 정치인을 비방하는 내용의 허위기사를 게재하는 등 **발행목적과 발행내용에 현저히 반하는 기사를 반복적으로 게재**하였음(세부 위반사항은 붙임의 위반사실 목록과 같음).
처분내역	발행정지 6개월 (정지기간: 2019.7.1. - 12.31.)

메모:45 소장 발행정지처분의 위법성 주장시 위와 같은 위반사유에 해당하지 아니함을 주장해야 한다. 즉, 발행목적과 발행내용에 반하는 기사를 반복적으로 게재한 경우에 해당하지 아니하거나, 또한 일부 그런 사실이 있다고 하더라도 발행정지 6개월 처분은 지나치게 과도하여 비례원칙 위반이라고 주장해야 하는 것이다.

3. 이 처분에 불복이 있는 경우 처분이 있음을 안 날로부터 90일 이내에 행정심판법에 의한 행정심판 또는 행정소송법에 의한 행정소송을 제기할 수 있음을 알려드립니다.

붙임: 법위반 기사 목록 1부. 끝.

서 울 특 별 시 장 [서울특별시장의인]

메모:46 처분서에 직인이 찍힌 자가 피고 적격있는 자이다.

기안자 주무관 김강동 검토자 사무관 이성동 전결 언론협력담당관 박광진

협조자

시행 언론협력담당관-1234 (2019.4.15.)

우 도로명주소 (생략) / 홈페이지 주소 (생략)

전화번호 (생략) 팩스번호 (생략) / / 공개

<붙임>

법위반 기사 목록

순번	기 사 제 목	게시일자	기사 주요내용
1	종사자들 울리는 깊은 밤 검은 손	2018.1.9.	전 00당대표인 000이 유흥업소에서 매너가 안 좋고 술버릇이 나쁘며 외상을 일삼는다는 소문이 종사자들 사이에서 파다하다.
2	내가 하면 로맨스, 니가 하면 뭔데?	2018.2.1.	00당의 신예 정치인으로 차기 대선주자로 떠오르는 초선의원 000이 유부녀와 불륜관계인데, 이를 주위에서 다 알고 눈치를 주어도 아랑곳하지 않고 함께 다닌다.
≀			
53	충격, 착한 뇌섹남의 두 얼굴	2018.8.10.	국민첫사랑, 1등 사윗감, 참한 이미지의 연예인 000가 같이 작품을 하는 상대방마다 유혹을 하여 사귀고, 전 연애상대와 정리하기 전에 새로운 상대를 만나는 등으로 문어발 연애를 한다.
54	연예계 대표절친이 갈라선 이유-잘못된 만남?	2018.8.21.	탑연예인 000가 절친 000의 여자친구를 빼앗아 둘 사이가 나빠졌다.
55	000아들, 호화판 유학생활	2018.9.10.	00당 3선의원 000의 아들이 외국 유학중에 마약과 도박, 고급차량으로 허랑방탕한 생활을 하고 있다.
≀			
65	노총각이 아니라 애 아빠??	2019.1.1.	짝짓기프로그램에 고정출연 중이고 모태쏠로로 알려져 있는 중견연기자 000이 알고 보니 이혼 경력이 두 번이나 되는 돌싱이었고, 전배우자에게 양육비를 주지 않아 소송을 당했다.
≀			
109	MVP 뜨자마자 VIP?	2019.2.28.	신인 연예인000가 최근 드라마 'MVP'의 성공으로 인기를 얻고 나서 태도가 돌변하여 건방져지고 잘난 허세가 심하다.

바이오라이프 건강, 의학, 생명과학 분야 기사 목록

메모:33
신문발행정지처분의 위법성과 관련하여, 바이오라이프는 실제 발행목적인 건강, 의학 생명과학 분야 기사가 400여건에 해당하여 법률이 정한 발행정지사유에 해당하지 않음에도 일부 발행목적에 반하는 기사가 존재한다는 이유로 발행정지처분을 한 것은 사실오인의 위법이 있다고 주장해야 한다.

순번	기 사 제 목	게시일자
1	생명연장의 꿈? 줄기세포의 놀라운 효능	2018.1.2.
2	하루 커피 세잔 이상 먹으면?	2018.1.2.
3	하루 30분 운동 득일까? 독일까?	2018.1.2.
4	피부 나이 20년 되돌릴 수 있다. 주름개선에 도움이 되는 음식들	2018.1.2.
5	비타민 무엇을 얼마나 먹어야 할까? 비타민을 분석한다.	2018.1.2.
~		
53	세계10대 슈퍼푸드, 그 비밀을 밝히다.	2018.6.15.
54	한국인 고기 섭취량 아직도 부족하다. OECD 국가 평균 87%에 못 미쳐	2018.6.15.
55	위암 세포 골라 죽이는 기적의 효모 발견	2018.6.15.
56	습한 장마철, 사람 괴롭히는 무좀. 완벽 예방 가이드	2018.6.20.
57	미국 인디애나 대학교 의대 연구팀, 탈모진행 유발하는 물질 발견	2018.6.25.
~		
65	수면의 질이 수명을 결정한다.	2018.7.12.
66	혈뇨 우습게보다간 큰 코 다친다. 간에 기생하는 기생충이 있다고?	2018.7.15.
67	치매 치료의 가능성, 젊은 쥐 혈액 주입으로 늙은 쥐 뇌 세포 변화	2018.7.18.
68	미세먼지 심한 날 , 환기 시켜야 할까 말아야 할까	2018.7.18.
~		
400	고혈압, 그 소리 없는 살인자, 인류와 혈관의 전쟁이 시작됐다.	2019.2.28.

<table>
<tr><td>수임번호
2019-512</td><td colspan="2">법 률 상 담 일 지</td><td>2019. 12. 4.</td></tr>
<tr><td>의 뢰 인</td><td>전소심</td><td>의뢰인 전화</td><td>010-1234-5678(휴대전화)</td></tr>
<tr><td>의 뢰 인
주 소</td><td>서울 서초구 강남대로 96, A동 1902호(반포동, 대박아파트)</td><td>의뢰인
E-mail</td><td>sosim1987@dmail.com</td></tr>
<tr><td colspan="4">상 담 내 용</td></tr>
</table>

1. 주식회사 '유니콘' 은 **인터넷포털사이트** 'UNICORN' (www.unicorn.com)을 운영하고 있는 「정보통신망 이용촉진 및 정보보호 등에 관한 법률」 제2조 제1항 제3호에 따른 정보통신서비스 제공자로서, 위 인터넷포털사이트에 정치. 시사 관련 익명게시판인 '시사만평 - 나도 한마디' 를 운영하고 있다.

2. 의뢰인 전소심은 **2019. 10. 9.** 친구인 나용기에게 위 익명게시판에 정치 관련 특정 글을 올리겠다는 문자메시지를 보냈다.

3. 나용기는 위 문자메시지를 받고 **같은 날** 전소심에게 '자신이 작년 국회의원 재 · 보궐선거의 선거운동기간(2019. 3. 21. ~ 4. 2.) 중에 비슷한 글을 올린 적이 있으나, 그 후 위 **게시판에 실명인증 관련 공지가 있었다.' 는 취지의 답신을 받았다.**

4. 의뢰인의 희망사항

   의뢰인은 **선거운동기간 중에 인터넷 게시판에 정당에 대한 지지나 반대의 글을 익명으로는 올릴 수 없고, 위반 시 삭제하도록 하는 것이 불합리하다**고 생각한다.

법무법인 돌담(담당변호사 박변호)
전화 02-585-1234, 팩스 02-585-5678
서울 서초구 서초중앙로 500 돌담빌딩

메모:14
문제되는 기본권으로서 '정치적 표현의 자유'가 주된 기본권임을 암시한다.

메모:15
이 사건 헌법소원심판청구 주장의 핵심이 담겨있으며 이를 바탕으로 심판대상조항에 해당하는 금지규정과 그에 대한 효과규정으로서 삭제규정(**공직선거법 제90조의8 제2항, 제7항**과 공직선거관리규칙 제45조의6 제4호)을 정확히 특정해 내야 한다. 다만, 이번 문제에서는 금지규정 위반 시 효과규정에 해당하는 법위반자 인적사항 공개는 이 사건 헌법소원의 심판대상으로 삼지는 않고 있다.

법무법인 돌담 내부회의록(헌법소원용)

일 시: 2019. 12. 11. 15:00 ~ 17:00
장 소: 법무법인 돌담 중회의실
참석자: 김대리 변호사(송무2팀장), 박변호 변호사

김 변호사: 오늘은 전소심 씨 사건과 관련하여 논의하도록 합시다. 의뢰인이 의뢰한 내용은 무엇인가요?

박 변호사: **선거운동기간 중에 정당에 대한 지지나 반대의 글을 게시할 수 있도록 하는 경우에는 인터넷언론사에게 실명인증조치를 취하게 하고, 위반 시 게시물을 삭제하도록 하는 것이 문제**라는 것입니다.

김 변호사: 인터넷언론사가 게시물을 삭제하지 않으면 어떻게 되나요?
박 변호사: 300만원 이하의 과태료가 부과됩니다.

김 변호사: 의뢰인은 무역회사에 다니는 일반 회사원 아닌가요? **의뢰인이 인터넷언론사인 것도 아닌데, 인터넷언론사의 실명인증조치와 무슨 상관있습니까?**

박 변호사: 의뢰인이 성실당의 당원이라고 합니다. 의뢰인은 '유니콘(UNICORN)'이라는 인터넷포털사이트의 정치 · 시사 관련 익명게시판에 성실당에 대한 지지 및 법치당에 대한 반대의 글을 익명으로 올리고 싶다고 합니다. **특히 내년 국회의원 선거운동기간 동안에도 익명으로 글을 올리고 싶은데**, 현행법상으로는 선거운동기간 중에는 실명인증 없이는 그런 글을 올릴 수 없습니다.

김 변호사: 유니콘? 거기에 글을 올릴 때에도 실명인증을 받아야 하나요? **실명인증을 받아야 하는 인터넷언론사의 범위가 어떻게 되죠?** 이 부분도 검토해 보세요. 그런데, 박 변호사. **의뢰인은 꼭 익명으로만 글을 올려야 한대요?**

박 변호사: 의뢰인이 다니는 회사 사장님이 법치당 지지자여서, 실명인증을 받

> 메모:6 이 사건 헌법소원심판청구 대상을 지칭하므로 구체적으로 이에 해당하는 공선법 조항을 찾아야 할 것이다.

> 메모:18 적법요건으로서 자기관련성과 관련하여, 심판대상조항의 직접적인 수범자는 인터넷언론사이나, 청구인이 정당·후보자에 대한 지지·반대의견을 게시할 경우 실명확인 절차를 거쳐야 할 부담을 지게 되고, 이를 거치지 않으면 정당·후보자에 대한 지지·반대의견이 삭제되는 불이익을 받게 되므로 자기관련성 인정된다(헌재 2010. 2. 25. 2008헌마324 등).

> 메모:12 적법요건으로서 현재성 요건의 경우 장래에 기본권침해가 확실히 예측되므로 현재성의 예외에 해당하며(상황성숙이론), 자동적으로 청구기간의 경우에도 현재성의 예외이므로 기간이 문제되지 않는다.

> 메모:20 침해되는 기본권으로서, 정치 사안에 관한 표현의 문제이므로 반드시 정치적 (익명) 표현의 자유(헌법 제21조)라고 명시해야 한다. 그밖에도 실명공개의 경우 개인정보자기결정권(헌법 제10조, 제17조, 헌법 제37조 제1항)이 문제될 수 있을 것이다.

> 메모:11 실명인증을 받아야 하는 인터넷 언론사의 범위가 불명확하고 추상적임(포괄위임/명확성 원칙 위반)을 암시하는 대목이다. 따라서 이 사건 법령헌법소원 심판대상에 위 관련 규정을 찾아 추가하여야 한다.

> 메모:21 과잉금지원칙위반 주장으로, 문제된 공선법 조항은 적어도 선거운동기간 동안만은 국민의 정치적 의사표현의 자유를 최대한 보장할 필요가 있는데도, 정치적 의사표현을 할 수 있는 핵심기간인 선거운동기간 중에 익명표현의 자유를 제한하고 있어, 사실상 선거 관련 익명 의사표현을 불가능하게 하는바, 이는 표현의 자유 보장이 민주주의의 근간이 되는 중요한 헌법적 가치라는 점을 고려할 때, 표현의 자유 제한이 선거의 공정성 유지라는 공익보다 결코 작다고 할 수 없다고 주장해야 한다.

아야 한다면 혹시라도 불이익이 있을까 걱정도 되고, 의뢰인의 성격상 실명인증을 받아야만 한다면 그런 글을 올리는 것이 상당히 망설여진다고 합니다.]

김 변호사: 21대 국회의원 총선거일이 2020년 4월 15일 이니까, 선거운동 기간은 2020년 4월 2일부터 4월 14일까지겠군요?

박 변호사: 네, 맞습니다.

김 변호사: 그렇다면 의뢰인을 위하여 어떤 법적절차를 생각하고 있나요?

박 변호사: [근거 조항들에 대하여 헌법소원심판을 청구]하려고 합니다.

> 메모:13
> 헌재법 제68조 제1항 법령헌법소원을 제기하라는 힌트이다. 다만, 이번 문제에서는 공선법 제90조의8 제2항 인터넷 실명제한 규정위반에 대한 효과규정(90조의8 제7항)만이 심판대상이고, 82조의4, 6, 96조 금지규정 위반시 효과규정에 해당하는 '법위반자 인적사항 공개(280조)'는 이 사건 헌법소원의 심판대상으로 삼지는 않고 있다.

김 변호사: 근거 조항들을 정확하게 특정하시기 바랍니다.

박 변호사: 네, 그렇게 하겠습니다.

김 변호사: 근거 조항들의 위헌성에 대하여는 충분히 검토가 이루어졌나요?

박 변호사: 검토 중입니다만, 본 사건의 경우 정당에 대한 '지지', '반대'의 의사표현을 제한하는 것이므로, 사상.양심의 자유도 침해하는 것으로 주장하면 어떨까요?

김 변호사: 글쎄요, 정당에 대한 의견 등의 표현행위를 사상, 양심의 자유에 포함되는 것으로 보기는 어렵지 않을까요? 그 주장은 불 필요해 보입니다.

박 변호사: 네, 알겠습니다. 그런데 인터넷언론사에 대한 차별이 되는 것은 아닐까요?

김 변호사: 그렇게 볼 수도 있겠으나, [이러한 차별취급은 인터넷 실명제가 의뢰인의 다른 기본권을 제한함으로 인한 부수적인 결과이므로, 평등권문제에 대하여는 따로 다투지 않는 것이 좋겠습니다.]

> 메모:7
> 평등원칙이나 평등권 위반 주장은 따로 하지 말라는 힌트이다.

박 변호사: 네, 그렇게 하겠습니다. 그리고, [의뢰인이 게시하려던 글이 법문상의 '지지', '반대'에 해당한다는 점은 분명하므로, '지지', '반대'의 의미에 대하여는 다투지 않으려 합니다.]

> 메모:39
> '지지', '반대'에 해당하는 부분은 명확성원칙위반 등을 따로 주장하지 말라는 힌트이다.

김 변호사: 그렇게 하시죠. 그럼 의뢰인을 위하여 최선을 다하여 준비하여 주세요.

박 변호사: 네, 잘 알겠습니다.

김 변호사: 그럼, 이상으로 오늘 회의를 마치겠습니다. 끝.

나용기 유니콘 게시글

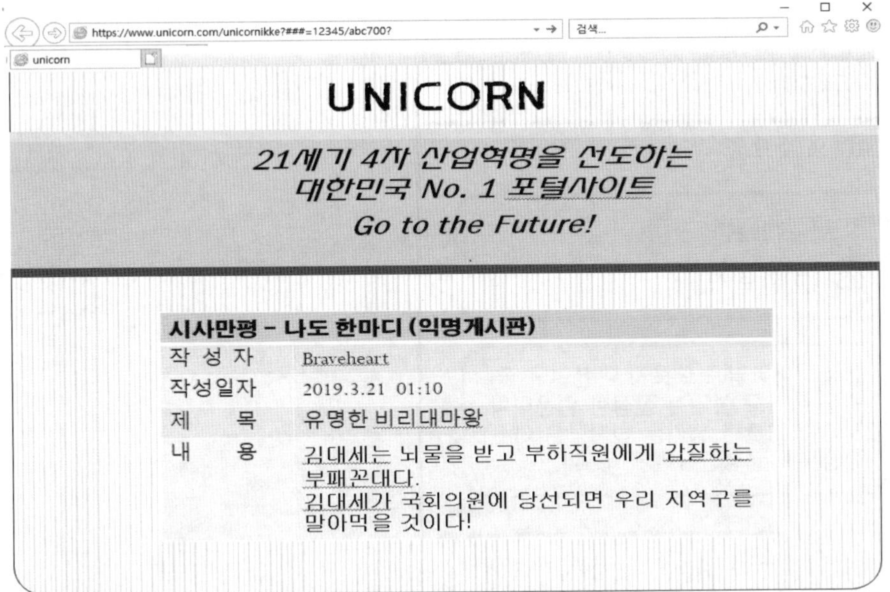

https://www.unicorn.com/unicornikke?###=12345/abc700?

unicorn

UNICORN

21세기 4차 산업혁명을 선도하는
대한민국 No. 1 포털사이트
Go to the Future!

시사만평 – 나도 한마디 (익명게시판)	
작 성 자	Braveheart
작성일자	2019.3.21 01:10
제 목	유명한 비리대마왕
내 용	김대세는 뇌물을 받고 부하직원에게 갑질하는 부패꼰대다. 김대세가 국회의원에 당선되면 우리 지역구를 말아먹을 것이다!

유니콘 공지사항

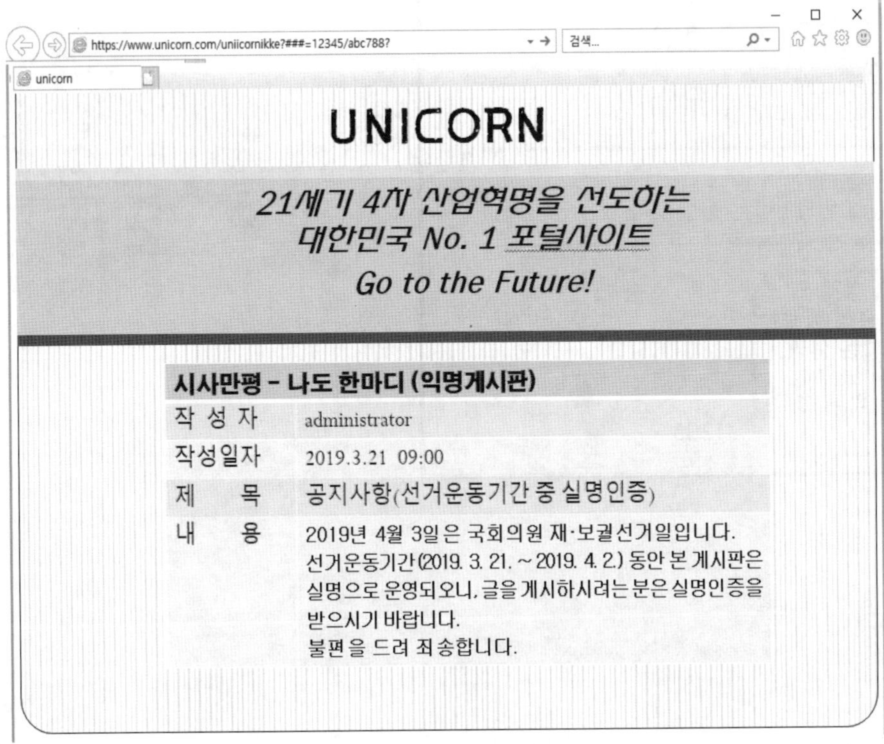

https://www.unicorn.com/uniicornikke?###=12345/abc788?

unicorn

UNICORN

21세기 4차 산업혁명을 선도하는
대한민국 No. 1 포털사이트
Go to the Future!

시사만평 – 나도 한마디 (익명게시판)	
작 성 자	administrator
작성일자	2019.3.21 09:00
제 목	공지사항(선거운동기간 중 실명인증)
내 용	2019년 4월 3일은 국회의원 재·보궐선거일입니다. 선거운동기간(2019. 3. 21. ~ 2019. 4. 2.) 동안 본 게시판은 실명으로 운영되오니, 글을 게시하시려는 분은 실명인증을 받으시기 바랍니다. 불편을 드려 죄송합니다.

전소심 휴대전화 문자메시지 캡쳐화면

나용기
2019. 10. 9. 수요일
Hi, Braveheart!
올만.
이거 한 번 봐줘.
12:25
성실당이야말로 오로지 대한민국 국민을 위하고 섬기는 진정한 일꾼이다. 자기 밥그릇만 챙기는 법치당은 아웃! 정당투표는 성실당에 꾸욱~!!!
12:28
이거 어때? 나 이런 UNICORN 익게에 올리려고. 내년 4월 총선 끝날 때까지 쭉~ 이 몸의 활약을 기대하시라!
12:30
으잉? UNICORN 익게에? 지금은 몰라도 내년 총선 때는 거기 익게 안 될 걸.
12:32
왜?
왜 안돼? 너는 올렸잖아.
12:33
몰라. 지난 4월 보선 때는 거기 익게 되길래 글 한 번 올리긴 했었지. 근데 바로 그날 아침에 선거운동기간 중에는 실명으로만 글 올릴 수 있다고 공지 떴었어. 그래서 나도 내년 총선 때에는 다른 데 올릴거야.
12:35

담 당 변 호 사 지 정 서

사 건	(생략)
청 구 인	전소심
피청구인	

위 사건에 관하여 법무법인 돌담은 청구인의 대리인으로서 변호사법 제50조 제1항에 의하여 그 업무를 담당할 변호사를 다음과 같이 지정합니다.

담당변호사	김 대 리, 박 변 호

2019. 12. 4.

법무법인 돌 담
대표변호사 강 석 수 [법무법인 돌담]

서울 서초구 서초중앙로 500 돌담빌딩

전화 02-585-1234 전송 02-585-5678

헌법재판소 귀중

참 고 법 령

「공직선거법」(발췌)

(법률 제20202호, 2019. 3. 21. 개정)

메모:17
헌법소원심판서 청구취지에 심판대상법률의 ( )부분 개정연혁을 반드시 기재하여야 한다.

제82조의4(정보통신망을 이용한 선거운동) ① (생략)

② 누구든지 「정보통신망 이용촉진 및 정보보호 등에 관한 법률」 제2조 제1항 제1호에 따른 정보통신망(이하 "정보통신망"이라 한다)을 이용하여 후보자(후보자가 되려는 사람을 포함한다. 이하 이 조에서 같다), 그의 배우자 또는 직계존·비속이나 형제자매에 관하여 허위의 사실을 유포하여서는 아니되며, 공연히 사실을 적시하여 이들을 비방하여서는 아니 된다. 다만, 진실한 사실로서 공공의 이익에 관한 때에는 그러하지 아니하다.

③ 각급선거관리위원회(읍·면·동선거관리위원회를 제외한다)는 이 법의 규정에 위반되는 정보가 인터넷홈페이지 또는 그 게시판·대화방 등에 게시되거나, 정보통신망을 통하여 전송되는 사실을 발견한 때에는 당해 정보가 게시된 인터넷홈페이지를 관리·운영하는 자에게 해당 정보의 삭제를 요청하거나, 전송되는 정보를 취급하는 인터넷홈페이지의 관리·운영자에게 다음 각 호의 어느 하나의 조치를 요청할 수 있다.

1. 특정 이용자 계정 일시 또는 영구정지
2. 인터넷홈페이지 게시판·대화방 일시 사용정지
3. 인터넷홈페이지 게시판·대화방 폐쇄
4. 인터넷홈페이지 일시 정지 또는 폐쇄

④ 제3항에 따라 선거관리위원회로부터 요청을 받은 인터넷홈페이지 관리·운영자는 지체 없이 이에 따라야 한다.

⑤ 제3항에 따라 선거관리위원회로부터 요청을 받은 인터넷홈페이지 관리·운영자는 그 요청을 받은 날부터, 해당 정보를 게시하거나 전송한 자는 당해 정보가 삭제되거나 그 취급이 거부·정지 또는 제한된 날부터 3일 이내에 그 요청을 한 선거관리위원회에 이의신청을 할 수 있다.

⑥ 위법한 정보의 게시에 대한 삭제 등의 요청, 이의신청 기타 필요한 사항은 중앙선거관리위원회규칙으로 정한다.

메모:16
청구취지: "공직선거법(2019. 3. 21. 법률 제20202호로 개정된 것) 제90조의8 제2항, 제7항과 공직선거관리규칙(2019. 3. 21. 중앙선거관리위원회규칙 제750호로 개정된 것) 제45조의6 제4호는 헌법에 위반된다."라는 결정을 구합니다.

메모:10
이 사건 심판대상 법률로서 규칙에 위임하고 있는바, 명확성원칙과 포괄위임입법금지원칙이 모두 문제된다. 따라서, 포괄위임입법금지원칙 위반과 명확성원칙 위반('인터넷 언론사'의 범위가 막연하고 추상적임)을 함께 판단하여야 한다. 다만 심판대상 법률조항과 규칙조항에 대하여 명확성원칙과 포괄위임입법금지원칙을 각각 판단하거나, 명확성원칙만 쓴 경우 또는 명확성원칙과의 관계 언급 없이 포괄위임입법금지원칙만 쓴 경우에도 일정 부분 점수를 받을 수 있을 것이다.

메모:19
적법요건으로서 직접성요건과 관련하여, '공선법조항'과 '선관위규칙' 해당조항은 금지규정으로서 집행행위 매개없이 조항 그 자체로 기본권제한효과 발생하므로 직접성 인정될 뿐만 아니라 상하위법령이 체계적으로 밀접불가분의 관계에 있어 법률과 규칙 모두 심판대상이 되고 직접성도 인정된다.

제90조의8(인터넷언론사 게시판·대화방 등의 실명확인) ① 생략

② 중앙선거관리위원회규칙으로 정하는 인터넷언론사(이하 이 조에서 "인터넷언론사"라 한다)는 선거운동기간 중 당해 인터넷홈페이지의 게시판·

대화방 등에 **정당 · 후보자에 대한 지지 · 반대의 문자 · 음성 · 화상 또는 동영상 등의 정보**(이하 이 조에서 "정보 등"이라 한다)를 게시할 수 있도록 하는 경우에는 행정안전부장관 또는 「신용정보의 이용 및 보호에 관한 법률」 제2조 제4호에 따른 신용정보업자(이하 이 조에서 "신용정보업자"라 한다)**가 제공하는 실명인증방법으로 실명을 확인받도록 하는 기술적 조치를 하여야 한다.** 다만, 인터넷언론사가 「정보통신망 이용촉진 및 정보보호 등에 관한 법률」 제44조의5에 따른 본인확인조치를 한 경우에는 그 실명을 확인받도록 하는 기술적 조치를 한 것으로 본다.

③ 정당이나 후보자는 자신의 명의로 개설 · 운영하는 인터넷홈페이지의 게시판 · 대화방 등에 정당 · 후보자에 대한 지지 · 반대의 정보 등을 게시할 수 있도록 하는 경우에는 제1항의 규정에 따른 기술적 조치를 할 수 있다.

④ 행정안전부장관 및 신용정보업자는 제1항 및 제2항의 규정에 따라 제공한 실명인증자료를 실명인증을 받은 자 및 인터넷홈페이지별로 관리하여야 하며, 중앙선거관리위원회가 그 실명인증자료의 제출을 요구하는 경우에는 지체 없이 이에 따라야 한다.

⑤ 인터넷언론사는 제1항의 규정에 따라 실명인증을 받은 자가 정보 등을 게시한 경우 당해 인터넷홈페이지의 게시판 · 대화방 등에 "실명인증" 표시가 나타나도록 하는 기술적 조치를 하여야 한다.

⑥ 인터넷언론사는 당해 인터넷홈페이지의 게시판 · 대화방 등에서 정보 등을 게시하고자 하는 자에게 주민등록번호를 기재할 것을 요구하여서는 아니된다.

⑦ 인터넷언론사는 당해 인터넷홈페이지의 게시판 · 대화방 등에 "실명인증"의 표시가 없는 정당이나 후보자에 대한 지지 · **반대의 정보 등이 게시된 경우에는 지체 없이 이를 삭제하여야 한다.**

메모:22

이 사건 문제되는 기본권과 관련하여, '실명인증정보'는 개인의 동일성을 식별할 수 있는 정보로서 개인정보자기결정권의 보호대상이 되는 개인정보에 해당하고, 실명인증자료가 공직선거법 제82조의6 제3항에 따라 행정안전부장관 및 신용정보업자에 의하여 수집·관리된다는 점에서 위 실명확인조항은 게시판 이용자의 개인정보자기결정권을 제한한다.
또한, 후보자 등에 대한 '지지의 글'은 비방이나 명예훼손의 우려가 적은데도, '반대의 글'과 마찬가지로 실명인증을 요구하는 것은 비방이나 명예훼손 등의 선거범죄를 예방하고자 하는 입법목적에도 부합하지 않을 뿐만 아니라, 정치적 표현의 자유를 과잉제한하는 것이다(헌재 2015. 7. 30. 2012헌마734 등).

제96조(허위논평 · 보도 등 금지) ① (생략)

② 방송 · 신문 · 통신 · 잡지, 그 밖의 간행물을 경영 · 관리하는 자 또는 편집 · 취재 · 집필 · 보도하는 자는 다음 각 호의 어느 하나에 해당하는 행위를 할 수 없다.
1. (생략)
2. 여론조사결과 등과 같은 객관적 자료를 제시하지 아니하고 선거결과를 예측하는 보도를 하는 행위

제252조(방송 · 신문 등 부정이용죄) ① 제96조제2항을 위반한 자는 7년 이하의 징역 또는 500만원 이상 3천만원 이하의 벌금에 처한다.

② ~ ④ (생략)

제256조(각종제한규정위반죄) ① ~ ② 생략

③ 다음 각 호의 어느 하나에 해당하는 자는 2년 이하의 징역 또는 400만 원 이하의 벌금에 처한다.

1. 선거운동과 관련하여 다음 각 목의 어느 하나에 해당하는 자
   가. ~ 라. (생략)
   마. 제82조의4 제4항에 따라 선거관리위원회로부터 2회 이상 요청을 받고 이행하지 아니한 자
2. ~ 12. (생략)

제261조(과태료의 부과 · 징수 등) ① ~ ⑤ (생략)

⑥ 다음 각 호의 어느 하나에 해당하는 행위를 한 자는 300만 원 이하의 과태료를 부과한다.

1. ~ 3. (생략)
4. 제82조의4 제4항을 위반하여 선거관리위원회의 요청을 이행하지 아니한 자. 다만, 2회 이상 요청을 받고 이행하지 아니한 자는 그러하지 아니하다.

제280조(법 위반자의 인적사항 등의 공개) ① 중앙선거관리위원회는 다음 각 호의 어느 하나에 해당하는 자에 대해서는 인적사항 및 법위반사항 등을 인터넷홈페이지 등에 **공개할 수 있다.**

1. 제82조의4 제2항을 위반한 자
2. 제82조의6 제1항을 위반한 자
3. 제96조를 위반한 자
4. (이하 생략)

② 제1항에 따라 공개하는 인적사항에 대한 공개 여부를 심의하기 위하여 각급선거관리위원회에 공직선거법위반공개심의위원회(이하 이 조에서 "위원회"라 한다)를 둔다.

③ 각급선거관리위원회는 위원회의 심의를 거쳐 공개 대상자를 결정한다.

④ 제1항부터 제3항까지의 규정에 따른 공개 사항, 공개 방법, 공개 절차 및 위원회의 구성 · 운영에 필요한 사항은 중앙선거관리위원회규칙으로 정한다.

메모:4
이 사건 인적사항의 공개는 재량행위임을 알 수 있는바, 인적사항의 공개가 재량일탈남용에 해당함을 취소소송 소장 처분의 위법성 부분에서 기술해야만 한다.

메모:32
대법원 판례는 위 조항을 근거로 인적사항의 공개는 행정청이 우월적 지위에서 처분상대방의 인적사항을 공개함으로서 명예를 훼손하고 수치심을 느끼게 하여 의무이행을 간접적으로 강제하려는 조치에 해당하여 행정처분에 해당한다고 보았다(대법원 2019. 6. 27. 선고 2018두49130 인적사항공개처분취소판결).

부칙(법률 제20202호, 2019. 3. 21.)

제1조(시행일) 이 법은 공포한 날부터 시행한다.

「공직선거관리규칙」(발췌)

(중앙선거관리위원회 규칙 제750호, 2019. 3. 21.)

메모:35 청구취지 심판대상 특정시 ( )부분 개정연혁도 반드시 기재해야 한다.

제45조의6(실명확인조치가 필요한 인터넷언론사의 범위) 법 제82조의6 제1항의 '인터넷언론사'의 범위는 다음 각 호와 같다.

메모:9 이 사건 심판대상 시행규칙이다.

1. 「신문 등의 진흥에 관한 법률」 제2조 제4호에 따른 인터넷신문사업자
2. 「신문 등의 진흥에 관한 법률」 제2조 제6호에 따른 인터넷뉴스서비스사업자
3. 「인터넷 멀티미디어 방송사업법」 제2조 제1호에 따른 인터넷 멀티미디어 방송을 경영하는 자
4. **「정보통신망 이용촉진 및 정보보호 등에 관한 법률」 제2조 제1항 제3호의 정보통신서비스 제공자로서 인터넷포털사이트(다른 인터넷주소·정보 등의 검색과 전자우편·커뮤니티 등을 제공하는 사이트)를 운영하는 자**(뉴스공급원으로부터 뉴스나 기사를 제공받아 편집·가공하거나 매개하여 제공하는 경우를 포함한다)
5. 그 밖에 정치·경제·사회·문화·시사 등에 관한 보도·논평·여론 및 정보 등을 전파할 목적으로 취재·편집·집필한 기사를 인터넷을 통하여 보도·제공하거나 매개하는 인터넷홈페이지를 경영·관리하는 자

메모:8 이 사건 심판대상 시행규칙 조항이다.

제160조(법 위반자의 인적사항 등의 공개) ① ~ ② (생략)

③ 법 제280조 제1항에 따라 공개하는 법 위반자의 인적사항과 법위반사항 등(이하 이 조에서 "인적사항 등"이라 한다)은 다음 각 호와 같다.

1. 법 위반자의 성명, 연령, 주소(법인의 경우에는 해당 법인의 명칭·주소·대표자)
2. 법 위반 일자 및 위반요지
3. 위반 조항

④ 법 제280조 제1항에 따른 공개는 중앙선거관리위원회 인터넷홈페이지에 게시하는 방법으로 한다.

⑤ 중앙선거관리위원회는 법 제280조 제1항에 따라 중앙선거관리위원회 인터넷홈페이지에 게시된 공직선거법 **위반자가 법위반사항을** 시정하는 등 **그 인적사항 등을 공개할 실익이 없는 경우에는 제3항 각 호의 인적사항 등을 삭제하여야 한다.**

메모:5 이 사건의 경우에 위 조항에 해당하여 인적사항공개사유에 해당하지 않는다고 강조하면 가점사항이다.

부칙(중앙선거관리위원회규칙 제750호, 2019. 3. 21.)

제1조(시행일) 이 규칙은 공포한 날부터 시행한다.

「신문 등의 진흥에 관한 법률」(발췌)

(법률 제20100호, 2017. 12. 15. 개정)

제1조(목적) 이 법은 신문 등의 발행의 자유와 독립 및 그 기능을 보장하고 사회적 책임을 높이며 신문산업을 지원·육성함으로써 언론의 자유 신장과 민주적인 여론형성에 기여함을 목적으로 한다.

제2조(정의) 이 법에서 사용하는 용어의 정의는 다음과 같다.

1. "신문"이란 정치·경제·사회·문화·산업·과학·종교·교육·체육 등 전체 분야 또는 특정 분야에 관한 보도·논평·여론 및 정보 등을 전파하기 위하여 같은 명칭으로 월 2회 이상 발행하는 간행물로서 다음 각 목의 것을 말한다.
   가. 일반일간신문: 정치·경제·사회·문화 등에 관한 보도·논평 및 여론 등을 전파하기 위하여 매일 발행하는 간행물
   나. 특수일간신문: 산업·과학·종교·교육 또는 체육 등 특정 분야(정치를 제외한다)에 국한된 사항의 보도·논평 및 여론 등을 전파하기 위하여 매일 발행하는 간행물
   다. 일반주간신문: 정치·경제·사회·문화 등에 관한 보도(생략)
   라. 특수주간신문: (생략)
2. "인터넷신문"이란 컴퓨터 등 정보처리능력을 가진 장치와 통신망을 이용하여 정치·경제·사회·문화 등에 관한 보도·논평 및 여론·정보 등을 전파하기 위하여 간행하는 전자간행물로서 독자적 기사 생산과 지속적인 발행 등 대통령령으로 정하는 기준을 충족하는 것을 말한다.
3. "신문사업자"란 신문을 발행하는 자를 말한다.
4. "인터넷신문사업자"란 인터넷신문을 전자적으로 발행하는 자를 말한다.
5. "인터넷뉴스서비스"란 신문, 인터넷신문, 「뉴스통신진흥에 관한 법률」에 따른 뉴스통신, 「방송법」에 따른 방송 및 「잡지 등 정기간행물의 진흥에 관한 법률」에 따른 잡지 등의 기사를 인터넷을 통하여 계속적으로 제공하거나 매개하는 전자간행물을 말한다. 다만, 제2호의 인터넷신문 및 「인터넷 멀티미디어 방송사업법」 제2조 제1호에 따른 인터넷 멀티미디어 방송, 그 밖에 대통령령으로 정하는 것을 제외한다.

제9조(등록) ① 신문을 발행하거나 인터넷신문 또는 인터넷뉴스서비스를 전자적으로 발행하려는 자는 대통령령으로 정하는 바에 따라 다음 각 호의 사항

을 주사무소 소재지를 관할하는 특별시장 · 광역시장 · 특별자치시장 · 도지사 또는 특별자치도지사(이하 "시 · 도지사"라 한다)에게 등록하여야 한다. 등록된 사항이 변경된 때에도 또한 같다.

1. 신문 및 인터넷신문의 명칭(신문 및 인터넷신문에 한정한다)
2. ~ 4. (생략)
5. 인터넷신문사업자와 인터넷신문의 발행인 및 편집인의 성명 · 생년월일 · 주소(인터넷신문사업자가 법인이나 단체인 경우에는 그 명칭, 주사무소의 소재지와 그 대표자의 성명 · 생년월일 · 주소)

② 제1항에 따라 등록을 하려는 자(인터넷뉴스서비스사업자를 제외한다)가 법인 또는 단체인 경우 대표이사 또는 대표자를 발행인으로 하여야 한다.

③ (생략)

④ 제1항에 따라 신문 · 인터넷신문 또는 인터넷뉴스서비스를 등록한 때에는 시 · 도지사는 지체 없이 등록증을 내주어야 한다.

제22조(신문 등의 발행정지 및 등록취소의 심판청구) ① (생략)

② 시 · 도지사는 제9조 제1항에 따라 신문 · 인터넷신문 또는 인터넷뉴스서비스(이하 이 조의 규정에서 "신문 등"이라 한다)의 등록을 한 자가 다음 각 호의 어느 하나에 해당하는 경우 6개월 이내의 기간을 정하여 해당 신문 등의 발행정지를 명하거나 법원에 신문 등의 등록취소의 심판을 청구할 수 있다.

1. 거짓이나 그 밖의 부정한 방법으로 등록한 사실이 있는 경우
2. 신문 등의 내용이 등록된 발행목적이나 발행내용을 현저하게 반복하여 위반한 경우
3. 음란한 내용의 신문 등을 발행하여 공중도덕이나 사회윤리를 현저하게 침해한 경우

③ ~ ④ (생략)

부칙(법률 제20100호, 2017. 12. 15.)

제1조(시행일) 이 법은 공포한 날부터 시행한다.

「신문 등에 대한 제재처분시 업무처리요령」(발췌)
(서울특별시 예규 2019-789호)

제1조(목적) 본 예규는 서울특별시에서 신문 등의 진흥에 관한 법률에 따른 신문등에 대하여 제재처분을 하는 경우의 처분기준을 정하는 것을 목적으로 한다.

제3조(처분기준) 신문 등의 진흥에 관한 법률 제22조 제2항 위반에 따른 처분을 하는 경우 처분기준은 [별표]1.에 의한다.

[별표] 1. 위반행위의 종류별 처분기준(신문 등 진흥에 관한 법률 제22조 제2항 관련)

Ⅰ. 일반 기준: (생략)

Ⅱ. 개별 기준

위반행위	해당 법조문	행정처분기준		
		1차 위반	2차 위반	3차 위반
1. 거짓이나 그 밖의 부정한 방법으로 등록한 사실이 있는 경우	법 제22조 제2항 제1호	(생략)	(생략)	(생략)
2. 신문 등의 내용이 등록된 발행목적이나 발행내용을 현저하게 반복하여 위반한 경우	법 제22조 제2항 제2호	**발행정지 2월**	발행정지 6월	등록취소
3. 음란한 내용의 신문 등을 발행하여 공중도덕이나 사회윤리를 현저하게 침해한 경우	법 제22조 제2항 제3호	(생략)	(생략)	(생략)

메모:24
위 예규는 단순 행정규칙에 불과하다. 즉, 상위 법령과 결합하여 법규적 효력을 가지는 '법령보충적행정규칙'에도 해당하지 아니함에 주의해야 한다. 따라서 아래와 같이 발행정지 2월 처분을 하여야 함에도 발행정지 6월 처분을 한 것은 법규정 위반이 아니라 재량준칙위반에 해당하여 재량일탈남용으로 귀결된다.

메모:23
이 사건 원고의 경우 1차 위반에 해당하여 피고로서는 발행정지 2월의 처분을 하여야 함에도 발행정지 6월의 처분을 한 것은 자기구속 내지 재량준칙위반에 해당한다고 주장해야 한다.

참고자료 - 달력

■ 2019년 1월 ~ 2020년 4월

2019년 1월

일	월	화	수	목	금	토
		1	2	3	4	5
6	7	8	9	10	11	12
13	14	15	16	17	15	19
20	21	22	23	24	25	26
27	28	29	30	31		

2019년 2월

일	월	화	수	목	금	토
					1	2
3	4	5	6	7	8	9
10	11	12	13	14	15	16
17	18	19	20	21	22	23
24	25	26	27	28		

2019년 3월

일	월	화	수	목	금	토
					1	2
3	4	5	6	7	8	9
10	11	12	13	14	15	16
17	18	19	20	21	22	23
24/31	25	26	27	28	29	30

2019년 4월

일	월	화	수	목	금	토
	1	2	3	4	5	6
7	8	9	10	11	12	13
14	15	16	17	18	19	20
21	22	23	24	25	26	27
28	29	30				

2019년 5월

일	월	화	수	목	금	토
			1	2	3	4
5	6	7	8	9	10	11
12	13	14	15	16	17	18
19	20	21	22	23	24	25
26	27	28	29	30	31	

2019년 6월

일	월	화	수	목	금	토
						1
2	3	4	5	6	7	8
9	10	11	12	13	14	15
16	17	18	19	20	21	22
23/30	24	25	26	27	28	29

2019년 7월

일	월	화	수	목	금	토
	1	2	3	4	5	6
7	8	9	10	11	12	13
14	15	16	17	18	19	20
21	22	23	24	25	26	27
28	29	30	31			

2019년 8월

일	월	화	수	목	금	토
				1	2	3
4	5	6	7	8	9	10
11	12	13	14	15	16	17
18	19	20	21	22	23	24
25	26	27	28	29	30	31

2019년 9월

일	월	화	수	목	금	토
1	2	3	4	5	6	7
8	9	10	11	12	13	14
15	16	17	18	19	20	21
22	23	24	25	26	27	28
29	30					

2019년 10월

일	월	화	수	목	금	토
		1	2	3	4	5
6	7	8	9	10	11	12
13	14	15	16	17	18	19
20	21	22	23	24	25	26
27	28	29	30	31		

2019년 11월

일	월	화	수	목	금	토
					1	2
3	4	5	6	7	8	9
10	11	12	13	14	15	16
17	18	19	20	21	22	23
24	25	26	27	28	29	30

2019년 12월

일	월	화	수	목	금	토
1	2	3	4	5	6	7
8	9	10	11	12	13	14
15	16	17	18	19	20	21
22	23	24	25	26	27	28
29	30	31				

2020년 1월

일	월	화	수	목	금	토
			1	2	3	4
5	6	7	8	9	10	11
12	13	14	15	16	17	18
19	20	21	22	23	24	25
26	27	28	29	30	31	

2020년 2월

일	월	화	수	목	금	토
						1
2	3	4	5	6	7	8
9	10	11	12	13	14	15
16	17	18	19	20	21	22
23	24	25	26	27	28	29

2020년 3월

일	월	화	수	목	금	토
1	2	3	4	5	6	7
8	9	10	11	12	13	14
15	16	17	18	19	20	21
22	23	24	25	26	27	28
29	30	31				

2020년 4월

일	월	화	수	목	금	토
			1	2	3	4
5	6	7	8	9	10	11
12	13	14	15	16	17	18
19	20	21	22	23	24	25
26	27	28	29	30		

2021년도 제10회

변호사시험

공법 기록형 문제

2021년도 제10회 변호사시험 문제

목 차

【 문 제 】

1. 헌법소원심판청구서의 작성 (50점)

의뢰인 임거정을 위하여 법무법인 산골의 담당변호사 입장에서 헌법소원심판청구서를 작성하되, 첨부된 양식의 ①에서 ⑤에 들어갈 내용을 작성하시오. 다만, 이 사건 청구의 적법성(③) 부분은 당해사건이 현재까지 확정되지 아니하였음을 전제로 작성하고, 헌법소원심판청구서 작성일(⑤, 제출일과 동일함)은 법령상 허용되는 청구기간 내 최종일로 기재할 것

2. 소장의 작성 (50점)

의뢰인 임거정이 대표자로 있는 거정임씨 임경엽공파 종중을 위하여 법무법인 산골의 담당변호사 입장에서 행정소송의 소장을 작성하되, 첨부된 양식의 ①에서 ⑥에 들어갈 내용을 작성하시오. 다만, “이 사건 처분의 위법성”(⑤), “이 사건 보상금 결정의 위법성”(⑥)에서 근거법령의 위헌·위법성에 관하여는 기재하지 말 것

【 작성요령 및 주의사항 】

1. 기록에 나타난 사실관계만을 기초로 하고, 그것이 사실임을 전제로 할 것

2. 기록 내의 각종 서류에 필요한 서명, 날인, 무인, 간인, 정정인, 직인 등은 모두 적법하게 갖추어진 것으로 볼 것

3. “(생략)” 으로 표시된 부분은 모두 기재된 것으로 볼 것

4. 문장은 경어체로 작성할 것

5. 「지역 개발 및 지원에 관한 법률」은 ‘지역개발법’ 으로, 「공익사업을 위한 토지 등의 취득 및 보상에 관한 법률」은 ‘토지보상법’ 으로 약칭할 수 있음

【 헌법소원심판청구서 양식 】

헌법소원심판청구서

청구인 임걱정
주소・연락처 (생략)

청 구 취 지

①

당 해 사 건

②

위헌이라고 해석되는 조항 (생략)

청 구 이 유

1. 사건의 개요 (생략)

2. 이 사건 청구의 적법성

③

메모:50
이 사건은 헌법재판법 제68조 제1항 소정의 일반 헌법소원심판청구가 아니라 제68조 제2항 위헌심사형 헌법소원심판청구임에 주의하여 작성해야 한다.

3. 위헌이라고 해석되는 이유

④

4. 결 론 (생략)

첨 부 서 류 (생략)

⑤ ○○○○. ○○. ○○.

청구인 대리인 (생략)

헌법재판소 귀중

【 소장 양식 】

소　장

원　고　거정임씨 임경엽공파 종중
대표자 임걱정

피　고　①　(주소·연락처 생략)

사건명　②

청 구 취 지

③

청 구 원 인

1. 이 사건 처분의 경위 (생략)

2. 이 사건 소의 적법성

④

3. 이 사건 처분의 위법성

⑤

4. 이 사건 보상금 결정의 위법성

⑥

5. 결　론 (생략)

입증방법 (생략)
첨부서류 (생략)

2021. 1. 5.

원고의 소송대리인 (생략)

서울행정법원 귀중

– 6 –

메모:49
1. 경기도지방토지수용위원회
위원장 최형종
2. 중앙토지수용위원회
위원장 신익재
3. 주식회사 스타넷
대표이사 김상만

메모:48
수용재결무효확인 등 청구의 소

메모:46
주위적 청구
1. 원고에 대하여, 피고 경기도지방토지수용위원회가 2020. 8. 20. 한 수용재결 및 피고 중앙토지수용위원회가 2020. 9. 20. 한 이의재결은 모두 무효임을 확인한다.
2. 소송비용은 피고들이 부담한다.

예비적 청구
1. 피고 주식회사 스타넷은 원고에게 금 256,543,600원 및 이에 대하여 2020. 11. 21.부터 소장부본 송달일까지는 연 5%, 그 다음날부터 다 갚는 날까지는 연 12%의 비율에 의한 금원을 지급하라.
2. 소송비용은 피고가 부담한다.
3. 제1항은 가집행할 수 있다.
라는 판결을 구합니다.
다만, 이 사건에서 예비적 보상금청구의 경우 현행법상 토지보상법 준용에 따라 제소기간 60일 도과하였다고 볼 수 있어 이 경우 청구 자체를 생략하여도 무방하다고 보여지나, 출제자의 의도는 위 보상금청구소송의 경우 형식적 당사자소송으로서 그 성질이 일반 민사소송에 해당함에도 제소기간에 관해서는 행정소송에 따르도록 하는 것이 당사자의 권리구제 측면에서 부당하므로 다툴 여지가 있으므로 비록 주위적 청구가 아닌 예비적 청구지만 예비적 청구로라도 청구를 해보라는 의도로 보여진다.

메모:47
사안의 경우 토지보상법 제85조에 따라 제소기간이 모두 도과하였음을 알 수 있어 취소소송이 아닌 무효확인소송으로 가야 한다. 한편, 대법원 전합 판례 변경으로 무효확인소송의 보충성이 요구되는 것은 아니므로 행정처분의 무효를 전제로 한 이행소송 등과 같은 직접적인 구제수단이 있는지 여부를 따질 필요가 없다(대법원 2007두6342 전원합의체 판결).

기록내용 시작

<table>
<tr><td>수임번호
2020-헌125</td><td colspan="2">법 률 상 담 일 지 I</td><td>상담일자: 2020. 11. 25.
상담자: 김성탄 변호사</td></tr>
<tr><td>의 뢰 인</td><td>임걱정</td><td>의뢰인
전 화</td><td>010-1234-5678</td></tr>
<tr><td>의 뢰 인
주 소</td><td>경기도 남양주시 양주읍 백만리 200</td><td>의뢰인
E-mail</td><td>worryIm@gndmail.com</td></tr>
<tr><td colspan="4">상 담 내 용</td></tr>
</table>

1. 의뢰인은 서지영과 1995년 혼인하여 1998년 외동딸 임사랑을 낳았고, 2000년 이혼하였다. 의뢰인과 서지영은 임사랑을 서지영이 양육하는 것에 합의하였다. 이후 의뢰인은 사업 및 종중 활동에 전념하느라 임사랑을 찾아가거나 연락을 하지 못한 채 살아왔다.

2. 서지영은 부동산투자 사업을 시작하면서 언니인 서미영이 살고 있는 서울 서초구로 이사를 하였다. 서미영은 배우자와 사별하고 딸인 김사연(1996년생)을 홀로 키우고 있었으므로, 서지영과 서미영은 가까이 살면서 서로 의지하며 딸들을 양육하였다. 서미영이 2005년 사망한 뒤에는 김사연도 서지영의 집에서 서지영, 임사랑과 함께 지냈다. 임사랑은 어릴 때부터 또래에 비해 발달이 늦은 편이었고 질병으로 병원에 입원해 있는 시간이 많았는데, 김사연을 친언니처럼 따랐다.

3. 서지영은 부동산투자 사업이 크게 성공하면서 서울 서초구와 강남구에 많은 토지와 건물을 소유하게 되었으나, 2020년 5월 암으로 사망하였다. 서지영의 재산은 모두 외동딸인 임사랑이 상속하였는데, 임사랑은 성인이 된 이후에도 10세 아동의 평균적인 인지 능력과 유사한 인지 능력을 보였다.

4. 의뢰인은 김사연으로부터 서지영의 사망 소식을 듣고 앞으로는 자신이 임사랑을 돌보겠다고 하였으나, 김사연은 평생 자매처럼 자라 온 임사랑에게 자신이 필요하다며 서울가정법원에 임사랑에 대한 성년후견개시

심판을 청구하였고, 위 법원은 2020년 9월 임사랑에 대하여 성년후견개시결정을 하고 김사연을 임사랑의 성년후견인으로 선임하였다.

5. 의뢰인은 가사소송법 제43조 제1항 및 가사소송규칙 제36조 제1항 제1호 가목에 따라 즉시항고를 제기하여 임사랑에 대한 성년후견개시결정을 다투고자 하였으나, 즉시항고기간에 관한 법률의 규정을 이해하지 못하여 뒤늦게 즉시항고를 제기하였다. 법원은 관계 법령에 따른 즉시항고기간이 경과하였다는 이유로 의뢰인의 즉시항고를 각하하였다.

6. 의뢰인은 잘 알고 지내던 변호사의 도움을 받아 대법원에 적법요건을 모두 갖추어 재항고를 제기하였다. 의뢰인은 재항고심 계속 중 **성년후견 대상자의 요건, 성년후견개시심판 청구권자의 범위 및 성년후견개시결정에 대한 즉시항고기간을 규정한 관계 법령에 대하여 위헌법률심판제청신청**을 하였으나 기각결정을 받았다. 이에 의뢰인은 관계 법령의 위헌성을 다투기 위하여 헌법재판소에 국선대리인선임신청을 하였으나 기각결정을 받자 본 법무법인을 찾아왔다.

7. 의뢰인은 헌법소송을 통해 관계 법령의 위헌성을 다투기를 희망한다.

법무법인 산골
전화 02-555-7777, 팩스 02-555-9999
서울시 서초구 중앙대로 50, 양산박빌딩 9층

메모:16
위헌심사형헌법소원의 적법요건으로서 재판의 전제성이 인정되어야 할 것인바, 재판의 전제성이란, ① 구체적 사건이 법원에 계속 중일 것, ② 대상 법률조항이 당해 소송사건의 재판에 적용될 것, ③ 당해 법률조항의 위헌 여부에 따라 다른 내용의 재판을 하게 되는 경우일 것. 여기에서 '다른 내용의 재판'이란 법원이 심리중인 당해사건의 재판의 결론이나 주문에 어떤 영향을 주는 경우뿐만 아니라, 그 이유를 달리함으로써 재판의 내용과 효력에 관한 법률적 의미가 달라지는 경우를 포함한다. 사안의 경우 ① 임사랑에 대한 성년후견개시결정에 대한 재항고심이 대법원에 계속 중이고, ② 심판대상조항은 임사랑에 대한 후견개시결정 및 위 결정에 대한 청구인의 즉시항고를 각하한 항고심 법원의 결정의 근거가 된 규정으로서 모두 당해사건 재판에 적용되며, ③ 심판대상조항의 위헌 여부에 따라 임사랑에 대한 성년후견개시결정 및 이에 대한 즉시항고를 각하한 결정의 결론이나 주문이 달라질 수 있는 경우이므로 재판의 전제성을 인정할 수 있다.

메모:17
이 사건 위헌심사형 헌법소원심판청구의 당해사건은 대법원에 계류 중임을 알 수 있다.

메모:1
이 사건에서 문제되는 청구 유형은 헌재법 제68조 제2항 위헌심사형 헌법소원임을 알 수 있다.

메모:35
위헌심사형 헌법소원의 본질은 위헌법률심판이므로 심판대상은 국회가 만든 법률에 국한된다.

법무법인 산골 내부회의록 I

일　시: 2020. 11. 25. 14:00~15:00

장　소: 법무법인 산골 회의실

참석자: 나고수 변호사(공법팀장), 김성탄 변호사

나 변호사: 김 변호사님, 수임번호 2020-헌125 의뢰인 임걱정 씨 사건에 대해 논의해 봅시다. 의뢰인이 딸 임사랑 씨에 대한 성년후견개시결정에 대하여 즉시항고를 제기하였으나 기간 도과로 각하되자 재항고를 제기하고 재항고심 계속 중 관계 법령에 대하여 위헌법률심판제청신청을 하였다가 기각결정을 받았다고 들었는데요.

김 변호사: 의뢰인은 임사랑 씨의 의사결정능력이 부족한 것은 사실이지만 의사소통에는 문제가 없다고 하면서 **성년후견 대상자의 요건을 이해하기 너무 어렵다**고 합니다. 그리고 **김사연 씨의 청구에 의해서 임사랑 씨의 법률행위 능력 등을 제한하는 성년후견개시결정이 이루어진 것이 부당하다**고 생각하고 있습니다.

그리고 성년후견개시결정에 대하여 다투려고 했는데 **관련 법률의 내용만으로는 성년후견개시결정에 대한 즉시항고기간을 도저히 파악할 수 없었다**고 합니다. 의뢰인이 이미 관계 법령에 대하여 위헌법률심판제청신청을 하였다가 기각결정을 받았으므로, 헌법소원심판을 청구하는 것을 검토하고 있습니다.

나 변호사: 앞서 김 변호사님이 말씀하신 쟁점들로 한정해서 헌법소원심판청구서를 작성하되, **성년후견 대상자의 요건을 정한 부분에 관하여는 과잉금지원칙 위배를 다투지 않고, 성년후견개시결정에 대한 즉시항고기간 조항에 관하여는 규정 형식의 위헌성만 다투는 걸로 합시다**.

그리고 이 사건에서 의뢰인이 위헌성을 다투고자 하는 성년후견개시심판 청구권자의 범위와 성년후견 대상자의 요건은 같은 조항에 규정되어 있으므로, **해당 조항 전체의 위헌성을 다투면 되겠네요**.

메모:2
명확성원칙 위반임을 암시하는 대목이다.

메모:3
이 사건 문제되는 기본권은 **자기결정권**임을 암시한다. 헌법 제10조 제1문이 보호하는 인간의 존엄성으로부터 개인의 인격권이 보장되는바, 자기결정권은 인간의 존엄성을 실현하기 위한 수단으로서 자신의 생활영역에서 인격의 발현과 삶의 방식에 관한 결정을 자율적으로 내릴 수 있는 권리이다(2017헌바127). 그런데, 이 사건 성년후견청구권자조항은 본인 외에 배우자, 4촌 이내의 친족, 검사 또는 지방자치단체의 장의 청구에 의하여 성년후견개시의 심판을 하도록 규정함으로써 피성년후견인이 될 사람(본인)의 의사와 무관하게 또는 그 의사에 반하여 성년후견이 개시될 수 있도록 하므로 피성년후견인이 될 사람의 자기결정권을 제한한다.

메모:4
가사소송법상 심판에 대한 즉시항고 기간의 기산점을 대법원규칙으로 정하도록 전적으로 위임하고 있는바, 이러한 위임입법의 경우 헌법 제75조 포괄위임금지원칙을 준수하여야 하는데, 위 조항은 대법원규칙으로 정한 사항의 대강조차 규정하지 아니하고 이를 포괄적으로 위임하여 포괄위임금지원칙에 위배되는지 여부가 문제된다.

메모:5
성년후견대상자 요건의 경우 명확성원칙만 다투라는 의미이며, 즉시항고기간의 경우 규정형식의 위헌성만 다투라는 것은 과잉금지원칙은 다투지 말라는 것이다. 결국, 이 사건 과잉금지원칙을 서술해야 하는 경우는 성년후견청구권자 부분뿐임을 알 수 있다. 즉, 성년후견대상자조항 및 이 사건 가사소송법조항에 대하여는 규정 형식의 위헌성만을 다투도록 안내하였으므로, 이에 대해 자기결정권, 재판청구권, 평등권 등 관련 내용을 기재해도 점수를 부여하지 않는다.

메모:6
청구취지 작성시 심판대상 조문으로 문제된 조항만 적고, 더 나아가 조항 중 "~부분"표기를 따로 하지는 말라는 암시이다.

김 변호사: 나 변호사님, 한 가지 여쭤볼 것이 있습니다. 이 사건에서는 의뢰인인 임걱정 씨만 성년후견개시결정에 대한 재항고심 계속 중 위헌법률심판제청신청을 하여 기각결정을 받은 상태이니 의뢰인인 임걱정 씨만 헌법소원심판의 청구인이 되어야 하고, 임사랑 씨를 헌법소원심판의 청구인에 포함할 경우 임사랑 씨의 심판청구는 부적법하게 될 것입니다.

그런데 성년후견개시심판 청구권자의 범위를 정한 조항에 의해서 직접적으로 기본권의 제한을 받는 것은 임사랑 씨와 같은 피성년후견인이 될 사람으로 보입니다. 위 조항에 대하여 의뢰인인 임걱정 씨만 헌법소원심판을 청구하더라도 임사랑 씨와 같은 피성년후견인이 될 사람의 기본권 침해를 다툴 수 있나요?

나 변호사: 헌법재판소법 제68조 제2항의 헌법소원은 이른바 '규범통제형 헌법소원'으로서 법률 또는 법률조항 자체의 위헌 여부를 그 심판의 대상으로 한다는 것이 헌법재판소의 입장입니다(헌재 2007. 4. 26. 2004헌바19). 그러므로 해당 헌법소원심판절차에서는 청구인이 아닌 자의 기본권 침해를 다투는 것도 가능합니다.

메모:10
헌재법 제68조 제2항의 헌법소원은 이른바 '규범통제형 헌법소원'으로서 법률 또는 법률조항 자체의 위헌 여부를 그 심판의 대상으로 한다는 것이 헌재 입장이므로, 해당 헌법소원심판에서 청구인이 아닌 자의 기본권 침해 여부도 다툴 수 있다.

이 사건에서 성년후견개시심판 청구권자 범위의 위헌성에 관하여는 임사랑 씨와 같은 피성년후견인이 될 사람의 기본권 침해를 다투는 것이 좋겠습니다. 그 부분에 한정해서 헌법소원심판청구서를 작성하기 바랍니다.

메모:7
피성년후견인(임사랑) 될 사람이 성년후견인을 자기 스스로 결정할 권리인 자기결정권을 침해당했다고 주장해 보라는 암시이다.

김 변호사: 잘 알겠습니다.

나 변호사: 쟁점을 면밀하게 검토하고 청구기간도 준수하여 주시기 바랍니다. 이상으로 회의를 마치겠습니다. 수고하셨습니다. 끝.

소송위임장

사 건	헌법소원 사건
청구인	임격정
위 사건에 관하여 다음 표시 수임인을 대리인으로 선임하고, 다음 표시에서 정한 권한을 수여합니다.	
수임인	법무법인 산골 서울 서초구 중앙대로 50, 양산박빌딩 9층 전화 02-555-7777 팩스 02-555-9999
수권사항	헌법소원심판청구와 관련된 모든 소송행위
2020. 11. 25.	
위임인	임격정
헌법재판소 귀중	

담 당 변 호 사 지 정 서	
사 건	헌법소원 사건
청 구 인	임걱정
위 사건에 관하여 당 법인은 청구인의 대리인으로서 변호사법 제50조 제1항에 따라 그 업무를 담당할 변호사를 다음과 같이 지정합니다.	
담당변호사	변호사 김성탄 E-mail: goodlucktoyouall@sangol.com

2020. 11. 25.

법무법인 산 골

대표변호사 강태공 (법무법인산골)

서울 서초구 중앙대로 50, 양산박빌딩 9층

전화 02-555-7777 팩스 02-555-9999

헌법재판소 귀중

메모:9

헌재법 제25조 제3항의 규정에 따르면 헌법소원심판을 청구하려는 사인은 본인이 변호사가 아닌 한 변호사를 대리인으로 선임해야 하고, 사안에서 청구인은 법무법인 산골을 대리인으로 선임하였으므로 이 요건을 충족한다.

서울가정법원
심 판

사 건 2020느단1879 성년후견개시
청 구 인 김사연
(생략)
사 건 본 인 임사랑
(생략)

주 문

1. 사건본인에 대하여 성년후견을 개시한다.

2. 사건본인의 성년후견인으로 청구인을 선임한다.

(이하 생략)

이 유

(생략)
그렇다면 이 사건 청구는 이유 있으므로 주문과 같이 심판한다.

2020. 9. 18.

판사 성지연

대 법 원
결 정

사 건	2020아135 위헌법률심판제청
신 청 인	임걱정
	남양주시 양주읍 백만리 200
당해사건	대법원 2020스246 성년후견개시

메모:15 이 사건 위헌심사형 헌법소원심판 청구의 당해사건이다.

주 문

신청인의 위헌법률심판제청신청을 기각한다.

이 유

(생략)

그렇다면 이 사건 신청은 이유 없으므로 이를 기각하기로 하여 주문과 같이 결정한다.

메모:8 청구인이 심판대상조항에 대하여 대법원에 위헌제청신청을 하였으나 2020. 10. 28. 기각되었으므로 이 부분 적법요건을 충족한다.

2020. 10. 28.

재판장 대법관 정노봉
주 심 대법관 황정은
대법관 정세랑
대법관 오미주

송달증명원

사 건	2020아135 위헌법률심판제청
신 청 인	임걱정

위 사건에 관하여(판결, 결정, 명령, 화해조서, 인낙조서, 조정조서, 기타:)에 대한 아래의 신청에 따른 제증명을 발급하여 주시기 바랍니다.

2020. 11. 6.

신청인 임걱정 (인)

신청할 제증명 사항을 신청번호에 ○표 하시고,
발급 통수와 발급 대상자의 성명을 기재하시기 바랍니다.

신청번호	발급통수	신청의 종류	비 고
1		집행문부여	
②	1	송달증명	2020. 11. 4. 15시 35분 송달
3		확정증명	
4		승계증명	
5		재판서·조서의 정본·등본·초본	

대법원 귀중

위 증명문서를 틀림없이 수령하였습니다.	2020. 11. 6.	수령인 임걱정 (인)

메모:41
헌재법 제69조 제2항에 의하면 헌재법 제68조 제2항 헌법소원심판청구는 위헌제청신청기각(각하) 결정을 통지받은 날부터 30일 이내에 하여야 한다. 다만, 국선대리인선임신청을 하였다가 기각된 경우에는 **위 선임신청을 한 날부터 위 기각결정의 통지를 받은 날까지의 기간**은 위 청구기간에 산입하지 아니한다(헌재법 제70조 제4항). 사안에서 청구인이 위헌제청기각결정을 통지받은 날은 2020. 11. 4.(수)이므로 그로부터 30일이 되는 같은 해 12. 4.(금)까지 헌법소원심판을 청구하여야 하나, 청구인은 2020. 11. 13.(금) 국선대리인 선임신청을 하였다가 같은 해 11. 23.(월) 기각결정을 통지받았으므로 심판청구 만료일은 **11일이 늘어나** 2020. 12. 15.(화)가 되고, 이날 청구하는 이 사건 헌법소원은 청구기간을 준수하였다.

국선대리인선임신청서

신 청 인 임거정

남양주시 양주읍 백만리 200

전화 010-1234-5678

신 청 이 유

1. 헌법소원 사유

(생략)

2. 무자력 사유

신청인은 특별한 재산이 없고 재산이라고는 별지 기재 부동산뿐인데, 위 부동산이 강제수용되고 아직 수용에 대하여 다투고 있어 보상을 받지 못한 터라 헌법소원을 청구하기 위해 변호사를 대리인으로 선임할 자력이 전혀 없습니다.

3. 결 론

이상과 같은 이유로 헌법소원심판청구를 위한 국선대리인을 선정해 주시기를 앙망합니다.

(별지 생략)

2020. 11. 13.

신 청 인 임거정 (인)

헌법재판소 귀중

헌 법 재 판 소

제1지정재판부

결 정

사 건 2020헌사500 국선대리인선임신청

신 청 인 임격정

남양주시 양주읍 백만리 200

주 문

신청인의 신청을 기각한다.

이 유

신청인의 국선대리인 선임신청은 이유 없으므로 주문과 같이 결정한다.

2020. 11. 20.

재판장 재판관 김 재 현 __________

재판관 성 하 민 __________

재판관 주 지 훈 __________

정본입니다. 헌법재판소 사무관 인

<table>
<tr><td colspan="2">우편송달보고서
증서 2020년 제702호 2020년 11월 20일 발송</td></tr>
<tr><td colspan="2">송달서류 국선대리인선임신청 기각결정 정본
발송자 헌법재판소
송달받을 자 임걱정 귀하
남양주시 양주읍 백만리 200</td></tr>
<tr><td colspan="2">영수인 임걱정 (서명)</td></tr>
<tr><td colspan="2">영수인 서명날인 불능</td></tr>
<tr><td>①</td><td>송달받을 자 본인에게 교부하였다.</td></tr>
<tr><td rowspan="4">2 (X)</td><td>송달받을 자가 부재중이므로 사리를 잘 아는 다음 사람에게 교부하였다.</td></tr>
<tr><td>사무원</td></tr>
<tr><td>피용자</td></tr>
<tr><td>동거자</td></tr>
<tr><td rowspan="5">3 (X)</td><td>다음 사람이 정당한 사유 없이 송달받기를 거부하므로 그 장소에 서류를 두었다.</td></tr>
<tr><td>송달받을 자</td></tr>
<tr><td>사무원</td></tr>
<tr><td>피용자</td></tr>
<tr><td>동거자</td></tr>
<tr><td colspan="2">송달연월일 2020. 11. 23. 11시 20분</td></tr>
<tr><td colspan="2">송달장소 남양주시 양주읍 백만리 200</td></tr>
<tr><td colspan="2">위와 같이 송달하였다.
2020. 11. 24.
우체국 집배원 박배달 (박배달 인)</td></tr>
</table>

<table>
<tr><td>수임번호
2020-행301</td><td colspan="2">법률상담일지 Ⅱ</td><td>상담일자: 2020. 12. 15.
상담자: 강유능 변호사</td></tr>
<tr><td>의 뢰 인</td><td>임걱정</td><td>의뢰인
전 화</td><td>010-1234-5678</td></tr>
<tr><td>의 뢰 인
주 소</td><td>경기도 남양주시 양주읍 백만리 200</td><td>의뢰인
E-mail</td><td>worryIm@gndmail.com</td></tr>
<tr><td colspan="4">상 담 내 용</td></tr>
</table>

1. 의뢰인 임걱정은 거정임씨 임경엽공파 종중(이하 '의뢰인 종중'이라 한다)의 대표이다.

2. 의뢰인 종중은 경기도 남양주시 양주읍 백만리 산 118-2번지 임야 20,689㎡(이하 '이 사건 임야'라고 한다)를 소유하고 있다.

3. 남양주시장은 2019년 10월경 풍경이 수려한 관내 양주읍 양문산 자연휴양림 근처의 이 사건 임야를 포함한 토지에 골프장과 리조트 시설이 복합된 양문산 복합단지(이하 '이 사건 복합단지'라고 한다)를 조성해서 지역 경제를 활성화하려는 목적으로, 「지역 개발 및 지원에 관한 법률」(이하 '지역개발법'이라 한다) 제19조 제1항 제5호에 따라 민간투자자인 주식회사 스타넷을 사업시행자로 지정하였다. 주식회사 스타넷은 서울 강남구 도곡대로 26, 스타넷타워빌딩 29층을 주소로 하여 대표 김상만이 이 사건 복합단지 개발사업을 위해 새로 설립한 전담기업이다.

4. 주식회사 스타넷은 이 사건 임야를 취득하고자 의뢰인 종중과 협의를 시도하였으나 실패하자, 관련 법령상의 절차를 밟아 경기도지방토지수용위원회의 수용재결을 거쳐 이 사건 임야를 수용하였다. 이에 의뢰인 종중은 중앙토지수용위원회에 위 재결을 다투는 이의신청을 하였으나, 중앙토지수용위원회는 그 이의신청을 특별한 이유 없이 각하하였다.

메모:18
스타넷의 법적 성질은 지역개발법에 의해 특별히 공법상 권한을 수여받은 공무수탁사인에 해당한다고 할 것이다.

메모:19
이 부분은, 이의재결도 항고소송 대상임을 암시한다. 참고로, 이의신청에 대한 재결자체에 고유한 위법이 있는 경우 이의재결을 한 중토위를 피고로 하여 이의재결의 취소나 무효를 구할 수 있다(대법원 2008두1504판결 등).

5. 의뢰인은 이 사건 임야가 의뢰인 종중에게는 많은 종중원이 모이는 시제 등의 행사를 원만히 진행하기 위하여 꼭 필요한 것임에 비하여, 이 사건 복합단지 대상 지역의 변두리에 위치하여 복합단지 사업을 위해 반드시 필요한 것은 아니며, 수용재결 이후에 이루어진 공탁도 받아들이기 힘들다고 주장한다.

6. 의뢰인은 우선적으로 위 수용절차와 재결에 흠이 있다면 그 점을 다투어 의뢰인 종중이 이 사건 임야를 돌려받을 수 있는 소송을 제기해 달라고 요청하고 있다. 그리고 만약 임야를 돌려받을 방법이 없다면 수용재결 당시 인근의 같은 용도 토지에 대한 실거래가에 비추어 이 사건 임야에 대한 감정가격이 터무니없이 낮은 가격으로 정해졌으므로 보상금이라도 더 받을 수 있도록 해 달라고 요청하고 있다.

메모:42
수용재결 공탁과정에 중대한 하자가 있음을 암시한다.

메모:43
이는 주위적으로 수용재결의 무효나 취소를 구하고, 여의치 않을 경우 예비적으로 손실보상금 증액도 함께 청구해 달라는 것을 암시한다.

메모:44
주위적 청구로서 무효확인소송의 경우 원처분주의(행소§19 본문, §2①(1))에 따라 수용재결원처분이 대상이 되며, 이의재결의 경우에도 예외적으로 재결자체에 고유한 위법이 있음을 이유로 재결을 한 중토위를 피고로 하여 이의재결의 취소나 무효를 구할 수 있다(대법원 2008두1504판결). 사안의 경우 뒤에서 나오는 이의재결서를 보면 중토위가 이의재결을 각하한 이유가 부실한 고유한 하자가 있는 경우이다.

메모:45
수용보상금에 대한 다툼으로서 보상금 증액을 요구하는 소송은 공법상 (형식적) 당사자 소송(토지보상법 제85조 제2항)에 해당하므로 이 경우 피고는 수용위원회가 아니라 사업시행자인 주식회사 스타넷이다.

법무법인 산골

전화 02-555-7777, 팩스 02-555-9999

서울시 서초구 중앙대로 50, 양산박빌딩 9층

법무법인 산골 내부회의록 II

일 시: 2020. 12. 21. 14:00~15:00

장 소: 법무법인 산골 회의실

참석자: 나고수 변호사(공법팀장), 강유능 변호사

나 변호사: 강 변호사님, 수임번호 2020-행301 의뢰인 임격정 씨가 대표자로 있는 거정임씨 임경엽공파 종중 사건에 대해 논의해 봅시다. 기본적인 내용은 법률상담일지를 통해 확인했습니다만 의뢰인이 다투고자 하는 처분이 이루어진 경과는 어떠한가요?

강 변호사: 남양주시장이 2019. 10. 4. 주식회사 스타넷을 양문산 복합단지 개발사업의 시행자로 지정하고, 같은 날 공보에 그 내용을 고시하였습니다. 남양주시장은 그 다음 단계로 2020. 3. 27. 주식회사 스타넷이 작성한 위 사업 실시계획을 승인하고, 같은 날 공보에 그 내용을 고시하였습니다. 이러한 실시계획의 승인에 따라 주식회사 스타넷의 수용권이 인정되었고, 경기도지방토지수용위원회가 2020. 8. 20. 의뢰인 종중의 이 사건 임야(경기도 남양주시 양주읍 백만리 산 118-2 20,689㎡)를 수용하는 내용의 수용재결을 하였습니다.

나 변호사: 수용절차는 적법하게 진행된 것인지요?

강 변호사: 수용절차와 관련해서 법률적으로 다투어 볼 수 있는 쟁점들이 있습니다. 먼저, 이 사건 개발사업 사업시행자 지정 관련 자료를 살펴본 결과 민간투자자가 시행자로 참여하기 위하여 전담기업을 설립한 경우의 사업시행자지정자격과 관련해서 법률적으로 다툴 수 있는 쟁점이 있습니다.

다음으로, 수용재결 이후의 관련 자료를 검토한 결과, 주식회사 스타넷은 이 사건 임야가 지방세 체납을 원인으로 남양주세무서장에 의하여 압류되어 있다는 이유로 이 사건 수용개시일 이전에 수용재결에서 정해진 보상금을 공탁하였습니다. 제가 확인한 대법원 1993. 8. 24. 선고 92누9548 판결에 따르면, 수용대상 토지의 수용에 따른 보상금청구권 자체가 압류된 것이 아니라면 수용대상토지가 압류되어 있다고 하더라도 보상금을 받을 자는 여전히 토지소유자이므로 이는 적법한 공탁사유가 아니라고 합니다.

메모:20

참고 법령인 지역개발법 시행령 제20조(시행자의 지정 기준 및 절차 등) ⑥항 법 제19조 제1항 제5호에서 "자본금 등 대통령령으로 정하는 자격요건을 갖춘 민간투자자"란 다음 각호의 어느 하나에 해당하는 자를 말한다.

2. 민간투자자가 시행자로 참여하기 위하여 전담기업을 설립한 경우: 지역개발사업계획에서 정한 총사업비의 자기자본조달비율이 100분의 10 이상인 전담기업이어야 한다.

메모:21

수용대상토지가 압류되어 있다고 하더라도 수용보상금청구권이 압류되지 아니한 이상 보상금을 받을 자는 여전히 토지소유자이다. 따라서, 기업자(사업자)가 수용대상 토지가 압류되어 있어 보상금을 수령할 자를 알 수 없다는 이유로 공탁하였다면 이는 토지수용법 제61조 제2항 제2호 소정의 "기업자가 과실 없이 보상금을 받을 자를 알 수 없을 때"나 "압류 또는 가압류에 의하여 보상금의 지불이 금지되었을 때"라는 적법한 공탁사유에 해당하지 않는다. 결국, 이러한 경우는 수용시기가 지난 후에 기업자가 공탁서의 공탁원인사실과 피공탁자의 주소와 성명을 정정하고 토지소유자가 이의를 유보한 채 공탁보상금을 수령하더라도 이미 실효된 수용재결이 다시 효력이 생기는 것이 아니므로 이의재결의 하자는 치유되지 않고 여전히 무효이다(대법원 92누9548 판결).

나 변호사: 그렇군요. 수용재결 자체 및 그 효력의 유지에 관한 법률적 하자로 다투어 볼 수 있을 것 같습니다. 수용재결 이후 진행된 처분의 경과는 어떠한가요?

강 변호사: 의뢰인 종중은 중앙토지수용위원회에 위 수용재결에 대해 다투는 적법한 이의신청을 하였고, 중앙토지수용위원회는 2020. 9. 21. 그 이의신청을 각하하는 재결을 하였습니다. 의뢰인 종중은 위 이의신청에서 크게 두 가지 주장을 하였는데, 하나는 앞에서 말씀드린 주식회사 스타넷의 공탁이 적법하지 않다는 것이고, 다른 하나는 수용과정에서 이 사건 임야에 대해 정해진 감정가격이 주변의 같은 조건의 토지에 비해 현저하게 낮다는 주장입니다.

> 메모:22
> 사안에서 '수용재결'이란 원처분 이외에도 '이의재결'에 각하 이유가 부실한 고유한 하자가 있으면 그 재결에 대해서도 항고소송으로 다툴 수 있다고 할 것인바, 이 사건 이의재결심판청구 자체가 부적법하지 않음에도 각하한 재결은 심판청구인의 실체심리를 받을 권리를 박탈한 것으로서 원처분에 없는 고유한 하자가 있는 경우에 해당한다(대법원 99두2970 판결).

나 변호사: 의뢰인이 궁극적으로 원하는 바가 무엇이라고 그랬던가요?

강 변호사: 법률상담일지에 간략하게 정리되어 있는 바와 같이, 의뢰인은 우선적으로 수용절차와 재결에 하자가 있다면 그 점을 다투어서 의뢰인 종중이 이 사건 임야를 돌려받을 수 있는 소송을 제기해 달라고 요청하고 있습니다. 그리고 만약 임야를 돌려받을 방법이 없는 것이라면, 수용재결 당시 인근에 있는 같은 용도의 다른 토지에 비해 감정가격이 현저하게 낮게 정해졌으므로 보상금을 더 받을 수 있도록 해달라고 요청하고 있습니다.

나 변호사: 이 사건 임야에 대한 보상금 산정 과정에 특별한 문제점은 없던가요?

강 변호사: 관련 자료를 확인한 결과, 이 사건 사업시행자인 주식회사 스타넷이 감정평가법인인 대박감정평가사무소에 보상액 산정을 의뢰해서 사업이 진행되었습니다. 토지보상평가서를 확인해본 결과 대박감정평가사무소는 이 사건 임야의 가격에 이 사건 개발사업으로 인하여 이미 상승한 부분이 포함되어 있다는 판단에 따라 수용재결 시점으로부터 2년 전의 공시가격을 기준으로 감정평가를 진행한 것으로 보입니다.

하지만, 이 사건 개발사업에 포함되지 않은 인근 다른 토지의 가격 상승 추세를 고려하면 수용재결 2년 전 시점의 공시가격을 사용한 것은 문제가 있어 보입니다. 수용재결 당시의 공시가격 내용을 좀 더 확인해 보도록 하겠습니다.

> 메모:24
> 토지보상법 제70조(취득하는 토지의 보상) ① 협의 또는 재결에 의하여 취득하는 토지에 대하여는 「부동산 가격공시 및 감정평가에 관한 법률」에 의한 공시지가를 기준으로 하여 보상하되, 그 공시기준일부터 가격시점까지의 관계 법령에 의한 당해 토지의 이용계획, 당해 공익사업으로 인한 지가의 영향을 받지 아니하는 지역의 대통령령이 정하는 지가변동률, 생산자물가상승률 그 밖에 당해 토지의 위치·형상·환경·이용 상황 등을 참작하여 평가한 적정가격으로 보상하여야 한다. ④ 사업인정 후의 취득의 경우에 제1항에 따른 공시지가는 사업인정고시일 전의 시점을 공시기준일로 하는 공시지가로서, 해당 토지에 관한 협의의 성립 또는 재결 당시 공시된 공시지가 중 그 사업인정고시일과 가장 가까운 시점에 공시된 공시지가로 한다. 따라서, 기록을 보면, 사안의 경우 수용시점인 2020년이 아닌 2018년 공시가격에 근거하여 금 364,126,400원의 보상금을 산정하고 있는데, 이는 잘못된 것이다.

나 변호사: 결국 이 사건 임야를 돌려받기 위한 청구의 법률적 주장과 보상금의 증액을 요구하는 청구의 법률적 주장 사이의 상호관계에 대한 고민을 관련 법리와 판례를 잘 검토해서 진행하는 것이 중요해 보입니다. 그리고 이의재결에 대해서도 다툴 수 있는 부분이 있는지 잘 살펴보는 것이 좋을 것 같습니다. 또한, 보상금증액을 청구하는 경우 수용재결 당시의 공시가격에 근거하여 적정한 청구금액을 잘 책정하기 바랍니다.

메모:25
이의재결의 경우에도 고유한 하자가 있는지를 잘 살펴 청구해 보라는 암시이다.

강 변호사: 네, 잘 알겠습니다. 지금까지 논의된 법률적 쟁점들을 면밀하게 검토해서 소장을 작성해보도록 하겠습니다. 현재 사무실 인력이 코로나19로 인해 돌아가면서 재택근무를 하고 있는 사정 등을 감안해서 2021년 1월 5일에 소장을 제출하는 것을 목표로 작업을 진행하도록 하겠습니다. 관할은 서울행정법원으로 하겠습니다.

나 변호사: 좋은 생각입니다. 다툴 쟁송의 대상은 수용재결처분과 이의재결처분, 그리고 보상금증액으로 특정해서 집중하는 것이 좋겠습니다. 제소기간 등 소송요건과 함께, 특히 본안에서 다툴 쟁점들이 빠지지 않도록 신경 써서 소장을 작성해 주시기 바랍니다. 이상으로 회의를 마치도록 하겠습니다. 수고하셨습니다. 끝.

메모:26
토지보상법 제85조(행정소송의 제기) ① 사업시행자, 토지소유자 또는 관계인은 제34조에 따른 재결에 불복할 때에는 재결서를 받은 날부터 90일 이내에, 이의신청을 거쳤을 때에는 이의신청에 대한 재결서를 받은 날부터 60일 이내에 각각 행정소송을 제기할 수 있다. 이 경우 사업시행자는 행정소송을 제기하기 전에 제84조에 따라 늘어난 보상금을 공탁하여야 하며, 보상금을 받을 자는 공탁된 보상금을 소송이 종결될 때까지 수령할 수 없다. 사안의 경우 이의재결서 받은 2020. 9. 23. 다음날부터 60일 이내인 2020. 11. 23. 완료되었으므로 취소소송 제소기간 도과로 무효확인소송을 구할 수밖에 없는 상황이다.
다만, 이번 기록형 문제는 보상금 증액청구의 경우 원칙적으로는 제소기간 도과로 청구가 불가능함이 상당하나, 이에 대해서는 보상금증액청구는 공법상 (형식적)당사자소송에 해당하므로, 형식적 당사자 소송의 경우 민사소송이 준용되어 제소기간의 제한이 없는 것으로 보아야 한다는 학설 및 관련 헌법재판소 판례(2014헌바206) 등을 언급하며 청구를 해보라는 것이 출제 의도이다.

<table>
<tr><td colspan="2">소 송 위 임 장</td></tr>
<tr><td>사 건</td><td>(생략)</td></tr>
<tr><td>원 고</td><td>거정임씨 임경엽공파 종중 대표자 임걱정</td></tr>
<tr><td>피 고</td><td>(생략)</td></tr>
<tr><td colspan="2">위 사건에 관하여 위임인은 다음 표시 수임인을 소송대리인으로 선임하고, 다음 표시에서 정한 권한을 수여합니다.</td></tr>
<tr><td>수 임 인</td><td>법무법인 산골
서울시 서초구 중앙대로 50, 양산박빌딩 9층
전화 02-555-7777
팩스 02-555-9999</td></tr>
<tr><td>수권사항</td><td>1. 소의 제기
1. 기일출석, 증거 신청 등 일체의 변론행위
1. 복대리인의 선임
1. 소의 취하
1. 인지환급금의 수령에 관한 행위, 소송비용액확정결정신청 등
(이하 생략)</td></tr>
<tr><td colspan="2">2020. 12. 15.</td></tr>
<tr><td>위 임 인</td><td>거정임씨 임경엽공파 종중 대표자 임걱정</td></tr>
<tr><td colspan="2">서울행정법원 귀중</td></tr>
</table>

담 당 변 호 사 지 정 서

사 건	(생략)
원 고	거정임씨 임경엽공파 종중 대표자 임거정
피 고	(생략)

위 사건에 관하여 법무법인 산골은 원고의 소송대리인으로서 변호사법 제50조 제1항에 의하여 그 업무를 담당할 변호사를 다음과 같이 지정합니다.

담당변호사	변호사 강유능 E-mail: strongkang77@sangol.com

2020. 12. 15.

법무법인 산골
대표변호사 강 태 공

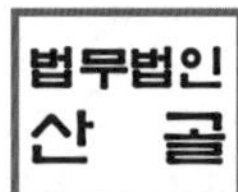

서울시 서초구 중앙대로 50, 양산박빌딩 9층
전화 02-555-7777 팩스 02-555-9999

서울행정법원 귀중

남양주시 고시 제2019 - 186호

지역개발사업(남양주 양문산 복합단지 조성사업) 시행자 지정고시

남양주 지역개발사업 "양문산 복합단지 조성사업"에 대하여 「지역 개발 및 지원에 관한 법률」 제19조 제1항 제5호 규정에 의거 민간투자자인 주식회사 스타넷을 위 복합단지 조성사업 시행자로 지정하고 다음과 같이 고시합니다.

2019. 10. 4.

남 양 주 시 장

1. 사업시행자
   ○ 회사명: ㈜ 스타넷 (대표이사 김상만)
   ○ 주　소: 서울특별시 강남구 도곡대로 26
2. 사업의 명칭: 양문산 복합단지 조성사업
3. 사업시행지의 위치 및 면적
   ○ 위 치: 경기도 남양주시 양주읍 백만리 일원
   ○ 면 적: 3,357,996㎡
4. 사업의 개요
   ○ 체육시설(퍼블릭 골프장 27홀 등)
   ○ 관광휴양시설(리조트 콘도미니엄)
5. 사업시행기간: 2019. 11. 1. ~ 2022. 5. 31.
6. 주요시설
   ○ 골프장, 수영장, 승마장 등 체육시설
      - 건축면적 2,432,445.36㎡
   ○ 관광휴양시설
      - 리조트 콘도미니엄 4개동(건축면적 34,135.27㎡)

<table>
<tr><td colspan="5">지역개발사업시행자 지정신청서</td></tr>
<tr><td colspan="2" rowspan="2">신청사업</td><td>위 치</td><td colspan="3">경기도 남양주시 양주읍 백만리 일원</td></tr>
<tr><td>명 칭</td><td colspan="3">양주읍 백만리 지역개발사업(양문산 복합단지 조성사업)</td></tr>
<tr><td rowspan="6">신청인</td><td rowspan="3">법인</td><td>법 인 명</td><td colspan="3">주식회사 스타넷</td></tr>
<tr><td>주 소</td><td colspan="3">서울특별시 강남구 도곡대로 26</td></tr>
<tr><td>법인등록번호</td><td>111567-*******</td><td>전화번호</td><td>02) 567-8899</td></tr>
<tr><td rowspan="3">대표자</td><td>대표자성명</td><td colspan="3">김상만</td></tr>
<tr><td>주 소</td><td colspan="3">서울특별시 서초구 동광로 38길 12</td></tr>
<tr><td>주민등록번호</td><td>560101-1******</td><td>전화번호</td><td>010-****-****</td></tr>
<tr><td colspan="6">시행자 지정 신청내용</td></tr>
<tr><td colspan="2" rowspan="3">사업계획</td><td>사업목적</td><td colspan="3">서울과 인접한 곳으로 아름다운 자연경관을 자랑하는 경기도 남양주시 양주읍 양문산 일대에 지속적으로 늘어나는 휴양 리조트 및 골프 수요에 대응하여 저렴하고 합리적인 가격으로 서울 시민을 비롯한 전 국민들에게 관련 서비스를 제공함은 물론, 남양주시 양주읍 지역사회의 고용 및 관광소득 증대를 통한 지역경제의 활성화에 기여하기 위해 백만리 일대에 골프, 관광리조트 휴양시설을 조성하고자 함</td></tr>
<tr><td>사업기간</td><td colspan="3">사업시행자 지정일로부터 1개월 이내 ~ 2022. 6.</td></tr>
<tr><td>투자사업비 및 자금투자 계획</td><td colspan="3">1,275억 원(자기자본 100억 원 + 회원권 분양 575억 원 + 금융기관 대출 600억 원)</td></tr>
<tr><td colspan="6">「지역 개발 및 지원에 관한 법률」 제19조 및 같은 법 시행령 제20조의 규정에 의하여 위와 같이 지역개발사업 시행자 지정을 신청합니다.

2019년 8월 20일

신청인 ㈜ 스타넷
대표이사 김상만 (직인)

남양주시장 귀하</td></tr>
<tr><td colspan="6">※ 첨부서류
1. 토지소유 및 동의율 현황 등
2. 사업계획서
3. 자금조달계획 및 연차별 투자계획 (생략)</td></tr>
</table>

메모:36
사업자지정요건을 충족하였는지 뒤에 나오는 관련 참고 법령을 잘 살펴보아야 한다.

토지 소유 및 동의율 현황 등

Ⅰ. 사업의 종류 및 명칭: 양문산 복합단지 개발사업

Ⅱ. 사업시행자의 성명: 주식회사 스타넷 대표이사 김상만

Ⅲ. 편입토지조서 및 시행자 지정 요건

1. 총괄표(생략)

2. 편입토지조서(생략)

3. 토지 소유율 및 토지소유자 동의율[2019. 8. 20. 기준]

■ 총 괄

구 분	합 계	국 · 공유지	사유지
면 적(㎡)	3,357,996㎡	1,269,325㎡	2,088,671㎡
소유자수	26	1	25

■ 토지 소유율 및 토지소유자 동의율

구 분	소 유 율		동 의 율	
	면적(㎡)	구성비(%)	소유자수	구성비(%)
합 계	2,088,671	100.0	25	100.0
소 계	1,545,616	74.0	13	52
소 유	1,441,183	69.0	0	0
동의(미소유)	104,433	5.0	13	52
미동의	543,055	26.0	12	48

※ 토지조서(소유권 및 소유권 이외의 권리의 명세) 첨부(생략)

4. 사업시행자 지정 요건 검토

■ 근 거: 「지역 개발 및 지원에 관한 법률」 제19조 제1항 제5호, 같은 법 제27조, 같은 법 시행령 제20조

■ 지정요건: 사업 대상 토지면적(국 · 공유지 제외) 3분의 2 이상 소유, 토지소유자의 2분의 1 이상 동의

Ⅳ. 사업의 착수예정일 및 준공예정일(생략)

양문산 복합단지조성사업 사업계획서

Ⅰ. 사업의 개요(생략)

Ⅱ. 계획여건 및 현황분석(생략)

Ⅲ. 기본구상

■ 퍼블릭 골프장, 승마장, 수영놀이시설 등 복합리조트의 명품화를 구현하여 국내외 관광객뿐만 아니라 국내 최고 명사들이 가장 선호하는 휴식처 조성

■ 지역에서 생산되는 친환경 농산물과 청정산골의 송이버섯 등 지역특산품을 리조트 고객층에게 직접 제공해 판매를 늘리는 계기를 마련

■ 운영직원으로 지역주민을 우선 고용함으로써 지역주민의 소득증대에 이바지

Ⅳ. 기본계획

■ 체육시설

- 퍼블릭 골프코스(27홀), 클럽하우스(건축면적 7,690.47㎡, 지하2층 지상2층), 티하우스(2개동 건축면적 206.76㎡, 964.20㎡), 경비실(건축면적 58.29㎡), 직원 및 캐디숙소(건축면적 6,611.64㎡, 지상3층)

- 승마장: 마사동(건축면적 270.30㎡), 시설관리동(건축면적 122.40㎡), 실내마장(건축면적 1,535.25㎡)

- 수영장: 실내 수영장동(건축면적 670.30㎡), 야외 수영장동(건축면적 1,535.25㎡), 야외 놀이시설동(건축면적 1,535.25㎡), 시설관리동(건축면적 122.40㎡)

■ 리조트 숙박시설

- 콘도미니엄 18평형 42실, 27평형 61실, 37평형 27실, 56평형 29실

Ⅴ. 사업계획 및 사업효과

■ 리조트 조성 시 효과

○ 지역건설업체 등 연관 산업의 효과

- 대규모 공사수주는 대기업이 추진하지만 지역협력업체와 공동추진

- 소규모 공사는 지역업체에서 추진

- 30 -

○ 지역의 장비업체 등 효과

- 덤프트럭, 포클레인 등 일일 평균 50-80대의 장비 투입
- 공사자재 구입 등으로 지역경제 효과

○ 지역의 숙박 및 식당 등의 효과

- 2년간 일일 500-700명의 작업 인력 투입
- 백만리 지역을 중심으로 양주읍 지역의 숙박 및 식당 이용

○ 기타 서비스 산업의 효과

- 업체 종사원들이 농협 등 금융기관, 주유소, 택시, 노래방 등을 이용

■ 지역경제 파급효과

○ 고용효과

- 직간접으로 200-300명 정도의 새로운 일자리 창출

○ 지역경제 효과

- 일일 이용객 600명, 합계 1억 2천만 원 지출 예상
- 식당, 노래방, 기타 서비스업체 이용으로 지역경제 활성화

○ 인구증대 등 효과

- 전문관리 인력의 백만리 지역거주(100여 명)로 인구증대와 지역경제 활성화 기대

○ 경기부양 효과

- 잠재적인 관광홍보로 남양주시 전체에 경기부양효과 기대

VI. 총 사업비 및 자금투자계획: 1,275억 원(자기자본 100억 원 + 회원권 분양 575억 원 + 금융기관 대출 600억 원)

남양주시 공고 제2019 - 1008호

남양주시 계획시설(양주읍1) 실시계획승인 등을 위한 열람·공고

남양주시 고시 제2018-115호로 시관리계획(변경) 결정된 남양주시 계획시설(양주읍1)에 대하여 「지역 개발 및 지원에 관한 법률」 제23조에 따라 실시계획을 승인하기에 앞서, 같은 법 제27조 제3항, 「공익사업을 위한 토지 등의 취득 및 보상에 관한 법률」 제21조 제2항 및 같은 법 시행령 제11조의 규정에 의거 사업인정에 관한 주민, 이해관계자 등의 의견을 듣고자 하니, 이해관계가 있는 분이나 단체 등은 열람기간 내에 의견서를 제출하여 주시기 바랍니다.

2019. 10. 11.
남 양 주 시 장

1. 사업위치 : 경기도 남양주시 양주읍 백만리 산 118-2번지 일원
2. 사업목적 : 양문산 복합단지(종합 휴양 리조트단지)
3. 사업의 종류 및 규모

■ **체육시설**

- 골프코스(27홀), 클럽하우스(건축면적 7,690.47㎡, 지하2층 지상2층), 티하우스(2개동 건축면적 206.76㎡, 964.20㎡), 경비실(건축면적 58.29㎡), 직원 및 캐디숙소(건축면적 6,611.64㎡, 지상3층)
- 승마장 : 마사동(건축면적 270.30㎡), 시설관리동(건축면적 122.40㎡), 실내마장(건축면적 1,535.25㎡)
- 수영장 : 실내 수영장동(건축면적 670.30㎡), 야외 수영장동(건축면적 1,535.25㎡), 야외 놀이시설동(건축면적 1,535.25㎡), 시설관리동(건축면적 122.40㎡)

■ **리조트 숙박시설**

- 콘도미니엄 18평형 42실, 27평형 61실, 37평형 27실, 56평형 29실

4. 사업시행자: 주식회사 스타넷
5. 사업기간: 2019. 11. 1. ~ 2022. 5. 31.
6. 「공익사업을 위한 토지등의 취득 및 보상에 관한 법률」 제19조의 수용 또는 사용할 토지의 세목조서: 열람장소 비치
7. 토지·건물 소유자와 소유권 이외의 권리명세: 별첨(생략)
8. 열람기간: 일간신문 게재 익일로부터 14일 이상
9. 열람장소: 남양주시 도시건축과 (031-730-2384)

남양주시 고시 제2020 - 23호

지역개발사업 실시계획 승인고시

남양주시 양주읍 양문산 일대 개발사업 “양문산 복합단지 조성사업”에 대하여 「지역 개발 및 지원에 관한 법률」 제23조에 따라 지역개발사업 실시계획을 승인하고, 같은 법 제23조 제3항 및 같은 법 시행령 제24조 제3항의 규정에 따라 다음과 같이 지역개발사업 실시계획을 고시합니다.

2020. 3. 27.

남 양 주 시 장 남양주시장인

1. 사업의 명칭: 양문산 복합단지 조성사업
2. 사업의 위치 및 면적: 경기도 남양주시 양주읍 백만리 산 118-2번지 등 총 3,357,996 ㎡
3. 「공익사업을 위한 토지등의 취득 및 보상에 관한 법률」 제19조의 수용 또는 사용할 토지의 세목조서: 열람장소 비치
4. 사업시행자의 성명 및 주소
   - 회사명: 주식회사 스타넷 (대표이사 김상만)
   - 주 소: 서울특별시 강남구 도곡대로 26
5. 사업의 목표 및 개요
   - 사업의 목표: 골프장, 휴양콘도미니엄, 수영장, 놀이시설 등을 포함한 종합 레저 휴양 관광단지의 조성사업으로 4계절 연중 전국의 관광객이 찾을 수 있는 체류형 관광지로서의 면모를 갖추어 지역 주민의 소득증대 및 지역경제 활성화에 기여코자 함.
   - 사 업 개 요: 퍼블릭 골프장 27홀, 승마장, 휴양콘도미니엄 등
6. 투자사업비 및 자금투자계획: 1,275억 원(자기자본 100억 원 + 회원권 분양 575억 원 + 금융기관 대출 600억 원)
7. 주요시설
   - 골프장, 수영장, 승마장 등 체육시설
   - 관광휴양시설
     - 리조트콘도미니엄 4개동
8. 사업시행기간
   - 착공예정일: 실시계획 인가일로부터 1개월 이내
   - 준공예정일: 2022년 6월

메모:28

위 승인고시의 경우 사업자지정에 관한 법정요건에 중대하고 명백한 하자가 존재함을 알 수 있다. 즉, 지역개발법 시행령 제20조(시행자의 지정 기준 및 절차 등) ⑥ 법 제19조 제1항 제5호에서 “자본금 등 대통령령으로 정하는 자격 요건을 갖춘 민간투자자”란 다음 각 호의 어느 하나에 해당하는 자를 말한다.

2. 민간투자자가 시행자로 참여하기 위하여 전담기업을 설립한 경우: 지역개발사업계획에서 정한 총사업비의 자기자본조달비율이 100분의 10 이상인 전담기업이어야 한다.

수 용 재 결 서

메모:29
앞서 본 바와 같이 사업자지정요건의 하자(법정요건 미비로 인한 당연무효)가 있음에도 불구하고 이를 간과한 채 수용재결한 것은 당연무효에 해당한다. 즉 선행처분과 후행처분이 서로 독립하여 별개의 법률효과를 목적으로 하는 때에도 선행처분이 당연무효이면 선행처분의 하자를 이유로 후행처분의 효력을 다툴 수 있다(대법원 97누20502 판결, 대법원 99두9889 판결 등). 참고로, 도시계획시설사업의 시행자가 작성한 실시계획을 인가하는 처분은 도시계획시설사업 시행자에게 도시계획시설사업의 공사를 허가하고 수용권을 부여하는 처분으로서 선행처분인 도시계획시설사업 시행자 지정 처분이 처분 요건을 충족하지 못하여 당연무효인 경우에는 사업시행자 지정 처분이 유효함을 전제로 이루어진 후행처분인 실시계획 인가처분도 무효라고 본다(대법원 2016두35144 판결등).

사 업 명: 양문산 복합단지 조성사업
사업시행자: 주식회사 스타넷 대표이사 김상만
소 유 자: 거정임씨 임경엽공파 종중 대표자 임걱정
재 결 일: 2020. 8. 20.

이 건 수용재결신청에 대하여 다음과 같이 재결한다.

주 문

1. 사업시행자는 별지 기재 토지를 수용하고 손실보상금은 금 364,126,400원으로 한다.

2. 수용의 개시일은 2020. 11. 20.로 한다.

이 유

1. 재결신청의 경위

사업시행자는 남양주시 양주읍 양문산 일대 개발사업 "양문산 복합단지 조성사업"에 대하여 「지역 개발 및 지원에 관한 법률」 제22조, 제23조에 따라 실시계획을 승인받고, 같은 법 제23조 제3항 및 같은 법 시행령 제24조 제3항의 규정에 따라 위 실시계획이 남양주시 고시 제2020 - 23호(2020. 3. 27.)로 고시된 후 위 사업에 편입되는 별지 기재 토지의 수용을 위하여 소유자와 협의하였으나 성립되지 아니하여 재결신청에 이르렀다.

2. 당사자 주장

가. 소유자 주장

재산권 행사의 제한을 감수하더라도 팔지 않겠다는 토지를 강제로 수용하는 것은 타당치 않다. 나아가 선조의 묘소에 큰 피해만 주지 않는다면 지역주민이 등산로 등으로 이용하는 데 반대하지 않으므로 수용을 중지하여야 한다. 가사 이 사건 수용이 불가피하다고 하더라도 이 사건 임야 인근에 위치한 다른 임야의 소유자 김억만은 425,580,000원을 보상받았는바, 위 보상은 실제 매매가격에 따른 보상임에 반하여 이 사건 임야에 대한 보상금액은 시세가 전혀 반영되지 않은 지나치게 낮게 책정된 감정가에 따른 것이므로 위법 부당하다.

나. 사업시행자 의견

이 사건 수용 자체가 불필요하다거나 위법하다는 소유자 종중의 주장과 관련하여, 이 사건 수용은 「지역 개발 및 지원에 관한 법률」 제22조, 제23조에 따라 실시계획이 승인되고, 같은 법 제23조 제3항 및 같은 법 시행령 제24조 제3항의 규정에 따라 위 실시계획이 남양주시 고시 제2020 - 23호(2020. 3. 27.)로 고시된 후 관련 규정이 정한 절차를 모두 거쳐 적법하게 추진되고 있다. 나아가 보상금액과 관련하여, 이 사건 임야 인근에 위치한 다른 임야의 소유자 김억만에 대한 보상금액의 경우 공인된 2인 이상의 감정평가업자가 관련법령에 의거 평가한 금액을 기반으로 산정한 것이고, 이 사건 임야에 대한 보상금액 역시 적절하게 산정된 것으로서 문제될 것이 없다.

메모:27
토지보상법 제68조(보상액의 산정) ① 사업시행자는 토지등에 대한 보상액을 산정하려는 경우에는 감정평가법인등 3인(제2항에 따라 시·도지사와 토지소유자가 모두 감정평가법인등을 추천하지 아니하거나 시·도지사 또는 토지소유자 어느 한쪽이 감정평가법인등을 추천하지 아니하는 경우에는 2인)을 선정하여 토지등의 평가를 의뢰하여야 한다. 다만, 사업시행자가 국토교통부령으로 정하는 기준에 따라 직접 보상액을 산정할 수 있을 때에는 그러하지 아니하다.
- 그런데 본 사안에서는 감정평가기관을 대박감정평가법인 1곳만 선정하여 감정을 받아 보상금액을 결정한 하자가 있음을 알 수 있다.

3. 위원회 판단

사업시행자는 「지역 개발 및 지원에 관한 법률」 제27조 제1항의 규정에 의하여 사업에 필요한 토지·물건 또는 권리를 수용할 수 있다.

먼저 수용 자체의 위법 부당성에 관하여 보건대, 수용의 일차 단계인 사업인정에 속하는 부분은 사업의 공익성 판단으로 사업인정 기관에 일임하고 그 이후의 구체적인 수용의 결정은 토지수용위원회에 맡기고 있는데, 이와 같은 토지수용절차의 이분화와 사업인정의 성격, 토지수용위원회의 재결사항이 열거사항인 점에 비추어 보면, 그 기능상 사업인정 자체를 무의미하게 하거나, 사업의 시행을 불가능하게 하는 것과 같은 재결을 할 수는 없다고 할 것이다.

나아가, 보상금 산정에 대하여 보건대, 토지에 대한 보상은 「지역 개발 및 지원에 관한 법률」 제27조 제3항에 의하여 준용되는「공익사업을 위한 토지 등의 취득 및 보상에 관한 법률」 제70조 제1항, 제2항의 규정에 의하여「부동산 가격공시에 관한 법률」에 의한 공시지가를 기준으로 하되, 그 공시기준일부터 가격시점까지의 관계법령에 의한 당해 토지의 이용계획, 당해 공익사업으로 인한 지가의 영향을 받지 아니하는 지역의 지가변동률, 생산자물가상승률, 그 밖의 당해 토지의 위치·형상·환경·이용상황 등을 참작하여 적정가격으로 행하도록 하고, 가격시점에 있어서의 현실적인 이용상황과 일반적인 이용방법에 의한 객관적 상황을 고려하여 산정하되, 일시적인 이용상황과 토지소유자 또는 관계인이 갖는 주관적 가치 및 특별한 용도에 사용할 것을 전제로 한 경우 등은 이를 고려하지 않도록 하고 있다. 또한, 「공익사업을 위한 토지 등의 취득 및 보상에 관한 법률」 제67조 제2항에 의하면 보상액을 산정할 경우에 해당 사업으로 인하여 토지등의 가격이 변동되었을 때에는 이를 고려하지 않도록 하고 있다.

살피건대, 기록에 나타난 대박감정평가사무소의 토지보상평가서에 따르면 이 사건 임야에 대하여 수용시점인 2020년이 아닌 2018년의 인근 유사 표준지의 공시가격에 근거하여 금 364,126,400원의 보상금이 산정되어 있는데, 이는 이 사건 임야의 가격에 이 사건 개발사업으로 인하여 이미 상승한 부분이 포함되어 있다는 판단에 따른 것으로 보이므로 위와 같은 보상금액 산정은 타당한 것으로 보인다. 따라서 위 대박감정평가사무소의 감정평가결과에 따른 금액을 이 사건 임야에 대한 보상금으로 정하기로 한다.

메모:32
토지보상법 제67조 제1항, 2항, 70조 제1항, 4항에 따르면 사업시행실시계획승인고시일인 2020. 3. 27. 이전 시점 중 가격시점과 가장 가까운 시점인 2020. 1. 1.을 기준으로 비교표준지의 공시지가를 적용하여야 할 것인데, 이 사건 수용재결 및 이의재결에서의 감정평가결과는 모두 2년 전인 2018년 공시지가를 적용한 하자가 있다.

4. 수용의 시기

수용의 개시일은 2020년 11월 20일로 하고, 위와 같은 이유로 주문과 같이 재결한다.

메모:34
보상금증액청구금액에 대한 이자의 경우 수용이 개시되어 대금 지급의무가 발생하는 수용개시일인 2020. 11. 20.을 기준으로 그 다음날인 2020. 11. 21.부터 소장부본 송달일까지는 연 5%, 그 다음날부터 다 갚는 날까지는 연 12%의 비율에 의한 금원을 지급하는 것으로 청구해야 한다.

경기도지방토지수용위원회

위 원 장 최 형 종
위 원 강 철 준
위 원 김 철 홍
위 원 강 기 준
위 원 박 희 도
위 원 황 서 윤
위 원 안 익 태

[별지]

부동산 목록

1. 경기도 남양주시 양주읍 백만리 산 118-2 20,689㎡. 끝.

우편송달보고서

증서 2020년 제465호 2020년 8월 21일 발송

송달서류 수용재결서
발송자 경기도지방토지수용위원회
송달받을 자 거정임씨 임경엽공파 종중 대표자 임격정
경기도 남양주시 양주읍 백만리 200

영수인 임격정 (서명)

영수인 서명날인 불능

①	송달받을 자 본인에게 교부하였다.
2	송달받을 자가 부재중이므로 사리를 잘 아는 다음 사람에게 교부하였다.
	사무원
	피용자
	동거자
3	다음 사람이 정당한 사유 없이 송달받기를 거부하므로 그 장소에 서류를 두었다.
	송달받을 자
	사무원
	피용자
	동거자

송달연월일 *2020. 8. 23. 10시 30분*

송달장소 *경기도 남양주시 양주읍 백만리 200*

위와 같이 송달하였다.

2020. 8. 24.

우체국 집배원 김택송 (김택송 인)

등기사항전부증명서(말소사항 포함)-토지

[토지] 남양주시 양주읍 백만리 산 118-2　　　　　고유번호 3103-1985-388249

【표 제 부】 (토지의 표시)

표시번호	접 수	소 재 지 번	지 목	면 적	등기원인 및 기타사항
1	1997년8월16일	남양주시 양주읍 백만리 산 118-2	임야	20,689㎡	부동산등기법시행규칙 부칙 제3조 제1항의 규정에 의하여 1997년 12월 14일 전산이기

【갑 구】 (소유권에 관한 사항)

순위번호	등 기 목 적	접 수	등 기 원 인	권리자 및 기타사항
1	소유권이전	1997년10월9일 제1453호	1997년9월1일 매매	소유자 거정임씨 임경엽공파 종중 대표자 임거정 600917-******* 남양주시 양주읍 백만리 200
				부동산등기법시행규칙 부칙 제3조 제1항의 규정에 의하여 1997년 12월14일 전산이기
2	압류	2018년2월15일 제4927호	2018년1월12일 지방세체납	채권자 남양주세무서장

---- 이 하 여 백 ----

수수료 1,000원 영수함 관할등기소 의정부지방법원 등기소 / 발행등기소 법원행정처 등기정보중앙관리소

이 증명서는 등기기록의 내용과 틀림없음을 증명합니다.

서기 2020년 12월 11일

법원행정처 등기정보중앙관리소 전산운영책임관

*실선으로 그어진 부분은 말소사항을 표시함. *등기기록에 기록된 사항이 없는 갑구 또는 을구는 생략함.
*증명서는 컬러 또는 흑백으로 출력 가능함.

문서 하단의 바코드를 스캐너로 확인하거나 **인터넷등기소(http://iros.go.kr)의 발급확인 메뉴에서 발급확인번호**를 입력하여 **위·변조 여부를 확인할 수 있습니다. 발급확인번호**를 통한 확인은 발행일부터 3개월까지 5회에 한하여 가능합니다.

발행번호 12389234789452836718934082939O2344　1/1　발급확인번호 BAIK-VPTF-3295　발행일 2020/12/11

대 법 원

금전공탁서

<table>
<tr><td colspan="2">공 탁 번 호</td><td>2020년 금 제38호</td><td colspan="2">2020년 8월 25일 신청</td><td>법령</td><td>「공익사업을 위한 토지 등의 취득 및 보상에 관한 법률」 제40조 제2항 제4호</td></tr>
<tr><td rowspan="4">공탁자</td><td>성 명
(상호, 명칭)</td><td>주식회사 스타넷</td><td rowspan="4">피공탁자</td><td colspan="2">성 명
(상호, 명칭)</td><td>거정임씨 임경엽공파 종중</td></tr>
<tr><td>주민등록번호
(법인등록번호)</td><td>111567 - *******</td><td colspan="2">주민등록번호
(법인등록번호)</td><td>대표자 임걱정
600917 - *******</td></tr>
<tr><td>주 소
(본점, 주사무소)</td><td>서울 강남구 도곡대로 26</td><td colspan="2">주 소
(본점, 주사무소)</td><td>경기도 남양주시 양주읍 백만리 200</td></tr>
<tr><td>전화번호</td><td>02-567-8899</td><td colspan="2">전화번호</td><td>010-1234-5678</td></tr>
<tr><td colspan="2">공 탁 금 액</td><td>금 삼억육천사백일십이만육천사백 원
금 364,126,400원</td><td colspan="3">보 관 은 행</td><td>국민은행 남양주지점</td></tr>
<tr><td colspan="2">공탁원인사실</td><td colspan="5">압류나 가압류에 의하여 보상금의 지급이 금지된 경우에 해당함</td></tr>
<tr><td colspan="2">비고(첨부서류 등)</td><td colspan="5">□ 계좌납입신청
□ 공탁통지 우편료 원</td></tr>
<tr><td colspan="3">1. 공탁으로 인하여 소멸하는 질권, 전세권 또는 저당권
2. 반대급부 내용</td><td colspan="4"></td></tr>
<tr><td colspan="7">위와 같이 신청합니다. 대리인 주소
전화번호
공탁자 성명 주식회사 스타넷 대표이사 김상만 인(서명)</td></tr>
<tr><td colspan="7">위 공탁을 수리합니다.
공탁금을 2020년 8월 26일까지 위 보관은행의 공탁관 계좌에 납입하시기 바랍니다.
위 납입기일까지 공탁금을 납입하지 않을 때는 이 공탁 수리결정의 효력이 상실됩니다.
2020년 8월 25일
의정부지방법원 공탁관 김공탁 (인)</td></tr>
<tr><td colspan="7">(영수증) 위 공탁금이 납입되었음을 증명합니다.
2020년 8월 26일
공탁금 보관은행(공탁관) 국민은행 남양주지점장 (인)</td></tr>
</table>

메모:40 이러한 공탁원인에 해당하지 않음에도 행한 것은 위법 무효인 공탁에 해당한다(대판 1993. 8. 24. 92누9548).

※ 1. 공탁통지서를 발송하여야 하는 경우, 공탁금을 납입할 때 우편료(피공탁자 수 × 1회 발송)도 납부하여야 합니다(**공탁신청이 수리된 후 해당 공탁사건번호로 납부하여야 하며, 미리 예납할 수 없습니다**).
2. 공탁금 회수청구권은 소멸시효 완성으로 국고에 귀속될 수 있습니다.
3. 공탁서는 재발급 되지 않으므로 잘 보관하시기 바랍니다.

토지보상평가서

2020년 7월 30일	결재	담당	과장	이사	사장

부동산소재지	경기도 남양주시 양주읍 백만리 산 118-2번지		
조 사 목 적	손실보상	조사 의뢰인	주식회사 스타넷
소 유 자	거정임씨 임경엽공파 종중 대표자 임걱정	조 사 기 간	2020. 7. 15. - 2020. 7. 22.
평 가 내 용			
감정 평가액	一金 삼억육천사백일십이만육천사백 원 整 (₩ 364,126,400원)		
평가기준	「감정평가 및 감정평가사에 관한 법률」 제3조에 의거, 평가 대상토지와 이용가치가 비슷하다고 인정되는 인근 소재 임야인 남양주시 양주읍 백만리 산 119에 대한 표준지공시지가(공시기준일 2018. 1. 1.)	지목	임야

공부		사정		평가가액
종 별	면적 또는 수량	종 별	면적 또는 수량	금액(원/m²)
임 야	20,689㎡	임 야	20,689㎡	17,600

메모:33

사안의 경우 수용시점인 2020년이 아닌 2018년 공시가격에 근거하여 금 364,126,400원의 보상금을 산정하고 있는데, 이는 잘못된 것이므로 본 건 수용재결 당시 공시된 공시지가 중 사업인정고시일(사업실시계획승인으로 의제)인 2020. 3. 27.과 가장 가까운 2020. 1. 기준 공시지가인 (㎡/원) 30,000원을 기준으로 계산해야 하는바, 20,689㎡ x 30,000 = 620,670,000원에서 당초 수용재결에서 산정된 보상액인 364,126,400원을 공제한 256,543,600원이 청구금액이 된다. 한편, 지연 이자의 경우 수용이 개시되어 대금 지급의무가 발생하는 수용개시일인 2020. 11. 20.을 기준으로 그 다음날인 2020. 11. 21.부터 소장부본 송달일까지는 연 5%, 그 다음날부터 다 갚는 날까지는 연 12%의 비율에 의한 금원을 지급하는 것으로 청구해야 한다.

◆대박 감정평가법인 주식회사◆

서울 서초구 서초대로 200, 607호(서초동, 감정평가회관빌딩)

전화 02)515-3333, 팩스 02)515-7777, 전자우편 dabak1004@nover.com

남양주시 공고 제2018-1634호

공　　고

「부동산 가격공시에 관한 법률」에 의하여 표준지공시지가를 다음과 같이 결정 · 공시합니다.

2018. 5. 20.

남양주시장

1. 결정 · 공시내역(발췌)

일련번호	토지소재지	기준일	지가(원/㎡)
10	양주읍 백만리 산 119	2018. 1. 1.	17,600

2. 공시기간: 2018. 5. 20. ~ 2018. 6. 4.
3. 기타: 결정·공시된 표준지공시지가에 대하여 불복하는 토지소유자 등은 본 결정·공시일로부터 30일 이내에 서면으로 남양주시장에게 이의를 신청할 수 있습니다.

※ 문의전화: 031-770-2154

<table>
<tr><th colspan="3">이 의 신 청 서</th></tr>
<tr><td rowspan="2">신청인</td><td>성명 또는 명칭</td><td>거정임씨 임경엽공파 종중 대표자 임걱정</td></tr>
<tr><td>주 소</td><td>경기도 남양주시 양주읍 백만리 200</td></tr>
<tr><td rowspan="2">상대방</td><td>성명 또는 명칭</td><td>주식회사 스타넷</td></tr>
<tr><td>주 소</td><td>서울특별시 강남구 도곡대로 26</td></tr>
<tr><td colspan="2">이의신청대상
토지 및 물건</td><td>경기도 남양주시 양주읍 백만리 산 118-2번지</td></tr>
<tr><td colspan="2">이의신청의 요지</td><td>수용절차와 대상, 보상금액 등이 잘못되었으므로 수용절차를 중지하여야 함</td></tr>
<tr><td colspan="2">이의신청의 이유</td><td>이 사건 임야는 신청인 종중에게는 많은 중중원이 모이는 시제 등의 행사를 원만히 진행하기 위하여 꼭 필요한 것임에 비하여, 이 사건 복합단지 대상지역의 변두리에 위치하여 복합단지 조성사업을 위해 반드시 필요한 것은 아니다. 수용재결 이후에 주식회사 스타넷에 의해 이루어진 공탁은 적법하지 않다. 나아가 적법한 수용이라고 가정하더라도 보상금이 시세에 훨씬 미치지 못하는 금액으로 산정되어 부당하다.</td></tr>
<tr><td colspan="2">재결일</td><td>2020. 8. 20.</td></tr>
<tr><td colspan="2">재결서 수령일</td><td>2020. 8. 23.</td></tr>
</table>

「공익사업을 위한 토지 등의 취득 및 보상에 관한 법률」 제83조 및 동법 시행령 제45조 제1항의 규정에 의하여 경기도지방토지수용위원회의 재결에 대하여 위와 같이 이의를 신청합니다.

2020년 8월 30일

신청인 거정임씨 임경엽공파 종중
대표자 임걱정 (인)

중앙토지수용위원회 위원장 귀하

<table>
<tr><td rowspan="2">구비서류</td><td rowspan="2">재결서 정본의 사본 1부(생략)</td><td>수수료</td></tr>
<tr><td>없음</td></tr>
</table>

이 의 재 결 서

메모:31
사업자지정요건의 하자(법정요건 미비로 인한 당연무효)가 있음에도 불구하고 이를 간과한 채 수용재결한 것은 당연무효에 해당하며, 이러한 당연무효의 하자는 이의재결에도 그대로 미친다고 할 것이다.

사 업 명: 양문산 복합단지 조성사업

이의신청인: 거정임씨 임경엽공파 종중 대표자 임거정

사업시행자: 주식회사 스타넷 대표이사 김상만

재 결 일: 2020. 9. 21.

이 건 수용재결 이의신청에 대하여 다음과 같이 재결한다.

주 문

신청인의 이의신청을 각하한다.

메모:30
이 사건 이의재결심판청구가 부적법하지 않음에도 바로 각하한 재결은 심판청구인의 실체심리를 받을 권리를 박탈한 것으로서 원처분에 없는 고유한 하자가 있는 경우에 해당한다(대법원 2001. 7. 27. 선고 99두2970 판결).

이 유

이 사건 경기도지방토지수용위원회 재결결정문을 살펴본바, **신청인의 주장을 받아들일 만한 절차상, 실체상 하자를 전혀 발견할 수 없다**. 따라서 본 건 이의신청은 그 자체로 부적법하므로 이를 각하하기로 한다.

메모:23
재결 자체의 고유한 추가 하자사유로서, 이의재결서 이유제시 하자가 있는 경우이다. 행정심판법 제46조(재결의 방식) ① 재결은 서면으로 한다. ② 제1항에 따른 재결서에는 다음 각 호의 사항이 포함되어야 한다. ③ 재결서에 적는 이유에는 주문 내용이 정당하다는 것을 인정할 수 있는 정도의 판단을 표시하여야 한다.

중앙토지수용위원회

위 원 장 신 익 재

위 원 배 민 준

위 원 조 재 원

위 원 한 승 원

위 원 성 시 윤

위 원 고 비 두

위 원 이 제 가

<table>
<tr><td colspan="2">우편송달보고서
증서 2020년 제550호 2020년 9월 22일 발송</td></tr>
<tr><td colspan="2">송달서류 이의재결서
발송자 중앙토지수용위원회
송달받을 자 거정임씨 임경엽공파 종중 대표자 임걱정
경기도 남양주시 양주읍 백만리 200</td></tr>
<tr><td colspan="2">영수인 임걱정 (서명)</td></tr>
<tr><td colspan="2">영수인 서명날인 불능</td></tr>
<tr><td>①</td><td>송달받을 자 본인에게 교부하였다.</td></tr>
<tr><td rowspan="4">2</td><td>송달받을 자가 부재 중이므로 사리를 잘 아는 다음 사람에게 교부하였다.</td></tr>
<tr><td>사무원</td></tr>
<tr><td>피용자</td></tr>
<tr><td>동거자</td></tr>
<tr><td rowspan="5">3</td><td>다음 사람이 정당한 사유 없이 송달받기를 거부하므로 그 장소에 서류를 두었다.</td></tr>
<tr><td>송달받을 자</td></tr>
<tr><td>사무원</td></tr>
<tr><td>피용자</td></tr>
<tr><td>동거자</td></tr>
<tr><td colspan="2">송달연월일 2020. 9. 23. 16시 30분</td></tr>
<tr><td colspan="2">송달장소 경기도 남양주시 양주읍 백만리 200</td></tr>
<tr><td colspan="2">위와 같이 송달하였다.
2020. 9. 24.
우체국 집배원 김택송 (김택송)</td></tr>
</table>

남양주시 공고 제2020-1637호

공　　　고

「부동산 가격공시에 관한 법률」에 의하여 표준지공시지가를 다음과 같이 결정 · 공시합니다.

2020. 5. 20.

남양주시장

1. 결정 · 공시내역(발췌)

일련번호	토지소재지	기준일	지가(원/㎡)
10	양주읍 백만리 산 119	2020. 1. 1.	30,000

메모:52
이 사건 사업인정고시일인 2020. 3. 27.과 가장 근접한 위 2020. 1. 1. 기준 공시지가인 30,000원을 기준으로 보상금을 산정해야 한다.

2. 공시기간: 2020. 5. 20. ~ 2020. 6. 4.
3. 기타: 결정·공시된 표준지공시지가에 대하여 불복하는 토지소유자 등은 본 결정·공시일로부터 30일 이내에 서면으로 남양주시장에게 이의를 신청할 수 있습니다.

※ 문의전화: 031-770-2154

사실확인서

남양주시 양주읍 백만리 인근의 토지와 임야 가격은 공시지가 및 시세를 기준으로 할 때 2017년경부터 2020년 말경까지 평균적으로 60% 전후 상승하였습니다. 이는 현 정부 출범 이후 계속된 부동산 정책으로 인해 수도권 거주자들의 교외 지역인 양주읍 일대의 토지에 대한 관심이 높아졌기 때문이라고 판단합니다. 양문산 복합단지 개발사업이 2020년 기준 부동산공시가격 상승에 미친 영향은 제한적이라고 보는 것이 전문가로서 진술인의 소견입니다.

2020. 12. 10.

백만부동산중개사무소

소장 김백만

031-776-9999

참 고 법 령

「민법」

[시행 2013. 7. 1.] [법률 제10429호, 2011. 3. 7., 일부개정]

제9조(성년후견개시의 심판) ① 가정법원은 **질병, 장애, 노령,** 그 밖의 사유로 **인한 정신적 제약으로 사무를 처리할 능력이 지속적으로 결여된 사람**에 대하여 **본인,** 배우자, 4촌 이내의 친족, 미성년후견인, 미성년후견감독인, 한정후견인, 한정후견감독인, 특정후견인, 특정후견감독인, 검사 또는 지방자치단체의 장의 청구에 의하여 성년후견개시의 심판을 한다.

② 가정법원은 성년후견개시의 심판을 할 때 본인의 의사를 고려하여야 한다.

제10조(피성년후견인의 행위와 취소) ① 피성년후견인의 법률행위는 취소할 수 있다.

② 제1항에도 불구하고 가정법원은 취소할 수 없는 피성년후견인의 법률행위의 범위를 정할 수 있다.

③ 가정법원은 본인, 배우자, 4촌 이내의 친족, 성년후견인, 성년후견감독인, 검사 또는 지방자치단체의 장의 청구에 의하여 제2항의 범위를 변경할 수 있다.

④ 제1항에도 불구하고 일용품의 구입 등 일상생활에 필요하고 그 대가가 과도하지 아니한 법률행위는 성년후견인이 취소할 수 없다.

제929조(성년후견심판에 의한 후견의 개시) 가정법원의 성년후견개시심판이 있는 경우에는 그 심판을 받은 사람의 성년후견인을 두어야 한다.

제936조(성년후견인의 선임) ① 제929조에 따른 성년후견인은 가정법원이 직권으로 선임한다.

제938조(후견인의 대리권 등) ① 후견인은 피후견인의 법정대리인이 된다.

② 가정법원은 성년후견인이 제1항에 따라 가지는 법정대리권의 범위를 정할 수 있다.

③ 가정법원은 성년후견인이 피성년후견인의 신상에 관하여 결정할 수 있는 권한의 범위를 정할 수 있다.

제949조(재산관리권과 대리권) ① 후견인은 피후견인의 재산을 관리하고 그 재산에 관한 법률행위에 대하여 피후견인을 대리한다.

메모:12
문제에서 청구취지 심판대상 법률에 개정연혁을 따로 생략하라고 하지 않은 이상 반드시 기재해야 한다.

메모:13
위 성년후견 대상자 요건 부분은 추상적·포괄적 개념과 용어를 사용하여 규정함으로써 명확성원칙에 위배되는지 여부가 문제된다. 위 조항은 성년후견 대상자의 요건을 "질병, 장애, 노령, 그 밖의 사유로 인한 정신적 제약으로 사무를 처리할 능력이 지속적으로 결여된 사람에 대하여"라고 규정하고 있는바, 질병이나 장애, 노령의 기준이 불명확하고, '사무를 처리할 능력이 지속적으로 결여된 사람'의 의미도 그 자체로 불명확할 뿐만 아니라 입법목적이나 입법취지, 입법연혁, 그리고 법규범의 체계적 구조 등을 종합적으로 고려하는 해석에 따르더라도 그 의미를 파악하기가 어려워 명확성원칙에 위배된다.

메모:14
이 사건 민법조항 중 성년후견개시심판 청구권자의 범위를 규정한 부분(이하 '성년후견청구권자조항'이라 함)은 피성년후견인이 될 사람(본인) 외에 지나치게 다양한 다른 사람들까지 처음부터 바로 성년후견개시심판을 청구할 수 있도록 규정하고 있어 과잉금지원칙에 위배하여 피성년후견인이 될 사람의 자기결정권을 침해하는지 여부가 문제된다(헌재 2019. 12. 27. 2018헌바130).

「가사소송법」

[시행 2018. 5. 1.] [법률 제14961호, 2017. 10. 31., 일부개정]

제2조(가정법원의 관장 사항) ① 다음 각 호의 사항(이하 "가사사건"이라 한다)에 대한 심리(審理)와 재판은 가정법원의 전속관할(專屬管轄)로 한다.

2. 가사비송사건

가. 라류(類) 사건

1) 「민법」 제9조 제1항, 제11조, 제14조의3 제2항 및 제959조의20에 따른 성년후견 개시의 심판과 그 종료의 심판

제36조(청구의 방식) ① 가사비송사건의 청구는 가정법원에 심판청구를 함으로써 한다.

제39조(재판의 방식) ① 가사비송사건에 대한 제1심 종국재판(終局裁判)은 심판으로써 한다. 다만, 절차상의 이유로 종국재판을 하여야 하는 경우에는 그러하지 아니하다.

④ 심판에 관하여는 「민사소송법」 중 결정에 관한 규정을 준용한다.

제40조(심판의 효력발생 시기) 심판의 효력은 심판을 받을 사람이 심판을 고지받음으로써 발생한다. 다만, 제43조에 따라 즉시항고를 할 수 있는 심판은 확정되어야 효력이 있다.

제43조(불복) ① 심판에 대하여는 대법원규칙으로 따로 정하는 경우에 한정하여 즉시항고만을 할 수 있다.

② 항고법원의 재판 절차에는 제1심의 재판 절차에 관한 규정을 준용한다.

③ 항고법원은 항고가 이유 있다고 인정하는 경우에는 원심판을 취소하고 스스로 적당한 결정을 하여야 한다. 다만, 항고법원이 스스로 결정하기에 적당하지 아니하다고 인정하는 경우에는 사건을 원심법원에 환송하여야 한다.

④ 항고법원의 결정에 대하여는 재판에 영향을 미친 헌법, 법률, 명령 또는 규칙 위반이 있음을 이유로 하는 경우에 한정하여 대법원에 재항고할 수 있다.

⑤ 즉시항고는 대법원규칙으로 정하는 날부터 14일 이내에 하여야 한다.

메모:11

위 조항은 가사소송법상 심판에 대한 즉시항고기간의 기산점을 대법원규칙으로 정하도록 하고 있는데, 즉시항고 기간의 기산일은 ① 특히 긴급한 필요가 있거나 미리 법률로써 자세히 정할 수 없는 부득이한 사정이 있거나, ② 규율대상이 지극히 다양하거나 수시로 변화하는 성질의 것이어서 일일이 법률로 규정할 경우 상황에 맞게 적절히 대처할 수 없거나, ③ 전문적인 지식을 갖춘 사법부로 하여금 이를 정하도록 할 필요가 있는 경우라고 할 수 없으므로 위임입법의 필요성이 인정되지 아니함. 또한, 이 사건 가사소송법조항이 대법원규칙에 위임하고 있는 즉시항고기간의 기산일은 국민의 재판청구권을 직접 제한하는 사항이므로 위임입법의 예측가능성을 엄격한 기준에 따라 판단하여야 한다. 그런데 이 사건 가사소송법조항은 즉시항고기간의 기산점에 대한 어떠한 단서도 규정하지 아니한 채 대법원규칙으로 정하도록 위임하여 대법원규칙에 규정될 내용의 대강 내지 기본적 윤곽을 전혀 예측할 수 없도록 하고 있어 포괄위임금지원칙에 위배된다.

「가사소송규칙」

[시행 2013. 7. 1.] [대법원규칙 제2467호, 2013. 6. 5., 일부개정]

제31조(즉시항고 기간의 진행) 즉시항고의 기간은, 특별한 규정이 있는 경우를 제외하고는, 즉시항고를 할 수 있는 자가 심판을 고지 받는 경우에는 그 고지를 받은 날부터, 심판을 고지 받지 아니하는 경우에는 청구인(청구인이 수인일 때에는 최후로 심판을 고지받은 청구인)이 심판을 고지받은 날부터 진행한다.

제36조(즉시항고) ① 법 제2조 제1항 제2호 가목에 정한 심판사항 중 다음의 각 호 각 목에서 정하는 심판에 대하여는 해당 각 호 각 목에서 정하는 자가 즉시항고를 할 수 있다.

1. 성년후견에 관한 심판

가. 성년후견의 개시 심판 : 「민법」 제9조 제1항에 규정한 자 및 「민법」 제959조의20 제1항의 임의후견인, 임의후견감독인

「지역 개발 및 지원에 관한 법률」(약칭: 지역개발법)

[시행 2019. 4. 18] [법률 제15607호, 2018. 4. 17, 타법개정]

제1조(목적) 이 법은 지역의 성장 잠재력을 개발하고 공공과 민간의 투자를 촉진하여 지역개발사업이 효율적으로 시행될 수 있도록 종합적 · 체계적으로 지원함으로써 지역경제를 활성화하고 국토의 균형 있는 발전에 이바지함을 목적으로 한다.

제2조(정의) 이 법에서 사용하는 용어의 뜻은 다음과 같다.

1. "지역개발계획"이란 성장 잠재력을 보유한 낙후지역 또는 거점지역 등과 그 인근지역을 종합적 · 체계적으로 발전시키기 위하여 제7조에 따라 수립하는 계획을 말한다.

2. "지역개발사업구역"이란 지역개발사업을 추진하기 위하여 제11조 및 제16조에 따라 지정 · 고시된 구역을 말한다.

3. "지역개발사업"이란 지역의 성장 동력을 창출하고 자립적 발전을 도모하기 위하여 제23조에 따라 실시계획을 승인받아 지역개발사업구역에서 시행하는 사업을 말한다.

제5조(다른 법률과의 관계) 이 법은 지역개발계획, 지역개발사업구역, 지역개발사업에 적용되는 규제에 관하여 특례를 적용하는 경우에 다른 법률보다 우선한다. 다만, 다른 법률에서 이 법의 규제에 관한 특례보다 완화되는 규정이 있으면 그 법률에서 정하는 바에 따른다.

제19조(시행자의 지정) ① 지역개발사업을 시행할 사업시행자(이하 "시행자"라 한다)는 다음 각 호의 자 중에서 지정권자가 공모(公募) 등 대통령령으로 정하는 기준 및 절차에 따라 지정한다. 다만, 제4호에 해당하는 자는 지역개발사업의 전부를 환지방식으로 시행하는 경우에만 지정할 수 있다.

1. 국가 또는 지방자치단체

2. 「공공기관의 운영에 관한 법률」 제4조에 따른 공공기관(이하 "공공기관"이라 한다) 중 대통령령으로 정하는 공공기관

3. 「지방공기업법」에 따라 설립된 지방공사(이하 "지방공사"라 한다)

4. 지역개발사업구역 내의 토지소유자(「공유수면 관리 및 매립에 관한 법률」 제28조에 따라 매립면허를 받은 자는 해당 공유수면을 소유한 자로 보고 그 공유수면을 토지로 본다)가 설립한 조합(이하 이 조에서 "조합"이라 한다)

5. 자본금 등 대통령령으로 정하는 자격 요건을 갖춘 민간투자자

6. 제1호부터 제3호까지 또는 제5호에 해당하는 자 중 둘 이상이 지역개발사업을 시행할 목적으로 출자하여 설립한 법인

② 지정권자가 제1항에 따라 시행자를 지정하는 경우에는 다음 각 호의 사항을 고려하여야 한다.

1. 재무 건전성과 자금 조달능력
2. 유사 개발사업의 시행 경험
3. 그 밖에 개발사업의 원활한 시행을 위하여 국토교통부장관이 필요하다고 인정하여 고시하는 사항
③ 지정권자가 제1항에 따라 시행자를 지정하는 경우에는 제12조에 따라 지역개발사업구역의 지정을 제안한 자를 우선적으로 시행자로 지정할 수 있다.
④ 지정권자가 제1항에 따라 시행자를 지정한 경우에는 그 내용을 관보나 공보에 고시하여야 한다.
제23조(실시계획의 승인) ① 지정권자는 관계 행정기관의 장과 협의한 후 국토정책위원회 또는 제42조에 따른 지역개발조정위원회의 심의를 거쳐 실시계획을 승인하여야 한다. 다만, 국가 또는 지방자치단체가 시행자인 경우로서 소관 중앙행정기관의 장 또는 지방자치단체의 장이 직접 실시계획을 작성한 경우에는 관계 행정기관의 장과 협의한 후 지정권자와 협의하여야 하며, 이를 실시계획에 대한 승인으로 본다.
② 승인받은 실시계획을 변경하거나 폐지하려는 경우에는 제1항을 준용한다. 다만, 대통령령으로 정하는 경미한 사항을 변경하려는 경우는 제외한다.
③ 지정권자가 실시계획을 승인한 경우(제1항 단서에 따라 중앙행정기관의 장 또는 지방자치단체의 장이 직접 실시계획을 작성한 경우를 포함한다)에는 대통령령으로 정하는 바에 따라 관보나 공보에 고시하고, 시행자 및 시장(지정권자가 국토교통부장관인 경우에는 특별자치시장을 포함한다. 이하 이 항에서 같다) · 군수 · 구청장에게 관계 서류의 사본을 송부하여야 한다. 이 경우 지정권자 또는 시장 · 군수 · 구청장은 고시내용을 14일 이상 일반인이 열람할 수 있도록 하여야 한다.
제24조(인가 · 허가 등의 의제) ① 제23조에 따라 지정권자가 실시계획에 대한 승인 또는 변경승인을 하거나 중앙행정기관의 장 또는 지방자치단체의 장이 실시계획을 작성할 때 해당 실시계획에 대하여 별표에 따른 허가 · 승인 · 심사 · 인가 · 신고 · 면허 · 등록 · 협의 · 지정 · 해제 또는 처분 등(이하 "인 · 허가등"이라 한다)에 관하여 제3항에 따라 관계 행정기관의 장과 협의한 사항에 대해서는 해당 인 · 허가등을 받은 것으로 보며, 제23조 제3항에 따라 실시계획을 고시하였을 때에는 관계 법률에 따른 인 · 허가등의 고시나 공고를 한 것으로 본다.
제26조(지역개발사업의 시행 방식) ① 지역개발사업은 시행자가 지역개발사업구역의 토지 등을 협의에 의하여 취득 · 사용, 수용 또는 사용하는 방식이나 환지방식 또는 이를 혼용하는 방식으로 시행할 수 있다.
② 지역개발사업의 전부 또는 일부를 환지방식으로 시행하는 경우에 관하여는 이 법에 특별한 규정이 있는 경우를 제외하고는 「도시개발법」을 준용한다.

제27조(토지 등의 수용 등) ① 시행자는 지역개발사업의 시행을 위하여 필요할 때에는 「공익사업을 위한 토지 등의 취득 및 보상에 관한 법률」 제3조에 따른 토지 · 물건 또는 권리(이하 "토지등"이라 한다)를 수용하거나 사용할 수 있다. 다만, 제19조 제1항 제5호 및 제6호에 따른 시행자(같은 항 제1호부터 제3호까지에 따른 자가 100분의 50을 초과하여 출자한 경우는 제외한다)는 국토교통부장관이 정하는 바에 따라 공공필요성이 인정되는 지역개발사업을 시행하는 경우에만 토지등을 수용하거나 사용할 수 있다.
② 제1항 단서에 따른 시행자는 해당 지역개발사업 대상 토지면적의 3분의 2 이상에 해당하는 토지를 매입하고 토지소유자 및 건물소유자 총수의 각 2분의 1 이상에 해당하는 자의 동의를 받아야 한다. 이 경우 동의 요건의 산정기준일은 지역개발사업구역의 지정 · 고시일을 기준으로 하고, 그 기준일 이후 시행자가 취득한 토지 또는 건물의 경우에는 동의 요건에 필요한 토지소유자 및 건물소유자의 총수에 포함하고 이를 동의한 자의 수로 산정하며, 그 밖에 동의자 수의 산정방법 및 동의절차 등 동의 요건에 관하여 필요한 사항은 대통령령으로 정한다.
③ 제1항에 따른 토지등의 수용 또는 사용에 관하여 이 법에 특별한 규정이 있는 경우를 제외하고는 「공익사업을 위한 토지 등의 취득 및 보상에 관한 법률」을 준용한다.
④ 제3항에 따라 「공익사업을 위한 토지 등의 취득 및 보상에 관한 법률」을 준용할 때 제11조 제6항 제11호에 따른 수용 또는 사용의 대상이 되는 토지등의 세부 목록을 고시한 경우에는 같은 법 제20조 제1항에 따른 사업인정과 같은 법 제22조에 따른 사업인정의 고시가 있는 것으로 본다. 이 경우 「공익사업을 위한 토지 등의 취득 및 보상에 관한 법률」에 따른 재결(裁決)신청은 같은 법 제23조 제1항 및 제28조 제1항에도 불구하고 실시계획에서 정한 지역개발사업의 시행기간 이내에 하여야 한다.

「지역 개발 및 지원에 관한 법률 시행령」

[시행 2020. 3. 3.] [대통령령 제30506호, 2020. 3. 3., 일부개정]

제20조(시행자의 지정 기준 및 절차 등) ⑥ 법 제19조 제1항 제5호에서 "자본금 등 대통령령으로 정하는 자격 요건을 갖춘 민간투자자"란 다음 각 호의 어느 하나에 해당하는 자를 말한다.
1. 개인, 「상법」 또는 「민법」에 따라 설립된 법인 및 「협동조합 기본법」에 따라 설립된 협동조합이 개발사업을 직접 시행하려는 경우(둘 이상의 민간투자자가 공동으로 시행하려는 경우를 포함한다): 다음 각목의 어느 하나에 해당하는 자
가. 「건설산업기본법」에 따른 종합공사를 시공하는 업종(토목공사업 또

는 토목건축공사업으로 한정한다)의 등록을 한 자[같은 법 제23조에 따라 공시된 해당 연도의 시공능력평가액 또는 자본금이 지역개발사업계획에서 정한 연평균사업비(보상비는 제외한다) 이상인 경우로 한정한다]

나. 지역개발사업구역 토지면적의 100분의 50 이상을 소유한 자

다. 지역개발사업구역 토지면적의 3분의 1 이상의 토지를 신탁받은 부동산신탁회사

2. 민간투자자가 시행자로 참여하기 위하여 전담기업을 설립한 경우: 지역개발사업계획에서 정한 **총사업비의 자기자본조달비율이 100분의 10 이상**인 전담기업. 이 경우 전담기업의 출자기업이 여럿이면 출자비율 상위 3인의 출자비율의 합이 100분의 50을 초과하여야 한다.

메모:37
이 사건의 경우 위 사업자 지정요건으로서 자기자본비율 10/100 이상일 것 요건을 불충족함을 알 수 있다.

「공익사업을 위한 토지 등의 취득 및 보상에 관한 법률」 (약칭: 토지보상법)

[시행 2020. 7. 30.] [법률 제16904호, 2020. 1. 29., 타법개정]

제40조(보상금의 지급 또는 공탁) ① 사업시행자는 제38조 또는 제39조에 따른 사용의 경우를 제외하고는 수용 또는 사용의 개시일(토지수용위원회가 재결로써 결정한 수용 또는 사용을 시작하는 날을 말한다. 이하 같다)까지 관할 토지수용위원회가 재결한 보상금을 지급하여야 한다.

② 사업시행자는 다음 각 호의 어느 하나에 해당할 때에는 수용 또는 사용의 개시일까지 수용하거나 사용하려는 토지등의 소재지의 공탁소에 보상금을 공탁(供託)할 수 있다.

1. 보상금을 받을 자가 그 수령을 거부하거나 보상금을 수령할 수 없을 때
2. 사업시행자의 과실 없이 보상금을 받을 자를 알 수 없을 때
3. 관할 토지수용위원회가 재결한 보상금에 대하여 사업시행자가 불복할 때
4. 압류나 가압류에 의하여 보상금의 지급이 금지되었을 때

메모:51
위 법정 공탁사유에 해당하지 않아 무효인 공탁에 해당한다는 점도 답안에 설시해야 한다.

③ 사업인정고시가 된 후 권리의 변동이 있을 때에는 그 권리를 승계한 자가 제1항에 따른 보상금 또는 제2항에 따른 공탁금을 받는다.

④ 사업시행자는 제2항 제3호의 경우 보상금을 받을 자에게 자기가 산정한 보상금을 지급하고 그 금액과 토지수용위원회가 재결한 보상금과의 차액(差額)을 공탁하여야 한다. 이 경우 보상금을 받을 자는 그 불복의 절차가 종결될 때까지 공탁된 보상금을 수령할 수 없다.

제42조(재결의 실효) ① 사업시행자가 수용 또는 사용의 개시일까지 관할 토지수용위원회가 재결한 보상금을 지급하거나 공탁하지 아니하였을 때에는 해당 토지수용위원회의 재결은 효력을 상실한다.

② 사업시행자는 제1항에 따라 재결의 효력이 상실됨으로 인하여 토지소유자 또는 관계인이 입은 손실을 보상하여야 한다.

제67조(보상액의 가격시점 등) ① 보상액의 산정은 협의에 의한 경우에는 협의 성립 당시의 가격을, 재결에 의한 경우에는 수용 또는 사용의 재결 당시의 가격을 기준으로 한다.

② 보상액을 산정할 경우에 해당 공익사업으로 인하여 토지등의 가격이 변동되었을 때에는 이를 고려하지 아니한다.

제68조(보상액의 산정) ① 사업시행자는 토지등에 대한 보상액을 산정하려는 경우에는 **감정평가법인등 3인**(제2항에 따라 시 · 도지사와 토지소유자가 모두 감정평가법인등을 추천하지 아니하거나 시 · 도지사 또는 토지소유자 어느 한쪽이 감정평가법인등을 추천하지 아니하는 경우에는 2인)을 선정하여 토지등의 평가를 의뢰하여야 한다. 다만, 사업시행자가 국토교통부령으로 정하는 기준에 따라 직접 보상액을 산정할 수 있을 때에는 그러하지 아니하다.

> 메모:38
> 사안에서는 감정평가기관을 대박감정평가법인 1곳만 선정하여 감정을 받아 보상금액을 결정한 하자가 있다.

② 제1항 본문에 따라 사업시행자가 감정평가법인등을 선정할 때 해당 토지를 관할하는 시 · 도지사와 토지소유자는 대통령령으로 정하는 바에 따라 감정평가법인등을 각 1인씩 추천할 수 있다. 이 경우 사업시행자는 추천된 감정평가법인등을 포함하여 선정하여야 한다.

③ 제1항 및 제2항에 따른 평가 의뢰의 절차 및 방법, 보상액의 산정기준 등에 관하여 필요한 사항은 국토교통부령으로 정한다.

제70조(취득하는 토지의 보상) ① 협의나 재결에 의하여 취득하는 토지에 대하여는 「부동산 가격공시에 관한 법률」에 따른 공시지가를 기준으로 하여 보상하되, 그 공시기준일부터 가격시점까지의 관계 법령에 따른 그 토지의 이용계획, 해당 공익사업으로 인한 지가의 영향을 받지 아니하는 지역의 대통령령으로 정하는 지가변동률, 생산자물가상승률과 그 밖에 그 토지의 위치 · 형상 · 환경 · 이용상황 등을 고려하여 평가한 적정가격으로 보상하여야 한다.

② 토지에 대한 보상액은 가격시점에서의 현실적인 이용상황과 일반적인 이용방법에 의한 객관적 상황을 고려하여 산정하되, 일시적인 이용상황과 토지소유자나 관계인이 갖는 주관적 가치 및 특별한 용도에 사용할 것을 전제로 한 경우 등은 고려하지 아니한다.

③ 사업인정 전 협의에 의한 취득의 경우에 제1항에 따른 공시지가는 해당 토지의 가격시점 당시 공시된 공시지가 중 가격시점과 가장 가까운 시점에 공시된 공시지가로 한다.

④ 사업인정 후의 취득의 경우에 제1항에 따른 **공시지가는 사업인정고시일 전의 시점을 공시기준일로 하는 공시지가**로서, 해당 토지에 관한 협의의 성립 또는 재결 당시 공시된 공시지가 중 그 사업인정고시일과 가장 가까운 시점에 공시된 공시지가로 한다.

> 메모:39
> 사안의 경우 수용시점인 2020년이 아닌 2018년 공시가격에 근거하여 금 364,126,400원의 보상금을 산정하고 있는데, 이는 잘못된 것임을 알 수 있다.

참고자료 - 달력

■ 2020년 1월 ~ 2021년 2월

2020년 1월

일	월	화	수	목	금	토
			1	2	3	4
5	6	7	8	9	10	11
12	13	14	15	16	17	18
19	20	21	22	23	24	25
26	27	28	29	30	31	

2020년 2월

일	월	화	수	목	금	토
						1
2	3	4	5	6	7	8
9	10	11	12	13	14	15
16	17	18	19	20	21	22
23	24	25	26	27	28	29

2020년 3월

일	월	화	수	목	금	토
1	2	3	4	5	6	7
8	9	10	11	12	13	14
15	16	17	18	19	20	21
22	23	24	25	26	27	28
29	30	31				

2020년 4월

일	월	화	수	목	금	토
			1	2	3	4
5	6	7	8	9	10	11
12	13	14	15	16	17	18
19	20	21	22	23	24	25
26	27	28	29	30		

2020년 5월

일	월	화	수	목	금	토
					1	2
3	4	5	6	7	8	9
10	11	12	13	14	15	16
17	18	19	20	21	22	23
24/31	25	26	27	28	29	30

2020년 6월

일	월	화	수	목	금	토
	1	2	3	4	5	6
7	8	9	10	11	12	13
14	15	16	17	18	19	20
21	22	23	24	25	26	27
28	29	30				

2020년 7월

일	월	화	수	목	금	토
			1	2	3	4
5	6	7	8	9	10	11
12	13	14	15	16	17	18
19	20	21	22	23	24	25
26	27	28	29	30	31	

2020년 8월

일	월	화	수	목	금	토
						1
2	3	4	5	6	7	8
9	10	11	12	13	14	15
16	17	18	19	20	21	22
23/30	24/31	25	26	27	28	29

2020년 9월

일	월	화	수	목	금	토
		1	2	3	4	5
6	7	8	9	10	11	12
13	14	15	16	17	18	19
20	21	22	23	24	25	26
27	28	29	30			

2020년 10월

일	월	화	수	목	금	토
				1	2	3
4	5	6	7	8	9	10
11	12	13	14	15	16	17
18	19	20	21	22	23	24
25	26	27	28	29	30	31

2020년 11월

일	월	화	수	목	금	토
1	2	3	4	5	6	7
8	9	10	11	12	13	14
15	16	17	18	19	20	21
22	23	24	25	26	27	28
29	30					

2020년 12월

일	월	화	수	목	금	토
		1	2	3	4	5
6	7	8	9	10	11	12
13	14	15	16	17	18	19
20	21	22	23	24	25	26
27	28	29	30	31		

2021년 1월

일	월	화	수	목	금	토
					1	2
3	4	5	6	7	8	9
10	11	12	13	14	15	16
17	18	19	20	21	22	23
24/31	25	26	27	28	29	30

2021년 2월

일	월	화	수	목	금	토
	1	2	3	4	5	6
7	8	9	10	11	12	13
14	15	16	17	18	19	20
21	22	23	24	25	26	27
28						

2022년도 제11회

변호사시험

공법 기록형 문제

목 차

【 문 제 】

Ⅰ. 행정소송 소장의 작성 (50점)

메모:3 11회 변시 공법기록형 소장 작성문제는 2020년도 제2차 변호사모의시험 공법기록형 행정소송 쟁점과 일부 유사한 구조를 가지는바, 기출문제의 중요성이 거듭 확인된다.

의뢰인 레일로드 주식회사를 위하여 법무법인 이김의 담당변호사 입장에서 취소소송의 소장을 첨부된 양식에 따라 아래 사항을 준수하여 작성하시오.

가. 첨부된 행정소송 소장 양식의 ①부터 ④까지의 부분에 들어갈 내용만 기재할 것

나. "2. 이 사건 소의 적법성" 부분(③)에서는 대상적격, 피고적격, 협의의 소의 이익만을 기재할 것

메모:4 원고적격, 제소기간 등 나머지 적법요건은 기재할 필요가 없다. 순간의 실수나 착각으로 배점없는 부분을 작성하느라 시간 낭비를 하여서는 절대 안 된다.

다. "3. 이 사건 처분의 위법성" 부분(④)에서는 처분의 절차 하자에 관하여는 기재하지 말 것

메모:5 11회 변시에서는 다소 이례적으로 절차상 하자에 대해서도 기재하지 말라고 하였다. 그럼에도 이 부분을 상투적으로 기재한 답안은 배점이 전혀 없다.

라. 소장의 작성일과 제출일은 2022. 1. 11.로 할 것

Ⅱ. 헌법소원심판청구서의 작성 (50점)

의뢰인 김윤서를 위하여 법무법인 이김의 담당변호사 입장에서 헌법소원심판청구서를 첨부된 양식에 따라 아래 사항을 준수하여 작성하시오.

가. 첨부된 헌법소원심판청구서 양식의 ①부터 ③까지의 부분에 들어갈 내용만 기재할 것

나. "Ⅱ. 적법요건의 구비" 부분(②)에서는 기본권침해의 자기관련성, 현재성, 청구기간만을 기재할 것

메모:6 마찬가지로, 주어진 문제에 따르면, 헌법소원의 청구인 적격 중 일반적으로 배점이 가장 많은 직접성 부분은 이번에 기재할 필요가 없으며, 보충성 부분도 기재할 필요가 없음을 알 수 있다. 이번 문제는 시행유예기간 조항이 있는 경우로서 현재성 요건의 완화 및 그러한 경우 청구기간 기산점 등이 특별히 문제가 된 사안이다.

다. 헌법소원심판청구서의 작성일과 제출일은 2022. 1. 11.로 할 것

메모:7 헌재법 제68조 제1항 법령헌법소원에서의 청구기간을 정확히 숙지할 필요가 있다.

라. "청구취지" 부분(①)에서 법률조항의 개정연혁은 기재하지 말 것

【 작성요령 및 주의사항 】

1. 참고법령은 가상의 것으로, 현행 법령과 다른 부분이 있을 수 있으며 참고법령과 다른 내용의 현행 법령이 있다면 제시된 참고법령이 현행 법령에 우선하는 것으로 할 것

2. 「공공기관의 운영에 관한 법률」은 '공공기관운영법'으로, 「국가를 당사자로 하는 계약에 관한 법률」은 '국가계약법'으로, 「공기업 · 준정부기관 계약사무규칙」은 '계약사무규칙'으로, 「게임산업진흥에 관한 법률」은 '게임산업법'으로 약칭할 수 있음

메모:8 답안 작성시 법률 명칭 약칭을 정확히 해서 시간을 절약할 필요가 있다.

3. 기록에 나타난 사실관계만을 기초로 하고, 그것이 사실임을 전제로 할 것

4. 기록 내의 각종 서류에 필요한 서명, 날인, 무인, 간인, 정정인, 직인 등은 모두 적법하게 갖추어진 것으로 볼 것

5. 송달이나 접수, 통지, 결재가 필요한 서류는 모두 적법한 절차를 거친 것으로 볼 것

6. "(생략)"으로 표시된 부분은 모두 기재된 것으로 볼 것

7. 문장은 경어체로 작성할 것

【 행정소송 소장 양식 】

소　　장

원　고　(생략)

피　고　①

OO처분등 취소청구의 소

청 구 취 지

②

청 구 원 인

1. 이 사건 처분의 경위 (생략)

2. 이 사건 소의 적법성

③

3. 이 사건 처분의 위법성

④

4. 결　론 (생략)

입 증 방 법 (생략)

첨 부 서 류 (생략)

2022. 1. 11.

원고 소송대리인 (생략)　(인)

OO지방법원 귀중

메모:1
행정소송 소장의 경우 청구취지 작성부터 정확히 할 필요가 있다. 청구취지 형식(피고가 언제 원고에 대하여 한 00처분을 취소한다)을 정확히 따라야 하며, 특히 처분일시를 정확히 기재하는 것이 중요하다. 다만, 청구취지가 지나치게 복잡할 경우 청구취지 작성에 시간을 너무 허비하기보다는 배점이 많은 적법요건과 본안 위법성 부분 답안 작성에 주력하는 것이 수험 전략상 바람직하다.

메모:10
일반적으로 사례형과 기록형에서 배점이 가장 많은 부분인 만큼 답안지 분량도 가장 많은 분량을 할애해야 한다.

【 헌법소원심판청구서 양식 】

헌 법 소 원 심 판 청 구 서

청 구 인 (생략)

청 구 취 지

①

침 해 된 권 리

침 해 의 원 인

청 구 이 유

Ⅰ. 사건의 개요 (생략)

Ⅱ. 적법요건의 구비

②

Ⅲ. 위헌이라고 해석되는 이유

③

Ⅳ. 결 론 (생략)

첨 부 서 류 (생략)

2022. 1. 11.

청구인의 대리인 (생략) (인)

헌법재판소 귀중

메모:2 배점이 5~7점 정도인 헌법기록 청구취지 작성에 너무 시간을 많이 허비하는 것은 바람직하지 않다. 청구취지가 복잡할 경우 해당 심판대상 조문만을 정확히 기재(그렇게만 해도 3점 이상 득점)한 후 보다 배점이 많은 적법요건과 본안 위헌성 부분 답안 작성에 주력하는 것이 수험 전략상 바람직하다.

메모:9 소장과 마찬가지로 헌법소원심판청구서의 경우에도 위헌 이유 부분이 배점이 가장 많은 부분이므로 답안지 분량도 가장 많은 분량을 할애해야 한다.

기록내용 시작

<table>
<tr><td>수임번호
2022-행3</td><td colspan="3">법 률 상 담 일 지</td><td>2022. 1. 5.</td></tr>
<tr><td>의 뢰 인</td><td>레일로드 주식회사
대표이사 김정직</td><td>전 화</td><td colspan="2">02-854-1234</td></tr>
<tr><td>주 소</td><td>서울 마포구 한강로 100</td><td>E-mail</td><td colspan="2">railroad78@naver.com</td></tr>
<tr><td colspan="5">상 담 내 용</td></tr>
<tr><td colspan="5">1. 의뢰인 회사는 궤도 설계 및 감리를 수행하는 철도 전문 엔지니어링 회사이다. 의뢰인 회사는 국가철도공단이 발주한 은하고속철도 궤도공사 3공구(A구간~B구간) 실시설계용역 공개입찰에서 낙찰을 받아 2021. 5. 10. 국가철도공단과 용역계약(계약 기간: 2021. 5. 13.~2022. 7. 12.)을 체결하였다.

2. 계약 이행 도중인 2021. 9.경 의뢰인 회사는 국가철도공단으로부터 3개월간 입찰참가자격을 제한한다는 사전통지를 받았다. 입찰참가자격제한사유는 의뢰인 회사의 궤도사업본부장 백상권이 국가철도공단의 계약담당팀장 이수금에게 금품을 제공하였다는 것이었다.

3. 의뢰인 회사가 사실을 확인해 보니, 백상권이 2021. 6.경 이수금에게 10만 원권 백화점 상품권 5매를 제공한 것은 사실이었다. 하지만 백상권이 이수금의 금품 제공 요구를 거절하기 어려워 자기 돈으로 상품권을 구입해서 제공하였다는 사정이 있었다.

4. 의뢰인 회사는 이러한 내용의 소명서를 제출하였으나 국가철도공단은 2021. 10. 22. 의뢰인 회사의 입찰참가자격을 3개월간 제한하였다. 의뢰인 회사는 그 다음날 그 통지서를 수령하였다.</td></tr>
</table>

메모:11
국가철도공단은 공공기관에 해당하여 행정소송에서 피고 적격이 있는 자이다(행정소송법 제2조 제2항, 제13조 제1항, 공공기관운영에관한법률 제39조 제2항).

메모:39
소장 처분의 위법성과 관련하여, 백상권이 자비로 상품권을 구입하여 이수금에게 제공한 것은 둘 사이의 원만한 사적 관계를 유지하기 위한 것으로서 원고 회사와는 무관하고, 더욱이 이 정도의 사정만으로는 계약의 적정한 이행 여부를 판단하는데 아무런 영향을 미치지 않았으므로 법령이 규정한 입찰참가자격제한 요건 자체를 불충족한다고 주장해야 한다.

메모:52
공공기관운영에관한법률 제39조 제2항과 그 하위법령에 따른 '입찰참가자격제한' 조치는 공법상 계약에 근거한 조치(국고작용)일 수도 있지만, 이 사건의 경우 처분에 이른 과정, 처분서의 내용, 사전통지절차, 불복방법 안내 등의 형식을 취하고 있다는 점에서 구체적 사실에 관한 률이익한 법집행으로서 행정처분에 해당한다고 봄이 상당하다(행정소송법 제19조 본문, 제2조 제1항).

5. 국가철도공단은 추가로 사전통지 절차를 거쳐 의뢰인 회사에 **2021. 11. 9. 공급자등록취소 및 등록제한**을 하였고, 의뢰인 회사는 그 다음 날 그 통지서를 수령하였다. 공급자등록을 하지 못하면 국가철도공단이 발주하는 입찰에 참가할 수 없기 때문에 회사의 존립 자체가 위태로워질 수 있다고 한다.

6. 의뢰인 회사의 요청 사항

3개월간 입찰참가자격제한을 받은 것, 공급자등록취소 및 등록제한을 받은 것을 모두 다투어 주기를 원한다.

법무법인 이김

전화 02-555-7777, 팩스 02-555-9999
서울 서초구 서초중앙로 500, 위너스빌딩 9층

메모:59
철도공단이 자신의 '공급자관리지침'에 근거하여 등록된 공급업체에 대하여 하는 '등록취소 및 그에 따른 일정 기간의 거래제한조치' 역시 행정청이 행하는 구체적 사실에 관한 불이익한 법집행으로서 공권력의 행사인 '처분'에 해당한다.

메모:60
이 사건 소장 처분의 위법성 중 재량일탈남용사유로서 비례원칙위반 부분에서 서술한 핵심 내용에 해당한다.

메모:61
이 사건 소장 취소 대상 처분이 3개임을 암시한다.

법무법인 이김 내부 회의록(행정소송용)

일　시: 2022. 1. 7. 14:00~15:00
장　소: 법무법인 이김 중회의실
참석자: 오신성 변호사(송무4팀장), 김거성 변호사

오 변호사: 김 변호사, 레일로드 회사 사건의 소장을 준비하고 있습니까?

김 변호사: 네, 입찰참가자격제한조치와 공급자등록취소 및 등록제한에 대해서 취소소송을 제기하려고 준비 중입니다.

오 변호사: 국가철도공단은 국가기관이 아니라 공공기관이지요?

김 변호사: 네, 국가철도공단은 공공기관운영법상 위탁집행형 준정부기관으로 지정된 공공기관입니다. 공공기관운영법령에 따르면 준정부기관도 공정한 경쟁이나 계약의 적정한 이행을 해칠 것이 명백하다고 판단되는 경우에 입찰참가자격제한을 할 수 있습니다.

메모:12
국가철도공단의 피고 적격과 관련하여, 행정절차법은 행정청을 "행정에 관한 의사를 결정하여 표시하는 국가 또는 지방자치단체의 기관"및 "그 밖에 법령 또는 자치법규에 따라 행정권한을 가지고 있거나 위임 또는 위탁받은 공공단체 또는 그 기관이나 사인"이라고 정의하고 있고(제2조 제1호), 행정소송법도 "이 법을 적용함에 있어서 행정청에는 법령에 의하여 행정권한의 위임 또는 위탁을 받은 행정기관, 공공단체 및 그 기관 또는 사인이 포함된다."라고 규정하고 있으며(제2조 제2항), 특히 공공기관운영에관한법률 제39조 제2항은 공공기관을 공기업, 준정부기관, 기타공공기관으로 구분하고(제5조), 그중에서 공기업, 준정부기관에 대해서는 입찰참가자격제한처분을 할 수 있는 권한을 부여하고 있다.

오 변호사: 그런데 지금 법령을 보니, 공공기관운영법 제39조제3항은 입찰참가자격의 제한기준 등에 관하여 기획재정부령에서 정하도록 하고 있는데, 계약사무규칙 제15조에서는 제한기준을 직접 정하지 않고 국가계약법 제27조에 따라 할 수 있는 것으로 규정하고 있네요.

김 변호사: 네, 그렇습니다. 그래서 준정부기관이 입찰참가자격제한을 하는 경우에도 구체적인 절차나 방법, 제한기간의 기준 등은 국가계약법령이 적용되고 있습니다.

오 변호사: 흠... 계약사무규칙이 위임받은 내용을 직접 규정하지 않고 다른 법률에 따르도록 하고 있는 방식이 이상하긴 하지만, 실무상 그렇게 적용되고 있다면 굳이 소장에서는 공공기관운영법이나 계약사무규칙 조항 자체의 위헌성이나 위법성을 다투지는 맙시다.

메모:13
소장 처분의 위법성 부분에서 이 부분에 대한 위헌성을 다루지 말라는 것이다.

김 변호사: 네, 알겠습니다.

오 변호사: 그리고 자료를 보다 보니 의뢰인 회사가 국가철도공단과 계약을 체결하면서 합의한 계약내용에 부정당행위를 한 경우 입찰참가자격을 제한할 수 있다는 내용이 있던데, 그러면 입찰참가자격제한은 계약에 따른 조치로 볼 수도 있지 않나요?

김 변호사: 그렇게 볼 수도 있지만, 이 사건에서는 계약에 근거하여 이루어진 불이익 조치라기보다 행정처분으로 보는 것이 맞을 것 같습니다.

메모:14
이 사건 입찰참가자격제한 조치가 단순히 공법상계약에 근거한 일반 국고작용(사법작용)이 아니라 행정처분에 해당함을 답안(소의 대상적격 부분)에서 잘 논증해 주라는 암시이다.

오 변호사: 그래요? 그 부분을 잘 검토해서 정리해 주세요. 공급자등록취소 및 등록제한에 대해서도 취소소송을 제기한다고 했지요? 공급자등록취소 및 등록제한이라는 건 입찰참가자격제한조치와 다른 건가요?

김 변호사: 네, 국가철도공단이 입찰참가자격제한조치를 한 이후에 별도로 한 조치입니다. **국가철도공단 내부 규정인 공급자관리지침에 따르면**, 국가철도공단이 발주하는 입찰에 참가하기 위해서는 공급자등록을 반드시 해야 하고, 공급자등록이 취소되면 공단에서 발주하는 입찰에 참가할 수 없게 됩니다. 의뢰인 회사의 경우 공급자등록취소 및 10년간의 공급자등록제한을 받았으니 결과적으로는 향후 10년간 입찰참가가 제한되는 것과 똑같은 결과가 됩니다.

메모:15
위 지침의 법적 성질이 문제된다. 사안에서 참고법령인 공공기관의 운영에 관한 법률이나 그 하위 행정입법은 공기업이 거래상대방 업체에 대하여 공공기관운영법 제39조 제2항 및 공기업 · 준정부기관 계약사무규칙 제15조에서 정한 범위를 뛰어넘어 추가적인 제재조치를 취할 수 있도록 위임한 바 없음에도, 철도공단이 그가 발주하는 공사 입찰에 참가하는 절차 등을 규정함을 목적으로 임의로 제정한 것이 바로 '공급자관리지침'임을 알 수 있다. 따라서 위 지침은 행정청에 해당하는 철도공단이 상위법령의 구체적 위임 없이 내부적으로 행정절차를 규정한 것이어서 대외적 구속력이 없는 행정규칙에 불과하다고 할 것이다(대법원 2020. 5. 28 선고 2017두66541 판결).

오 변호사: 그런 불이익한 조치의 근거가 내부 규정에 있다는 건 좀 이상하네요. 그 내부 규정의 성격을 살펴보고, 무엇보다 공급자등록취소 및 등록제한이 처분으로 인정될 수 있도록 근거를 잘 주장해 주세요.

메모:16
행정규칙의 내용이 상위법령이나 법 일반원칙에 반하는 것이라면 법치국가원리에서 파생되는 법질서의 통일성과 모순금지원칙에 따라 그것은 법질서상 당연무효이고, 행정내부적 효력도 인정될 수 없다. 이러한 경우 법원은 해당 행정규칙이 법질서상 부존재하는 것으로 취급하여 행정기관이 한 조치의 당부를 상위법령의 규정과 입법 목적 등에 따라서 판단하여야 한다(대법원 2017두66541 판결). 사안에서, 공급자등록취소 및 제한 처분은 상위 법령의 근거 없는 공급자관리지침에 근거한 것으로서 법률유보원칙에 위배될 뿐만 아니라, 10년간 다시 등록신청을 할 수 없게 되어 입찰참가자격을 사실상 원천봉쇄한 것으로 이는 회사의 존립자체를 위태롭게 하여 비례원칙에도 위배된다고 주장해야 한다.

김 변호사: 네, 알겠습니다.

오 변호사: 아, 입찰참가자격 제한기간이 3개월 아닌가요? 그럼 이제 입찰참가자격 제한기간은 거의 끝나갈 텐데…

메모:17 이 사건 소는 제한기간 만료와 무관하게 협의의 소익이 있음을 언급해 주어야 한다. 즉, 외형상 제한기간이 2022. 1. 25.까지여서 소의 이익이 없을 수 있지만, 종료한 후에도 이를 가중적 제재사유로 규정하고 있는 국가계약법 시행규칙 제76조 별표 2에 따라 가중제재를 받게 될 위험이 있는바, 판례상 위 시행규칙에 딸린 별표기준의 법적 성질이 비록 법규성이 없더라도 행정청 내부적으로 대내적 구속력이 존재하는 한 가중제재의 위험은 상존한다고 볼 수 있으므로 협의의 소익이 인정된다. 또한, 두 번째 처분인 공급자등록취소 및 제한 처분이 입찰참가제한처분을 전제로 하므로 이 점에도 첫 번째 처분을 다툴 소의 이익은 인정된다고 할 것이다.

김 변호사: 곧 입찰참가자격 제한기간이 만료됩니다. 하지만 입찰참가자격제한조치를 받은 전력이 있는 것 자체가 의뢰인 회사에게 불이익하니까 제한기간이 만료되더라도 다툴 수 있을 것 같습니다.

오 변호사: 그렇군요. 애초에 의뢰인 회사가 입찰참가자격제한조치를 받은 이유가 뭐라고 했지요?

김 변호사: 의뢰인 회사 직원이 국가철도공단 담당자에게 상품권을 주었다는 이유입니다. 하지만 계약을 좀 유리하게 이행하겠다거나 검사를 허술하게 받겠다거나 하는 부정한 목적이 있어서 준 건 아니고, 오히려 국가철도공단 담당자가 은근히 금품을 요구했나 봅니다. 직원이 자기 돈으로 구입하였고, 회사에 비용청구도 하지 않았다고 합니다.

메모:18 이 부분은 소장 이 사건 첫 번째 처분인 입찰참가자격제한처분의 위법성 중 마지막에 서술해야 할 재량일탈남용에 들어갈 비례원칙 위반 사유로 그대로 원용하여 답안지에 서술해야 한다.

오 변호사: 그렇다면 금품을 제공했다는 것 자체는 부인할 수 없는 사실이라 하더라도, 그것이 계약의 적정한 이행을 해칠 것이 명백하다고 할 수는 없겠군요.

김 변호사: 네, 맞습니다. 더구나 그 담당자가 우리 의뢰인 회사한테만 금품을 받은 게 아니랍니다.

오 변호사: 여러 가지로 의뢰인 회사에 안타까운 사정이 많네요. 입찰참가자격이 3개월 동안 제한되고 추가로 10년이나 공급자등록이 제한된다면, 의뢰인 회사에 타격이 클 것 같습니다.

메모:47 소장 이 사건 두 번째 처분인 공급자등록취소 및 제한처분의 위법성 중 재량일탈남용에 들어갈 사유로서, 10년간 다시 등록신청을 할 수 없게 되어 입찰참가자격을 사실상 원천봉쇄한 것으로 이는 회사 존립 자체를 위태롭게 하여 비례원칙에 위배된다고 주장해야 한다.

김 변호사: 그런 내용도 잘 호소해보겠습니다.

오 변호사: 네, 그럼 소장을 잘 준비해 주시기 바랍니다. 취소소송을 제기하는 것이니 처분이 무효사유에 해당하는지는 고민할 필요가 없을 겁니다. 이상으로 회의를 마치겠습니다. 끝.

메모:19 무효와 취소의 구별기준 등은 따로 서술할 필요가 없다는 암시이다.

<table>
<tr><td colspan="2" rowspan="2">기술용역협약서</td><td>계약번호 제5678호</td></tr>
<tr><td>공고번호 제2021-100호</td></tr>
<tr><td rowspan="2">계약자</td><td>발 주 처</td><td>국가철도공단</td></tr>
<tr><td>계 약 상 대 자</td><td>· 상호 또는 법인 명칭: 레일로드 주식회사
· 대표자: 김정직
· 법인등록번호: 110658-2527831
· 주소: 서울 마포구 한강로 100, 비전빌딩 307호
· 전화번호: 02-854-1234</td></tr>
<tr><td rowspan="5">계약내용</td><td>용 역 명</td><td>은하고속철도 궤도공사 3공구(A구간~B구간) 실시설계</td></tr>
<tr><td>계 약 금 액</td><td>금 삼억삼천만 원정(₩330,000,000)</td></tr>
<tr><td>계 약 보 증 금</td><td>금 삼천삼백만 원정(₩33,000,000)</td></tr>
<tr><td>지 체 상 금 률</td><td>2.5/1000</td></tr>
<tr><td>계 약 기 간</td><td>2021. 5. 13.~2022. 7. 12.</td></tr>
</table>

국가철도공단과 계약상대자는 상호 대등한 입장에서 붙임의 계약 문서에 의하여 위의 용역에 대한 도급계약을 체결하고 신의에 따라 성실히 계약상의 의무를 이행할 것을 확약하며, 이 계약의 증거로 계약서를 작성하여 당사자가 기명날인한 후 각각 1통씩 보관한다.

붙임서류: 기술용역협약 특수조건 1부

2021. 05. 10.

국가철도공단 이사장 이윤재 (인) 국가철도공단 이사장

레일로드 주식회사 대표이사 김정직 레일로드 주식회사 대표이사

메모:20

참고로, 답안의 쟁점은 아니었지만 본 사안은 공법상계약에 관한 것으로서 최근 판례의 태도를 알아둘 필요가 있다. 계약당사자 사이에서 계약의 적정한 이행을 위하여 일정한 계약상 의무를 위반하는 경우 계약해지, 위약벌이나 손해배상액 약정, 장래 일정 기간의 거래제한 등의 제재조치를 약정하는 것은 상위법령과 법의 일반원칙에 위배되지 않는 범위에서 허용되며, 그러한 계약에 따른 제재조치는 법령에 근거한 공권력의 행사로서의 제재처분과는 법적 성질을 달리한다. 그러나 공공기관의 어떤 제재조치가 계약에 따른 제재조치에 해당하려면 일정한 사유가 있을 때 그러한 제재조치를 할 수 있다는 점을 공공기관과 그 거래상대방이 미리 구체적으로 약정하였어야 한다. 또한 공공기관이 거래업체들과의 계약에 적용하기 위하여 거래업체가 일정한 계약상 의무를 위반한 경우 장래 일정 기간 거래제한 등의 제재조치를 할 수 있다는 내용을 계약특수조건으로 미리 마련하였다고 하더라도, 약관규제법 제3조에서 정한 바와 같이 계약상대방에게 그 중요 내용을 미리 설명하여 계약내용으로 편입하는 절차를 거치지 않았다면 계약의 내용으로 주장할 수 없다(대법원 2020. 5. 28 선고 2017두66541 판결).

메모:29

피고 표기와 관련하여 공기업의 경우 다음과 같이, 법인명, 법인 주소, 대표자를 모두 기재해야 한다.
- 국가철도공단
- 대전광역시 동구 중앙로 242
- 대표자 이사장 이윤재

[붙임]

기술용역협약 특수조건

갑: 국가철도공단
을: 레일로드 주식회사

갑(국가철도공단)과 을(레일로드 주식회사)은 계약번호 제5678호 기술용역협약과 관련하여 다음과 같이 추가로 합의한다.

제1조(협약의 목적)
본 협약의 목적은 을이 은하고속철도 궤도공사 3공구(A구간~B구간) 실시설계 용역을 납품하는 데 있으며, 갑은 을에게 그 대가를 지급한다.

제2조(감독 및 검사)
을은 적용 규격서에 규정된 의무를 수행할 책임이 있으며, 기술관리기관은 이를 확인할 권한이 있다. 을은 협약 결과물이 검사 시점의 해당 적용 규격서와 일치함을 보증하여야 하며 기술관리기관이 확인 시 이를 입증하여야 한다.

제3조(납품)
납품은 검사 및 납품조서에 기술관리기관이 날인하고, 갑의 물품출납관이 검수 후 날인함으로써 완료된다.

제4조(지체상금)
① 납품지체 사항 발생 시 지체상금 부과 및 연체 기준은 국가를 당사자로 하는 계약에 관한 법령 및 물품구매협약 일반조건, 기술용역협약 일반조건, 국가철도공단의 규정 등을 적용한다.
② 지체상금은 지체된 품목의 협약금액에 지체일수 및 지체상금률을 곱하여 산출하며, 지체상금률은 해당 업무 성격에 따라 제조·구매(1.5/1000) 및 용역(2.5/1000) 기준을 각각 적용한다.

제5조(보증 및 손해배상)
① 을은 검사와는 별도로 납품 후 개발 완료 시(2022. 7. 12.)까지 납품한 물품의 규격과 품질이 협약 내용과 동일함을 보증하여야 한다.

② 을이 납품한 물품의 규격과 품질이 협약 내용과 상이할 경우 갑에게 당해 물품의 보수 또는 대체 납품 및 이에 갈음한 손해배상을 하여야 한다.

제6조(부정당행위에 대한 책임)
을이 담합 등 공정한 경쟁이나 계약의 적정한 이행을 해칠 수 있는 행위를 한 경우 갑은 이에 대하여 입찰참가자격을 제한하는 등의 불이익 조치를 할 수 있다.

제7조(권리귀속 및 사용권)
본 협약에 의해 획득 발생된 용역의 결과물 및 기술에 대한 권리(원천기술 제외) 및 사용권은 갑에게 있다.

피 의 자 신 문 조 서

피 의 자: 이수금 위의 사람에 대한 수뢰 피의사건에 관하여 2021. 8. 20. 서울서초경찰서 수사과 사무실에서 사법경찰관 경위 이승훈은 사법경찰리 경사 정다정을 참여하게 하고, 아래와 같이 피의자임에 틀림없음을 확인하다.

문　피의자의 성명, 주민등록번호, 직업, 주거, 등록기준지 등을 말하십시오.

답　성명은　이수금(李受金)

주민등록번호, 직업, 주거, 등록기준지, 직장 주소, 연락처 (각 생략)

사법경찰관은 피의사건의 요지를 설명하고 사법경찰관의 신문에 대하여 「형사소송법」 제244조의3에 따라 진술을 거부할 수 있는 권리 및 변호인의 참여 등 조력을 받을 권리가 있음을 피의자에게 알려 주고 이를 행사할 것인지 그 의사를 확인하다.

진술거부권 및 변호인 조력권 고지 등 확인

1. 귀하는 일체의 진술을 하지 아니하거나 개개의 질문에 대하여 진술을 하지 아니할 수 있습니다. 1. 귀하가 진술을 하지 아니하더라도 불이익을 받지 아니합니다. 1. 귀하가 진술을 거부할 권리를 포기하고 행한 진술은 법정에서 유죄의 증거로 사용될 수 있습니다. 1. 귀하가 신문을 받을 때에는 변호인을 참여하게 하는 등 변호인의 조력을 받을 수 있습니다.

문　피의자는 위와 같은 권리들이 있음을 고지받았는가요.

답　예, 고지를 받았습니다.

문　피의자는 진술거부권을 행사할 것인가요.

답　아닙니다.

문　피의자는 변호인의 조력을 받을 권리를 행사할 것인가요.

답　변호사 없이 조사를 받겠습니다.

이에 사법경찰관은 피의사실에 관하여 다음과 같이 피의자를 신문하다.

문　피의자는 형사처벌을 받은 적이 있나요.

답　그런 사실 없습니다.

(기타 병역관계, 학력, 사회경력, 가족관계, 재산이나 월수입, 건강상태 등의 질문과 답변은 각 생략)

문　피의자는 국가철도공단의 계약조달본부에서 팀장으로 일을 하고 있나요.

답　예, 그렇습니다.

문　구체적인 업무 내용은 무엇인가요.

답　국가철도공단이 발주하는 계약의 체결 및 관리 업무를 하고 있습니다.

문　피의자는 미래 주식회사의 대표 최치수로부터 금품을 받은 사실이 있나요.

답　예, 있습니다.

문　언제, 어디서, 얼마를 받았나요.

답　2021. 6. 20. 22:00경 서울 역삼동에 있는 가츠동이라는 일식집에서 5백만 원을 받았습니다.

문　무슨 이유로 받은 것인가요.

답　예전부터 입찰 건으로 친분이 있던 최치수가 여름 휴가 전에 식사나 같이 하자고 해서 만났습니다. 그런데 집에 와 보니 제 가방에 돈이 들어 있었습니다. 최치수에게 전화해서 무슨 돈이냐고 물었더니, 그동안 많이 도와주어서 고맙다는 뜻이라며 휴가비에 보태 쓰라고 했습니다.

문　최치수에게 돈을 돌려주었나요.

답　아니요. 시골에 계신 어머니에게 임플란트를 해 드리려고 했는데 돈이 부족해서 받은 돈을 사용하였습니다.

문　피의자는 레일로드 주식회사의 백상권으로부터 금품을 받은 사실이 있나요.

답　예, 있습니다.

문　언제, 어디서, 얼마를 받았나요.

답　2021. 6. 22. 14:00경 저희 공단 1층에 있는 민원맞이방에서 10만 원권 백화점 상품권 5매를 받았습니다.

문　무슨 이유로 받은 것인가요.

답　백상권은 레일로드 주식회사의 궤도사업본부장입니다. 레일로드 주식회사는 이번에 처음으로 입찰에 참가하여 실시설계용역을 수주하였습니다. 아무래도 레일로드 주식회사가 저희 공단에 처음 입찰 참가를 하다 보니 백본부장이 여러 번 찾아와서 문의하였습니다. 당시에 급한 일이 몰려서 무척 바빴는데 자꾸 찾아오니까 짜증이 났습니다. 그래서 지나가는 말로 "돈은 그 쪽이 벌고 나한테는 떡고물도 떨어지지 않는데 왜 이렇게 자꾸 불러냅니까?" 라고 한 적이 있습니다. 제가 그런 말을 해서 준 것인지도 모르겠습니다.

문 백상권에게 상품권을 돌려주었나요.

답 아니요. 금액이 50만 원밖에 안 되고, 여름 휴가철이나 명절이 되면 평소 친분이 있는 사람들이 작은 선물을 주곤 해서 대수롭지 않게 생각했습니다.

문 피의자는 관련업체로부터 금품을 받고 계약 체결이나 관리 업무에서 편의를 봐 준 것은 없나요.

답 결코 그런 적 없습니다. 명절이나 휴가철 떡값은 그저 오가는 정일 뿐입니다. 저는 한 번도 대가성으로 생각해 본 적이 없습니다. **특히 백상권 본부장으로부터 상품권을 받은 것은 이미 계약이 체결된 이후이고, 납품에 대한 감독이나 검사는 다른 부서에서 담당하기 때문에 계약 이행 과정에서 제가 편의를 봐 줄 여지도 없었습니다.**

메모:48
이 사건 입찰참가제한처분의 위법성과 관련하여, 이수금이 백상권으로부터 상품권을 받은 것은 이미 계약이 체결된 이후로서 계약체결과정에서 편의를 봐준 적이 전혀 없다고 진술하고 있는바, 원고 회사 직원인 백상권이 자비로 상품권을 구입하여 제공한 것은 단지 개인적인 원만한 관계를 유지하기 위한 사적 목적에 불과한 점에 비추어 보면, 위와 같은 사정은 공기관운영에관한법률 제39조 제2항에서 규정하고 있는 이 사건 입찰참가자격제한요건으로서 "공정한 경쟁이나 계약의 적정한 이행을 해칠 것이 명백한 자" 요건을 불충족 한다고 주장해야 한다(입찰참가자격 제한사유의 부존재).

문 더 할 말이 있나요.

답 제가 생각이 짧았던 것 같습니다. 죄송합니다. 앞으로는 관련업체 담당자들로부터 단돈 한 푼도 받지 않겠습니다.

문 조서에 진술한 대로 기재되어 있지 아니하거나 사실과 다른 부분이 있는가요.

답 없습니다. 저 때문에 곤란해진 최치수, 백상권한테 미안한 마음뿐입니다.

위의 조서를 진술자에게 열람하게 하였던바, 진술한 대로 기재되어 있고 오기나 증감・변경할 것이 전혀 없다고 말하므로 간인한 후 서명무인하게 하다.

진술자 **이 수 금** (무인)

2021. 8. 20.

서울서초경찰서

사법경찰관 경위 **이 승 훈** (인)

사법경찰리 경사 **정 다 정** (인)

국가철도공단

수　신　　레일로드 주식회사
제　목　　입찰참가자격제한 사전 알림

「공기업·준정부기관 계약사무규칙」 제16조의 규정에 따라 아래와 같이 통지하오니 의견을 제출하여 주시기 바랍니다.

<table>
<tr><td colspan="2">예정된 처분</td><td colspan="4">입찰참가자격제한</td></tr>
<tr><td rowspan="2">당사자</td><td>성명(명칭)</td><td colspan="4">레일로드 주식회사(대표이사 김정직)</td></tr>
<tr><td>주　　소</td><td colspan="4">서울 마포구 한강로 100, 비전빌딩 307호</td></tr>
<tr><td colspan="2">처분의 원인이 되는 사실</td><td colspan="4">입찰·낙찰 또는 계약의 체결·이행과 관련하여 공기업·준정부기관의 장 또는 임직원에게 뇌물을 제공하여 계약의 적정한 이행을 해침</td></tr>
<tr><td colspan="2">처분하고자 하는 내용</td><td colspan="4">입찰참가자격제한 3개월(2021. 10. 26.~2022. 1. 25.)</td></tr>
<tr><td colspan="2">법적 근거</td><td colspan="4">○ 「공공기관의 운영에 관한 법률」제39조제2항 및 제3항, 「공기업·준정부기관 계약사무규칙」제15조, 「국가를 당사자로 하는 계약에 관한 법률」제27조제1항제7호, 「국가를 당사자로 하는 계약에 관한 법률 시행령」제76조 제3항 및 제4항, 「국가를 당사자로 하는 계약에 관한 법률 시행규칙」제76조 [별표 2]
○ 기술용역협약서 [별첨] 기술용역협약 특수조건 제6조</td></tr>
<tr><td colspan="2" rowspan="3">의견 제출</td><td>기관명</td><td>국가철도공단</td><td>부서명</td><td>입찰관리본부</td></tr>
<tr><td>주　소</td><td colspan="3">대전광역시 동구 중앙로 242</td></tr>
<tr><td>기　한</td><td colspan="3">2021. 10. 15.까지</td></tr>
</table>

국가철도공단 이사장 [국가철도공단이사장 인]

시행: 2021. 09. 28.　　　　주소: 대전광역시 동구 중앙로 242
대표전화: 국번 없이 1357 / (042)481-1254　　　　팩스: (042)472-2584

- 18 -

소 명 서

국가철도공단 귀중

귀 공단의 무궁한 발전을 기원합니다.

저희 회사는 귀 공단으로부터 귀 공단의 직원에게 금품을 주었다는 이유로 입찰참가자격제한을 한다는 사전통지를 받았습니다. 그러나 평소에 임직원들을 대상으로 하여 주기적으로 청렴 교육을 실시하고 있습니다. 또한 정부계약 업무를 담당하는 직원들에게는 미팅 일지(목적, 일시, 장소, 미팅내용, 특이사항 등)를 상세하게 작성하게 하고 있습니다. 직원 상호 간에 크로스 체크도 하고 있습니다. ESG 경영을 위해 회사 내 준법감시인을 두고 윤리경영을 하려는 노력을 하고 있습니다. **저희 회사는 직원들이 부정한 행위를 하지 않도록 평소에 상당한 주의·감독을 게을리하지 않았습니다.**

준법감시인이 조사한 결과, 궤도사업본부장 백상권은 귀 공단의 계약담당자인 이수금이 매번 귀찮은 내색을 하여 원만한 관계를 유지하려고 상품권을 주었다고 합니다. 이수금은 '돈을 달라'고 명시적으로 말을 하지 않았을 뿐이지, 모든 행동이나 말투가 돈을 요구하는 태도였다고 합니다. 백상권이 자기 돈으로 상품권을 구입하여 개인적으로 전달했기 때문에 저희 회사에서는 아무도 몰랐습니다.

지금까지 회사를 운영하면서 입찰참가자격을 제한받은 적은 한 번도 없었습니다. 이번에 일이 터지고 나서 저희 회사는 좀 더 강화된 윤리 교육, 청렴 교육을 실시하고 있습니다. 이런 점들을 부디 참작하여 주시기 바랍니다.

메모:21
위 소명서의 전반적인 내용들은 소장 이 사건 처분의 위법성 중 마지막 부분에 들어갈 재량일탈남용 사유로서 비례원칙 위반 부분에서 그대로 서술해도 무방한 내용들이다.

메모:51
직원의 부정행위와 관련하여 입찰계약자인 사용자 회사가 평소 윤리, 청렴 교육을 꾸준히 실시하는 등 상당한 주의감독을 게을리 하지 않은 경우 **국가계약법 시행령 제76조 제3항 단서** 조항에 따라 예외적으로 입찰참가자격제한을 할 수 없는 경우에 해당한다고 주장해야 한다(입찰참가자격제한 면제 사유의 존재).

※ 청렴 교육 실시 내역

교육 일시	대상자	교육 내용
2020. 3. 31.	전 임원	청탁금지법, 윤리 청렴 교육, 직장 내 성희롱 방지, 직장 내 갑질 방지교육 등
2020. 6. 30.	전 직원	상동
2020. 9. 21.	조달본부 전 직원	상동
2020. 12. 20.	운영지원본부 전 직원	상동
2021. 3. 31.	전 임원	상동
2021. 6. 30.	전 직원	상동
2021. 8. 20.	조달본부 전 직원	상동
2021. 9. 30.	계약담당 전 임직원	상동

2021. 10. 11.

레일로드 주식회사 대표이사 김정식 (레일로드 주식회사 대표이사)

국가철도공단

수　신　　레일로드 주식회사
제　목　　입찰참가자격제한 알림

귀사에 대하여 아래와 같이 입찰참가자격제한조치가 내려졌음을 알려드립니다.

아　래

가. 업체명: 레일로드 주식회사

나. 대표자: 김정직

다. 제재근거: ○ 「공공기관의 운영에 관한 법률」제39조제2항 및 제3항, 「공기업・준정부기관 계약사무규칙」제15조, 「국가를 당사자로 하는 계약에 관한 법률」제27조제1항제7호, 「국가를 당사자로 하는 계약에 관한 법률 시행령」제76조제3항 및 제4항, **「국가를 당사자로 하는 계약에 관한 법률 시행규칙」제76조 [별표 2]**

○ 기술용역협약서 [별첨] 기술용역협약 특수조건 제6조

라. 제재사유: 입찰 · 낙찰 또는 계약의 체결 · 이행과 관련하여 공기업 · 준정부기관의 장 또는 임직원에게 뇌물을 제공하여 계약의 적정한 이행을 해침

마. 제재내용: 입찰참가자격제한 3개월(2021. 10. 26.~2022. 1. 25.)

바. 위 제재내용은 다른 중앙행정기관, 공기업, 준정부기관에 통보되며 관련 법령에 따라 다른 중앙행정기관, 공기업, 준정부기관에 의하여 입찰참가자격이 제한될 수 있음

> ※ 위 사항에 대하여 불복하고자 할 경우 「행정심판법」 제27조 또는 「행정소송법」 제20조에 따라 아래에서 안내하는 소정의 기간 내에 행정심판을 청구하거나 행정소송을 제기할 수 있음을 알려드립니다.
> 1) 행정심판: 처분이 있음을 알게 된 날로부터 90일 이내에 청구(단, 처분이 있었던 날로부터 180일이 지나면 청구하지 못함)
> 2) 행정소송: 처분 등이 있음을 안 날로부터 90일 이내에 제기(단, 처분 등이 있은 날로부터 1년을 경과하면 이를 제기하지 못함)

국가철도공단 이사장 [국가철도공단 이사장]

시행: 2021. 10. 22.　　주소: 대전광역시 동구 중앙로 242

대표전화: 국번 없이 1357 / (042)481-1254　　팩스: (042)472-2584

메모:38 이 사건 입찰참가자격제한 처분의 직접적 근거가 된 법규이므로 위 시행규칙 별표 2의 법적 성질을 먼저 밝혀주어야 한다.

메모:33 소장 처분의 위법성 부분에서는 이러한 제재사유에 원고가 해당하지 않는다는 점을 잘 다투어야 한다.

메모:31 이 사건 취소대상 ㅁ첫 번째 처분에 해당한다.

메모:30 처분서에 도장이 날인된 자가 피고적격있는 자이다.

메모:32 청구취지에 들어갈 처분일시이므로 잘 기억해야 한다.

국가철도공단

수 신 레일로드 주식회사

제 목 공급자등록취소 및 등록제한 알림

귀사에 대하여 아래와 같이 **공급자등록취소 및 등록제한조치**가 내려졌음을 알려드립니다.

아 래

가. 업체명: 레일로드 주식회사

나. 대표자: 김정직

다. 제재근거: **공급자관리지침 제8조제1항제2호 및 제2항**

라. 제재사유: 부정당업자로 입찰참가자격제한을 받은 자

마. 제재내용: 공급자등록취소 및 공급자등록제한 10년(2022. 1. 26.~2032. 1. 25.)

메모:37
이 사건 두 번째 처분의 근거가 된 위 지침의 법적 성격이 무엇인지 명확히 밝혀줄 필요가 있다. 만약 위 지침이 정당한 법령의 위임이 없는 행정규칙에 불과하다면 그에 근거한 이 사건 공급자등록취소 및 제한 처분 역시 법적 근거가 없어 위법하다고 할 것이다(법률유보원칙위반).

메모:36
처분의 위법성에서는 위와 같은 입찰참가자격제한을 받은 자에 해당하지 않는다고 주장해야 할 것이다. 즉, 선행처분인 입찰참여자격제한처분에 위법이 있으므로 그에 기한 이 사건 공급자등록취소 및 공급자등록제한처분 역시 선행처분의 하자를 승계하여 위법한 처분에 해당한다고 주장해야 한다.

메모:34
이 사건 취소대상 두 번째 처분에 해당한다.

※ 위 사항에 대하여 불복하고자 할 경우 「행정심판법」 제27조 또는 「행정소송법」 제20조에 따라 아래에서 안내하는 소정의 기간 내에 행정심판을 청구하거나 행정소송을 제기할 수 있음을 알려드립니다.

1) 행정심판: 처분이 있음을 알게 된 날로부터 90일 이내에 청구(단, 처분이 있었던 날로부터 180일이 지나면 청구하지 못함)

2) 행정소송: 처분 등이 있음을 안 날로부터 90일 이내에 제기(단, 처분 등이 있은 날로부터 1년을 경과하면 이를 제기하지 못함)

국가철도공단 이사장 [국가철도공단이사장]

시행: 2021. 11. 09. 주소: 대전광역시 동구 중앙로 242

대표전화: 국번 없이 1357 / (042)481-1254 팩스: (042)472-2584

메모:35
두 번째 처분일시도 잘 기억하자.

등기번호	000537	등기사항전부증명서(현재사항)
등록번호	165271-0005372	

명 칭	국가철도공단	2020. 09. 10 변경 2020. 09. 10 등기
주사무소	대전광역시 동구 중앙로 242	2011. 10. 31 도로명주소 2011. 11. 08 등기

목 적
이 법인은 철도산업발전기본법 및 국가철도공단법에 의하여 철도시설의 건설 및 관리와 그 밖에 이와 관련되는 사업을 효율적으로 시행함으로써 국민의 교통편의를 증진하고 국민경제의 건전한 발전에 이바지함을 목적으로 한다.
공단은 다음 각 호의 사업을 행한다. 1. 철도시설의 건설 및 관리 2. 외국철도 건설(설계, 시공, 감리 및 사업관리 등)과 남북연결 사업 3. 철도시설에 관한 기술의 개발, 관리 및 지원 4. 철도시설 건설 및 관리에 따른 철도의 역세권, 철도 부근 지역 및 철도 관련 국유재산의 개발, 운영 5. 건널목 입체화 등 철도 횡단시설사업 6. 철도의 안전관리 및 재해 대책의 집행 7. 정부, 지방자치단체, 공공기관의 운영에 관한 법률에 따른 공공기관 또는 타인이 위탁한 사업 8. 제1호 내지 제7호까지의 사업에 딸린 사업 9. 제1호 내지 제8호까지의 사업을 위한 부동산의 취득, 공급 및 관리

임원에 관한 사항
상임이사 장현준 680904-******* 2019 년 12 월 13 일 2019 년 12 월 20 일 등기
상임이사 김선홍 590808-******* 2019 년 12 월 13 일 2019 년 12 월 20 일 등기
상임이사 김현우 551204-******* 2019 년 12 월 13 일 2019 년 12 월 20 일 등기
부이사장 문지원 651104-******* 2020 년 01 월 07 일 2020 년 01 월 22 일 등기
비상임이사 박지호 661027-******* 2020 년 02 월 13 일 2020 년 02 월 20 일 등기
이사장 이윤재 580308-******* 세종특별자치시 도움2로, 910동 2902호(종촌동, 퍼스트 행정타운 1단지) 2020 년 01 월 07일 취임 2020년 01 월 22 일 등기

4010915313667289567922482064 1 1000 1 발행일 2022/01/11
1/2

기 타 사 항
- 생 략 -

법인성립연월일	2003 년 12 월 31 일

등기기록의 개설 사유 및 연월일	
설립	2003 년 12 월 31 일 등기

— 이 하 여 백 —

관할등기소 대전지방법원 남대전등기소 / 발행등기소 법원행정처 등기정보중앙관리소

수수료 1,000원 영수함

이 증명서는 등기 기록의 내용과 틀림없음을 증명합니다.
[다만, 신청이 없는 지점(분사무소) · 지배인(대리인)에 관한 사항과 현재 효력이 없는 등기사항의 기재를 생략하였습니다.]

법원행정처 등기정보중앙관리소 전산운영책임관 등기정보중앙관리소전산운영책임관

4010915313667289567922482064 1 1000 1 발행일 2022/01/11
2/2

수임번호 2022-헌1	법 률 상 담 일 지		2022. 1. 5.
의 뢰 인	김윤서	전 화	010-5678-1111
주 소	서울 마포구 한강로 456	E-mail	kim201918@gmail.com

상 담 내 용

1. 의뢰인은 만 21살로 레일로드 주식회사의 대표이사 김정직의 자녀이다. 현재 한국대학 경제학과에 재학 중이다.

2. 재작년에 게임산업법이 개정되면서 게임물 관련사업자로 하여금 인터넷 게임 이용자의 실명·연령 확인 및 본인인증을 의무화하도록 규정하였다. 실명·연령 확인 및 본인인증은 새로 회원 가입을 하려는 사람뿐만 아니라 기존 게임물 이용자들에게도 적용된다.

3. 의뢰인은 대학 1학년 때인 2019년 4월 같은 과 친구 조덕배의 소개로 '보물섬'이라는 인터넷 게임을 알게 되었고, 그 무렵 '보물섬'을 이용하기 위하여 회원 가입을 하였다. 그 당시에는 게임이용자의 아이디와 비밀번호만 정하면 '보물섬'이라는 게임의 회원 가입이 가능하였고, 지금까지 동일한 아이디(serendipity)로 '보물섬'을 이용하고 있다.

4. '보물섬'은 주인공의 캐릭터가 바람의 땅, 불의 땅, 얼음의 땅을 통과하여 숨겨져 있는 보물을 찾아가면서 캐릭터의 레벨을 높이는 내용의 인터넷 게임이다. 이 게임은 총 70레벨로 되어 있는데, 의뢰인은 현재 40레벨에 도달하였다. 현재에도 이 게임은 선풍적인 인기를 끌고 있으며 의뢰인의 친구들은 거의 모두 '보물섬'에 회원 가입이 되어 있다. 의뢰인은 40레벨에 도달하기까지 많은 시간과 비용을 들였는데, **실명·연령 확인 및 본인인증을 하지 않으면 더 이상 인터넷 게임을 할 수 없다**고 하니 당혹스럽다.

메모:22
게임을 하고자 하는 이용자 본인의 의사에 반하여 실명확인 및 본인인증 강제가 문제된 이 사건 주된 기본권은 '개인정보자기결정권'임을 알 수 있다(헌재 2015. 3. 26. 2013헌마517 결정).

5. 인터넷 게임은 미술, 음악, 영화, 문학 등의 요소를 함께 포함하고 있는 복합적인 성격의 콘텐츠이자 문화 상품으로서 청소년뿐만 아니라 성인의 대표적인 놀이 문화 중 하나라고 볼 수 있다. 그런데 실명·연령 확인 및 본인인증을 의무화함으로써 [**누구의 간섭도 없이 인터넷 게임을 이용하고자 하는 의뢰인의 자유가 침해**당하고 있다는 생각이 든다.]

6. [실명·연령 확인 및 본인인증의 주된 취지가 청소년의 게임 중독을 방지하고자 하는 것으로 알고 있는데, 성인까지도 이런 것을 해야 한다는 것은 과잉 조치이다. 어엿한 성인임에도 본인임을 확인받아야 놀이를 할 수 있다는 것, 그리고 놀이를 할 때마다 누군가로부터 감시받고 있다는 사실을 의식하면서 놀이를 하여야 한다는 것은 말도 안 된다.] [더욱이 모바일 게임은 이런 절차가 없는데 비하여, 인터넷 게임에만 이런 절차를 거치도록 하는 것도 이상하다.]

7. 의뢰인은 [헌법소송을 통해 관계 법령의 위헌성을 다투어 주기를 원한다.]

법무법인 이김

전화 02-555-7777, 팩스 02-555-9999

서울시 서초구 서초중앙로 500, 위너스빌딩 9층

메모:62
또한, 누구의 간섭 없이 자유롭게 게임을 하고 싶다는 점에서 이 사건 주된 기본권은 '일반적 행동의 자유'도 추가된다고 볼 수 있다. 사생활의 비밀과 자유, 통신비밀과 자유 등은 무익적 기재사항이다.

메모:63
이 부분은 과잉금지원칙 부분에서 언급할 내용을 요약하고 있다. 즉, 행정당국이 마음만 먹으면 얼마든지 이를 감시하고 통제할 수 있다는 '감시와 통제의 가능성'은 그 자체만으로도 이미 인터넷 게임 이용자들에게 상당한 불안감과 '위축효과'를 줄 수 있으며, 본인임을 반드시 확인받아야 게임을 할 수 있다는 것은 놀이 그 자체의 본질인 자유를 근본적으로 해치는 것이므로 특히 침해의 최소성에 위배된다고 주장가능하다.

메모:64
이 부분은 평등권 내지 평등원칙위반에 관한 힌트이다. 인터넷게임과 비교되는 집단으로서 모바일게임이 존재하며, 심사기준은 헌법 규정 내지 헌법해석상 특별히 보호하는 차별에 해당하지 아니하여 '합리성 심사'를 하면 족하다.(단, 개인정보자기결정권과 일반적행동의 자유에 대해 중대한 제약을 초래한다고 볼 경우 엄격심사로 나아가도 무방하다) 결국, 인터넷게임 외에도 다른 게임 중에서도 강한 흡인력을 가진 게임들이 다수 존재하는바, 특히 모바일 게임은 언제 어디서든 손쉽게 즐길 수 있어 과다한 이용 또는 중독 가능성 측면에서 인터넷게임과 별다른 차이가 없거나 그 이상인바, 이 사건 규정에서 인터넷게임만을 그 적용대상으로 하고 있는 것은 모바일게임 등 다른 게임에 비하여 게임사업자의 서버를 통제함으로써 손쉽게 청소년 등의 게임 이용을 통제할 수 있기 때문으로 보인다. 따라서 이 사건 조항은 인터넷게임과 다른 게임을 이용하는 경우에 대한 규제를 달리 하는 것에 합리적 이유가 없다고 할 것이므로 평등권을 침해한다.

메모:65
이번 제11회 공기록 헌법파트는 헌재법 제68조 제1항 법령헌법소원심판청구서 작성 문제이다. 참고로, 법령헌법소원심판청구서 작성 문제와 헌재법 제41조 위헌법률심판제청신청서 작성 문제 및 헌재법 제68조 제2항 위헌심사형헌법소원청구서 작성 문제는 매해 번갈아 가면서 출제되는 경향이 있다.

대 리 인 선 임 서

사　　건	(생략)
청 구 인	김윤서
위 사건에 관하여 다음 표시 수임인을 대리인으로 선임하고, 다음 표시에서 정한 권한을 수여합니다.	
수 임 인	**법무법인 이김** 서울 서초구 서초중앙로 500, 위너스빌딩 9층 전화　02-555-7777 팩스　02-555-9999
수권사항	1. 헌법소원심판청구와 관련된 모든 소송행위
2022. 1. 5.	
위 임 인	김윤서 (인)
헌법재판소 귀중	

담 당 변 호 사 지 정 서

사 건	(생략)
청 구 인	김윤서
피청구인	

위 사건에 관하여 법무법인 이김은 청구인의 대리인으로서 「변호사법」 제50조제1항에 의하여 그 업무를 담당할 변호사를 다음과 같이 지정합니다.

담당변호사	오신성, 김거성

2022. 1. 5.

법무법인 이 김 법무법인 이 김
대표변호사 박 석 권

서울 서초구 서초중앙로 500, 위너스빌딩 9층
전화 02-555-7777 팩스 02-555-9999

헌법재판소 귀중

법무법인 이김 내부 회의록(헌법소원용)

일　시: 2022. 1. 7. 16:00~17:00

장　소: 법무법인 이김 중회의실

참석자: 오신성 변호사(송무4팀장), 김거성 변호사

오 변호사: 김윤서 씨 사건과 관련하여 논의하도록 합시다. 의뢰인의 주장이 무엇인가요?

김 변호사: 2020. 2. 1. **게임산업법이 개정되면서 제12조**에 인터넷 게임을 이용하려면 실명·연령 확인 및 본인인증(이하 '본인인증 등'이라 합니다)을 거치도록 규정하였습니다. 이 조항 때문에 본인인증 등을 하지 않으면 인터넷 게임을 이용할 수가 없게 됩니다. 이 조항은 기존의 이용자에게도 적용됩니다.

오 변호사: 게임물 이용자가 본인인증 등을 하지 않으면 인터넷 게임을 이용할 수 없다는 말인가요?

김 변호사: 네, 개정된 게임산업법에 따르면 게임물 관련사업자는 게임물 이용자의 본인인증 등을 반드시 해야 합니다.

오 변호사: 게임물 관련사업자가 본인인증 등의 과도한 게임물 이용 방지 조치를 하지 않으면 무슨 제재가 있나요?

김 변호사: 시정명령을 받을 수 있고, 이 시정명령을 따르지 않을 경우 2년 이하의 징역 또는 2천만 원 이하의 벌금을 받게 됩니다.

오 변호사: 어떤 법적 절차를 생각하고 있나요?

김 변호사: 근거 법률조항에 대하여 헌법소원심판을 청구하려고 합니다.

오 변호사: 그런데 본인인증은 어떻게 하는 것인가요?

메모:26
공법사례형과 기록형 헌법파트 답안에서는 항상 문제되는 기본권을 먼저 특정해야 한다. 사안에서 먼저 '본인인증 조항'은 인터넷게임을 이용하고자 하는 사람들에게 본인인증이라는 사전 절차를 거칠 것을 강제함으로써, 개인이 취미활동을 자유롭게 선택하고 이를 원하는 방식대로 영위하고자 하는 일반적 행동의 자유를 제한한다. 다음으로, 인터넷게임을 이용하고자 하는 사람은 본인인증 절차를 거치기 위한 전제로서 공인인증기관이나 본인확인기관에 실명이나 주민등록번호 등의 정보를 제공할 것이 강제되고, 이 기관들은 이러한 정보들을 보유할 수 있으므로(정보통신망법 제29조 제1항 제2호), '본인인증 및 동의확보 조항'은 인터넷게임 이용자가 자기의 개인정보에 대한 제공, 이용 및 보관에 관하여 스스로 결정할 권리인 개인정보자기결정권을 제한한다(참고로, 본인인증조항에 따라 인터넷게임 이용자 본인인증 절차를 거치면 본인확인기관으로부터 게임물 관련사업자에게 본인확인 요청일시 또는 인증일시, 식별코드 등의 정보가 제공되고, 이러한 정보는 본인확인기관이 보유하고 있는 개인 실명 등의 자료와 결합하여 이용자 개인의 동일성을 식별할 수 있으므로, 개인정보자기결정권의 보호대상이 되는 개인정보에 해당한다).

메모:53
이 사건 심판대상 법률조항에 해당한다.

메모:27
헌법소원 청구의 적법요건으로서 자기관련성과 관련하여, 이 사건 법률조항의 문언상 직접적인 수범자는 '게임물관련사업자'이고, 게임물 이용자인 청구인은 제3자에 해당하나, 이 사건 조항이 게임물사업자가 게임이용자에 대한 본인인증이 완료되지 않으면 게임물 이용을 못하도록 강제하고 있는 이상 결과적으로 게임이용자의 개인정보, 사생활이 침해되는 불이익을 받게 되었으므로, 이 사건 법률조항의 입법목적, 실질적인 규율대상, 제한이나 금지가 제3자에게 미치는 효과나 진지성의 정도를 종합적으로 고려할 때, 이 사건 법률조항으로 인한 개인정보자기결정권, 일반적 행동의 자유 등 기본권침해와 관련하여 게임물이용자인 청구인의 자기관련성을 인정할 수 있다(헌재 2012. 5. 31. 2010헌마88).

김 변호사: 게임물 이용자가 전자서명인증사업자나 본인확인기관 등에 실명, 주민등록번호 등의 정보를 제공하여 게임물 이용자가 본인임을 확인하는 절차입니다. 주로 휴대전화를 통한 인증번호 문자전송, 음성 자동응답 등의 방법으로 인증을 합니다.

오 변호사: 개정법의 입법 취지도 살펴보면 좋을 것 같습니다. 법제처 국가법령정보센터에서 게임산업법 개정 이유를 찾아보니 "최근 온라인게임을 비롯한 게임물 이용자 수가 급속하게 증가하면서 청소년의 게임 과몰입과 중독 현상이 사회적 문제로 대두되고 있음에 따라 게임 과몰입과 중독예방을 위한 게임물 관련사업자와 정부의 의무를 명확하게 규정" 하려는 것이라고 나와 있더군요.

김 변호사: 네, 입법 취지도 잘 살펴보겠습니다.

오 변호사: 스마트폰 등 모바일 기기를 이용한 게임의 경우에는 본인인증 등의 절차가 강제되지 않는다고 하는데, 맞나요?

김 변호사: 네, 모바일 게임은 본인인증 등의 절차를 강제하지 않으면서 인터넷 게임의 경우에만 본인인증 등의 절차를 강제하도록 하고 있는데, 이 부분도 문제가 될 수 있을 것 같습니다.

오 변호사: 그렇군요. 그런데 16세 미만의 청소년이 심야에 인터넷 게임을 하지 못하도록 하였던 강제적 셧다운제가 폐지되었다면서요?

김 변호사: 네, 저도 강제적 셧다운제가 폐지되었다는 뉴스를 들었습니다.

오 변호사: 본인인증 등을 규정한 법률조항이 시행된 지 1년이 지났다면 헌법소원심판의 청구기간이 도과하였을 수도 있지 않나요? 이 부분도 잘 검토해 주시기 바랍니다.

김 변호사: 네, 그렇게 하겠습니다.

오 변호사: 이 사건과 관련된 인터넷 신문기사를 한 부 출력해 왔어요. 참고해 보시기 바랍니다. 이상으로 오늘 회의를 마치겠습니다. 끝.

메모:23
과잉금지원칙위반과 관련하여, '본인인증 조항'은 인터넷게임 이용자의 연령을 정확하게 확인함으로써 청소년보호법과 게임산업법이 마련하고 있는 인터넷게임에 대한 연령 차별적 규제수단을 실효적으로 보장하고, 게임 관련업자가 게임물 이용시간 등을 이용자에게 고지할 수 있도록 하여 게임이용자들이 게임 이용시간을 자발적으로 제한하도록 유도하며, 이를 통해 인터넷게임 중독을 예방하고자 하는 것으로 이에 대한 적절한 규제가 필요하다는 사회적 공감대가 형성되어 있다는 점에서 목적의 정당성은 인정되며, 대면접촉 없이 회원가입이 이루어지는 인터넷상으로는 신분증 등을 통해 이용자의 실명이나 연령을 확인할 수 없어 공인인증기관이나 개인확인정보를 가지고 있는 제3자 등을 통해 인터넷상에서 본인 실명과 연령을 인증받도록 하고, 이러한 방법이 불가능할 경우 행정기관에 의뢰하거나 대면확인을 통해 게임 관련사업자에게 직접 실명과 연령을 확인하도록 하는 본인인증 조항은 위와 같은 입법목적 달성을 위한 적절한 수단이므로 수단의 적합성도 인정된다.

메모:24
평등권 내지 평등원칙 위반의 점도 빠짐없이 다루어야 하며, 평등원칙 위반의 경우 ① 비교집단의 존재여부와 ② 어떤 심사기준(합리성심사 또는 엄격한 비례성심사)을 적용할지를 먼저 특정해야 한다.

메모:25
청구기간과 관련하여, 이 사건과 같이 시행유예기간이 존재하는 경우 최근 헌재 판례가 변경된 점을 숙지하고 있어야 한다. 헌재는 시행일을 청구기간 기산점으로 본다면 유예기간이 경과하여 기본권 침해가 실제로 발생한 때에는 이미 청구기간이 지나 위헌성을 다툴 기회가 상실될 위험이 있어 시행유예기간 적용 대상인 청구인에 대해 청구기간 기산점을 시행일로 해석하는 것은 헌법소원심판청구권 보장 취지에 어긋난다고 판시하였다. 결국, 이 사건 조항이 구체적이고 현실적으로 청구인들에게 적용된 것은 유예기간을 경과한 때부터라 할 것이므로, 그때부터 청구기간을 기산함이 상당하다(헌재 2020. 4. 23. 2017헌마479).

인터넷 게임 본인인증 제도 적용 임박, 그러나 허점 투성이...

[게임세상 / 글쓴이 임순택 / 입력 2022. 1. 3. 19:10]

(전략)

성실대학교 정수철 교수에 따르면, 본인인증제도는 게임산업 진흥에 관한 법률 개정을 통해 신설됐다. 청소년 여부를 식별하기 위하여 나이만 확인하면 충분한데도 본인인증까지 과도하게 요구하도록 설정됐다.

정 교수는 "연령 확인을 위해 본인인증을 하는 것이 개인정보 보호 측면에서 적절한지 의문이다."라면서, "본인인증 외에 개인정보 수집을 최소화할 수 있는 다른 수단을 찾아야 한다."라고 주장했다. 현재 이용자의 과반 이상을 차지하는 모바일 게임에는 본인인증 절차가 적용되지 않고 있다. 정 교수는 "게임하는 사람의 절반 이상이 모바일 게임을 하고 있는 상황에서 인터넷 게임에만 본인인증을 요구하는 것은 무의미하다."라고 지적했다. 특히 게임 과몰입 방지를 위해 도입된 강제적 셧다운제가 청소년보호법의 개정으로 이번 달 1일부터 폐지되었다는 점을 강조했다.

(중략)

김주승 게임산업연구원 선임연구원도 본인인증제도에 대하여 의문을 제기했다. 개인정보보호법은 목적에 필요한 범위에서 최소한의 개인정보만을 수집하여야 한다고 규정하고 있는데 실제로 게임산업과 연관된 조항을 보면 게임 중독 방지나, 과몰입 방지만을 중시하여 개인정보 보호라는 가치가 저평가되어 있다고 설명했다. 본인인증을 위하여 제공해야 하는 정보는 유출되면 개인정보 침해의 여지가 있는 민감 정보이고, 게임이용자의 입장에서 반드시 이를 제공해야 할 필요가 있는지 의문이라는 것이다.

(후략)

임순택 기자 <yst@internet.com>

메모:28
과잉금지원칙 위반의 점에 이 부분을 잘 원용하여 서술하면 된다. 즉 침해의 최소성과 관련하여, 청소년 식별을 위한 연령 확인등 보다 덜 제한적인 수단이 존재함에도 불구하고, 강력한 본인인증제를 통해 행정당국이 마음만 먹으면 얼마든지 게임 이용자를 감시하고 통제할 수 있는 가능성은 그 자체만으로 이용자들에게 상당한 '위축효과'를 주어, 성인인 경우에도 게임 접속을 꺼리게 되고, 함께 게임을 하는 다른 이용자들에게 자신의 의사를 표현하는 과정에서 표현 내용과 수위 등에 대한 자기검열을 할 가능성도 있다는 점에서 본인임을 반드시 확인받아야 놀이를 할 수 있다는 것은 놀이 그 자체의 본질인 자유를 근본적으로 해하는 것에 해당하여 침해최소성이 인정되지 않는다. 다음으로, 법익의 균형성과 관련하여서도, 본인인증 조항은 자유롭게 인터넷게임을 즐기고자 하는 자유를 현저하게 침해하는 것인 반면, 과몰입 방지를 위해 도입된 강제셧다운제가 폐지된 점에서도 알 수 있는 바와 같이 이를 통해 달성하고자 하는 게임 과몰입 및 중독 예방이라는 공익은 그 달성을 위해 국가적 개입이나 규제가 반드시 요구되는지조차 불분명한 것으로 침해되는 청구인들의 기본권보다 중하다고 볼 수 없으므로, 법익의 균형성도 갖추지 못하였다.

메모:58
이 부분은 평등원칙 위반 여부에서 서술해 주어야 하는 대목이다.

참 고 법 령

「철도산업발전기본법」

제20조(철도시설) ①~② (생략)

③ 국가는 철도시설 관련업무를 체계적이고 효율적으로 추진하기 위하여 그 집행조직으로서 철도청 및 고속철도건설공단의 관련 조직을 통·폐합하여 특별법에 의하여 국가철도공단을 설립한다.

「국가철도공단법」

제1조(목적) 이 법은 국가철도공단을 설립하여 철도시설의 건설 및 관리와 그 밖에 이와 관련되는 사업을 효율적으로 시행하게 함으로써 국민의 교통편의의 증진과 국민경제의 건전한 발전에 이바지함을 목적으로 한다.

제3조(법인격) 국가철도공단(이하 "공단" 이라 한다)은 법인으로 한다.

제7조(사업) 공단은 다음 각 호의 사업을 한다.

1. 철도시설의 건설 및 관리
2. 외국철도 건설과 남북 연결 철도망 및 동북아 철도망의 건설
3. 철도시설에 관한 기술의 개발·관리 및 지원
4. 철도시설 건설 및 관리에 따른 철도의 역세권, 철도 부근 지역 및 「철도의 건설 및 철도시설 유지관리에 관한 법률」 제23조의2에 따라 국토교통부장관이 점용허가한 철도 관련 국유재산의 개발·운영
5. 건널목 입체화 등 철도 횡단시설사업
6. 철도의 안전관리 및 재해 대책의 집행
7. 정부, 지방자치단체, 「공공기관의 운영에 관한 법률」에 따른 공공기관 또는 타인이 위탁한 사업
8. 제1호부터 제7호까지의 사업에 딸린 사업
9. 제1호부터 제8호까지의 사업을 위한 부동산의 취득, 공급 및 관리

제9조(임원) ① (생략)
② 이사장은 공단을 대표하고 그 업무를 총괄한다.

제37조(다른 법률의 준용) 공단에 관하여는 이 법 및 「공공기관의 운영에 관한 법률」에서 규정한 것을 제외하고는 「민법」 중 재단법인에 관한 규정을 준용한다.

「공공기관의 운영에 관한 법률」

제1조(목적) 이 법은 공공기관의 운영에 관한 기본적인 사항과 자율경영 및 책임경영체제의 확립에 관하여 필요한 사항을 정하여 경영을 합리화하고 운영의 투명성을 제고함으로써 공공기관의 대국민 서비스 증진에 기여함을 목적으로 한다.

제5조(공공기관의 구분) ① 기획재정부장관은 공공기관을 다음 각 호의 구분에 따라 지정한다.
1. 공기업 · 준정부기관: 직원 정원, 수입액 및 자산규모가 대통령령으로 정하는 기준에 해당하는 공공기관
2. 기타공공기관: 제1호에 해당하는 기관 이외의 기관
② (생략)
③ 기획재정부장관은 제1항의 규정에 따라 공기업과 준정부기관을 지정하는 경우 총수입액 중 자체수입액이 차지하는 비중이 대통령령으로 정하는 기준 이상인 기관은 공기업으로 지정하고, 공기업이 아닌 공공기관은 준정부기관으로 지정한다.
④ 기획재정부장관은 제1항 및 제3항의 규정에 따른 공기업과 준정부기관을 다음 각 호의 구분에 따라 세분하여 지정한다.
1. 공기업
가. 시장형 공기업: 자산규모와 총수입액 중 자체수입액이 대통령령으로 정하는 기준 이상인 공기업
나. 준시장형 공기업: 시장형 공기업이 아닌 공기업
2. 준정부기관
가. 기금관리형 준정부기관: 「국가재정법」에 따라 기금을 관리하거나 기금의 관리를 위탁받은 준정부기관
나. 위탁집행형 준정부기관: 기금관리형 준정부기관이 아닌 준정부기관
⑤ (이하 생략)

第39조(회계원칙 등) ① 공기업 · 준정부기관의 회계는 경영성과와 재산의 증감 및 변동 상태를 명백히 표시하기 위하여 그 발생 사실에 따라 처리한다.

② 공기업 · 준정부기관은 공정한 경쟁이나 계약의 적정한 이행을 해칠 것이 명백하다고 판단되는 사람 · 법인 또는 단체 등에 대하여 2년의 범위 내에서 일정기간 **입찰참가자격을 제한할 수 있다.**

메모:40 이 사건 입찰참가자격제한 처분의 주된 근거법 조항이다.

메모:46 이 사건 입찰참가제한처분은 재량행위임을 알 수 있는바, 입찰참가자격제한처분의 위법사유로서 재량일탈남용(비례원칙 위반) 여부도 반드시 검토해 주어야 한다.

③ 제1항과 제2항의 규정에 따른 회계처리의 원칙과 입찰참가자격의 제한기준 등에 관하여 필요한 사항은 기획재정부령으로 정한다.

第53조(벌칙 적용에서의 공무원 의제) 공공기관의 임직원, 운영위원회의 위원과 임원추천위원회의 위원으로서 공무원이 아닌 사람은 「형법」 제129조(수뢰, 사전수뢰)부터 제132조(알선수뢰)까지의 규정을 적용할 때에는 공무원으로 본다.

第53조의2(수사기관등의 수사 개시 · 종료 통보) 수사기관등은 공공기관의 임직원에 대하여 직무와 관련된 사건에 관한 조사나 수사를 시작한 때와 이를 마친 때에는 10일 이내에 공공기관의 장에게 해당 사실과 결과를 통보하여야 한다.

「공기업 · 준정부기관 계약사무규칙」

(기획재정부령 제752호)

第1조(목적) 이 규칙은 「공공기관의 운영에 관한 법률」(이하 "법"이라 한다) 제39조제3항에 따라 공기업 · 준정부기관의 입찰참가자격의 제한 등에 필요한 사항을 규정함을 목적으로 한다.

第15조(부정당업자의 입찰참가자격 제한) 법 제39조제3항에 따라 기관장은 공정한 경쟁이나 계약의 적정한 이행을 해칠 것이 명백하다고 판단되는 자에 대해서는 「국가를 당사자로 하는 계약에 관한 법률」 제27조에 따라 입찰참가자격을 제한할 수 있다.

메모:41 이 사건 입찰참가자격제한 처분의 주된 근거 시행규칙 조항이다.

第16조(의견 청취 및 심의 절차) ① 기관장은 제15조에 따라 입찰참가자격을 제한하려면 미리 해당 처분의 상대방 또는 그 대리인에게 의견을 진술할 기회를 주어야 하며, 필요하다고 인정되면 이해관계인의 의견을 들어야 한다. 다만, 해당 처분의 상대방 또는 그 대리인이 정당한 사유 없이 이에 따르지 아니하거나 소재 불명 등으로 의견진술의 기회를 줄 수 없는 경우에는 그러하지 아니하다.

② (이하 생략)

「국가를 당사자로 하는 계약에 관한 법률」

메모:49
국가계약법은 공공기관운영에관한법률과 달리 입찰참가제한을 기속행위로 규정하고 있으나, 이 경우에도 해석상 1호 내지 6호의 사유가 인정되는지 여부를 자체적으로 판단하여 결정하는 결정재량에 해당한다고 봄이 상당하다.

제27조(부정당업자의 입찰 참가자격 제한 등) ① 각 중앙관서의 장은 다음 각 호의 어느 하나에 해당하는 자(이하 "부정당업자"라 한다)에게는 2년 이내의 범위에서 대통령령으로 정하는 바에 따라 입찰 참가자격을 제한하여야 하며, 그 제한사실을 즉시 다른 중앙관서의 장에게 통보하여야 한다. 이 경우 통보를 받은 다른 중앙관서의 장은 대통령령으로 정하는 바에 따라 해당 부정당업자의 입찰 참가자격을 제한하여야 한다.

1.~6. (생략)

7. 입찰·낙찰 또는 계약의 체결·이행과 관련하여 관계 공무원(제27조의3제1항에 따른 과징금부과심의위원회, 제29조제1항에 따른 국가계약분쟁조정위원회, 「건설기술 진흥법」에 따른 중앙건설기술심의위원회·특별건설기술심의위원회 및 기술자문위원회, 그 밖에 대통령령으로 정하는 위원회의 위원을 포함한다)에게 뇌물을 준 자

8. (이하 생략)

② (생략)

③ 각 중앙관서의 장 또는 계약담당공무원은 제1항에 따라 입찰 참가자격을 제한받은 자와 수의계약을 체결하여서는 아니 된다. 다만, 제1항에 따라 입찰 참가자격을 제한받은 자 외에는 적합한 시공자, 제조자가 존재하지 아니하는 등 부득이한 사유가 있는 경우에는 그러하지 아니하다.

「국가를 당사자로 하는 계약에 관한 법률 시행령」

(대통령령 제31986호)

제76조(부정당업자의 입찰참가자격 제한) ①~② (생략)

③ 각 중앙관서의 장은 계약상대자, 입찰자(이하 이 항에서 "계약상대자등"이라한다)로서 법 제27조제1항 각 호의 어느 하나에 해당하는 자에 대해서는 즉시 1개월 이상 2년 이하의 범위에서 입찰참가자격을 제한해야 한다. 다만, 계약상대자등의 대리인, 지배인 또는 그 밖의 사용인이 법 제27조제1항 각 호의 어느 하나에 해당하는 행위를 하여 입찰참가자격 제한 사유가 발생한 경우로서 계약상대자등이 대리인, 지배인 또는 그 밖의 사용인의 행위를 방지하기 위하여 상당한 주의와 감독을 게을리하지 아니한 경우에는 계약상대자등에 대한 입찰참가자격을 제한하지 아니한다.

메모:50
원고 회사와 같이 평소 직원의 부정행위 방지를 위하여 청렴교육을 꾸준히 실시하는 등 입찰계약자인 사용자가 상당한 주의감독을 게을리 하지 않은 경우에는 국가계약법 시행령 제76조 제3항 단서 조항에 따라 입찰참가자격제한을 할 수 없다고 할 것이다(입찰참가자격제한 면제사유에 해당).

④ 제3항에 따른 입찰참가자격 제한의 기간에 관한 사항은 법 제27조제1항 각 호에 해당하는 행위별로 부실벌점, 하자비율, 부정행위 유형, 고의 · 과실 여부, 뇌물 액수 및 국가에 손해를 끼친 정도 등을 고려하여 기획재정부령으로 정한다.

⑤ (이하 생략)

「국가를 당사자로 하는 계약에 관한 법률 시행규칙」

(기획재정부령 제859호)

제76조(부정당업자의 입찰참가자격 제한기준 등) 영 제76조제4항에 따른 부정당업자의 입찰참가자격 제한의 세부기준은 별표 2와 같다.

[별표 2] 부정당업자의 입찰참가자격 제한기준(제76조 관련)

1. 일반기준

가. 각 중앙관서의 장은 입찰참가자격의 제한을 받은 자에게 그 처분일부터 입찰참가자격제한기간 종료 후 2년이 경과하는 날까지의 기간 중 다시 부정당업자에 해당하는 사유가 발생한 경우에는 제2호에 따른 해당 제재기간의 2분의 1의 범위에서 자격제한기간을 가중한다. 이 경우 가중한 기간을 합산한 기간은 3년을 넘을 수 없다.

나. (생략)

다. 각 중앙관서의 장은 부정당업자에 대한 입찰참가자격을 제한하는 경우 자격제한기간을 그 위반행위의 동기 · 내용 및 횟수 등을 고려해 제2호에서 정한 기간의 2분의 1의 범위에서 줄일 수 있으며, 이 경우 감경 후의 제한기간은 1개월 이상이어야 한다.

2. 개별기준

입찰참가자격 제한사유	제재기간
8. 법 제27조제1항제7호에 해당하는 자	
가. 2억원 이상의 뇌물을 준 자	2년
나. 1억원 이상 2억원 미만의 뇌물을 준 자	1년
다. 1천만원 이상 1억원 미만의 뇌물을 준 자	6개월
라. 1천만원 미만의 뇌물을 준 자	3개월

메모:56

이 사건 '입찰참가제한' 처분의 근거가 된 별표의 법적 성질은 협의의 소익 및 재량일탈남용(비례원칙 위반) 여부를 판단하기 위한 전제로서 먼저 밝혀주어야 한다. 이 사건 별표는 시행규칙에 딸린 별표로써, 대법원은 부령인 제재적 처분기준에 대하여는 원칙적으로 대외적 구속력을 부인하면서도 '재량권의 한계를 판단하는 기준'으로 작용한다고 보는 반면, 대통령령인 제재적 처분기준에 대하여는 외부적 구속력을 인정하면서도 일정한 경우 위임규정의 취지 등에 따라 제재의 최고 한도를 정한 것으로 해석하고 있다(따라서 시행령 별표의 경우 그 기준에 따라 부과된 처분이라도, 그 자체로 당연히 적법한 것은 아니고, 그 적법여부를 추가로 심사할 필요성이 있는바, 당해 처분이 처분기준의 최고 한도 범위내에서 여전히 재량행위로서의 성질을 갖는다고 할 것이므로, 그 재량권의 한계, 즉 비례원칙 위반 여부를 추가로 검토해 주어야 한다).

또한, 협의의 소의 이익과 관련하여, 일반적으로 대법원 판례는 법규명령에 가중적 제재요건이 정해져 있는 경우에는 소의 이익을 인정하나 부령 등 행정규칙으로 되어 있는 경우에는 사실상 불이익에 불과하다고 하여 소의 이익을 부인하는 경향이 있다. 그러나 행정규칙(부령에 딸린 별표)인 경우에도 당해 공무원은 내부관계에서 법령준수 의무 및 복종 의무상 이와 달리 처분하기를 기대하기 곤란하고 평등원칙 및 행정의 자기구속의 법리가 성립된 경우에는 법규명령과 달리 볼 이유는 없다고 할 것이므로, 이 사건의 경우와 같이 행정규칙에 제재처분의 전력이 후행 제재처분의 가중요건이 되는 경우 선행 처분의 제재기간이 경과한 뒤에도 장래 가중처벌을 받을 법률상의 불이익이 남아 있다는 점에서 협의의 소의 이익을 인정함이 상당하다.

메모:57

위 별표 일반기준상 사안과 같이 경미한 위반의 경우 1/2 감경을 할 수 있음에도 불구하고, 감경을 하지 않은 채 3개월 처분을 그대로 행한 것은 정당한 재량권의 불행사 내지 해태에 해당하여 위법하다고 주장할 여지가 있다.

메모:43
'공급자등록취소 및 제한처분'의 근거인 위 공급자관리지침은 상위 법령의 구체적 위임이 없는 철도공단 내부의 행정규칙에 불과함을 알 수 있다. 따라서 위 지침은 대외적 구속력이 없으므로 이를 근거로 불이익한 처분을 내릴 수 없다고 할 것이다.

「공급자관리지침」

(국가철도공단 2019-1234호)

제1조(목적) 이 지침은 국가철도공단(이하 "공단"이라 한다)이 조달하는 기자재, 용역 및 정비공사, 기기수리의 공급자에 대한 등록 및 관리업무를 규정함을 목적으로 한다.

제3조(입찰참가자격) ① 공단은 일정한 자격요건을 갖춘 자에게만 입찰에 참여할 수 있는 자격을 부여한다.

② 공단이 발주하는 입찰에 참가하는 업체의 자격요건은 다음 각 호와 같다. 다만, 계약담당직원은 조달하고자 하는 물품의 특성에 따라 필요하다고 인정되는 경우에는 각 호의 규정에 의한 자격요건 외에 경영상황 · 경영실적 및 기술능력 등의 요건을 추가하여 입찰참가자격을 정할 수 있다.
(각 호 생략)

③ 계약담당직원은 제2항의 규정에 의한 입찰참가자격요건의 심사를 위하여 필요하다고 인정되는 경우에는 다음 각 호의 서류를 제출하게 할 수 있다.
(각 호 생략)

제4조(공급자등록 및 공고) ① 공단이 시행하는 입찰에 참여하고자 하는 자는 입찰 서류 제출 마감 전일까지 해당 분야 공급자로 등록하여야 한다.

② 제1항에 따라 공급자로 등록하려는 자는 다음 각 호의 서류를 제출하여야 한다.
(각 호 생략)

③ 계약담당직원은 제1항 및 제2항에 따른 공급자등록신청을 받으면 다음 각 호의 서류를 확인하여야 한다.
(각 호 생략)

④ 계약담당직원은 제2항 및 제3항에 따라 서류를 확인한 후 입찰참여자격요건을 갖춘 공급자등록신청자에 대하여 공급자등록을 하고, 이를 시스템에 공고하여야 한다.

메모:42
법령에 규정되어 있지 않은 침익적 행정행위를 규정한 위 지침에 근거한 공급자등록취소처분은 법률유보원칙에 위배되어 위법하다고 할 것이다.

제8조(공급자등록취소 등) ① 공급자로 등록된 업체가 다음 각 호의 사유에 해당하는 경우에 등록 관리를 주관하는 부서는 관련 부서의 요청 또는 직권으로 그 업체의 공급자등록을 취소할 수 있다. 다만, 1년 이내에 취소 사유를 없앨 수 있는 경우에는 1년 이내의 기간을 정하여 등록의 효

메모:44
공급자등록취소는 재량행위임을 알 수 있는바, 재량일탈남용(비례원칙 위반) 여부도 심사해 주어야 한다.

력을 정지할 수 있다.

1. (생략)
2. 「공기업・준정부기관 계약사무규칙」 제15조에 따라 입찰참가자격제한을 받은 자
3. (생략)

② 제1항에 따라 등록이 취소된 업체는 그 취소의 통보를 받은 날부터 10년간 다시 등록신청을 할 수 없고, 주관 부서는 그 기간 동안 해당 업체 또는 품목에 대한 등록신청서 접수를 할 수 없다.

메모:45
10년간 다시 등록신청을 할 수 없게 되어 입찰참가자격을 사실상 원천봉쇄하는 것으로 이는 회사의 존립자체를 위태롭게 하여 비례원칙에 위배된다고 주장해야 한다.

③ 제1항에 따른 등록취소를 하는 것이 공단의 운영상 심각한 영향을 초래할 우려가 있다고 판단한 경우에는 특수계약심의위원회를 통해 제한적으로 등록취소기간을 조정할 수 있다.

「게임산업진흥에 관한 법률」

(2020. 2. 1. 법률 제12345호로 개정된 것)

제1조(목적) 이 법은 게임산업의 기반을 조성하고 게임물의 이용에 관한 사항을 정하여 게임산업의 진흥 및 국민의 건전한 게임문화를 확립함으로써 국민경제의 발전과 국민의 문화적 삶의 질 향상에 이바지함을 목적으로 한다.

제2조(정의) 이 법에서 사용하는 용어의 정의는 다음과 같다.

1. "게임물"이라 함은 컴퓨터프로그램 등 정보처리 기술이나 기계장치를 이용하여 오락을 할 수 있게 하거나 이에 부수하여 여가선용, 학습 및 운동효과 등을 높일 수 있도록 제작된 영상물 또는 그 영상물의 이용을 주된 목적으로 제작된 기기 및 장치를 말한다. 다만, 다음 각 목의 어느 하나에 해당하는 것을 제외한다.

가. 사행성게임물

나. 「관광진흥법」제3조의 규정에 의한 관광사업의 규율대상이 되는 것. 다만, 게임물의 성격이 혼재되어 있는 유기시설(遊技施設) 또는 유기기구(遊技機具)는 제외한다.

다. 게임물과 게임물이 아닌 것이 혼재되어 있는 것으로서 문화체육관광부장관이 정하여 고시하는 것

메모:54
이 사건 법령헌법소원의 심판대상 조항에 해당한다.
청구취지 : "게임산업진흥에 관한 법률 제12조 제1항 제1호는 헌법에 위반된다"라는 결정을 구합니다.
제3항까지 기재하여도 무방하며, 1호를 생략하면 감점이 예상된다.

메모:55
'게임과몰입·중독 예방조치 등'에서 과몰입과 중독의 판단 기준 및 방법에 관하여 법률에서는 전혀 정하지 아니하여, 일반인으로서는 쉽사리 예측하기 어려우며, '정보통신망을 통하여 공중이 게임물을 이용'하는 부분 역시 그 의미가 불명확하다고 주장할 여지가 있다(가점사안 – 명확성원칙 위반).

제12조(게임과몰입・중독 예방조치 등) ① 게임물 관련사업자[「정보통신망

이용촉진 및 정보보호 등에 관한 법률」 제2조제1항제1호의 정보통신망(이하 "정보통신망" 이라 한다)을 통하여 공중이 게임물을 이용할 수 있도록 서비스하는 자에 한한다. 이하 이 조에서 같다]는 다음 각 호의 내용을 포함하여 과도한 게임물 이용 방지 조치(이하 "예방조치" 라 한다)를 하여야 한다.

1. 게임물 이용자의 실명·연령 확인 및 본인 인증
2. 청소년의 회원가입 시 친권자 등 법정대리인의 동의 확보
3. 청소년 본인 또는 법정대리인의 요청 시 게임물 이용방법, 게임물 이용시간 등 제한
4. 제공되는 게임물의 특성·등급·유료화정책 등에 관한 기본적인 사항과 게임물 이용시간 및 결제정보 등 게임물 이용내역의 청소년 본인 및 법정대리인에 대한 고지
5. 과도한 게임물 이용 방지를 위한 주의문구 게시
6. 게임물 이용화면에 이용시간 경과 내역 표시
7. (생략)

② 제1항에 따른 예방조치 대상이 되는 게임물은 다음 각 호의 게임물을 제외한 게임물로 한다.

1. 법 제21조제1항제1호부터 제4호까지의 게임물
2. (이하 생략)

③ 게임물 관련사업자는 제1항제1호에 따라 「전자서명법」 제2조제8호에 따른 전자서명인증사업자, 그 밖에 본인확인서비스를 제공하는 제3자 또는 행정기관에 의뢰하거나 대면확인 등을 통하여 게임물 이용자가 본인임을 확인할 수 있는 수단을 마련하여야 한다.

④ 문화체육관광부장관은 대통령령으로 정하는 바에 따라 게임물 관련사업자에게 예방조치와 관련한 자료의 제출 및 보고를 요청할 수 있다. 이 경우 요청을 받은 자는 특별한 사유가 없는 한 이에 따라야 한다.

⑤ 문화체육관광부장관은 제4항에 따라 게임물 관련사업자로부터 제출 또는 보고받은 내용을 평가한 결과 예방조치가 충분하지 아니하다고 인정하면 해당 게임물 관련사업자에게 시정을 명할 수 있다.

⑥ 게임물 관련사업자는 제5항에 따른 시정명령을 받은 때에는 10일 이내에 조치결과를 문화체육관광부장관에게 보고하여야 한다.

⑦ (생략)

제21조(등급분류) ① 게임물을 유통시키거나 이용에 제공하게 할 목적으로 게임물을 제작 또는 배급하고자 하는 자는 해당 게임물을 제작 또는 배급하기 전에 위원회 또는 제21조의2제1항에 따라 지정을 받은 사업자로

부터 그 게임물의 내용에 관하여 등급분류를 받아야 한다. 다만, 다음 각 호의 어느 하나에 해당하는 게임물의 경우에는 그러하지 아니하다.

1. 중앙행정기관의 장이 추천하는 게임대회 또는 전시회 등에 이용 · 전시할 목적으로 제작 · 배급하는 게임물
2. 교육 · 학습 · 종교 또는 공익적 홍보활동 등의 용도로 제작 · 배급하는 게임물로서 대통령령이 정하는 것
3. 게임물 개발과정에서 성능 · 안전성 · 이용자만족도 등을 평가하기 위한 시험용 게임물로서 대통령령이 정하는 대상 · 기준과 절차 등에 따른 게임물
4. 영리를 목적으로 하지 아니하고 제작 · 배급하는 게임물로서 대통령령으로 정하는 것. 다만, 제2항제4호에 따른 청소년이용불가 등급의 기준에 해당하는 내용을 포함하는 게임물은 제외한다.

제45조(벌칙) 다음 각 호의 어느 하나에 해당하는 자는 2년 이하의 징역 또는 2천만원 이하의 벌금에 처한다.

1. 제12조제5항에 따른 문화체육관광부장관의 시정명령을 따르지 아니한 자

(이하 생략)

제48조(과태료) ① 다음 각 호의 어느 하나에 해당하는 자는 1천만원 이하의 과태료에 처한다.

1. 제12조제4항에 따른 문화체육관광부장관의 자료 제출 또는 보고 요청에 따르지 아니한 자

(이하 생략)

부칙(법률 제12345호, 2020. 2. 1.)

제1조(시행일) 이 법은 공포한 날부터 시행한다.

제2조(게임과몰입 · 중독 예방조치 등에 관한 적용례) 제12조의 개정규정은 이 법 시행일 후 2년이 경과한 날부터 적용한다.

확 인: 법무부 법조인력과장

메모:66

법령헌법소원의 적법요건으로서 청구인 적격 중 현재성 요건과 관련하여, 부칙(유예기간)의 존재로 인해 아직 기본권의 침해가 발생하지는 않았으나 장래 불이익을 입게 될 수도 있다는 것을 현재의 시점에서 충분히 예측할 수 있는 경우에는 기본권침해의 현재성이 인정된다(상황성숙이론). 헌법재판소는 이를 '현재성의 예외'라고 하기도 하였다. 따라서 법률이 일반적 효력을 발생하기 전이라도 공포되어 있거나 심판청구 후에 유효하게 공포·시행되었고, 그로 인하여 사실상의 위험성이 이미 발생한 경우에는 예외적으로 침해의 현재성이 인정된다(2001. 11. 29. 99헌마494등).

다음으로, 청구기간과 관련하여, 현재성요건의 예외에 해당하는 이러한 상황성숙이론이 청구기간에도 적용되는지에 관하여 헌법재판소는 초기에 상황성숙의 시점이 청구기간의 기산점이 되는 것으로 보았다. 그러나, 이에 의하면 청구기간의 기산점이 앞당겨져 청구기간이 단축되는 부작용이 발생하는 관계로, 헌법재판소는 상황성숙이론과 청구기간 기산점을 분리하는 방향으로 판례를 변경하여, 청구기간은 "기본권의 침해가 확실히 예상되는 때"로부터 기산할 것이 아니라 당해 법률이 청구인의 "기본권을 명백히 구체적으로, 또한 현실적으로 침해한 때"부터 청구기간을 기산하기로 하였다(1996. 3. 28. 93헌마198).

한편, 유예기간이 존재하는 경우, 시행유예기간 동안에도 현재성 요건의 예외에 따라 적법하게 헌법소원심판을 청구할 수 있으며, 이와 같이 유예기간 동안에 헌법소원을 허용하더라도 아직 법령의 효력이 발생하기 전인 이상 그로 인하여 심판청구의 대상이 된 법령의 법적안정성이 저해되지는 않는 점을 고려하여, 결국, 심판대상 조항이 구체적이고 현실적으로 청구인에게 적용된 것은 유예기간을 경과한 때부터라 할 것이므로, 이때부터 청구기간을 기산함이 상당한바, 종래 유예기간을 둔 경우에도 청구기간 기산점을 법령시행일이라고 판시한 결정을 변경하였다(헌재 2020. 4. 23. 2017헌마479).

2023년도 제12회

변호사시험

공법 기록형 문제

목 차

메모:44
이번 변시 소장부분은 제8회 변시 소장 부분과 여러 쟁점이 중복된다. 기출의 중요성이 다시 한 번 확인된 문제이다.

메모:1
직위해제는 일반적인 공무원징계에는 해당하지 않지만 불이익한 처분으로서 항고소송의 대상이 된다고 할 것이다.

메모:3
공무원징계 문제로서 행정심판전치주의(인사소청심사) 사건임을 추측할 수 있다.

메모:2
변경재결이 있는 경우 취소대상이 무엇인지가 문제된다.

【 문 제 】

Ⅰ. 행정소장의 작성 (50점)

의뢰인 한강직을 위하여 법무법인 율도의 담당변호사 입장에서 취소소송의 소장을 첨부된 양식에 따라 아래 사항을 준수하여 작성하시오.

가. 첨부된 행정소장 양식의 ①부터 ⑥까지의 부분에 들어갈 내용만 기재할 것

나. "2. 이 사건 소의 적법성" 부분(③)에서는 원고적격과 피고적격은 기재하지 말 것

다. "3. 이 사건 처분의 위법성" 부분(④)에서는 기존 판례 및 학설의 입장에 비추어 설득력 있는 주장을 중심으로 작성하되, 근거법령의 위헌·위법성에 관하여는 기재하지 말 것

라. 소장의 작성일(제출일과 동일함, ⑤에 해당)은 취소소송의 대상이 되는 처분 모두에 대하여 허용되는 제소기간 내 최종일을 기재할 것

마. 관할법원(⑥)은 「행정소송법」 제9조 제1항에 따른 법원을 기재할 것

메모:4
소의 적법요건과 관련하여 원, 피고적격은 기재하지 말라고 하였으므로 사안에서 답안에 기재할 것은 대상적격, 협의의 소익, 제소기간, 필요적 전치주의가 문제될 것이다. 답안에 기재하라고 한 것 이외에는 기재할 필요가 없음을 꼭 명심하자.

메모:5
참고자료에서 안내해주고 있지 않으므로 직접 법전을 찾아야 한다.
행소법 제9조(재판관할) ① 취소소송의 제1심관할법원은 피고의 소재지를 관할하는 행정법원으로 한다. ② 제1항에도 불구하고 다음 각 호의 어느 하나에 해당하는 피고에 대하여 취소소송을 제기하는 경우에는 대법원소재지를 관할하는 행정법원에 제기할 수 있다. 〈신설 2014. 5. 20.〉
1. 중앙행정기관, 중앙행정기관의 부속기관과 합의제행정기관 또는 그 장
2. 국가의 사무를 위임 또는 위탁받은 공공단체 또는 그 장
③ 토지의 수용 기타 부동산 또는 특정의 장소에 관계되는 처분등에 대한 취소소송은 그 부동산 또는 장소의 소재지를 관할하는 행정법원에 이를 제기할 수 있다. 〈개정 2014. 5. 20.〉

Ⅱ. 헌법소원심판청구서의 작성 (50점)

의뢰인 이제마를 위하여 법무법인 율도의 담당변호사 입장에서 헌법소원심판청구서를 첨부된 양식에 따라 아래 사항을 준수하여 작성하시오.

가. 첨부된 헌법소원심판청구서 양식의 ①부터 ⑤까지의 부분에 들어갈 내용만 기재할 것

나. "청구취지" 부분(①)에서는 심판청구 대상조항의 개정연혁은 기재하

지 말 것

다. “2. 이 사건 청구의 적법성” 부분(③)에서는 대상적격, 변호사강제주의는 기재하지 말 것

메모:6
위헌심사형헌법소원청구 사안이므로, 제청신청기각결정, 재판의 전제성, 청구기간 요건만 기재(충족)하면 된다.

라. “3. 위헌이라고 해석되는 이유” 부분(④)에서는 의뢰인을 위해 합리적으로 제기해 볼 수 있는 한에서 위헌성을 주장하되, 내부회의록 등 기록상 나타난 소송전략을 반영할 것

메모:50
내부회의록을 답안에 잘 활용하라는 암시이다.

마. 심판청구 대상조항의 위헌 여부에 대해서는 이제까지 헌법재판소의 결정이 없었다고 가정할 것

바. 청구서의 작성일(제출일과 동일함, ⑤에 해당)은 헌법소원심판을 청구할 수 있는 법령상 허용되는 마지막 날을 기재할 것

【 작성요령 및 주의사항 】

1. 참고법령은 가상의 것으로 이에 근거하여 작성하며, 이와 다른 내용의 현행 법령이 있다면 제시된 법령이 현행 법령에 우선하는 것으로 할 것

2. 기록에 나타난 사실관계만 기초로 하고, 그것이 사실임을 전제로 할 것

3. 기록 내의 각종 서류에 필요한 서명, 날인, 무인, 간인, 정정인, 직인 등은 모두 적법하게 갖추어진 것으로 볼 것

4. "(생략)" 으로 표시된 부분은 모두 기재된 것으로 볼 것

5. 문장은 경어체로 작성할 것

【 행정소장 양식 】

소 장

원 고 한강직
소송대리인 법무법인 율도
담당변호사 전우치, 홍길동
주소・연락처 (생략)

피 고 ①
주소・연락처 (생략)

사건명 (생략)

청 구 취 지

②

청 구 원 인

1. 이 사건 처분의 경위 (생략)

2. 이 사건 소의 적법성

③

3. 이 사건 처분의 위법성

④

4. 결 론 (생략)

입 증 방 법 (생략)

첨 부 서 류 (생략)

⑤

원고 소송대리인 (생략)

⑥ **귀중**

【 헌법소원심판청구서 양식 】

헌법소원심판청구서

청구인 이제마
대리인 법무법인 율도
담당변호사 전우치, 임거정
주소・연락처 (생략)

청 구 취 지

①

당 해 사 건

②

위헌이라고 해석되는 조항 (생략)

청 구 이 유

1. 사건의 개요 (생략)

2. 이 사건 청구의 적법성

③

3. 위헌이라고 해석되는 이유

④

4. 결　론 (생략)

첨 부 서 류 (생략)

⑤

청구인 대리인 (생략)

헌법재판소 귀중

기록내용 시작

<table>
<tr><td>수임번호
제2022-365호</td><td colspan="2">법 률 상 담 일 지 Ⅰ
(행정소송용)</td><td>2022. 6. 14.</td></tr>
<tr><td>의 뢰 인</td><td>한강직</td><td>의뢰인 전화</td><td>010-****-****</td></tr>
<tr><td>의 뢰 인
주 소</td><td>서울 강남구 강남대로100길, 110동 101호(유성아파트)</td><td>의뢰인
e-mail</td><td>justice***골뱅이korea.kr</td></tr>
<tr><td colspan="4">상 담 내 용</td></tr>
<tr><td colspan="4">1. 의뢰인 한강직은 보건복지부 질병정책과 소속 공무원인데, 상관의 부당한 지시사항에 대하여 양심선언을 한 것과 관련하여 법령에 의한 직무상 비밀을 누설하였다는 등의 이유로 보건복지부장관으로부터 직위해제처분과 징계처분을 받고 이에 대하여 다투고자 내방하였다.

2. 정부는 코로나19 방역 정책에 비판적인 태도를 취하며 비협조적인 모습을 보여 온 약사 등의 동향을 관리하려는 목적으로 의뢰인 등에게 그 명단(일명 "블랙리스트")을 작성하는 업무를 지시하였다. 당시 의뢰인은 그 지시에 불응하면서 상관과 심하게 다투었다.

3. 이후 일부 약사들이 약사법 위반으로 형사 고발되는 가운데, 의뢰인은 국제 NGO 단체가 발표한 세계 각국 블랙리스트 중에 우리나라의 것도 존재한다는 기사를 읽고 난 후 양심선언을 하기로 결심하고 이를 실행하였다.

4. 정부는 양심선언 내용이 허위라는 이유로 의뢰인을 직무유기죄(형법 제122조)와 공무상 비밀누설죄(형법 제127조)로 기소하였고, 기소 즉시 의뢰인을 직위해제한 후 복종의무 위반(국가공무원법 제57조), 비밀엄수의무 위반(국가공무원법 제60조), 품위유지의무 위반(국가공무원법 제63조) 등을 이유로 정직 3월의 징계처분을 하였다.

5. 의뢰인은 2022. 5. 18. 직위해제 및 정직 3월의 처분에 대해서 소청심사를 청구하였는데, 소청심사위원회는 감봉 3월로 변경하도록 명령하고, 직위해제처분 취소청구는 기각하였다. 이후 의뢰인은 감봉 3월의 재처분을 받았고 원직위를 다시 부여받아 복직되었다.</td></tr>
</table>

메모:51 이 사건 취소소송 대상은 위 2가지 처분이다.

메모:52 원고는 직무유기죄 및 공무상 비밀누설죄 혐의로 기소되었으나, 이들 죄는 모두 블랙리스트에 대한 양심선언을 이유로 한 것이므로 허위 사실에 해당하지 아니하여 유죄판결의 가능성이 매우 낮다고 할 것이므로, 유죄판결의 고도의 개연성 내지 공무집행의 위험성이 있다고 볼 수 없다.

메모:53 변경재결의 경우 취소소송의 대상은 변경된 원처분으로서 2022. 5. 18.자 감봉 3월처분이 될 것이다.

6. 의뢰인의 희망사항

의뢰인은 자신의 양심과 소신에 따라서 상관의 부당한 지시에 불응한 것이므로, 이를 이유로 한 직위해제처분과 징계처분을 받아들일 수 없다고 한다. 따라서 소청심사위원회에서 징계가 감경되었지만 여전히 취소소송을 통하여 권리구제를 받을 것을 희망하고 있다. 다만 이미 복직이 이루어졌으므로 직위해제에 대해서도 다툴 수 있는지는 잘 모르겠다고 한다. 의뢰인은 자신의 억울함을 최대한 풀어 주기를 희망하고 있다.

법무법인 율도 (담당변호사 홍길동)
전화 (02) 234-5678 팩스 (02) 345-6789 전자우편 lawisland골뱅이lawmail.com
서울특별시 서초구 서초대로 30번길 15, 법조빌딩 5층

메모:21
직위해제처분의 전제인 양심선언과 상관의 부당한 지시 불복종이 위법하다는 주장을 하라는 것으로, 원고는 양심선언 내용이 허위라는 이유로 직무유기죄 및 공무상 비밀누설죄 혐의로 기소되었으나, 이들 죄는 모두 블랙리스트에 대한 양심선언을 이유로 한 것으로서, 위 양심선언은 허위가 아닌 관계로 유죄판결의 가능성이 사실상 없다고 보여지므로 유죄판결의 개연성 내지 공무집행의 위험성을 전제로 한 이 사건 직위해제처분은 위법하다고 주장해야 한다.

메모:23
변경재결의 경우 대상적격을 잘 따져보라는 취지이다.

메모:22
협의의 소익이 있는지를 잘 살펴보라는 취지이다.

법무법인 율도 내부회의록 Ⅰ (행정소송용)

일 시: 2022. 6. 15. 15:00 ~ 17:00

장 소: 법무법인 율도 중회의실

참석자: 전우치 변호사(송무팀장), 홍길동 변호사

전 변호사: 지금부터 수임번호 제2022-365호에 대해서 논의하고 성공적인 소송수행을 위한 전략을 강구해 보고자 합니다. 홍 변호사께서는 그동안 검토한 사항들을 보고해 주시기 바랍니다.

홍 변호사: 네, 의뢰인 한강직의 요구에 따라서 직위해제처분과 징계처분 모두를 대상으로 취소소송을 하고자 합니다.

전 변호사: 그렇습니까? 그런데 직위해제는 「국가공무원법」상 징계가 아닌데 취소소송의 대상이 되나요? 그리고 의뢰인이 현재 복직한 상태인 것도 고려하여야 하겠습니다. 이미 법률관계가 회복되었는데도 여전히 직위해제처분을 다툴 수 있는지, 혹시라도 소송요건에 문제는 없는지 관련 판례 등을 꼼꼼하게 확인해 주시지요. 직위해제의 위법성 검토에서는 절차상 하자는 특별히 없는 것으로 보이니, 실체상 하자 여부만 살펴보면 될 것 같습니다. 그리고 징계처분에 대해서도 다툼의 대상을 명확하게 확인하여 대상적격과 관련한 문제가 발생하지 않도록 주의해 주십시오. 다음으로 징계처분과 관련하여 징계사유에 대해서 설명해 주시지요.

홍 변호사: 일단 징계사유는 세 가지입니다. 「국가공무원법」상 복종의무 위반, 비밀엄수의무 위반, 그리고 품위유지의무 위반이 문제됩니다.

전 변호사: 먼저 복종의무 위반을 살펴볼까요? 그런데 "블랙리스트"를 작성하라는 상관의 지시는 문제 있는 것 아닌가요? 그 자체로 합법적인 지시라고 볼 수 없을 것 같습니다. 이러한 경우에도 상관의 지시에 대한 복종의무가 인정될 것인지에 대해서는 의문이 드는군요. 공무원에게는 무엇보다 법령을 준수하여야 할 의무가 있는데, 그렇다면 의뢰인에게는 법령준수의무와 상관의 지시에 따를 복종의무가 충돌되고 있는 것으로 보입니다. 이 의무 간의 충돌을 어떻게 해결할지를 검토해 보시기 바랍니다.

메모:48 취소대상을 특정해 주고 있다.

메모:8 피고의 원고에 대한 직위해제처분은 징벌적 제재인 국가공무원법상 징계에 해당하지 않지만, 원고에게 불이익한 처분으로서 이 사건 취소 대상인 처분에 해당한다.

메모:9 직위해제기간의 만료나 복직등으로 처분의 효력이 소멸한 경우에도 직위해제 처분의 (소급적) 취소로 봉급청구등의 부수적 이익이 있으면 직위해제처분의 취소를 구할 소의 이익이 있다(협의의 소익).

메모:10 직위해제의 경우 절차상 하자는 없다는 명확한 암시이다.

메모:11 직위해제의 경우 절차상 하자가 없는 대신 실체상 하자를 놓치면 치명적일 수 있음을 상기하자.

메모:12 변경재결의 경우 대상적격은 '변경된 원처분'임을 명심하자.

메모:13 소장 실체상 위법사유에서 위 3가지 징계사유에 각각 해당하지 않는다고 주장해야 한다.

메모:14 실체상 하자로서 위 3가지 위반사유에 각각 해당하지 않는다고 그대로 답안에 옮겨주면 된다.

전 변호사: 다음으로 비밀엄수의무 위반과 품위유지의무 위반은 어떻습니까? 이에 대해서는 어떠한 문제가 있나요?

홍 변호사: 먼저 의뢰인이 밝힌 사항을 직무상 비밀로 볼 수 있는지 의문입니다. 비밀엄수의무와 품위유지의무 위반에 대해서는 실체적 요건을 충족하는지, 의무 위반에 해당하는지 여부에 중점을 두고 살펴보아야 할 것 같습니다.

전 변호사: 네, 알겠습니다. 그리고 징계절차에 관한 하자는 없나요?

홍 변호사: 일단 징계절차에서 사전통지, 의뢰인의 출석, 심문 및 진술과 관련된 하자는 없었던 것으로 보입니다. 그렇지만 추가적인 절차상의 하자가 있는지 여부에 대해서 확인해 보겠습니다. 그리고 하자가 문제될 경우, 그것이 「행정절차법」을 위반한 것인지 여부에 대해서도 검토해 보도록 하겠습니다.

메모:15
징계처분 절차상 하자의 경우 행정절차법상 하자가 존재하는지를 먼저 살핀 후 국가공무원법이나 공무원징계령 등에 따른 다른 절차상 하자가 없는지 등을 잘 검토해 보라는 것을 암시한다.

전 변호사: 알겠습니다. 전반적으로 꼼꼼하게 살펴보시고, 제소기간에도 신경 쓰셔서 문제가 발생하지 않도록 조치해 주시기 바랍니다. 이만 회의를 마치도록 하지요.

메모:24
행정심판청구가 있은 때의 기간은 재결서의 정본을 송달받은 날로부터 기산한다(행정소송법 제20조 제1항).

홍 변호사: 네, 알겠습니다. 행정소송 준비에 최선을 다하도록 하겠습니다. 〈끝〉

보건복지부

수 신: 한강직

제 목: 직위해제

---

1. 국가공무원법 제73조의3에 따라 귀하에게 아래와 같이 처분합니다.

인적사항	한강직 보건복지부 사무관, 5급
처 분	직위해제

2. 이 처분에 불복할 때에는 「국가공무원법」 제76조 제1항에 따라 직위해제 처분 사유 설명서를 받은 날부터 30일 이내에 소청심사위원회에 심사를 청구할 수 있습니다.

붙임: 직위해제처분 사유 설명서 1부. 끝.

직위해제처분서 교부
2022. 4. 22.
수령인 한강직 (인)

2022년 4월 20일

보건복지부장관 보건복지부장관인

메모:55
처분서에 도장 날인된 자로 이 사건 피고적격 있는 자이다.

시행: 2022. 4. 20.
주소: 세종특별자치시 도움4로 13 보건복지부(정부세종청사 10동)
전화: 보건복지상담센터 129 / 당직실: 044-202-2118 / FAX: 044-202-3910

직위해제처분 사유 설명서

직급·직위	성명	소속
사무관(5급)	한강직	보건복지부
주문	직위해제	
이유	국가공무원법 제73조의3 제1항 제4호	

위와 같이 처분하였음을 통지합니다.

2022년 4월 20일

보건복지부장관 [보건복지 부장관인]

한강직 귀하

메모:25
사안에서 원고에 대한 국가공무원법상 의무위반을 하였다는 점에 대해 어떠한 근거와 이유로 직위해제처분이 이루어진 것인지 이유제시가 불충분하다.

유의사항

이 처분에 불복할 때에는 「국가공무원법」 제76조 제1항에 따라 이 사유실명서를 받은 날부터 30일 이내에 소청심사위원회에 심사를 청구할 수 있습니다.

조사결과보고서

제2022-27호
수신: 보건복지부장관
참조: 보건의료정책실장
제목: 혐의자 한강직의 국가공무원법 위반행위에 대한 조사결과보고

조사일시	2022. 5. 3. - 5. 4.
조사대상	한강직(보건복지부 질병정책과 사무관 5급)
조사내용	국가공무원법상 복종의무, 비밀엄수의무 및 품위유지의무 위반 등
중점조사사항	1. 업무 지시 거부 행위 2. 상관과의 다툼 3. 양심선언 행위
조사결과	**1. 업무 지시 거부 및 상관과의 다툼** 보건복지부장관은 2022. 2. 22. 부처 내에 "코로나19 대응 관련 약국과 약사의 감기약 등 의약품과 마스크에 대한 불법·부당한 조제·판매 실태 조사 및 보고"를 지시하였는데, 한강직은 당해 실태 조사가 정부의 코로나19 방역 정책에 비판적인 태도를 취하고 있는 약사 등의 블랙리스트를 작성하는 것으로서 민간인 사찰에 해당된다는 이유로 상관의 업무지시에 불응함 보건복지부장관의 지시는 당시 코로나19의 재확산으로 인하여 감기약 등 의약품과 마스크 부족이 초래되어 코로나19 초기의 의약품 대란이 다시 발생할 조짐이 있었고, 일부 약국과 약사들이 부당하게 과다한 가격으로 의약품 등을 조제·판매한다는 제보가 있어 행하여진 조치임 상관의 업무지시에 대한 불응은 국가공무원법 제57조 복종의무 위반에 해당되며, 한강직이 상관과 다투며 부처 내의 인화를 저해한 것은 국가공무원법 제63조 품위유지의무 위반에 해당함 **2. 양심 선언 행위** 한강직은 위와 같이 실태 조사한 사실을 불법 사찰로 왜곡해서 양심선언 형태로 공표하고, 뉴스일보 정직해 기자와 인터뷰하였는바, 이는 국가공무원법 제60조 비밀엄수의무 및 제63조 품위유지의무 위반에 해당함

메모:40
처분의 위법성과 관련하여 각각 복종의 무위반에 해당하지 않고, 비밀준수의무 위반에도 해당하지 않으며, 품위유지의 무위반에도 해당하지 않는다고 주장해야 한다(각각 처분사유의 부존재).

위와 같이 조사결과를 보고합니다.

2022년 5월 4일

보고자: 보건복지부 인사과 4급 고정호 (고정호)

보건복지부 인사과 5급 정순형

보건복지부

수　신: 한강직

제　목: 징계처분(정직 3월)

1. 귀하의 국가공무원법 위반행위에 대해서 붙임 징계처분 사유 설명서와 같은 이유로 아래와 같이 처분합니다.

인적사항	한강직 보건복지부 사무관, 5급
징　계	정직 3월 (2022. 7. 1. - 2022. 9. 30.)

2. 이 처분에 불복할 때에는 「국가공무원법」 제76조 제1항에 따라 징계처분 사유설명서를 받은 날부터 30일 이내에 소청심사위원회에 심사를 청구할 수 있습니다.

붙임: 징계처분 사유 설명서 1부. 끝.

징계처분서 교부
2022. 5. 16.
수령인 한강직 (한강직)

2022년 5월 13일

보건복지부장관 보건복지부장관인

시행: 2022. 5. 13.
주소: 세종특별자치시 도움4로 13 보건복지부(정부세종청사 10동)
전화: 보건복지상담센터 129 / 당직실: 044-202-2118 / FAX: 044-202-3910

■ 공무원 징계령 [별지 제4호 서식]

[√] 징계처분
[ ] 징계부가금 부과처분 사유 설명서
[ ] 징계부가금 감면처분

소 속	직 위(직급)	성 명
보건복지부	사무관(5급)	한강직

주 문	정직 3월 (2022. 7. 1. - 2022. 9. 30.)
이 유	붙임의 징계 의결서 사본과 같음

「공무원징계령」 제19조에 따라 위와 같이 처분하였음을 통지합니다.

2022년 5월 13일

보건복지부장관 [보건복지 부장관인]

붙임: 징계 의결서 1부

유의사항
이 처분에 불복할 때에는 「국가공무원법」 제76조 제1항에 따라 이 사유설명서를 받은 날부터 30일 이내에 소청심사위원회에 심사를 청구할 수 있습니다.

■ 공무원 징계령 [별지 제3호 서식]

징계 의결서

징계혐의자 인적사항	소 속	직 위(직급)	성 명
	보건복지부	사무관(5급)	한강직

의결 주문	정직 3월 (2022. 7. 1. ~ 2022. 9. 30.)

이 유	국가공무원법상 의무 위반 국가공무원법 제78조 제1항 제1호, 제3호

메모:49
사안에서 원고에 대한 국가공무원법상 의무위반을 하였다는 점에 대해 어떠한 근거와 이유로 징계처분이 이루어 진 것인지 이유제시가 불충분하다.

2022년 5월 12일

중앙징계위원회 중앙징계 위 원 회 위원장인

소청심사위원회
결 정

사 건: 2022-*****
소 청 인: 한강직
피소청인: 보건복지부장관

주 문

1. 소청인의 직위해제처분 취소청구를 기각한다.
2. 피소청인은 소청인에 대한 정직 3월을 감봉 3월로 변경하라.

메모:42
직위해제처분에 대한 재결은 기각이 되었으므로 원처분주의에 따라 당초 처분인 2022. 4. 20.자 직위해제처분이 소의 대상이 된다.

메모:41
변경재결의 경우 원처분주의원칙에 따라 변경된 원처분인 2022. 5. 13.자 감봉 3월처분이 취소 대상이 된다.

이 유

1. 처분의 경위

소청인은 2022. 2. 22.경 정부의 코로나19 방역 정책과 관련된 조사에 대한 피소청인의 지시에 불응하고, 해당 업무를 지시하는 상관과 다투는 등으로 부처 내의 불화를 유발하였으며, 정부의 코로나 방역 정책의 시행과 관련하여 직무상 알게 된 비밀을 엄수하지 아니한 채 이를 임의로 외부에 누설하였는바, 이를 이유로 「형법」 제122조의 직무유기죄 및 제127조의 공무상 비밀누설죄로 형사 기소되었고, 「국가공무원법」상 복종의무, 비밀엄수의무 및 품위유지의무를 각 위반하였다는 이유로 정직 3월의 처분을 받았다.

2. 판단

(1) 직위해제처분에 대하여

관련 증거(……생략)에 의하면 소청인이 「형법」 제122조의 직무유기죄 및 제127조의 공무상 비밀누설죄로 형사 기소되었으므로, 「국가공무원법」 제73조의3 제1항 제4호의 직위해제 사유가 인정된다.

메모:43
원고는 형사기소되었음을 이유로 직위해제 되었으나, 헌법상의 무죄추정원칙이나 직위해제제도의 목적에 비추어 볼 때, 형사사건으로 기소되었다는 이유만으로 직위해제처분을 하는 것은 정당화될 수 없고, 당사자가 당연퇴직 사유인 국가공무원법 제33조 제1항 제3호 내지 제6호에 해당하는 유죄판결을 받을 고도의 개연성이 있는지 여부, 당사자가 계속 직무를 수행함으로 인하여 공정한 공무집행에 위험을 초래하는지 여부 등 구체적인 사정을 고려하여 위법 여부를 판단해야 한다.

(2) 징계처분에 대하여

관련 증거(……생략)에 의하면 소청인이 「국가공무원법」 제57조의 복종의무 위반행위, 제60조의 비밀엄수의무 위반행위 및 제63조의 품위유지의무 위반행위를 한 사실은 인정된다. 그러나 위와 같은 위반사실에 비해서 정직 3월 처분은 지나치게 무거우므로 감봉 3월로 변경명령함이 상당하다.

2022. 6. 8.

소청심사위원회 위원장 강윤석 (인)
위 원 윤지현 (인)
위 원 문지원 (인)
위 원 곽윤재 (인)
위 원 김지형 (인)
위 원 신호인 (인)
위 원 이연준 (인)
위 원 이재찬 (인)
(날인 생략)

결정 교부
2022. 6. 10.
수령인 한강직 (인)

메모:26
행정심판청구가 있은 때의 기간은 재결서의 정본을 송달받은 날부터 기산하는바(행정소송법 20조 1항), 원고는 2022. 6. 10. 특별행정심판절차에 따라 소청심사위원회으로부터 감봉 3월의 처분재결서 정본을 받았으므로, 그로부터 90일째 되는 날은 2022. 9. 8.이 제소기간 만료일이 된다.

보건복지부

수　신: 한강직

제　목: 징계 재처분결과 통보

---

1. 귀하의 국가공무원법 위반행위에 대해서 붙임 징계처분 사유 설명서와 같은 이유로 아래와 같이 재처분합니다.

인적사항	한강직 보건복지부 사무관, 5급
징　　계	감봉 3월

붙임: 징계처분 사유 설명서 1부. 끝.

징계 재처분결과 통보
교부
2022. 6. 14.
수령인 한강직 (인)

2022년　6월　13일

보건복지부장관 보건복지부장관인

시행: 2022. 6. 13.
주소: 세종특별자치시 도움4로 13 보건복지부(정부세종청사 10동)
전화: 보건복지상담센터 129 / 당직실: 044-202-2118 / FAX: 044-202-3910

■ 공무원 징계령 [별지 제4호 서식]

[√] 징계처분
[ ] 징계부가금 부과처분 **사유 설명서**
[ ] 징계부가금 감면처분

소 속	직 위(직급)	성 명
보건복지부	사무관(5급)	한강직

주 문	감봉 3월

이 유	국가공무원법상 복종의무, 비밀엄수의무, 품위유지의무 위반 국가공무원법 제57조, 제60조, 제63조, 제78조 제1항 제1호, 제3호 소청심사위원회 결정

위와 같이 재처분하였음을 통지합니다.

2022년 6월 13일

보건복지부장관 [보건복지 부장관인]

1984 WORLD Center
"전 세계 정부 민간인 감시 활동 자료 공개"

대한민국 "약사 블랙리스트" 포함

스페인 마드리드에 본부를 둔 민간 NGO 기구 "정부 감시 철폐를 위한 1984 WORLD Center" 대표 마이클 잭(Michael Jack)은 전 세계 각국 정부 전산망을 해킹한 자료를 공개했다. 1984 WORLD Center는 전 세계 정부들이 정부 정책에 비판적인 인사들의 명단과 그 동향을 수집한 자료를 보관하고 있다고 밝혔다. 아프리카 일부 독재국가들, 사회주의 국가인 러시아와 중국뿐만 아니라 자유민주주의국가인 서방국가와 아시아 국가들도 다수 포함되어 있다.

마이클 잭이 밝힌 국가 중에 대한민국이 포함되어 있는데, 특히 코로나19 방역 정책에 비판적인 약사들 블랙리스트가 존재한다는 내용은 가히 충격적이다. 정부는 약사 블랙리스트를 작성하거나 민간인을 사찰한 사실이 없다고 즉시 부인하면서, 법적·외교적 조치를 취할 것이라고 밝혔다. 그리고 서방 국가들도 1984 WORLD Center가 과거부터 아랍 테러리스트를 지원한 단체라고 비난하면서 마이클 잭의 폭로 내용을 부인했다.

그러나 시민들 상당수는 정부의 말을 믿지 않고 있으며, 일부 시민단체들은 광화문 정부 청사 앞에서 약사 블랙리스트 정보 공개를 요구하는 시위를 진행하고 있다.

뉴스일보, 정직해 기자, 2022. 3. 10. 16:00 작성, 17:00 보도

양심선언문

메모:45
위 양심선언은 허위사실이 아닌 사실에 바탕한 양심선언이므로 이를 기화로 형사기소를 하고 그에 따라 직위해제처분까지 한 것은 그 자체로 위법하다고 주장해야 한다.

정부는 즉시 불법행위를 중단하고, 진실을 밝혀야!!!

1. 본인은 보건복지부 보건의료정책실 질병정책과 사무관으로 재직하면서 감염병 위기관리 대책 및 감염질환 정책 관련 협의 및 지원에 관한 업무를 담당하고 있습니다.

2. 본인은 2022년 2월 22일경 상급자로부터 "정부의 코로나19 방역 정책에 비판적인 태도를 취하며 비협조적인 모습을 보여 온 약사 등의 명단"을 작성하고 그 동향을 조사하라는 지시를 받았지만 이를 거부하였고, 그 결과 관련 업무에서 배제되었습니다.

3. 현대 민주사회에서 정부 정책에 대해서 비판적인 입장을 취하고 있다는 이유만으로 블랙리스트를 작성하여 동향을 특별히 관리하는 것은 결코 용납되어서는 안 될 것입니다.

4. 정부는 즉시 약사 블랙리스트를 공개해서 진실을 밝히고, 민간인 사찰을 중지해야 합니다.

정부의 보건의료정책에 대한 건전한 비판과 반대가 허용되는 대한민국을 위해 양심에 따라 진실을 밝히는 바입니다.

2022. 3. 15.

보건복지부 5급 사무관 한강직

탄 원 서

수신: 소청심사위원회

세종특별자치시 도움4로 13 보건복지부(정부세종청사 10동)

발신: 보건복지부 행정사무관 박진원 외 15인

저희는 이번에 국가공무원법상 복종의무 위반, 비밀엄수의무 위반 및 품위유지의무 위반을 이유로 정직 3월의 징계처분을 받은 한강직 사무관과 같은 부처(보건복지부 보건의료정책실)에서 근무하는 공무원들입니다.

[한강직 사무관은 "블랙리스트" 작성이라는 상관의 부당한 지시에 따르지 않았다는 이유로 직위해제를 당하고 징계처분까지 받게 되었습니다. 그렇지만 "블랙리스트" 작성은 현대 민주사회에서 용납될 수 없는 부당한 지시입니다. 이러한 부당한 지시에 다수가 동의하지 아니하면서도 부득이 침묵하고 있었을 때, 한강직 사무관은 홀로 이에 대응하여 양심과 정의를 지키고자 하였습니다. 이러한 한강직 사무관의 행동은 오히려 칭찬받아야 할 태도라 할 수 있습니다.]

메모:46 위 양심선언이 사실임을 암시한다.

[한강직 사무관은 평소 선후배, 동료들과 원만한 관계를 유지해 왔고, 남들이 마다하는 힘든 업무도 앞장서 적극적으로 처리해 왔던 성실한 공무원입니다. 이는 한강직 사무관과 함께 근무한 경험이 있는 보건복지부 공무원이라면 모두가 인정하는 내용입니다. 금번 "블랙리스트" 사건과 관련하여 한강직 사무관이 직위해제되었던 것도 적절치 않은데, 이에 더하여 징계처분까지 내려진 것은 도저히 이해하기 어렵습니다. 양심과 정의를 지키고자 하는 신념에 따른 행위에 대해서 중징계처분이 이루어진 것은 지나치게 가혹하다고 생각합니다.

메모:47 이 부분은 소장 답안 비례원칙위반부분 등에서 그대로 원용이 가능한 부분이다.

한강직 사무관은 지금까지 공무원으로 근무하면서 어떠한 형사처벌이나 징계처분을 받은 적이 없습니다. 그리고 홀로 부모님을 부양하며 주변을 돕는 봉사활동도 열심히 해 오고 있는 것으로 알고 있습니다.

한강직 사무관에게 징계처분이 이루어진 상황과 이러한 제반 사정을 참작하여 한강직 사무관에게 최대한 관대하게 처분을 해 주시길 간곡히 부탁드립니다.]

2022. 5. 30.

탄원인 보건복지부 행정사무관 박진원 외 15인 (서명 생략)

서울중앙지방검찰청

2022. 4. 12.

사건번호 2022년 형제61322호

수 신 자 서울중앙지방법원 발 신 자

검 사 김기석 김기석 (인)

제 목 **공소장**

아래와 같이 공소를 제기합니다.

Ⅰ. 피고인 관련사항

피 고 인 한강직(88****-1******), 34세

직업 공무원, 010-****-****

주거 서울 강남구 강남대로100길, 110동 101호(유성아파트)

등록기준지 서울 노원구 상계동 999

죄 명 가. 직무유기

나. 공무상 비밀누설

적용법조 형법 제122조, 제127조, 제37조, 제38조

구속여부 불구속

변 호 인 법무법인 율도(담당변호사 전우치)

Ⅱ. 공소사실

피고인은 보건복지부 질병정책과 소속 사무관으로서 감염병 위기관리 대책 및 감염질환 정책과 관련한 협의 및 지원에 관한 사항을 담당하는 공무원이다.

1. 피고인은 2022. 2. 22.경 세종특별자치시 도움4로 13 소재 보건복지부 질병정책과 사무실에서 과장인 성준수로부터 "코로나19 대응과 관련하여 약국과 약사의 감기약 등 의약품과 마스크에 대한 불법·부당한 조제·판매 실태를 조사하고, 이를 보고하라." 라는 지시를 받았다.

이러한 경우 담당 공무원으로서는 코로나19 사태에 대응하고, 감염병 위기 관리 대책을 적절하게 수립하기 위하여 의약품과 마스크에 대하여 불법·부당한 조제·판매를 행한 약사들을 조사한 후 그 대응책을 마련하여야 함에도 불구하고, 정당한 이유 없이 그 직무수행을 거부하였다.

2. 피고인은 같은 해 3. 15. 세종특별자치시 소재 뉴스일보 신문사 앞에서 위 신문사 소속 기자 정직해 등 언론인과 다수 시민들에게 속칭 양심선언 형식으로 전항의 업무 내용을 밝힌 후, "보건복지부장관은 보건복지부 소속 공무원들을 통해 정부의 코로나19 방역 정책에 비판적인 태도를 취하며 비협조적인 모습을 보여 온 약사 등의 명단, 즉 블랙리스트를 작성하라고 지시하였고, 실제로 그와 같은 경위로 작성된 블랙리스트가 존재한다." 라고 발표하였다.

전항의 업무 지시 내용과 이에 따라 작성된 문건 존재 사실 등이 법령에 의한 공무상 비밀에 해당함에도 불구하고 정당한 이유 없이 누설하였다.

Ⅲ. 첨부서류

1. 변호인선임서 1통 (생략)

<table>
<tr><td>수임번호
2022-헌53</td><td colspan="2">법 률 상 담 일 지 II
(헌법소원용)</td><td>상담일자: 2022. 12. 29.
상담자: 임거정 변호사</td></tr>
<tr><td>의 뢰 인</td><td>이제마</td><td>의뢰인
전 화</td><td>010-****-****</td></tr>
<tr><td>의 뢰 인
주 소</td><td>서울 종로구 광화문로 25</td><td>의뢰인
E-mail</td><td>drug****골뱅이never.com</td></tr>
<tr><td colspan="4">상 담 내 용</td></tr>
<tr><td colspan="4">1. 의뢰인 이제마는 약사 자격을 취득하였으나 재력이 없어 약국을 개설하지 못하고 있던 중, 약대 선배인 임상옥이 약사로서의 업무를 그만두고 사업으로 상당한 돈을 벌었다는 소문을 듣고 임상옥에게 동업을 제안하였다. 당시 제안한 내용은, 의뢰인과 임상옥이 합명회사를 설립하되, 의뢰인은 약국 업무 관련 노무를 제공하고, 임상옥은 약국의 개설·운영에 소요되는 자금을 출자하며, 약국 영업을 합명회사의 주된 수익사업으로 하고, 약국 경영에 따른 수익을 의뢰인과 임상옥의 회사 지분에 따라 2:8로 나누는 것이었다. 임상옥이 이에 동의하여 합명회사 보감(寶鑑)을 설립하였다.

2. 그 후 '보감약국'이라는 상호 아래 그 개설명의인을 의뢰인으로 하여 약국을 개설・등록하였다. 하지만 약국의 영업과 관련하여 관할 세무서에 사업자등록은 세무 및 회계상의 편의를 위해 합명회사 보감 명의로 하였다.

3. 보감약국이 성공적으로 운영되자, 인근에서 변술보가 운영하던 약국은 고객이 줄고 영업 적자가 늘어났다. 이에 변술보는 보건복지부에 '보감약국이 약사 아닌 자가 개설한 약국에 해당한다'며 「약사법」 위반으로 신고하였다.

4. 보건복지부장관은 보감약국의 실질적인 개설·운영이 합명회사에 의해 이루어진 사실을 확인하여 이를 관할 검찰청에 고발하고, 검사는 2022. 3. 24. 합명회사의 업무집행사원인 의뢰인을 「약사법」 위반으로 기소하였다.

5. 의뢰인은 그 공판계속 중인 2022. 9. 20. 법원에 관련 법령에 대한 위헌법률심판제청을 신청하였으나 기각되었다. 이후 의뢰인은 헌법재판소에 헌법소원을 위한 국선대리인선임신청을 하였으나 기각되었다.

6. 의뢰인은 헌법재판을 통해 관계 법령의 위헌성을 다투기를 희망한다.</td></tr>
<tr><td colspan="4">법무법인 율도
전화 (02) 234-5678 팩스 (02) 345-6789 전자우편
lawisland골뱅이lawmail.com
서울특별시 서초구 서초대로 30번길 15, 법조빌딩 5층</td></tr>
</table>

메모:34
사안에서 문제되는 기본권은 약사자격있는 자가 법인을 설립하여 약국을 운영하는 것을 제한하므로 '직업의 자유'와 약국영업을 목적으로 하는 합명회사 설립을 제한하므로 '결사의 자유'가 문제된다.
한편 직업의 자유는 단계이론에 따라 몇단계 제한에 해당하는지가 문제되는데 사안의 경우, 직업수행의 자유에 대한 제한에 해당하나 보다 궁극적으로는 약사 자격이 있는자로 하여금 법인설립을 통한 약국운영을 제한(금지)하므로 이는 '2단계 주관적 사유'에 기한 직업선택의 자유제한으로서 심사해야 한다.

메모:29
사안의 경우 헌법재판소법 제68조 제2항에 따른 위헌심사형헌법소원심판청구 사건으로, 청구요건은 ① 위헌법률심판제청신청에 대해 기각결정이 있고, ② 재판의 전제성이 충족되고 ③ 제청신청의 기각결정을 받은 날로부터 30일 이내 제기해야 한다. 이때 재판의 전제성이란 구체적 사건에 대해 소송이 계속중이고, 그 재판에 대해 전제된 법률이 적용되고, 그 법률의 위헌여부에 따라 법원이 다른 판단을 하게 되는 경우이어야 한다.

법무법인 율도 내부회의록 II (헌법소원용)

일 시: 2022. 12. 31. 14:00~15:00
장 소: 법무법인 율도 2층 대회의실
참석자: 전우치 변호사(송무팀장), 임거정 변호사

전 변호사: 의뢰인 이제마의 헌법소원심판청구 건에 대하여 논의하여 봅시다. 현재 당해 사건의 경과는 어떠한가요.

임 변호사: 의뢰인은 합명회사 보감의 업무집행사원으로서, 동 회사가 약사 자격 없이 실질적으로 약국을 개설한 것과 관련해 「약사법」 위반으로 기소된 후, 얼마 전 1심에서 벌금 500만 원의 유죄판결을 선고받았고, 현재 항소한 상태입니다.

메모:33
이 사건 위헌심판대상 법조항을 특정해 주고 있다. 본 사안은 약국개설금지라는 금지조항과 그 위반에 따른 형사처벌조항(효과조항) 모두가 심판대상임을 암시한다.
또한, 약사자격 있는 자로 하여 법인설립을 통한 약국운영할 자유를 제한하므로 사실상 중대한 기본권 제한으로 '2단계 주관적 사유'에 기한 직업선택의 자유제한으로서 심사해야 한다.

전 변호사: 항소심에서는 무엇이 쟁점인가요.

임 변호사: 보감약국은 의뢰인의 명의로 개설등록을 하였습니다. 그럼에도 검사와 1심은 이 약국의 시설 및 인력의 충원·관리, 개설 신고, 의약품 제조 및 판매업의 시행, 필요한 자금 조달, 그 운영 성과의 귀속 등을 주도적으로 처리한 것은 등록명의인이 아니라 실질적으로 합명회사 보감이었다고 판단하였습니다. 의뢰인은 항소심에서 이러한 사실인정에 대해 다투기를 원합니다.

전 변호사: 심판청구 대상조항에 사실관계를 포섭하는 데 있어 그런 다툼이 있는 점에 비추어, 심판청구 대상조항 자체가 모호하다고 볼 수 있지 않은가요.

메모:35
명확성원칙 위반의 점은 답안에서 다루지 말라는 취지이다.

임 변호사: 그런 문제를 제기해 볼 여지가 전혀 없는 것은 아닙니다. 하지만 심판청구 대상조항의 의미와 적용에 관하여 법원 판례는 일관하여 1심 법원과 같은 입장을 취하고 있습니다. 이러한 확립된 판례에 비추어 볼 때, 헌법소원심판절차에서 심판청구 대상조항의 불명확성을 다투는 것은 승산이 그리 많지 않습니다. 그러므로 이번 헌법소원심판청구서에서는 명확성원칙 위반의 점을 주장하는 것은 일단 보류하려고 합니다.

전 변호사: 알겠습니다. 그럼, 명확성원칙 위반의 점은 향후 심판의 진행상황을 봐 가면서 이를 제기할지 말지를 천천히 고민해 보기로 하

고, 현 단계에서는 당장 심판청구 대상조항의 어떤 문제들을 쟁점화할 수 있는지 논의해 봅시다.

임 변호사: 관련 자료를 조사하는 과정에서, 일본이나 미국 등 대다수의 국가들은 의약품의 조제·판매가 약사에 의해 이루어져야 함을 규정하고 있긴 하나, 그 외에 우리나라처럼 약국의 개설도 약사에 의해서만 이루어져야 한다고는 규정하고 있지 않은 것을 알게 되었습니다. 이러한 입법례와 비교해 볼 때, 약사 자격이 있는 자연인 이외에는 아예 약국의 개설도 못하게 하고 심지어 그 위반행위에 대해 형사처벌까지 하는 것은 지나친 규제라는 생각이 듭니다.

전 변호사: 타당한 지적입니다. 그런 맥락에서 심판청구 대상조항의 위헌성은 약사 자격 있는 의뢰인의 입장에서만 논하지 말고, 약사 자격이 없는 자의 입장도 고려하여 포괄적으로 논하여 볼 필요가 있습니다. 일각에서는 약사 아닌 자에게 약국 개설을 허용하면 과도한 영리 추구로 의약품이 오·남용될 위험성이 있다고 하지만, 그것은 과거 의약분업이 정착하기 전에나 통용되던 논리가 아닌가요. 약국의 개설은 약사 자격 없는 자에게도 허용하고, 다만 의약품의 조제·판매는 약사에게 전담시키면, 자본과 전문성의 결합이 촉진되는 순기능적인 면도 있을 듯합니다. 의약품을 취급하는 유사직종, 예컨대 의약품제조업자 또는 의약품수입업자의 경우에는 심판청구 대상조항과 같은 규제가 없지 않은가요.

임 변호사: 예. 의약품제조업자는 그 제조소에, 그리고 의약품수입업자는 그 영업소에 일정 수의 약사를 두도록 의무 지우는 것 말고는, 의약품제조업이나 의약품수입업을 개업하는 자 자신이 약사 자격을 갖출 것까지 요구하고 있지는 않습니다.

전 변호사: 그 외에 다른 전문 직종에 대해서는 어떻게 규율하고 있는지도 잘 검토해 주시고, 청구기간도 도과되지 않도록 유념해 주시길 바랍니다.

임 변호사: 예. 알겠습니다.

전 변호사: 그럼, 오늘 회의는 이것으로 마치겠습니다. <끝>

메모:36
과잉금지원칙위반 중 침해최소성에서 그대로 원용가능한 부분이다. 즉, 실제로 미국, 일본 등 선진국도 약국의 개설 자체를 규제하고 있지 않고, 또한 약국의 경영주체와 관리주체를 분리하여 운영한다면 영리 추구로 인한 의약품 오남용의 위험이 있다는 것은 의약분업이 정착된 현시점에 오히려 맞지 않다. 설령 약국의 경영주체와 관리주체의 분리로부터 여러 가지 부작용이 야기될 여지가 있더라도, 그에 대해선 영업일시와 영업장소 제한 등 개별적 규제방식으로 방지할 수 있는 등 보다 덜 제한적인 수단이 있음에도 획일적으로 약국의 개설자체를 금지하는 것은 침해 최소성에 위배된다. 나아가 위반행위에 대한 제제 측면에서도, 약국의 등록취소나 업무정지를 명할 수 있도록 한 데에서 그치지 않고 형사처벌까지 규정하고 있어 이 점에서도 명백히 과도한 제한이다.

메모:37
평등권 침해도 문제되고 있음을 암시한다. 사안에서 의약품제조업 및 수입업자에 비교해보면 의약품 취급관리를 약사에 전담시킴으로써 국민보건의 안전이라는 목적을 달성할 수 있으므로 차별의 합리적 사유가 없으며, 타 전문직종과 관계에서 보더라도 유독 약사만 법인설립을 통해 영업을 하는 것을 제한하는 것은 합리적 이유가 될 수 없다.

메모:38
사안의 경우 헌재법 제68조 제2항 위헌심사형 헌법소원심판 사건에서 국선대리인선임신청을 한 경우이다.

서울중앙지방법원
판　　결

메모:30
이 사건 위헌심사형헌법소원심판청구 사건의 당해 사건에 해당한다. 당해 사건 특정을 생각보다 많이 틀리므로 각별한 주의가 요망된다. 사안은 약사법 위반으로 기소되어 재판을 받던 중에 제기하였으므로, 위 사건이 재판의 전제가 된 당해 사건이다.

사　　건　　2022고단2190　약사법위반
피 고 인　　이제마 (생략)
검　　사　　유진오(기소), 강우석(공판)
변 호 인　　변호사 이태영
판결선고　　2022. 12. 1.

주　　문

피고인을 벌금 5,000,000원에 처한다.

이　　유

(생략)

판사　김병로

서울중앙지방법원
결 정

사 건 2022초기395 위헌법률심판제청
신 청 인 이제마 (생략)
당해사건 서울중앙지방법원 2022고단2190 약사법위반

주 문

신청인의 위헌법률심판제청신청을 기각한다.

이 유

(생략)

2022. 12. 1.

판사 김병로

송달증명원

사 건	2022초기395 위헌법률심판제청
신 청 인	이제마

위 사건에 관하여(판결, 결정, 명령, 화해조서, 인낙조서, 조정조서, 기타:)에 대한 아래의 신청에 따른 제증명을 발급하여 주시기 바랍니다.

2022. 12. 6.

신청인 이제마 (인)

신청할 제증명 사항을 신청번호에 ○표 하시고,
발급 통수와 발급 대상자의 성명을 기재하시기 바랍니다.

신청번호	발급통수	신청의 종류	비 고
1		집행문부여	
②	1	송달증명	2022. 12. 5. 17시 30분 송달
3		확정증명	
4		승계증명	
5		재판서·조서의 정본·등본·초본	

메모:7
청구기간과 관련하여, 청구인이 제청신청기각결정문을 2022.12.5. 송달받은 후 2022.12.7 국선대리인 선임신청을 하였으나, 같은 해 12.16 국선대리인선임신청 기각결정을 받았는바, 기각결정을 받은 2022.12.5.의 다음날인 12. 6.부터 30일을 기산하되, 국선대리인 신청일 및 그 기각결정을 받은 날(10일)은 기간 산정에서 제외하여야 하는바(헌법재판소법 1항, 4항) 청구인의 이 사건 심판청구는 그 제소기간 만료일이 2023. 1. 16.이 된다.

서울중앙지방법원 귀중

위 증명문서를 틀림없이 수령하였습니다.	2022. 12. 6.	수령인 이제마 (인)

국선대리인선임신청서

신 청 인 　 이제마
서울 종로구 광화문로 25

신 청 이 유

1. 헌법소원 사유
(생략)

2. 무자력 사유
신청인은 약사 자격은 있으나 아직 사회 초년생이고 특별한 재산이 없어 헌법소원심판을 청구하기 위해 변호사를 대리인으로 선임할 자력이 없습니다.

3. 결 론
이상과 같은 이유로 헌법소원심판청구를 위한 국선대리인 선임을 신청합니다.
(별지 생략)

2022. 12. 7.
신 청 인 　 이제마 

헌법재판소 귀중

헌 법 재 판 소

제3지정재판부

결 정

사 건 2022헌사1088 국선대리인선임신청
신 청 인 이제마
서울 종로구 광화문로 25

주 문

신청인의 신청을 기각한다.

이 유

신청인의 국선대리인 선임신청은 이유 없으므로 주문과 같이 결정한다.

2022. 12. 13.

재판장 재판관 조 규 광
재판관 김 용 준
재판관 윤 영 철

우편송달보고서

증서 2022년 제2587호 2022년 12월 14일 발송

송 달 서 류	국선대리인선임신청 기각결정 정본
발 송 자	헌법재판소
송달받을 자	이제마 귀하 서울 종로구 광화문로 25

영수인 이제마 (서명) 

영수인 서명날인 불능

①	송달받을 자 본인에게 교부하였다.
~~2~~	송달받을 자가 부재중이므로 사리를 잘 아는 다음 사람에게 교부하였다.
	사무원
	피용자
	동거자
~~3~~	다음 사람이 정당한 사유 없이 송달받기를 거부하므로 그 장소에 서류를 두었다.
	송달받을 자
	사무원
	피용자
	동거자

송달연월일 2022. 12. 16. 10시 30분

송달장소 서울 종로구 광화문로 25

위와 같이 송달하였다.

2022. 12. 20.

우체국 집배원 최배달 

메모:28
청구인은 2022.9.20. 위헌법률제청신청을 하였으나, 서울중앙지방법원이 2022.12.1. 이를 기각하였고, 청구인은 그 결정문을 2022.12.5. 송달받은 후 2022.12.7 국선대리인 선임신청을 하였으나, 같은 해 12.16 국선대리인 선임신청 기각결정을 받았다. 따라서 기각결정을 받은 2022.12.5.의 다음날인 12. 6.부터 30일을 기산하되, 국선대리인 신청일 및 그 기각결정을 받은 날(10일)은 기간 산정에서 제외하여야 하는바(헌법재판소법 1항, 4항) 청구인의 이 사건 심판청구는 그 제소기간 만료일이 2023. 1. 16.이 된다.

법원 나의 사건 검색 결과

사건번호 : 서울중앙지방법원 2022고단2190

기본내용

사건번호	2022고단2190		
피고인명	이제마	**재 판 부**	형사28단독
접 수 일	2022. 3. 24.	**종국결과**	2022. 12. 1. 선고
형제번호	2022형제45678		
상소제기내용	피고인 상소 / 2022. 12. 14. 상소법원으로 송부		

심급내용

법원	사건번호
서울중앙지방법원	2022노3492

관련사건내용

법원	사건번호	결과
서울중앙지방법원	2022초기395	신청사건

(생략)

참고법령

「국가공무원법」

제16조(행정소송과의 관계) ① 제75조에 따른 처분, 그 밖에 본인의 의사에 반한 불리한 처분이나 부작위(不作爲)에 관한 행정소송은 소청심사위원회의 심사·결정을 거치지 아니하면 제기할 수 없다.

② (생략)

제57조(복종의 의무) 공무원은 직무를 수행할 때 소속 상관의 직무상 명령에 복종하여야 한다.

제60조(비밀 엄수의 의무) 공무원은 재직 중은 물론 퇴직 후에도 직무상 알게 된 비밀을 엄수(嚴守)하여야 한다.

제63조(품위 유지의 의무) 공무원은 직무의 내외를 불문하고 그 품위가 손상되는 행위를 하여서는 아니 된다.

제73조의3(직위해제) ① 임용권자는 다음 각 호의 어느 하나에 해당하는 자에게는 직위를 부여하지 아니할 수 있다.

1. 삭제
2. 직무수행 능력이 부족하거나 근무성적이 극히 나쁜 자
3. 파면·해임·강등 또는 정직에 해당하는 징계 의결이 요구 중인 자
4. 형사 사건으로 기소된 자(약식명령이 청구된 자는 제외한다)

(이하 생략)

제75조(처분사유 설명서의 교부) ① 공무원에 대하여 징계처분등을 할 때나 강임·휴직·직위해제 또는 면직처분을 할 때에는 그 처분권자 또는 처분제청권자는 처분사유를 적은 설명서를 교부(交付)하여야 한다. 다만, 본인의 원(願)에 따른 강임·휴직 또는 면직처분은 그러하지 아니하다.

② (생략)

제76조(심사청구와 후임자 보충 발령) ① 제75조에 따른 처분사유 설명서를 받은 공무원이 그 처분에 불복할 때에는 그 설명서를 받은 날부터, 공무원이 제75조에서 정한 처분 외에 본인의 의사에 반한 불리한 처분을 받았을 때에는 그 처분이 있은 것을 안 날부터 각각 30일 이내에 소청심사위원회에 이에 대한 심사를 청구할 수 있다. 이 경우 변호사를 대리인으로 선임할 수 있다.

② ~ ⑥ (생략)

제78조(징계 사유) ① 공무원이 다음 각 호의 어느 하나에 해당하면 징계 의결을 요구하여야 하고 그 징계 의결의 결과에 따라 징계처분을 하여야 한다.

1. 이 법 및 이 법에 따른 명령을 위반한 경우

메모:27
소의 적법요건과 관련하여 행정심판 전치주의 사건에 해당함을 답안에 기술해야 한다.

메모:18
국가공무원법상 조문체계에 비추어 보아 처분청으로 하여금 직위해제처분은 재량행위에 해당한다.

메모:20
원고는 직무유기죄 및 공무상 비밀누설죄 혐의로 기소되었으나, 이들 죄는 모두 블랙리스트에 대한 양심선언을 이유로 한 것이므로 유죄판결의 위험이 극히 낮다고 할 것이므로 유죄판결의 고도의 개연성 내지 공무집행의 위험성이 있다고 볼 수 없다.

메모:17
국가공무원법 제75조 제1항, 공무원 징계령 제19조 제2항 등에 의하면 징계의결서를 통해 당사자에게 징계의 이유를 반드시 제시해야 하고, 이유제시는 징계당사자의 불복과 관련하여 방어권이 보장되도록 처분서에 기재된 내용과 관계법령 및 당해 처분에 이르기까지 전체적인 과정 등을 종합적으로 고려하여 처분 당시 당사자가 어떠한 근거와 이유로 처분이 이루어진 것인지를 충분히 알 수 있도록 하여 해야 한다.

메모:19
문언 형식은 기속행위처럼 규정되어 있지만 직무 태만 및 체면과 위신을 손상하는 행위에 대한 판단과정에서 행정청의 재량이 개입될 여지가 높으므로 결론적으로 징계를 할지 말지는 재량행위에 해당한다고 할 것이다.

2. 직무상의 의무(다른 법령에서 공무원의 신분으로 인하여 부과된 의무를 포함한다)를 위반하거나 직무를 태만히 한 때
3. 직무의 내외를 불문하고 그 체면 또는 위신을 손상하는 행위를 한 때]

(이하 생략)

제81조(징계위원회의 설치) ① 공무원의 징계처분등을 의결하게 하기 위하여 대통령령등으로 정하는 기관에 징계위원회를 둔다.

② 징계위원회의 종류·구성·권한·심의절차 및 징계 대상자의 진술권에 필요한 사항은 대통령령등으로 정한다.

「공무원 징계령」

제1조의3(정의) 이 영에서 사용하는 용어의 뜻은 다음과 같다.

1. "중징계"란 파면, 해임, 강등 또는 정직을 말한다.
2. "경징계"란 감봉 또는 견책을 말한다.

제7조(징계의결등의 요구) ① 법 제78조 제1항·제4항 및 제78조의2 제1항에 따라 5급이상공무원등(고위공무원단에 속하는 공무원을 포함한다)에 대해서는 소속 장관이, 6급이하공무원등에 대해서는 해당 공무원의 소속 기관의 장 또는 소속 상급기관의 장이 관할 징계위원회에 징계의결등을 요구하여야 한다. 다만, 겸임공무원에 대해서는 본직기관(本職機關)의 장이 징계의결등을 요구하여야 한다.

② ~ ⑧ (생략)

제10조(징계등 혐의자의 출석) ① 징계위원회가 징계등 혐의자의 출석을 명할 때에는 별지 제2호 서식에 따른 출석통지서로 하되, 징계위원회 개최일 3일 전에 징계등 혐의자에게 도달되도록 하여야 한다. 이 경우 제2항에 따라 출석통지서를 징계등 혐의자의 소속 기관의 장에게 송부하여 전달하게 한 경우를 제외하고는 출석통지서 사본을 징계등 혐의자의 소속 기관의 장에게 송부하여야 하며, 소속 기관의 장은 징계등 혐의자를 출석시켜야 한다.

② ~ ⑧ (생략)

제11조(심문과 진술권) ① 징계위원회는 제10조 제1항에 따라 출석한 징계등 혐의자에게 혐의 내용에 관한 심문을 하고 필요하다고 인정할 때에는 관계인의 출석을 요구하여 심문할 수 있다.

② 징계위원회는 징계등 혐의자에게 충분한 진술을 할 수 있는 기회를 주어야 하며, 징계등 혐의자는 서면으로 또는 구술로 자기에게 이익이 되는 사실을 진술하거나 증거를 제출할 수 있다.

③ ~ ⑥ (생략)

제19조(징계처분등) ① 징계처분등의 처분권자는 징계등 의결서 또는 징계부가금 감면 의결서를 받은 날부터 15일 이내에 징계처분등을 하여야 한다.

② 징계처분등의 처분권자는 제1항에 따라 징계처분등을 할 때에는 별지 제4호 서식에 따른 징계처분등의 사유설명서에 징계등 의결서 또는 징계부가금 감면 의결서 사본을 첨부하여 징계처분등의 대상자에게 교부하여야 한다. 다만, 5급이상공무원등(고위공무원단에 속하는 공무원을 포함한다)을 파면하거나 해임한 경우에는 임용제청권자가 징계처분등의 사유설명서를 교부한다.

③ ~ ⑥ (생략)

메모:16
국가공무원법 제75조 제1항, 공무원 징계령 제19조 제2항 등에 의하면 징계의결서를 통해 당사자에게 징계의 이유를 반드시 제시해야 하고, 이유제시는 징계당사자의 불복과 관련하여 방어권이 보장되도록 처분서에 기재된 내용과 관계법령 및 당해 처분에 이르기까지 전체적인 과정 등을 종합적으로 고려하여 처분 당시 당사자가 어떠한 근거와 이유로 처분이 이루어진 것인지를 충분히 알 수 있도록 하여 해야 한다.

「공무원보수규정」

제29조(직위해제기간 중의 봉급 감액) 직위해제된 사람에게는 다음 각 호의 구분에 따라 봉급의 일부를 지급한다.

1. ~ 2. (생략)
3. 「국가공무원법」 제73조의3 제1항 제3호 · 제4호 · 제6호 … 의 규정에 따라 직위해제된 사람: 봉급의 50퍼센트. 다만, 직위해제일부터 3개월이 지나도 직위를 부여받지 못한 경우에는 그 3개월이 지난 후의 기간 중에는 봉급의 30퍼센트를 지급한다.

「행정절차법 시행령」

제1조(목적) 이 영은 행정절차법(이하 "법"이라 한다)에서 위임된 사항과 그 시행에 관하여 필요한 사항을 규정함을 목적으로 한다.

제2조(적용제외) 법 제3조제2항제9호에서 "대통령령으로 정하는 사항"이라 함은 다음 각 호의 어느 하나에 해당하는 사항을 말한다.

1. 「병역법」, 「예비군법」, 「민방위기본법」, 「비상대비자원 관리법」, 「대체역의 편입 및 복무 등에 관한 법률」에 따른 징집 · 소집 · 동원 · 훈련에 관한 사항
2. 외국인의 출입국 · 난민인정 · 귀화 · 국적회복에 관한 사항
3. **공무원 인사관계법령에 의한 징계 기타 처분에 관한 사항**
4. 이해조정을 목적으로 법령에 의한 알선 · 조정 · 중재 · 재정 기타 처분에 관한 사항
5. 조세관계법령에 의한 조세의 부과 · 징수에 관한 사항

(이하 생략)

메모:39
공무원 인사 관계 법령에 따른 징계와 그 밖의 처분, 이해 조정을 목적으로 하는 법령에 따른 알선 · 조정 · 중재(仲裁) · 재정(裁定) 또는 그 밖의 처분 등 해당 행정작용의 성질상 행정절차를 거치기 곤란하거나 거칠 필요가 없다고 인정되는 사항과 행정절차에 준하는 절차를 거친 사항으로서 대통령령으로 정하는 사항은 행정절차법상 일반 행정절차 규정의 예외로서(행정절차법 3조 1항, 2항 9호), 행정절차법이 적용되지 않는다는 점을 서술해 주어야 한다.

「약사법」

제2조(정의) 이 법에서 사용하는 용어의 뜻은 다음과 같다.

1. "약사(藥事)"란 의약품·의약외품의 제조·조제·감정(鑑定)·보관·수입·판매[수여(授與)를 포함한다. 이하 같다]와 그 밖의 약학 기술에 관련된 사항을 말한다.
2. "약사(藥師)"란 한약에 관한 사항 외의 약사(藥事)에 관한 업무를 담당하는 자로서 보건복지부장관의 면허를 받은 자를 말한다.
3. "약국"이란 약사가 수여할 목적으로 의약품 조제 업무를 하는 장소를 말한다. 다만, 의료기관의 조제실은 예외로 한다.
4. "조제"란 일정한 처방에 따라서 두 가지 이상의 의약품을 배합하거나 한 가지 의약품을 그대로 일정한 분량으로 나누어서 특정한 용법에 따라 특정인의 특정된 질병을 치료하거나 예방하는 등의 목적으로 사용하도록 약제를 만드는 것을 말한다.
5. "복약지도(服藥指導)"란 다음 각 목의 어느 하나에 해당하는 것을 말한다.
 가. 의약품의 명칭, 용법·용량, 효능·효과, 저장 방법, 부작용, 상호 작용이나 성상(性狀) 등의 정보를 제공하는 것
 나. 일반의약품을 판매할 때 진단적 판단을 하지 아니하고 구매자가 필요한 의약품을 선택할 수 있도록 도와주는 것

제20조(약국 개설등록) ① 약사가 아니면 약국을 개설할 수 없다.

메모:31 이 사건 위헌 심판대상이다.

② 약국을 개설하려는 자는 보건복지부령으로 정하는 바에 따라 시장·군수·구청장(자치구의 구청장을 말한다. 이하 같다)에게 개설등록을 하여야 한다. 등록된 사항을 변경할 때에도 또한 같다.

③ ~ ⑥ (생략)

제23조(의약품 조제·판매) ① 약사가 아니면 의약품을 조제할 수 없으며, 약사는 면허 범위에서 의약품을 조제하여야 한다.

② 약사는 의사 또는 치과의사의 처방전에 따라 의약품을 조제하여야 한다.

③ 약사가 아니면 약국에서 의약품을 판매할 수 없다.

제31조(제조업 허가 등) ① 의약품 제조를 업(業)으로 하려는 자는 대통령령으로 정하는 시설기준에 따라 필요한 시설을 갖추고 총리령으로 정하는 바에 따라 식품의약품안전처장의 허가를 받아야 한다.

② ~ ⑯ (생략)

제36조(의약품등의 제조관리자) ① 의약품등 제조업자는 그 제조소마다 총리령으로 정하는 바에 따라 필요한 수(數)의 약사를 두고 제조 업무를 관리하게 하여야 한다.

② ~ ④ (생략)

第42조(의약품등의 수입허가 등) ① 의약품등의 수입을 업으로 하려는 자는 총리령으로 정하는 바에 따라 식품의약품안전처장에게 수입업 신고를 하여야 하며, 총리령으로 정하는 바에 따라 품목마다 식품의약품안전처장의 허가를 받거나 신고를 하여야 한다. 허가받은 사항 또는 신고한 사항을 변경하려는 경우에도 또한 같다.

② 의약품등 수입업자는 그 영업소마다 총리령으로 정하는 바에 따라 필요한 수(數)의 약사를 두고 수입 업무를 관리하게 하여야 한다.

第47조(의약품등의 판매 질서) ① 다음 각 호의 어느 하나에 해당하는 자는 의약품등의 유통 체계 확립과 판매 질서 유지를 위하여 다음 사항을 지켜야 한다.

1. ~ 3. (생략)
4. 의약품공급자, 약국등의 개설자 및 그 밖에 이 법에 따라 의약품을 판매할 수 있는 자는 다음 각 목의 사항을 준수하여야 한다.
   가. 불량·위해 의약품 유통 금지
   나. 매점매석(買占賣惜) 등 시장 질서를 어지럽히는 행위, 경품제공, 호객행위, 저가 판매, 허위·과장 표시·광고, 진단을 통한 일반의약품 판매, 기타 의약품 유통관리 및 판매질서 유지와 관련한 사항

② ~ ⑦ (생략)

第76조(등록취소와 업무정지 등) ① 약국개설자가 다음 각 호의 어느 하나에 해당하면 시장·군수·구청장이 그 등록의 취소를 명하거나, 1년의 범위에서 업무의 전부 또는 일부의 정지를 명할 수 있다.

1. ~ 6. (생략)
7. 이 법 또는 이 법에 따른 명령을 위반한 경우

② ~ ③ (생략)

第93조(벌칙) ① 다음 각 호의 어느 하나에 해당하는 자는 5년 이하의 징역 또는 5천만 원 이하의 벌금에 처한다.

메모:32 이 사건 위헌 심판대상이다.

1. ~ 1의2. (생략)
2. 第20조 제1항을 위반하여 약국을 개설한 자

② (생략)

「변호사법」

第40조(법무법인의 설립) 변호사는 그 직무를 조직적·전문적으로 수행하기 위하여 법무법인을 설립할 수 있다.

第47조(구성원 아닌 소속 변호사) 법무법인은 구성원 아닌 소속 변호사를 둘 수 있다.

제58조(다른 법률의 준용) ① 법무법인에 관하여 이 법에 정한 것 외에는 「상법」 중 합명회사에 관한 규정을 준용한다.
② (생략)

「공인회계사법」

제23조(설립) ① 공인회계사는 회계에 관한 감사・감정・증명・계산・정리・입안 또는 법인설립등에 관한 회계, 세무대리, 이에 부대되는 업무에 따른 직무를 조직적이고 전문적으로 수행하기 위하여 회계법인을 설립할 수 있다.
② (생략)

제26조(이사 등) ① 회계법인에는 3명 이상의 공인회계사인 이사를 두어야 한다.
② 회계법인의 이사와 직원 중 10명 이상은 공인회계사이어야 한다.
③ 회계법인의 사원은 공인회계사(해당 회계법인에 고용된 외국공인회계사를 포함한다)이어야 하며, 그 수는 3명 이상이어야 한다.

「각급 법원의 설치와 관할구역에 관한 법률」

제1조(목적) 이 법은 「법원조직법」 제3조 제3항에 따라 각급 법원의 설치와 관할구역을 정함을 목적으로 한다.

제4조(관할구역) 각급 법원의 관할구역은 다음 각 호의 구분에 따라 정한다. (단서 생략)

1. 각 고등법원·지방법원과 그 지원의 관할구역: 별표 3
2. ~ 3. (생략)
4. 행정법원의 관할구역: 별표 6
5. ~ 6. (생략)
7. 행정사건을 심판하는 춘천지방법원 및 춘천지방법원 강릉지원의 관할구역: 별표 9
8. (생략)

[별표 3]

고등법원 · 지방법원과 그 지원의 관할구역

고 등 법 원	지 방 법 원	지 원	관 할 구 역
서 울	서 울 중 앙		서울특별시 종로구 · 중구 · 강남구 · 서초구 · 관악구 · 동작구
	서 울 동 부		서울특별시 성동구 · 광진구 · 강동구 · 송파구
	서 울 남 부		서울특별시 영등포구 · 강서구 · 양천구 · 구로구 · 금천구
	서 울 북 부		서울특별시 동대문구 · 중랑구 · 성북구 · 도봉구 · 강북구 · 노원구
	서 울 서 부		서울특별시 서대문구 · 마포구 · 은평구 · 용산구
	의정부		의정부시 · 동두천시 · 양주시 · 연천군 · 포천시, 강원도 철원군. 다만, 소년보호사건은 앞의 시 · 군 외에 고양시 · 파주시 · 남양주시 · 구리시 · 가평군
		고 양	고양시 · 파주시
		남양주	남양주시 · 구리시 · 가평군
	인 천		인천광역시
		부 천	부천시 · 김포시
	춘 천		춘천시 · 화천군 · 양구군 · 인제군 · 홍천군. 다만, 소년보호사건은 철원군을 제외한 강원도
		강 릉	강릉시 · 동해시 · 삼척시
		원 주	원주시 · 횡성군
		속 초	속초시 · 양양군 · 고성군
		영 월	태백시 · 영월군 · 정선군 · 평창군
대 전	대 전		대전광역시 · 세종특별자치시 · 금산군
		홍 성	보령시 · 홍성군 · 예산군 · 서천군
		공 주	공주시 · 청양군
		논 산	논산시 · 계룡시 · 부여군
		서 산	서산시 · 당진시 · 태안군
		천 안	천안시 · 아산시
	청 주		청주시 · 진천군 · 보은군 · 괴산군 · 증평군. 다만, 소년보호사건은 충청북도

메모:54
행정소송법 제9조 제1항에 의한 관할을 물었으므로 피고 행정청 소재지인 세종특별자치시를 관할하는 지방법원 본원인 대전지방법원이 관할이다. "서울행정법원"등 다른 법원을 기재하면 0점이다.

고등법원	지방법원	지원	관할구역
		충 주	충주시 · 음성군
		제 천	제천시 · 단양군
		영 동	영동군 · 옥천군
대 구	대 구		대구광역시 중구 · 동구 · 남구 · 북구 · 수성구, 영천시 · 경산시 · 칠곡군 · 청도군
		서 부	대구광역시 서구 · 달서구 · 달성군, 성주군 · 고령군
		안 동	안동시 · 영주시 · 봉화군
		경 주	경주시
		포 항	포항시 · 울릉군
		김 천	김천시 · 구미시
		상 주	상주시 · 문경시 · 예천군
		의 성	의성군 · 군위군 · 청송군
		영 덕	영덕군 · 영양군 · 울진군
부 산	부 산		부산광역시 중구 · 동구 · 영도구 · 부산진구 · 동래구 · 연제구 · 금정구
		동 부	부산광역시 해운대구 · 남구 · 수영구 · 기장군
		서 부	부산광역시 서구 · 북구 · 사상구 · 사하구 · 강서구
	울 산		울산광역시 · 양산시
	창 원		창원시 의창구 · 성산구 · 진해구, 김해시. 다만, 소년보호사건은 양산시를 제외한 경상남도
		마 산	창원시 마산합포구 · 마산회원구, 함안군 · 의령군
		통 영	통영시 · 거제시 · 고성군
		밀 양	밀양시 · 창녕군
		거 창	거창군 · 함양군 · 합천군
		진 주	진주시 · 사천시 · 남해군 · 하동군 · 산청군
광 주	광 주		광주광역시 · 나주시 · 화순군 · 장성군 · 담양군 · 곡성군 · 영광군
		목 포	목포시 · 무안군 · 신안군 · 함평군 · 영암군
		장 흥	장흥군 · 강진군

고 등 법 원	지 방 법 원	지 원	관 할 구 역
		순 천	순천시 · 여수시 · 광양시 · 구례군 · 고흥군 · 보성군
		해 남	해남군 · 완도군 · 진도군
	전 주		전주시 · 김제시 · 완주군 · 임실군 · 진안군 · 무주군. 다만, 소년보호사건은 전라북도
		군 산	군산시 · 익산시
		정 읍	정읍시 · 부안군 · 고창군
		남 원	남원시 · 장수군 · 순창군
	제 주		제주시 · 서귀포시
수 원	수 원		수원시 · 오산시 · 용인시 · 화성시. 다만, 소년보호사건은 앞의 시 외에 성남시 · 하남시 · 평택시 · 이천시 · 안산시 · 광명시 · 시흥시 · 안성시 · 광주시 · 안양시 · 과천시 · 의왕시 · 군포시 · 여주시 · 양평군
		성 남	성남시 · 하남시 · 광주시
		여 주	이천시 · 여주시 · 양평군
		평 택	평택시 · 안성시
		안 산	안산시 · 광명시 · 시흥시
		안 양	안양시 · 과천시 · 의왕시 · 군포시

[별표 6]

행정법원의 관할구역

고 등 법 원	행 정 법 원	관 할 구 역
서 울	서 울	서울특별시

[별표 9]

행정사건을 심판하는 춘천지방법원 및 춘천지방법원 강릉지원의 관할구역

명 칭	관 할 구 역
춘천지방법원	춘천지방법원의 관할구역 중 강릉시 · 동해시 · 삼척시 · 속초시 · 양양군 · 고성군을 제외한 지역
춘천지방법원 강릉지원	강릉시 · 동해시 · 삼척시 · 속초시 · 양양군 · 고성군

참고자료 - 달력

■ 2022년 1월 ~ 2023년 3월

2022년 1월

일	월	화	수	목	금	토
						1
2	3	4	5	6	7	8
9	10	11	12	13	14	15
16	17	18	19	20	21	22
23	24	25	26	27	28	29
30	**31**					

2022년 2월

일	월	화	수	목	금	토
		1	**2**	3	4	5
6	7	8	9	10	11	12
13	14	15	16	17	18	19
20	21	22	23	24	25	26
27	28					

2022년 3월

일	월	화	수	목	금	토
		1	2	3	4	5
6	7	8	**9**	10	11	12
13	14	15	16	17	18	19
20	21	22	23	24	25	26
27	28	29	30	31		

2022년 4월

일	월	화	수	목	금	토
					1	2
3	4	5	6	7	8	9
10	11	12	13	14	15	16
17	18	19	20	21	22	23
24	25	26	27	28	29	30

2022년 5월

일	월	화	수	목	금	토
1	2	3	4	**5**	6	7
8	9	10	11	12	13	14
15	16	17	18	19	20	21
22	23	24	25	26	27	28
29	30	31				

2022년 6월

일	월	화	수	목	금	토
			1	2	3	4
5	**6**	7	8	9	10	11
12	13	14	15	16	17	18
19	20	21	22	23	24	25
26	27	28	29	30		

2022년 7월

일	월	화	수	목	금	토
					1	2
3	4	5	6	7	8	9
10	11	12	13	14	15	16
17	18	19	20	21	22	23
24/31	25	26	27	28	29	30

2022년 8월

일	월	화	수	목	금	토
	1	2	3	4	5	6
7	8	9	10	11	12	13
14	**15**	16	17	18	19	20
21	22	23	24	25	26	27
28	29	30	31			

2022년 9월

일	월	화	수	목	금	토
				1	2	3
4	5	6	7	8	**9**	**10**
11	**12**	13	14	15	16	17
18	19	20	21	22	23	24
25	26	27	28	29	30	

2022년 10월

일	월	화	수	목	금	토
						1
2	**3**	4	5	6	7	8
9	**10**	11	12	13	14	15
16	17	18	19	20	21	22
23/30	24/31	25	26	27	28	29

2022년 11월

일	월	화	수	목	금	토
		1	2	3	4	5
6	7	8	9	10	11	12
13	14	15	16	17	18	19
20	21	22	23	24	25	26
27	28	29	30			

2022년 12월

일	월	화	수	목	금	토
				1	2	3
4	5	6	7	8	9	10
11	12	13	14	15	16	17
18	19	20	21	22	23	24
25	26	27	28	29	30	31

2023년 1월

일	월	화	수	목	금	토
1	2	3	4	5	6	7
8	9	10	11	12	13	14
15	16	17	18	19	20	**21**
22	**23**	**24**	25	26	27	28
29	30	31				

2023년 2월

일	월	화	수	목	금	토
			1	2	3	4
5	6	7	8	9	10	11
12	13	14	15	16	17	18
19	20	21	22	23	24	26
26	27	28				

2023년 3월

일	월	화	수	목	금	토
			1	2	3	4
5	6	7	8	9	10	11
12	13	14	15	16	17	18
19	20	21	22	23	24	25
26	27	28	29	30	31	

2024년도 제13회

변호사시험

공법 기록형 문제

목 차

메모:23
사인의 공법행위로서 신고의 법적성질이 무엇인지가 문제됨을 암시한다.

메모:24
사안의 경우 상법적 지식도 묻고 있는바, 주주총회 결의를 거치지 않고 임의로 행한 영업양도행위가 무효라는 대법원 판례를 인지하고 있어야 한다.

메모:22
마찬가지로 행정청의 신고 수리의 법적 성질과 그 효과가 문제되는 사안임을 암시한다.

【 문 제 】

Ⅰ. 행정소장의 작성(50점)

의뢰인 ㈜오션을 위하여 법무법인 새해의 담당변호사 입장에서 행정소장을 첨부된 양식에 따라 아래 사항을 준수하여 작성하시오.

가. 첨부된 행정소장 양식의 ①부터 ⑧까지의 부분에 들어갈 내용만 기재할 것

나. "2. 이 사건 소의 적법성" 부분(⑤)에는 대상적격, 원고적격, 피고적격, 협의의 소의 이익, 관련청구소송의 병합요건(단, 병합요건 중 각 청구의 소송요건은 구비된 것으로 봄)만 기재할 것

메모:9
소장 적법성 요건에서는 이 부분만 기술하면 된다.

다. "3. 이 사건 처분의 위법성" 부분(⑥)과 "4. 가. 국가배상책임의 성립" 부분(⑦)에는 기존 판례 및 학설의 입장에 비추어 설득력 있는 주장을 중심으로 작성하되, 근거법령의 위헌·위법성에 관하여는 기재하지 말 것

라. 관할법원(⑧)은 「행정소송법」 제9조 제1항에 따른 법원을 기재할 것

메모:8
행정소송법 제9조 제1항에서는 취소소송의 제1심 관할법원은 피고의 소재지를 관할하는 행정법원으로 한다고 규정하고 있다.

Ⅱ. 가처분신청서의 작성(15점)

의뢰인 서제공을 위하여 법무법인 새해의 담당변호사 입장에서 가처분신청서를 첨부된 양식에 따라 아래 사항을 준수하여 작성하시오.

가. 첨부된 가처분신청서 양식의 ①, ② 부분에 들어갈 내용만 기재할 것

나. 헌법재판소에 접수되는 헌법소원심판사건의 사건번호는 2024헌마16으로 할 것

Ⅲ. 헌법소원심판청구서의 작성(35점)

의뢰인 서제공을 위하여 법무법인 새해의 담당변호사 입장에서 헌법소원심판청구서를 첨부된 양식에 따라 아래 사항을 준수하여 작성하시오.

가. 첨부된 헌법소원심판청구서 양식의 ①부터 ③까지의 부분에 들어갈 내용만 기재할 것

나. "2. 적법요건의 구비" 부분(②)에는 청구인능력, 공권력행사성, 권리보호이익은 기재하지 말 것

메모:6 매번 강조하지만 주어진 문제에서 기재하지 말라고 한 것은 기재할 필요가 전혀 없다.

다. "3. 위헌이라고 해석되는 이유" 부분(③)에는 의뢰인을 위해 합리적으로 제기해 볼 수 있는 한에서 위헌성을 주장하되, 내부회의록 등 기록상 나타난 소송전략을 반영할 것

메모:7 내부회의록 내용을 답안에 적극 활용하라는 의미이다.

【 작성요령 및 주의사항 】

1. 참고법령은 가상의 것으로 이에 근거하여 작성하며, 이와 다른 내용의 현행 법령이 있다면 제시된 법령이 현행 법령에 우선하는 것으로 할 것

2. 기록에 나타난 사실관계만 기초로 하고, 그것이 사실임을 전제로 할 것

3. 기록 내의 각종 서류에 필요한 서명, 날인, 무인, 간인, 정정인, 직인 등은 특별한 언급이 없는 한 적법하게 갖추어진 것으로 볼 것

4. "(생략)" 으로 표시된 부분은 모두 기재된 것으로 볼 것

5. 문장은 경어체로 작성할 것

6. 2023. 6. 11.부터 「강원특별자치도 설치 등에 관한 특별법」이 시행되었으나 기록 내에서 "강원도" 로 표기함

7. 행정소장과 헌법소원심판청구서 작성 당시 법무부장관은 "이민서", 속초시장은 "김재준" 으로 할 것

【 행정소장 양식 】

소 장
원 고 ①
피 고 ②
주소 · 연락처 (생략)
사건명 ③
청 구 취 지
④
청 구 원 인
1. 이 사건 처분의 경위 (생략)
2. 이 사건 소의 적법성
⑤
3. 이 사건 처분의 위법성
⑥
4. 이 사건 국가배상책임의 성립 및 손해배상의 범위
가. 국가배상책임의 성립
⑦
나. 손해배상의 범위 (생략)
5. 결 론 (생략)
입 증 방 법 (생략)
첨 부 서 류 (생략)
2024. (생략)
원고 소송대리인 (생략) (인)
⑧ **귀중**

메모:25
이번 제13회 공기록 행정소장 문제는 제10회 변시 공기록 행정소장 작성 문제와 전반적으로 유사한 구조를 띠고 있는바, 기출의 중요성이 거듭 확인된 문제라고 할 것이다.

메모:57
이번 사안도 청구 대상이 2개 이상이므로 '등'자 표시를 반드시 해야 한다(영업자지위승계수리처분무효확인 등 청구의 소)

메모:58
취소소송의 제1심 관할법원은 피고의 소재지를 관할하는 행정법원으로 함이 원칙이다(행정소송법 제9조 제1항).

【 가처분신청서 양식 】

가 처 분 신 청 서

신 청 인 서제공 (주소, 연락처, 대리인 생략)
본안사건 2024헌마16

신 청 취 지

①

신 청 이 유

1. 본안사건의 개요 (생략)

2. 가처분의 필요성

②

3. 결 론 (생략)

첨 부 서 류 (생략)

2024. 1. 9.

신청인 대리인 (생략) (인)

헌법재판소 귀중

【 헌법소원심판청구서 양식 】

헌 법 소 원 심 판 청 구 서

청 구 인 서제공 (주소, 연락처, 대리인 생략)

청 구 취 지

①

침 해 된 권 리 (생략)

침 해 의 원 인 (생략)

청 구 이 유

1. 사건의 개요 (생략)

2. 적법요건의 구비

②

3. 위헌이라고 해석되는 이유

③

4. 결 론 (생략)

첨 부 서 류 (생략)

2024. 1. 9.

청구인 대리인 (생략) (인)

헌법재판소 귀중

기록내용 시작

<table>
<tr><td>수임번호
제2023-661호</td><td colspan="2">법 률 상 담 일 지 Ⅰ
(행정소송용)</td><td>2023. 11. 17.</td></tr>
<tr><td>의 뢰 인</td><td>㈜오션(대표 김정석)</td><td>의뢰인
전 화</td><td>033-5021-1234</td></tr>
<tr><td>의 뢰 인
주 소</td><td>강원도 속초시 대포로 15(대포빌딩 2층)</td><td>의뢰인
E-mail</td><td>ocean88912@maver.com</td></tr>
<tr><td colspan="4">상 담 내 용</td></tr>
<tr><td colspan="4">1. 김정석은 2023. 3. 31. 의뢰인 ㈜오션의 대표이사로 취임하였는데, 위 회사가 속초 대포항에서 운영하던 '오션캐슬'이라는 유흥주점영업의 영업자지위가 나양도로 승계된 것에 대하여 다투고자 내방하였다.
2. 김정석이 대표이사로 취임하기 직전에 의뢰인 회사의 대표이사는 나양도였다. 그런데 나양도는 의뢰인 회사가 운영하는 유흥주점영업을 자신의 처가 운영하는 회사로 이전할 목적으로 나양도 자신을 양수인으로 한 영업양도계약서와 의뢰인 회사의 임시주주총회 의사록을 위조하여 2022. 12. 16. 속초시청에 가서 영업자지위승계신고를 하였다.
3. 속초시청의 담당 공무원인 손해국은 2022. 12. 29. 영업자지위승계신고서에 첨부된 영업양도계약서와 임시주주총회 의사록의 위조 여부를 확인하지 않고, 행정절차법에 따라 의뢰인 회사에 사전통지를 한 후 위 영업자지위승계신고를 수리하였다. 나양도는 다음 날 위 신고수리서를 송달받았다.
4. 김정석은 의뢰인 회사의 대표이사로 취임한 후 회사의 사업과 재무상태를 점검하던 중 2023. 4. 15.에야 비로소 위와 같은 사실을 알게 되었다. 김정석은 원만히 해결하기 위해 나양도와 수개월간 협의를 시도하였으나 실패하고 결국 소송으로 해결하고자 본 법무법인을 방문하였다. 의뢰인 회사는 위 유흥주점영업이 의뢰인 회사의 유일한 사업인데, 이사회의 승인이나 주주총회의 특별결의도 없이 주주들 몰래 영업의 전부를 양도하는 계약은 무효라고 주장한다. 또한 담당 공무원이 첨부서류의 위조 여부도 제대로 확인하지 않고 신고수리를 해 준 것은 명백한 업무 태만이라고 주장한다.
5. 의뢰인 회사는 영업자지위승계신고에 대한 수리통보의 효력을 다투어 위 유흥주점영업의 영업자지위를 회복하고, 담당 공무원의 부주의로 신고서가 수리되는 바람에 영업을 할 수 없어 손해가 발생하고 있으므로 일실이익 상당을 국가배상으로 전보받기를 희망한다.</td></tr>
<tr><td colspan="4">법무법인 새해(담당변호사 최정의)
전화 (02) 234-5678 팩스 (02) 345-6789 전자우편 happy2024@newyear.co.kr
서울특별시 서초구 서초대로 30번길 15, 법조빌딩 4층</td></tr>
</table>

메모:20
사인의 공법행위로서의 신고가 문제된 사안으로, 그 신고에 하자가 있는 경우 그에 따른 행정처분의 효력이 문제가 된 사안이다.

메모:19
대법원 판례는 회사 영업의 전부를 양도함에 있어 상법 제374조 제1항 제1호, 제434조에 따른 주주총회 특별결의를 거치지 않았다면 그 영업양도양수계약은 무효라고 본다. 이 사건 영업양도양수계약은 주주총회 특별결의 없이 주총의사록을 위조하여 영업을 양도한 것으로서 상법 제374조 및 제434조에 반해 무효라고 할 것이다.

메모:4
이 사건 2022. 12. 29.자 신고수리를 다투어야 하나 제소기간이 도과한 사안에 해당하므로 취소가 아닌 무효확인소송을 제기해야 하는 사안이다.

메모:1
즉, 원고는 위 2023. 4. 15.에 문제가 된 위법사실을 알았지만 위 날로부터도 90일이 한참 지났으므로 취소소송의 제기기간은 도과하였음을 알 수 있다.

메모:50
소장 국가배상부분의 청구요건과 관련하여 담당공무원의 과실 부분을 암시한다.

메모:5
청구취지는 "피고 속초시장이 2022. 12. 29. (소외) 나양도에 대하여 한 영업자 지위승계 신고수리처분은 무효임을 확인한다."가 될 것이다.

메모:10
지자체의 고유사무처리와 관련하여, 담당 공무원의 고의, 과실로 인한 국가배상(손해배상) 청구가 문제가 된 경우 그 피고적격은 해당 지자체가 되는바, 사안의 경우 속초시 소속 공무원이 행한 잘못된 지위승계신고 수리로 인해 원고에게 손해가 발생한 사안이므로 국가배상청구의 피고는 '속초시'가 되며, 금전청구(당사자소송)인 경우로서, 대표자 '시장 OOO' 표시를 따로 해야 한다.

법무법인 새해 내부회의록 Ⅰ(행정소송용)

일 시: 2023. 11. 18. 15:00~17:00

장 소: 법무법인 새해 중회의실

참석자: 이윤재 변호사(송무팀장), 최정의 변호사(담당변호사)

이 변호사: 지금부터 수임번호 제2023-661호 사건에 대한 소송 전략회의를 시작하겠습니다. 내방한 김정석은 ㈜오션의 대표이사이지요? 이번에 ㈜오션이 소송을 의뢰했다면서요?

최 변호사: 네, 의뢰인 회사는 자신이 운영하던 유흥주점영업의 영업자지위승계신고에 대한 수리처분에 관하여 소송을 제기해 줄 것을 원하고 있습니다.

메모:11 이 사건 소장 주된 청구 대상을 소개하고 있다.

메모:51 대법원 판례에 따르면, 이 사건 영업양도양수계약은 원고회사의 적법한 주주총회 특별결의 없이 소외 나양도가 관련 서류를 위조하여 그 유일한 영업을 임의로 양도한 것으로서 상법 제374조 및 제434조에 반해 무효임을 알 수 있으며, 영업양도 신고수리를 담당한 공무원으로서는 위와 같은 위조 사실을 쉽게 인지할 수 있었음에도, 이를 제대로 확인하지 아니한 채 수리를 한 주의의무위반(과실)이 인정된다고 주장해야 한다.

이 변호사: 의뢰인 회사가 영업자지위승계신고에 동의했을 텐데, 무슨 이유로 수리처분에 대해 다툰다는 것이지요?

최 변호사: 김정석은 올해 3. 31.에 의뢰인 회사의 대표이사로 취임했다고 합니다. 그런데 김정석이 취임하기 직전에 대표이사였던 나양도가 무단으로 영업자지위승계신고를 하고 수리처분을 받았습니다.

이 변호사: 어떤 사정이 있기에 무단이라고 하는 것이지요?

최 변호사: 의뢰인 회사는 속초시 대포항 앞에서 '오션캐슬'이라는 유흥주점영업을 허가받아 운영하였습니다. 유흥주점영업은 위 회사의 유일한 영업이었습니다. 회사의 거의 모든 수익은 위 유흥주점영업의 운영에서 발생하였습니다. 그런데 당시 대표이사였던 나양도는 주주총회의 특별결의도 없이 마치 주주총회를 거친 것처럼 영업양도계약서와 임시주주총회 의사록을 위조하여 영업양도가 적법하게 이루어진 것으로 가장하여 영업자지위승계신고를 하였습니다.

메모:12 이 사건 영업승계신고수리처분 위법사유의 핵심이 담겨 있으므로 답안에 그대로 원용할 필요가 있다. 한편 하자 있는 계약이 무효라면 행정청이 이를 수리해도 그 수리는 무효임에 주의할 필요가 있다. 반면, 하자 있는 계약이 취소사유에 불과한 경우 취소되지 않은 상태면 일단 유효하므로, 그 수리도 유효하다. 한편, 행정청의 행정작용이 무효, 취소로 나눠지는 것은 공정력과 연결되나, 사인간 계약의 무효, 취소는 공정력과 무관하게 민법상의 법리가 적용되는 것이다. 따라서 본 사안의 하자있는 계약은 대법원 판례에 의해 명백히 무효이므로 수리처분의 전제인 영업양도양수계약이 무효로서 그 신고행위가 무효인 경우, 이에 대한 수리처분 역시 당연 무효라고 할 것이므로 피고의 수리에 의하여 나양도에게 적법한 영업권이 설정(창설)된다고 볼 수도 없다.

이 변호사: 먼저 이 사건 유흥주점영업의 양도가 주주총회의 특별결의 사항인지 확인하였나요?

최 변호사: 네, 관련 상법 규정과 판례를 확인하였습니다. 대법원 2017다288757판결에서는 상법 제374조 제1항 제1호가 강행규정이므로

주식회사가 주주총회의 특별결의 없이 영업의 전부 또는 중요한 일부를 양도하면 그와 같은 양도계약은 무효라고 보고 있습니다.

이 변호사: 만약 사법상 영업양도계약이 무효라면 나양도의 신고행위의 효력도 문제가 되겠네요. 하자있는 신고행위의 효력을 법리적으로 잘 논증해주세요.

최 변호사: 네, 그렇게 하겠습니다.

이 변호사: 그리고 만약 사인의 공법행위인 신고에 하자가 있으면 이를 전제로 한 행정행위의 효력은 어떻게 되나요?

최 변호사: 이론적으로 여러 견해가 있는 것 같던데, 판례를 참조하여 주장해 보겠습니다.

이 변호사: 그런데 송달도 적법하게 이루어졌고, 취소소송을 제기하기에는 제소기간이 한참 지난 것 같네요. 항고소송의 종류를 고민해 보세요.

최 변호사: 네, 알겠습니다. 다만, 한 가지 의문이 있습니다. 영업양도계약이 무효라면 민사소송으로 양도계약의 무효확인 판결을 먼저 받고 이후에 항고소송을 제기해야 할지 고민됩니다.

이 변호사: 그건 최 변호사가 잘 판단해서 주장해 주세요. 이 사건은 소의 적법요건에서 주장할 내용이 많을 것 같습니다. 소가 각하되지 않도록 논리 구성을 잘해 주시기 바랍니다. 혹시 절차 위법 사항은 없었나요?

최 변호사: 절차 위법은 없었습니다. 또 한 가지 상의드릴 내용이 있습니다. 의뢰인이 정보공개를 청구해서 영업자지위승계신고에 첨부된 영업양도계약서와 임시주주총회 의사록을 확인해 보았는데, 이 서류들이 위조되었다는 것을 육안으로도 쉽게 알 수 있었다고 합니다. 하물며 담당 공무원이 이를 제대로 확인하지 않고 신고수리를 해 주었다는 것이 일반적인 상식으로 도저히 이해가 되지 않습니다. 설사 담당 공무원에게 형식적 심사권만 있다고 하더라도 주주총회 의사록 등이 위조된 정황에 대한 의심이 들면 진위를 확인해야 할 주의의무가 있을 것 같습니다.

메모:55
대법원 판례에 따를 때, 행정처분의 하자가 중대 명백하여 무효로 되는 경우 외에는 권한 있는 기관에 의해 그 처분이 취소되기 전까지는 처분의 효력 내지 존재를 부인하지 못하는 것이 원칙이다(행정행위의 '공정력' 및 '구성요건적 효력'). 그러나 이 사건 수리 처분은 그 전제인 사인의 공법행위로서 신고대상인 영업양도양수계약 자체가 무효인 경우로서, 무효인 신고를 전제로 한 수리 또한 무효로 되는 경우로 공정력 또는 구성요건적 효력이 발생할 여지가 없는 경우이다. 그러므로, 이 사건 수리처분에 대한 항고소송과 동시에 병합하여 제기한 이 사건 국가배상청구는 적법하다고 할 것이다.

메모:3
무효확인소송을 제기하라는 의미이다.

메모:21
이 부분은 협의의 소익이 문제되는 부분으로 대법원 판례는 영업자 지위승계신고 수리처분에 대해서는 이와 달리 영업자 지위양도행위가 존재하지 않는 경우 영업지위양도행위의 무효확인을 구할 필요 없이 곧바로 그 지위승계신고 수리처분을 다툴 법률상 이익이 있다고 보고 있다. 그런데 이 사건 원고와 나양도 사이의 영업양도양수계약은 법령에 위반되어 무효이므로 원고는 위 영업양도양수계약의 효력을 다툼 없이 곧바로 이 사건 수리처분의 무효확인을 구할 법률상 이익이 있다고 할 것이다.

메모:2
국가배상청구의 요건 사실 중 공무원의 과실이 존재함을 암시한다.

이 변호사: 네, 그렇군요.

최 변호사: 참, 의뢰인 회사는 국가배상청구소송도 함께 제기해 달라고 요청하고 있습니다. 그런데 항고소송과 별개로 소장을 접수하기보다는 항고소송과 함께 청구하는 것이 나을 것 같습니다.

이 변호사: 그래요? 우리 법무법인에서 그런 형태의 병합청구 소송을 제기한 적이 없는데, 이번에 한 번 시범적으로 청구해 보는 것도 좋겠군요. 다만, 판례는 국가배상청구를 민사소송으로 보고 있으므로 항고소송과 병합할 수 있는 요건이 충족되는지를 잘 검토해 주시기 바랍니다. 병합청구를 하게 되면 피고도 신경을 써야겠군요.

최 변호사: 잘 알겠습니다. 그런데 제가 예전에 공부할 때 항고소송에 국가배상청구를 병합하려면 먼저 항고소송에서 인용판결이 확정되어야 한다고 배운 것 같기도 한데, 확실한 내용이 잘 기억나지 않습니다.

이 변호사: 그 부분은 최 변호사가 좀 더 알아보고 소의 적법성에서 관련청구병합요건을 검토할 때 함께 주장해 주시기 바랍니다. 국가배상청구 부분은 소송요건에는 문제가 없어 보입니다. 다만, 본안에서 배상책임이 성립할 수 있나요? 영업자지위승계신고 수리업무가 국가사무인지 자치사무인지 구별해서 배상책임의 주체를 확정할 필요가 있겠네요. 배상책임 요건 충족이 좀 까다로울 것 같다는 생각이 듭니다.

최 변호사: 네, 판례를 참조하여 요건별로 잘 주장해 보겠습니다.

이 변호사: 네, 좋습니다. 손해배상액 산정은 어떻게 하기로 했습니까?

최 변호사: 영업자지위승계신고가 수리되는 바람에 의뢰인 회사는 2023. 3. 15.부터 영업을 하지 못하여 영업손해가 계속 발생하고 있는 상황입니다. 손해배상액은 차후에 구체적으로 산정하기로 하고 일단 소장에서는 일부청구로 5백만 원과 2023. 3. 15.부터 발생하는 지연손해금만 청구하려고 합니다.

이 변호사: 네, 알겠습니다. 소장 작성에 최선을 다해 주시기를 바랍니다. 이상으로 회의를 마치겠습니다.<끝>

메모:13
항고소송과 국가배상청구를 병합해서 제기해 보라는 취지이다. 항고소송의 경우 관할이 행정법원이나, 국가배상청구의 경우 판례에 따르면 민사법원이어서 관할이 문제될 수 있으나, 학계 통설과 행정소송법 전면개정안에서는 국가배상청구를 당사자소송으로 보고 있으며, 실제 지방법원 행정부의 경우 국가배상청구와 항고소송이 병합청구된 경우 관할위반으로 각하나 이송하지 아니하고 함께 판단하는 경우가 있다.
한편, 행소법 제38조 제1항, 제10조 제1항 제1호 및 판례에 따르면 국가배상청구 등 민사소송이 행정소송에 관련청구로 병합되기 위해서는 청구의 내용 또는 발생원인이 행정소송의 대상인 처분 등과 법률상 또는 사실상 공통되거나, 그 처분의 효력이나 존부 유무가 선결문제로 되어야 하는데(견련관계), 이 사건 소 중 국가배상청구 부분은 이 사건 수리처분이 위법하여 무효임을 전제로 하여 발생한 손해의 배상을 구하는 소에 해당하므로 관련성(견련성)이 인정된다고 할 것이다.

메모:14
사안의 경우 피고가 2인 이상이므로 특별히 주의해야 한다는 암시이다.

메모:15
대법원 판례에 따르면, 행정처분의 하자가 중대 명백하여 무효로 되는 경우 외에는 권한 있는 기관에 의해 그 처분이 취소되기 전까지는 그 처분의 효력 내지 존재를 부인하지 못하지만('공정력' 및 '구성요건적 효력'), 이 사건 수리 처분은 그 전제인 영업양도양수계약이 무효로 되어 이에 따른 수리 처분 또한 무효로 되는 경우로 공정력 또는 구성요건적 효력이 발생할 여지가 없어 이 사건 국가배상청구는 적법하다고 할 것이다.

메모:16
국가배상청구의 경우 소송요건으로 책임주체(피고적격)만 주의하되 나머지 요건은 따로 문제 삼지 말고, 배상책임 성립여부(국배법 제2조 제1항에 따른 고의·과실, 법령위반, 손해발생, 인과관계)에 관한 주장을 잘 작성해 보라는 취지이다.

메모:17
국가배상책임은 문제가 된 사무를 처리하는 자가 부담하므로 고유(자치)사무는 지자체가, 국가사무(기관위임사무)는 국가가 그 배상주체가 된다. 사안의 경우 식품위생법과 그에 근거한 속초시 식품위생업소 시설기준에 관한 조례등에 따르면 문제가 된 식품영업자위승계신고수리사무는 속초시의 고유사무에 해당하므로 이 사건 국가배상청구의 피고는 속초시가 된다.

메모:18
이 사건 국가배상부분의 청구취지는 "피고는 원고에게 금 5,000,000원 및 이에 대하여 2023. 3. 15.부터 소장부본 송달일까지는 연 5%, 그 다음날부터 다 갚는 날까지는 연 12%의 각 비율에 의한 금원을 지급하라."가 될 것이며 금전청구인 만큼 가집행 조항도 반드시 함께 기재해야 한다.

등기번호	002312
등록번호	200777-0*****

등기사항전부증명서(현재사항)

상 호 ㈜오션	. . 변경 . . 등기
본 점 강원도 속초시 대포로 15(대포빌딩 2층)	. . 변경 . . 등기

공고방법 서울시내에서 발행하는 일간 매일경제신문에 게재한다.	. . 변경 . . 등기

1주의 금액 금 1,000원	. . 변경 . . 등기

발행할 주식의 총수 1,000,000주	. . 변경 . . 등기

발행주식의 총수와 그 종류 및 각각의 수	자본의 총액	변경연월일 등기연월일
발행주식의 총수 1,000,000주 보통주식 1,000,000주 우선주식 0주	금 1,000,000,000원	. . 변경 . . 등기

목 적
1. 식품접객업(유흥주점영업) 2. 제1호에 관련된 부대사업

임원에 관한 사항	
이사 이허수 650510-2****** 2020년 02월 02일 취임	2020년 02월 02일 등기
이사 홍수래 851023-1****** 2020년 02월 02일 취임	2020년 02월 02일 등기
이사 정정해 551122-2****** 2020년 02월 02일 취임	2020년 02월 02일 등기
대표이사 나양도 720702-1****** 서울 관악구 봉천로 3, 201호(봉천동, 양도빌라) 2020년 02월 02일 취임	2020년 02월 02일 등기
감사 장수현 710207-1****** 2020년 02월 02일 취임	2020년 02월 02일 등기

수수료 금 1,000원 영수함. 관할등기소 춘천지방법원 속초지원등기계 / 발행등기소 서울중앙지방법원 등기국

등기부 등본입니다. {다만 신청이 없는 경우에는 효력이 없는 등기사항과 지배인(대리인), 지점(분사무소)의 등기사항을 생략하였습니다.}

서기 2022년 12월 01일

서울중앙지방법원 등기국 등기관 서울중앙지방법원등기국등기관의인

40109153136672895679224820 64-1234-4032 1/1 발행일 2022/12/01

제12345호

영 업 허 가 증

○ 업 소 명 : 오션캐슬

○ 소 재 지 : 속초시 대포로 15(대포빌딩 4,5층)

○ 영업장 면적 : 463.29㎡

○ 대표자(법인) : 나양도(생년월일:1972. 7. 2.)(㈜오션)

○ 영업의 종류 : 식품접객업(영업의 형태: 유흥주점영업)

「식품위생관리법」 제37조제1항에 따라 식품접객업의 영업을 허가합니다.

2020년 2월 12일

속초시장 속초시 장의인

제2021-588호

안전 · 위생교육 이수증

1. 성명: 심성용

2. 생년월일: 1998. 01. 10.

3. 영업장명 및 지위: 오션캐슬의 종업원

4. 영업장 주소: 강원도 속초시 대포로 15(대포빌딩 4,5층)

위 사람은 「식품위생관리법」 제41조에 따라 안전 · 위생교육을 이수하였으므로 이수증을 발급합니다.

2021년 11월 2일

속초시장 속초시장의인

■ 식품위생관리법 시행규칙 [별지 제49호서식]

식품영업자 지위승계 신고서

접수번호 05342	접수일 2022. 12. 16.	발급일	처리기간

승계를 하는 사람	성명 ㈜오션(대표자: 나양도)		법인번호 200777-0*****
	주소 강원도 속초시 대포로 15(대포빌딩 2층)		전화번호 033-5021-1234
승계를 받는 사람	성명 나양도		주민등록번호 720702-1******
	주소 서울특별시 관악구 봉천로 3, 201호(봉천동, 양도빌라)		전화번호 070-5021-****
	등록기준지 강원도 속초시 전통로 1번길 12		
영업소	명칭(상호)	변경 전 오션캐슬	
		변경 후 오션캐슬	
	영업의 종류 유흥주점영업		
	소재지 강원도 속초시 대포로 15(대포빌딩 4,5층)		전화번호 033-5021-****
허가번호	제12345호		
승계사유	[√] 양도・양수 [ ] 상속 [ ] 그 밖의 사유( )		
별첨	영업양도양수계약서, 임시주주총회 의사록		

「식품위생관리법」 제39조제2항 및 같은 법 시행규칙 제48조제1항에 따라 위와 같이 신고합니다.

2022년 12월 16일

신고인(승계를 받는 사람) 나양도 (인) (나양도)

대리인이 식품영업자 지위승계 신고를 하는 경우에는 아래의 위임장을 작성하시기 바랍니다.				
위 임 장	본인은 영업자의 지위승계 신고와 관련한 모든 사항을 아래 대리인에게 위임합니다. 신고인: (서명 또는 인)			
대리인 인적사항	성명	생년월일	전화번호	신고인과의 관계

속초시장 귀하

영업양도양수계약서

양도인(㈜오션)과 양수인(나양도)은 다음과 같이 영업양도양수계약을 체결한다.

다 음

1. 양도인은 양도인이 운영하고 있는 유흥주점영업(업소명: 오션캐슬, 소재지: 강원도 속초시 대포로 15, 대포빌딩 4,5층) 사업에 관한 일체의 권리와 의무를 양수인에게 무상으로 양도한다.

2. 양수인은 양도인이 2023년 3월 14일까지 위 장소에서 영업할 수 있도록 협조하며, 그 다음 날부터는 양수인이 실질적으로 영업을 운영하기로 상호합의한다.

2022년 12월 16일

양도인 ㈜오션 (㈜오션 대표이사)
강원도 속초시 대포로 15(대포빌딩 2층)

양수인 나양도 (나양도)
서울시 관악구 봉천로 3, 201호(봉천동, 양도빌라)

임시주주총회 의사록

○ 일시, 장소

2022. 12. 17. 본사 회의실

○ 참석 주주(소유 주식수)

1. 나양도(100,000주)
2. 이허수(490,000주)
3. 홍수래(200,000주)
4. 정정해(210,000주)

○ 안건: 영업양도의 건

당사가 운영하고 있는 유흥주점영업(업소명: 오션캐슬, 소재지: 강원도 속초시 대포로 15, 대포빌딩 4,5층) 사업에 관한 일체의 권리와 의무를 나양도에게 무상으로 양도한다는 내용

○ 의사 진행 경과

1. 의장 나양도는 임시주주총회의 개회를 선언한 후 주주들이 의안을 심의하였다.
2. 최종적으로 표결한 결과 주주들 모두 위 안건에 대하여 찬성하였다.
3. 의장은 위 안건이 가결되었음을 선언한 후 임시주주총회를 종결하였다.

○ 의결사항

당사의 나양도에 대한 영업양도의 안건을 가결함

○ 첨부 : 각 주주의 인감증명서

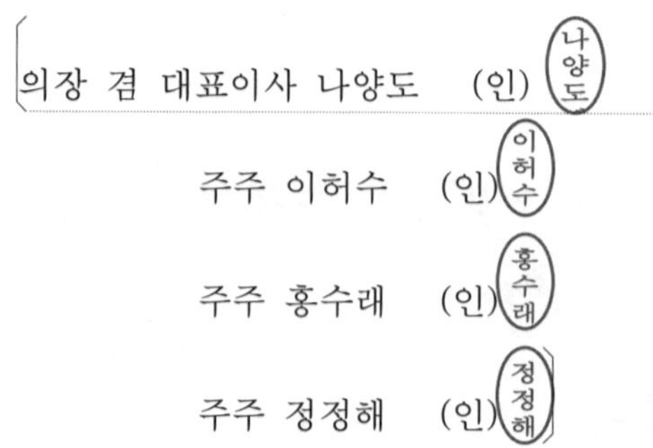

의장 겸 대표이사 나양도 (인) 나양도
주주 이허수 (인) 이허수
주주 홍수래 (인) 홍수래
주주 정정해 (인) 정정해

메모:52
법인(회사)의 유일한 사업을 양도(매각)하는 중요한 사안에 관한 주총의사록에 날인되는 도장은 인감도장이어야 함이 일반적인데 사안의 경우 막도장이 날인되어 있음을 알 수 있고 신고수리 관련 서류심사를 담당하는 공무원이 이 점을 간과한 과실이 인정되는 사안이다.

■ 인감증명법 시행령 [별지 제14호서식]

인감증명서 발급사실 확인용 번호	12355-212355-2******
신청인: 이허수(생년월일: 1965. 5. 10.), 담당자: 윤소연(전화: 생략)	

※ 이 용지는 위조식별표시가 되어 있음

주민등록번호	650510-2******	**인 감 증 명 서**	본인 ○	대리인
성명(한자)	이허수 (李虛數)	인감	李虛數	
국적	대한민국			
주소	서울시 서초구 서초대로 7번길, 205동 303호			
용도 - 매도용	[ ] 부동산 매수자, [ ] 자동차 매수자			
	성 명(법인명)		주민등록번호(법인등록번호)	-
	주 소(법인·사업장 소재지)			
	위의 기재사항을 확인합니다. (발급신청자) (서명)			
용도 - 일반용	부자은행의 대출용으로만 사용			
비고	일반용의 용도 기재사항을 확인함			

1. 용도의 일반용란은 '은행제출용', '○○은행의 대출용으로만 사용' 등 자유롭게 기재할 수 있습니다. 다만, 피한정후견인의 인감증명서를 발급하는 경우에는 담당 공무원이 신청인에게 구체적인 용도를 확인하여 직접 기재하여 발급하여야 합니다.

(생략)

※ 유효기간: 증명일로부터 3개월간임

발급번호	00231	위 인감은 신고되어 있는 인감임을 증명합니다.

2021년 12월 5일

서초구 반포동장 [서초구반포동장인]

■ 인감증명법 시행령 [별지 제14호서식]

인감증명서 발급사실 확인용 번호	12355-215789-2******
신청인: 홍수래(생년월일: 1985. 10. 23.), 담당자: 김유신(전화: 생략)	

※ 이 용지는 위조식별표시가 되어 있음

주민등록번호	8 5 1 0 2 3 - 1 * * * * * *	**인감증명서**	본인	대리인
			○	

성명(한자)	홍수래 (洪秀崍)	인감	洪秀崍 (인)
국적	대한민국		
주소	서울시 강북구 길동로 25번길, 101동 1004호		

용도					
용도	매도용	[ ] 부동산 매수자, [ ] 자동차 매수자			
		성 명 (법인명)		주민등록번호 (법인등록번호)	-
		주 소 (법인·사업장 소재지)			
		위의 기재사항을 확인합니다. (발급신청자) (서명)			
	일반용	북자은행의 대출용으로만 사용			
비고		일반용의 용도 기재사항을 확인함			

1. 용도의 일반용란은 '은행제출용', '○○은행의 대출용으로만 사용' 등 자유롭게 기재할 수 있습니다. 다만, 피한정후견인의 인감증명서를 발급하는 경우에는 담당 공무원이 신청인에게 구체적인 용도를 확인하여 직접 기재하여 발급하여야 합니다.

(생략)

※ 유효기간: 증명일로부터 3개월간임

발급번호	00870	위 인감은 신고되어 있는 인감임을 증명합니다.

2021년 12월 4일

강북구 쌍문동장 [강북구쌍문동장인]

■ 인감증명법 시행령 [별지 제14호서식]

인감증명서 발급사실 확인용 번호	12355-217534-6******
신청인: 정정해(생년월일: 1955. 11. 22.), 담당자: 김시형(전화: 생략)	

※ 이 용지는 위조식별표시가 되어 있음

주민등록번호	5 5 1 1 2 2 - 2 * * * * * *	**인감증명서**		본인 ○	대리인
성명(한자)	정정해 (鄭正解)		인감	鄭正解	
국적	대한민국				
주소	서울시 강동구 아시아로 8번길, 307동 103호				
용도 / 매도용	[ ] 부동산 매수자, [ ] 자동차 매수자				
	성 명(법인명)		주민등록번호(법인등록번호)	-	
	주 소(법인·사업장 소재지)				
	위의 기재사항을 확인합니다. (발급신청자) (서명)				
용도 / 일반용	부자은행의 대출용으로만 사용				
비고	일반용의 용도 기재사항을 확인함				

1. 용도의 일반용란은 '은행제출용', '○○은행의 대출용으로만 사용' 등 자유롭게 기재할 수 있습니다. 다만, 피한정후견인의 인감증명서를 발급하는 경우에는 담당 공무원이 신청인에게 구체적인 용도를 확인하여 직접 기재하여 발급하여야 합니다.

(생략)

※ 유효기간: 증명일로부터 3개월간임

발급번호	01005	위 인감은 신고되어 있는 인감임을 증명합니다.

2021년 12월 5일

강동구 반월동장 [강동구반월동장인]

속초시

수 신 자　나양도
제　　목　식품영업자 지위승계 신고서 수리 통보

---

1. 시정 발전에 협조하여 주심에 감사드리며, 가내 건강과 평안을 기원합니다.

2. 귀하의 2022. 12. 16.자 식품영업자 지위승계 신고가 수리되었음을 통보합니다.

※ 붙임 : 영업허가증(영업양수)

2022년 12월 29일

속초시장 [속초시장의인]

메모:26
행소법 제38조 제1항, 제13조 제1항에 따라 다른 법률에 특별한 규정이 없는 한 '처분등을 행한 행정청'이 무효확인소송의 피고적격을 가지는바, 이 사건 수리처분은 속초시장이 행한 것이므로 속초시장이 피고적격을 가진다.

기안 주무관 손해국　　검토 사무관 이연준　　전결 식품위생관리과장 곽윤재
시행 식품위생관리과-20227894 (2022.12.29.)　　공개구분 (생략)
주소 강원도 속초시 시청대로 1, 속초시청　　전화번호 (생략)

〔붙임〕

제13215호

영 업 허 가 증

(영업양수)

○ 업　소　명 : 오션캐슬

○ 소　재　지 : 속초시 대포로 15(대포빌딩 4,5층)

○ 영업장 면적 : 463.29㎡

○ 대　표　자 : 나양도(생년월일 : 1972. 7. 2.)

○ 영업의 종류 : 식품접객업(영업의 형태: 유흥주점영업)

「식품위생관리법」 제37조제1항 및 같은 법 제39조에 따라 식품접객업의 영업을 허가합니다.

2022년　12월　29일

속초시장 [속초시 장의인]

등기번호	002800
등록번호	200777-0*****

등기사항전부증명서(현재사항)

상 호	㈜오션	. . 변경 . . 등기
본 점	강원도 속초시 대포로 15(대포빌딩 2층)	. . 변경 . . 등기

공고방법	서울시내에서 발행하는 일간 매일경제신문에 게재한다.	. . 변경 . . 등기

1주의 금액	금 1,000원	. . 변경 . . 등기

발행할 주식의 총수	1,000,000주	. . 변경 . . 등기

발행주식의 총수와 그 종류 및 각각의 수	자본의 총액	변경연월일 등기연월일
발행주식의 총수 1,000,000주 보통주식 1,000,000주 우선주식 0주	금 1,000,000,000원	. . 변경 . . 등기

목 적
1. 식품접객업(유흥주점영업) 2. 제1호에 관련된 부대사업

임원에 관한 사항
이사 이허수 650510-2****** 2020년 02월 02일 취임 2020년 02월 02일 등기
이사 홍수래 851023-1****** 2020년 02월 02일 취임 2020년 02월 02일 등기
이사 정정해 551122-2****** 2020년 02월 02일 취임 2020년 02월 02일 등기
~~대표이사 나양도 720702-1****** 서울 관악구 봉천로 3, 201호(봉천동, 양도빌라)~~ ~~2020년 02월 02일 취임 2020년 02월 02일 등기~~
감사 장수현 710207-1****** 2020년 02월 02일 취임 2020년 02월 02일 등기
대표이사 김정석 701111-1****** 서울 서초구 서초대로 10번길, 101동 1001호 2023년 03월 31일 취임 2023년 03월 31일 등기

수수료 금 1,000원 영수함. 관할등기소 춘천지방법원 속초지원 등기계 / 발행등기소 서울중앙지방법원 등기국

등기부 등본입니다. {다만 신청이 없는 경우에는 효력이 없는 등기사항과 지배인(대리인), 지점(분사무소)의 등기사항을 생략하였습니다.}

서기 2023년 04월 05일

서울중앙지방법원 등기국 등기관 서울중앙지방법원등기국등기관의인

70223125678123456567923421561O-4215-2678 1/1 발행일 2023/04/05

증서 2023년 제425호

공 정 증 서

공증인가 법무법인 날개
전화: 033-514-1004
팩스: 033-514-1009

증서　　　　2023년　제425호
본 공증인은 당사자들의 촉탁에 따라 다음의 법률행위에 관한 진술의 취지를 청취하여 이 증서를 작성한다.
1. 진술인들은 ㈜오션의 이사 및 주주들로 ㈜오션이 2022. 12. 16. 나양도에게 '오션캐슬' 이라는 유흥주점영업을 양도한 사실에 대해 전혀 모르고 있다가 김정석이 대표이사로 취임한 이후에 비로소 알게 되었다.
2. 위 유흥주점의 영업양도에 관해서 이사회에서 안건으로 논의된 바가 없다.
3. ㈜오션의 주주총회는 2022년에 단 한 번 개최되었는데, 영업양도에 관한 안건은 포함되어 있지 않았다.
4. 영업자지위승계신고 시 첨부된 임시주주총회의사록을 살펴본 결과, 날인된 주주각자의 인영은 주주들의 막도장일 뿐 인감증명서에 날인된 인감도장이 아니다. 더구나 그 인감증명서는 1년 전에 회사 명의로 대출을 받기 위해 발급받은 것이다.
5. '오션캐슬' 의 영업양도를 위해 주주총회를 했다면 적어도 영업양도계약일 전의 날짜가 적혀 있어야 할 텐데, 임시주주총회의사록의 날짜가 영업양도계약일 다음 날인 2022. 12. 17.로 기재되어 있다.
6. 이상의 내용은 틀림없는 사실임을 진술한다.
진술인: ㈜오션의 이사 및 주주(이허수, 홍수래, 정정해)
작성연월일 2023년 11월 28일
작성자 공증인가 법무법인 날개
주소 강원도 강릉시 율곡로 23번길 5, 사임당빌딩 4층
공증담당변호사 이의인 이의인

메모:27
대법원 판례는 "주식회사의 대표이사가 그 회사 영업의 전부를 양도함에 있어 상법 제374조 제1항 제1호, 제434조에 따른 주주총회 특별결의를 거치지 않았다면 그 영업양도양수계약은 무효"라고 보고 있는바(대법원 2018. 4. 26. 선고 2017다288757 판결), 위 공증진술에 비추어 보면 이 사건 영업양도양수계약은 법률상 무효라고 봄이 상당하다.

메모:28
또한, 위 사실확인공증에 따르면 의사록이 위조되었으므로 약간의 주의만 기울여도 쉽게 확인할 수 있는바, 이 사건 영업양도신고수리처분을 한 담당 공무원에게 신고수리를 함에 있어 형식적 심사를 충실히 다하지 아니한 과실이 존재함을 알 수 있다.

2022년도 **속 초 시 세 입 결 산** 일반회계[종합민원과]

(단 위 : 원)

<table>
<tr><th colspan="3">과 목</th><th rowspan="2">예 산 액</th><th rowspan="2">수 납 액</th><th rowspan="2">불 납
결 손 액</th><th rowspan="2">부 기</th></tr>
<tr><th>관</th><th>항</th><th>목</th></tr>
<tr><td colspan="7">(생략)</td></tr>
<tr><td rowspan="3">210
경상적
세외수입</td><td rowspan="2">213
수수료수입</td><td>213-01
증지수입</td><td>290,000,000</td><td>306,212,060</td><td>0</td><td></td></tr>
<tr><td>213-02
기타수수료</td><td>58,000,000</td><td>123,919,260</td><td>0</td><td></td></tr>
<tr><td>214
이자수입</td><td>214-01
기타
이자수입</td><td></td><td>58,409</td><td>0</td><td></td></tr>
<tr><td>220
일시적
세외수입</td><td colspan="6">(생략)</td></tr>
<tr><td colspan="7">(생략)</td></tr>
</table>

※ 1. 기타수수료는 「식품위생관리법」 제92조 및 「속초시 영업허가신청등 수수료 조례」에 따라 수납한 각종 영업허가 및 변경, 승계 등에 관한 수수료임.

(이하 생략)

<table>
<tr><td>수임번호
제2023-783호</td><td colspan="2">법 률 상 담 일 지 Ⅱ
(헌법소원용)</td><td>2023. 12. 28.</td></tr>
<tr><td>의 뢰 인</td><td>서제공</td><td>의뢰인
전 화</td><td>02-987-6543</td></tr>
<tr><td>의 뢰 인
주 소</td><td>서울특별시 성북구
헌재로 10, 4층</td><td>의뢰인
E-mail</td><td>upload@uploadall.com</td></tr>
<tr><td colspan="4">상 담 내 용</td></tr>
<tr><td colspan="4">1. 의뢰인 서제공은 절친한 고향 친구인 ㈜오션의 대표이사 김정석의 소개로 본 법무법인을 방문하였다. [의뢰인은 온라인을 통해 영화, 드라마, 동영상 등 콘텐츠를 제공하는 개인사업자로, 「아동 성보호법」상 사람들이 정보통신망을 통하여 온라인 자료를 이용할 수 있도록 서비스를 제공하는 '온라인서비스제공자' 이다.]

2. 국회는 온라인에서 유통되는 아동이용음란물이 사회적 문제로 대두되자 2023. 12. 4. [「아동 성보호법」을 개정하면서 같은 법 제25조(온라인서비스제공자의 의무)에 "자신이 관리하는 정보통신망에서 아동이용음란물을 발견하기 위한 조치를 취하지 않거나 발견된 아동이용음란물의 즉시 삭제, 전송 방지 및 중단하는 기술적인 조치를 취하지 아니한 온라인서비스제공자는 3년 이하의 징역 또는 2천만원 이하의 벌금에 처한다." 라고 규정하였고, 해당 조항은 공포 후 3개월이 경과한 날부터 시행될 예정이다.]

3. [의뢰인이 온라인서비스제공업을 시작한 지는 1년 남짓 되었으며 현재 이용회원이 채 2만 명이 되지 않아 지금도 사업 운영에 어려움을 겪고 있다]. 의뢰인은 [「아동 성보호법」이 개정되면서 공포 후 3개월 내에 자신이 관리하는 정보통신망에서 아동이용음란물을 발견하기 위한 조치와 발견된 아동이용음란물의 즉시 삭제, 전송 방지 및 중단하는 기술적인 조치를 취해야 하는 추가적인 부담을 지게 되었고, 나아가 형사처벌의 위험에 처하게 되었다고 주장한다.]

4. 의뢰인은 [개정된 「아동 성보호법」이 자신의 기본권을 침해한다고 주장하면서 관련 조항들에 대한 헌법소원심판을 청구하기를 원하며, 위 헌법소원심판청구와 더불어 효력정지가처분신청을 하기를 원한다.]</td></tr>
<tr><td colspan="4">법무법인 새해(담당변호사 김승소)
전화 (02) 234-5678 팩스 (02) 345-6789 전자우편 happy2024@newyear.co.kr
서울특별시 서초구 서초대로 30번길 15, 법조빌딩 4층</td></tr>
</table>

메모:29
이 사건 의뢰인이 온라인 콘텐츠제공사업자이고 당국의 규제로 그 사업을 영위하는데에 문제가 생긴 것으로 보아 이 사건에서 문제되는 기본권은 직업의 자유가 됨을 쉽게 추론할 수 있다.

메모:30
이 부분이 이 사건 심판대상이 될 것이다. 즉 아동성보호법 제25조에서 규정된 조치의무조항 및 위반시 해당 벌칙 조항을 포함하는 한편, 지나치게 짧게 규정된 부칙조항도 모두 심판대상으로 삼아야 한다.

메모:31
의뢰인과 같은 영세사업자 등을 따로 규율하지 않고 관련 사업자 전부를 일률적으로 규제하는 것은 침해 최소성 원칙에 위배된다고 주장하여야 한다.

메모:32
지나치게 짧은 부칙조항으로 인해 조치의무 부담이 가중되며, 위반시 형사처벌까지 당하게 되므로 이 점에서도 침해최소성 원칙에 위배된다고 주장해야 한다.
한편, 법개정과 유예기간(경과조치)에 관한 부칙조항이 문제되는 경우 소급입법 및 신뢰보호원칙위반 주장도 할 여지가 있다(단, 이번 문제의 경우 가처분 신청서가 따로 15점 배점이 되는 바람에 본안 35점 배점 청구서에서 이 부분까지 따로 언급하지 않아도 무방할 것으로 보여지나, 만약 이 부분을 답안에 기술했다면 가점이 주어질 여지가 있음).

메모:33
이번 문제는 헌재법 제68조 제1항 소정의 법령 헌법소원심판청구와 함께 해당 심판대상조항에 대한 가처분신청서까지 작성하라는 문제이다. 헌법재판 가처분신청서의 경우 직전 2023년 6월 모의고사 공법기록형 문제에서 이미 기출된 바 있다.

법무법인 새해 내부회의록 II(헌법소원용)

일 시: 2023. 12. 29. 14:00~15:00

장 소: 법무법인 새해 중회의실

참석자: 전진실 변호사(헌법소송팀장), 김승소 변호사(담당변호사)

전 변호사: 의뢰인 서제공의 헌법소원심판청구 건에 대하여 논의하여 봅시다. 의뢰인의 주장이 무엇인가요?

김 변호사: 의뢰인은 온라인을 통해 영화, 드라마, 동영상 등 콘텐츠를 제공하는 개인사업자로, 「아동 성보호법」상 사람들이 정보통신망을 통하여 온라인 자료를 이용할 수 있도록 서비스를 제공하는 '온라인서비스제공자'입니다. 뉴스를 통해서 들어 보셨겠지만 얼마 전 국회는 온라인에서 유통되는 아동이용음란물이 사회적 문제로 대두되자 이에 대응하기 위해 「아동 성보호법」을 개정하면서 제25조를 신설하여 "자신이 관리하는 정보통신망에서 아동이용음란물을 발견하기 위한 조치를 취하지 않거나 발견된 아동이용음란물의 즉시 삭제, 전송 방지 및 중단하는 기술적인 조치를 취하지 아니한 온라인서비스제공자는 3년 이하의 징역 또는 2천만원 이하의 벌금에 처한다."라고 규정하였습니다. 이에 의뢰인은 이러한 「아동 성보호법」의 개정이 자신의 온라인서비스제공업 운영에 지나친 부담이 되고 나아가 형사처벌의 위험에까지 노출되었다며 개정된 법률에 대한 헌법소원심판을 청구하기를 원하고 있습니다.

전 변호사: 개정된 「아동 성보호법」 제25조는 아직 시행되지는 않은 건가요?

김 변호사: 네, 「아동 성보호법」 제25조는 공포 후 3개월이 경과한 2024. 3. 5.부터 시행될 예정입니다. 의뢰인은 자신이 온라인서비스제공업을 시작한 지 1년 남짓에 이용 회원도 채 2만 명이 되지 않아 현재도 사업 운영에 큰 어려움을 겪고 있는 상황에서 이러한 법률 개정으로 인한 추가적인 부담은 더 이상 사업 운영을 불가능하게 할 뿐만 아니라 이로 인해 형사처벌을 받을까 걱정하고 있습니다. 또한 3개월의 유예기간은 이러한 급격한 법률 개정에 적절히 대응하기에는 지나치게 짧다고 주장하고 있습니다.

> 메모:35 헌재법 제68조 제1항 소정의 법령헌법소원이 문제되는 경우이므로 청구인 적격(자기관련성, 현재성, 직접성)과 보충성 요건 등을 적법요건 부분에서 특히 신경써야 한다.

> 메모:53 이 사건 청구인의 직업이 서두에 나오는 만큼 문제되는 기본권이 청구인의 영업의 자유임을 유추할 수 있다.

> 메모:54 이 사건 심판대상 아동성보호법 조항으로 인해 사업 운영상의 부담이 가중되고, 그에 더해 형사처벌 위험까지 처하게 되어 있어 이는 과잉금지원칙을 위반하여 청구인의 영업의 자유를 침해한다는 것이 이 사건 핵심 주장사유이다.

> 메모:34 유예기간이 경과하지 않은 사안으로 현재성과 직접성, 청구기간 등이 문제될 수 있는바, 이와 관련하여 헌재는 기본권 침해가 장래 명백히 예상되는 경우로서 '상황성숙이론'을 만들어 현재성의 예외를 인정하고 있으며, 이러한 경우 청구기간의 경우에도 그 도과 여부가 문제되지 않는다고 본다.

> 메모:36 이 부분은 모두 과잉금지원칙 위반 중 특히 침해의 최소성 원칙 부분에서 빠짐없이 주장할 부분이다.

전 변호사: 2024. 3. 5.부터 시행되면 두 달 남짓 남았는데 급하게 되었네요. 개정된 「아동 성보호법」 제25조에 따라 의뢰인이 새롭게 부담하게 되는 의무는 무엇이지요?

김 변호사: 네, 두 가지로 볼 수 있습니다. 개정된 법률에 따르면 온라인서비스제공자는 먼저 아동이용음란물을 발견하기 위한 조치('발견조치')와 발견된 아동이용음란물의 즉시 삭제, 전송 방지 및 중단하는 기술적인 조치('삭제 및 전송방지 조치')를 취하여야 합니다.

전 변호사: 이러한 의무의 부과가 의뢰인이 사업 운영을 하지 못하게 할 정도로 과도하다고 볼 수 있을까요?

김 변호사: 관련 자료를 조사해 본 결과, 아동이용음란물 발견의무를 이행하기 위한 조치로는 이용자 스스로가 아동이용음란물로 의심되는 자료를 발견하는 경우 온라인서비스제공자에게 상시 신고할 수 있도록 하는 조치('신고접수 조치')와 온라인 자료의 특징 또는 명칭을 분석하여 기술적으로 아동이용음란물로 인식되는 자료를 찾아내도록 하는 조치('인식목적 기술적 조치')를 취해야 합니다. 인식목적 기술적 조치 중에는 특정 검색어를 기반으로 특정 자료를 찾아내는 기술('금칙어 인식 기술'), 데이터 고유 특성을 추출하여 특정 자료의 데이터와 대조하여 일치되는 자료를 찾아내는 기술('대조 인식 기술') 등 다양한 방식이 있는 것으로 보입니다. 이러한 기술들의 연구·개발이나 도입을 위해서는 상당한 시간과 비용이 들어가는 것으로 조사되었습니다.

> 메모:37 마찬가지로 이 부분은 과잉금지원칙 위반 중 특히 침해의 최소성원칙 부분에서 그대로 기술하면 되는 부분이다. 즉, 기술적 방식이 다양함에도 사업장의 규모나 환경 등을 전혀 고려하지 아니 한 채 일률적으로 포괄적이고 광범위한 의무를 부과하고 있는 것은 침해의 최소성원칙에 위배된다는 점을 강조해야 한다.

전 변호사: 그렇군요. 「아동 성보호법」 제25조는 규정된 의무를 준수하지 못한 온라인서비스제공자에게 3년 이하의 징역 또는 2천만원 이하의 벌금에 처하도록 하면서도 어느 정도 내용의 조치를 취해야 하는지 등에 관하여 모호하게 규정된 것으로 보입니다. 먼저 이 부분에 대한 위헌성 주장을 준비해 주세요.

> 메모:38 이 부분은 이 사건 심판대상 형사처벌조항이 불명확하다는 것으로서, 형사처벌조항의 명확성이 특별히 문제가 되면 그 제목을 '죄형법정주의 명확성원칙 위반'으로 명시해야 한다.

김 변호사: 네, 잘 준비해 보겠습니다.

전 변호사: 또한, 새롭게 부과된 의무로 인해서 의뢰인과 같은 온라인서비스제공자가 지금까지 영위해 왔던 영업을 더 이상 수행하지 못하게

> 메모:39 이 부분도 과잉금지원칙 중 가장 배점이 많은 침해의 최소성 부분에서 그대로 원용하면 될 부분이다.

되었을 뿐 아니라 형사처벌의 위험에 처하게 되었습니다. 온라인 서비스제공자는 정보 유통의 매개자에 불과한데 아동이용음란물 유통에 적극적으로 관여하거나 이를 조장하지 않은 경우에도 일률적으로 형벌로 처벌하는 것은 지나친 것으로 보입니다. 또한 3개월의 유예기간은 이러한 상황 변화에 대응하기에는 지나치게 짧은 것으로 보입니다. 이에 대해서도 관련 기본권을 중심으로 위헌성 주장을 준비하여 주시면 고맙겠습니다.

김 변호사: 네, 차질 없이 준비토록 하겠습니다.

전 변호사: 개정된 「아동 성보호법」이 곧 시행을 앞두고 있습니다. 개정법이 시행되면 의뢰인은 언제라도 형사처벌을 받게 될 수 있습니다. 개정된 「아동 성보호법」에 대한 헌법소원심판청구서와 더불어 효력정지가처분신청서를 함께 준비해 주시기 바랍니다.

김 변호사: 네, 헌법재판소 선례에서 제시된 가처분 요건에 따라 충실하게 준비토록 하겠습니다.

전 변호사: 좋습니다. 오늘 이야기하지 않은 적법요건 부분도 잘 정리해서 작성해 주십시오. 그럼, 오늘 회의는 이것으로 마치겠습니다.<끝>

메모:40
사안의 경우 청구인은 이 사건 심판대상조항으로 인해 온라인서비스제공자로서 사업을 영위함에 있어 아동이용음란물에 관한 일련의 조치를 취해야 하는 법적 의무를 부담하는바, 이로써 청구인의 영업수행의 자유(1단계 영업의 자유)가 제한된다고 할 수 있다.

메모:42
가처분의 요건으로서 회복하기 어려운 손해의 발생과 긴급성이 명백히 인정된다는 점을 나타낸다.

메모:43
헌법재판에서의 가처분요건은, ① 공권력 행사 또는 불행사의 효력을 유지할 경우 회복하기 어려운 손해가 발생할 우려가 있고, ② 그 효력을 정지시켜야 할 긴급할 필요가 있으며 ③ 가처분 인용 후 종국결정 기각 시의 손해보다 가처분 기각 후 종국결정 인용 시의 손해가 더 큰 경우('이중기준 이론')로서 ④ 본안심판이 부적법하거나 이유있음이 명백한 경우가 아닌 경우에 신청인은 공권력 행사 또는 불행사를 대상으로 하여 가처분을 신청할 수 있다(헌재법 제40조 제1항, 행소법 제23조 제2항 및 민사집행법 제300조). 이번 문제와 같은 법령에 대한 효력정지가처분신청의 경우 그 신청취지는 "「아동 성보호법」(2023. 12. 4. 법률 제25632호로 개정된 것) 제25조 및 「아동 성보호법」 부칙(2023. 12. 4. 법률 제25632호) 제1조 중 「아동 성보호법」 제25조에 관한 부분의 효력은 헌법재판소 2024헌마16 헌법소원심판청구사건의 종국결정 선고 시까지 이를 정지한다.라는 결정을 구합니다."가 된다.

메모:41
청구인 적격 중 자기관련성, 직접성 및 보충성, 변호사강제주의도 답안 적법요건에서 빠짐없이 언급하라는 의미이다.

대 리 인 선 임 서

<table>
<tr><td>사 건</td><td>헌법소원심판청구</td></tr>
<tr><td>청 구 인</td><td>서제공</td></tr>
<tr><td colspan="2">위 사건에 관하여 다음 표시 수임인을 대리인으로 선임하고, 다음 표시에서 정한 권한을 수여합니다.</td></tr>
<tr><td>수 임 인</td><td>법무법인 새해
서울 서초구 서초대로 30번길 15, 법조빌딩 4층
전화 02-234-5678
팩스 02-345-6789</td></tr>
<tr><td>수권사항</td><td>1. 헌법소원심판청구(가처분신청 포함)와 관련된 모든 소송행위</td></tr>
<tr><td colspan="2">2023. 12. 28.</td></tr>
<tr><td>위 임 인</td><td>서제공 (인)(서제공)</td></tr>
<tr><td colspan="2">헌법재판소 귀중</td></tr>
</table>

담 당 변 호 사 지 정 서

사 건	헌법소원심판청구
청 구 인	서제공

위 사건에 관하여 법무법인 새해는 청구인의 대리인으로서 「변호사법」 제50조제1항에 의하여 그 업무를 담당할 변호사를 다음과 같이 지정합니다.

담당변호사	김승소

2023. 12. 28.

법무법인 새 해 법무법인 새 해

대표변호사 신 호 인

서울특별시 서초구 서초대로 30번길 15, 법조빌딩 4층

전화 (02) 234-5678 팩스 (02) 345-6789

헌법재판소 귀중

온라인상 아동이용음란물 극성, 도대체 국회는 무엇을 하고 있나?

[웹뉴스 / 정밀아 / 입력 2023.08.17. 22:15]

(전략)

아동이용음란물은 아동을 성적 대상으로 보는 왜곡된 인식과 비정상적 가치관 형성에 영향을 주는 결정적 수단이다. 이를 시청하는 것은 아동을 대상으로 하는 성범죄 발생의 주된 원인 중 하나로 알려져 있으며, 정보통신기술의 급속한 발전으로 정보통신망은 아동이용음란물이 대량 유통되는 주요 경로로 지목되고 있다. 따라서 아동을 성범죄로부터 보호하고 아동을 성적 대상으로 보는 왜곡된 인식 형성을 막기 위하여, 정보통신망을 매개로 한 아동이용음란물의 보관·유통을 적극적으로 억제할 필요가 있다.

메모:45 과잉금지원칙 중 목적의 정당성 부분에 원용하기 좋은 부분이다.

진원여자대학교 소아상담학과 이상구 교수는 "아동이용음란물의 특성상 자료가 이미 온라인으로 확산되어 버린 이후에는 피해 아동의 인권 침해를 막기 어려우며, 온라인서비스제공자가 적극적으로 대응하지 않으면 아동이용음란물의 온라인상 광범위한 확산에 효과적으로 대응할 수 없다." 라고 말한다. 그러나 온라인 서비스이용자의 입장에서 아동이용음란물 보관·유통을 억제하는 조치는 서비스 이용상 불편을 초래할 수 있고 서비스이용자로부터 일정한 대가를 받아 이윤을 창출하는 온라인서비스제공자가 이윤 감소를 감수하면서까지 아동이용음란물의 보관·유통을 규제하는 방안을 자율적으로 도입할 것을 기대하기는 어렵다.

전문가들은 아동이용음란물 보관·유통에 대한 대응을 온라인서비스제공자의 자율적 규제에 맡기는 데에는 한계가 있고 실효적이지도 않으므로 이를 효과적으로 차단하기 위해서는 국회가 입법을 통해 온라인서비스제공자에게 적극적 의무를 부과하는 것이 필요하다고 입을 모은다. 이제 공은 국회로 넘어갔다.

메모:44 과잉금지원칙 중 수단의 적합성 부분에 원용하기 좋은 부분이다.

정밀아 기자 <milah@webnews.com>

http://www.webnews.com/media/38572

참고법령

「식품위생관리법」

제1조(목적) 이 법은 식품으로 인하여 생기는 위생상의 위해(危害)를 방지하고 식품영양의 질적 향상을 도모하며 식품에 관한 올바른 정보를 제공함으로써 국민 건강의 보호·증진에 이바지함을 목적으로 한다.

제2조(정의) 이 법에서 사용하는 용어의 뜻은 다음과 같다.

1. ~ 9. (생략)

10. "영업자"란 제37조제1항에 따라 영업허가를 받은 자나 같은 조 제4항에 따라 영업신고를 한 자 또는 같은 조 제5항에 따라 영업등록을 한 자를 말한다.

제36조(시설기준) ① 다음의 영업을 하려는 자는 대통령령으로 정하는 시설기준에 맞는 시설을 갖추어야 한다.

1. ~ 2. (생략)

3. 식품접객업

② (생략)

③ 제1항 각 호에 따른 영업의 세부 종류와 그 범위는 대통령령으로 정한다.

제37조(영업허가 등) ① 제36조제1항 각 호에 따른 영업 중 대통령령으로 정하는 영업을 하려는 자는 대통령령으로 정하는 바에 따라 영업 종류별 또는 영업소별로 식품의약품안전처장 또는 특별자치시장·특별자치도지사·시장·군수·구청장의 허가를 받아야 한다. 허가받은 사항 중 대통령령으로 정하는 중요한 사항을 변경할 때에도 또한 같다.

제38조(영업허가 등의 제한) ① 다음 각 호의 어느 하나에 해당하면 제37조제1항에 따른 영업허가를 하여서는 아니 된다.

1. 해당 영업 시설이 제36조에 따른 시설기준에 맞지 아니한 경우

제39조(영업 승계) ① 영업자가 영업을 양도하거나 사망한 경우 또는 법인이 합병한 경우에는 그 양수인·상속인 또는 합병 후 존속하는 법인이나 합병에 따라 설립되는 법인은 그 영업자의 지위를 승계한다.

② 제1항에 따라 그 영업자의 지위를 승계한 자는 총리령으로 정하는 바에 따라 1개월 이내에 그 사실을 식품의약품안전처장 또는 특별자치시장·특별자치도지사·시장·군수·구청장에게 신고하여야 한다.

제41조(식품안전·위생교육) 대통령령으로 정하는 영업자 및 유흥종사자를 둘 수 있는 식품접객업 영업자의 종업원은 매년 특별자치시장·특별자치도지사·시장·군수·구청장이 정하는 바에 따라 식품안전·위생에 관한 교육을 받아야 한다.

제43조(영업 제한) ① 특별자치시장·특별자치도지사·시장·군수·구청장은 영업 질서와 선량한 풍속을 유지하는 데에 필요한 경우에는 영업자 중 식품접객영업자와 그 종업원에 대하여 영업시간 및 영업행위를 제한할 수 있다.
② 제1항에 따른 제한 사항은 대통령령으로 정하는 범위에서 해당 특별자치시·특별자치도·시·군·구의 조례로 정한다.
제92조(수수료) 다음 각 호의 어느 하나에 해당하는 자는 1만원을 초과하지 아니하는 범위에서 해당 특별자치시·특별자치도·시·군·구의 조례로 정하는 수수료를 내야 한다.
1. 제37조, 제39조에 따른 허가를 받거나 신고 또는 등록을 하는 자

「식품위생관리법 시행령」(대통령령 제33920호)

제21조(영업의 종류) 법 제36조제1항 각 호에 따른 영업의 세부 종류와 그 범위는 다음 각 호와 같다.
1. ~ 7. (생략)
8. 식품접객업
  라. 유흥주점영업: 주로 주류를 조리·판매하는 영업으로서 유흥종사자를 두거나 유흥시설을 설치할 수 있고 손님이 노래를 부르거나 춤을 추는 행위가 허용되는 영업

제23조(허가를 받아야 하는 영업 및 허가관청) 법 제37조제1항 전단에 따라 허가를 받아야 하는 영업 및 해당 허가관청은 다음 각 호와 같다.
1. 제21조제6호가목의 식품조사처리업: 식품의약품안전처장
2. 제21조제8호다목의 단란주점영업과 같은 호 라목의 유흥주점영업: 특별자치시장·특별자치도지사 또는 시장·군수·구청장

메모:46
식품위생법 제36조 시설기준, 제39조 허가제한, 제41조 위생교육, 제92조 수수료 규정 및 같은 법 시행령 제23조 제2호 허가관청 규정과 속초시 영업허가신청등 수수료 조례 제3조 등에 따르면, 식품영업자 지위승계신고는 관할 지방자치단체에게 하는 것으로, 지방자치단체는 이에 대해 일정한 수수료를 받고 있는바, 이 사건 식품영업자 지위승계신고 수리사무는 지자체 고유(자치)사무에 해당함을 알 수 있다. 한편 이러한 고유사무로서 유흥주점영업승계신고 수리의 하자가 문제되어 손해가 발생한 경우 당해 수리사무를 담당하는 속초시가 국가배상책임의 주체가 된다.

제28조(영업의 제한 등) 법 제43조제2항에 따라 특별자치시·특별자치도·시·군·구의 조례로 영업을 제한하는 경우 영업시간의 제한은 1일당 8시간 이내로 하여야 한다.
제46조(업종별 시설기준) 법 제36조에 따른 업종별 시설기준은 다음 각 호와 같다.
1. 식품접객업의 시설기준
  가. 공통시설기준
    1) ~ 4) (생략)
    5) 공통시설기준의 적용특례
      가) 공통시설기준에도 불구하고 다음의 경우에는 해당 특별자치시·특별자치도·시·군·구의 조례로 정할 수 있다.
        (1) 영업장의 면적이 500제곱미터 이하인 유흥주점영업을 하는 경우

「식품위생관리법 시행규칙」(총리령 제1879호)

제48조(영업자 지위승계 신고) ① 법 제39조제2항에 따른 영업자의 지위승계 신고를 하려는 자는 별지제49호서식의 영업자 지위승계 신고서에 다음 각 호에서 정하는 바에 따른 서류를 첨부하여 허가관청, 신고관청 또는 등록관청에 제출해야 한다.

1. 공통서류
  가. 영업허가증, 영업신고증 또는 영업등록증
  나. 영업자 지위 승계를 증명할 수 있는 다음의 서류
   1) 양도의 경우: 양도・양수를 증명할 수 있는 서류 사본
   2) 상속의 경우: 상속인임을 증명하는 서류
   3) 법인 영업자의 경우: 이사회결의서나 주주총회결의서 사본 등
   4) 그 밖에 해당 사유별로 영업자의 지위를 승계하였음을 증명할 수 있는 서류

「속초시 식품위생업소 시설기준 조례」(속초시조례 제563호)

제1조(목적) 이 규칙은 「식품위생관리법 시행령」 제46조에 따른 업종별 시설기준의 특례 등에 관한 사항을 정하여 식품위생업소의 위생적인 관리 및 지역주민의 시설에 따른 부담을 덜어주고 편의를 도모함을 목적으로 한다.

제3조(적용대상) 업종별 시설기준의 특례에 따른 영업종류별 시설기준은 다음 각 호와 같다.

1. ~ 3. (생략)
4. 유흥주점영업의 시설기준은 [별표 1]과 같다.

[별표 1] (생략)

「속초시 영업허가신청등 수수료 조례」(속초시조례 제100호)

제3조(수수료) 「식품위생관리법」 제92조에 따른 영업허가신청 등의 수수료는 다음 각 호와 같다.

1. ~ 2. (생략)
3. 영업자 지위승계 신고: 9,500원

「영업허가 등에 관한 업무처리지침」(속초시규칙 제103호)

제1조(목적) 이 지침은 「식품위생관리법 시행령」 제23조 및 「식품위생관리법 시행규칙」 제48조에 따라 영업허가, 영업자 지위승계를 신청한 업소가 제출한 자료에 대하여 심사업무 등을 진행하기 위한 절차 등에 관한 사항을 규정함을 목적으로 한다.

제5조(업무처리 기준) ① 영업자 지위승계 신고에 대한 수리업무를 처리함에 있어서는 영업양도의 유효성 등을 민원인이 제출한 관련 서류를 통해 확인하고 적정하게 업무를 처리하여야 한다.
② 법인 영업자의 경우에는 주주총회결의서를 확인하고 적정하게 업무를 처리하어야 한다.
③ 민원인이 제출한 서류의 진위 여부에 대해 합리적인 의심이 있는 경우에는 보완요구를 하여야 한다. 다만, 사소한 수정사항이나 오타·오기 등 즉시 수정이 가능한 경우에 한하여는 별도의 보완요구가 없이도 수정 보완할 수 있다.

메모:56
이 사건 속초시 신고수리 담당공무원이 위 지침 제5조 업무처리기준을 위반한 점(과실)이 인정된다.

「상법」

제374조(영업양도, 양수, 임대 등) ① 회사가 다음 각 호의 어느 하나에 해당하는 행위를 할 때에는 제434조에 따른 결의가 있어야 한다.
 1. 영업의 전부 또는 중요한 일부의 양도

메모:47
대법원 판례에 따르면 영업의 전부 또는 중요 부분의 일부에 관한 영업양도계약의 경우 상법 제434조 결의를 반드시 거쳐야 하고, 이를 위반한 경우 당연무효로 본다.

제374조의3(간이영업양도, 양수, 임대 등) ① 제374조제1항 각 호의 어느 하나에 해당하는 행위를 하는 회사의 총주주의 동의가 있거나 그 회사의 발행주식총수의 100분의 90 이상을 해당 행위의 상대방이 소유하고 있는 경우에는 그 회사의 주주총회의 승인은 이를 이사회의 승인으로 갈음할 수 있다.

제434조(정관변경의 특별결의) 제433조제1항의 결의는 출석한 주주의 의결권의 3분의 2 이상의 수와 발행주식총수의 3분의 1 이상의 수로써 하여야 한다.

「소송촉진 등에 관한 특례법」

제3조(법정이율) ① 금전채무의 전부 또는 일부의 이행을 명하는 판결(심판을 포함한다. 이하 같다)을 선고할 경우, 금전채무 불이행으로 인한 손해배상액 산정의 기준이 되는 법정이율은 그 금전채무의 이행을 구하는 소장 또는 이에 준하는 서면이 채무자에게 송달된 날의 다음 날부터는 연 100분의 40 이내의 범위에서 「은행법」에 따른 은행이 적용하는 연체금리 등 경제 여건을 고려하여 대통령령으로 정하는 이율에 따른다. 다만, 「민사소송법」 제251조에 규정된 소에 해당하는 경우에는 그러하지 아니하다.

「소송촉진 등에 관한 특례법 제3조제1항 본문의 법정이율에 관한 규정」(대통령령 제29768호)

「소송촉진 등에 관한 특례법」 제3조제1항 본문에서 "대통령령으로 정하는 이율"이란 연 100분의 12를 말한다.

「아동 성보호법」(2023. 12. 4. 법률 제25632호로 개정된 것)

제1조(목적) 이 법은 아동 성범죄의 처벌과 절차에 관한 특례를 규정하고 피해아동을 위한 구제 및 지원 절차를 마련하며 아동 성범죄자를 체계적으로 관리함으로써 아동을 성범죄로부터 보호하고 아동이 건강한 사회구성원으로 성장할 수 있도록 함을 목적으로 한다.

제2조(정의) 이 법에서 사용하는 용어의 뜻은 다음과 같다.

1. ~ 4. (생략)
5. "아동이용음란물" 이란 아동 또는 아동으로 명백하게 인식될 수 있는 사람이나 표현물이 등장한 음란물을 말한다.
6. ~ 7. (생략)
8. "온라인서비스제공자" 란 다른 사람들이 정보통신망을 통하여 온라인 자료를 이용할 수 있도록 서비스를 제공하는 자를 말한다.

제25조(온라인서비스제공자의 의무) 자신이 관리하는 정보통신망에서 아동이용음란물을 발견하기 위한 조치를 취하지 않거나 발견된 아동이용음란물의 즉시 삭제, 전송 방지 및 중단하는 기술적인 조치를 취하지 아니한 온라인서비스제공자는 3년 이하의 징역 또는 2천만원 이하의 벌금에 처한다.

메모:48
이 조항들이 이 사건 헌법소원심판 및 법령효력정지가처분신청 대상이 되는 법률조항이다.

부칙(법률 제25632호, 2023. 12. 4.)

제1조(시행일) 이 법은 공포 후 3개월이 경과한 날부터 시행한다.

「각급 법원의 설치와 관할구역에 관한 법률」

제1조(목적) 이 법은 「법원조직법」 제3조제3항에 따라 각급 법원의 설치와 관할구역을 정함을 목적으로 한다.

제4조(관할구역) 각급 법원의 관할구역은 다음 각 호의 구분에 따라 정한다. (단서 생략)

1. 각 고등법원·지방법원과 그 지원의 관할구역: 별표 3
2. ~ 3. (생략)
4. 행정법원의 관할구역: 별표 6
5. ~ 6. (생략)
7. 행정사건을 심판하는 춘천지방법원 및 춘천지방법원 강릉지원의 관할구역: 별표 9
8. (생략)

메모:49
속초시나 속초시장을 피고로 하는 행정사건의 경우 춘천지방법원 강릉지원이 관할법원이 된다.

[별표 3]

고등법원 · 지방법원과 그 지원의 관할구역

고등법원	지방법원	지원	관할구역
서 울	서울중앙		서울특별시 종로구 · 중구 · 강남구 · 서초구 · 관악구 · 동작구
	서울동부		서울특별시 성동구 · 광진구 · 강동구 · 송파구
	서울남부		서울특별시 영등포구 · 강서구 · 양천구 · 구로구 · 금천구
	서울북부		서울특별시 동대문구 · 중랑구 · 성북구 · 도봉구 · 강북구 · 노원구
	서울서부		서울특별시 서대문구 · 마포구 · 은평구 · 용산구
	의정부		의정부시 · 동두천시 · 양주시 · 연천군 · 포천시, 강원도 철원군. 다만, 소년보호사건은 앞의 시 · 군 외에 고양시 · 파주시 · 남양주시 · 구리시 · 가평군
		고 양	고양시 · 파주시
		남양주	남양주시 · 구리시 · 가평군
	인 천		인천광역시
		부 천	부천시 · 김포시
	춘 천		춘천시 · 화천군 · 양구군 · 인제군 · 홍천군. 다만, 소년보호사건은 철원군을 제외한 강원도
		강 릉	강릉시 · 동해시 · 삼척시
		원 주	원주시 · 횡성군
		속 초	속초시 · 양양군 · 고성군
		영 월	태백시 · 영월군 · 정선군 · 평창군
대 전	대 전		대전광역시 · 세종특별자치시 · 금산군
		홍 성	보령시 · 홍성군 · 예산군 · 서천군
		공 주	공주시 · 청양군
		논 산	논산시 · 계룡시 · 부여군
		서 산	서산시 · 당진시 · 태안군
		천 안	천안시 · 아산시
	청 주		청주시 · 진천군 · 보은군 · 괴산군 · 증평군. 다만, 소년보호사건은 충청북도

고 등 법 원	지 방 법 원	지 원	관 할 구 역
		충 주	충주시 · 음성군
		제 천	제천시 · 단양군
		영 동	영동군 · 옥천군
대 구	대 구		대구광역시 중구 · 동구 · 남구 · 북구 · 수성구, 영천시 · 경산시 · 칠곡군 · 청도군
		서 부	대구광역시 서구 · 달서구 · 달성군, 성주군 · 고령군
		안 동	안동시 · 영주시 · 봉화군
		경 주	경주시
		포 항	포항시 · 울릉군
		김 천	김천시 · 구미시
		상 주	상주시 · 문경시 · 예천군
		의 성	의성군 · 군위군 · 청송군
		영 덕	영덕군 · 영양군 · 울진군
부 산	부 산		부산광역시 중구 · 동구 · 영도구 · 부산진구 · 동래구 · 연제구 · 금정구
		동 부	부산광역시 해운대구 · 남구 · 수영구 · 기장군
		서 부	부산광역시 서구 · 북구 · 사상구 · 사하구 · 강서구
	울 산		울산광역시 · 양산시
	창 원		창원시 의창구 · 성산구 · 진해구, 김해시. 다만, 소년보호사건은 양산시를 제외한 경상남도
		마 산	창원시 마산합포구 · 마산회원구, 함안군 · 의령군
		통 영	통영시 · 거제시 · 고성군
		밀 양	밀양시 · 창녕군
		거 창	거창군 · 함양군 · 합천군
		진 주	진주시 · 사천시 · 남해군 · 하동군 · 산청군
광 주	광 주		광주광역시 · 나주시 · 화순군 · 장성군 · 담양군 · 곡성군 · 영광군
		목 포	목포시 · 무안군 · 신안군 · 함평군 · 영암군
		장 흥	장흥군 · 강진군

고 등 법 원	지 방 법 원	지 원	관 할 구 역
		순 천	순천시 · 여수시 · 광양시 · 구례군 · 고흥군 · 보성군
		해 남	해남군 · 완도군 · 진도군
	전 주		전주시 · 김제시 · 완주군 · 임실군 · 진안군 · 무주군. 다만, 소년보호사건은 전라북도
		군 산	군산시 · 익산시
		정 읍	정읍시 · 부안군 · 고창군
		남 원	남원시 · 장수군 · 순창군
	제 주		제주시 · 서귀포시
수 원	수 원		수원시 · 오산시 · 용인시 · 화성시. 다만, 소년보호사건은 앞의 시 외에 성남시 · 하남시 · 평택시 · 이천시 · 안산시 · 광명시 · 시흥시 · 안성시 · 광주시 · 안양시 · 과천시 · 의왕시 · 군포시 · 여주시 · 양평군
		성 남	성남시 · 하남시 · 광주시
		여 주	이천시 · 여주시 · 양평군
		평 택	평택시 · 안성시
		안 산	안산시 · 광명시 · 시흥시
		안 양	안양시 · 과천시 · 의왕시 · 군포시

[별표 6]

행정법원의 관할구역

고 등 법 원	행 정 법 원	관 할 구 역
서 울	서 울	서울특별시

[별표 9]

행정사건을 심판하는 춘천지방법원 및 춘천지방법원 강릉지원의 관할구역

명 칭	관 할 구 역
춘천지방법원	춘천지방법원의 관할구역 중 강릉시 · 동해시 · 삼척시 · 속초시 · 양양군 · 고성군을 제외한 지역
춘천지방법원 강릉지원	강릉시 · 동해시 · 삼척시 · 속초시 · 양양군 · 고성군

참고자료 - 달력

■ 2023년 1월 ~ 2024년 3월

2023년 1월

일	월	화	수	목	금	토
1	2	3	4	5	6	7
8	9	10	11	12	13	14
15	16	17	18	19	20	**21**
22	**23**	**24**	25	26	27	28
29	30	31				

2023년 2월

일	월	화	수	목	금	土
			1	2	3	4
5	6	7	8	9	10	11
12	13	14	15	16	17	18
19	20	21	22	23	24	25
26	27	28				

2023년 3월

일	월	화	수	목	금	土
			1	2	3	4
5	6	7	8	9	10	11
12	13	14	15	16	17	18
19	20	21	22	23	24	25
26	27	28	29	30	31	

2023년 4월

일	월	화	수	목	금	土
						1
2	3	4	5	6	7	8
9	10	11	12	13	14	15
16	17	18	19	20	21	22
23/30	24	25	26	27	28	29

2023년 5월

일	월	화	수	목	금	土
	1	2	3	4	**5**	6
7	8	9	10	11	12	13
14	15	16	17	18	19	20
21	22	23	24	25	26	**27**
28	29	30	31			

2023년 6월

일	월	화	수	목	금	土
				1	2	3
4	5	**6**	7	8	9	10
11	12	13	14	15	16	17
18	19	20	21	22	23	24
25	26	27	28	29	30	

2023년 7월

일	월	화	수	목	금	土
						1
2	3	4	5	6	7	8
9	10	11	12	13	14	15
16	17	18	19	20	21	22
23/30	24/31	25	26	27	28	29

2023년 8월

일	월	화	수	목	금	土
		1	2	3	4	5
6	7	8	9	10	11	12
13	14	**15**	16	17	18	19
20	21	22	23	24	25	26
27	28	29	30	31		

2023년 9월

일	월	화	수	목	금	土
					1	2
3	4	5	6	7	8	9
10	11	12	13	14	15	16
17	18	19	20	21	22	23
24	25	26	27	**28**	**29**	**30**

2023년 10월

일	월	화	수	목	금	土
1	2	**3**	4	5	6	7
8	**9**	10	11	12	13	14
15	16	17	18	19	20	21
22	23	24	25	26	27	28
29	30	31				

2023년 11월

일	월	화	수	목	금	土
			1	2	3	4
5	6	7	8	9	10	11
12	13	14	15	16	17	18
19	20	21	22	23	24	25
26	27	28	29	30		

2023년 12월

일	월	화	수	목	금	土
					1	2
3	4	5	6	7	8	9
10	11	12	13	14	15	16
17	18	19	20	21	22	23
24/31	**25**	26	27	28	29	30

2024년 1월

일	월	화	수	목	금	土
	1	2	3	4	5	6
7	8	9	10	11	12	13
14	15	16	17	18	19	20
21	22	23	24	25	26	27
28	29	30	31			

2024년 2월

일	월	화	수	목	금	土
				1	2	3
4	5	6	7	8	**9**	**10**
11	12	13	14	15	16	17
18	19	20	21	22	23	24
25	26	27	28	29		

2024년 3월

일	월	화	수	목	금	土
					1	2
3	4	5	6	7	8	9
10	11	12	13	14	15	16
17	18	19	20	21	22	23
24/31	25	26	27	28	29	30

공법
기록
특강

제2부

변호사시험
해설편

2012년도 제1회
~
2024년도 제13회

총 13회

공법 헌법파트 기록/사례형 답안 목차 작성 예

공권력에 의한 사인의 기본권 침해 사례 목차 구성 예.

Ⅰ. 쟁점(논점의 정리)

Ⅱ. 사법심사 가능성과 기본권 주체성 인정여부 先 검토

– 특별권력관계(=특수신분관계; 공무원, 군인, 국공립학교 학생, 교도소 수감자)

– 통치행위(대통령) 등의 경우 예외적으로 언급시 가점

– 외국인이나 법인, 비법인사단, 태아의 기본권, 미성년자의 기본권 주체성(사안에서 문제되는 경우만)

Ⅲ. 제한되는 기본권의 확정 - 과잉금지원칙 위반 심사 서두에서 기술하여도 무방함.

– 2개 이상 기본권 침해가 문제되므로 '기본권 경합' 문제 간략히 검토
자유권적 기본권, 사회적 기본권, 청구권적 기본권, 평등권
판례는 ❶기본권 침해를 주장하는 제청신청인/제청법원의 의도와 ❷기본권을 제한한 해당 규정의 입법동기 등을 참작하여 ❸사안과 밀접한 관계에 있고 ❹침해의 정도가 큰 기본권을 중심으로 검토해야 한다. 또한, 자유권적 기본권, 평등권, 사회적기본권, 청구권적 기본권이 모두 각각 쟁점이 되는 경우 기본권의 경합을 통해 날릴 게 아니라 모두 판단해 주는 것이 안전함.

Ⅳ. 국회가 만든 '법률'이 심판대상인 경우 "의회유보", "포괄위임금지원칙" 위반[1] 검토

– 의회유보원칙 위반여부 : 본질사항 유보설(국가 공동체 질서유지 사항 및 국민의 권리(기본권) 의무에 중요한 영향을 미치는 사항)

– 포괄위임입법금지 원칙 : 문제에서 주어진 참고법률에서 **"~~에 관하여 필요한 사항은 시행령, 시행규칙으로 정한다", "대통령령이 정하는 바에 따라~", "부령이 정하는 바에 따라~"**라고 규정하면 포괄위임입법금지원칙에 위배될 가능성이 매우 큼. 단, 모법이 "~~에 관하여 시기, 범위, 예시 등을 하며 필요한 경우에는 시행령으로 정한다"고 한 경우에는 합헌

1) 의 의

헌법 제37조 제2항은 "국민의 ~ 다"고 규정하여 기본권의 제한은 '법률로써'할 것을 규정하고 있다. 여기서 '법률로써'는 법률에 의하는 경우와 법률에 근거하는 경우를 모두 포함하는데, 법률에 의하는 경우란 국회에서 제정된 법률에 의한 기본권 제한을 말하며, 법률에 근거하는 경우란 헌법 제75조와 제95조에 따라 제정된 법규명령에 의한 기본권 제한을 의미한다.

2) 위임입법의 필요성

원칙적으로는 국회에서 제정된 법률만이 국민의 기본권을 제한할 수 있지만, 사회현상이 복잡해지고 국회이 전문적, 기술적 능력의 한계로 세부적 사항까지 국회에서 법을 제정하는 것이 사실상 불가능하다. 따라서 예외적인 경우에 전문적, 세부적 사항을 행정부에 위임하도록 하였다.

3) 위임입법의 한계

헌법 제75조은 '법률에서 구체적으로 범위를 정하여 위임받은 사항'을 법규명령으로 발할 수 있도록 해서 ❶상위 법률의 위임여부 ❷포괄위임금지 ❸내용의 예측가능성을 요구하고 있다고 한다.

4) 사안의 적용

❶상위법률에 수권 있는지 확인 ❷포괄위임 아닌지 보고 ❸대충 아니다 싶으면 합헌으로 결론내릴 것.

Ⅴ. **'행정입법'(법규명령인 시행령, 시행규칙)이 심판대상이 된 경우 "법률유보", "법률우위" 위반 검토**

법규명령(시행령, 부령 등)형식의 행정규칙(별표)이나, **행정규칙(고시,훈령,예규,지침,00기준 등)형식의 법규명령(법령보충적 행정규칙)**이 문제되는 경우 행정입법의 법적 성질부터 검토할 것

법률유보원칙 위반여부

법률우위원칙 위반여부

Ⅵ. **명확성 원칙 검토**

법률이나 행정입법 등 문제에 적시된 관련 조문(법, 시행령, 규칙, 고시 등)에서 추상적, 불명확한 용어(고급주택, 초고가 주택, 집단행위, 위험국가, 상당한, 정당한, 그 밖에 이 법이 정하는 등)가 있는 경우 반드시 검토(특히, 형사처벌조항이나 조세 등 국민의 권리를 제한하고 의무를 부과하는 경우 보다 더 엄격한 명확성원칙 요구되는 점에 주의 – 예측가능성, 법적안정성

판례 : 모든 법규범의 문언을 순수하게 기술적 개념만으로 구성하는 것은 입법기술상 불가능하고, 다소 광범위하여 어느 정도의 범위에서는 법관의 보충적인 해석을 필요로 하는 개념을 사용하였다고 하더라도, 통상의 해석방법에 의하여 건전한 상식과 통상적인 법감정을 가진 사람이라면 당해 처벌법규의 보호법익과 금지된 행위 및 처벌의 종류와 정도를 알 수 있도록 규정하였다면 헌법이 요구하는 명확성원칙에 반한다고 할 수는 없다. 법규범이 명확한지 여부는 그 법규범이 수범자에게 법규의 의미내용을 알 수 있도록 공정한 고지를 하여 예측가능성을 주고 있는지 여부 및 그 법규범이 법을 해석·집행하는 기관에게 충분한 의미내용을 규율하여 자의적인 법해석이나 법집행이 배제되는지 여부에 따라 이를 판단할 수 있는데, 법규범의 의미내용은 그 문언뿐만 아니라 입법목적이나 입법취지, 입법연혁, 그리고 법규범의 체계적 구조 등을 종합적으로 고려하는 해석방법에 의하여 구체화하게 되므로, 결국 법규범이 명확성원칙에 위배되는지 여부는 위와 같은 해석방법에 의하여 그 의미내용을 합리적으로 파악할 수 있는 해석기준을 얻을 수 있는지 여부에 달려 있다(헌재 2010. 11. 25. 2009헌바27).

Ⅶ. **확정된 000기본권에 대한 위헌여부**

- **과잉금지원칙 위반 심사**(보통 사례형, 기록형에서 배점이 가장 많은 부분이므로 가장 신경써서 작성해야 할 부분임. 답안 분량도 가장 많이 채워야 함)
- 목적의 정당성(2~3줄)
- 수단의 적합성(3줄 이상)
- 침해의 최소성(4줄 이상) – 보다 덜 제한적인 수단이나 방법이 존재함에도 불구하고,..
- 법익의 균형성(3줄 이상) – 기본권 제한 법규나 처분 등을 통해 달성하고자 하는 공익과 그로 인해 침해되는 개인 사익의 비교형량

반드시 4단계 소목차로 나누어서 기술해야 함.

직업의 자유가 쟁점이 된 경우에는 단계이론(직업행사 - 주관적 - 객관적 제한)을 비례원칙 심사에 선행하여 간단히 검토해야

Ⅶ. 평등권(평등원칙) 위반여부의 경우 별도 항에서 검토 필요

- 비교집단의 존재 여부
- 자의금지(합리성심사)로 갈 것인지 엄격한 비례성심사(헌법규정에서 평등강조하는 경우 또는 해석상 차별로 인해 관련 자유권에 대한 중대한 제약을 초래하는 경우)로 갈지
- 평등권에서 엄격심사 기준 적용하는 경우 과잉금지위반 심사 적용

  차별목적의 정당성

  차별수단의 적정성

  침해최소성

  법익균형성

Ⅷ. 조례가 나온 경우

(1) 조례에 의한 기본권 제한 허용 여부

1) 의의

헌법 117조 제1항은 "지방자치단체는 주민의 ~ 제정할 수 있다"고 규정. 지방자치단체의 자치 규정인 조례의 제정권을 인정. 이에 대해 지방자치법 제28조는 이를 구체화하여 ❶법령의 범위 안에서 ❷사무에 관하여 제정할 수 있고 ❸권리제한내용인 경우는 법률의 수권을 요한다고 규정.

2) 조례제정에 법률의 위임이 요구되는지 여부

❶ 법령의 범위 안에서 조례가 제정되므로, 법률 및 법규명령에 반해서는 안 된다. 이는 법률우위원칙에 의해 당연히 인정된다. ❷ 자치사무 등 주민의 권리제한이나 의무부과가 없는 조례(시혜적, 수혜적 조례)에는 법률의 위임이 없는 조례제정권이 인정되나, 권리를 제한하거나 의무를 부과하는 내용의 조례에는 법률의 위임이 있어야 한다고 본다. 다만, 이러한 조례에는 포괄위임금지 원칙은 적용되지 않는다는 것이 통설 판례이다.

(2) 사안의 적용

❶권리제한내용 조례가 대부분일 것임 ❷법률에 수권 있는지를 반드시 확인해야 할 것 ❸포괄위임금지원칙 적용배제

Ⅸ. 기타 헌법상 일반원리 등 위반 여부

- 적법절차 위반여부(신체의 자유나, 행정절차상 하자 문제)
- 영장주의 위반여부(신체의 자유나, 행정절차상 하자 문제)
- 이중처벌금지원칙 위반여부(형벌과 행정벌 병과)
- 소급입법금지와 신뢰보호(법 개정, 부칙 경과조항이 문제되는 경우)
- 기본권보호의무 - 과소보호금지원칙[2] 위반여부
- 제도보장 - 공무원제도, 교육제도 등의 경우 최소보장원칙[3] 위반여부
- 죄형법정주의, 조세법률주의(행정입법과 마찬가지로, 하위 법령의 경우 법률유보, 법률우위가 쟁점이 되거나, 포괄위임금지원칙 등이 쟁점이 됨)
- 자기책임 원칙(처벌조항 관련)

- 체계정당성 원칙(법률 상호간의 체계나 위계가 맞지 않고 모순 충돌되는 경우, 상위법과 하위 행정법의 관계에서도 마찬가지)
- 사전검열금지원칙 위반 : 요건[4] 암기

Ⅹ. 결론 - 주문 형태

합헌, 단순위헌으로 결론내릴 때는 간략히 언급하면 되나, 헌법불합치로 결론을 내릴 때에는 그 이유를 언급해야 함.(주로 시혜적 법률에 대한 평등원칙 위반으로 헌법불합치 결정하는 경우 기존 수혜 집단에 대해 계속적 혜택 부여할 필요성이 있는 경우 잠정적용 명하는 경우가 문제됨)

---

1) **의회유보와 포괄위임의 본질적 차이는 의회유보는 본질적인 사항에 대한 하위 행정입법에의 위임불가 즉, 위임 가부의 문제이고, 포괄위임은 위임 자체는 허용되나 포괄적으로 전적으로 모두 위임해서는 아니된다는 위임의 범위와 한계에 관한 문제임.**

2) 국가의 보호조치는 법익보호를 위하여 적합하고, 효과적이며, 수인할 수 있는 것이어야 한다는 내용이다. 국가, 특히 입법자는 보호의무의 이행과 관련하여 광범위한 형성의 자유를 가지나, 그 보호의무의 이행의 정도와 관련하여 헌법이 요구하는 최저한의 보호수준을 하회하여서는 아니된다는 의미에서 과소보호금지의 원칙을 준수하여야 한다. 헌법재판소는 과소보호금지원칙의 관점에서, 국가가 국민의 법익보호를 위하여 적어도 적절하고 효율적인 최소한의 보호조치를 취했는가를 기준으로 보호의무의 위반을 심사하고 있다.

3) 자유권적 기본권"은 국민에 대한 국가의 개입과 간섭을 배제하는 것을 내용으로 하는 방어적인 성격을 가지므로 최대보장이 원칙이나, "사회적 기본권"은 국가로부터의 자유나 보장이 아니라 국가적 급부와 배려를 요구하는 것을 내용으로 하는 국가에 의한 보장을 의미 하므로 최소보장이 원칙이다. 즉 사회적 기본권 관련 입법에 대해서는 국가가 인간다운 생활을 보장함에 필요한 최소한도의 조치를 취하였는지 여부를 의미하는 최소보장의 원칙과 평등원칙을 적용한다.

4) 헌재는, 사전심사 제도가 헌법에 의해 금지되는 사전검열에 해당하는지 판단할 때 일반적으로 이하의 네 가지 요건을 충족하면 사전검열에 해당하는 것으로 본다.
   - 허가를 받기 위한 표현물의 제출의무
   - 행정권이 주체가 된 사전심사절차
   - 허가를 받지 아니한 의사표현의 금지
   - 심사절차를 관철할 수 있는 강제수단

   이 중 행정권이 주체가 된 사전심사절차의 존재에 대해서, 헌법재판소는 이 요건은 행정기관이라는 형식을 요하는 것이 아니라 사실상 행정권이 주체가 되어 검열절차를 형성하고 검열기관의 구성에 지속적인 영향을 미칠 수 있는 경우라면 요건이 충족된 것으로 본다.

사인에 의한 기본권 침해(甲-乙) 사례 목차 구성 예.

Ⅰ. 논점의 정리

Ⅱ. **갑의 행위로 제한되는 을의 기본권 및 헌법상 원리**(관련 기본권의 확정 – 기본권 경합문제 간략히 검토)

Ⅲ. **갑의 기본권**(관련 기본권의 확정 – 기본권 경합문제 간략히 검토)

Ⅳ. **기본권의 대사인효**(기본권의 이중적 성격 등 이론적 근거 등을 간략히 언급)

Ⅴ. 기본권의 충돌 문제 언급

- **유사충돌여부 간략히 먼저 검토 후**(거의 해당 X)
- **해결방법**

1. **이익형량..흡연권 vs 혐연권 사례(거의 X)**
2. **규범조화적 해결 – 양 기본권 모두가 최대한 효력 유지 할 수 있도록 조화의 방법**(대안식 해결, 최후수단억제, 과잉금지원칙 등)
3. **그 밖에 사생활비밀과 자유의 경우 인격영역이론, 환경권의 경우 수인한도이론을 검토해야 함.**

Ⅵ. 구제방법

사전적 부작위청구 – 상영금지, 낙찰금지, 출판금지, 공사중지 가처분 등

사후적 민사 – 불법행위에 기한 손배 청구
형사(명예훼손 등으로 고소, 고발)
정정보도청구
반론보도청구

1장 위헌법률심판 제청신청

제1절 관련 법률

- 헌법재판소법 제41조(위헌 여부 심판의 재청)
- 헌법재판소법 제43조(제청서의 기재사항)
- 민사소송법 제254조(재판장 등의 소장심사권)
- 민사소송법 제249조(소장의 기재사항)

제2절 위헌법률심판제청신청 서식례

위헌법률심판제청신청

사　건　춘천지방법원 속초지원 2016고단623 성매매처벌법위반(성매매)

피고인　박갑동

신청인　피고인

신청취지

"구 성매매알선 등 행위의 처벌에 관한 법률(2014. 1. 28. 법률 제12458호로 개정되고, 2015. 12. 28. 법률 23456호로 개정되기 전의 것) 제10조 중 성매수자에 관한 부분, 제26조 제1항 중 성매수자에 관한 부분의 **위헌 여부에 관한 심판을 제청한다."라는 결정을 구합니다.**

신청이유

Ⅰ. 쟁점의 정리

Ⅱ. 재판의 전제성

Ⅲ. 쟁점 법률조항(이 사건의 조항)의 위헌성

Ⅳ. 결론

앞에서 살펴본 바와 같이 위 법률조항은 ……라는 점에서 위헌이라고 판단되므로, 신청인의 대리인은 귀원이 헌법재판소에 위헌법률심판을 제청해 주실 것을 신청합니다.

첨부서류

1. 위임장
1. 담당변호사 지정서

2016. 7. .

위 신청인의 대리인 법무법인 동해

담당변호사 나근면 (인)

춘천지방법원 속초지원 형사제1단독 귀중

위헌법률심판제청신청서 신청취지

신청 취지 (6점)	**"도로교통법 제93조 제1항 제5호 및 도로교통법 제93조 제1항 단서 중 제14호에 관한 부분이** 헌법에 위반되는지 여부에 관한 심판을 제청한다."라는 결정을 구합니다.	1. **법률조항의 표시**: 5점 ○ 법률의 개정연혁은 쓰지 말라고 특별히 문제에서 고지함 ○ **임의적 취소조항(제93조 제1항 제5호)과 필요적 취소조항(제93조 제1항 단서 제14호)을 모두 써야 함.** ○ 청구취지를 1, 2항으로 나누어 쓰더라도 관계없음("1. 도로교통법 제93조 제1항 제5호가 헌법에 위반되는지 여부에 관한 심판을 제청한다. 2. 도로교통법 제93조 제1항 단서 제14호가 헌법에 위반되는지 여부에 관한 심판을 제청한다."라는 결정을 구합니다.) ○ "도로교통법 제93조 제1항 단서 중 제14호에 관한 부분"을 "도로교통법 제93조 제1항 (중) 단서 제14호"라고 기재하여도 무방함 ○ **"도로교통법 제93조 제1항 제5호"대신에 "도로교통법 제93조 제1항 제5호, 제46조 제1항"이라고 쓰더라도 감점하지 않음** ※ **이유: 과거 헌재 결정은 헌가, 헌바 사건에서 심판대상조항을 효과 조항만으로 한정하였으나, 최근에는 금지조항자체에 대한 위헌주장이 있을 경우에는 금지조항도 심판대상조항으로 삼아 판단함** ○ **효과조항 외에 금지조항도 쓰는 경우에는 "도로교통법 제93조 제1항 제5호, 제46조 제1항" 대신에 "도로교통법 제93조 제1항 제5호 및 그와 관련된 제46조 제1항", 또는 효과조항과 금지조항 기재 순서를 바꾸어 "도로교통법 제46조 제1항, 도로교통법 제93조 제1항 제5호"로 표현하더라도 무방함** ○ 효과조항(제93조 제1항 제5호)은 쓰지 않고 금지조항(제46조 제1항)만 쓴 경우 ⇒ 감점 ○ 단서를 누락한 채, "도로교통법 제93조 제1항 제14호"라고만 기재한 경우 ⇒ 감점 ○ '도로교통법'을 '도교법'으로 약칭하면 감점 2. **말미 부동문구**: 1점 ○ **"위헌 여부 심판을 제청한다."는 문구는 무방함** ○ **"헌법에 위반된다.", "위헌임을 확인한다.", "위헌이다." 등등이라고 쓰면 0점** ○ **"~라는 결정을 구합니다."를 누락하거나, " ~라는 판결을 구합니다."라고 쓰면 0점**

Ⅰ. 사건의 표시

본안사건이 계류 중인 법원, 본안 사건번호, 사건명을 적는다.

Ⅱ. 신청취지

01 잘못된 기재례

신청취지를 "~는 헌법에 위반된다."라는 결정을 구합니다.라고 기재하여서는 아니된다.

02 법률조항의 특정

가. 형식적 의미의 '법률'이 위헌법률심판의 대상이고, 시행령, 시행규칙, 조례 등은 위헌법률심판제청신청의 대상이 아니다.

나. 시행중이거나 시행되었던 법률이 위헌법률심판제청신청의 대상이다.

다. 법률조항의 적시방법

해당 법률조항을 구체적으로 적시하여야 한다.("ㅇㅇ법 제ㅇ조 제ㅇ항" 또는 "제ㅇㅇ법 제ㅇ조 제ㅇ항 중 – – – 부분")

아울러, 직접 적용되는 조항(예컨대, 제재조항이나 처벌조항)을 먼저 쓰고, 인용된 조항(예컨대, 행위조항이나 구성요건적 조항)을 뒤에 쓴다.

예:

(1) "학교폭력예방 및 대책에 관한 법률(2012. 12. 28. 법률 제12345호로 전부 개정된 것) 제17조 제4항 중 제1항 제1호 부분 및 제7항 본문 중 제1항 제9호 부분과 제7항 단서 제1호 부분의 위헌 여부에 관한 심판을 제청한다."라는 결정을 구합니다. …… 제3회 변호사시험

(2) "집회 및 시위에 관한 법률(2007. 5. 11. 법률 제8424호로 개정된 것) 제22조 제2항 중 제6조 제1항 본문 및 같은 법률 제24조 제5호 중 제20조 제2항, 제1항 제2호 중 '제6조 제1항에 따른 신고를 하지 아니하거나' 부분의 위헌 여부에 관한 심판을 제청한다."하는 결정을 구합니다. ….. 제4회 변호사시험

(3) "도로교통법 제93조 제1항 본문 중 제5호, 제46조 제1항 및 도로교통법 제93조 제항 단서 중 제14호에 관한 부분이 헌법에 위반되는지 여부에 관한 심판을 제청한다."라는 결정을 구합니다. ….. 제7회 변호사시험

마. 법률의 연혁을 기재하여야 한다.(문제에서 명시적으로 생략하라고 한 경우는 기재 생략)

Ⅲ. 쟁점의 정리

양식의 제목이 '쟁점의 정리'로 주어지든 '사안의 개요'나 '사실관계'로 주어지든, 사실관계를 쓸 필요 없이 사안의 쟁점을 요약하여 쓰면 된다.

Ⅳ. 재판의 전제성

⇒ 헌법재판소법 제68조 제2항 헌법소원 부분에서 설명하기로 함.

Ⅴ. 위헌사유

(1) 적법요건에서는 법률만이 검토대상이지만, 위헌성을 논할 때에는 시행령 및 시행규칙도 검토대상이다.
(2) 청구인의 침해되는 기본권을 중심으로 논하여야 하지, 청구인과 관계없는 제3자의 기본권을 중심으로 논하여서는 아니된다.
(3) 기본권의 침해를 논할 때에는 침해되는 기본권의 일반론을 먼저 논한 후에, 해당 기본권이 침해되었는지 여부를 주장하는 것이 논리적이다. 예컨대, 과잉금지원칙 위반으로 말미암아 직업의 자유가 침해된 사안이라면 큰 제목을 "직업의 자유 침해"라고 하고 그 아래 소제목으로 "가. 직업의 자유의 의의", "나. 직업의 자유 침해 여부에 대한 판단기준". "다. 과잉금지원칙 위반 여부"로 써야 하지, 큰 제목을 "과잉금지원칙 위반"으로 쓰고서 직업의 자유에 관하여는 아무런 언급을 하지 않은 채 바로 목적의 정당성, 수단의 적합성, 침해의 최소성, 법익의 균형성만 검토하는 것은 논리체계상 부적절하다.

Ⅵ. 대리인의 표시

법무법인을 선임한 경우에는 "신청인의 대리인 법무법인 ○○ 담당변호사 ○○○"으로 표시한다.

Ⅶ. 법원의 표시

본안사건을 담당하고 있는 특정 재판부를 기재한다. 따라서, "춘천지방법원 속초지원 형사1단독 귀중"처럼 기재하여야 하지 "춘천지방법원 속초지원 귀중"으로 기재하여서는 아니된다.

2장 헌법재판소법 제68조 제2항 헌법소원심판청구 (위헌심사형 헌법소원)

제1절 관련 법률

- 헌법재판소법 제68조(청구 사유) 제2항
- 헌법재판소법 제69조(청구기간) 제2항
- 헌법재판소법 제70조(국선대리인)
- 헌법재판소법 제71조(청구서의 기재사항) 제2항, 제3항
- 헌법재판소법 제43조(제청서의 기재사항)

제2절 헌법재판소법 제68조 제2항 헌법소원심판청구 기재례

헌법소원심판청구서

청구인 김동식(000000－0000000)
서울 서초구 잠원로 25
미성년자이므로 법정대리인 친권자 부 김갑동, 모 이순희
대리인 법무법인 진리 담당변호사 김정의
서울 서초구 서초중앙로 200 진리빌딩 2층

전화 : 02－555－6789 팩스: 02－555－6790
이메일: justicekim@thuthlaw.com

청구취지

“학교폭력예방 및 대책에 관한 법률(2012. 12. 28. 법률 제123456호로 전부개정된 것) 제17조 제4항 중 제1항 제1호 부분 및 제7항 본문 중 제1항 제9호 부분은 **헌법에 위반된다라는 결정을 구합니다.**

당해사건

서울행정법원 2013구합246 퇴학처분 등 취소

위헌이라고 해석되는 법률조항

학교폭력예방 및 대책에 관한 법률(2102. 12. 28. 법류 제123456호로 전부개정된 것) 제17조 제4항 중 제1항 제1호 부분 및 제7항 본문 중 제1항 제9호 부분과 단서 제1호 부분

청구이유

Ⅰ. 쟁점의 정리
Ⅱ. 적법요건의 구비 여부
Ⅲ. 위헌이라고 해석되는 이유
Ⅵ. 결론

첨부서류

1. 위헌법률심판 제청신청서
1. 위헌법률심판 제청신청기각 결정문
1. 송달증명서
1. 소송위임장
1. 담당변호사 지정서

2024. 1. 8.

청구인의 대리인 법무법인 진리
담당변호사 김정의 (인)

헌법재판소 귀중

– 헌재법 제68조 제2항 헌법소원심판청구서 청구취지 추가 작성예

청구취지	1. 국가공무원법 제65조 제1항의 ‘정당가입’ 부분 및 제78조 제1항 제1호의 ‘이 법’ 부분 중 제65조 제1항의 ‘정당가입’ 부분은 헌법에 위반된다. 2. 국가공무원법 제66조 제1항 본문의 ‘공무 외의 일을 위한 집단 행위’ 부분 및 **제78조 제1항 제1호의 ‘이 법’ 부분 중 제66조 제1항 본문의 ‘공무**	▶ **다음과 같은 방식도 정답으로 처리** “1. 국가공무원법 제78조 제1항 제1호의 ‘이 법’ 부분 중 제65조 제1항의 ‘정당 가입’ 부분은 헌법에 위반된다. 2. 국가공무원법 제78조 제1항 제1호의 ‘이 법’ 부분 중 제66조 제1항 본문의 ‘공무 외의 일을 위한 집단행위’ 부분은 헌법에 위반된다.”

	외의 일을 위한 집단 행위' 부분은 헌법에 위반된다.라는 결정을 구합니다.	▶ 다음과 같은 기재도 정답으로 처리. ㉠ "국가공무원법 제78조 제1항 제1호의 '이 법' 부분 중"에서 "'이 법' 부분" 없이 단순히 **"국가공무원법 제78조 제1항 제1호 중"이라 해도 무방함.** ㉡ 제65조 제1항의 '정당 가입 부분'이라는 표현은 완벽히 일치하지 않아도 무방함. ㉢ '제66조 제1항 본문의' 대신 '제66조 제1항의'이나 '제66조 제1항 중'이라 해도 무방함. ▶ 다음과 같은 기재 시에는 일정한 점수를 감점. ㉠ "국가공무원법 제65조 제1항의 '정당 가입' 부분은 헌법에 위반된다."라는 식으로 **징계규정(효과규정) 없이 금지규정만을 심판대상으로 삼은 경우는 감점.** ㉡ '제65조 제1항의 정당 가입 부분' 대신 단순히 '제65조 제1항'이라고 하거나, '제66조 제1항 본문의 공무 외의 일을 위한 집단 행위 부분' 대신 단순히 '제66조 제1항'이라고 한 경우에는 감점. ㉢ 2. 항 청구취지를 한정위헌청구취지로 기재한 것은 감점 (**내부회의록에서 단순위헌 청구하도록 했음**). ㉣ "위헌임을 확인한다"라고 작성하면 감점. ㉤ **"...라는 결정을 구합니다"를 누락하거나, "...라는 판결을 구합니다."라고 작성하면 감점.**

제3절 형식적 기재사항

01 청구인

청구인의 이름과 주소를 쓰고 대리인의 이름과 주소, 연락처를 기재한다. 청구인이 미성년자인 경우에는 법정대리인을 표시한다.

02 청구취지

(1) 예시

"전기통신기본법(1996. 12. 30. 법률 제5291호로 개정된 것) 제47조 제1항은 헌법에 위반된다."라는 결정을 구합니다.

(2) 구체적인 설명은 제1장 위헌법률심판 제청 신청 부부 참조

03 당해사건

본안사건이 계류중인 법원, 사건번호, 사건명을 적는다.

04 위헌이라고 해석되는 법률조항

청구취지 부분의 법률조항을 그대로 쓴다.

제4절 쟁점의 정리(사안의 개요)

양식의 제목이 무엇이든간에 사실관계를 요약하여 쓰고 쟁점을 기재한다. 헌법소원심판청구서는 청구인이 헌법재판소에 최초로 제출하는 서류로서, 헌법재판관은 이 문서를 처음 보는 만큼 청구인이 소송담사자인 본안 사건의 내용에 대하여 전혀 알지 못한다. 따라서 사실관계를 우선 간단하게 설명한 뒤에 쟁점을 써야 한다. 이 점이 위헌법률심판제청서의 '쟁점의 정리'와 다르다.

제5절 적법 요건

Ⅰ. 법률 또는 법률조항
Ⅱ. 위헌제청신청 기각/각하 결정
Ⅲ. 재판의 전제성
Ⅳ. 청구기간
Ⅴ. 변호사강제주의

Ⅰ. 법률 또는 법률조항

가. 시행령이나 시행규칙은 청구대상이 아니다.
나. 법률의 연혁을 적어야 한다.
다. 해당 법률조항을 구체적으로 적시하여야 한다.
(“○○법 제○조 제○항” 또는 “○○법 제○조 제○항 중 - - - 부분”)

Ⅱ. 위헌제청신청 기각/각하 결정

01 법원의 위헌제청신청 기각 결정의 대상이 아닌 법률조항에 대한 헌법소원심판청구는 부적합하다.
02 예외적으로, 위헌제청신청을 기각 또는 각하한 법원이 그 법률조항을 실질적으로 판단하였거나, 그 법률조항이 명시적으로 위헌제청신청을 한 조항과 필연적 연관관계를 맺고 있어서 법원이 그 조항을 묵시적으로나마 위헌제청신청으로 판단한 경우에는 적법하다.

Ⅲ. 재판의 전제성★

---

1. 구체적인 사건이 법원에 계속 중일 것
2. 위헌 여부가 문제되는 법률이 당해 소송사건의 재판에 적용되는 법률일 것
3. 해당 법률이 위헌인지 여부에 따라 해당 사건을 담당한 법원이 다른 내용의 재판을 하게 되는 경우일 것

---

01 구체적인 사건이 법원에 계속 중일 것

(1) 우리나라는 구체적 규범통제 방식을 취하고 있으므로 구체적인 사건이 법원에 계류 중이어야 한다.
(2) 법원이 신청인의 위헌법률심판제청신청을 기각시켰기 때문에 당사자가 헌법소원을 제기한 경우 즉 헌법재판소법 제68조 제2항의 헌법소원의 경우에는, 재판이 정지되지 않는 까닭에 헌법재판소가 결정하기 전

에 해당 사건이 종결(확정)될 수 있으므로 위헌제청신청서에 사건이 법원에 계속 중이면 된다.

02 위헌 여부가 문제되는 법률이 당해 소송사건의 재판에 적용되는 법률일 것

심판의 대상이 되는 법률은 법원의 당해 사건에 직접 적용되는 법률인 경우가 대부분이겠지만, 당해 재판에 적용되는 법률이라면 반드시 직접 적용되는 법률이어야 하는 것은 아니고, 양 규범 사이에 내적 관련이 있는 경우에는 간접 적용되는 법률규정에 대하여도 재판의 전제성을 인정할 수 있다.

03 해당 법률이 위헌인지 여부에 따라 해당 사건을 담당한 법원이 다른 내용의 재판을 하게 되는 경우일 것

'다른 내용의 재판을 하게 되는 경우'란, 문제된 법률의 위헌 여부에 따라 재판의 결론이나 주문(主文)이 달라질 경우 및 재판의 주문에는 영향을 주지 않는다 하더라도 재판의 결론을 이끌어내는 이유를 달리하는 데 관련되어 있거나 재판의 내용과 효력에 관한 법률적 의미를 달리하는 경우를 가리킨다.

Ⅳ. 청구기간

- 헌법재판소법 제69조(청구기간) ② 제68조 제2항에 따른 헌법소원심판은 위헌 여부 심판의 제청신청을 **기각하는 결정을 통지받은 날부터 30일 이내**에 청구하여야 한다. 한편, 국선대리인선임신청을 하였다가 기각된 경우에는 위 **선임신청을 한 날부터 위 기각결정 통지를 받은 날까지의 기간은 위 청구기간에 산입하지 않는다**(제70조 제4항).[5)6)]

한편, 헌법재판소법 제69조 제2항은 "제68조 제2항에 따른 헌법소원심판은 위헌 여부 심판의 제청 신청을 기각하는 결정을 통지받은 날부터 30일 이내에 청구하여야 한다."라고 규정하고 있는데, 이때 기각결정 통지는 반드시 문서로 이루어질 필요는 없고, 형사사건의 공판정에 피고인인 위헌법률심판제청 신청인이 출석한 가운데 형사사건 판결서에 포함된 위헌법률심판제청신청을 기각하는 취지의 주문을 낭독하는 방법으로 이루어지면 충분하다(헌재 2021. 5. 27. 2019헌바227).[7)]

Ⅴ. 변호사강제주의

- 헌법재판소법 제25조(대표자 · 대리인) ③ 각종 심판절차에서 당사자인 사인(私人)은 변호사를 대리인으로 선임하지 아니하면 심판청구를 하거나 심판 수행을 하지 못한다. 다만, 그가 변호사의 자격이 있는 경우에는 그

---

5) 사례예시 : 사안의 경우, 청구인이 위헌제청기각결정을 통지 받은 날은 2022. 5. 15.이므로 그로부터 30일이 되는 같은 해 6. 15.까지 헌법소원심판을 청구하여야 한다. 그런데 청구인은 2022. 5. 16. 국선대리인 선임신청을 하였다가 같은 달 25. 기각결정을 통지받았으므로, 심판청구 만료일은 위 국선대리인 선임 신청기한인 10일을 더한 2022. 6. 25.이 되고, 이날 청구하는 이 사건 헌법소원은 청구기간을 준수하였다.

6) 한편, 최근 헌재는 공판정에서 위헌법률심판제청신청에 대한 기각 결정을 형사사건에 대한 판결과 동시에 선고하는 경우 이를 별도의 재판서에 의하지 아니하고 하나의 판결문에 의하여 하는 것도 가능하고, 이 경우 그 통지는 형사소송법 제43조에 따라 위헌법률심판제청신청에 대한 기각 취지의 주문을 낭독하는 방법으로 하여야 한다고 판시하면서, 공판정에서 청구인이 출석한 가운데 재판서에 의하여 위헌법률심판제청신청을 기각하는 취지의 주문을 낭독하는 방법으로 재판의 선고를 한 경우, 청구인은 이를 통하여 위헌법률심판제청신청에 대한 기각 결정을 통지받았다고 보아야 하므로 그로부터 30일이 경과한 후 제기된 헌법소원 심판청구는 청구기간을 경과한 것으로서 부적법하다고 보았다(헌재 2018. 8. 30. 2016헌바316).

7) 청구인은 2023. 9. 5. 항소심 선고기일에 출석하여 위헌법률심판제청신청을 기각한다는 취지의 주문을 듣는 방식으로 기각결정을 통지받았으므로, 청구를 할 수 있는 마지막 날은 그로부터 30일이 되는 날인 2023. 10. 5.입니다. 청구인은 2023. 10. 5.에 청구서를 제출하고 있으므로 청구기간을 준수하였습니다.(2023년도 10월 모의고사)

러하지 아니하다.

- 헌법재판소 제70조(국선대리인) ① 헌법소원심판을 청구하려는 자가 변호사를 대리인으로 선임할 자력(資力)이 없는 경우에는 헌법재판소에 국선대리인을 선임하여 줄 것을 신청할 수 있다. 이 경우 제69조에 따른 청구기간은 국선대리인의 선임신청이 있는 날을 기준으로 정한다.
  ② 제1항에도 불구하고 헌법재판소가 공익상 필요하다고 인정할 때에는 국선대리인을 선임할수 있다.
  ⑤ 제3항에 따라 선정된 국선대리인은 선정된 날부터 60일 이내에 제71조에 규정된 사항을 적은 심판 청구서를 헌법재판소에 제출하여야 한다.

3장 헌법재판소법 제68조 제1항 헌법소원심판청구 (권리구제형 헌법소원)

제1절 관련 법령

- 헌법재판소법 제68조(청구 사유) ① 공권력의 행사 또는 불행사(不行使)로 인하여 헌법상 보장된 기본권을 침해받은 자는 법원의 재판을 제외하고는 헌법재판소에 헌법소원심판을 청구할 수 있다. 다만, 다른 법률에 구제절차가 있는 경우에는 그 절차를 모두 거친 후에 청구할 수 있다.
- 헌법재판소법 제69조(청구기간) ① 제68조 제1항에 따른 헌법소원의 심판은 그 사유가 있음을 안 날로부터 90일 이내에, 그 사유가 있는 날부터 1년 이내에 청구하여야 한다. 다만, 다른 법률에 따른 구제절차를 거친 헌법소원의 심판은 그 최종결정을 통지받은 날부터 30일 이내에 청구하여야 한다.
- 헌법재판소법 제70조(국선대리인) (내용 생략)
- 헌법재판소법 제71조(청구서의 기재사항) (내용 생략)

제2절 서식례

Ⅰ. 헌법재판소법 제68조 제1항 헌법소원 심판청구서 서식례

– 법령헌법소원

헌법소원심판청구서

청구인 송미령(　－　)
서울 서대문구 홍은동 101 소망빌라 지층 1호
서울 서초구 서초동 100－2 정의빌딩 3층
전화: 02－555－6789, 팩스: 02－555－6790,
이메일: srk@justicelaw.com

청구취지

"미용업자 위생관리기준(2011. 10. 15. 보건복지부 고시 제2011－35호) 제1호 중 '점빼기 · 귓볼뚫기' 부분은 헌법에 위반된다."라는 결정을 구합니다.

침해된 권리

(헌법 제15조) 직업의 자유, (헌법 제11조) 평등권

침해의 원인이 되는 공권력의 행사 또는 불행사

미용업자 위생관리 기준(2011. 10.15. 보건복지부 고시 제2011－35호) 제1호 중 '점빼기 · 귓볼뚫기' 부분

청구이유

1. 사건의 경위(쟁점의 정리)
2. 이 사건 헌법소원의 적법성
3. 이 사건 규정의 위헌성
4. 결론

첨부서류

2024. 1. 4.

청구인의 국선대리인 변호사 김신뢰 (인)

헌법재판소 귀중

II. 헌법재판소 제68조 제1항 헌법소원 심판청구서 서식례

– 공권력 행사(권력적 사실행위)에 대한 헌법소원

헌법소원심판청구서

청구인 ○○○ (　－　)

서울 ○○구 ~

대리인 법무법인 필승

담당변호사 김승소

서울 서초구 서초대로 70길 123(법조 빌딩 3층)

전화 ~ , 팩스 ~, 이메일 ~@~

피청구인 A구치소장

청구취지

"피청구인이 20ＸＸ. 6. 1.부터 20ＸＸ. 6. 30.까지 A구치소 내에서 실시하는 종교의식 또는 행사에 미결수용자인 청구인의 참석을 금지한 행위는 (청구인의 종교의 자유를 침해한 것으로서) 위헌임을 확인한다."라는 결정을 구합니다.

침해된 권리

(헌법 제20조) 종교의 자유

침해의 원인

피청구인이 20ＸＸ. 6. 1.부터 20ＸＸ. 6. 30.까지 A구치소 내에서 실시하는 종교의식 또는 행사에 미결

수용자인 청구인의 참석을 금지한 행위

청구이유

1. 사건의 개요
2. 이 사건의 청구의 적법성
3. 피청구인 행위의 위헌성
4. 결론

첨부서류

2024. 1. .

청구인 대리인 법무법인 필승
담당변호사 김승소 (인)

헌법재판소 귀중

- 헌재법 제68조 제1항 일반 공권력작용(행정처분) 청구취지 추가 작성예

청구 취지	"피청구인이 1998. 12. 26. 행정자치부공고제 1998-147호 1999년도 공무원 임용시험 시행계획 제4항 나호에서 1999년도 제5회 지방고등고시의 응시연령을 "지방고등고시, 20세 이상 33세 이하, 기준일 12. 14., 해당 생년월일 1965. 12. 15.~1979. 12. 14."로 공고함으로써 청구인이 지방고등고시 농업직렬 제2차 시험에 응시할 자격을 **박탈한 조치는 청구인의 공무담임권을 침해한 것이므로 이를 취소한다."라는 결정을 구합니다.**	법령이 아닌 일반 행정처분이 심판대상이 된 경우 청구취지나 주문에서는 "헌법에 위반된다"로 기재할 것이 아니라 헌재법 제75조 제3항에 따라 일반 행정처분에 대한 항고소송과 마찬가지로 "취소한다"라고 기재함이 원칙임(헌법재판소 2000. 1. 27. 선고 99헌마123 전원재판부 [1999년도 공무원채용시험시행계획위헌확인]). **비교) 2023년도 제1차 변호사 모의시험 공법기록형 문제** "피청구인이 2023. 11. 24.에 한 '제13회 변호사시험 일시·장소 및 응시자준수사항 공고'(법무부공고 제2023-360호) 제4의 나.항 중 "코로나19 확진자는 시험에 응시할 수 없습니다." 부분과 신청기간 가운데 "2024. 1. 7.(일) 18:00" 부분 및 "사전신청마감을 2024. 1. 7.(일) 18:00까지로 **제한"한 부분은 청구인들의 직업선택의 자유를 침해하므로 이를 취소한다." 라는 결정을 구합니다.**

청구 취지	"피청구인이 2020. 11. 20.에 한 '제10회 변호사시험 일시·장소 및 응시자준수사항 공고'(법무부공고 제2020-360호) 제4의 나.항 '자가격리자 시험 응시 사전 신청' 가운데 신청기간 중 "2021. 1. 3.(일) 18:00" 부분 및 "사전 신청 마	다만, 당해 공권력 행사(처분)에 의한 기본권 침해**상황이 이미 종료된 경우에는 취소가 아닌 "위헌임을 확인한다"로 기재해야 함**(헌법재판소 2023. 2. 23. 선고 2020헌마1736 전원재판부 결정 [법무부공고 제2020-360호 등 위헌확인]).

	감을 2021. 1. 3.(일) 18:00까지로 제한” 부분과, 피청구인이 2020. 11. 23.에 한 ‘코로나19 관련 제10회 변호사시험 응시자 유의사항 등 알림’ 가운데 ‘(붙임 1) 코로나19 응시자 유의사항’ 중 “코로나19 확진환자는 시험에 응시할 수 없습니다.” 부분, ‘자가격리자 시험 응시 사전 신청’의 신청기간 중 “2021. 1. 3.(일) 18:00” 부분 및 “사전 신청 마감을 2021. 1. 3.(일) 18:00까지로 **제한”한 부분은 각 청구인들의 직업선택의 자유를 침해하여 위헌임을 확인한다.**라는 결정을 구합니다.	

제3절 적법 요건

Ⅰ. 청구인 능력 – 기본권의 주체
Ⅱ. 공권력의 행사 또는 불행사
Ⅲ. 기본권의 침해
Ⅳ. 청구인 적격(기본권 침해의 법적 관련성)
  1. 자기관련성
  2. 직접성
  3. 현재성
Ⅴ. 권리보호이익
Ⅵ. 보충성
Ⅶ. 청구기간
Ⅷ. 변호사강제주의

Ⅰ. 청구인 능력 – 기본권의 주체성

01 외국인의 기본권 주체성

기본권의 성질에 따라 외국인도 일정한 범위 내에서 기본권의 주체가 된다.[8)]

---

8) 헌법 제15조는 모든 국민은 직업선택의 자유를 가진다고 규정하여, 직업의 선택과 직업의 수행을 포함하는 직업의 자유를 보장하고 있다. 이 때 직업이라 함은 일반적으로 사람이 생활을 영위하는 데 필요한 정신적 또는 물질적인 수단을 얻거나 유지하기 위하여 행하는 계속적인 모든 소득활동을 말한다. 헌법재판소는, ‘국민’ 또는 국민과 유사한 지위에 있는 ‘외국인’은 헌법재판소법 제68조 제1항의 헌법소원을 청구할 수 있는 기본권 주체로서, 인간의 존엄과 가치 및 행복추구권 등과 같이 단순히 ‘국민의 권리’가 아닌 ‘인간의 권리’로 볼 수 있는 기본권에 대해서는 외국인도 기본권 주체가 될 수 있다고 하여 인간의 권리에 대하여는 원칙적으로 외국인의 기본권주체성을 인정하였다(헌재 2011. 9. 29. 2007헌마1083등; 헌재 2014. 4. 24. 2011헌마474등 참조). 이와 같이 외국인에게는 모든 기본권이 인정되는 것이 아니라 인간의 권리의 범위 내에서만 인정되는 것이므로, 심판대상조항이 제한하고 있는 기본권이 권리의 성질상 외국인인 청구인에게 기본권주체성을 인정할 수 있는 것인지를 개별

•<u>헌법재판소 2001. 11. 29. 99헌마494 재외동포 출입국과 법적지위에 관한 법률 제2조 제2호 위헌확인</u>
국민 또는 국민과 유사한 지위에 있는 '외국인'은 기본권의 주체가 될 수 있다 판시하여 (헌재 1994. 12. 29. 93헌마120) 원칙적으로 외국인의 기본권 주체성을 인정하였다. 청구인들이 침해되었다고 주장하는 인간의 존엄과 가치, 행복추구권은 대체로 '인간의 권리'로서 외국인도 주체가 될 수 있다고 보아야 하고, 평등권도 인간의 권리로서 참정권 등에 대한 성질상의 제한 및 상호주의에 따른 제한이 있을 수 있을 뿐이다. 이 사건에서 청구인들이 주장하는 바는 대한민국 국민과의 관계가 아닌, 외국 국적의 동포들 사이에 재외동포법의 수혜대상에서 차별하는 것이 평등권 침해라는 것으로서 성질상 위와 같은 제한을 받는 것이 아니고 상호주의가 문제되는 것도 아니므로, 청구인들에게 기본권주체성을 인정함에 아무런 문제가 없다.

02 단체(권리능력없는 사단)의 기본권 주체성

•<u>헌법재판소 1991. 6. 3. 90헌마56 영화법 제12조 등에 대한 헌법소원</u>
우리 헌법은 법인의 기본권향유능력을 인정하는 명문의 규정을 두고 있지 않지만, 본래 자연인에게 적용되는 기본권규정이라도 언론·출판의 자유·재산권의 보장 등과 같이 성질상 법인이 누릴 수 있는 기본권을 당연히 법인에게도 적용하여야 한 것으로 본다. 따라서 법인도 사단법인·재단법인 또는 영리법인·비영리법인을 가리지 아니하고 위 한계 내에서는 헌법상 보장된 기본권이 침해되었음을 이유로 헌법소원심판을 청구할 수 있다. 또한, 법인 아닌 사단·재단이라고 하더라도 대표자의 정함이 있고 독립된 사회적 조직체로서 활동하는 때에는 성질상 법인이 누릴 수 있는 기본권을 침해당하게 되면 그의 이름으로 헌법소원심판을 청구할 수 있다(민사소송법 제48조 참조).

II. 공권력의 행사 또는 불행사

01 개념

'공권력의 행사 또는 불행사'란 공권력을 행사할 수 있는 지위에 있는 기관, 즉 공권력 주체에 의한 작위 또는 부작위로서 국민의 권리·의무 내지 법적 지위에 직접적인 영향을 끼치는 행위를 말한다.

적으로 결정하여야 한다(헌재 2011. 9. 29. 2007헌마1083등 참조). 심판대상조항이 제한하고 있는 직업의 자유는 국가자격제도정책과 국가의 경제상황에 따라 법률에 의하여 제한할 수 있고 인류보편적인 성격을 지니고 있지 아니하므로 국민의 권리에 해당한다. **<u>이와 같이 헌법에서 인정하는 직업의 자유는 원칙적으로 대한민국 국민에게 인정되는 기본권이지, 외국인에게 인정되는 기본권은 아니다. 국가 정책에 따라 정부의 허가를 받은 외국인은 정부가 허가한 범위 내에서 소득활동을 할 수 있는 것이므로, 외국인이 국내에서 누리는 직업의 자유는 법률 이전에 헌법에 의해서 부여된 기본권이라고 할 수는 없고, 법률에 따른 정부의 허가에 의해 비로소 발생하는 권리이다.</u>** 헌법재판소의 결정례 중에는 외국인이 대한민국 법률에 따른 허가를 받아 국내에서 일정한 직업을 수행함으로써 근로관계가 형성된 경우, 그 직업은 그 외국인의 생활의 기본적 수요를 충족시키는 방편이 되고 또한 개성신장의 바탕이 된다는 점에서 외국인은 그 근로관계를 계속 유지함에 있어서 국가의 방해를 받지 않고 자유로운 선택과 결정을 할 자유가 있고 그러한 범위에서 제한적으로 직업의 자유에 대한 기본권주체성을 인정할 수 있다고 하였다(헌재 2011. 9. 29. 2007헌마1083등 참조). 하지만 이는 이미 근로관계가 형성되어 있는 예외적인 경우에 제한적으로 인정한 것에 불과하다. 그러한 근로관계가 형성되기 전단계인 특정한 직업을 선택할 수 있는 권리는 국가정책에 따라 법률로써 외국인에게 제한적으로 허용되는 것이지 헌법상 기본권에서 유래되는 것은 아니다. 따라서 외국인인 청구인 신○권에게는 그 기본권주체성이 인정되지 아니한다.

02 법령에 대한 헌법소원

가. 법률 · 시행령 · 시행규칙에 대한 헌법소원

• 헌법재판소 2003. 5. 13. 92헌마80 체육시설의 설치 · 이용에 관한 법률 시행규칙 제5조에 대한 헌법소원
명령 · 규칙 그 자체에 의하여 직접 기본권이 침해되었을 경우에는 그것을 대상으로 하여 헌법소원심판을 청구할 수 있고, 그 경우 제소요건으로서 당해 법령이 구체적 집행행위를 매개로 하지 아니하고 직접적으로 그리고 현재적으로 국민의 기본권을 침해하고 있어야 한다.

나. 대외적 구속력을 갖는 행정규칙(법령보충적 행정규칙)에 대한 헌법소원

• 헌법재판소 1992. 6. 26. 91헌나25 공무원 임용령 제35조의2 등에 대한 헌법소원
법령의 직접적인 위임에 따라 수임행정기관이 그 법령을 시행하는데 필요한 구체적 사항을 정한 것이면, 그 제정형식은 비록 법규명령이 아닌 고시 · 훈령 · 예규 등과 같은 행정규칙이라도 그것이 상위법령의 위임한계를 벗어나지 아니하는 한, 상위법령과 결합하여 대외적인 구속력을 갖는 법규명령으로서 가능하게 된다고 보아야 할 것인바, 청구인이 법령과 예규의 관계규정으로 말미암아 직접 기본권 침해를 받았다면 이에 대하여 바로 헌법소원 심판을 청구할 수 있다.

---

1. 행정소송법상의 처분과 헌법소원심판대상으로서 공권력 행사

행정소송법상 처분은 행정청이 행하는 구체적 사실에 관한 법집행으로서의 공권력행사 또는 그 거부와 그 밖에 이에 준하는 행정작용이라 규정하고 있다(행소법 제2조 제1항). 행정청에는 법령에 의하여 행정권한의 위임 또는 위탁을 받은 행정기관, 공공단체 및 그 기관 또는 사인이 포함된다(행소법 제2조 제2항). 구체적 사실이란 기본적으로 관련자가 개별적이고 규율대상이 구체적인 것을 의미한다. 공권력 행사란 공법에 근거하여 행정청이 우월한 지위에서 일방적으로 행하는 일체의 행정작용을 의미한다고 할 수 있다. 한편 거부처분이라 함은 국민의 공권력 행사의 신청에 대하여 처분의 발령을 거부하는 행정청의 의사작용을 의미한다. 행정소송법상의 처분개념으로서의 거부란 신청된 행정작용이 처분에 해당되는 경우에의 거부만의 의미한다.

2. 이른바, 처분적 고시 문제

고시(告示)란 행정청이 결정한 사항을 공시(公示)할 필요가 있어 대외적으로 일반인에게 널리 알리는 행정행위라고 한다. 그 내용은 보충적인 행정법규로서 법규성을 가지는 것이기 때문에 이를 구체적인 행정처분이라고 할 수는 없으니 고시 그 자체가 특정인의 기본권을 침해한다고 할 수는 없다. 즉, 고시, 훈령, 예규, 지침 등 행정규칙은 일반적으로 행정조직 내부에서만 효력을 가지는 것이고 대외적인 구속력을 갖는 것이 아니어서 원칙적으로 헌법소원의 대상이 아니나, 예외적으로 법령의 직접적인 위임에 따라 수임행정기관이 그 법령을 시행하는 데 필요한 구체적인 사항을 정한 것이라면 상위법령과 결합하여 대외적인 구속력을 갖는 법규명령으로서 기능하게 된다고 보아야 할 것이고, 이 경우 헌법소원 심판을 청구할 수 있다. 대법원 판례는, "고시의 법석 성실은 일률적으로 판단될 것이 아니라 고시에 담겨진 내용에 따라 구체적인 경우마다 달리 결정되며, 고시가 일반 · 추상적 성격을 가질 때에는 법규명령 또는 행정규칙에 해당하지만, 고시가 구체적인 규율의 성격을 갖는다면 행정처분에 해당한다."고 판시하고 있다.[9] 그러므로 청소년유해매체물의 결정 및 고시처분은 취소소송이나 무효확인소송의 대상이 되는 행정처분으로 인정할 수 있다(헌재 1998. 4. 30. 97헌마141).

---

9) 판례는 청소년유해매체물의 결정 및 고시처분이 행정처분이라고 보고 있다(대법원 2007. 6. 14. 선고 2004두619 판결). 나아

3. 헌법재판에서의 보충성 원칙과의 관계

가. 보충성 원칙 – 헌법소원은 다른 법률에 구제절차가 있는 경우에는 그 절차를 모두 거친 후에 심판청구를 하여야 한다(헌재법 제68조 제1항 단서).

나. 대법원 판례

대법원 판례에 의하면 법규명령이 집행행위의 개입없이 그 자체로서 국민의 구체적 권리의무에 영향을 미치는 경우에는 그 법규명령도 항고소송의 대상이 되므로 보충성 원칙에 따라 헌법소원을 제기할 수 없다. 즉, 법령 또는 조례가 구체적 집행행위의 개입 없이 그 자체로서 직접 국민에 대하여 구체적 효과를 발생하여 특정한 권리의무를 형성하게 하는 경우에는 항고쟁송의 대상이 된다. 판례[10]도 마찬가지로 다른 행정행위를 기다릴 필요없이 법규명령 그 자체로서 직접 개인의 권익을 침해하는 효과를 발생하는 경우에는 그 법규명령(처분적 명령)은 처분으로서 항고쟁송의 대상이 될 수도 있다고 하였다.

나아가, 고시·공고는 행정청이 그가 결정한 사항 기타 일정한 사항을 일반에게 알리는 것인데, 원칙적으로 일반국민을 구속하는 것은 아니므로 행정소송의 대상이 되지 않으나, 판례는, 구 청소년보호법(2001. 5. 24. 법률 제6479호로 개정되기 전의 것)에 따른 청소년유해매체물 결정 및 고시처분은 당해 유해매체물의 소유자 등 특정인만을 대상으로 한 행정처분이 아니라 일반 불특정 다수인을 상대방으로 하여 일률적으로 표시의무, 포장의무, 청소년에 대한 판매·대여 등의 금지의무 등 각종 의무를 발생시키는 행정처분으로서, 정보통신윤리위원회가 특정 인터넷 웹사이트를 청소년유해매체물로 결정하고 청소년보호위원회가 효력발생시기를 명시하여 고시함으로써 그 명시된 시점에 효력이 발생하였다고 봄이 상당하다고 판시한바 있다(대법원 2007. 6. 14. 선고 2004두619 판결). 그 밖에도, 「도로법」의 규정에 의한 도로구역결정의 고시, 「부동산가격공시 및 감정평가에 관한 법률」의 규정에 의한 개별지가공시 등 고시의 형식으로 일반처분의 성질을 가진 행위가 있을 경우에는 행정소송의 대상이 될 수 있다고 판시하였다.[11]

다. 헌재 판례

참고로, 헌재의 실무는 해당 공권력 작용이 항고소송 대상이 되는지 여부가 불확실하면 대부분 보충성 요건을 완화하여 받아주는 편이나, 사안에 대한 직접적인 판례가 있으면 보충성 요건을 적용하여 각하한다. 예를 들면 과거 지목변경신청거부행위에 대하여 대법원이 처분성 인정하지 않았을 때는 권리구제가 불확실하다고 하여 적법성 인정하였으나, 대법원이 판례를 변경하여 그 항고소송 대상성을 인정하자, 헌재 역시 태도를 바꾸어 그 취소를 구하는 헌법소원을 부적법 각하하고 있다.

라. 소결

결과적으로 시행령 별표기준과 고시(법령보충적행정규칙)의 경우 처분적 법령에 해당할 가능성이 있어 헌법소원심판청구시 보충성요건에 걸려 부적법 각하될 여지가 있다.

가, "고시의 법적 성질은 일률적으로 판단될 것이 아니라 고시에 담겨진 내용에 따라 구체적인 경우마다 달리 결정되며, 고시가 일반·추상적 성격을 가질 때에는 법규명령 또는 행정규칙에 해당하지만, 고시가 구체적인 규율의 성격을 갖는다면 행정처분에 해당한다"는 것이 판례의 태도이다. 그러므로 청소년유해매체물의 결정 및 고시처분은 취소소송이나 무효확인소송의 대상이 되는 행정처분으로 인정할 수 있다(헌재 1998. 4. 30. 97헌마141).

10) 대판 1996. 9. 20. 95누8003(두밀분교를 폐지한 경기도 조례를 항고소송의 대상으로 인정), 대법원 2003. 10. 9. 자 2003무23 결정, 대판 2006.9.22. 2005두2506 등, 이 사건 고시(항정신병 치료제의 요양급여 인정기준에 관한 보건복지부 고시)가 불특정의 항정신병 치료제 일반을 대상으로 한 것이 아니라 특정 제약회사의 특정 의약품을 규율 대상으로 하는 점 및 의사에 대하여 특정 의약품을 처방함에 있어서 지켜야 할 기준을 제시하면서 만일 그와 같은 처방기준에 따르지 않은 경우에는 국민

다. 재량준칙에 대한 헌법소원

• 헌법재판소 2005. 5. 26. 2004헌마49 계호근무준칙 제298조 등 위헌확인

계호근무준칙(2000. 3. 29. 법무부 훈령 제422호로 개정된 것) 제298조 제1호 · 제2호(이하 '이 사건 준칙조항'이라 한다)는 행정규칙이기는 하나 검사 조사실에서의 계구사용에 관한 재량권 행사의 준칙으로서 오랫동안 반복적으로 시행되어 그 내용이 관행으로 확립되었다 할 수 있는 것으로, 이 사건 준칙조항을 따라야 하는 검사 조사실 계호근무자로서는 검사조사실에서 수용자가 조사를 받는 동안에는 그때그때 개별적으로 상관에게 요청하여 그 지시를 받아 계구사용의 해제 여부를 결정할 여유가 사실상 없기 때문에 일단은 재량의 여지없이 원칙적, 일률적으로 계구를 사용하여 수용자를 결박한 상태에서 계호해야 한다. 그렇다면 이 사건 준칙조항은 이와 같은 재량 없는 집행행위를 통하여 계호대상이 되는 수용자에게 직접적으로 계구 사용으로 인한 기본권 제한의 효력을 미치게 된다고 볼 수 있다.

03 권력적 사실행위에 대한 헌법소원

• 권력적 사실행위의 의의

일정한 법률효과의 발생을 목적으로 하는 것이 아니라 직접적으로는 사실상의 효과만을 가져오는 공권력의 행사(교도소, 군대, 공무원관계, 국공립학교 등에서 주로 문제).

• 헌법재판소 2005. 3. 31 2003헌마87 한 · 중 국제결혼절차 위헌확인

행정상의 사실행위는 경고, 권고, 시사와 같은 정보제공행위나 단순한 지식표시행위인 행정지도와 같은 대외적 구속력이 없는 '비판적 사실행위'와 행정청이 우월적 지위에서 일방적으로 강제하는 '권력적 사실행위'로 나눌 수 있고, 이 중에서 권력적 사실행위는 헌법소원의 대상이 되는 공권력의 행사에 해당한다(헌재 2003. 12. 18. 2001헌마754). 일반적으로 어떤 행정행위가 헌법소원의 대상이 되는 권력적 사실행위에 해당하는지의 여부는 당해 행정주체와 상대방과의 관계, 그 사실행위에 대한 상대방의 의사 · 관여 정도 · 태도, 그 사실 행위의 목적 · 경위, 법령에 의한 **명령 · 강제수단의 발동 가부** 등 그 행위가 행하여질 당시의 구체적 사정을 종합적으로 고려하여 개별적으로 판단하여야 한다(헌재 1994. 5. 6. 89헌마35).

04 공고에 대한 헌법소원

(1) 헌법재판소 2001. 9. 27. 2000헌마159 제42회 사법시험 제1차시험 시행일자 위헌확인

◎ 결정요지

• 이 사건 공고: 행정자치부장관(피청구인)이 2000. 1. 3. 행정자치부공고 제2000－1호로 공고한 2000년도 공무원 임용시험 시행계획공고 중 제42회 사법시험 제1차 시험을 일요일인 2000. 2. 20.로 정하여 공고한 것 이 사건 공고는 사법시험 등의 시험실시계획을 일반에게 알리는 것을 내용으로 하는 통지행위로서 일반적으로는 행정심판이나 행정쟁송의 대상이 될 수 있는 행정처분이나 공권력의 행사는 될 수 없지만 사전안내의 성격을 갖는 통지행위라도 그 내용이 국민의 기본권에 직접 영향을 끼치는 내용이고 앞으로 법령의 뒷받침에 의

건강보험공단에 대하여 그 약제비용을 보험급여로 청구할 수 없고 환자 본인에 대하여만 청구할 수 있게 한 점 등에 비추어 볼 때, 이 사건 고시는 다른 집행행위의 매개 없이 그 자체로서 제약회사, 요양기관, 환자 및 국민건강보험공단 사이의 법률관계를 직접 규율하는 성격을 가진다고 할 것이다(대법원 2003. 10. 9. 2003무23 결정).

11) 개별토지가액의 결정은 토지초과이득세, 택지초과소유부담금 또는 개발부담금 산정 등의 기준이 되어 국민의 권리 · 의무 내지 법률상 이익에 직접적으로 관계된다고 할 것이고, 따라서 이는 행정소송법 제2조제1항제1호 소정의 행정청이 행하는 구체적 사실에 관한 법집행으로서의 공권력 행사이어서 행정소송의 대상이 되는 행정처분으로 보아야 할 것이다(대판 1993. 1. 15. 선고 92누12407).

하여 그대로 실시될 것이 틀림없을 것으로 예상될 수 있는 것일 때에는 그로 인하여 직접적으로 기본권침해를 받게 되는 사람에게는 사실상의 규범작용으로 인한 위험성이 이미 발생하였다고 보아야 할 것이므로 이러한 것도 헌법소원의 대상이 될 수 있다. 사법시험 응시자격은 구 사법시험법령 제4조에, 시험방법과 과목은 구 사법시험령 제5조와 제7조에 이미 규정되어 있으므로 그에 대한 공고는 이미 확정되어 있는 것을 단순히 알리는 데에 지나지 않는다 할 것이나 구체적인 시험일정과 장소는 위 공고에 따라 비로소 확정되는 것이다. 따라서 이 사건 공고는 헌법소원의 대상이 되는 공권력의 행사에 해당한다고 보아야 할 것이다

(2) 헌법재판소 2007. 5. 31. 2006헌마627(군미필자 응시자격 제한 위헌확인)

◎ 결정요지

• 이 사건 공고: 국가정보원장(피청구인)이 2005. 7. 13.부터 같은 해 8.10.까지 국가정보원 홈페이지를 통해 행한 2005년도 7급 제한경쟁시험채용공고 중 '남자는 병역을 필한 자'라는 부분

이 사건 공고는 시험실시기관의 장이 신규채용경쟁시험을 실시함에 있어 직무수행에 필요한 자격요건을 정할 수 있다는 국가공무원법 제36조 등 법령의 내용을 바탕으로 응시자격을 구체적으로 결정하여 알리는 것이므로, 헌법소원의 대상이 되는 공권력 행사에 해당한다.

05 부작위에 대한 헌법소원

가. 개념

• 진정입법부작위: 입법자가 헌법상 입법위무가 있는 사항에 대해서 입법을 하지 아니함으로써 '입법행위의 흠결이 있는 경우' ⇒ 즉, 입법권의 불행사

• 부전정입법부작위: 입법자가 어떤 사항을 입법은 하였으나 그 내용·범위·절차 등이 당해 사항을 불완전, 불충분 또는 불공정하게 규율함으로써 '입법행위에 결함이 있는 경우' ⇒ 즉, 결함이 있는 입법권의 행사

나. 진정입법부작위

• 헌법재판소 1994. 12. 29. 89헌마2 헌법재판소 조선철도(주) 주식의 보상금청구에 관한 헌법소원 ⇒ 진정입법부작위의 위헌성을 인정한 예

◎ 결정요지

우리 헌법은 제헌 이래 현재까지 일관하여 재산의 수용, 사용 또는 제한에 대한 보상금을 지급하도록 규정하면서 이를 법률이 정하도록 위임함으로써 국가에게 명시적으로 수용 등의 경우 그 보상에 관한 입법의무를 부과하여 왔는바, 해방 후 사설철도회사(私設鐵道會社)에 의하여 위군정법령이 폐지됨으로써 대한민국의 법령에 의한 수용은 있었으나 그에 대한 보상을 실시할 수 있는 절차를 규정하는 법률이 없는 상태가 현재까지 계속되고 있으므로, 대한민국은 위 군정법령에 근거한 수용에 대하여 보상에 관한 법률을 제정하여야 하는 입법자의 헌법상 명시된 입법의무가 발생하였으며, 위 폐지법률이 시행된지 30년이 지나도록 입법자가 전혀 아무런 입법조치를 취하지 않고 있는 것은 입법재량의 한계를 넘는 입법의무불이행으로서 보상청구권이 확정된 자의 헌법상 보장된 재산권을 침해하는 것이므로 위헌이다.

다. 부진정입법부작위

(1) 헌법재판소 2000. 4. 27. 99헌마76 국가유공자 등 예우 및 지원에 관한 법률 제4조 위헌 확인 ⇒ 부진정입법부작위에 해당하지만 청구기간 도과로 각하한 예

◎ 결정요지

국가유공자의 범위를 규정하면서 청구인들과 같은 특수부대원을 그 범위에 포함시키고 있지 아니한 것은 국가유공자에 대한 사항을 불완전·불충분하게 규율한 것으로서 이른바 부진정입법부작위에 해당하며, 부

진정입부부작위에 대한 헌법소원은 헌법재판소법 소정의 청구기간 내에 제기하여야 한다.

◎ 결정이유

가. '입법부작위'에는, 첫째, 입법자가 헌법상 입법의무가 있는 사항에 대해서 입법을 하지 아니함으로써 '입법행위의 흠결이 있는 경우'(즉, 입법권의 불행사)와 둘째, 입법자가 어떤 사항을 입법은 하였으나 그 내용·범위·절차 등이 당해 사항을 불완전·불충분 또는 불공정하게 규율함으로써 '입법행위에 결함이 있는 경우'(즉, 결함이 있는 입법권의 행사)로 나눌 수 있는데, 전자를 진정입법부작위 후자를 부진정입법부작위라고 한다. '진정입법부작위'를 대상으로 하는 헌법소원은, 헌법에서 기본권보장을 위하여 명시적인 입법위임을 하였음에도 불구하고 입법자가 상당한 기간 내에 이를 이행하지 아니하거나 또는 헌법의 해석상 특정인에게 구체적인 기본권이 생겨 이를 보장하기 위한 국가의 행위의무 내지 보호의무가 있음에도 불구하고 아무런 입법조치를 하지 아니하는 경우이어야 하고, '부진정입법부작위'를 대상으로 하는 헌법소원은, 당해 입법규정 그 자체를 대상으로 하여 그것이 평등원칙에 위배된다는 등의 이유를 내세워 헌법소원을 하여야 하고 헌법재판소법에서 정한 청구기간도 준수하여야 한다(헌재 1996. 10. 31. 94헌마108).

(2) 헌법재판소 2002. 7. 18. 2000헌마707 평균임금결정·고시부작위 위헌확인 ⇒ 행정입법부작위에 대하여 위헌성을 인정한 예

◎ 결정요지

산업재해보상법 제4조 제2호 단서 및 근로기준법 시행령 제4조는 근로기준법과 같은 법 시행령에 의하여 근로자의 평균임금을 산정할 수 없는 경우에 노동부장관으로 하여금 평균임금을 정하여 고시하는 내용의 행정입법을 하여야 할 의무가 있다고 할 것인바, 노동부장관의 그러한 작위의무는 직접 헌법에 의히여 부여된 것은 아니나, 법률이 행정입법을 당연한 전제로 규정하고 있음에도 불구하고 행정권이 그 취지에 따라 행정입법을 하지 아니함으로써 법령의 공백상태를 방치하고 있는 경우에는 행정권에 의하여 입법권이 침해되는 결과가 되는 것이므로, 노동부장관의 그러한 행정입법 작위의무는 헌법적 의무라고 보아야 한다.

(3) 헌법재판소 2018. 5. 31. 2016헌마626 입법부작위 위헌확인 ⇒ 행정입법부작위에 대하여 위헌성을 인정한 예

국군포로법 제15조의5 제2항은 같은 조 제1항에 따른 예우의 신청, 기준, 방법 등에 필요한 사항은 대통령령으로 정한다고 규정하고 있으므로, 피청구인은 등록포로, 등록하기 전에 사망한 귀환포로, 귀환하기 전에 사망한 국군포로(이하 '등록포로 등')에 대한 예우의 신청, 기준, 방법 등에 필요한 사항을 대통령령으로 제정할 의무가 있다. 국군포로법 제15조의5 제1항이 국방부장관으로 하여금 예우 여부를 재량으로 정할 수 있도록 하고 있으나. 이것은 예우 여부를 재량으로 한다는 의미이지, 대통령령 제정 여부를 재량으로 한다는 의미는 아니다. 이처럼 피청구인에게는 대통령령을 제정할 의무가 있음에도, 그 의무는 상당 기간동안 불이행되고 있고, 이를 정당화할 이유도 찾아보기 어렵다. 그렇다면 이 사건 행정입법부작위는 등록포로 등의 가족인 청구인의 명예권을 침해라는 것으로서 헌법에 위반된다.

(4) 헌법재판소 2009. 7. 30. 2006헌마358 입법부작위 위헌확인 ⇒ 조례입법부작위에 대하여 위헌성을 인정한 예

◎ 사건의 개요

청구인들은 서울특별시·인천광역시·경기도·전라북도의 각급 학교에서 지방방호원·지방난방원·지방운전원·지방전기원 등으로 근무하고 있는 기능직 공무원들이다. 청구인들은, 지방공무원법제58조 제2항이 노동운동을 할 수 있는 '사실상 노무에 종사하는 공무원의 범위'를 조례에서 정하도록 위임하였음에도 불구하고 피청구인들이 그러한 내용의 조례를 제정하지 아니함으로써 헌법 제33조 제2항에 위반하여 청구인들의 근로3권을 침해한다고 주장하면서 이 사건 헌법소원심판을 청구하였다.

◎ 결정요지

지방공무원법 제58조 제2항은 '사실상 노무에 종사하는 공무원'의 구체적인 범위를 조례로 정하도록 하고 있기 때문에 그 범위를 정하는 조례가 제정되어야 비로소 지방공무원 중에서 단결권·단체교섭권 및 단체행동권을 보장받게 되는 공무원이 구체적으로 확정된다. 그러므로 지방자치단체는 소속 공무원 중에서 지방공무원법 제58조 제1항의 '사실상 노무에 종사하는 공무원'에 해당하는 지방공무원이 단결권·단체교섭권 및 단체행동권을 원만하게 행사할 수 있도록 보장하기 위하여 그 구체적인 범위를 조례로 제정할 헌법상 의무를 부담하며, 지방공무원법 제58조가 '사실상 노무에 종사하는 공무원'에 대하여 단체행동권을 포함한 근로3권을 인정하더라도 업무 수행에 큰 지장이 없고 국민에 대한 영향이 크지 아니하다는 입법자의 판단에 기초하여 제정된 이상, 해당 조례의 제정을 미루어야 할 정당한 사유가 존재한다고 볼 수도 없다. 헌법 제33조 제2항과 지방공무원법 제58조 제1항 단서 및 제2항에 의하면 조례에 의하여 '사실상 노무에 종사하는 공무원'으로 규정되는 지방공무원만이 단체행동권을 보장받게 되므로 조례가 아예 제정되지 아니하면 지방공무원 중 누구도 단체행동권을 보장받을 수 없게 된다. 따라서 이 사건 부작위는 청구인들이 단체행동권을 향유할 가능성조차 봉쇄하여 버리는 것으로 청구인들의 기본권을 침해한다.

◎ 주문

피청구인들이 지방공무원법 제58조 제2항의 위임에 따라 사실상 노무에 종사하는 공무원의 범위를 정하는 조례를 제정하지 아니한 것은 위헌임을 확인한다.

Ⅲ. 기본권의 침해 가능성

01 헌법재판소 1994. 12. 29. 94헌마201 경기도 남양주시 등 33개 도농복합형태의 시 설치 등에 관한 법률

◎ 결정요지

지방자치단체의 폐치(廢置)·분합(分合)에 관한 것은 지방자치단체의 자치행정권 중 지역고권(地域高權)의 문제이나, 대상지역 주민들은 그로 인하여 인간다운 생활공간에서 살 권리, 평등권, 정당한 청문권, 거주이전의 자유, 선거권, 공무담임권(公務擔任權), 인간다운 생활을 할 권리, 사회보장·사회복지 수급권(受給權) 및 환경권 등을 침해받게 될 수도 있다는 점에서 기본권과도 관련이 있어 헌법소원의 대상이 될 수 있다.

02 헌법재판소 1995. 2. 23. 90헌마125 입법권침해 등에 대한 헌법소원

◎ 판시사항

국가기관이나 그 구성원의 지위에 있는 자가 그 직무상 권한을 침해당했다는 이유로 헌법소원을 청구할 수 있는지 여부(소극)

◎ 결정요지

헌법 제68조 제1항의 규정에 의한 헌법소원은, 헌법이 보장하는 기본권의 주체가 국가기관의 공권력의 행사 또는 불행사로 인하여 그 기본권을 침해받았을 경우 이를 구제하기 위한 수단으로 인정된 것이므로, 헌법소원을 청구할 수 있는 자는 원칙으로 기본권의 주체로서의 국민에 한정되며 국민의 기본권을 보호 내지 실현할 책임과 의무를 지는 국가기관이나 그 일부는 헌법소원을 청구할 수 없다. 국회의원이 국회 내에서 행하는 질의권·토론권 및 표결권 등은 입법권 등 공권력을 행사하는 국가기관인 국회의 구성원의 지위에 있는 국회의원에게 부여된 권한이지 국회의원 개인에게 헌법이 보장하는 권리, 즉 기본권으로 인정될 것이라고 할 수 없으므로, 설사 국회의장의 불법적인 의안처리행위로 헌법의 기본원리가 훼손되었다고 하더라도 그로 인하여 헌법상 보장된 구체적 기본권을 침해당한 바 없는 국회의원인 청구인들에게 헌법소원심판청구가 허용된다고 할 수 없다.

Ⅳ. 청구인 적격(기본권 침해의 법적 관련성)

01 자기관련성

가. 원칙

청구인 자신의 기본권이 침해당한 경우에만 헌법소원을 제기할 수 있고, 제3자의 기본권이 침해당한 경우에는 원칙적으로 헌법소원심판을 청구할 수 없다. 즉, 헌법소원은 원칙적으로 자기의 기본권을 침해당하고 있는 자만이 제기할 수 있고, 공권력 작용에 단지 간접적·사실적 또는 경제적인 이해관계로만 관련이 있는 제3자에게는 자기관련성이 인정되지 않는다.

나. 예외

공권력 작용의 직접적인 상대방이 아닌 제3자라고 하더라도 공권력 작용이 그 제3자의 기본권을 직접적이고 법적으로 침해하고 있는 경우에는 그 제3자에게도 자기관련성이 있다(헌법재판소 2008. 6. 26. 2005헌마506 방송법 제32조 제2항 등 위헌확인). 어떠한 경우에 제3자의 자기관련성을 인정할 수 있는가의 문제는 무엇보다도 법의 목적 및 실질적인 규율 대상, 법규정에서의 제한이나 금지가 제3자에게 미치는 효과나 진지성의 정도, 규범의 직접적인 수규자(受規者)에 의한 헌법소원 제기의 기대가능성 등을 종합적으로 고려하여 판단해야 한다(헌법재판소 1997. 9. 25. 96헌마133 공직선거 및 선거부정방지법 제60조 제1항 제5호 등 위헌확인).

02 직접성

가. 의의

기본권의 침해는 그 침해를 야기한 공권력 행사 그 자체로 인하여 바로 청구인에게 발생되는 침해라야 한다. 심판대상인 공권력 작용 이외의 공권력 작용이 매개되어야만 기본권 침해가 발생한다면 기본권 침해의 직접성이 인정되지 않는다.

나. 법령 헌법소원에서의 직접성

- 법령 헌법소원의 경우 기본권 침해의 직접성이란 집행행위에 의하지 아니하고 법령 그 자체에 의하여 자유의 제한, 의무의 부과, 법적 지위의 박탈이 발생하는 경우를 말하므로, 당해 법령에 근거한 구체적인 집행행위를 통하여 비로소 기본권 침해의 법률효과가 발생하는 경우에는 직접성의 요건이 인정되지 않는다.

다. 직접성의 예외

(1) 집행행위를 대상으로 한 구제절차의 부재 또는 집행행위에 대한 구제절차를 밟을 것을 요구할 수 없는 경우 등

- 헌법재판소 2013. 12. 26. 2012헌마162·252(병합) 유통산업발전법 제12조의2 등 위헌확인

법령이 집행행위를 예정하고 있는 경우에도 법령의 내용이 집행행위 이전에 이미 국민의 권리관계를 직접 변동시키거나 국민의 법적 지위를 결정적으로 정하는 것이어서 국민의 권리관계가 집행행위의 유무나 내용에 의하여 좌우될 수 없을 정도로 확정된 상태이거나, 집행행위가 존재하는 경우라도 그 집행행위를 대상으로 하는 구제절차가 없거나 그러한 절차가 있다 하더라도 권리구제의 기대가능성이 없고, 다만 기본권 침해를 당한 청구인에게 불필요한 우회절차를 강요하는 것에 지나지 않는 경우 등에는 예외적으로 직접성이 인정된다(헌

재 1997. 8. 21. 96헌마48; 헌재 2011. 5. 26. 2010헌마265 등 참조). 또한 집행행위에는 입법행위도 포함되므로 법령규정이 하위규범의 시행을 예정하고 있는 경우에는 당해 법률규정의 직접성은 부인되나, 법령규정과 하위규범이 결합하여 직접 국민의 권리와 의무에 대한 사항을 정하고 있는 경우에는 법령조항은 하위규범과 함께 직접성을 충족한다고 볼 여지가 있다(헌재 2004. 1. 29. 2001헌마894 등 참조).

(2) 직접성 요건을 충족시키는 규정들과 직접성 요건이 결여된 규정들이 그 내용상 서로 내적인 연관관계에 있는 경우

03 현재성

가. 원칙

• 헌법재판소 1989. 7. 21. 89헌마12 형사소송법 개정 등에 관한 헌법소원

법률에 대하여 바로 헌법소원을 제기하려면 우선 청구인 스스로가 당해 규정에 관련되어야 할 뿐만 아니라 당해 규정에 의해 현재 권리침해를 받아야 한다는 것을 요건으로 하는바, 청구인이 고소 또는 고발을 한 사실은 없고 단순히 장래 잠재적으로 나타날 수 있는 권리침해의 우려에 대하여 헌법소원심판을 청구하는 것에 불과하다면 본인의 관련성과 권리침해의 현재성이 없는 경우에 해당하여 부적법하다.

나. 예외

(1) 헌법재판소 2015. 3. 26. 2014헌마372 품질경영 및 공산품안전관리법 시행규칙 제2조 제3항 별표3 제2호 마목 등 위헌확인

이 사건 심판청구 당시 심판대상조항들은 공포는 되었으나 그 시행 전이었으므로 청구인이 심판대상조항들로 인한 기본권 침해를 현실적으로 받았던 것은 아니나, 가까운 장래에 심판대상조항들이 시행되면 청구인의 직업수행의 자유 등 기본권이 침해되리라는 것이 확실히 예상되므로 예외적으로 기본권침해의 현재성이 인정된다(상황성숙이론).

(2) 헌법재판소 1995. 11. 30. 94헌마97 공직선거 및 선거부정방지법 제59조 등 위헌확인

기본권 침해가 장래에 발생하더라도 현재 그 침해가 예측된다면 기본권 구제의 실효성을 위하여 침해의 현재성을 인정할 수 있다. 이 사건 심판대상조항에 의한 기본권 침해가 형사사건의 상고심에서 원심대로 형이 확정되어야 현실적으로 발생하는 것이더라도 여러 사정에 비추어 법률심인 상고심에서 원심판결이 번복될 가능성이 객관적으로 많지 않은 것으로 보이는 이상 기본권 구제의 실효성을 위하여 침해의 현재성을 인정할 수 있다.

V. 보충성

01 원칙

• 헌법재판소 제68조(청구 사유) ① 공권력의 행사 또는 불행사로 인하여 헌법상 보장된 기본권을 침해받은 자는 법원의 재판을 제외하고는 헌법재판소에 헌법소원심판을 청구할 수 있다. 다만, 다른 법률에 구제절차가 있는 경우에는 그 절차를 모두 거친 후에 청구할 수 있다.

• 헌법재판소 2015. 3. 26. 2013헌마214 · 245 · 445 · 804 · 833, 2014헌마104 · 506 · 1047(병합) 진정사건 각하결정 취소 등

헌법소원은 그 본질상 헌법상 보장된 기본권 침해에 대한 예비적이고 보충적인 최후의 수단이므로, 공권력의 작용으로 말미암아 기본권 침해가 있는 경우에는 먼저 다른 법률이 정한 절차에 따라 그 절차를 모두 거친

후에야 비로소 청구할 수 있다(헌법재판소법 제68조 제1항 단서), 다만 권리구제절차가 허용되는지 여부가 객관적으로 불확실하여 전심절차를 이행할 가능성이 없을 때에는 예외가 인정될 수 있다(헌재 2008. 5. 29. 2007헌마712 참조).

02 예외

가. 다른 권리구제절차가 없는 경우

(1) 법령 헌법소원

• 헌법재판소 2010. 9. 30. 2008헌마758 요양급여의 적용기준 및 방법에 관한 세부사항(약제) 개정 고시 위헌확인

이 사건 고시의 개별성 및 구체성의 정도를 종합하여 보면, 이 사건 고시는 처분의 성격을 지닌 것이라기보다는 행정규칙 형식의 법규명령으로서 일반적·추상적인 규정의 성격을 지닌 것이라 봄이 상당하다. 이처럼 이 사건 고시는 처분성이 결여된 법규명령인바, 법령 자체에 의한 직접적인 기본권 침해가 문제될 때에는 그 법령 자체의 효력을 직접 다투는 것을 소송물로 하여 일반법원에 그 소송을 제기하는 길이 없어 구제절차가 있는 경우가 아니므로, 다른 구제절차를 거치지 아니한 채 바로 이 사건 고시에 대하여 헌법소원심판을 청구할 수 있다.

(2) 권력적 사실행위에 대한 헌법소원

• 헌법재판소 1998. 8. 27. 96헌마398 통신의 자유 침해 등 위헌확인

수형자의 서신을 교도소장이 검열하는 행위는 이른바 권력적 사실행위로서 행정심판이나 행정소송의 대상이 되는 행정처분으로 볼 수 있으나, 위 검열행위가 이미 완료되어 행정심판이나 행정소송을 제기하더라도 소의 이익이 부정될 수밖에 없으므로 헌법소원심판을 청구하는 외에 다른 효과적인 구제방법이 있다고 보기 어렵기 때문에 보충성의 원칙에 대한 예외에 해당한다.

나. 전심절차를 통한 권리구제의 가능성이 거의 없는 경우

• 헌법재판소 2006. 6. 29. 2005헌마415 선거방송 대담토론 초청대상 후보자 제외결정 위헌확인

후보자등록 마감일의 다음날부터 선거일 전날까지의 십여 일 남짓한 선거운동기간에 선거방송토론이 개최되어야 하고, 게다가 이 사건 결정의 처분일자와 선거방송토론일과의 기간이 사흘 정도에 불과한 점을 감안할 때, 이 기간내에 청구인이 행정소송을 제기하고 법원이 그에 대하여 종국판결을 선고할 수 있으리라 기대하기는 사실상 어렵다. 그리고 이 사건 결정과 같이 일회적인 선거방송토론에의 참여를 배제하는 결정의 경우 청구인에게 사실상 선거방송토론에 참여할 기회를 부여하는 집행정지절차나 초정대상 후보자로서의 임시지위를 정하는 가처분절차로도 충분히 행정소송에서의 종국판결과 실질적으로 동일한 효과를 가질 수 있지만, 집행정지결정으로 당연히 선거방송토론에 참여할 수 있는 법적지위가 부여된다고 단정할 수 없고, 실무관행상 취소소송 등 행정소송에 민사소송법상의 가처분절차가 준용된다고 보기도 어려워, 이들 절차 역시 직접적이고 구제절차가 있다고 하더라도 권리구제의 기대가능성이 없고 기본권 침해를 당한 자에게 불필요한 우회절차를 강요하는 것밖에 되지 않아 보충성의 예외를 인정한다.

다. 권리구제절차가 허용되는지 여부가 객관적으로 불확실한 경우

(1) 헌법재판소 1998. 8. 27. 97헌마372·398·417(병합) 방송토론회 진행사항 결정 행위 등 취소

법률상 구제절차가 없는 경우에 해당하거나 사전에 구제절차를 거칠 것을 기대하기가 곤란한 경우에는 보충성의 요건을 충족한 것이다. 토론위원회의 결정이 행정쟁송의 대상인 처분인 여부는 객관적으로 불확실하며, 처분에 해당한다고 하더라도 짧은 법정선거운동기간에 행정쟁송절차가 완료되어 구제될 가능성은 기대하기

어려우므로, 토론위원회의 결정을 다툼에 있어 행정쟁송을 거칠 것을 요구하는 것은 적절치 않다.

(2) 헌법재판소 2018. 5. 31. 2014헌마346 변호인접견불허처분 등 위헌확인

송환대기실의 설치·운영에 관하여 피청구인의 권한을 정하는 법령상의 근거가 없다. 피청구인은 이와 같이 자신에게 송환대기실에 수용된 사람의 변호인 접견을 허가할 권한이나 의무가 없다는 이유를 들어 변호인 접견신청을 거부하였다. 따라서 청구인이 피청구인을 상대로 이 사건 변호인 접견신청 거부의 취소를 구하는 행정심판이나 행정쟁송을 제기한다 하더라도 이 사건 변호인 접견신청 거부가 구체적 사실에 관한 "법집행"이 아니어서 행정소송법상 "처분"에 해당하지 않는다는 이유로 각하될 가능성이 크다. 따라서 이 사건 심판청구는 행정심판이나 행정소송이라는 권리구제절차가 허용되는지 여부가 객관적으로 불확실하여 전심 절차이행의 기대가능성이 없는 경우에 해당한다. 이 사건 심판청구는 보충성의 예외가 인정된다(헌재 1991. 5. 13. 90헌마133 참조).

Ⅵ. 권리보호이익

01 의의

헌법소원제도는 국민의 기본권침해를 구제해 주는 제도이므로 그 제도의 목적상 권리보호의 이익이 있는 경우에만 이를 제기할 수 있다. 즉 권리보호의 이익이 소멸되거나 제거된 경우에는 헌법소원심판청구는 원칙적으로 부적법하여 각하를 면할 수 없다.

02 원칙: 권리보호이익의 존속

가. 권리보호이익은 헌법소원의 제기시에는 물론이고 결정시에도 존속하여야 한다.

나. 따라서, 헌법소원심판청구 당시 권리보호이익이 인정되더라도 심판계속 중에 시살관계 또는 법률관계의 변동으로 말미암아 청구인들이 주장하는 기본권침해가 종료된 경우에는 원칙적으로 권리보호이익이 없으므로 헌법소원이 부적법한 것으로 된다. 예컨대, 다음과 같은 경우에는 권리보호이익이 없어 헌법소원심판청구는 각하된다. 다만, 이 경우에도 뒤에서 말하는 '권리보호이익 요건의 완화'에 해당하면 권리보호이익이 있다.

(1) 헌법소원심판청구 제기 당시에는 침해행위가 있었지만, 침해행위가 이미 종료된 경우

(2) 헌법소원심판청구 후에 기본권 침해의 원인이 된 공권력의 행사가 취소되거나 새로운 공권력의 행사 등의 사정변경으로 말미암아 청구인이 더 이상 기본권 침해를 받지 않는 경우

03 예외: 권리보호이익 요건의 완화

헌법소원제도는 개인이 주관적 권리구제뿐 아니라 객관적인 헌법질서의 수호·유지의 기능도 아울러 가지고 있으므로, 심판 계속 중에 주관적인 권리보호이익이 소멸된 경우라도 그러한 기본권 침해행위가 반복될 위험이 있거나 그에 관한 헌법적 해명의 중대성이 인정되는 경우에는 헌법재판소는 심판청구의 이익을 인정한다.

Ⅶ. 청구기간

01 법률 규정

- 헌법재판소법 제69조(청구기간) ① 제68조 제1항에 따른 헌법소원의 심판은 그 사유가 있음을 안 날부터 90일 이내에, 그 사유가 있는 날부터 1년 이내에 청구하여야 한다. 다만, 다른 법률에 따른 구제절차를 거

친 헌법소원의 심판은 그 최종결정을 통지받은 날부터 30일 이내에 청구하여야 한다. ② 제68조 제2항에 따른 헌법소원심판은 위헌 여부 심판의 제청신청을 기각하는 결정을 통지받은 날부터 30일 이내에 청구하여야 한다. [전문개정 2011. 4. 5]

- 헌법재판소법 제70조(국선대리인) (국선대리인 선임 신청일을 청구일로 간주)

02 헌법재판소 결정례

(1) 헌법재판소 2002. 1. 31. 2000헌마274 교육공무원법 제47조 위헌확인

법령에 대한 헌법소원의 청구기간은 법령이 시행된 후에 비로소 그 법령에 해당하는 사유가 발생한 경우에는 언제나 법령 시행일이 아닌 해당사유 발생일로부터 기산하여야 한다는 것이 아니라, 법령 시행일을 청구기간 기산일로 하는 것이 기본권 구제의 측면에서 부당하게 청구기간을 단축하는 결과가 되거나, 침해가 확실히 예상되는 때로부터 기산한다면 오히려 기산일을 불확실하게 하여 청구권의 유무를 불안정하게 하는 결과를 가져올 경우 등에는, 법령 시행일이 아닌 법령이 적용될 해당사유가 발생하여 기본권침해가 비로소 현실화된 날부터 기산함이 상당하다는 취지이다. 청구인이 이 사건 법률조항이 시행으로 인하여 그 즉시 정년이 62세로 단축된 중등교원의 지위를 갖게 된 것이지, 이후 62세에 달하여 실제정년퇴직에 이르러서야 비로소 기본권의 제한을 받게 되었다고 할 것은 아니므로, 청구기간의 기산점은 이 사건 법률조항의 공포일(시행일)로 보는 것이 타당하다.

(2) 헌법재판소 1996. 3. 28. 93헌마198 약사법 제37조 등 위헌확인

법령에 대한 헌법소원의 청구기간도 기본권을 침해받은 때로부터 기산하여야 할 것이지 기본권을 침해받기도 전에 그 침해가 확실히 예상되는 등 실체적 제 요건(諸 要件)이 성숙하여 헌법판단에 적합하게 된 때로부터 기산할 것은 아니므로, 법령의 기행과 동시에 기본권 침해를 받은 자는 그 법령이 시행된 사실을 안 날로부터 60일 이내에, 그 법령이 시행된 후에 비로소 그 법령에 해당하는 사유가 발생하여 기본권의 침해를 받게 된 경우에는 그 사유가 발생하였음을 안 날로부터 60일 이내에, 그 사유가 발생한 날로부터 180일 이내에 청구하여야 할 것 이다. 따라서 종전에 이와 견해를 달리하여 법령에 대한 헌법소원의 청구기간의 기산점에 관하여 기본권의 침해가 확실히 예상되는 때로부터도 청구기간을 기산한다는 취지로 판시한 우리 재판소의 의견은 이를 변경하기로 한다.

(3) 법령에 해당하는 사유의 발생(헌재 2004. 4. 29. 2003헌마484)

법령에 대한 헌법소원심판은 법령의 시행과 동시에 기본권의 침해를 받은 자는 그 법령이 시행된 사실을 안 날로부터 90일 이내에, 그 법령이 시행된 날로부터 1년 이내에 청구하여야 하고, **법령이 시행된 후에 비로소 그 '법령에 해당하는 사유'가 발생하여 기본권의 침해를 받게 된 경우에는 그 사유가 발생하였음을 안 날로부터 90일 이내에, 그 사유가 발생한 날로부터 1년 이내에 청구하여야 한다.** 여기서 청구기간 산정의 기산점이 되는 **'법령에 해당하는 사유가 발생한 날'이란** 법령의 규율을 구체적이고 현실적으로 적용받게 된 최초의 날을 의미하는 것으로 보는 것이 상당하다.[12] 즉, 일단 '법령에 해당하는 사유가 발생'하면 그 때로부터 당해 법

---

12) 사례 : 여기서 청구기간 산정의 기산점이 되는 '법령에 해당하는 사유가 발생한 날'이란 '법령의 규율을 구체적이고 현실적으로 적용받게 된 날'을 가리킨다 할 것이다. 따라서 이 사건의 경우에는 청구인이 이 사건 법률조항에 기하여 건축주로부터 공사감리자로 지정된 날을 기산점으로 보는 것이 상당하다. 그런데 청구인은 1978. 4. 17. 건축사무소 '예지'라는 상호로 사업자등록(개업)을 하고 1981. 1. 9.자로 건축사면허를 받아 영업을 하여온 자이고, 더욱이 헌법재판소 2003헌마400 사건에서 **청구인이 스스로 주장한 바와 같이 2002. 11. 4. 건축주 겸 공사시공자인 청구외 엄태봉과 인천 남구 도화동 98의 10 소재 도화동 다세대주택신축공사와 관련하여 공사감리계약을 체결한 사실이 있으므로, 청구인으로서는 늦어도 위 계약체결**

령에 대한 헌법소원의 청구기간의 진행이 개시되며, 그 이후에 새로이 '법령에 해당하는 사유가 발생'한다고 하여서 일단 개시된 청구기간의 진행이 정지되고 새로운 청구기간의 진행이 개시된다고 볼 수는 없다. 더 나아가 '법령에 해당하는 사유가 발생'한 이후 당해 법령의 규율을 적용받게 되는 사유가 발생하는 때마다 새로이 청구기간이 진행된다고 본다면 사실상 법령에 대한 헌법소원에 대하여는 청구기간의 제한이 적용되지 아니하는 것으로 보는 결과를 초래하게 될 것이고, 이는 법령소원의 경우에도 헌법재판소법 제69조 제1항의 청구기간요건이 적용되어야 함을 일관되게 판시하고 있는 우리 헌법재판소의 입장에 반한다.

(4) 주거급여법 및 주거급여실시에 관한 고시에 의한 기본권 침해(헌재 2021. 11. 16. 2021헌마1263)★

심판대상조항은 2020. 8. 11. 제정되었고 2021. 1. 1.부터 시행되었는데, 송파구청장의 2021. 10. 27. 사실조회회신에 따르면 청구인은 2018. 4. 30.부터 현재까지 기초주거급여를 수령하고 있고, 주거급여 지급일은 매 월마다 이루어지므로, 가사 청구인 주장에 따라 청구인의 기본권이 제한된다 하더라도 적어도 **2021년에 처음으로 주거급여를 수령했던 2021년 1월 이후**로는 2021. 1. 1.부터 시행된 심판대상조항으로 인한 기본권 제한 사유가 있음을 청구인이 알았던 것으로 보인다. 그렇다면, 이로부터 90일을 도과하여 이루어진 이 사건 심판청구는 청구기간을 도과하였다.

(5) 장래 침해

(a) 헌법재판소 2001. 11. 29. 2000헌마84 법무사법 제4조 제1항 제1호 등 위헌확인

청구인들은 이 사건 헌법소원을 제기할 당시에는 법무사시험이 아직 시행되지 않은 상황이었으나, 이 사건 법률조항에 의한 청구인들의 기본권침해 여부가 문제되는 상황이 장래에 발생할 것이 확실히 예측되고 때문에 기본권침해를 예방하기 위해서 청구인들이 미리 헌법소원을 제기하는 것을 허용할 필요가 없으므로, 청구기간의 준수 여부는 문제되지 않는다.

(b) 헌법재판소 2007. 6. 28. 2004헌마644, 2005헌마360(병합) 공직선거 및 선거부정방지법 제15조 제2항 등 위헌확인 등

이 사건 심판청구는 2005. 8. 4. 개정되기 전의 구 '공직선거 및 선거부정방지법' 조항들에 대해 제기되었으나, 주기적으로 반복되는 선거의 경우 매번 새로운 후보자들이 입후보하고 매번 새로운 범위의 선거권자들에 의해 투표가 행해질 뿐만 아니라 선거의 효과도 차기 선거에 의한 효과가 발생할 때까지로 한정되므로, 매 선거는 새로운 선거에 해당한다는 점, 청구인들의 진정한 취지는 장래 실시될 선거에서 발생할 수 있는 기본권침해를 문제 삼고 있는 것으로 볼 수 있다는 점을 고려하면 이 사건 심판청구는 향후 실시될 각종 선거에서 청구인들이 선거에 참여하지 못함으로써 입게 되는 기본권침해, 즉 장래 그 도래가 확실히 예측되는 기본권침해를 미리 앞당겨 다투는 것으로 볼 수 있다.

(6) 계속되는 공권력 행사에 대한 헌법소원(헌법재판소 2005. 5. 26. 99헌마513, 2004헌마190(병합) 주민등록법 제17조의8 등 위헌확인 등)

계속되는 권력적 사실행위를 대상으로 하는 헌법소원심판청구의 경우 청구기간 도과의 문제는 발생하지 아니한다.

(7) 부작위에 대한 헌법소원의 청구기간(헌법재판소 2004. 4. 27. 99헌마76 국가유공자 등 예우 및 지원에 관한 법률 제4조 위헌 확인 ⇒ 부진정입법부작위에 해당하지만 청구기간 도과로 각하한 예)

시에는 이 사건 법률조항에 의한 기본권침해를 알았다고 보아야 할 것인데, 그로부터 90일이 경과한 이후인 2003. 7. 22.에 이르러 이 사건 헌법소원심판을 청구하였다. 따라서 청구인의 이 사건 심판청구는 청구기간을 도과하여 제기한 것으로서 부적법하다고 할 것이다.

국가유공자의 범위를 규정하면서 청구인들과 같은 특수부대원을 그 범위에 포함시키고 있지 아니한 것은 국가유공자에 대한 사항을 불완전·불충분하게 규율한 것으로서 이른바 부진정입법부작위에 해당하며, 부진정입법부작위에 대한 헌법소원은 헌법재판소법 소정의 청구기간 내에 제기하여야 한다.

(8) 유예기간이 있는 경우(헌재 2020. 4. 23. 2017헌마479)

법률시행에 대하여 유예기간이 주어진 경우, 헌법재판소는 시행유예기간이 아니라 시행일을 청구기간의 기산점으로 본다면 시행유예기간이 경과하여 정작 기본권 침해가 실제로 발생한 때에는 이미 청구기간이 지나버려 위헌성을 다툴 기회가 부여되지 않는 불합리한 결과가 초래될 위험이 있는 점, 일반국민에 대해 법규정의 개폐에 적시에 대처할 것을 기대하기가 사실상 어렵고, 헌법소원의 본질은 국민의 기본권을 충실히 보장하는 데에 있으므로 법적 안정성을 해하지 않는 범위 내에서 청구기간에 관한 규정을 기본권보장이 강화되는 방향으로 해석하는 것이 바람직한 점을 감안해, 시행유예기간이 존재하는 경우 청구기간의 기산점을 시행유예기간 경과일로 보아야 한다고 최근 판례를 변경하였다.[13]

Ⅷ. 변호사강제주의

• 헌법재판소법 제35조(대표자·대리인)

③ 각종 심판절차에서 당사자인 사인(私人)은 변호사를 대리인으로 선임하지 아니하면 심판청구를 하거나 심판 수행을 하지 못한다. 다만, 그가 변호사의 자격이 있는 경우에는 그러하지 아니하다.

4장 가처분 신청서[14]

가처분신청서

신 청 인　오○기 외 184인
　　　　　신청인들 대리인 변호사　000
본안사건　2000헌마262 사법시험령 제4조 제3항 위헌확인

신청취지

"사법시험령 제4조 제3항 본문의 효력은 헌법재판소 2000헌마262 헌법소원심판청구 사건의 종국결정 선고시까지 이를 정지한다."라는 결정을 구합니다.

신청이유

1. 본안 사건의 개요
2. 가처분의 필요성(인용요건)

---

13) 사례예시 : 2022. 4. 16. 거부를 당하였으므로 이 날을 기준으로 90일 이내인 2022. 6. 14. 제기한 이 사건 청구는 정당하다. 즉, 청구인이 도서관법 제51조에 의하여 기본권을 침해당했음을 이유로 법령 헌법소원심판을 청구하는 경우, 청구기간의 만료일은 위 법률조항이 적용되는 2년의 유예기간이 경과한 2022. 4. 1.부터 90일 내지 1년이 지난 일자이며, 이 사건 헌법소원심판 청구는 위 일자를 도과하지 아니하였음이 역수상 명백하므로 이 점에서도 청구기간 요건도 유효하게 준수하였다.

14) 2024년도 제13회 변호사시험 기출.

첨부서류

2000. 11. 21.

신청인들의 대리인 변호사 000(인)

헌법재판소 귀중

제1절 가처분의 인용 요건

(1) 회복하기 어려운 손해의 방지

헌법재판에서의 가처분신청이 인용되기 위해서는 우선 기존의 상태를 그대로 유지하는 경우 회복하기 어려운 손해가 발생하거나 또는 회복 가능하지만 중대한 손해가 발생할 우려가 있어야 한다.

(2) 긴급성

또한, 헌법재판에서 가처분신청이 인용되기 위해서는 기본의 법률관계나 공권력행사의 효력 등을 긴급하게 정지시킬 필요가 있어야 한다. 가처분에서 요구되는 긴급성은 가처분으로 규율하고자 하는 현상의 발생이 시간적으로 매우 근접하여 가처분조치를 지체할 수 없음을 뜻한다. 따라서 본안결정이 적시에 선고될 수 있거나 다른 방법으로 가처분신청의 목적을 달성할 수 있는 경우에는 긴급성이 인정되지 않는다.

(3) 이익형량

나아, 헌법재판소가 가처분 인용결정을 하기 위해서는, 가처분을 인용한 뒤 본안에서 청구가 기각되었을 때 발생하게 될 불이익과 가처분을 기각한 뒤 청구가 인용되었을 때 발생하게 될 불이익에 대한 비교형량을 하여 후자의 불이익이 전자의 불이익보다 커야 한다(이중가설이론[15]). 가처분결정은 어디까지나 잠정적이고 예외적인 조치이어서 이익형량에 있어 엄격하고 제한적으로 해석·적용하여야 하기 때문이다. 헌법재판소도 이와 마찬가지로 판시하고 있다(헌재 2000. 12. 8. 2000헌사471). 또한 헌법재판소는 「다만, 현재 시행되고 있는 법령의 효력을 정지시키는 것일 때에는 그 효력의 정지로 인하여 파급적으로 발생되는 효과가 클 수 있으므로 비록 일반적인 보전의 필요성이 인정된다고 하더라도 공공복리에 중대한 영향을 미칠 우려가 있을 때에는 인용되어서는 안될 것이다」라고 판시하고 있다(헌재 2002. 4. 25. 2002헌사129).

(4) 승소가능성 여부

한편, 위와 같이 이익형량을 함에 있어서 본안청구의 승소가능성이 있느냐의 여부는 원칙적으로 고려의 대상이 되지 아니한다. 가처분 절차가 추구하는 목적이 본안결정의 실효성확보이지 본안에 대한 전심절차로서의 지위를 갖고자 하는 것이 아니기 때문이다. 그러나 본안심판의 승소가능성은 고려의 대상이 되지 않는다고 하더라도 적어도 패소가능성은 고려되지 않을 수 없다고 할 것이다. 본안심판에 대한 종속성으로 인해 본안심판

---

15) 이렇게 이해하면 쉽게 이해될 수 있다. 첫째, 본안이 인용되어야 하는데, 가처분이 기각된다면, 청구 당사자에게 정당하지 아니한 불이익이 생긴다. 둘째, 본안이 기각되어야 하는데, 가처분이 인용된다면, 피청구인인 공공기관이나 일반 대중(公衆)에게 정당하지 아니한 불이익이 생긴다. 전자가 후자보다 커야 한다. 이것이 비교형량의 문제이다(전게 헌법재판실무제요, 83면).

이 명백한 이유 없는 경우에는 가처분을 명할 수 없기 때문이다. 이와 관련하여 헌법재판소도 「본안심판이 부적법하거나 이유 없음이 명백하지 않고」라는 요건을 가처분 인용 요건으로 보기도 하였다(헌재 2000. 12. 8. 2000헌사471; 헌재 2018. 4. 6. 2018헌사242등).

제2절 신청서 작성례

- 법령 효력정지가처분신청서

신청 취지	"대학교원 기간임용제 탈락자 구제를 위한 특별법(2005. 7. 13. 법률 제7583호로 제정된 것) 제9조 제1항의 효력은 헌법재판소 2005헌마1119 헌법소원심판사건의 종국결정 선고시까지 이를 정지한다."**라는 결정을 구합니다.**	헌법재판소법 제40조 제1항이 준용하는 행정소송법 제23조 제2항의 집행정지규정과 민사집행법 제300조의 가처분규정에 따를 때, 본안심판이 부적법하거나 이유 없음이 명백하지 않고, 헌법소원심판에서 문제된 '공권력 행사 또는 불행사'를 그대로 유지할 경우 발생할 회복하기 어려운 손해를 예방할 필요와 그 효력을 정지시켜야 할 긴급한 필요가 있으며, 가처분을 인용한 뒤 종국결정에서 청구가 기각되었을 때 발생하게 될 불이익과 가처분을 기각한 뒤 청구가 인용되었을 때 발생하게 될 불이익을 비교형량 하여 후자의 불이익이 전자의 불이익보다 클 경우 가처분을 인용할 수 있다(헌재 2000. 12. 8. 2000헌사471; 헌재 1999. 3. 25. 98헌사98 참조).

- 공권력작용(행정행위) 효력정지가처분신청서

신청 취지	"피신청인이 1998. 4. 16. 경기도고시 제1998-142호로 행한 성남도시계획시설(서현근린공원내 골프연습장·도시계획도로)에 대한 도시계획사업시행자지정 및 실시계획인가처분 중, 동 공원구역외의 도시계획도로(등급: 소로, 류별 : 3, 번호 : 200, 폭원: 6m, 기능: 골프연습장 진입도로, 연장: 21m, 면적 : 149㎡, 기점 및 종점: 성남시 분당구 이매동 128의 11 일원)에 대한 **도시계획사업시행자지정 및 실시계획인가처분과 그 신행질자로서 행한 도시계획입안의 효력은 헌법재판소 98헌라4 권한의심판청구사건에 대한 종국결정의 선고시까지 이를 정지한다."라는 결정을 구합니다.**	신청인은 1998. 5. 29. 피신청인의 위와 같은 직접처분 중 이 사건 진입도로에 관한 지정·인가처분이 신청인의 권한을 침해하였다고 주장하면서 그 권한침해의 확인과 아울러 위 처분들에 대한 무효확인을 구하는 권한쟁의심판(98헌라4)을 청구하였다. 이와 동시에 장각수가 피신청인의 직접처분에 의하여 이 사건 진입도로를 개설하게 되면 회복하기 어려운 손해를 입게 된다는 이유를 들어 본안사건 결정선고시까지 피신청인의 직접처분에 대한 효력정지가처분 신청을 하였다. 또 신청인은 1998. 11. 2. 피신청인의 이 사건 진입도로의 도시계획입안에 대한 무효확인을 구하는 취지를 추가하는 내용의 심판청구서 정정신청과 동시에 위 입안행위의 효력을 정지시켜 달라는 취지의 가처분신청도 하였다. (1) 피신청인의 이 사건 진입도로에 관한 도시계획입안과 지정·인가처분의 효력을 정지시키는 가처분결정을 하였다가 피신청인의 위 입안행위와 지정·인가처분 등이 신청인의 권한을 침해하지 아니한 것으로 종국결정을 하였을 경우에는, 처분의 상대방인 ○○○에게는 공사지연으로 인한 손해가 발생하고 또 골프연습장의 완공이 지연되어 이를 이용하려는 잠재적 수요자의 불편이 예상된다는 점 외에 다른 불이익은 없어 보인다. 이에 반하여 가처분신청을 기각하였다가 종국결정에서 피신청인의 위 입안행위와 지정·인가처분 등이 신청인의 권한을 침해한 것으

		로 인정되는 경우에는 피신청인의 직접처분에 따른 ○○○의 공사 진행으로 교통불편을 초래하고 공공공지를 훼손함과 동시에 이의 원상회복을 위한 비용이 소요되는 등의 불이익이 생기게 된다. (2) 이 사건 가처분신청을 인용한 뒤 종국결정이 기각되었을 경우의 불이익과 이 가처분신청을 기각한 뒤 결정이 인용되었을 경우의 불이익을 비교형량하고 또 처분의 상대방인 ○○○는 아직 골프연습장 공사착수하지 않고 있는 사정을 헤아려 보면 신청인의 이 가처분 신청은 허용함이 상당하다.

－권한행사 효력정지가처분신청서

신청 취지	"피신청인 국회의장이 2022. 5. 20. 제397회 국회(임시회) 제3차 본회의에서 신청인에 대한 30일의 출석정지 징계안이 가결되었음을 선포한 행위의 효력은 헌법재판소 2022헌라3 권한쟁의심판청구사건의 종국결정 선고 시까지 이를 정지한다."**라는 결정을 구합니다.**	헌법재판소가 권한쟁의심판의 청구를 받았을 때에는 직권 또는 청구인의 신청에 의하여 종국결정의 선고 시까지 심판대상이 된 피청구인의 처분의 효력을 정지하는 결정을 할 수 있고(헌법재판소법 제65조), 이 가처분결정을 함에 있어서는 행정소송법과 민사소송법 소정의 가처분 관련 규정이 준용된다(헌법재판소법 제40조). 따라서 본안심판이 부적법하거나 이유 없음이 명백하지 않고, 권한쟁의심판에서 문제된 피청구인의 처분 등이나 그 집행 또는 절차의 속행으로 인하여 생길 회복하기 어려운 손해를 예방할 필요와 그 효력을 정지시켜야 할 긴급한 필요가 있으며, 가처분을 인용한 뒤 종국결정에서 청구가 기각되었을 때 발생하게 될 불이익과 가처분을 기각한 뒤 청구가 인용되었을 때 발생하게 될 불이익을 비교형량하여 후자의 불이익이 전자의 불이익보다 클 경우 가처분을 인용할 수 있다(헌재 1999. 3. 25. 98헌사98 참조).

5장 위헌법률심판 또는 헌법재판소법 제68조 제2항의 헌법소원에 대한 의견서

제1절 관련 법령

• 헌법재판소법 제44조(소송사건 당사자 등의 의견)
• 헌법재판소법 제74조(이해관계기관 등의 의견 제출)
• 헌법재판소법 제27조(청구서의 송달

제2절 헌법재판소법 제68조 제2항 헌법소원에 대한 의견서 기재례

문화체육관광부 의견서

사건 2013헌바135 게임산업진흥에 관한 법률 제38조 제3항 제1호 등 위헌소원
당해사건 서울행정법원 2013구24601 수거처분 무효확인 등
청구인 구영상

2013헌바135 게임산업진흥에 관한 법률 제38조 제3항 제1호 등의
위헌 여부에 대한 의견

1. 청구인의 주장 요지
2. 게임산업법 제21조 제1항 제1호 부분 청구에 대한 의견
3. 게임산업법 제38조 제3항 제1호의 위헌 여부에 대한 의견

2023. . .

문화체육관광부장관
대리인 법무법인 ○○
담당변호사 ○○○

헌법재판소 귀중

6장 일반적인 위헌사유

Ⅰ. 과잉금지원칙 위반
Ⅱ. 포괄위임금지원칙 위반
Ⅲ. 법률유보원칙(의회유보원칙) 위반
Ⅳ. 명확성원칙 위반
Ⅴ. 소급입법금지원칙 위반
Ⅵ. 신뢰보호원칙 위반
Ⅶ. 개별 기본권의 특유한 제한 법리

Ⅰ. 과잉금지원칙 위반

01 의의

과잉금지의 원칙은, 국가가 국민의 기본권을 제한하는 내용의 입법활동을 함에 있어서 ① 목적의 정당성, ② 수단의 적합성, ③ 피해(침해)의 최소성, ④ 법의의 균형성을 갖추어야 하며 그 어느 하나에라도 위배되면 위헌이 된다는 협법상의 원칙을 말한다.

02 과잉금지원칙의 내용

가. 목적의 정당성

국민의 기본권을 제한하는 입법은 그 목적이 헌법과 법률의 체계 내에서 정당성을 인정받을 수 있는 것이어야 한다는 원칙이다.

나. 수단의 적합성

국민에게 의무를 부과하고 그 불이행에 대해 제재를 가하는 것이 입법목적을 달성하기 위해 적합하여야 한다는 원칙이다.

다. 피해의 최소성

입법자가 선택한 기본권의 제한 조치가 입법목적 달성을 위하여 적절하다고 하더라도 완화된 수단이나 방법을 모색함으로써 그 제한을 필요최소한의 것이 되게 하여야 한다는 원칙이다. 즉, 어떤 법률의 입법목적이 정당하고 그 목적을 달성하기 위해 국민에게 의무를 부과하고 그 불이행에 대해 제재를 가하는 것이 적합하다고 하더라도 입법자가 그러한 수단을 선택하지 아니하고도 보다 덜 제한적인 방법을 선택하거나, 아예 국민에게 의무를 부과하지 아니하고도 그 목적을 실현할 수 있음에도 불구하고 국민에게 의무를 부과하고 그 의무를 강제하기 위하여 그 불이행에 대해 제재를 가한다면 이는 과잉금지원칙의 한 요소인 "최소침해성의 원칙"에 위배된다(헌재 2006. 6. 29. 2002헌바80 · 87 · 88, 2003헌가22(병합) 구 법인세법 제41조 제14항 위헌소원 등).

라. 법익의 균형성

어떤 행위를 규제함으로써 얻어지는 공익과 그로 인하여 초래되는 사적불이익을 비교형량하여, 공익이 사익보다 크거나 아니면 적어도 양자 간에 균형이 유지되어야 한다는 원칙이다.

II. 포괄위임금지원칙 위반

01 법률규정

- 헌법 제75조: 대통령은 법률에서 구체적으로 범위를 정하여 위임받은 사항과 법률을 집행하기 위하여 필요한 사항에 관하여 대통령령을 발할 수 있다.

02 포괄위임금지원칙의 의의

(1) 헌법은 제75조에서 "대통령은 법률에서 구체적으로 범위를 정하여 위임받은 사항 …… 에 관하여 대통령령을 발할 수 있다."고 규정함으로써 위임입법의 근거를 마련함과 동시에, 입법상 위임은 '구체적으로 범위를 정하여' 하도록 함으로써 그 한계를 제시하고 있다. 여기서 '구체적으로 범위를 정하여'라 함은 법률에 대통령령 등 하위법령에 규정될 내용 및 범위의 기본사항이 가능한 구체적이고도 명확하게 규정되어 있어서 누구라도 당해 법률 그 자체로부터 대통령령 등에 규정될 내용의 대강을 예측할 수 있어야 함을 의미한다고 할 것이고, 다만 그 예측가능성의 유무는 당해 특정조항 하나만을 가지고 판단할 것은 아니고 관련 법조항 전체를 유기적 · 개별적으로 종합 판단하여야 하며, 각 대상 법률의 성질에 따라 구체적 · 개별적으로 검토하여야 한다(헌재 2014. 4. 24. 2013헌바110).

(2) 헌법 제75조에서 규정하고 있는 포괄위임입법금지의 원칙은 법률이 대통령령 등의 하위규범에 입법을 위임할 경우에는 법률로써 그 위임의 범위를 구체적으로 정하여야 하며 일반적이고 포괄적인 입법위임은 허용되지 아니한다는 것을 뜻하는 것이므로, 문제된 법률조항에서 규율될 사항에 관한 기준이나 구체적 내용 등을 대통령령 등 하위규범에 위임하지 아니하고 있는 경우에는 당초부터 포괄위임금지의 원칙이 적용될 여지가 없다(헌재 2000. 7. 20. 98헌바63).

III. 법률유보원칙 위반

01 법률유보원칙

국민의 기본권은 헌법 제37조 제2항에 의하여 국가안전보장, 질서유지 또는 공공복리를 위하여 필요한 경우에 한하여 이를 제한할 수 있으나 그 제한은 원칙적으로 법률로써만 가능하며, 제한하는 경우에도 기본권의 본질적 내용을 침해할 수 없고 필요한 최소한도에 그쳐야 한다. 이러한 법률유보의 원칙은 '법률에 의한' 규율만을 뜻하는 것이 아니라 '법률에 근거한' 규율을 요청하는 것이므로 기본권 제한의 형식이 반드시 벌률의 형식일 필요는 없다 하더라도 법률상의 근거는 있어야 한다 할 것이다. 따라서 모법의 위임이 없거나 위임의 범위를 벗어난 하위법령은 법률의 근거가 없는 것으로 법률유보원칙에 위반된다.

02 의회유보원칙

오늘날의 법률유보원칙은 단순히 행정작용이 법률에 근거를 두기만 하면 충분한 것이 아니라, 국가공동체와 그 구성원에게 기본적이고도 중요한 의미를 갖는 영역, 특히 국민의 기본권 실현에 관련된 영역에 있어서는 행정부에 맡길 것이 아니라 국민의 대표자인 입법자 스스로 그 본질적 사항에 대하여 결정하여야 한다는 요구, 즉 의회유보원칙까지 내포하는 것으로 이해되고 있다.

03 포괄위임금지원칙과 법률유보원칙의 차이

법률과 하위법규(시행령 등)의 관계를 예로 들어서, 포괄위임금지원칙과 법률유보원칙의 차이를 설명하면 아래와 같다.

가. 법률유보원칙 위반에는 세 가지 내용이 포함된다.

첫째, 법률의 위임이 없는데도 하위법규에서 기본권의 제한에 관한 사항을 규정하고 있는 경우

둘째, 법률에서 위임을 하여 주기는 하였으나, 하위법규에서 법률이 위임한 기준과 범위를 벗어나서 기본권의 제한에 관한 사항을 규정하고 있는 경우

셋째, 기본권 제한의 본질적이고 중요한 사항이기 때문에 반드시 법률에 규정하여야 함에도 불구하고 하위법규에서 기본권의 제한에 관한 사항을 규정하고 있는 경우(의회유보의 원칙 위반)

나. 법률유보원칙 위반 중 위 첫째와 둘째는 법률이 아니라 하위법규의 하자(위헌성)를 논할 때 문제된다. 의회유보원칙 위반은 주로 하위법규의 위헌성을 논할 때에 주장할 수 있겠지만, 법률의 위헌성을 논할 때에도 주장할 수 있을 것이다.

다. 포괄위임금지원칙은 법률이 기본권의 제한에 관한 사항을 하위법령에 위임할 수는 있지만, 구체적인 기준과 범위를 정하여 위임하여야 한다는 원칙이다. 따라서, 포괄위임금지원칙 위반은 법률에 대한 하자(위헌성)를 논할 때에 문제된다. 다만, 하위법령의 위헌성을 주장하는 사유 중 하나로, 법률이 포괄위임금지원칙에 위반되기 때문에 이에 근거한 하위법령도 헌법에 위반되어서 무효라는 주장을 할 수는 있을 것이나 부수적인 주장이다.

라. 포괄위임금지원칙과 의회유보원칙의 차이는 다음과 같다(포괄위임은 위임이 가능하나 그 위임의 한계가 어디까지인지에 관한 문제이고, 의회유보는 본질적인 것은 하위 행정입법에 위임 자체가 허용되지 않는 위임의 여부에 관한 문제임).

포괄위임금지원칙은 법률이 기본권의 제한에 관한 사항을 하위법령에서 위임할 수는 있지만, 위임형식(방법)이 구체적이라야 한다는 것이다. 그에 비하여, 의회유보원칙은 기본권 제한에 관한 본질적이고 중요한 사항은 아예 하위법령에 위임할 수 없다는 원칙, 즉 아무리 구체적이고 명확한 기준을 마련하더라도 하위법령에 위임할 수는 없고, 반드시 모법(법률)에 규정하여야 한다는 원칙이다.

Ⅳ. 명확성원칙 위반

01 의의

원칙적으로 헌법은 모든 법률이 최소한의 척도로서 명확성을 갖출 것을 요구한다. 이러한 '법률의 명확성원칙'은 입법자가 법률을 제정함에 있어 포섭되는 것이 무엇인지 그 의미 내용을 명확히 하여 일반인의 관점에서 볼 때 실정법이 규율하고자 하는 내용이 다의적으로 해석·적용되지 않도록 명확하게 만들어야 한다는 헌법원칙을 말한다. 법규범의 의미내용이 불확실하면 법적 안정성과 예측가능성을 확보할 수 없고, 법집행 당국의 자의적인 법해석과 집행을 가능하게 한다는 것을 그 근거로 한다. 즉, 법률은 명확한 용어로 규정함으로써 적용대상자에게 그 규제내용을 미리 알 수 있도록 공정한 고지를 하여 장래의 행동지침을 주어야 차별적이거나 자의적인 법해석을 예방할 수 있는 것인데, 법규범의 의미내용으로부터 무엇이 금지되는 행위이고 무엇이 허용되는 행위인지를 국민이 알 수 없다면, 법적 안정성과 예측가능성은 확보될 수 없게 될 것이고, 법집행 당국에 의한 자의적 집행이 가능하게 될 것이다.

다만, 모든 법규범의 문언을 순수하게 기술적 개념만으로 구성하는 것은 입법기술적으로 불가능하고 또 바람직하지도 않기 때문에 어느 정도 가치개념을 포함한 일반적, 규범적 개념을 사용하지 않을 수 없다. 따라서 명확성의 원칙이란 기본적으로 최대한이 아닌 최소한의 명확성을 요구하는 것이다. 한편, 명확성의 원칙에서 명확성의 정도는 모든 법률에 있어서 동일한 정도로 요구되는 것은 아니고, 개개의 법률이나 법조항의 성격에 따라 요구되는 정도에 차이가 있을 수 있으며, 각각의 구성요건의 특수성과 그러한 법률이 제정되게 된 배경이나 상황에 따라 달라질 수 있다고 할 것이다. 일반론으로는 형벌, 조세부과 등 어떠한 규정이 침익적, 부담적 성격을 가지는 경우에는 수익적 성격을 가지는 경우에 비하여 명확성의 원칙이 더욱 엄격하게 요구되고, 죄형법정주의가 지배하는 형사관련 법률에서는 명확성의 정도가 강화되어 더 엄격한 기준이 적용되지만, 일반적인 법률에서는 명확성의 정도가 그리 강하게 요구되지 않기 때문에 상대적으로 완화된 기준이 적용된다.

02 명확성원칙과 포괄위임금지원칙의 관계

수험생 입장에서 포괄위임이 문제되는 경우에도 동시에 명확성원칙 위반을 적극 주장하려는 경향을 가지는 것이 안전하다. 예컨대, 위임 조항과 법문(法文)의 의미를 둘러싸고 견해의 대립이 있는 경우 바로 명확성원칙 위반이 되는 등 중요한 기본권에 대한 침해를 유발하는 입법에 있어서는 더욱 적극적으로 주장의 여지를 두는 것이 타당할 것이다.

Ⅵ. 신뢰보호원칙 위반

• 신뢰보호의 원칙은 헌법상 법치국가 원리로부터 파생되는 것으로, 법률이 개정되는 경우 기존의 법질서에 대한 당사자의 신뢰가 합리적이고 정당한 반면, 법률의 제정이나 개정으로 야기되는 당사자의 손해가 극심하여 새로운 입법으로 달성코자 하는 공익적 목적이 그러한 당사자의 신뢰가 파괴되는 것을 정당화 할 수 없는 경우, 그러한 새 입법은 허용될 수 없다는 것이다. 이러한 신뢰보호원칙의 위반 여부는 한편으로는 침해되는 이익의 보호가치, 침해의 정도, 신뢰의 손상 정도, 신뢰침해의 방법 등과 또 다른 한편으로는 새로운 입법을 통하여 실현하고자 하는 공익적 목적 등을 종합적으로 형량하여야 한다(헌재 2009. 5. 28. 2005헌바20·22, 2009헌바30(병합) 산업재해보상보험법 제38조 제6항 위헌소원 등).

한편, 부진정소급입법은 원칙적으로 허용되나, 신뢰보호원칙에 의해 제한을 받는다. 부진정소급입법이 법치주의의 파생원칙인 신뢰보호원칙에 위배되기 위해서는 ① 헌법적 보호가치 있는 신뢰이익의 침해가 있어야 하고 ② 법률개정을 통해 달성하고자 하는 공익이 있어야 하고 ③ 침해되는 신뢰이익의 정도와 법률개정으로 달성되는 공익을 비교형량하여 사익이 공익보다 커야 한다. ④ 보호되는 공익이 침해되는 사익보다 크다 하더라도 사익의 침해가 최소화될 수 있도록 경과규정을 둘 수 있음에도 불구하고 경과규정을 두지 않는 경우에는 신뢰보호원칙에 위배될 수 있다.

Ⅶ. 기타 개별 기본권의 특유한 제한 법리

01 평등권

가. 평등원칙의 의의

평등원칙은 본질적으로 같은 것은 같게, 본질적으로 다른 것은 다르게 취급할 것을 요구하는 것으로서, 일체의 차별적 대우를 부정하는 절대적 평등을 의미하는 것이 아니라 입법과 법의 적용에 있어서 합리적 근거가 있는 차별은 평등원칙에 반하는 것이 아니다(헌재 2015. 7. 30. 2014헌가7).

나. 두 가지 심사기준

평등권의 침해 여부에 대한 심사는 그 심사기준에 따라 자의금지원칙에 대한 심사와 비례의 원칙에 의한 심사로 크게 나누어 볼 수 있다. 평등권침해 심사의 우선적 기준은 자의금지원칙이다. 다만, 헌법에서 특별히 평등을 요구하거나, 차별적 취급으로 인하여 관련 기본권에 대한 중대한 제한을 초래하게 된다면 비례원칙에 따른 심사를 하여야 한다.

다. 자의금지원칙에 의한 심사

일반적으로 자의금지원칙에 의한 심사요건은 ① 본질적으로 동일한 것을 다르게 취급하고 있는지에 관련된 차별취급의 존재 여부와, ② 이러한 차별취급이 존재한다면 이를 자의적인 것으로 볼 수 있는지 여부라고 할 수 있다. 한편, ①의 요건에 관련하여 두 개의 비교집단이 본질적으로 동일한가의 판단은 일반적으로 당해 법규정의 의미와 목적에 달려 있고, ②의 요건에 관련하여 차별취급의 자의성은 합리적인 이유가 존재한다면 차별대우는 자의적인 것이 아니게 된다(헌재 2002. 11. 28. 2002헌바45 구 병역법 제71조 제1항 단서 위헌소원).

라. 비례원칙에 의한 심사

(1) 평등위반 여부를 심사함에 있어 엄격한 심사척도에 의할 것인지, 완화된 심사척도에 의할 것인지는 입법자에게 인정되는 입법형성권의 정도에 따라 달라지게 될 것이다. 먼저 헌법에서 특별히 평등을 요구하고 있는 경우 엄격한 심사척도가 적용될 수 있다. 헌법이 스스로 차별의 근거로 삼아서는 아니되는 기준을 제시하거나 차별을 특히 금지하고 있는 영역을 제시하고 있다면 그러한 기준을 근거로 한 차별이나 그러한 영역에서의 차별에 대하여 엄격하게 심사하는 것이 정당화된다. 다음으로 차별적 취급으로 인하여 관련 기본권에 대한 중대한 제한을 초래하게 된다면 입법형성권은 축소되어 보다 엄격한 심사척도가 적용되어야 할 것이다.

(2) 비례원칙 심사기준

① 차별목적의 정당성 ② 차별취급의 적합성 ③ 차별취급의 필요성(불가피성) ④ 차별취급의 비례성(법익의 균형성)

02 직업의 자유

가. 직업의 자유의 의의

우리 헌법 제15조는 "모든 국민은 직업선택의 자유를 가진다"고 규정하여 직업의 자유를 국민의 기본권의 하나로 보장하고 있는바, 직업의 자유에 의한 보호의 대상이 되는 '직업'은 '생활의 기본적 수요를 충족시키기 위한 계속적 소득활동'을 의미하며 그러한 내용의 활동인 한 그 종류나 성질을 묻지 아니한다(헌재 2003. 9. 25. 2002헌마519 헌법재판소 학원의 설립·운영 및 과외교습에 관한 법률 제13조 제1항 등 위헌확인). 직업의 자유는 하나의 통일적인 생활과정으로서의 직업활동의 자유로서, 직업선택의 자유와 직업수행의 자유 및 직장선택의 자유 등을 포괄한다(헌재 2003. 9. 25. 2002헌마519 학원의 설립·운영 및 과외교습에 관한 법률 제13조 제1항 등 위헌확인).

나. 직업의 자유의 제한: 단계이론

(1단계) 영업 등 직업행사, 직업수행의 자유의 제한

(2단계) 주관적 사유에 의한 직업결정의 자유의 제한

(3단계) 객관적 사유에 의한 직업결정의 자유의 제한

단계이론이란 독일연방헌법재판소의 판례에 의하여 형성된 이론으로서, 직업의 자유에 대한 제한의 형태를 제한의 강도에 따라 3단계로 구분하여, 제한의 강도가 높아짐에 따라 직업의 자유에 대한 제한은 보다 엄격한 요건 하에서 정당화된다는 이론이다. 구체적으로는, 1단계로 직업행사의 자유를, 2단계로 주관적 사유에 의한 직업결정의 자유를, 3단계로 객관적 사유에 의한 직업결정의 자유를 제한하여야 한다는 이론이다. 제한의 정도가 클수록 입법형성의 자유가 축소되어 위헌성판단에서 엄격한 심사를 요하는데, 1단계의 제한은 과잉금지원칙을 적용하되 합목적성의 관점이 상당한 정도 고려되고, 2단계의 제한은 과잉금지원칙이 엄격하게 적용되며, 3단계 제한은 월등하게 중요한 공익을 위하여 명백하고 확실한 위험을 방지하기 위한 경우에만 정당화될 수 있다.

제2편 행정법

<table>
<tr><td>모두</td><td colspan="2">원고/피고 표시(법인, 합의제 행정기관인 경우 등)</td></tr>
<tr><td rowspan="2">청구취지</td><td colspan="2">주위적 청구취지</td></tr>
<tr><td colspan="2">예비적 청구취지</td></tr>
<tr><td rowspan="7">청구원인</td><td rowspan="5">소의 적법성</td><td>원고적격(공공기관 원고적격/법률상 이익), 피고적격(권한위임)</td></tr>
<tr><td>대상성(적격) – 처분 기타(행정지도, 조사, 권력적 사실행위)</td></tr>
<tr><td>협의의 소의 이익(반복가능성/제재적 가중처분, 무효확인소송의 확인의 이익)</td></tr>
<tr><td>행정심판전치주의 위반</td></tr>
<tr><td>제소기간 준수 문제</td></tr>
<tr><td rowspan="2">처분의 위법성</td><td>■ 절차상 하자:절차상 하자의 독자적 위법가능성/취소가능성
– 이유제시 의무위반, 처분서의 부실기재(처분서에 처분이유와 근거법령 등을 생략/너무 간단하게 기재)
– 사전통지절차 생략
– 청문, 의견청취 생략
– 공청회, 환경영향평가 미실시
– 행정심판위원회 등 위원회 구성의 하자
– 행정조사시 변호사 입회 불허 등
– 징계처분양정시 공적사항 누락</td></tr>
<tr><td>– 처분 근거규정의 법적성질(예규–지침–기준–고시등의 행정규칙, 시행령, 부령 등 법규명령에 딸린 별표)
– 당해 처분의 법적성질(법문언설 : 재량행위/기속행위 구별)
– 청구취지에서 무효확인을 요구할 경우 무효, 취소 구별(중대명백설)

■ 실체상 하자
– 처분사유의 부존재(사실오인/법리오해/기대가능성X, 법률적용의 오류, 처분근거 법규 잘못 적용 등)
– 법률유보원칙 위반
– 법률우위원칙 위반
– 신뢰보호원칙 위반
– 평등원칙 위반, 자기구속원칙 위반
– 비례원칙(적–필–상) 위반 여부를 종합적으로 검토한 후 이를 이유로 궁극적으로 재량, 일탈남용에 해당한다고 결론</td></tr>
<tr><td>말미</td><td colspan="2">첨부서류, 제소날짜, 관할법원 등</td></tr>
</table>

1장 행정소송 소장

제1절 관련 법령

- 행정소송법 제8조(법적용예) 제2항
- 민사소송법 제249조(소장의 기재사항)
- 민사소송법 제274조(준비서면의 기재사항)

제2절 취소소송 서식례

소장

원고　○○○
　　　○○시 ~
　　　소송변호사 ○○○
　　　○○시 ~
　　　전화: 000－0000 팩스: 000－0000, 이메일: ~@~
피고　○○○
○○○ 취소 청구(의 소)

청구취지

1. 피고가 2023. 5. 13. 원고에 대하여 한 노래연습장등록취소처분을 취소한다.
2. 소송비용은 피고가 부담한다.
라는 판결을 구합니다.

청구원인

1. 이 사건 처분의 경위
2. 이 사건 소의 적법성
　가. 대상적격
　나. 원고적격
　다. 피고적격
　라. 협의의 소의 이익
　마. 제소기간
　바. 행정심판의 전치
3. 이 사건 처분의 위법성
　가. 절차상 하자
　나. 실체상 하자
　(1) 법률유보원칙 위반
　(2) 처분사유의 부존재

(3) 재량의 일탈·남용(비례원칙 위반)

5. 결론

입증방법

1. 갑제1호증 ○○○
1. 갑제2호증 ○○○
1. 갑제3호증 ○○○

첨부서류

1. 위 입증방법 각 1통
1. 소장부본 1통
1. 소송위임장 1통
1. 담당변호사 지정서 1통

2024. 1. 3.

원고 소송대리인 법무법인○○
담당변호사 ○○○

○○○○법원 귀중

	종류	대상	청구취지
항고소송	**취소소송**	처분	취소
	무효확인소송	처분	무효확인
	부작위위법확인소송	처분을 하지 아니한 부작위	위법함을 확인
당사자소송	형식적 당사자소송	처분을 원인으로 하는 법률관계&처분의 효력 다툼 → 토지수용법 등 개별법에 특별한 규정 있는 경우에만 허용	**이행소송** **확인소송**
	실질적 **당사자소송**	공법상 법률관계 (&처분의 효력 다툼 ×)	
민중소송	법정주의(행소법 45조)		
기관소송			

제3절 형식적 기재사항

Ⅰ. 당사자

가. 원고 표시

처분의 상대방 또는 **제3자(※원고적격)**

원고의 이름과 주소를 쓰고, 소송대리인의 이름, 주소, 연락처를 기재한다.

나. 피고 표시

(1) 처분청이 피고가 된다.

○ 행소법 §13① "처분을 한 행정청" → **처분서에 기재된 처분명의자**로 판단

- 정당한 권한이 있는 자인지 여부는 불문

  서울특별시장(○), 서울특별시(×), 서울특별시장 박원순(×)

(2) 합의제 행정기관: 중앙토지수용위원회

충청남도 세종시 00구 00로 23번지

대표자 위원장 ○○○

(3) 공법인: 한국토지주택공사

경상남도 진주시 00동 00로 1번지

대표자 사장 ○○○

(4) 당사자소송의 피고

• 행정소송법 제39조(피고적격) 당사자소송은 국가·공공단체 그 밖의 권리주체를 피고로 한다.

예) 서울특별시, 경기도, 대한민국 등

○ 예시

- 피고 행정안전부장관
- 피고 공정거래위원회 대표자 위원장 ○○○
- 피고 서울특별시의회 대표자 의장 ○○○
- 피고 서울특별시장/경상북도지사
- 피고 서울특별시 강남구청장/경산시장

○ 공법인이 피고인 경우: 행정권한을 위탁한 근거법률을 검토

- 공법인에 권한이 위임되었는지 아니면 공법인의 기관에 위임되었는지를 판단 → 위임을 받아 처분을 한 자가 피고

(예) 공무원연금공단, 국민연금공단 등

기재례: 피고 공무원연금공단 대표자 이사장 이박명

○ 독임제 행정기관

- 중앙행정기관

피 고 교육과학기술부장관

피 고 식품의약처안전처장 - 국가지방행정기관

피 고 서울지방국세청장

피 고 경기도지방경찰청장

피 고 금천세무서장

– 지방자치단체의 기관
피 고 서울특별시장
피 고 서울특별시 관악구청장
피 고 과천시장
피 고 가평군수
피 고 가평군 가평읍장
피 고 서울특별시 교육감
피 고 서울특별시동작관악교육지원청교육장
○ 합의제 행정기관 – 대표기관과 그 성명을 표시
피 고 방송통신위원회
대표자 위원장 ○○○
피 고 서울특별시 관악구의회
대표자 의장 ○○○
○공법인 – 주소, 대표기관과 그 성명을 표시
피 고 대한석탄공사
서울 영등포구 여의도동 10–1
대표자 사장 ○○○ ○
○사법인(공권수탁사인) – 주소, 대표기관과 그 성명을 표시
피 고 재단법인 한국보건의료인국가시험원
서울 광진구 자양로 225
대표자 원장 김보건
(3) 당사자소송 – 행정주체
피 고 대한민국
법률상 대표자 법무부장관 ○○○
피 고 서울특별시
대표자 시장 ○○○
피 고 경기도
대표자 교육감 ○○○
※ 당사자소송의 경우: 국가, 지방자치단체 등. 형식적 당사자소송은? 마찬가지

II. 사건명

○ ~~처분 ~~ 청구의 소: 처분서를 보고 쓰면 됨
(예)
취소소송의 경우: ○○처분 취소청구의 소
처분이 여러 개인 경우에는? ○○처분등 취소청구의 소
◇◇처분 취소 청구의 소
◇◇처분 무효확인 청구의 소

◇◇신청 부작위위법확인 청구의 소 토지보상금 청구의 소
○○처분 취소 청구(의 소), ○○처분 무효확인 청구(의 소), ○○○ 청구 등과 같이 사건의 내용을 압축적으로 간단하게 표현한다. 예컨대, "운전면허취소처분 취소"라고 표현하면 되지, "제1종 보통운전면허(면허번호: XXX－XXXXXX) 취소처분 취소"라고 하는 것은 부적절하다.

Ⅲ. 청구취지

01 취소소송 청구취지 예시

가. 원고와 피고가 각각 1명인 경우

1. 피고가 2023. 5. 21. 원고에 대하여 한(원고에게 한) ○○○○ 처분을 취소한다.
2. 소송비용은 피고가 부담한다.

라는 판결을 구합니다.

나. 원고가 복수인 경우

1. 피고가 2023. 5. 31.
   가. 원고 왕재수에 대하여 한 제1종 보통 운전면허취소처분과
   나. 원고 김정비에 대하여 한 제1종 보통 운전면허취소처분 및 제1종 소형 운전면허취소처분을 모두(각) 취소한다.
2. 소송비용은 피고가 부담한다.

라는 판결을 구합니다.

다. 피고가 복수인 경우

1. 피고 교육부장관이 2018. 3. 5. 원고에 대하여 한 정직 3월 처분을 취소한다.
2. 피고 소송심사위원회가 2018. 4. 20. 원고에 대하여 한 소청심사 기각결정을 취소한다.
3. 소송비용은 피고들이 부담한다.

라는 판결을 구합니다.

02 무효확인소송 청구취지 예시

1. 피고가 2023. . . 원고에게 한 ○○○○ 처분은 무효임을 확인한다.
2. 소송비용은 피고가 부담한다.

라는 판결을 구합니다.

03 주위적, 예비적 청구취지 예시

1. 주위적으로, 피고가 2023. . . 원고에게 한 ○○○○ 처분은 무효임을 확인한다.
2. 예비적으로, 피고가 2023. . . 원고에게 한 ○○○○ 처분을 취소한다.
3. 소송비용은 피고가 부담한다.

라는 판결을 구합니다.

04 부작위위법확인소송 청구취지 예시

1. 원고가 2023. . . 피고에게 한 ○○ 신청에 관한 피고의 부작위가 위법임을 확인하다. (또는 ~신청에 관하여 피고가 허부의 결정을 하지 아니함은 위법임을 확인한다.)

2. 소송비용은 피고가 부담한다.
라는 판결을 구합니다.
예: 원고가 2023. 10. 1. 피고에게 대하여 한 별지목록 기재 정기간행물의 등록신청에 관하여 피고가 그 등록절차를 이행하지 않는 것은 위법임을 확인한다.

05 실질적 당사자소송 청구취지 예시

1. 피고는 원고에게 금 ○○ 원을 지급하라.
2. 소송비용은 피고 부담으로 한다.
라는 판결을 구합니다.
1. 피고가 2023. 5. 21. 원고에 대하여 한 000계약해지가 무효임을 확인한다.
2. 소송비용은 피고 부담으로 한다.
라는 판결을 구합니다.
등...

06 형식적 당사자소송 청구취지 예시

1. 피고(⇒ 사업시행자)는 원고(⇒ 피수용자, 토지소유자)에게 금 1억원과 이에 대하여 2023. 7. 1.(⇒ 수용시기)부터 이 사건 소장 부본 송달까지는 연 5%, 그 다음날부터 다 갚는 날까지는 연 12%의 각 비율에 의한 돈을 지급하라.
2. 소송비용은 피고 부담으로 한다.
라는 판결을 구합니다.

※ 중간정리

01 취소의 대상인 '처분'은 날짜와 상대방, 처분명으로 특정

○ 날짜: 처분서에 기재된 처분일(송달일이 아님에 주의)
○ 상대방: 원고 또는 소외인
○ 처분명: 처분서에 기재된 처분명을 기초로

02 소송대상의 특정[16)]

○ 부관부행정행위의 경우
– 부관은 본체인 행정행위와 합하여 하나의 행정행위를 이루는 것이어서, 본체인 행정행위에 중요한 요소인 부관인지 여부를 불문하고, <u>부관만을 떼어 독립적인 쟁송수단으로 삼을 수 없고, 당해 행정행위 전체의 취소를 구하여야 함</u>
– **다만, 부담에 대해서는 다른 부관과는 달리 그 자체로서 독립하여 항고소송의 대상이 되고, 부담만의 취소가 가능함**
(예) **<u>도로점용허가처분에 부가된 점용료(부담), 점용기간(기한)</u>**을 다투는 경우
○ 경정처분의 경우
– 증액경정처분: 그 증액경정처분을 새로운 처분으로 보아 소송의 대상으로 함

---

16) 취소소송의 소송물은 '처분의 위법성' 일반.

- 감액경정처분: 당초처분의 금액만 경정하여 다툼[17]

(예1) 4. 1.로 800만원의 당초 과세처분을 하였다가, **5. 15. 1,000만원으로 증액하는 과세처분을 한 경우→ 5. 15. 1,000만원 부과처분의 취소를 청구**

(예2) 위 사안에서, 다시 6. 20. 900만원으로 감액하는 과세처분을 한 경우→ 소송의 대상은 당초처분인 5. 15. 처분이나, 소송의 대상인 과세처분의 내용은 900만원으로 감액된 것→ 5.15. 900만원 부과처분의 취소를 청구

○ 반복된 행위의 경우

- 철거대집행 계고처분에서 1차 계고처분을 한 후 자진철거를 기다리다가 이에 응하지 아니하면 2차, 3차 계고서를 발송하여 일정기간 자진철거를 재촉구하고 불이행하면 대집행하겠다는 뜻을 고지하는 경우 → 건물철거의무는 제1차 철거명령 및 계고처분에 의하여 발생. 2차, 3차의 계고처분은 새로운 철거의무 부과가 아닌 기한의 연기통고에 불과→ **제1차 계고처분이 소송대상**

- 국세체납절차에서 1차 독촉 후 재차 독촉하는 경우 동일

(비교) 거부처분의 경우, 신청 회수를 제한하는 법규가 없는 이상, 동일한 내용을 수차 신청할 수 있고, 그에 따라 거부처분이 수회 있을 수 있음 → 각 거부처분이 소송대상(※ 이 경우, 제소기간 도과한 처분이 있는지 주의)

※ 행정처분의 변경[18](司'17)

- 기존의 행정처분을 변경하는 후속처분의 내용이 종전처분의 유효를 전제로 내용 중 일부만을 추가·철회·변경하는 것이고 그 부분이 내용과 성질상 나머지 부분과 불가분적인 것이 아닌 경우, 종전처분이 항고소송의 대상이 되는지? 대법원 2015. 11. 19. 선고 2015두295 전합판결 참고

- 종전처분을 변경하는 내용의 후속처분이 있는 경우 법원이 항고소송의 대상이 되는 행정처분을 확정하는 방법: 대법원 2015. 11. 19. 선고 2015두295 전합판결 참고

○ **일부취소 청구 - 가분적, 특정할 수 있는 행위 (★사례형에서 출제 가능)**

○ 행정심판을 거친 경우

- 행정소송법 제19조: 원처분주의

---

17) 대법원 2017. 1. 12. 선고 2015두2352 판결: 행정처분을 한 처분청은 처분에 하자가 있는 경우에는 별도의 법적 근거가 없더라도 스스로 이를 취소하거나 변경할 수 있는바, 과징금 부과처분에서 행정청이 납부의무자에 대하여 부과처분을 한 후 부과처분의 하자를 이유로 과징금의 액수를 감액하는 경우에 감액처분은 감액된 과징금 부분에 관하여만 법적 효과가 미치는 것으로서 당초 부과처분과 별개 독립의 과징금 부과처분이 아니라 실질은 당초 부과처분의 변경이고, 그에 의하여 과징금의 일부취소라는 납부의무자에게 유리한 결과를 가져오는 처분이므로 당초 부과처분이 전부 실효되는 것은 아니다. 따라서 감액처분에 의하여 감액된 부분에 대한 부과처분 취소청구는 이미 소멸하고 없는 부분에 대한 것으로서 소의 이익이 없어 부적법하다.

18) **대법원 2015. 11. 19. 선고 2015두295 전원합의체 판결 【영업시간제한등처분취소】**: 기존의 행정처분을 변경하는 내용의 행정처분이 뒤따르는 경우, 후속처분이 종전처분을 완전히 대체하는 것이거나 주요 부분을 실질적으로 변경하는 내용인 경우에는 특별한 사정이 없는 한 종전처분은 효력을 상실하고 후속처분만이 항고소송의 대상이 되지만, 후속처분의 내용이 종전처분의 유효를 전제로 내용 중 일부 만을 추가·철회·변경하는 것이고 추가·철회·변경된 부분이 그 내용과 성질상 종전처분부분과 불가분적인 것이 아닌 경우에는, 후속처분에도 불구하고 종전처분이 여전히 항고소송의 대상이 된다. 따라서 종전처분을 변경하는 내용의 후속처분이 있는 경우 법원으로서는, 후속처분의 내용이 종전처분 전체를 대체하거나 주요 부분을 실질적으로 변경하는 것인지, 후속처분에서 추가·철회·변경된 부분의 내용과 성질상 나머지 부분과 가분적인지 등을 살펴 항고소송의 대상이 되는 행정처분을 확정하여야 한다.

– 재결에 대한 소송은 재결 자체에 고유한 위법이 있는 경우에 한함[19]

03 청구취지의 유형

○ 거부처분의 경우: 거부처분만 쓰고, 신청에 관한 기재는 쓰지 않음!

피고가 2017.00.00. 원고에 대하여 한 건축허가거부처분을 취소한다.

○ 여러 개의 처분을 모두 취소하는 경우

피고가 2017.00.00. 원고에 대하여 한 철거명령 및 대집행계고처분을 **각(모두)** 취소한다.

○ 일부취소: 기속행위(또는 정당한 부과액이 특정되는 재량행위)에서 일부취소를 하는 경우

피고가 2017. 00. 00. 원고에 대하여 한 부담금 10,000,000원의 부과처분 중 금 7,000,000원을 초과하는 부분을 취소한다.

○ 부담의 경우는? 독립쟁송·취소 가능한 '부담'은 일부취소 가능

피고가 2017. 00. 00. 원고에 대하여 한 도로점용허가처분 중 허가조건 (마)항을 취소한다.

피고가 2017. 00. 00. 원고에 대하여 한 주택건설사업계획승인처분 중 "대구 수성구 ㅇㅇ동 1234 토지를 기부채납할 것"이라는 부관을 취소한다.

○ 제3자에 대한 수익적 처분을 취소하는 판결을 구하는 경우(경원자 소송)

피고가 2017.0.0. 소외 000에 대하여 한 00000허가처분을 취소한다.

○ 재결취소소송: 재결청(행정심판위원회)을 피고로, 재결의 취소를 청구

– 제3자효를 수반하는 행정행위에 대하여 제3자가 행정심판을 제기하여 그 처분이 취소되는 재결이 있자 그 원처분의 상대방이 위 재결에 대한 취소소송을 제기한 경우

피고가 2017.00.00. 한 ㅇㅇ시장의 2016.00.00.자 원고에 대한 허가처분을 취소한 재결을 취소한다.

(2) 무효확인소송 등 그 밖의 행정소송

○ 무효등 확인소송은? 취소소송과 동일하고, **"무효임을 확인한다."로 변경**

○ 부작위위법확인소송은? 이 경우는 신청을 특정해야!(거부처분과 비교)

원고가 0000.00.00. 피고에 대하여 한 000신청에 관한 피고의 부작위가 위법임을 확인한다.

피고가 원고의 0000.00.00 신청에 관하여 허부의 결정을 하지 아니함은 위법임을 확인한다.

○ 당사자소송은? 특히 형식적 당사자소송(토지소유자 **보상금증액청구소송**)

피고는 원고에게 금 00원(법원이 인정한 정당한 보상액에서 수용재결에서 정한 보상액을 공제한 나머지 금액: 즉 증액을 구하는 금액) 및 이에 대한 0000.00.00부터(수용재결에서 정한 수용일의 다음날) 0000.00.00.까지는(사실심변론종결시, 판결선고일) 연 5%의, 그 다음날부터 다 갚는 날까지는 연 20%의 각 비율에 의한 금원을 지급하라.

○ 기관소송: 지방자치법 제192조의 소송(조례 등 재의결무효확인소송)

피고(지방의회)가 2017.00.00에 한 000 조례안에 대한 재의결(또는 의결)은 효력이 없다.

○ 민중소송: 지방자치법 제17조 제1항의 주민소송[20](行'16,'17)

---

19) **재결 자체에 고유한 위법이 있는지 여부는 본안판단 사항이므로, 재결 고유의 위법이 없음에도 재결을 대상으로 제기한 소송은 각하대상이 아니라 기각 대상에 해당함(통설·판례)**

20) 대법원 2016. 5. 27. 선고 2014두8490 판결 **도로점용허가처분무효확인**등: 주민소송 제도는 지방자치 단체 주민이 지방자치단체의 위법한 재무회계행위의 방지 또는 시정을 구하거나 그로 인한 손해의 회 복 청구를 요구할 수 있도록 함으로써 지방자치단체의 재무행정의 적법성과 지방재정의 건전하고 적정한 운영을 확보하려는 데 목적이 있다. 그러므로 주민소송은 원칙

- (1호) 피고는 ○○사업에 관한 공금지출·계약의 체결을 하여서는 아니된다.
- (2호) 피고는 소외 ○○에 대하여 별지 기재 토지에 관한 소유권이전등기절차를 이행하여서는 아니된다.
- (3호) 피고가 소외 ○○에 대하여 ○○○ 위반에 따른 이행강제금을 부과·징수하지 않은 것이 위법함을 확인한다.
- (4호) 피고는 ○○에게 금 ○○○원과 이에 대한 2016.0.0.부터 다 갚는 날까지 연 5%의 비율로 계산한 돈을 지급하도록 청구하라.

취소소송 소장 청구취지 작성례

청구취지 (7점)	1. 피고가 원고에 대하여 한 가. 2016.7.4. 금지해제결정 중 "신청인은 2016.8.3.까지 강원도 속초교육지원청에 속초교육지원청 공무원휴양시설 건립기금 10억 원을 납부할 것" 부분을, (3점) 나. 2016.8.17. 금지해제결정 취소처분을, (1점) 다. 2016.9.5. 정보비공개결정 중 회의록에 기재된 발언내용에 대한 해당 발언자의 인적사항을 제외한 나머지 부분을 (2점) 모두(각) 취소한다.	- "취소하라"는 0점 - 청구취지 3개항을 개별적으로 기재하거나, 2항과 1항으로 나누어 기재하는 것도 가능 - 처분별 날짜가 틀리면 감점 - "각(모두)" 기재 없으면 감점 - (가) 부담을 다투는 취지가 반영되면 1~3점 "해제조건" 부분, "건립기금 납부명령"부분도 가능 - (다) 일부취소의 취지가 반영되어야 함
	2. 소송비용은 피고가 부담한다. 라는 판결을 구합니다. (1점)	- "...라는 판결을 구한다"부분을 작성하지 않으면 0점 - "...라는 결정을 구한다"라고 작성하면 0점

취소소송 소장 청구취지 작성례

청구취지 (②) (5점)	1. 피고 교육부장관이 2018. 3. 5. 원고에 대하여 한 정직 3월 처분을 취소한다. 2. 피고 소청심사위원회가 2018. 4. 20. 원고에 대하여 한 기각결정을 취소한다. 3. 소송비용은 피고들의 부담으로 **한다.** **라는 판결을 구합니다.**	- "1. 피고 교육부장관이 2018. 3. 5. 원고에 대하여 한 정직 3월 처분과 피고 소청심사위원회가 2018. 4. 20. 원고에 대하여 한 기각결정을 각(모두) 취소한다."도 정답처리함. 이 경우 "각(모두)" 기재 없으면 감점 - "1. 원고에 대하여 한 가. 피고 교육부장관의 2018. 3. 5. 정직 3월 처분을 취소한다. 나. 피고 소청심사위원회의 2018. 4. 20. 기각 결정을 취소한다."도 정답처리함

적으로 지방자치단체의 재무회계에 관한 사항의 처리를 직접 목적으로 하는 행위에 대하여 제기할 수 있고, 지방자치법 제17조 제1항에서 주민소송의 대상으로 규정한 '재산의 취득·관리·처분에 관한 사항'에 해당하는지도 그 기준에 의하여 판단하여야 한다. 특히 도로 등 공물이나 공공용물을 특정 사인이 배타적으로 사용하도록 하는 점용허가가 도로 등의 본래 기능 및 목적과 무관하게 그 사용가치를 실현·활용하기 위한 것으로 평가되는 경우에는 주민소송의 대상이 되는 재산의 관리·처분에 해당한다.

		– 단순병합된 2개의 청구 중의 하나를 누락하면 감점 – 소송비용부분 누락하거나, '피고의 부담으로 한다'라고 기재하면 감점 – 처분별 일자가 틀리면 각 감점 – 둘 중에 하나라도 "......취소하라"라고 기재하면 0점 – "...라는 판결을 구합니다."부분을 작성하지 않으면 감점 – "...라는 결정을 구합니다."라고 작성하면 감점

취소소송 소장 청구취지 작성례

청구 취지	1. 피고가 원고에 대하여 한 2015. 9. 3. 체류기간연장 불허처분과 2015. 11. 16. 출국명령처분을 각(모두) 취소한다. (3점)	– "취소하라"라고 작성하면 0점 – "피고가 2015. 9. 3. 원고에 대하여 한 체류기간연장 불허처분과 2015. 11. 16. 원고에 대하여 한 출국명령처분을"도 가능 – 불허처분"과"를 불허처분 "및"으로 해도 됨
	2. 소송비용은 피고가 부담한다. 라는 판결을 구합니다. (1점)	– "…라는 판결을 구한다" 부분을 작성하지 않으면 0점 – "…라는 결정을 구한다"라고 작성하면 0점

Ⅳ. 입증방법 및 첨부서류

(1) 입증방법

1. 갑제1호증 ○○○○

1. 갑제2호증의 1 ○○○○

1. 갑제2호증의 2 ○○○○

1. 갑제3호증 ○○○○

(2) 첨부서류

1. 위 입증방법 각 2통[6]

1. 송달료납부서 1통

1. 소송위임장 1통

1. 담당변호사지정서 1통

1. 소장부본 1통

1. 법인등기부등본 1통

(3) 작성연월일 및 작성자의 기명날인 또는 서명

원고 ○○○의 소송대리인 ○○○

원고 ○○○의 소송대리인 법무법인 ○○ 담당변호사 ○○○

Ⅴ. 관할법원

• 행정소송법 제9조(재판관할) ① 취소소송의 제1심관할법원은 피고의 소제지를 관할하는 행정법원으로 한다. ＜개정 2014. 5. 20.＞

② 제1항에도 불구하고 다음 각 호의 어느 하나에 해당하는 피고에 대하여 취소소송을 제기하는 경우에는 대법원소재지를 관할하는 행정법원에 제기할 수 있다. <신설 2014. 5. 20.>

1. 중앙행정기관, 중앙행정기관의 부속기관과 합의제행정기관 또는 그 장
2. 국가의 사무를 위임 또는 위탁받은 공공단체 또는 그 장

③ 토지의 수용 기타 부동산 또는 특정의 장소에 관계되는 처분등에 대한 취소소송은 그 부동산 또는 장소의 소재지를 관할하는 행정법원에 이를 제기할 수 있다. <개정 2014. 5. 20.>

- <u>행정소송법 제38조(준용규정)</u> ① 제9조, 제10조, 제13조 내지 제17조, 제19조, 제22조 내지 제26조, 제29조 내지 제31조 및 제33조의 규정은 무효등 확인소송의 경우에 준용한다.

② 제9조, 제10조, 제13조 내지 제19조, 제20조, 제25조 내지 제27조, 제29조 내지 제31조, 제33조 및 제34조의 규정은 부작위위법확인소송의 경우에 준용한다. <개정 1994. 7. 27.>

- <u>행정소송법 제40조(재판관할)</u> 제9조의 규정은 당사자소송의 경우에 준용한다. 다만, 국가 또는 공공단체가 피고인 경우에는 관계행정청의 소재지를 피고의 소재지로 본다.
- <u>법원조직법(법률 제4765호, 1994. 7. 27.) 부칙 제2조(행정사건에 관한 경과조치)</u> 부칙 제1조 제1항 단서의 규정에 의한 행정법원에 관한 사항의 시행 다시 행정법원이 설치되지 않은 지역에 있어서의 행정법원의 권한에 속하는 사건은 행정법원이 설치될 때까지 해당 지방법원본원 및 춘천지방법원 강릉지원이 관할한다. <개정 2005. 3. 24.>

서울행정법원 귀중
ㅇㅇ지방법원 귀중
춘천지방법원 강릉지원 귀중

제4절 취소소송의 당사자

Ⅰ. 원고

01 관련 규정

- <u>행정소송법 제12조(원고적격)</u> 취소소송은 처분 등의 취소를 구할 법률상 이익이 있는 자가 제기할 수 있다. 처분 등의 효과가 기간의 경과, 처분 등의 집행 그 밖의 사유로 인하여 소멸된 뒤에도 그 처분 등의 취소로 인하여 회복되는 법률상 이익이 있는 자의 경우에는 또한 같다.

02 학설 - 법률상 보호이익 구제설(법적 이익 구제설)

항고소송의 주된 기능을 권익구제로 보고, 법적으로 보호되는 이익을 가진 자가 당해 처분의 취소를 구할 수 있다고 주장한다.

03 관련 판례

가. 국가기관 등의 예외적 원고 적격

- <u>대법원 2018. 8. 1. 선고 2014두35379 판결 [징계처분 등]</u>

국가기관 등 행정기관(이하 '행정기관 등'이라 한다) 사이에 권한의 존부와 범위에 관하여 다툼이 있는 경우에 이는 통상 내부적 분쟁이라는 성격을 띠고 있어 상급관청의 결정에 따라 해결되거나 법령이 정하는 바에 따라 '기관소송'이나 '권행쟁의심판'으로 다루어진다.

그런데 법령이 특정한 행정기관 등으로 하여금 다른 행정기관을 상대로 제재적 조치를 취할 수 있도록 하면서, 그에 따르지 않으면 그 행정기관에 대하여 과태료를 부과하거나 형사처벌을 할 수 있도록 정하는 경우가 있다. 이러한 경우에는 단순히 국가기관이나 행정기관의 내부적 문제라거나 권한 분장에 관한 분쟁으로만 볼 수 없다. 행정기관의 제재적 조치의 내용에 따라 '구체적 사실에 대한 법집행으로서 공권력의 행사'에 해당할 수 있고, 그러한 조치의 상대방인 행정기관이 입게 될 불이익도 명확하다. 그런데도 그러한 제재적 조치를 기관소송이나 권한쟁의심판을 통하여 다툴 수 없다면, 제재적 조치는 그 성격상 단순히 행정기관 등 내부의 권한 행사에 머무는 것이 아니라 상대방에 대한 공권력 행사로서 항고소송을 통한 주관적 구제대상이 될 수 있다고 보아야 한다. 기관소송 법정주의를 취하면서 제한적으로만 이를 인정하고 있는 현행 법령의 체계에 비추어 보면, 이 경우 항고소송을 통한 구제의 길을 열어주는 것이 법치국가 원리에도 부합한다. 따라서 이러한 권리구제나 권리보호의 필요성이 인정된다면 예외적으로 그 제재적 조치의 상대방인 행정기관 등에게 항고소송 원고로서의 당사자능력과 원고적격을 인정할 수 있다.

나. 제3자의 원고 적격

행정처분의 직접 상대방이 아닌 제3자라 하더라도 당해 행정처분으로 인하여 법률상 보호되는 이익을 침해당한 경우에는 취소소송을 제기하여 그 당부의 판단을 받을 자격이 있고, 여기에서 말하는 법률상 보호되는 이익은 당해 처분의 근거 법규 및 관련 법규에 의하여 보호되는 개별적·직접적·구체적 이익을 말한다(환경소송 등).

다. 경업자 소송, 경원자 소송 등

(1) 경업자 소송(競業者 訴訟)

- 여러 영업자가 경쟁관계에 있는 경우에 경쟁관계에 있는 영업자에 대한 처분 또는 부작위를 경쟁관계에 있는 다른 영업자가 다투는 소송이다.
- 면허나 인·허가 등의 수익적 행정처분의 근거가 되는 법률이 해당 업자들 사이의 과당경쟁으로 인한 경영상 불합리를 방지하는 것도 그 목적으로 하고 있는 경우 기존의 업자는 경업자에 대하여 이루어진 면허나 인·허가 등 행정처분의 상대방이 아니라 하더라도 당해 행정처분의 취소를 구할 원고적격이 있다.

(2) 경원자 소송(競願者 訴訟)

- 인·허가 등의 수익적 행정처분을 신청한 여러 명이 서로 경쟁관계에 있어서 한쪽에 대한 허가가 다른 쪽에 대한 불허가가 될 수밖에 없는 경우에, 허가 등의 처분을 받지 못한 자가 제기하는 소송이다.
- 법적 자격의 흠결로 신청이 인용될 가능성이 없는 경우를 제외하고는, 허가 등의 처분을 받지 못한 자는 비록 경원자에 대하여 이루어진 허가 등 처분의 상대방이 아니라 하더라도 경원관계의 존재만으로 거부된 처분의 취소를 구할 법률상 이익이 있다.

Ⅱ. 피고

01 처분청

해당처분을 할 권한이 있는지 여부는 본안에서 다툴 문제이고, 처분의 명의자가 피고가 된다.

- 행정소송법 제13조(피고적격) ① 취소소송은 다른 법률에 특별한 규정이 없는 한 그 처분 등을 행한 행정청을 피고로 한다. 다만, 처분 등이 있은 뒤에 그 처분 등에 관계되는 권한이 다른 행정청에 승계된 때에는 이를 승계한 행정청을 피고로 한다.

가. 권한의 위임

행정권한의 위임이 있는 경우 권한의 수임청으로 이전되기 때문에, 수임청이 그 명의로 처분을 하고 수임청이 피고가 된다.

나. 내부위임

내부위임의 경우 권한 자체가 이전되는 것이 아니기 때문에 위임기관이 그 명의로 처분을 하고 피고가 되어야 한다. 그렇지만, 수임기관이 그 명의로 처분을 한 경우에는 수임기관이 피고가 된다.[21]

02 피고 경정

• 행정소송법 제14조(피고경정)

제5절 취소소송의 대상

Ⅰ. 관련 규정

• 행정소송법 제4조(항고소송) 항고소송은 다음과 같이 구분한다.
  1. 취소소송: 행정청의 위법한 처분 등을 취소 또는 변경하는 소송
• 행정소송법 제2조(정의) ① 이 법에서 사용하는 용어의 정의는 다음과 같다.
  1. "처분 등"이라 함은 행정청이 행하는 구체적 사실에 관한 법집행으로서의 공권력의 행사 또는 그 거부와 그 밖에 이에 준하는 행정작용(이하 "처분"이라 한다) 및 행정심판에 대한 재결을 말한다.

Ⅱ. 행정처분의 의의

항고소송의 대상이 되는 행정처분이라 함은 행정청의 공법상의 행위로서 특정사항에 대하여 법규에 의한 권리의 설정 또는 의무의 부담을 명하거나 기타 법률상 효과를 발생하게 하는 등 국민의 구체적인 권리의무에 직접적 변동을 초래하는 행위를 말하는 것이다.

Ⅲ. 행정심판의 재결

01 문제의 소재

원처분과 이에 대한 재결은 모두 행정청의 공권력적 행위로서 항고소송의 대상이 된다고 할 것이지만, 아무런 제한 없이 양자를 모두 항고소송의 대상으로 허용할 경우 판결의 저촉이나 소송경제에 반하는 등의 문제가 발생하기 때문에 그중 하나만 항고소송의 대상이 된다고 보아야 한다.

02 원처분주의

원칙적으로 원처분에 대하여만 항고소송을 제기할 수 있고, 재결에 대하여는 재결 자체에 고유한 위법이 있을 때에만 그에 대하여 소송을 제기할 수 있도록 하는 제도(우리 현행법 원칙).

03 재결주의

원처분에 대하여는 제소 자체를 허용하지 아니하고 재결에 대하여서만 제소를 인정하되, 그 소송에서 재결 자체의 고유한 위법뿐만 아니라 원처분의 위법도 주장할 수 있도록 하는 제도

21) 피고는 수임기관 + 본안 : 무권한의 하자로서 무효사유가 됨.

04 재결 자체의 고유한 위법

가. 재결 주체상의 위법

권한 없는 기관이 재결한 경우, 행정심판위원회의 구성원의 결격, 정족수 흠결 등

나. 재결 절차상의 위법

다. 재결 형식상의 위법

서면에 의하지 아니한 재결, 행정심판법 제46조 제2항의 주요 기재사항의 누락 및 그 이유 기재에 중대한 흠이 있는 경우 등

라. 재결 내용상의 위법

(1) 각하 재결의 경우

심판청구가 적법한데도 이를 부적법하다고 보아 실체 심리를 하지 아니하고 각하한 것은 실체심리를 받을 권리를 박탈당한 것으로서 원처분에 없는 재결 자체의 고유한 위법에 해당한다.

(2) 기각 재결의 경우

① 원처분이 위법한데도 적법하다고 판단하여 심판청구를 기각한 경우 ⇒ 원처분의 위법으로서 재결 자체의 고유한 위법이 아니다.

② 행정심판법 제47조에 위반하여 심판청구의 대상이 되지 아니한 사항에 대하여 한 재결이나 원처분보다 청구인에게 불리하게 한 재결 ⇒ 재결 자체의 고유한 위법에 해당한다.

③ 심판청구가 이유 있다고 보면서도 이를 인용하는 것이 현저히 공공복리에 적합하지 않다고 보아 심판청구를 기각한 사정재결 ⇒ '원처분을 취소하더라도 현저히 공공복리에 반하는 것이 아니라'는 사유는 재결 자체의 고유한 위법에 해당한다.

④ 원처분과 기본적 사실관계를 달리 하는 사유로 원처분을 유지한 재결 ⇒ 원처분의 위법 여부와 관계없는 재결 자체의 고유한 위법에 해당한다.

(3) 인용 재결의 경우

① 제3자가 원처분(신청인용처분)에 대한 취소심판청구를 하여 인용재결을 받은 경우에 그 인용재결로 인하여 비로소 피해를 입게 된 원처분의 상대방 ⇒ 원처분이 적법한데도 이를 잘못 취소한 것이라는 사유는 원처분과 내용을 달리 하는 것으로서 원처분에는 없는 재결 자체의 고유한 위법에 해당한다.

② 원처분의 상대방이 원처분(신청거부처분)에 대한 취소심판청구를 하여 그 인용재결을 받은 경우의 제3자 ⇒ 원처분이 적법한데도 이를 잘못 취소한 것이라는 사유는 원처분과 내용을 달리 하는 것으로서 원처분에는 없는 재결 자체의 고유한 위법에 해당한다.

제6절 제소기간

- 행정소송법 제20조(제소기간) ① 취소소송은 처분 등이 있음을 안 날부터 90일 이내에 제기하여야 한다. 다만 제18조 제1항 단서에 규정한 경우와 그 밖에 행정심판청구를 할 수 있는 경우 또는 행정청이 행정심판청구를 할 수 있다고 잘못 알린 경우에 행정심판청구가 있은 경우의 기간은 재결서의 정본을 송달받은 날부터 기산한다. ② 취소소송은 처분 등이 있는 날부터 1년(제1항 단서의 경우는 재결이 있은 날부터 1년)을 경과하면 이를 제기하지 못한다. 다만, 정당한 사유가 있는 때에는 그러하지 아니하다.
- 행정심판을 거치지 않은 경우

  취소소송은 처분이 있음을 안 날로부터 90일 이내에, 처분이 있는 날로부터 1년 내에 제기하여야 한다.

• 행정심판을 거친 경우
행정심판을 거쳐 취소소송을 제기하는 경우에는 행정심판 재결서 정본을 송달받은 날로부터 90일 이내에 제기하여야 한다.

제7절 행정심판전치주의

Ⅰ. 원칙과 예외

• 행정소송법 제18조(행정심판과의 관계) ① 취소소송은 법령의 규정에 의하여 당해 처분에 대한 행정심판을 제기할 수 있는 경우에도 이를 거치지 아니하고 제기할 수 있다, 다만, 다른 법률에 당해 처분에 대한 행정심판의 재결을 거치지 아니하면 취소소송을 제기할 수 없다는 규정이 있는 때에는 그러하지 아니하다.
• 국가공무원법 제16조(행정소송과의 관계) ① 제75조에 따른 처분, 그 밖에 본인의 의사에 반한 불리한 처분이나 부작위(不作爲)에 관한 행정소송은 소청심사위원회의 심사·결정을 치지 아니하면 제기할 수 없다.
② 제1항에 따른 행정소송을 제기할 때에는 대통령의 처분 또는 부작위의 경우에는 소속 장관(대통령령으로 정하는 기관의 장을 포함한다. 이하 같다)을, 중앙선거관리위원회위원장의 처분 또는 부작위의 경우에는 중앙선거관리위원회사무총장을 각각 피고로 한다.
• 지방공무원법 제20조의2(행정소송과의 관계) 제67조에 따른 처분, 그 밖에 본인의 의사에 반한 불리한 처분이나 부작위에 관한 행정소송은 심사위원회의 심사·결정을 거치지 아니하면 제기할 수 없다.
• 국세기본법 제56조(다른 법률과의 관계)
② 제55조에 규정된 위법한 처분에 대한 행정소송은 「행정소송법」 제18조 제1항 본문, 제2항 및 제3항에도 불구하고 이 법에 따른 심사청구 또는 심판청구와 그에 대한 결정을 거치지 아니하면 제기할 수 없다.
• 관세법 제120조(「행정소송법」 등과의 관계)
② 제119조에 따른 위법한 처분에 대한 행정소송은 「행정소송법」 제18조 제1항 본문, 제2항 및 제3항에도 불구하고 이 법에 따른 심사청구 또는 심사청구와 그에 대한 결정을 거치지 아니하면 제기할 수 없다.
• 도로교통법 제142조(행정소송과의 관계) 이 법에 의한 처분으로서 해당 처분에 대한 행정소송은 행정심판의 재결(裁決)을 거치지 아니하면 이를 제기할 수 없다.

Ⅱ. 필요적 전치주의의 경우지만, 행정심판의 재결을 거치지 아니하고 취소소송을 제기할 수 있는 경우

• 행정소송법 제18조(행정심판과의 관계)
② 제1항 단서의 경우에도 다음 각호의 1에 해당하는 사유가 있는 때에는 행정심판의 재결을 거치지 아니하고 취소소송을 제기할 수 있다. <개정 1994. 7. 27.>
1. 행정심판청구가 있은 날로부터 60일이 지나도 재결이 없는 때
2. 처분의 집행 또는 절차의 속행으로 생길 중대한 손해를 예방하여야 할 긴급한 필요가 있는 때
3. 법령의 규정에 의한 행정심판기관이 의결 또는 재결을 하지 못할 사유가 있는 때
4. 그 밖의 정당한 사유가 있는 경우

Ⅲ. 필요적 전치주의의 경우지만, 행정심판을 제기할 필요 없이 취소소송을 제기할 수 있는 경우

• 행정소송법 제18조(행정심판과의 관계)
③ 제1항 단서의 경우 다음 각 호의 1에 해당하는 사유가 있는 때에는 행정심판을 제기함이 없이 취소소송

을 제기할 수 있다. <개정 1994. 7. 27.>

1. 동종사건에 관하여 이미 행정심판의 기각재결이 있은 경우
2. 서로 내용상 관련되는 처분 또는 같은 목적을 위하여 단계적으로 진행되는 처분 중 어느 하나가 이미 행정심판의 재결을 거친 때
3. 행정청이 사실심의 변론종결 후 소송의 대상인 처분을 변경하여 당해 변경된 처분에 관하여 소를 제기하는 때
4. 처분을 행한 행정청이 행정심판을 거칠 필요가 없다고 잘못 알린 때

- 대법원 1993. 9. 28. 선고 93누9132 판결 [사업계획변경 승인신청 거부처분 취소 등]
  행정소송법 제18조 제3항 제1호 소정의 '동종사건'에는 당해 사건은 물론이고, 당해 사건과 기본적인 점에서 동질성이 인정되는 사건도 포함되는 것으로서, 당해 사건에 관하여 타인이 행정심판을 제기하여 그에 대한 기각재결이 있었다든지 당해 사건 자체는 아니더라도 그 사건과 기본적인 점에서 동질성을 인정할 수 있는 다른 사건에 대한 행정심판의 기각재결이 있을 때도 여기에 해당한다.

제8절 협의의 소의 이익

01 의의

협의의 소의 이익이란 해당 분쟁을 취소소송을 통하여 해결하여야 할 현실적인 필요성을 가리킨다. 원상회복이 불가능한 경우, 처분의 효력이 소멸한 경우, 권리침해상태가 해소된 경우 등에는 원칙적으로 취소소송을 제기할 이익이 인정되지 않는다. 다만, 행정소송법 제12조 2문에서는 처분의 취소로 인하여 회복되는 이익이 법률상 이익인 경우 예외적으로 협의의 소의 이익을 인정한다.

- 행정소송법 제12조(원고적격) 취소소송은 처분 등의 취소를 구할 법률상 이익이 있는 자가 제기할 수 있다. 처분 등의 효과가 기간의 경과, 처분 등의 집행 그 밖에 사유로 인하여 소멸된 뒤에도 그 처분 등의 취소로 인하여 회복되는 법률상 이익이 있는 자의 경우에는 또한 같다.

02 예외 1 - 구체적인 침해의 반복 위험 방지 등

원상회복이 불가능하다고 보이는 경우라 하더라도, 동일한 소송 당사자 사이에서 그 행정처분과 동일한 사유로 위법한 처분이 반복될 위험성이 있어 행정처분의 위법성 확인 내지 불분명한 법률문제에 대한 해명이 필요하다고 판단되는 경우 등에는 행정의 적법성 확보와 그에 대한 사법통제, 국민의 권리구제의 확대 등의 측면에서 여전히 그 처분의 취소를 구할 이익이 있다고 보아야 한다.

03 예외 2 - 선행 처분이 장래의 제재적 행정처분의 가중사유나 전제요건이 되는 경우

행정규칙이 정한 바에 따라 선행처분을 가중사유 또는 전제요건으로 하는 후행처분을 받을 우려가 현실적으로 존재하는 경우에는, 선행처분을 받은 상대방은 비록 그 처분에서 정한 제재기간이 경과하였다 하더라도 그 처분의 취소소송을 통하여 그러한 불이익을 제거할 권리보호의 필요성을 충분히 인정된다고 할 것이므로, 선행처분의 취소를 구할 법률상 이익이 있다고 보아야 한다.

04 무효확인소송의 소의 이익

행정에 대한 사법통제, 권익구제의 확대와 같은 행정소송의 기능 등을 종합하여 보면, 행정처분의 근거 법률에 의하여 보호되는 직접적이고 구체적인 이익이 있는 경우에는 행정소송법 제35조에 규정된 '무효확인을 구

할 법률상 이익'이 있다고 보아야 하고, 이와 별도로 무효확인소송의 보충성이 요구되는 것은 아니다.

제9절 처분의 위법성

행정처분의 위법성을 논할 때에는 절차상 위법성(하자)과 실체상 위법성(하자)으로 나누어서 주장하여야 한다. 절차상 하자는 그 자체로 독자적인 위법사유이며, 실체상 하자에 앞서 논하는 것이 소송실무이기 때문에, 답안구성에서도 절차상 하자를 먼저 주장하는 것이 바람직하다. 절차상 하자에는 송달의 하자, 처분사유 제시 결여 내지 미비, 의견제출기회 부여 위반, 청문절차 결여 등이 있다.

Ⅰ. 절차적 위법성

01 독자적 위법사유

절차적 하자는 실체적 하자와 별도로 행정처분의 독자적인 위법사유가 된다. 따라서, 절차적 요건을 갖추지 못한 행정처분은 설영 실체법적 사유를 갖추고 있다고 하더라도 위법하여 취소를 면할 수 없다.

02 처분의 이유 제시 위반

- 행정절차법 제23조(처분의 이유 제시)
- 예: 대법원 1990. 9. 11. 선고 90누1786 [일반주류도매업면허 취소처분취소]

면허의 취소처분에는 그 근거가 되는 법령이나 취소권 유보의 부관 등을 명시하여야 함은 물론 처분을 받은 자가 어떠한 위반사실에 대하여 당해 처분이 있었는지를 알 수 있을 정도로 사실을 적시할 것을 요하며, 이와 같은 취소처분의 근거와 위반사실의 적시를 빠뜨린 하자는 피처분자가 처분 당시 그 취지를 알고 있었다거나 그 후 알게 되었다 하여도 치유될 수 없다고 할 것인바, 세무서장인 피고가 주류도매업자인 원고에 대하여 한 이 사건 일반주류도매업 면허취소통지에 "상기 주류도매장은 무면허 주류판매업자에게 주류를 판매하여 주세법 제11조 및 국세법사무처리규정 제26조에 의거 지정조건위반으로 주류판매면허를 취소합니다"라고만 되어 있어서 원고의 영업기간과 거래상대방 등에 비추어 원고가 어떠한 거래행위로 인하여 이 사건 처분을 받았는지 알 수 없게 되어 있다면 이 사건 면허취소처분은 위법하다.

03 의견제출기회 부여 위반 등

- 행정절차법 제21조(처분의 사전 통지)
- 행정절차법 제22조(의견청취)

[실체상 하자]

Ⅱ. 재량권의 일탈 · 남용

01 기속행위와 재량행위의 구별

가. 구별기준 및 사법심사 방식의 차이점

- 대법원 2018. 10. 4. 선고 2014두37702 판결 [특허권 존속기간 연장신청 불승인처분 취소 청구]

행정행위가 재량성의 유무 및 범위와 관련하여 이른바 기속행위 내지 기속재량행위와 재량행위 내지 자유재량행위로 구분된다고 할 때, 그 구분은 당해 행위의 근거가 된 법규의 체재 · 형식과 문언, 당해 행위가 속하는 행정 분야의 주된 목적과 특성, 당해 행위 자체의 개별적 성질과 유형 등을 모두 고려하여 판단하여야 한다.

이렇게 구분되는 양자에 대한 사법심사는, 전자의 경우 그 법규에 대한 원칙적인 기속성으로 인하여 법원이 사실인정과 관련 법규의 해석·적용을 통하여 일정한 결론을 도출한 후 그 결론에 비추어 행정청이 한 판단의 적법 여부를 독자의 입장에서 판정하는 방식에 의하게 되나, 후자의 경우 행정청의 재량에 기한 공익판단의 여지를 감안하여 법원은 독자의 결론을 도출함이 없이 당해 행위에 재량권의 일탈·남용이 있는지 여부만을 심사하게 되고, 이러한 재량권의 일탈·남용 여부에 대한 심사는 사실오인, 비례·평등의 원칙 위배, 당해 행위의 목적 위반이나 동기의 부정 유무 등을 판단 대상으로 한다.

나. 해당처분이 기속행위인 경우

법령에 따른 피고의 처분은 적법하므로, 원고는 자신의 사안이 해당 법령이 적용되는 경우가 아님(즉, 이 사건의 경우에는 이 사건 행정처분의 근거인 법률조항의 요건사실에 해당하지 않음)을 주장하여야 한다. 이 경우 소목차 제목은 "처분사유의 부존재 내지 법령 적용상의 오류"가 적절하다.

다. 해당처분이 재량행위인 경우

⇒ 재량권의 일탈·남용 여부를 논하여야 한다.

02 재량권의 일탈·남용 심사기준

재량행위의 일탈·남용에 대한 심사는 사실오인, 비례·평등의 원칙 위반, 당해 행위의 목적 위반이나 동기의 유무 등을 판단 기준으로 한다.

(가) 사실오인(처분사유의 부존재)

'사실오인'은 상당히 포괄적인 개념이다. 예컨대, '처분사유의 부존재', '관련 법령이 규정하고 있는 요건에 해당하지 않는다' 주장 등은 모두 여기에 속한다.(변시 답안에는 '처분사유의 부존재'로 통용되는 측면도 있다.)

(나) 비례원칙 위반

(a) 비례원칙의 의의

- 의의: 행정작용에 있어서 행정목적과 행정수단 사이에 합리적인 비례관계가 있어야 한다는 원칙, 과잉금지의 원칙이라고도 함.
- 비례원칙의 근거: 헌법상의 기본권 보장 규정, 헌법 제37조 제2항, 법치국가 원칙 등
- 비례원칙의 효력: 헌법적 효력을 가지므로 비례원칙에 반하는 행정권의 행사는 위법하고, 비례원칙에 반하는 법령은 위헌·무효이다.

(b) 비례원칙의 내용

① 적합성의 원칙
행정권의 행사에 있어 추구하는 행정목적의 달성에 적합한 수단을 선택하여야 한다는 원칙

② 필요성의 원칙(최소침해의 원칙)
행정목적 달성을 위한 적합한 수단이 여러 가지인 경우에 국민의 권리를 최소한으로 침해하는 수단을 선택하여야 한다는 원칙

③ 상당성의 원칙(협의의 비례원칙)
행정조치로 말미암은 사익의 침해가 그 행정조치로 달성하고자 하는 공익보다 매우 큰 경우에는 그 행정조치를 취하여서는 아니된다는 원칙 - 비례원칙에서 가장 중시되는 부분

(다) 자기구속원칙 위반

(a) 의의: 동일한 사안에 대하여 이전에 제3자에게 한 처분과 동일한 처분을 상대방에게 하도록 행정청이 스스로 구속당하는 원칙

(b) 인정 근거: 신뢰보호원칙 내지 신의성실의 원칙에서 구하는 견해도 있으나, 평등원칙에서 구하는 견해가 다수설이다.

(c) 기능: 행정권의 자의를 방지하여 그 재량권의 행사가 적정하게 이루어 지도록 하는 기능을 갖는다. 행정의 자기구속의 원칙에 위반된 행위는 위법한 행위가 된다.

(d) 요건

① 재량행위의 영역일 것

행정의 자기구속의 원칙은 재량행위와 판단여지가 주어지는 경우에 의미를 갖는다. 기속행위에서는 행정청에 아무런 선택의 자유가 없기 때문에 행정의 자기구속력에 문제가 없다.

② 동종의 사안이라야 한다.

행정청이 결정을 요하는 두 사건의 법적 상황의 의미 및 목적이 같아야 한다.

③ 선례(관행)가 존재하여야 한다.

동일한 사안에 관한 행정관행이 존재하여야 하며 그 관행은 적법하여야 한다.

(e) 대법원 판례

① 대법원 1993. 6. 29. 선고 93누5635 [대중음식점업 영업정지처분 취소]

식품위생법 시행규칙 제53조에 따른 별표 15의 행정처분기준은 행정기관기준은 행정기관 내부의 사무처리준칙을 규정한 것에 불과하기는 하지만 규칙 제53조 단서의 식품 등의 수급정책 및 국민보건에 중대한 영향을 미치는 특별한 사유가 없는 한 행정청은 당해 위반사항에 대하여 위 처분기준에 따라 행정처분을 함이 보통이라 할 것이므로, 행정청이 이러한 처분기준을 따르지 아니하고 특정한 개인에 대하여만 위 처분기준을 과도하게 초과하는 처분을 한 경우에는 재량권의 한계를 일탈하였다고 볼 만한 여지가 충분하다.

② 대법원 2009. 12. 24. 선고 2009두7967 [건조저장시설사업자인정신청 반려처분취소]

상급 행정기관이 하급 행정기관에 대하여 업무처리지침이나 법령의 해석·적용에 관한 기준을 정하여 발하는 이른바 '행정규칙이나 내부지침'은 일반적으로 행정조직 내부에서만 효력을 가질 뿐 대외적인 구속력을 갖는 것은 아니므로 행정처분이나 그에 위반하였다고 하여 그러한 사정만으로 곧바로 위법하게 되는 것은 아니다. 다만, 재량권 행사의 준칙인 행정규칙이 그 정한 바에 따라 되풀이 시행되어 행정관행이 이루어지게 되면 평등이 원칙이나 신뢰보호의 원칙에 따라 행정기관으로 그 상대방에 대한 관계에서 그 규칙에 따라야 할 자기구속을 받게 되므로, 이러한 경우에는 특별한 사정이 없는 한 그를 위반하는 처분은 평등의 원칙이나 신뢰보호의 원칙에 위배되어 재량권을 일탈·남용한 위법한 처분이 된다.

Ⅲ. 신뢰보호원칙 위반

• 대법원 2011. 11. 24. 선고 2009두22980 [산재보험료및고용보험료부과처분취소]

일반적으로 행정상의 법률관계에 있어서 행정청의 행위에 대하여 신뢰보호의 원칙이 적용되기 위하여는 첫째, 행정청이 개인에 대하여 신뢰의 대상이 되는 공적인 견해표명을 하여야 하고, 둘째, 행정청의 견해표명이 정당하다고 신뢰한 데에 대하여 그 개인에게 귀책사유가 없어야 하고, 셋째, 그 개인이 그 견해표명을 신뢰하고 이에 상응하는 어떠한 행위를 하였어야 하고, 넷째, 행정청이 위 견해표명에 반하는 처분을 함으로써 그 견해표명을 신뢰한 개인의 이익이 침해되는 결과가 초래되어야 하고, 마지막으로 위 견해표명에 따른 행정처분을 할 경우 이로 인하여 공익 또는 제3자의 정당한 이익을 현저히 해할 우려가 있는 경우가 아니어야 한다.

Ⅳ. 부당결부금지원칙

01 의의

부당결부금지원칙이란 행정기관이 행정권을 행사함에 있어서 그것과 실질적 관련성이 없는 반대급부를 결부시켜서는 아니된다는 원칙이다. 부당결부금지원칙의 적용요건으로는 ① 행정청의 행정작용이 있을 것, ② 행정청의 행정작용이 상대방의 반대급부와 결부되어 있을 것, ③ 행정작용과 반대급부 사이에 실체적 관련성이 없을 것 등을 들 수 있다.

02 판례

• 대법원 1997. 3. 11. 선고 96다49650 판결 [소유권이전등기말소]

수익적 행정행위에 있어서는 법령에 특별한 근거규정이 없다고 하더라도 그 부관으로서 부담을 붙일 수 있으나, 그러한 부담은 비례의 원칙, 부당결부금지의 원칙에 위반되지 않아야만 적법하다고 할 것이다. 기록에 의하면, 원고의 이 사건 토지 중 2,791m²는 자동차전용도로로 도시계획시설결정이 된 광1류6호선에 편입된 토지이므로, 그 위에 도로개설을 하기 위하여는 소유자인 원고에게 보상금을 지급하고 소유권을 취득하여야 할 것임에도 불구하고, 소외 인천시장은 원고에게 주택사업계획승인을 하게 됨을 기화로 그 주택사업과는 아무런 관련이 없는 토지인 위 2,791m²를 기부채납하도록 하는 부관을 위 주택사업계획승인에 붙인 사실이 인정되므로, 위 부관은 부당결부금지의 원칙에 위반되어 위법하다고 할 것이다.

2장 집행정지신청

제1절 관련 법령

• 행정소송법 제23조(집행정지) ① 취소소송의 제기는 처분등의 효력이나 그 집행 또는 절차의 속행에 영향을 주지 아니한다.

② 취소소송이 제기된 경우에 처분등이나 그 집행 또는 절차의 속행으로 인하여 생길 회복하기 어려운 손해를 예방하기 위하여 긴급한 필요가 있다고 인정할 때에는 본안이 계속 되고 있는 법원은 당사자의 신청 또는 직권에 의하여 처분등의 효력이나 그 집행 또는 절차의 속행의 전부의 효력정지는 처분등의 효력이나 그 집행 또는 절차의 속행의 전부 또는 일부의 정지(이하 "執行停止"라 한다)를 결정할 수 있다. 다만, 처분의 효력정지는 처분등의 집행 또는 절차의 속행을 정지함으로써 목적을 달성할 수 있는 경우에는 허용되지 아니한다.

③ 집행정지는 공공복리에 중대한 영향을 미칠 우려가 있을 때에는 허용되지 아니한다.

④ 제2항의 규정에 의한 집행정지의 결정을 신청함에 있어서는 그 이유에 대한 소명이 있어야 한다.

⑤ 제2항의 규정에 의한 집행정지의 결정 또는 기각의 결정에 대하여는 즉시항고할 수 있다. 이 경우 집행정지의 결정에 대한 즉시항고에는 결정의 집행을 정지하는 효력이 없다.

⑥ 제30조 제1항의 규정은 제2항의 규정에 의한 집행정지의 결정에 이를 준용한다.

• 집행부정지의 근거: 행정행위에 대한 국민의 신뢰보호 및 행정의 실효성 보장의 위하여 절차적·잠정적으로 인정되는 것이지, 행정행위의 공정력의 필연적 귀결은 아님.

제2절 집행정지의 요건

Ⅰ. 적극적 요건(입증책임: 신청인)

01 처분 등의 존재

- 취소소송과 무효확인소송에는 허용되나 부작위위법확인소송에는 허용되지 않는다.
- 거부처분에 대하여는 허용되지 않는다(판례).

02 본안소송의 계속

- 대법원 2010. 11. 26. 자 2010무137 결정 [부정당업자 제재처분 효력정지]

행정처분의 효력정지나 집행정지를 구하는 신청사건에서는 행정처분 자체의 적법 여부는 원칙적으로 판단의 대상이 아니고, 그 행정처분의 효력이나 집행을 정지할 것인가에 관한 행정소송법 제23조 제2항에서 정한 요건의 존부만이 판단의 대상이 되는 것이다. 다만, 집행정지는 행정처분의 집행부정지원칙의 예외로서 인정되는 것이고, 또 본안에서 원고가 승소할 수 있는 가능성을 전제로 한 권리보호수단이라는 점에 비추어 보면, 집행정지사건 자체에 의하여도 신청인의 본안청구가 적법한 것이어야 한다는 것을 집행정지의 요건에 포함시키는 것이 옳다.

03 회복하기 어려운 손해발생의 우려

- 대법원 2018. 7. 12. 자 2018무600 결정 [집행정지]

행정소송법 제23조 제2항은 '취소소송이 제기된 경우에 처분 등이나 그 집행 또는 절차의 속행으로 인하여 생길 회복하기 어려운 손해를 예방하기 위하여 긴급한 필요가 있다고 인정할 때에는 처분 등의 효력 등을 정지할 수 있다.'고 정하고 있다. 여기에서 '회복하기 어려운 손해'는 특별한 사정이 없는 한 금전으로 보상할 수 없는 손해로서 금전보상이 불가능한 경우 또는 금전보상으로는 사회관념상 행정처분을 받은 당사자가 참고 견딜 수 없거나 참고 견디기가 현저히 곤란한 경우의 유형, 무형의 손해를 일컫는다. 그리고 '처분 등이나 그 집행 또는 절차의 속행으로 인하여 생길 회복하기 어려운 손해를 예방하기 위하여 긴급한 필요'가 있는지는 처분의 성질, 양태와 내용, 처분상대방이 입는 손해의 성질·내용과 정도, 원상회복·금전배상의 방법과 난이도 등은 물론 보안청구의 승소가능성 정도 등을 종합적으로 고려하여 구체적·개별적으로 판단하여야 한다.

04 긴급한 필요

- 대법원 2004. 5. 17. 자 2004무6 결정 [집행정지]

긴급한 필요가 있는지 여부는 당해 처분의 성질과 태양 및 내용, 처분상대방이 입는 손해의 성질·내용 및 정도, 원상회복·금전배상의 방법 및 난이, 본안청구의 승소가능성 정도를 종합적으로 고려하여 구체적, 개별적으로 판단하여야 한다.

Ⅱ. 소극적 요건(입증책임: 행정청)

01 공공복리에 중대한 영향을 미칠 우려가 없을 것

- 대법원 2010. 5. 14. 자 2010무48 결정 [집행정지]

행정소송법 제23조 제3항이 집행정지의 요건으로 '공공복리에 중대한 영향을 미칠 우려가 없을 것'을 규정하고 있는 취지는, 집행정지 여부를 결정하는 경우 신청인의 손해뿐만 아니라 공공복리에 미칠 영향을 아울러 고려하여야 한다는데 있고, 따라서 공공복리에 미칠 영향이 중대한지의 여부는 절대적 기준에 의하여 판단할 것이 아니라, 신청인의 '회복하기 어려운 손해'와 '공공복리' 양자를 비교·교량하여, 전자를 희생하더라도 후자를 옹호하여야 할 필요가 있는지 여부에 따라 상대적·개별적으로 판단하여야 한다.

02 본안 청구의 이유 유무

가. 학설

① '본안청구가 이유 없음이 명백하지 아니할 것'은 집행정지의 요건이 아니라는 견해

② '본안청구가 이유 없음이 명백하지 아니할 것'을 집행정지의 소극적 요건으로 보는 견해(판례)

③ '본안에 관하여 이유 있음이 명백한 때'를 집행정지의 적극적 요건으로 보는 견해

나. 판례

• 대법원 2008. 5. 6. 자 2007무147 결정 [집행정지]

행정처분의 효력정지나 집행정지제도는 신청인이 본안 소송에서 승소판결을 받을 때까지 그 지위를 보호함과 동시에 후에 받을 승소판결을 무의미하게 하는 것을 방지하려는 것이어서 본안 소송에서 처분의 취소가능성이 없음에도 처분의 효력이나 집행의 정지를 인정한다는 것은 제도의 취지에 반하므로 효력정지나 집행정지사건 자체에 의하여도 신청인의 본안 청구가 이유 없음이 명백하지 않아야 한다는 것도 효력정지나 집행정지의 요건에 포함시켜야 한다(대법원 2004. 5. 17.자 2004무6 결정, 대법원 2007. 7. 13.자 2005무85 결정 등 참조).

Ⅲ. 집행정지 절차

01 본안이 계속되고 있는 법원이 당사자의 신청 또는 직권에 의하여

예: 제1심판결 선고시까지, 본안판결 확정시까지 등

02 집행정지결정의 효력

• 대법원 2003. 7. 11. 선고 2002다48023 판결 [부당이득금]

행정소송법 제23조에 정해져 있는 처분에 대한 집행정지는 행정처분의 집행으로 인하여 회복하기 어려운 손해를 예방하기 위하여 긴급한 필요가 있고 달리 공공복리에 중대한 영향을 미치지 아니할 것을 요건으로 하여 본안판결이 있을 때까지 당해 행정처분의 집행을 잠정적으로 정지함으로써 위와 같은 손해를 예방하고자 함에 그 취지가 있고, 그 집행정지의 효력 또한 당해결정의 주문에 표시된 시기까지 존속하다가 그 시기의 도래와 동시에 당연히 소멸한다. 일정한 납부기한을 정한 과징금 부과처분에 대하여 '회복하기 어려운 손해'를 예방하기 위하여 긴급한 필요가 있고 달리 공공복리에 중대한 영향을 미치지 아니한다는 이유로 집행정지결정이 내려졌다면 그 집행정지기간 동안은 과징금 부과처분에서 정한 과징금의 납부기간은 더 이상 진행되지 아니하고 집행정지결정이 당해 결정의 주문에 표시된 시기의 도래로 인하여 실효되면 그 때부터 당초의 과징금 부과처분에서 정한 기간(집행정지결정 당시 이미 일부 진행되었다면 그 나머지 기간)이 다시 진행하는 것으로 보아야 한다.

03 집행정지결정에 대한 불복

• 행정소송법 제23조(집행정지) ⑤ 집행정지의 결정이 확정된 후 집행정지가 공공복리에 중대한 영향을 미치거나 그 정지사유가 없어진 때에는 당사자의 신청 또는 직권에 의하여 결정으로써 집행정지의 결정을 취소

할 수 있다. ② 제1항의 규정에 의한 집행정지결정의 취소결정과 이에 대한 불복의 경우에는 제23조 제4항 및 제5항의 규정을 준용한다.

제3절 집행정지신청서 서식례

행정처분집행정지신청

신청인 ○○○
서울 ~
대리인 법무법인 필승
담당변호사 김승소
서울 서초구 서초대로 70길 123(법조빌딩 3층)
전화 ○○○-○○○○, 팩스 ○○○-○○○○, 이메일 ~@~

피신청인 서울특별시 강남구청장

신 청 취 지

피신청인이 2023. 10. 7. 신청인에 대하여 한 1개월의 영업정지처분은 서울행정법원 2023구합1234호 영업정지처분 취소 청구 사건의 제1심판결 선고시까지 그 집행을 정지한다.
라는 결정을 구합니다.

신 청 이 유

생략(신청취지와 같은 신청을 하는 이유를 구체적으로 기재)

소명방법 및 첨부서류

1. 소갑 제1호증 행정처분명령서
1. 소갑 제2호증 영업허가증
1. 소갑 제3호증 사업자등록증
1. 신청서 부본 1부
1. 소송위임자 및 담당변호사 지정서 각 1부

2024. . .

신청인 대리인 법무법인 필승
담당변호사 김승소

대구지방법원 행정부 귀중

3장 행정소송의 답변서

Ⅰ. 관련 법령

• 행정소송법 제8조(법적용예)

- 민사소송법 제256조(답변서의 제출의무)
- 민사소송법 제274조(준비서면의 기재사항)
- 민사소송규칙 65조(답변서의 기재사항 등)

Ⅱ. 행정소송 답변서 서식례

답변서

사건　　서울행정법원 2023구합○○○○　~청구
원고　　○○○
피고　　○○○
　　　　소송대리인 법무법인 ○○
　　　　담당변호사 ○○○
　　　　서울 서초구 ~
　　　　전화: ○○○－○○○, 팩스: ○○○－○○○○, 이메일 ~@~

위 사건에 관하여 피고 소송대리인은 다음과 같이 답변합니다.

청구취지에 대한 답변

1. 원고 청구를 각하(기각)한다.
2. 소송비용은 원고 부담으로 한다.

라는 판결을 구합니다.

청구원인에 대한 답변

1. 원고 주장의 요지
2. **본안전 항변**
3. **본안에 대한 답변**
4. 결론

입증방법

1. 을제1호증　○○○
2. 을제2호증　○○○

첨부서류

1. 위 입증방법 각 1통
1. 1. 답변서 부본 1통
1. 소송위임장 및 담당변호사 시성서 각 1통

2024.　.　.

피고 소송대리인 법무법인 ○○
담당변호사 ○○○

서울행정법원 제3부 귀중

4장 행정심판청구

Ⅰ. 관련 법령

- 행정심판법 제23조(심판청구서의 제출)
- 행정심판법 제28조(심판청구의 방식)

Ⅱ. 행정심판청구서 서식례

행정심판청구

청구인 ○○○(　－　)
서울 ○○구 ~
대리인 법무법인 필승
담당변호사 김승소
서울 서초구 서초대로 70길 123(법조 빌딩 3층)
전화: ○○○－○○○○, 팩스: ○○○－○○○○, 이메일 ~@~

피청구인 서울특별시 경찰청장

심판청구의 대상인 처분 내용: 자동차 운전면허취소처분처분이 있음을 안 날: 2023. 4. 12.자동차 운전면허취소처분 취소

청 구 취 지

피청구인이 2023. 4. 10. 청구인에 대하여 한 자동차운전면허(1종보통 면허번호: 서울89－008787－32) 취소처분을 취소한다.
라는 결정을 구합니다.

청 구 원 인

1. 청구인은 2023. 3. 29. 22:00 경 청구인 소유의 봉고로 서울시 도봉구 ~ 앞 도로를 혈중알콜농도 0.13% 상태로 운행하던 중, 경찰의 음주단속에 걸려 2023. 4. 10.자로 운전면허가 취소되었습니다.
2. 청구인은 영세한 플라스틱 제조업자로서, 위 봉고 차량을 이용하여 모든 부품 조달 및 가공된 제품의 납품 업무를 하고 있어서 위 차량이 없으면 사업을 할 수가 없습니다.
3. 청구인이 이번에 음주운전을 하게 된 이유도, 도봉구에 있는 단골 거래처에 제품을 납품한 뒤에, 거래처 사장이 저녁이나 같이 먹자고 하여 사업상 거절할 수가 없었고, 식사를 하면서 청구인은 소주 2잔밖에 마시지 않았는데 청구인이 유달리 술이 약한 까닭에 알코올 수치가 높게 나온 것입니다. 그렇지만, 술에 취하여 운전을 제대로 할 수 없는 상태는 결코 아니었기에 청구인은 차를 몰아 집으로 가게 되었던 것입니다.
4. 청구인은 지금까지 형사처벌은 물론이고 교통사고나 음주운전 등으로 행정처벌을 받은 적이 전혀 없습니다. 또, 10년 전에 사업을 시작한 이래 세금을 성실하게 납부하여 왔고, 고아원 등 여러 기관에서 봉사활동도 하고 있습니다.
5. 청구인이 이 사건 처분으로 말미암아 더 이상 사업을 할 수 없게 되면, 청구인은 폐업을 하고 종업원

3명을 모두 내보내야 하는데, 현재 경기가 몹시 어렵기 때문에 종업원들이 당장 다른 일자리를 구할 수가 없는 실정입니다.

6. 또한 청구인이 더 이상 사업을 할 수 없게 되면 청구인은 막노동 등으로 생계를 유지할 수밖에 없는데, 청구인은 오래 전부터 허리 디스크가 있어서 노동 일을 할 수도 없는 처지입니다. 아울러 청구인은 연로하고 병든 부모님과 처 그리고 미성년자의 자식 3명을 모두 혼자서 부양하고 있는 가장인데, 만약 운전면허가 취소되어 사업을 할 수 없게 되면 온 식구의 생계가 막연해집니다. 특히, 자녀들은 모두 학원을 중단해야 하는 등 매우 어려운 처지에 봉착하게 됩니다.
7. 청구인이 음주운전한 것은 백배 잘못이지만, 위와 같은 사정을 모두 감안할 때에 운전면허취소처분은 재량권을 일탈한 지나치게 가혹한 처분이라 할 것이므로, 이 사건 처분을 취소하고 관대히 선처하여 주시기 바랍니다.

입증방법

1. 소갑제1호증 행정처분통지서
1. 소갑제2호증 사업자등록증
1. 소갑제3호증 세금납부증명서
1. 소갑제4호증의 1, 2, 3 각 증명서(봉사사실)
1. 소갑제5호증 진단서
1. 소갑제6호증 가족관계증명서

첨부서류

1. 위 입증방법 각 1통
1. 심판청구서 부본 1통
1. 위임장 1통
1. 담당변호사 지정서 1통

2024. 5. 10.

청구인 대리인 법무법인 필승

담당변호사 김승소 ○○○

중앙행정심판위원회 귀중

2012년도 제1회

변호사시험

공법 기록형 해설

소　장

원고　박미숙 (****** – *******)
　　천안시 동남구 안서동 369
　　소송대리인 법무법인 필승
　　담당변호사 나성실
　　천안시 신부동 76-2 법조빌딩 3층
　　전화: 041-555-****, 팩스: 041-555-****, 이메일:****@******.***
피고　천안시장
　　천안시 서북구 불당동 234-1

노래연습장등록취소처분 취소청구의 소

청구취지

1. 피고가 2011. 9. 13. 원고에 대하여 한 노래연습장등록취소처분을 취소한다.
2. 소송비용은 피고가 부담한다.

라는 판결을 구합니다.

청구원인

1. 이 사건 처분의 경위

원고는 2011. 6. 17. 전 영업자인 소외 이원숙으로부터 천안시 동남구 안서동 11-1에 있는 오케이노래연습장을 양수하여, 2011. 7. 1.부터 재미노래연습장이라는 상호로 영업을 하고 있는 자입니다. 피고는 2011. 9. 13. 원고가 2011. 7. 25. 오후 7시에 만 17세의 청소년 정미성을 출입시켜 영업을 하였다는 이유로 이 사건 노래방에 대하여 등록취소처분(이하 이 사건 처분이라고 함)을 하였습니다. 원고는 이 사건 처분 통지서를 2011. 10. 13. 우편집배원으로부터 직접 교부받았습니다.

2. 이 사건 소의 적법성

가. 피고적격

취소소송의 피고는 다른 법률에 특별한 규정이 없는 한 처분 등을 행한 행정청이 됩니다(행정소송법 제13조 제1항). 이 사건에서 원고에 대한 노래연습장 등록취소처분을 한 처분명의자는 천안시장이라는 점, 노래연습장에 대한 단속 및 처분권한을 갖고 있는 천안시장이 내부 사무처리의 편의를 위하여 동남구청으로 하여금 그 단속 및 처분권한을 사실상 행사하게 한 점[1] 등을 고려하면, 이 사건 피고는 천안시장이라고 할 것입니다.

1) 권한의 내부위임의 경우, 피고는 수임관청이 아닌 위임청이 된다는 것이 대법원의 입장이다(대판 1991. 10. 8. 91누520).

나. 제소기간

취소소송은 처분 등이 있음을 안 날로부터 90일 이내에, 처분 등이 있는 날로부터 1년 이내에 제기하여야 합니다(행정소송법 제20조 제1항, 제2항). 한편, 대법원은 "혼인하여 별도 주소지에서 생활하면서 송달명의인인 아버지 주소지를 임시 방문한 아들이 납세고지서를 대신 수령한 것만으로는 송달을 받아야 할 자에게 도달하였다고 단정할 수 없다"고 판시한 바 있습니다(대판 1992. 10. 13. 92누725). 위와 같은 판례에 따르면 대구에 떨어져 살고 있던 원고의 모친 윤숙자가 2011. 9. 16. 원고 집을 잠시 방문하였다가 같은 날 원고가 외출한 사이에 우편집배원으로부터 이 사건 노래연습장 등록취소처분 통지서를 받고 이를 원고에게 전달하지 않았다면, 원고의 모친 윤숙자가 통지서를 받은 시점을 원고가 이 사건 처분이 있음을 안 날이라고 볼 수는 없다고 할 것입니다. 따라서, 이 사건 원고는 2011. 10. 13. 우편집배원으로부터 이 사건 처분 통지서를 직접 교부받았는바, 이때 그 처분 등이 있음을 알았다고 봄이 상당하다 할 것이고, 이때로부터 90일 이내인 2012. 1. 3.에 이 사건 소를 제기하였으므로 제소기간을 준수하였습니다.

다. 소 결

이 사건 청구는 그 외 소송요건을 모두 구비하였으므로, 이 사건 소는 적법합니다.

3. 이 사건 처분의 위법성

가. 이 사건 처분의 법적 성격

(1) 기속행위와 재량행위의 구별

대법원은 기속행위 내지 기속재량행위와 재량행위 내지 자유재량행위의 구분은 당해 행위의 근거가 된 법규의 체재·형식과 그 문언, 당해 행위가 속하는 행정 분야의 주된 목적과 특성, 당해 행위 자체의 개별적 성질과 유형 등을 모두 고려하여 판단하여야 한다고 판시하였습니다(대판 2001. 2. 9. 98두17593).

(2) 사안의 경우

이 사건 처분의 근거 법률인 음악진흥법에서 "시장 등은 음악진흥법 제22조 위반행위가 있을 때 등록취소를 할 수 있다"고 규정되어 있는 점(음악진흥법 제27조 제1항), 등록취소 등의 법적성격은 수익적 행정행위의 철회로서 행정당국에게 법위반 행위로 인한 제재의 필요성과 개인의 불이익을 비교 형량할 일정한 재량이 필요하다는 점 등을 고려하면, 이 사건 처분은 재량행위라 할 것입니다.

나. 절차상 하자(청문절차 흠결의 하자)

(1) 관련 규정

행정청이 당사자에게 의무를 부과하거나 권익을 제한하는 처분을 할 경우에는 사전통지(행정절차법 제21조), 의견청취(행정절차법 제22조) 절차를 지켜야 하며, 특별한 예외사유가 없는 이상, 의견청취 중 다른 법령 등에서 청문을 하도록 규정한 경우에는 청문을 거쳐야 합니다(행정절차법 제22조 제1항 제1호). 특히, 사안의 경우 관할 시장 등은 노래연습장 등의 등록을 취소하고자 하는 경우에는 청문을 실시하여야 합니다(음악진흥법 제30조).

(2) 관련 판례

대법원 판례는 청문을 거치지 아니한 처분의 위법을 인정하는 것이 일반적인데, "식품위생법상 소정의 청문절차를 전혀 거치지 아니하거나, 거쳤다고 하여도 그 절차적 요건을 제대로 준수하지 아니한 경우에는 가사 영업정지사유가 인정된다고 하더라도 그 처분은 위법하여 취소를 면할 수 없다"고 판시한 바 있습니다(대판 1991. 7. 9. 91누971).

(3) 사안의 경우

사안의 경우 절차를 생략할 수 있는 예외 사유를 열거한 행정절차법 제21조 제4항에 해당하지 않고, 원고가 미리 의견진술 기회 포기 의사를 밝힌 바 없음에도 불구하고, 피고는 청문절차를 거치지 않았으므로 이 사건 처분은 청문절차 흠결의 하자가 있다고 할 것입니다.

다. 실체상 하자[2)]

(1) 처분사유의 부존재(의무 해태를 탓할 수 없는 정당한 사유의 존재)

대법원은 "행정법규 위반에 대한 제재조치는, 행정목적 달성을 위하여 행정법규 위반이라는 객관적 사실에 착안하여 가하는 제재이므로 위반자의 의무 해태를 탓할 수 없는 정당한 사유가 있는 등의 특별한 사정이 없는 한 위반자에게 고의나 과실이 없다고 하더라도 부과될 수 있다"고 판시하였습니다(대판 2003. 9. 2. 2002두5177). 따라서 의무자로 하여금 그러한 행위로 나아갈 기대가능성이 없었다거나, 의무 해태를 탓할 수 없는 정당한 사유가 있는 경우에는 의무자에게 침익적인 행정처분을 부과할 수 없다고 보아야 할 것입니다.
사안의 경우 단속 당시 정미성은 만 17세의 청소년이었으나 외모가 성숙하여 원고 입장에서는 단번에 청소년이라는 점을 파악하기 어려웠던 점, 당시 동남전자 주식회사에 함께 근무하는 성인 회사동료 6명과 함께 들어와 원고가 그들의 주민등록증을 일일이 확인하기 어려웠던 점, 같은 직장 동료 최성연 역시 정미성이 청소년이라는 사실을 알지 못했던 점 등을 고려해 보면, 원고에게는 정미성이 청소년임을 사전에 알아내어 출입을 제한시킬 수 있는 행위에 대한 기대가능성이 없었다고 할 것이므로, 원고에게 의무 해태를 탓할 수 없는 정당한 사유가 있는 경우에 해당합니다.

(2) 행정처분 기준 위반

(가) 처분 관련 규정

음악진흥법 제16조 또는 제18조 규정에 따라 신고 또는 등록을 한 영업자가 영업을 양도한 경우, 양수인 등은 그 영업자의 지위를 승계합니다(음악진흥법 제23조 제1항). 이 경우 종전 영업자에 대한 행정 제재처분의 효과는 그 제재처분일로부터 1년간 영업자의 지위를 승계받은 자에게 승계됩니다. 다만, 영업자의 지위를 승계 받은 자가 승계 시에 그 처분 또는 위반사실을 알지 못한 경우에는 그러하지 않습니다(음악진흥법 제23조 제3항).

(나) 음악진흥법 시행규칙 별표의 법적 성질

이 사건 취소처분의 직접적 근거인 음악진흥법 시행규칙 별표 1, 2는 그 형식은 법규명령이나 그 실질은 행정규칙인 이른바 법규명령 형식의 행정규칙[3)]에 해당합니다. 이 경우 법규성 인정 여부가 문제되는데, 학설은 ① 법

---

2) **실체상 하자의 내용**

- 법률적용의 오류
- 법리오해, 사실오인으로 인한 기대가능성 부존재
- 행정처분기준 위배
- 평등원칙(자기구속원칙)
- 신뢰보호원칙 위배
- 비례원칙 위반: 재량 일탈·남용

3) **법규명령형식의 행정규칙**

행정 실무상 특히 제재적 행정처분기준의 성질이 문제되는데 **행정사무처리기준과 같은 행정 내부적 사항은 고시·훈령 형식으로 규정되어야 하나, 상위법령의 위임에 따라 대통령령·총리령·부령의 형식으로 규정된, 즉 법규명령 형식을 취하고 있지만 그 내용이 행정규칙의 실질을 가지는 경우 이를 법규명령으로 볼 것인지 아니면 행정규칙에 불과하여 법규성을 부정할 것**

적 안정성을 확보하기 위하여 법규의 형식으로 규정된 이상 국민을 구속한다는 법규명령설과 ② 법규의 형식이라도 성질이 변하는 것이 아니라며 법규성을 부정하는 행정규칙설, ③ 법률의 수권여부에 따라 판단하는 수권여부기준설 등이 있습니다. 판례는 원칙적으로 실질적 내용에 따라 행정규칙으로 보고 있으나 규정형식상 대통령령의 경우에는 법규명령으로 보고 있습니다. 즉, 대법원은 "부령형식으로 정해진 제재적 처분기준은 그 규정의 내용과 성질이 행정청 내부의 사무처리 기준을 규정한 것에 불과하므로 행정규칙의 성질을 가지며 대외적으로 국민이나 법원을 구속하는 것은 아니다"라고 판시하였습니다(대판 1996. 9. 6. 96누914).
생각건대, 법규명령의 형식을 취하게 되면 국민에게 예측가능성을 제고할 수 있다는 점에서 법규명령설이 타당하다고 할 것이므로, 이 사건 '음악진흥법 시행규칙 [별표 2] 행정처분의 기준 1. 일반기준 다.'에 따르면 위반행위의 횟수는 **최근 1년간 같은 위반행위로 행정처분을 받은 경우를 대상으로 하고**, 같은 위반행위에 대하여 최초로 행정처분을 한 날을 기준으로 삼음이 상당합니다.

(다) 이 사건의 경우

이 사건에서 종전 영업자인 소외 이원숙은 ① 2010. 3. 3. 영업정지 10일, ② 2010. 11. 19. 영업정지 1월, ③ 2011. 2. 1. 영업정지 3월의 각 처분을 받았습니다. 원고는 위 이원숙으로부터 오케이노래연습장을 양수하여 2011. 6. 24. 변경등록을 한 후 2011. 7. 1.부터 재미노래연습장이라는 상호로 영업을 하고 있었으므로, 위 처분 중 그 행정처분 제재처분일로부터 1년간에 해당하는 ② 2010. 11. 19. 영업정지 1월, ③ 2011. 2. 1. 영업정지 3월의 각 처분만을 승계하게 됩니다. 결국, 위 규정을 종합해 보면, 원고는 종전 영업자인 소외 이원숙의 청소년 출입에 따른 2회 위반행위를 포함하여 이 사건 위반행위까지 총 3회의 위반행위를 한 것이 됩니다. 따라서 피고는 특별한 사정이 없는 한 음악진흥법 시행규칙 [별표 2] 행정처분의 개별기준에 따라 '3차 위반'의 제재에 해당하는 영업정지 3개월 범위 내에서 제재처분을 하여야 함에도 불구하고, '4차 위반'에 해당하는 이 사건 등록취소 처분을 하였기 때문에 이는 행정처분의 기준을 위반한 위법한 처분입니다.

(3) 재량권의 일탈 · 남용

한편, 별표의 법적성질과 관련하여 판례는, 일응 부령인 제재적 처분기준에 대하여는 원칙적으로 대외적 구속력을 부인하면서도 재량권의 한계를 판단하는 기준으로 작용한다고 보는 반면, 대통령령인 제재적 처분기준에 대

인지 견해가 대립된다. 학설은 법규명령설, 행정규칙설, 수권여부기준설 등이 있으며, 대법원은 행정규칙의 성격을 가진 제재처분기준이 부령으로 된 경우 행정규칙의 성격을 가진다고 판시하고 있으나, 그 기준이 대통령령 형식으로 된 경우 부령과 달리 법규명령의 성격을 인정하여 재판의 기준이 된다는 입장을 취하고 있다. 한편 대법원이 구 청소년보호법시행령상의 과징금부과처분기준에 대해 법규명령으로 보면서도 재량권 행사의 여지를 인정하기 위하여 처분기준이 되는 과징금액수를 정액이 아니라 최고한도액으로 보고 있음은 주목할 만하다(대판 2001. 3. 9. 99두5207).

(1) 다수설: 법규명령설(형식설)

(2) 판례

a. 대통령령(시행령)

· 법규성○(원칙): 주택건설촉진법시행령, 청소년보호법시행령(위반행위종별 과징금부과 처분기준), 국민건강보험법시행령(업무정지처분 및 과징금)

· 법규성 × (예외): 지가공시및토지평가에관한법률시행령(감정평가사 시험위원회 운영규정 별표)

b. 부령(시행규칙)

· 법규성 × (원칙): 공무원징계양정등에관한규칙, 공중위생법시행규칙, 도로교통법시행규칙(운전면허 행정처분기준), 석유사업법시행규칙, 약사법시행규칙(약사의 약품개봉판매 행위규정), 식품위생법시행규칙, 여객자동차운수사업법시행규칙(개인택시운송사업면허규정)

· 법규성○(예외): 여객자동차운수사업법시행규칙(시외버스 운송사업사업계획 변경기준)

하여는 외부적 구속력을 인정하면서도 일정한 경우 위임규정의 취지 등에 따라 제재의 최고 한도를 정한 것으로 보아 처분을 행함에 있어 감경인자를 전혀 고려하지 않은 경우 재량권의 일탈, 남용에 해당할 여지가 있다고 보고 있습니다.

(가) 비례원칙 위반

대법원은 "특별한 사정이 없는 한 행정청은 당해 위반사항에 대하여 부령형식의 시행규칙에 따라 행정처분을 하는 것이 보통이라 할 것이므로, 만일 행정청이 이러한 처분기준을 따르지 아니하고, 특정한 개인에 대하여만 위 처분기준을 과도하게 초과하는 처분을 한 경우에는 일응 재량권의 한계를 일탈, 남용하였다"고 판시하였습니다(대판 1993. 6. 29. 93누5635[4])[5]. 무엇보다, 이 사건의 경우 시행규칙 15조 1항 행정처분 기준 [별표 2] 마목에서 "위반사항의 내용으로 보아 그 위반의 정도가 경미하거나 위반행위가 고의·과실이 아닌 사소한 부주의나 오

4) **식품위생법시행규칙 제53조에서 별표 15로 같은 법 제58조에 따른 행정처분의 기준을 정하였다 하더라도, 이는** 형식은 부령으로 되어있으나 성질은 행정기관 내부의 사무처리준칙을 규정한 것에 불과한 것으로서 보건사회부장관이 관계행정기관 및 직원에 대하여 직무권한행사의 지침을 정하여 주기 위하여 발한 행정명령의 성질을 가지는 것이지, 같은 법 제58조 제1항의 규정에 의하여 보장된 재량권을 기속하는 것이라고 할 수 없고, 대외적으로 국민이나 법원을 기속하는 것은 아니다. 다만, 행정청이 수익적 행정처분을 취소하거나 중지시키는 경우에는 이미 부여된 국민의 기득권을 침해하는 것이 되므로 비록 취소 등의 사유가 있더라도 취소권 등의 행사는 기득권의 침해를 정당화할 만한 중대한 공익상 필요 또는 제3자의 이익보호의 필요가 있는 때에 한하여 상대방이 받는 불이익과 비교교량하여 결정하여야 하고 그 처분으로 인하여 공익상 필요보다 상대방이 받게 되는 불이익 등이 막대한 경우에는 재량권의 한계를 일탈한 것으로서 그 자체가 위법임을 면치 못한다. 동법 시행규칙 제53조에 따른 별표 15의 행정처분기준은 행정기관 내부의 사무처리준칙을 규정한 것에 불과하기는 하지만 규칙 제53조 단서의 식품 등의 수급정책 및 국민보건에 중대한 영향을 미치는 특별한 사유가 없는 한 행정청은 당해 위반사항에 대하여 위 처분기준에 따라 행정처분을 함이 보통이라 할 것이므로, 행정청이 이러한 처분기준을 따르지 아니하고 특정 개인에 대하여만 위 처분기준을 과도하게 초과하는 처분을 한 경우에는 재량권의 한계를 일탈하였다다고 할 것인바, 위 행정처분기준에 의하면 1월의 영업정지사유에 해당하는데도 2월 15일의 영업정지처분을 한 것은 재량권일탈, 남용에 해당한다(대판 1993. 6. 29. 93누5635).

5) 대법원 1995. 10. 17. 선고 94누14148 전원합의체 판결에서도 "규정형식상 부령인 시행규칙 또는 지방자치단체의 규칙으로 정한 행정처분의 기준은 행정처분 등에 관한 사무처리기준과 처분절차 등 행정청 내의 사무처리준칙을 규정한 것에 불과하므로 행정조직 내부에 있어서의 행정명령의 성격을 지닐 뿐 대외적으로 국민이나 법원을 구속하는 힘이 없고, 그 처분이 위 규칙에 위배되는 것이라 하더라도 위법의 문제는 생기지 아니하고 또 위 규칙에서 정한 기준에 적합하다 하여 바로 그 처분이 적법한 것이라고도 할 수 없으며, 그 처분의 적법여부는 위 규칙에 적합한지의 여부에 따라 판단할 것이 아니고 관계 법령의 규정 및 그 취지에 적합한 것인지의 여부에 따라 개별적 구체적으로 판단하여야 한다. **따라서 만일 행정청이 이러한 처분기준을 따르지 아니하고 특정한 개인에 대하여만 위 처분기준을 과도하게 초과하는 처분을 한 경우에는 일응 재량권의 한계를 일탈하였다고 볼 만한 여지가 충분하다**"고 판시하였다. 그런데 판례는 부령과는 달리 대통령령으로 정한 제재적 처분기준에 대하여는 그 대외적 구속력을 인정하는 판단을 하였으며, 대법원 2001. 3. 9.선고 99두5207 판결【과징금부과처분취소】 사건에서는, "구 청소년보호법 제49조 제1항, 제2항에 따른 법시행령 제40조 [별표 6]의 위반행위의 종별에 따른 과징금 처분기준은 **법규명령이기는 하나 모법의 위임규정의 내용과 취지 및 헌법상의 과잉금지의 원칙과 평등의 원칙 등에 비추어 같은 유형의 위반행위라 하더라도 그 규모나 기간, 사회적 비난 정도, 위반행위로 인하여 다른 법률에 의하여 처벌받은 다른 사정, 행위자의 개인적 사정 및 위반행위로 얻은 불법이익의 규모 등 여러 요소를 종합적으로 고려하여 사안에 따라 적정한 과징금의 액수를 정하여야 할 것이므로 그 수액은 정액이 아니라 최고 한도액이라고 할 것이다**"라고 판시하고 있다. **이러한 판례의 태도에 대하여는 일응 부령인 제재적 처분기준에 대하여는 원칙적으로 대외적 구속력을 부인하면서도 재량권의 한계를 판단하는 일응의 기준으로 작용한다고 보고 있는 반면, 대통령령인 제재적 처분기준에 대하여는 외부적 구속력을 인정하면서도 일정한 경우 위임규정의 취지 등에 따라 제재의 최고한도를 정한 것으로 해석하는 것으로 볼 수 있다. 따라서 결론적으로 수험생 입장에서는 비례원칙위반 주장 모두 해야 한다.**

류로 인한 것으로 인정되는 경우에는 영업정지처분에 해당되는 경우에 한하여 그 처분기준의 2분의 1의 범위에서 감경하여 처분할 수 있다."라고 규정하고 있습니다.

사안에서, 원고로서는 소외 정미성이 외관상 청소년이라고 미처 파악하기 어려웠고, 정미성이 자신이 근무하던 동남전자 주식회사 성인 직원들과 회식 자리를 함께 한 점,[6] 적발 시간이 오후 7시로 영업금지 시간인 오후 6시에 불과 1시간밖에 넘기지 않은 점, 원고가 이 사건 영업을 시작한 지 채 한 달이 지나지 않았고 종전 영업자의 법위반 승계 사실을 제외하면 성실하게 영업을 해 온 점, 가족의 유일한 생계원인 원고가 노래방을 운영하지 못하게 되면 당장 가족의 생계가 막막하게 되는 점, 이 사건 영업정지가 지속될 경우 원고 자녀들의 교육비를 비롯한 생활비를 감당하기 어렵게 되는 점, 소외 이원숙에게 지급할 권리금과 인테리어 비용을 지급할 수 없게 되어 과도한 채무로 인해 원고 가족의 생계 자체가 막막하게 되는 점, 원고는 이 사건 노래방 등록취소라는 행정처분에 이어 형사처벌까지 받을 가능성이 있는 점 등을 모두 고려한다면 시행규칙 [별표 2] 행정처분의 개별기준 마목에 따라 '3차 위반'의 제재에 해당하는 영업정지 3개월 범위 내에서 1/2 감경된 제재처분을 하여야 함에도 불구하고, 지나치게 과중한 처분을 하고 말았는바, 이 사건 처분을 통해 달성하고자 하는 건전한 청소년 보호라는 공익에 비하여 원고의 불이익이 지나치게 가중하여 비례의 원칙에 위반됩니다.

(나) 평등원칙 위반

대법원은 "재량권 행사의 준칙인 행정규칙이 그 정한 바에 따라 되풀이 시행되어 행정관행이 이루어지게 되면 평등의 원칙이나 신뢰보호의 원칙에 따라 행정기관은 그 상대방에 대한 관계에서 그 규칙에 따라야 할 자기구속을 받게 되므로, 이러한 경우에는 특별한 사정이 없는 한 그에 위반하는 처분은 평등원칙이나 신뢰보호원칙에 위배되어 재량권을 일탈·남용한 위법한 처분이 된다"고 판시하였습니다(대판 2009. 3. 26. 2007다88828, 88835).

사안에서 피고는 같은 청소년 출입 위반행위에 대하여 종전 영업자 이원숙에게는 영업정지 10일에서 3월의 제재처분을 하였음에도 불구하고, 행정처분 기준상 3차 위반행위에 해당하는 이 사건의 경우 행정처분 적용 기준에 관한 사실오인 등에 기하여 등록취소라는 과중한 제재처분을 하고 있습니다. 기록에 주어진 여러 정황을 종합적으로 살펴볼 때 피고가 이 사건에서 유독 원고에 대하여만 이러한 중한 처분을 할 만한 다른 특별한 사정을 찾아보기 어려운 바, 이는 합리적인 이유 없이 기존의 제재처분기준을 현저히 일탈한 위법한 처분이라고 할 것입니다. 따라서 이 사건 처분은 평등원칙 등에도 위반됩니다.

(4) 소 결

따라서 이 사건 처분은 ① 청문절차 흠결의 하자, ② 사실오인·법리오해, ③ 행정처분 기준 위반, ④ 비례원칙 위반, ⑤ 평등원칙 위반 등의 위법한 하자가 있다고 할 것이므로 취소되어야 마땅합니다.

4. 이 사건 처분 근거법령의 위헌성

가. 근거법령

이 사건 등록취소처분의 법적 근거와 관련하여, 음악진흥법 제22조 제1항 제4호는 노래연습장업자는 기타 대통령령이 정하는 사항을 준수하여야 한다고 규정하고 있고, 동법 제27조 제1항 제5호에는 시장 등은 대통령령으로 정한 노래연습장업자 준수사항을 위반한 경우 등록취소처분 등을 할 수 있다고 규정되어 있고, 동법 시행령

---

6) 원고는 성인들인 직장동료 6명과 함께 들어오는 청소년을 사전에 알아내서 출입을 제한시킬 수 있는 행위에 대한 기대가능성이 없다는 점을 서두에 내세우면서, 비례원칙위반에 해당하여 재량일탈·남용에 해당한다고 주장하는 것도 가능하다.

제9조 제1호 노래연습장업자는 오전 9시부터 오후 6시까지 외에 청소년이 출입하지 아니하도록 하여야 한다고 규정하고 있습니다.

나. 포괄위임금지원칙 위반

헌법 제75조는 포괄위임 입법을 금지하여 위임입법의 한계를 규정하고 있습니다. 따라서 상위법령이 하위법령에 일정한 사항을 위임하고자 하는 때에는 누구라도 당해 법령에서 위임된 사항의 대강을 예측할 수 있도록 위임되어야 합니다. 그리고 예측가능성은 관련 문언의 취지, 내용, 구조 및 위임된 행위의 성질을 종합적으로 고려하여 판단합니다. 그런데, 이 사건 음악진흥법 제22조 제1항 제4호, 제27조 제1항 제5호는 **노래연습장업자가 준수하여야 할 사항을 대통령령으로 위임하고** 노래연습장업자가 이를 위반한 경우 시장 등 허가권자가 제재를 가할 수 있도록 하고 있습니다. 그러나 위 법률에서 영업소 안에 화재 또는 안전사고 예방을 위한 조치를 할 것 내지 접대부(남녀를 불문한다)를 고용·알선하거나 호객행위를 하지 아니할 것 등 일부 준수사항의 예를 들고는 있으나 대통령령으로 노래연습장업자에게 위임한 것의 내용이 구체적으로 무엇인지 일반인으로서는 전혀 알 수가 없습니다. 노래연습장업자의 준수사항을 대통령령으로 위임하고자 하는 경우, '청소년 출입금지와 관련된 구체적인 시간 등은 대통령령으로 정한다'고 규정하는 등 보다 구체적으로 위임할 필요가 있습니다. 따라서 이 사건 처분의 근거법률은 포괄위임금지원칙에 위반됩니다.

다. 의회유보(법률유보)원칙 위반

헌법재판소는 "단순히 행정작용이 법률에 근거를 두기만 하면 충분한 것이 아니라, 국민의 기본권 실현과 관련된 영역에 있어서는 국민의 대표자인 입법자가 그 본질적인 사항에 대하여 스스로 결정해야 한다"는 의회유보원칙을 천명하고 있습니다(헌재 1999. 5. 27. 98헌바70). 따라서 법률에서 노래연습장업자의 구체적인 의무부과·권리제한 사항을 하위법령에 위임할 경우에는 그 본질적인 사항은 법률에 직접 규정할 필요가 있습니다.
사안의 경우 노래연습장업자가 준수하여야 할 사항 자체를 전부 대통령령에 위임하여서는 안 되며, 일정 시간 동안에 청소년의 노래방출입금지를 법률에서 구체적으로 밝힌 후 그 구체적인 시간의 범위 등은 행정의 탄력성·전문성을 고려하여 하위법령에 위임하여야 합니다. 그런데 이 사건 처분 근거 법률은 노래연습장업자의 권리제한·의무부과의 본질적인 사항에 대하여 법률에서 규정하지 않은 채 대통령령에 모두 위임하였기 때문에 법률유보원칙에 위반됩니다.

라. 과잉금지원칙 위반[7]

(1) 제한되는 기본권[8]

원고와 같은 노래연습장업자는 이 사건 처분의 근거 법령인 음악산업법 시행령 제9조 제1호에 따라 오전 9시부터 오후 6시까지 외에 청소년을 노래연습장에 출입시켜서는 안 되며, 이를 위반할 경우 등록취소 등의 제재처분을 받게 됩니다. 위와 같이 이 사건 처분 근거법령은 노래연습장업자의 자유로운 영업활동을 방해하기 때문에 직업수행의 자유(헌법 제15조)를 제한하고, 아울러 청소년의 일반적 행동자유권(헌법 제10조)을 제한합니다.[9]

7) 이 사건의 경우 주어진 문제에서 취소소송 소장에 헌법적 쟁점인 근거법령의 위헌성까지 논하라고 지시하고 있으므로 부득이 앞의 비례원칙 위반과 별개로 과잉금지원칙을 상세히 서술하여야 함에 주의해야 한다. 다만 지금 출제경향에서는 행정소송과 헌법소송이 분리되어 출제되므로 이런 방식의 답안 요구는 많지 않을 것이다.

8) **헌법 사례형과 기록형에서는 과잉금지원칙 위반을 함에 있어 문제가 되는 기본권, 즉 사안에서 제한되는 기본권이 무엇인지를 반드시 적시해야 한다.**

(2) 과잉금지원칙 위반

(가) 목적의 정당성

노래연습장은 단순히 노래를 연습하는 장소에서 벗어나 심야시간에는 상당수 고객들이 음주 후 여흥을 즐기기 위해 찾는 향락성이 강한 장소라고 볼 수 있습니다. 특히, 심야시간에 주로 활발하게 영업이 이루어지고 상당수 고객들이 주취자인 경우 등을 고려하면, 정신적으로 성숙하지 못한 청소년들을 이러한 향락문화로부터 보호하고 건전하게 육성하고자 하는 입법목적의 정당성이 인정됩니다.

(나) 수단의 적합성

청소년의 노래연습장 출입을 심야 시간에 금지하고, 이를 위반한 노래방 업자에게 제재를 가하는 것은 성인들의 향락문화로부터 청소년을 보호하고 건전하게 육성하는데 일응 적합한 수단이라고 볼 수 있습니다.

(다) 피해의 최소성

그런데, 청소년 중에는 장래목표가 가수나 뮤지컬 배우여서 평소 꾸준히 노래연습을 하고자 하는 학생이 있을 수 있는바, 대부분의 청소년들은 오전 9시부터 오후 6시까지 학교와 학원에서 공부를 해야 하는 실정을 고려하면, 이 사건 처분의 근거법령은 청소년들이 평일에 노래연습장에서 노래연습을 할 기회를 사실상 전면적으로 박탈하는 결과를 초래합니다. 따라서 무조건 심야시간에 청소년의 출입을 금지할 것이 아니라, 부모·교사 기타 신뢰할 수 있는 자의 책임 아래 노래연습을 할 수 있는 기회를 제공할 필요가 있는 점, 노래연습장 내부에 청소년들만 사용할 수 있는 공간을 별도로 만들어 향락문화로부터 청소년을 분리시킬 수 있다는 점, 노래연습장이 설치된 지역의 교육여건 등을 고려하여 출입금지 시간을 보다 탄력적으로 운영할 수 있는 점 등에 비춰 전면적인 출입금지의 방법과 달리 성인과 동반한 경우에는 야간이라도 허용하거나, 야간 10시 이후의 출입만을 금지시키는 등 **보다 덜 제한적인 수단을 얼마든지 강구해 볼 수 있는 점**[10] **등을 고려하면**, 이 사건 법령은 침해 최소성을 충족하지 않는다고 할 것입니다.

(라) 법익의 균형성

이 사건 처분으로 인해 달성하고자 하는 공익과 그로 인해 침해되는 처분 당사자인 원고의 사익과 노래연습을 야간에 해야 할 필요가 있는 청소년의 법익 등을 비교형량 할 때, 청소년들에게도 자유로운 노래연습의 기회를 최대한 보장해 주어야 하는 점, 원고와 같은 업자들은 이러한 청소년집단이라는 풍부한 잠재 고객의 방문을 통하여 경제적 이익을 누릴 수 있다는 점 등을 고려한다면, 이 사건 처분의 근거법령으로 침해받는 청소년들의 놀이문화를 즐길 권리, 노래연습장업자의 영업의 자유와 재산권 등의 경제적 권리 등은 매우 큰 반면, 추구하고자 하는 청소년 보호와 건전한 육성이라는 공익은 모호하며 미미하다는 점에서 법익의 균형성에도 명백히 위반된다고 할 것입니다.

5. 결 론[11]

따라서 이 사건 처분은 ① 청문절차 흠결의 하자, ② 사실오인·법리오해의 위법, ③ 법규상 행정처분의 기준 위반, ④ 비례 원칙 위반, ⑤ 평등 원칙 위반 등의 절차상, 실체상 하자 및 그로 인한 재량 일탈·남용의 위법성이 있으며, 무엇보다 ⑥ 위헌인 법령에 근거한 위법한 처분에 해당하여 어느 모로 보나 취소되어야 마땅하므로 이 사건 소를 제기하기에 이르렀습니다.

---

9) 청소년은 이 사건 원고는 아니지만, 근거 법령의 위헌주장이므로 위헌심사형 헌법소원(객관소송)에서와 같이 관련 제3자의 기본권 침해 주장을 아울러 할 수 있는 경우로 보아 이와 같은 부분까지 언급하는 것이 나쁘지 않다.

10) 또는, "보다 덜 제한적인 수단이 얼마든지 존재함에도 불구하고 등록취소라는 전면적 금지조치만을 규정하고 있는 점에서..."

11) 결론 부분에도 항상 배점이 있으므로 앞의 내용 부분들을 요약해서 깔끔하게 마무리를 다하여야 한다.

입증방법

1. 갑 제1호증(등록취소처분통지 및 행정처분서)
2. 갑 제2호증(노래연습장 등록증)
3. 갑 제3호증(확인서, 최성연)
4. 갑 제4호증(확인서, 정미성)

첨부서류

1. 위 각 입증방법 각 1통
2. 소송위임장 1통
3. 담당변호사 지정서 1통
4. 소장 부본 1통

2012. 1. 3.

원고 박미숙의 소송대리인 법무법인 필승
담당변호사 나성실 ㊞

대전지방법원 귀중[12)]

12) 행정법원이 설치되지 않은 곳의 행정사건은 해당 지역 지방법원 본원의 관할에 속한다(법원조직법 부칙(법률 제4765호, 1994. 7. 27) 제2조).

2013년도 제2회

변호사시험

공법 기록형 해설

제1문(80점)

헌법소원심판청구서

청 구 인 송미령

서울 서대문구 홍은동 101 소망빌라 지층 1호

국선대리인 변호사 김신뢰

서울 서초구 서초동 100-2 정의빌딩 3층

전화 02-555-****, 전송 02-555-****, 전자우편 ***@justicelaw.com

청구취지

"미용업자 위생관리기준(2011. 10. 15. 보건복지부 고시 제2011-35) 제1호 중 '점빼기, 귓볼뚫기' 부분은 헌법에 위반된다."라는 결정을 바랍니다.[1)]

침해된 권리

직업수행(영업)의 자유, 평등권, 행복추구권 등

침해의 원인이 되는 공권력의 행사 또는 불행사

"미용업자 위생관리기준(2011. 10. 15. 보건복지부 고시 제2011-35) 제1호 중 '점빼기, 귓볼뚫기' 부분"

청구이유

1. 쟁점의 정리

가. 이 사건의 경위 및 쟁점

청구인은 한국에서 태어난 중국 국적의 여자로서 2005년 1월경부터 서울 서대문구 소재 미용실에서 미용사 보조원으로 다년간 일하다가 퇴직한 후, 미용사가 되기 위해 서울 강남구 소재 미용학원에서 1년여 간 수강 및 실습을 하고 미용사 면허시험에 응시하여 2012. 8. 31. 미용사 자격을 취득하였습니다. 청구인은 2012. 9. 3. 미용실을 개설하여 그동안 배우고 익힌 기술을 활용하여 점빼기와 귓볼뚫기 등 미용행위를 하려고 하였으나, 대한미용업협회에 질의한 결과 공중위생 관련 규정에서 미용사는 점빼기와 귓볼뚫기를 할 수 없도록 하고 있다는 회신을 같은 달 10. 받았습니다. 위와 같은 경위에 비추어 이 사건은 외국인인 청구인이 자신의 직업수행의 자유나 평등권, 행복추구권 등의 침해를 이유로 헌법소원을 제기할 기본권 주체성(청구인 능력 내지 청구인 적격)이 인정되는지 여부 및 인정된다고 볼 경우 미용사인 청구인으로 하여금 점빼기와 귓볼뚫기를 할 수 없도록 규정하고 있는 보건복지부 고시가 과연 청구인의 위 기본권들을 제한할 수 있는 정당한 근거가 될 수 있는지와 관련

1) 법령헌법소원의 청구취지는 일반 위헌법률심판(헌법재판소법 제41조) 내지 위헌심사형헌법소원(헌법재판소법 제68조 제2항)과 청구취지유형이 대체로 같다.

하여 의회유보원칙 내지 포괄위임금지원칙 위배여부가 문제되고 있고, 나아가 그 전제로서 고시 즉 행정규칙의 헌법소원 대상성도 문제됩니다.

나. 이 사건 헌법소원의 적법성

(1) 헌법소원의 일반요건

헌법재판소법 제68조 제1항 소정의 헌법소원은 ① 청구인능력, ② 공권력의 행사 또는 불행사의 존재, ③ 자신의 기본권의, 현재 그리고 직접적 침해가능성(기본권 침해가능성 · 자기관련성 · 현재성 · 직접성), ④ 보충성, ⑤ 청구기간, ⑥ 권리보호이익 등을 적법요건으로 하고 있습니다.

(2) 청구인 능력

중국 국적의 미용사에게 헌법소원심판청구의 청구인능력이 인정되는가의 문제는, 외국인의 기본권주체성을 인정할 수 있는가와 연결됩니다. 외국인의 기본권주체성에 대하여 헌법재판소는 "국민과 유사한 지위에 있는 '외국인'은 원칙적으로 기본권의 주체가 될 수 있다는 전제하에, 국민의 권리와 인간의 권리를 나누어 인간의 권리에 대하여는 원칙적으로 기본권 주체성을 긍정하는 입장에서, 사회적 기본권에 해당하는 근로의 권리와 같이 적극적으로 근로의 기회를 부여해 주도록 외국인이 우리나라에 대해 요구하는 것은 인정되지 아니하나, 이미 취업을 한 외국인의 경우 '적정한 근로환경 조성을 요구할 권리'를 헌법상 기본권으로 인정"한 바 있습니다(헌재 2001. 11. 29. 99헌마494).[2)]

사안에서 점빼기와 귓볼뚫기 등 유사 의료행위 기회를 국가에 대하여 적극적으로 부여해 달라는 요구는 할 수 없다고 하더라도 적법한 영업등록을 마치고 이미 미용실을 경영하고 있던 이 사건 청구인이 행하고자 하는 미

---

2) **비교판례: 헌재 2014. 8. 28. 2013헌마359**

헌법재판소는, '국민' 또는 국민과 유사한 지위에 있는 '외국인'은 헌법재판소법 제68조 제1항의 헌법소원을 청구할 수 있는 기본권 주체로서, 인간의 존엄과 가치 및 행복추구권 등과 같이 단순히 '국민의 권리'가 아닌 '인간의 권리'로 볼 수 있는 기본권에 대해서는 외국인도 기본권 주체가 될 수 있다고 하여 인간의 권리에 대하여는 원칙적으로 외국인의 기본권주체성을 인정하였다(헌재 2011. 9. 29. 2007헌마1083등; 헌재 2014. 4. 24. 2011헌마474등 참조). 이와 같이 **외국인에게는 모든 기본권이 인정되는 것이 아니라 인간의 권리의 범위 내에서만 인정되는 것이므로, 심판대상조항이 제한하고 있는 기본권이 권리의 성질상 외국인인 청구인에게 기본권주체성을 인정할 수 있는 것인지를 개별적으로 결정하여야 한다**(헌재 2011. 9. 29. 2007헌마1083등 참조). 심판대상조항이 제한하고 있는 직업의 자유는 국가자격제도정책과 국가의 경제상황에 따라 법률에 의하여 제한할 수 있고 인류보편적인 성격을 지니고 있지 아니하므로 국민의 권리에 해당한다. 이와 같이 헌법에서 인정하는 직업의 자유는 원칙적으로 대한민국 국민에게 인정되는 기본권이지, 외국인에게 인정되는 기본권은 아니다. 국가 정책에 따라 정부의 허가를 받은 외국인은 정부가 허가한 범위 내에서 소득활동을 할 수 있는 것이므로, 외국인이 국내에서 누리는 직업의 자유는 법률 이전에 헌법에 의해서 부여된 기본권이라고 할 수는 없고, 법률에 따른 정부의 허가에 의해 비로소 발생하는 권리이다. 헌법재판소의 결정례 중에는 외국인이 대한민국 법률에 따른 허가를 받아 국내에서 일정한 직업을 수행함으로써 근로관계가 형성된 경우, 그 직업은 그 외국인의 생활의 기본적 수요를 충족시키는 방편이 되고 또한 개성신장의 바탕이 된다는 점에서 외국인은 그 근로관계를 계속 유지함에 있어서 국가의 방해를 받지 않고 자유로운 선택과 결정을 할 자유가 있고 그러한 범위에서 제한적으로 직업의 자유에 대한 기본권주체성을 인정할 수 있다고 하였다(헌재 2011. 9. 29. 2007헌마1083등 참조). 하지만 이는 이미 근로관계가 형성되어 있는 예외적인 경우에 제한적으로 인정한 것에 불과하다. 그러한 근로관계가 형성되기 전단계인 '특정한 직업을 선택할 수 있는 권리'는 국가정책에 따라 법률로써 외국인에게 제한적으로 허용되는 것이지 헌법상 기본권에서 유래되는 것은 아니다.

용사의 구체적인 업무내용으로서 점빼기와 귓볼뚫기 등을 통한 직업 수행자유와 평등권 실현 부분은 외국인인 청구인에게도 그 기본권 주체성이 인정된다고 봄이 상당합니다.

(3) 헌법소원의 대상성

점빼기와 귓볼뚫기를 금지하는 미용업자 위생관리기준(2011. 10. 15. 보건복지부 고시 제2011－35)과 같은 법령보충적 행정규칙도 헌법재판소법 제68조 제1항의 공권력에 해당하는지 문제됩니다. 법령보충적 행정규칙이란 '법령의 위임을 받아 법령을 보충하는 내용을 정하는 행정규칙'을 말하는바, 이 사건 보건복지부 고시는 형식은 행정규칙이지만 그 실질은 상위 법령과 결합하여 국민의 기본권을 직접적으로 제한하거나 의무를 부과하는 등의 영향을 미치는 이른바, 행정규칙형식의 법규명령으로서 법령보충적 행정규칙이라고 할 것입니다. 헌법재판소는 역시 "이 사건 고시는 모법조항의 위임에 의하여 제정된 것으로서 국민의 기본권을 제한하는 내용을 담고 있어 상위법령과 결합하여 대외적 구속력을 갖는 법규명령으로 기능하고 있는 것이라 볼 수 있으므로 헌법소원의 대상이 된다."고 판시하고 있습니다(헌재 2008. 11. 27. 2005헌마161; 헌재 2004. 10. 28. 2002헌마328). 그러므로 이 사건 보건복지부 고시 역시 이른바 법령보충적 행정규칙에 해당하여 헌법소원의 대상이 인정된다고 할 것입니다.

(4) 직접성

헌법소원의 직접성 요건 및 보충성 요건과 관련하여 이 사건에서 청구인은 2012. 9. 12. 대한미용업협회로부터 청구취지 기재 보건복지부 고시로 말미암아 점빼기와 귓불뚫기를 할 수 없다는 회신을 받았는바, 이 경우 행정청의 구체적이고도 직접적인 처분이 없는 상황에서 직접성 내지 보충성 예외 요건의 충족여부가 문제가 됩니다. 헌법재판소는 직접성 요건과 관련하여 심판대상 법령조항이 집행행위의 개입 없이 직접 그 자체로 기본권을 제한하고 있는 경우 직접성이 인정된다고 보고 있습니다. 사안의 경우 별개의 행정처분 없이 점빼기와 귓볼뚫기를 금지하는 보건복지부 고시의 내용 그 자체로 인해 미용사인 청구인의 기본권을 직접적으로 제한 내지 침해하고 있다고 할 것이므로 기본권 침해의 직접성도 충족하고 있습니다.

(5) 보충성

헌법재판소는 "고시에 대하여 처분성을 인정하여 행정소송법에 의한 행정소송 등 다른 권리구제절차를 허용할 수 있는지 여부가 객관적으로 불확실한 경우에는 보충성의 예외에 해당한다."고 판시하고 있습니다[3](헌재 2004. 10. 28. 2002헌마328). 이 사건 보건복지부 고시는 말 그대로 '고시'라는 일반적, 추상적 법규형식으로 담아낸 것이므로 구체적 처분을 대상으로 그 취소나 무효확인 등의 항고소송으로 다툴 수 있는지에 대하여는 법률전문가들도 판단하기 힘든 것이라는 점, 대법원을 포함한 일반 법원 역시 헌법소원에서처럼 법령 자체에 대한 취소나 무효를 바로 선언하여 권리구제를 인정하는 경우는 극히 예외적인 경우로 한정하고 있는 점[4] 등을 감안할 때 사안의 경우 보충성 원칙이 적용되지 않는 예외에 해당한다고 할 것입니다.

---

3) 이 사건과 같은 법령소원의 경우에는 직접성 요건과 보충성 요건의 적용에 있어 다소 헷갈릴 수 있다. 즉, 위 두 가지 요건이 동일한 개념이라고 볼 수 있는지 여부가 문제되는데 양 요건은 기능상 또는 요구되는 헌법소원 요건의 취지상 불가분의 관계에 있는 요건이지만, 동일한 개념은 아니라고 본다. 예컨대, 법령에 대한 헌법소원의 경우 법령에 대한 위헌 여부를 다툴 수 있는 다른 권리구제절차가 없기 때문에 사전 구제절차를 거쳐야 한다는 보충성 요건이 불필요하다. 그러나 법령헌법소원에 있어 특별히 법령을 집행하는 집행행위가 따로 존재하는 경우에는 바로 법령에 대한 헌법소원을 청구할 수 없고 원칙적으로 해당 집행행위를 대상으로 한 구제절차(일반 행정소송 등)를 반드시 거쳐야 한다는 의미이다.

4) **관련 문제로 두밀분교 조례 사건 등 조례와 고시 자체에 대한 처분성(이른바, 처분적 고시, 조례)을 인정한 판례 사안에 대해 반드시 공부해 두어야 한다.(제7회 변시 공법사례형 1문에서 처분적 조례가 출제됨)**

(6) 청구기간

법령헌법소원에 있어 국선대리인 선임신청이 있는 경우 '국선대리선임 신청일'이 헌법소원 청구기간(90일) 내에 청구한 것인지 여부를 판단하는 기준시점이 됩니다. 즉, 본인이 국선대리인 선임신청을 한 날에 헌법소원심판을 청구한 것으로 보아 청구기간의 경과여부를 계산합니다(헌법재판소법 제70조 제1항). 그리고, 이 경우 청구인의 국선대리인은 **선임일로부터 60일 이내에 심판청구서를 헌법재판소에 제출하여야 합니다**(헌법재판소법 제70조 제5항). 사안의 경우 기본권 침해를 안 날은 대한미용사업협회로부터 이 사건 문제가 된 관련 규정에 근거하여 미용사는 점빼기와 귓볼뚫기를 할 수 없다는 회신을 청구인이 받은 날인 **2012. 9. 10.이며, 그로부터 90일 이내인 2012. 11. 20.에 국선대리인 선임을 신청**하였으므로 이 사건 헌법소원은 적법합니다.

(7) 기타 요건

나머지, 적법요건으로서 자기관련성, 현재성 및 변호사 강제주의는 사안에서 모두 적법하게 준수되었다고 할 것입니다.

2. 이 사건 규정의 위헌성

가. 위헌 무효인 모법에 근거한 고시의 위헌성

(1) 모법인 공중위생관리법의 포괄위임금지원칙, 의회유보원칙 위반

기본권은 헌법 제37조 제2항에 의하여 국가안전보장·질서유지 또는 공공복리를 위하여 필요한 경우에 한하여 이를 제한할 수 있고, 그 제한의 방법은 원칙적으로 법률로써만 가능하고 하위 법령으로써 제한할 때에는 반드시 법률의 근거와 위임이 있어야 합니다. 즉, '법률로써 제한'이라는 말은 반드시 '형식적 의미의 법률에 의한 제한'을 의미하는 것이 아니라 '법률에 근거한 제한'을 의미하는바, 이는 법률은 모든 사항을 규율할 수 없을 뿐만 아니라 전문적이고 기술적 사항에 대해서 전문가가 아닌 국회가 세세히 규정하는 것이 불가능하기 때문입니다. 따라서 본질적이고 중요한 사항의 대강을 반드시 법률에 규정하여야 하고(의회유보원칙 준수), 구체적으로 어떤 내용이 규정될 것인지 예측 가능하도록 범위를 정해(포괄위임금지) 하위 법규명령이나 고시(법령보충적 행정규칙)에 위임하여 기본권을 제한할 수 있다고 할 것입니다. 그러나 만약 기본권을 제한하는 하위 법령이 법률이 위임한 범위를 벗어나거나 법률이 위임하지 않은 사항을 규정한다면 이는 법률의 근거 없는 기본권 제한으로서 법률유보 원칙이나 법률우위 원칙에 반하여 위헌이라고 할 것입니다(헌재 2003. 11. 27. 2002헌마193; 헌재 2005. 2. 24. 2003헌마289).

(2) 사안의 경우

그런데, 이 사건 고시의 근거규정이자 모법에 해당하는 공중위생관리법 제4조(공중위생영업자의 위생관리의무 등) 제4항 제3호는 "그밖에 미용업자가 준수하여야 할 위생관리기준은 보건복지부장관이 고시로 정한다."라고 규정하여 미용업자가 준수하여야 할 위생관리 기준에 관하여 구체적이고 명확한 한계를 두지 아니한 채 보건복지부장관에게 포괄위임하여 그에 근거하여 이 사건 고시를 통해 기본권을 제한하고 있는바, 이는 헌법 제75조가 규정하는 위임입법의 한계(포괄위임금지원칙)를 일탈하였다고 할 것이고, 위임입법의 한계를 일탈한 모법에 근거한 이 사건 규정은 그 자체로 무효라고 할 것입니다.

더 나아가, 미용업자의 직업수행의 자유와 평등권 등을 제한하는 것으로서 본질적이고 중요한 사항의 대강은 반드시 의회가 만든 법률에 규정하여야 하고, 어떤 내용이 규정될 것인지 최소한 예측가능토록 그 대강의 범위를 법률에서 규정한 후 비로소 법규명령이나 고시에 위임하여 기본권을 제한할 수 있어야 함에도, 이 사건 고시의

근거규정인 공중위생관리법 제4조(공중위생영업자의 위생관리의무 등) 제4항 제3호는 "그밖에 미용업자가 준수하여야 할 위생관리기준은 보건복지부장관이 고시로 정한다."라고 규정하고 있는데, 이는 같은 항 제2호 "미용사면허증을 영업소 안에 게시할 것"과는 전혀 다른 위생관리기준에 관하여 법률에 대강을 규정하지 아니한 채 전적으로 위임한 것에 해당하는바, 이는 법률유보(의회유보) 원칙에도 위반되어 위헌이라고 할 것입니다.

나. 법률우위원칙 위반

한편, 이 사건 보건복지부 고시 조항(점빼기, 귓불뚫기 금지)은 그 근거되는 상위법규인 공중위생관리법 "미용업자가 준수하여야 할 위생관리기준"이라고도 보기 어려워 모법에서 위임하고 있지 않은 미용업자의 업무범위를 제한함으로써 기본권 제한의 법률유보원칙에 위배하여 청구인의 직업수행의 자유를 침해하고 있다고 할 것이며, 가사 근거규정에 해당한다고 선해하더라도 상위법령의 내용과 취지에 반하면 안 된다는 법률우위원칙에도 위반된다고 할 것입니다.

다. 과잉금지원칙 위반

(1) 제한되는 기본권[5]

이 사건은 미용사인 청구인으로 하여금 귓볼뚫기와 점빼기 영업을 하지 못하도록 의무지우고, 이를 위반하는 경우에 영업정지 및 나아가 영업장 폐쇄명령까지 할 수 있도록 규정하고 있는바, 이는 미용사인 청구인의 직업의 자유 중 영업의 자유 내지 직업 수행의 자유를 제한한 것입니다. 헌법상 직업의 자유는 "인간이 생활을 유지 · 영위하기 위하여 그가 원하는 바에 따라 직업을 선택하고 선택한 직업에 종사할 수 있는 자유"를 말합니다. 그러나 헌법상 보장된 직업의 자유도 절대적인 것이 아니기 때문에 필요하고 불가피한 경우에는 그 본질적인 내용을 침해하지 않는 한, 헌법 제37조 제2항의 기본권제한입법(법률유보)의 한계내에서 이를 제한할 수 있습니다.

(2) 직업의 자유와 단계이론[6](가점 사안)

직업의 자유를 제한하는 경우에 그 제한이 구체적으로 어느 정도까지 가능한가에 관하여 독일연방헌법재판소 판례(1958. 6. 11. BVerfGE 7, 377.)를 통하여 확립된 단계이론이 있는데 이 이론은 직업의 자유를 제한함에 있어서는 방법상 그 침해의 진지성이 적은 방법부터 선택하여야 한다는 것으로 우리 헌법재판소도 이 이론을 수용하고 있습니다. 단계이론은 먼저 1단계로 '직업행사(수행)의 자유의 제한'으로 직업선택의 자유에 대한 제한이 불가피한 경우에도 선택의 자유보다 침해가 경미한 수행의 자유를 제한하는 방법으로 목적을 달성해야 한다는 것으로 백화점의 바겐세일 연중회수와 기간의 제한, 택시의 합승행위의 금지, 택시의 격일제 영업제도, 유흥업소 및 식당의 영업시간 제한이 그 예입니다. 2단계로는 '주관적 사유에 의한 직업선택의 자유의 제한' 방법인데 이 방법은 기본권 주체의 '주관적 사유(시험의 합격, 교육과정의 이수 등)'를 이유로 해서 직업선택의 자유를 제한하는 것으로서, 직업선택의 자유를 그 직업이 요구하는 일정한 자격과 결부시켜 제한하는 방법을 말합니다. 예로는 사법시험제도, 의사고시제도, 대학입학 고사제도 등이 있습니다. 마지막 3단계는 '객관적 사유에 의한 직업선택의 자유의 제한'으로 개인적인 능력 또는 자격과는 무관한 객관적 사유를 이유로 제한하는 것을 말하는데 이 제한은 직업선택의 자유에 대한 제한이 심대하기 때문에 공공의 이익에 대한 명백하고 현존하는 위험을 방지하기 위하여 불가피한 경우에만 허용된다고 할 것입니다. 예로는 화약류의 제조 · 판매 · 운송업 등이 있습니다.

---

5) **사례형, 기록형에서 가장 배점이 많은 과잉금지위반 부분 판단에서 '제한되는 기본권'을 먼저 특정해야 하는 점을 절대 빠트리지 말자.**

6) **사례형, 기록형에서 직업의 자유가 쟁점이 되면 반드시 기술해야 한다.**

사안의 경우 의사가 아닌 미용사에게 점빼기와 귓볼뚫기를 하지 못하도록 제한함으로써 직업의 자유에 대한 단계이론 중 제1단계 직업수행의 자유 내지 제2단계 주관적 사유에 의한 제한에 해당하므로 비교적 완화된 기본권 제한에 관한 심사기준이 적용된다고 할 것입니다.7)

(3) 과잉금지 위반 여부

(가) 입법목적의 정당성

미용업은 공중위생영업으로서 손님의 외모를 아름답게 꾸미는 업인데도 불구하고 최근 미용업자가 미용시술을 빙자하여 쌍꺼풀수술, 문신, 박피술 등을 시행하거나 의약품 또는 의료기기를 사용하는 사례가 많고, 이로 인한 피해 사례가 발생하였거나 우려되고 있으므로, 미용업자가 의료에 관한 전문적 지식과 기술을 필요로 하는 시술을 하거나 의약품 또는 의료기기 사용을 하지 못하게 하는 등 미용업자 위생관리기준을 명확히 정함으로써 국민의 건강과 위생보호에 만전을 기하려는 것으로 보여지는바, 이러한 입법목적은 헌법 제37조 제2항에서 규정하고 있는 공공복리를 달성하고자 하는 것으로서 정당하다고 할 것입니다.

(나) 수단의 적합성

이 사건 규정에 의하여 의사가 아닌 미용사에 의하여 유사 의료행위에 해당하는 점빼기와 귓볼뚫기 행위를 하지 못하도록 제한하는 것은 일반 시민들의 생명과 신체에 관련된 성형 행위의 경우 보다 안전한 곳에서 시술하도록 하는 환경을 조성하기 위한 적절한 수단이라고 할 수 있습니다.

(다) 침해의 최소성

침해의 최소성과 관련하여, 점 빼는 일이 1, 2분 만에 끝나는 간단한 일이고, 위험한 일도 아니며, 대단한 의료기기나 의료기술이 필요한 일이 아닙니다. 더욱이 일반인 입장에서는 병원 가서 점을 빼려면 비용부담이 크고 번거로운 측면도 있습니다. 따라서 의사와 동일한 기술 있는 미용사가 점을 제거하는 것에 대해 엄정한 행정관리 내지 일정한 교육이수를 통한 추가 자격증 획득의무 등 보다 덜 제한적인 방법을 통하여 적절히 관리를 할 수 있음에도 불구하고, 이를 전면적으로 금지하는 규정은 침해의 최소성에 반한다고 할 것입니다. 나아가 이 사건 규정을 위반하는 경우에 행정적 제재는 물론 과태료와 과징금까지 부과할 수 있도록 하는 것은 입법목적의 달성을 위하여 불합리하거나 지나치게 과도한 제재에 해당한다고 할 것입니다.

(라) 법익의 균형성

그동안 일반 시민들은 관행적으로 점빼기와 귓볼뚫기를 위해 병원을 이용하기보다는 대부분 귀걸이 등을 하기 위한 수단으로서 귓볼뚫기 등을 동네 미용실에서 해온 것이 일반적이었고 그로 인한 부작용은 거의 없었다고 해도 과언이 아닙니다. 그러므로 이 사건 규정으로 인하여 미용사의 점빼기와 귓볼뚫기 영업을 현실적으로 전면금지하는 경우 이를 통해 달성하고자 하는 국민건강과 위생보호라는 공익은 그로 말미암아 초래되는 청구인의 직업수행의 자유제한이나 불이익 내지 일반 시민들의 불편함보다 결코 더 크지 않다고 할 것입니다.

(4) 소결론8)

따라서 이 사건 규정은 미용사로서 점빼기와 귓볼뚫기에 관한 전문 기술자인 청구인의 직업수행의 자유를 헌법 제37조 제2항의 한도를 넘어 침해한다고 할 것입니다.

---

7) 완화된 심사기준이라고는 하지만 과잉금지원칙위반에 대한 심사과정을 모두 거쳐야 한다. 다만, 각 단계별로 엄격한 기준으로 심사할 필요는 없다는 의미이다.
8) 주관식 서술형 답안에서는 항상 마무리로 소결론을 붙여 주는 습관이 좋다.

라. 평등권 내지 평등원칙 침해

(1) 비교집단의 존재

의사와 대비하여 미용사의 경우 전면적으로 미용과 성형에 관해 허용하지 않는 것에 비해, 요가와 안마사의 경우 예외적으로 사람의 신체적 부위에 대해 교정시술을 허용하는 등 의사가 의료적으로 행하는 시술을 일부 허용하고 있다는 점에서 그 비교대상이 존재한다고 할 것입니다.

(2) 심사기준

헌법재판소는 입법자에게 부여된 입법형성권의 정도에 따라 평등권 내지 평등원칙위반의 판단에 있어서 완화된 심사척도를 사용하는 경우와 엄격한 심사척도를 사용하는 경우로 구분하고 있습니다. 이중 완화된 심사척도는 통상적인 자의금지의 원칙에 따라 판단하는데 이때 자의금지의 원칙은 본질적으로 같은 것을 자의적으로 다르게, 본질적으로 다른 것을 자의적으로 같게 취급하는 것을 금지함을 의미하므로 차별대우가 자의금지원칙에 반하지 않는 것으로 되기 위해서는 헌법적으로 정당화 되어야 하는데, 그 정당화 사유는 객관적이고 합리적인 이유가 존재하는 경우를 말합니다. 이에 반해 엄격한 심사척도는 자의금지원칙에 따른 판단이 아니라 비례의 원칙에 의한 판단으로 이루어지게 됩니다. 헌법재판소는 완화된 심사척도와 엄격한 심사척도가 적용되는 경우에 대한 구별기준에 대해 ① 헌법 스스로 차별의 근거로 삼아서는 아니되는 기준을 제시하거나 차별을 특히 금지하고 있는 영역을 제시하는 경우와, ② 차별적 취급으로 인하여 관련 기본권(앞에서 문제가 된 자유권을 지칭함)에 대한 중대한 제한을 초래하게 될 경우 엄격한 심사척도가 적용되는 것이 정당화 된다고 보았습니다(헌재 1999. 12. 23. 98헌마363).

사안의 경우 귓볼뚫기나 점빼기의 경우 동일한 피부미용 시술임에도 의사와 미용사를 구별하여 특별히 차별하고 있는 바 이는 차별적 취급으로 인하여 미용사인 청구인의 직업의 자유 등에 대한 중대한 제한을 초래하게 될 경우라고 할 것이므로 엄격한 심사기준이 적용된다고 할 것입니다.[9]

(2) 과잉금지원칙(비례원칙) 위반[10]

(가) 차별 입법목적의 정당성

최근 미용업자가 미용시술을 빙자하여 쌍꺼풀수술, 문신, 박피술 등을 시행하거나 의약품 또는 의료기기를 사용하는 사례가 많고, 이로 인한 피해 사례가 발생하였거나 우려되고 있으므로, 미용업자가 의료에 관한 전문적 지식과 기술을 필요로 하는 시술을 하거나 의약품 또는 의료기기 사용을 하지 못하게 하는 등 미용업자 위생관리기준을 명확히 정함으로써 국민의 건강과 위생보호에 만전을 기하려는 것으로 보여지므로 입법목적은 정당하다고 할 것입니다.

(나) 차별 수단의 적절성과 최소침해성

이 사건 규정에 의하여 의사가 아닌 미용사에 의하여 유사 의료행위에 해당하는 점빼기와 귓볼뚫기 행위를 하지 못하도록 제한하는 것은 일반 시민들의 생명과 신체에 관련된 성형 행위의 경우 보다 안전한 곳에서 시술하도록 하는 환경을 조성하기 위한 적절한 수단이라고 할 수 있는 반면, 점 빼는 일이 1, 2분 만에 끝나는 간단한 일이고, 위험한 일도 아니며, 의료기기나 의료기술이 필요한 일이 아니며, 일반인 입장에서는 병원 가서 점을 빼

9) 다만, 국가가 공익적 목적 하에 일정부분 미용사 본연의 두발에 관한 미용업무가 아닌 부수적 업무에 해당하는 피부미용 업무를 제한하고자 하는 경우로 보아 '합리적인 기준'을 적용하여 차별에 관한 입법자의 기준설정에 합리적인 이유가 있는지 여부를 심사하는 완화된 심사기준을 적용하여 판단하는 것도 가능하다.

10) 앞의 직업의 자유에서 언급한 내용을 거의 그대로 원용 가능하다.

려면 비용부담이 크고 번거로운 측면도 있어 의사와 동일한 기술 있는 미용사가 점을 제거하는 것을 전면적으로 금지하는 규정은 침해의 최소성에 반한다고 할 것입니다. 더욱이 이 사건 규정을 위반하는 경우에 행정적 제재에 더하여 행정벌까지 부과하는 것은 입법목적의 달성을 위하여 불합리하다거나 지나치게 과도한 제재에 해당한다고 할 것입니다.

(다) 법익의 균형성

앞서 설명드린 바와 같이, 지금까지 국민들은 관행적으로 점빼기와 귓볼뚫기를 위해 병원에 가는 상황은 많지 아니함에 비하여 대부분의 귓볼뚫기 등을 동네의 믿을만한 미용실에서 하는 것이 일반적이므로, 이 사건 규정으로 인하여 미용사의 점빼기와 귓볼뚫기 영업을 현실적으로 전면 금지하는 경우 이를 통해 달성하고자 하는 국민건강과 위생보호라는 공익은 그로 말미암아 초래되는 청구인의 직업수행의 자유제한이나 불이익보다 더 크지 않다고 할 것이므로 이 사건은 침해되는 사익이 보호되는 공익보다 월등히 큰 경우에 해당한다고 할 것입니다.

(라) 소 결

그렇다면 이 사건 고시조항은 차별취급을 통하여 달성하려는 입법목적의 비중에 비하여 차별로 인한 불평등의 효과가 극심하므로 차별취급의 비례성을 상실하고 있다고 할 것이므로 헌법 제11조에 위배되며, 이로 인하여 청구인의 평등권이 침해된다고 할 것입니다.

마. 행복추구권 침해(가점 사안)

행복추구권은 다른 기본권에 대한 보충적 기본권으로서의 성격을 지니고(헌재 2000. 12. 14. 99헌마112 등; 헌재 2002. 8. 29. 2000헌가5 등), 특히 어떠한 법령이 수범자의 직업의 자유와 행복추구권 양자를 제한하는 외관을 띠는 경우 두 기본권의 경합 문제가 발생하는데, 보호영역으로서 '직업'이 문제되는 경우 행복추구권과 직업의 자유는 서로 일반·특별관계에 있어 기본권의 내용상 특별성을 갖는 직업의 자유의 침해 여부가 우선하여 행복추구권 관련 위헌 여부의 심사는 배제되어야 한다고 보고 있습니다(헌재 2003. 9. 25. 2002헌마519; 헌재 2007. 5. 31. 2007헌바3). 그런데 이 사건에서 청구인이 어렵게 미용사 관련 자격을 취득하고, 미용실을 개업한 후 그 중에서도 본인의 주특기 기술로 점빼기와 귓볼뚫기에 관한 업무를 영위하는 것은 단순한 직업수행의 자유 이상으로 청구인에게는 대한민국에서 행복한 삶을 추구하고 영위할 수 있는 주요한 기본권이라고 할 것이므로 이를 이 사건 고시로 인해 침해받았다고 할 것입니다. 구체적인 심사사항은 앞서 직업의 자유, 평등권에서 설명드린 바 있습니다.

3. 결 론

따라서 이 사건 청구취지 기재 법령조항은 헌법상 과잉금지원칙에 위배하여 과도하게 청구인의 직업의 자유, 평등권, 행복추구권을 침해하고, 포괄위임금지원칙과 의회유보원칙 내지 법률우위원칙에도 위반된다고 할 것이므로 이 사건 심판청구에 이르게 되었습니다.

첨부서류

1. 국선대리인선정결정 정본
1. 국선대리인선임신청서 부본
1. 영업신고증
1. 외국인등록증
1. 미용업협회 질의회신서

2012. 1. 4.

청구인의 국선대리인
변호사 김신뢰

헌법재판소 귀중

제2문(20점)

소 장

청구취지

1. 피고가 2012. 12. 13. 원고에게 한 영업정지처분을 취소한다.
2. 소송비용은 피고의 부담으로 한다.

라는 판결을 구합니다.

청구원인

3. 이 사건 처분의 위법성

가. 공중위생관리법 시행규칙 제19조 [별표 7]의 법적 성격과 그 법적 구속력 인정 여부

(1) 별표의 법적 성격

이 사건 원고에 대한 영업정지처분의 직접적 기준이 된 보건복지부령은, 그 형식은 법규명령이나 그 실질은 행정규칙인 이른바 법규명령 형식의 행정규칙[1]에 속한다고 볼 수 있습니다. 행정규칙은 일반적으로 고시, 훈령, 예규, 지침 등의 형식으로 정립되나, 경우에 따라서는 대통령이나 부령 등 법규명령 형식으로 정립되기도 하는 바, 이러한 경우 법규성의 인정 여부가 문제되는데 학설은 ① 법적 안정성을 확보하기 위하여 법규의 형식으로

---

1) **법규명령형식의 행정규칙**

행정 실무상 특히 제재적 행정처분기준의 성질이 문제되는데 **행정사무처리기준과 같은 행정 내부적 사항은 고시·훈령 형식으로 규정되어야 하나 상위법령의 위임에 따라 대통령령·총리령·부령의 형식으로 규정된, 즉 법규명령 형식을 취하고 있지만 그 내용이 행정규칙의 실질을 가지는 경우 이를 법규명령으로 볼 것인지 아니면 행정규칙에 불과하여 법규성을 부정할 것인지 견해가 대립된다. 학설은 법규명령설, 행정규칙설, 수권여부기준설 등이 있으며, 대법원은 행정규칙의 성격을 가진 제재처분기준이 부령으로 된 경우 행정규칙의 성격을 가진다고 판시하고 있으나, 그 기준이 대통령령 형식으로 된 경우 부령과 달리 법규명령의 성격을 인정하여 재판의 기준이 된다는 입장을 취하고 있다.** 한편 대법원이 구 청소년보호법시행령상의 과징금부과처분기준에 대해 법규명령으로 보면서도 재량권 행사의 여지를 인정하기 위하여 처분기준이 되는 과징금액수를 정액이 아니라 최고한도액으로 보고 있음은 주목할 만하다(대판 2001. 3. 9. 99두5207).

(1) 다수설: 법규명령설(형식설)

(2) 판례

a. 대통령령(시행령)

· 법규성○(원칙): 주택건설촉진법시행령, 청소년보호법시행령(위반행위종별 과징금부과 처분기준), 국민건강보험법시행령(업무정지처분 및 과징금)

· 법규성 × (예외): 지가공시및토지평가에관한법률시행령(감정평가사 시험위원회 운영규정 별표)

b. 부령(시행규칙)

· 법규성 × (원칙): 공무원징계양정등에관한규칙, 공중위생법시행규칙, 도로교통법시행규칙(운전면허 행정처분기준), 석유사업법시행규칙, 약사법시행규칙(약사의 약품개봉판매 행위규정), 식품위생법시행규칙, 여객자동차운수사업법시행규칙(개인택시운송사업면허규정)

· 법규성○(예외): 여객자동차운수사업법시행규칙(시외버스 운송사업사업계획 변경기준)

규정된 이상 국민을 구속한다는 법규명령설과 ② 법규의 형식이라도 성질이 변하는 것이 아니라며 법규성을 부정하는 행정규칙설, ③ 법률의 수권여부에 따라 판단하는 수권여부기준설 등이 있습니다. 대법원 판례는 원칙적으로 실질적 내용에 따라 행정규칙으로 보고 있으나 규정형식상 대통령령의 경우에는 법규명령으로 보고 있습니다.

(2) 사안의 경우

대통령령과 부령의 경우를 구분하여 법규성을 인정하는 판례의 태도는 일관성을 결여되어 있다는 비판이 가능합니다. 그러나, 판례에 따를 경우 원칙적으로 이 사건 보건복지부령 형식으로 되어 있는 행정처분 기준의 경우 그 법적 구속력이 인정되지 않으므로 이 사건 행정처분이 그에 위반하였다고 하여 그러한 사정만으로 바로 위법하게 되는 것은 아닙니다.[2] 다만, 예외적으로 재량권 행사의 준칙인 행정규칙이 그 정한 바에 따라 되풀이 시행되어 행정관행이 이루어지게 되면 평등원칙 등에 따라 행정기관은 그 상대방에 대한 관계에서 그 규칙에 따라야 할 자기구속을 받게 되어 (특별한 사유가 없는 한) 행정청은 당해 위반사항에 대하여 그 처분기준에 따라 처분을 행함이 상당합니다. 따라서, 행정청이 이러한 처분기준을 따르지 아니하고 특정 개인에 대하여만 위 처분기준을 과도하게 초과하는 처분을 한 경우 특별한 사정이 없는 한 그를 위반한 처분은 재량권을 일탈·남용한 위법한 처분이 된다고 할 것입니다.

결국, 이 사건 영업정지처분의 적법 여부는 보건복지부령의 처분기준만으로 판단할 것이 아니라 처분의 근거법령인 공중위생관리법 규정내용과 입법취지에 따른 행정기관의 재량권 일탈, 남용여부 등 당해사건의 모든 정황을 종합적으로 고려하여 판단하여야 할 것입니다.

나. 이 사건 영업정지처분의 재량 일탈·남용 여부

(1) 관련 규정 및 이 사건 영업정지처분의 성질

서대문구청장의 행정처분서 등을 보면 이 사건 영업정지처분의 발령주체나 형식면에서는 문제가 없고, 절차면에서도 사전 통지를 하고 이유를 부기하였으므로 문제가 될 것이 없습니다. 그런데 피고가 내린 2월의 영업정지처분은 재량행위에 해당합니다(공중위생관리법 제11조(공중위생영업소의 폐쇄 등) 제1항 참조).

2) 참고 판례 : 식품위생법시행규칙 제53조에서 별표 15로 같은 법 제58조에 따른 행정처분의 기준을 정하였다 하더라도, 이는 형식은 부령으로 되어있으나 성질은 행정기관 내부의 사무처리준칙을 규정한 것에 불과한 것으로서 보건사회부장관이 관계 행정기관 및 직원에 대하여 직무권한행사의 지침을 정하여 주기 위하여 발한 행정명령의 성질을 가지는 것이지, 같은 법 제58조 제1항의 규정에 의하여 보장된 재량권을 기속하는 것이라고 할 수 없고, 대외적으로 국민이나 법원을 기속하는 것은 아닙니다. 다만, 행정청이 수익적 행정처분을 취소하거나 중지시키는 경우에는 이미 부여된 국민의 기득권을 침해하는 것이 되므로 비록 취소 등의 사유가 있더라도 취소권 등의 행사는 기득권의 침해를 정당화할 만한 중대한 공익상 필요 또는 제3자의 이익보호의 필요가 있는 때에 한하여 상대방이 받는 불이익과 비교교량하여 결정하여야 하고 그 처분으로 인하여 공익상 필요보다 상대방이 받게 되는 불이익 등이 막대한 경우에는 재량권의 한계를 일탈한 것으로서 그 자체가 위법임을 면치 못한다. 동법 시행규칙 제53조에 따른 별표 15의 행정처분기준은 행정기관 내부의 사무처리준칙을 규정한 것에 불과하기는 하지만 규칙 제53조 단서의 식품 등의 수급정책 및 국민보건에 중대한 영향을 미치는 특별한 사유가 없는 한 행정청은 당해 위반사항에 대하여 위 처분기준에 따라 행정처분을 함이 보통이라 할 것이므로, 행정청이 이러한 처분기준을 따르지 아니하고 특정 개인에 대하여만 위 처분기준을 과도하게 초과하는 처분을 한 경우에는 재량권의 한계를 일탈하였다다고 할 것인바, 위 행정처분기준에 의하면 1월의 영업정지사유에 해당하는데도 2월 15일의 영업정지처분을 한 것은 재량권 일탈, 남용에 해당한다(대판 1993. 6. 29. 93누5635).

(2) 감경규정의 미적용

한편, 행정청의 내부기준에 해당하는 보건복지부령 행정처분기준 Ⅰ. 일반기준의 4.에 의하면, "행정처분권자는 위반사항의 내용으로 보아 그 위반정도가 경미하거나 해당위반사항에 관하여 검사로부터 기소유예의 처분을 받거나 법원으로부터 선고유예의 판결을 받은 때에는 Ⅱ. 개별기준에 불구하고 그 처분기준을 다음의 구분에 따라 경감할 수 있다. 가. 영업정지의 경우에는 그 처분기준 일수의 2분의 1의 범위 안에서 경감할 수 있다."라고 규정하고 있는바, 피고는 이 사건 원고에 대한 영업정지처분을 굳이 행하지 않거나, 1/2로 경감하여 처분할 수도 있었음에도 불구하고 다음과 같이 재량권을 일탈·남용한 위법이 있습니다.

(3) 비례원칙 위반

첨부한 사실확인서, 진술서 등에 의하면 원고는 원고 운영 미용실에서 고객들을 상대로 점빼기와 귓볼뚫기 등을 행한 점은 인정되나, 이는 원고가 오로지 돈을 벌 욕심에 고의로 해당 법규를 위반하여 행한 것이 아니라, 시간과 비용상 병원에 가기가 부담이 되는 고객들의 간절한 요청에 기인하여 마지못해 시술을 행한 점이 인정되며, 시술결과도 부작용이 전혀 없이 잘 된 점이 인정됩니다. 더욱이, 원고는 이 건 이외에 다른 행정벌과 행정처분을 받은 적이 없으며, 이 사건 시술을 받은 고객들은 원고에 대한 선처를 강하게 요청하고 있는 상황입니다. 그러므로 이 사건 영업정지처분의 경우 설령 백보를 양보하여 점빼기와 귓볼뚫기가 국민의 생명과 신체의 건강과 관련되는 의료행위에 해당하여 의료기관이 아닌 미용실에서 시술하지 못하도록 하고, 이를 행한 미용업자에 대하여 영업정지처분 등을 하는 것이 위와 같은 공익을 달성하기 위한 적합한 수단이 되고 또한 그 필요성까지 인정된다고 하더라도, 이 사건 원고의 경우에까지 그대로 적용함은 달성하고자 하는 공익에 비해 지나치게 원고의 사익을 침해한다고 할 것이므로 상당성에 위배된다고 할 것입니다.

(4) 소 결

그러므로 이 사건 원고에 대한 피고의 영업정지처분은 그 처분의 근거가 된 행정처분기준(보건복지부령)이 행정기관 내부를 구속할 뿐 대외적 구속력은 인정되지 아니하여 사인인 원고에 대하여는 효력이 없을 뿐만 아니라, 가사 효력이 인정된다고 보는 경우에도 비례원칙 등을 위반하여 재량권을 일탈·남용한 위법한 처분에 해당하여 취소되어야 마땅합니다.

2014년도 제3회

변호사시험

공법 기록형 해설

제1문(80점)

헌법소원심판청구서

청구인　　김동식

서울 서초구 잠원로 25

미성년자이므로 법정대리인 친권자 부 김갑동, 모 이순희

대리인 법무법인 진리

담당변호사 김정의

서울 서초구 서초중앙로 200 진리빌딩 2층

전화: 02－555－6789, 전송: 02－555－6790, 이메일: justicekim@truthlaw.com

청구취지

"학교폭력예방 및 대책에 관한 법률(2012. 12. 28. 법률 제12345호로 전부개정된 것[1]) **제17조 제4항 중 제1항 제1호 부분 및 제7항 본문 중 제9호 부분과 단서 제1호 부분은 헌법에 위반된다.**"라는 결정을 구합니다.

당해사건

서울행정법원 2013구합246 퇴학처분 등 취소

위헌이라고 해석되는 법률조항

학교폭력예방 및 대책에 관한 법률(2012. 12. 28. 법률 제12345호로 전부개정된 것) 제17조 제4항 중 제1항 제1호 부분 및 제7항 본문 중 제9호 부분과 단서 제1호 부분

청구이유

Ⅰ. 사건의 개요

청구인은 서울 서초구 반포로 45에 있는 대한중학교 2학년 3반에 재학 중인 학생으로 2학년에 진급한 이후 같은 반 급우 조민우를 처음으로 알게 되어 하교를 함께 하곤 하였습니다. 그러던 중 청구인은 조민우에게 갑자기 필요한 돈을 빌려달라고 하였지만, 그는 이를 거절하였습니다. 청구인은 그 일로 두 번 정도 조민우와 말싸움을 한 사실은 있었지만, 그를 때리거나 한 적은 없었습니다. 그런데 대한중학교장(이하 '학교장'이라 한다)은 2013. 6. 21. 청구인에게 조민우를 학년 초부터 지속적으로 괴롭혔다는 이유로 3일 이내에 서면으로 조민우에게 사과할 것을 명하는 취지의 '서면사과명령'을 하였습니다. 학교장이 위와 같은 서면사과명령을 하게 된 경위는, 조민우가 담임선생님과 상담하는 과정에서 청구인에게 돈 2만 원을 빌려 주었는데, 그 돈을 돌려 줄 것을 요구하자 청구인이 조민우를 주먹으로 얼굴 등을 폭행하는 등으로 괴롭혀 왔다고 허위의 사실을 고지하자, 담임선생님은

1) 문제에서 특별히 생략해도 무방하다고 언급하지 않은 이상, 청구취지 대상 법령을 특정할 때 이 부분도 반드시 기재하여야 한다.

조민우의 말을 학교장에게 보고하였고, 학교장은 조민우 학생만을 다시 불러 사실관계를 확인한 후 청구인의 부모를 학교로 불러 선도에 긴급한 조치라면서 청구인에게 이 사건 서면사과명령을 한 것입니다. 그러자 학교장은 2013. 7. 5. 청구인이 학교장의 서면사과명령을 이행하지 않을 뿐만 아니라 담임선생님의 말씀을 잘 따르지 않고 수업시간에 일부러 딴청을 피우는 일이 많다는 등의 '품행불량'을 이유로 이 사건 퇴학처분을 하였습니다.

Ⅱ. 쟁점의 정리(가점 사안)

1. 먼저, 청구인의 이 사건 심판청구는 헌법재판소법 제68조 제2항 '법률의 위헌여부 심판의 제청신청이 기각된 때'에 하는 것이므로 위 규정이 정하는 적법요건을 구비하였는지 검토할 필요가 있습니다.
2. 다음으로, 이 사건 심판대상인 학교폭력예방 및 대책에 관한 법률(이하 '학폭법'이라 한다) 제17조 제4항 중 제1항 제1호 부분(이하 '사과명령조항'이라 한다)이 양심의 자유나 인격권 등을 침해하는지 여부가 문제됩니다.
3. 아울러, 학폭법 제17조 제7항 본문 중 제9호 부분과 단서 제1호 부분(이하 '퇴학처분조항'이라 한다)이 ① 헌법 제31조 제2항의 의무교육조항에 위반되는지 여부와 ② 청구인의 교육을 받을 권리 및 ③ 학부모의 자녀교육권을 침해하는지 여부와 함께 퇴학처분조항이 ④ 명확성의 원칙에 위반되는지 여부를 살펴보아야 합니다.

Ⅲ. 적법요건의 구비 여부

1. 헌법재판소법 제68조 제2항 위헌심사형 헌법소원

청구인은 학교장의 이 사건 서면사과명령 및 퇴학처분의 취소를 구하는 소송을 서울행정법원에 제기한 후 처분의 근거법률조항들이 위헌이라는 이유로 위헌법률심판 제청신청을 하였으나 위 법원은 위 신청을 기각하였습니다. 따라서 청구인은 헌법재판소법 제68조 제2항에 따라 이 사건 심판청구를 하였으므로 그 적법요건을 검토할 필요가 있습니다.

2. 개별 적법요건의 검토

가. 대상적격

법률이 헌법에 위반되는 여부가 재판의 전제가 된 경우에는 법원은 헌법재판소에 제청하여 그 심판에 의하여 재판하며(헌법 제107조 제1항), 법률이 헌법에 위반되는지 여부가 재판의 전제가 된 경우에는 당해사건을 담당하는 법원(군사법원을 포함한다)은 직권 또는 당사자의 신청에 의한 결정으로 헌법재판소에 위헌 여부 심판을 제청한다(헌법재판소법 제41조 제1항)는 규정과, 법률의 위헌 여부 심판의 제청신청이 기각된 때에는 그 신청을 한 당사자는 헌법재판소에 헌법소원심판을 청구할 수 있다(헌법재판소법 제68조 제2항)는 규정에 따라, 이 사건 심판대상은 재판의 전제가 되는 형식적 의미의 법률인 '학폭법'이므로 그 대상적격이 있습니다.

나. 위헌법률심판제청신청에 대한 법원의 기각결정

청구인은 2013. 10. 31. 서울행정법원에 위헌법률심판제청신청을 하였지만, 위 법원은 2013. 11. 28. 위 신청을 기각하는 결정을 하였습니다(서울행정법원 2013아135호).

다. 재판의 전제성

(1) 재판의 '전제성'의 개념

재판의 전제성이라 함은 원칙적으로 ① 구체적인 사건이 법원에 계속 중이어야 하고, ② 위헌 여부가 문제되는 법률이 당해 소송사건의 재판에 적용되는 것이어야 하며, ③ 그 법률이 헌법에 위반되는지의 여부에 따라 당해 사건을 담당하는 법원이 다른 내용의 재판을 하게 되는 경우를 말합니다. 여기서 다른 내용의 재판을 하게 되는 경우라 함은 원칙적으로 법원이 심리 중인 당해사건의 재판의 결론이나 주문에 어떤 영향을 주는 경우뿐만 아니라 문제된 법률의 위헌 여부가 비록 재판의 주문자체에는 아무런 영향을 주지 않는다고 하더라도 재판의 결론을 이끌어 내는 이유를 달리하는 데 관련되어 있거나 또는 재판의 내용과 효력에 관한 법률적 의미가 달라지는 경우도 포함된다고 할 것입니다(헌재 1992. 12. 24. 92헌가8).

(2) 사안의 경우

이 사건 심판대상 법률조항은 서울행정법원에 계속 중인 2013구합246호 퇴학처분 등 취소소송에 적용되는 것으로 위 법률조항들이 위헌으로 결정되면 청구인에 대한 퇴학처분 등이 위헌인 법률에 근거한 처분이 되어 취소될 가능성이 있습니다. 따라서 재판의 결론이나 주문에 영향을 주는 경우로서 법원이 다른 내용의 재판을 하게 되는 경우에 해당되므로, 이 사건 청구는 재판의 전제성 요건을 갖추고 있습니다.

라. 청구기간의 준수

헌법재판소법 제68조 제2항의 헌법소원심판은 위헌여부심판의 제청신청을 기각하는 결정을 통지받은 날부터 30일 이내에 청구하여야 합니다(헌법재판소법 제69조 제2항). 사안의 경우 청구인은 2013. 12. 6. 서울행정법원 2013아135호 위헌법률심판 제청신청의 기각결정을 송달받고, 그로부터 **30일** 이내인 2014. 1. 3. 이 사건 심판청구를 하여 청구기간을 준수하였습니다.

마. 변호사 강제주의

각종 심판절차에서 당사자인 사인은 변호사를 대리인으로 선임하지 아니하면 심판청구를 하거나 심판 수행을 하지 못한다(헌법재판소법 제25조 제3항)는 변호사 강제주의에 따라 법무법인 진리를 대리인으로 선정하여 이 사건 심판청구를 하였습니다.

3. 소 결

따라서 이 사건 심판청구는 헌법재판소법 제68조 제2항의 헌법소원의 적법요건을 모두 구비하여 적법합니다.

Ⅳ. 위헌이라고 해석되는 이유

1. 미성년자의 기본권 주체성[2)]

헌법 제10조는 '모든 국민'의 기본권을 보장하고 있습니다. 그러므로 대한민국 국적을 가진 모든 자연인은 기본권의 주체가 되며, 대한민국 국적을 가진 모든 국민이 헌법소원을 청구할 수 있습니다(헌재 1994. 12. 29. 93헌마120). 미성년자도 원칙적으로 기본권의 주체가 되고, 다만 기본권 행사에서 제한을 받는 경우가 있습니다. 1999년생으로 미성년자인 청구인 역시 기본권 주체로서 교육을 받을 권리를 향유하고 있으므로, 민법 제909조에 따라 청구인의 친권자인 부모가 이 사건 심판청구에 이르게 되었습니다.

【국·공립학생의 신분관계(특수신분관계[3)])와 기본권제한 문제 언급시 가점 사안】

2) 이 부분은 가점사안이다. 즉, 헌재법 제68조 제2항 위헌심사형 헌법소원의 경우 원칙적으로 기본권 주체성 내지 청구인 능력 부분은 적법요건이 아니므로 이를 위헌이라고 해석되는 이유에서 간단히 언급하였다.

3) 헌재법 제68조 제2항 위헌심사형 헌법소원은 그 본질이 위헌법률심판이라 헌재법 제68조 제1항 권리구제형 헌법소원과는 그

2. 사과명령조항의 위헌성

가. 제한되는 기본권

학폭법 제17조 제4항 중 제1항 제1호 부분은 학교의 장은 가해학생에 대한 선도가 긴급하다고 인정할 경우 '피해학생에 대한 서면사과' 조치를 할 수 있도록 하여 청구인으로 하여금 양심에 반하는 서면사과를 강제하고 있습니다. 그런데 헌법 제19조는 '모든 국민은 양심의 자유를 가진다'고 규정하여 양심의 자유를 기본권의 하나로 보장하고 있는바, 여기서 말하는 양심이란 세계관·인생관·주의·신조 등은 물론 널리 개인의 인격형성에 관계되는 내심의 가치적·윤리적 판단도 포함됩니다. 또한, 양심의 자유는 내심적 양심 형성과 결정의 자유뿐만 아니라, 양심적 결정을 외부로 표현하고 실현할 수 있는 양심실현의 자유를 포함합니다(헌재 1991. 4. 1. 89헌마160). 사안의 경우 심판대상 사과명령조항이 청구인의 의사에 반하여 사과를 강제함으로써 이와 같은 양심의 자유를 제한하고 나아가 인격의 자유로운 발현을 위해 보호받아야 할 인격권을 제한하고 있는바, 이러한 제한이 헌법 제37조 제2항에 의한 헌법적 한계로서 과잉금지원칙을 침해한 것은 아닌지 검토해 볼 필요가 있습니다.

나. 과잉금지원칙 위반

(1) 목적의 정당성

사과명령은 학폭법 제1조의 규정대로 학교폭력의 예방과 대책을 위하여 피해학생의 보호, 가해학생의 선도·교육 및 피해학생과 가해학생 간의 분쟁조정을 통하여 학생의 인권을 보호하고 학생을 건전한 사회구성원으로 육성하기 위한 것이므로 그 입법목적의 정당성은 인정됩니다.

(2) 수단의 적합성

가해학생으로 하여금 피해학생에 대하여 말이 아닌 서면으로 사과를 하도록 하는 것은 학교폭력으로 피해학생이 입은 상처를 회복하고, 가해학생이 범한 지난 잘못을 반성하고, 앞으로는 더이상 폭력을 행사하지 않도록 다짐시켜 피해학생 뿐만 아니라 불특정 다수의 학생을 보호할 수 있다는 점에서 어느 정도 수단의 적합성을 인정할 수 있습니다.

(3) 침해의 최소성

서면사과명령의 근거규정인 학폭법 제17조 제4항은 '가해학생에 대한 선도가 긴급하다고 인정할 경우'를 그 요건으로 하고 있는데, 이 사건의 경우 선도의 긴급성도 존재하지 않습니다. 학폭법 제17조 제1항은 가해학생의 선도·교육조치에 필요한 처분의 경중이 다른 9개의 종류가 있기 때문에 서면사과명령이 청구인과 피해학생 간의 분쟁조정에 유일한 수단은 아닙니다. 즉, 서면사과명령 외에도 ① 피해학생에 대한 접촉, 협박 및 보복행위의 금지(제2호), ② 학교에서의 봉사 및 사회봉사(제3호, 제4호) ③ 학교폭력 예방을 위한 특별교육 이수 또는 심리치료(제5호), ④ 출석정지(제6호), ⑤ 학급교체(제7호) 등의 여러 방법이 있습니다. 이렇게 청구인의 기본권을 보다 덜 제한하는 다른 수단이 존재함에도 불구하고, 청구인으로 하여금 본인의 양심에 반하는 내용이 담긴 양심표명을 강제하는 사과명령은 침해최소성에 위배된다고 할 것입니다.

(4) 법익의 균형성

학교폭력을 예방하여 피해학생을 보호하고, 가해학생을 선도·교육하여 피해학생과 가해학생 간의 분쟁조정을 할 수 있는 공익목적을 달성할 수 있는 다양한 수단이 존재하므로 가능한 법익침해가 적은 수단을 사용할 것이

성질을 달리하는 측면이 있으나, 기본권 침해를 확인한다는 점에서 특수신분관계와 기본권제한 문제를 간략히 언급할 여지가 있다.(헌재 1992. 10. 1. 92헌마68,76(병합): 국립대학인 서울대학교는 인적, 물적 종합시설로서 공법상 영조물이며, 서울대학교와 학생과의 관계는 공법상 영조물이용관계로서 공법관계이다.)

요청됩니다. 그런데 폭력없는 교육환경과 학생지도라는 공익을 달성하는 과정에서 청구인 스스로 감내할 수 없는 강제력을 가하는 것은 또 다른 폭력이라고 할 수 있습니다. 따라서 사과명령은 청구인의 헌법상 보호되는 기본권인 양심의 자유 및 인격권에 대한 중대한 침해라 할 것이므로 법익균형성도 충족하지 못합니다.

다. 소 결

따라서 이 사건 사과명령조항은 기본권 제한 규범이 갖추어야 할 과잉금지의 원칙에 위반되어 헌법이 보장하는 양심의 자유 및 인격권을 침해하여 위헌이라고 할 것입니다.

3. 퇴학처분조항의 위헌성

가. 제한되는 기본권

헌법 제31조 제2항은 '모든 국민은 그 보호하는 자녀에게 적어도 초등교육과 법률이 정하는 교육을 받게 할 의무를 진다'고 규정하고 있고, 교육기본법 제8조 제1항은 '의무교육은 6년의 초등교육과 3년의 중등교육으로 한다'고 규정하고 있으며, 교육기본법 제8조 제2항은 '모든 국민은 의무교육을 받을 권리를 가진다'고 규정하여 의무교육을 받는 것이 단순한 의무가 아니라 권리라고 선언하고 있습니다. 따라서 퇴학처분조항이 헌법상의 의무교육조항(헌법 제31조 제2항)에 위반되는지 여부와 청구인의 교육을 받을 권리 및 학부모의 자녀교육권을 침해하는지 여부가 문제됩니다.

나. 교육을 받을 권리 및 학부모의 자녀교육권의 침해[4)]

(1) 위헌 심사기준

헌법 제31조 제1항은 '모든 국민은 능력에 따라 균등하게 교육을 받을 권리를 가진다'고 규정하여 국민의 교육을 받을 권리를 보장하고 있습니다. 이 권리는 통상 국가에 의한 교육조건의 개선·정비와 교육기회의 균등한 보장을 적극적으로 요구할 수 있는 권리입니다. 특히 부모의 자녀에 대한 교육권은 비록 헌법에 명문으로 규정되어 있지 않지만 헌법 제36조 제1항, 헌법 제10조 및 헌법 제37조 제1항에서 나오는 중요한 기본권인데, 이는 자녀의 행복이란 관점에서 자녀의 보호와 인격발현을 위하여 부여되는 것입니다(헌재 2000. 4. 27. 98헌가16). 따라서 이 사건 퇴학처분조항으로 위와 같은 기본권 제한이 정당화되려면 자유권적 기본권에 대한 위헌심사기준으로서 헌법 제37조 제2항에 따른 과잉금지원칙에 따른 엄격한 심사를 받도록 함이 상당합니다.

(2) 과잉금지원칙 위반

(가) 목적의 정당성

학폭법 제1조는 학교폭력의 예방과 대책으로 피해학생의 보호와 가해학생의 선도·교육 및 피해학생과 가해학생 간의 분쟁해결을 그 입법목적으로 하고 있습니다. 따라서 퇴학처분은 국가가 설립·경영하는 교육기관인 대한중학교의 교무를 통할하고 학생을 지도하는 지위에 있는 학교장이 교육목적 실현과 학교의 내부질서유지를 위하여 학칙 위반자인 청구인에게 규정에 따른 징계권을 발동한 것이므로 그 목적의 정당성을 인정할 수 있습니다.

(나) 수단의 적합성

학교폭력에 대한 바람직한 처리 방향은 피해학생을 보호하고 위로하며 가해학생에 대해서는 가해행위에 대한 책임을 지고 반성하게 하되, 피해학생과 가해학생이 화해하고 모두 학교생활을 원만히 할 수 있도록 하는 것이어야 합니다. 학교폭력 문제에 있어 신속한 해결과 신중한 판단의 문제를 어떻게 조화시킬 것인가는 입법자가 여러 가

4) 이 부분은 제7회 변호사시험 공법 사례 1문 헌법소원심판 문제의 주된 쟁점으로 다시 출제되었다.

지 사정을 참작하여 정할 사안이지만, 어느 한쪽을 일방적으로 희생시키는 입법은 헌법상 용인될 수 없습니다(헌재결 2013. 10. 24. 2012헌마832). 비록 학생에 대한 징계권의 발동이나 징계의 양정은 징계권자의 교육적 재량에 맡겨져 있다 할지라도(대판 1991. 11. 22. 91누2144), 양심의 자유 등을 침해하는 서면사과명령을 청구인이 거부하였다는 이유로 학생선도의 최후 수단에 해당하는 퇴학처분을 할 수 있도록 하는 것은 수단의 적합성에 위반된다고 할 것입니다.

(다) 침해의 최소성

학교폭력을 행사하였다고 지목된 청구인이 폭력을 행사한 사실이 없어 억울하다고 항변하고 있는 상황에서 내린 서면사과명령을 거부하였다는 이유로 학생신분을 박탈하는 퇴학처분을 할 수 있도록 하는 것은 피해학생과 가해학생을 배려하는 필요최소한의 수단이라 할 수 없습니다. 오히려 학폭법 제17조 제1항에는 ① 사회봉사(제4호), ② 출석정지(제6호) 등의 방법을 선택하여 청구인과 피해학생이 당분간 접촉하지 않도록 격리시킬 수 있는 수단이 존재합니다. 이와 같은 청구인의 기본권을 최소한으로 침해할 수 있는 여러 수단이 존재함에도 교육기회를 종국적으로 박탈하는 가장 무거운 퇴학처분을 할 수 있도록 하는 것은 침해의 최소성에도 위반되는 것이라 할 수 있습니다.

(라) 법익의 균형성

퇴학처분조항은 피해학생의 보호, 가해학생의 선도·교육 및 피해학생과 가해학생 간의 분쟁조정을 통한 학교폭력의 예방 및 대책마련이라는 공익적 요청에 비해, 퇴학처분조항으로 인하여 침해되는 헌법상 기본권인 교육을 받을 권리, 특히 국민 모두에게 주어진 의무교육을 받을 권리와 부모의 자녀교육권에 대한 중대한 침해를 고려할 때 법익의 균형성 요건도 충족하지 못하고 있습니다.

다. 헌법상 의무교육제도 위반

(1) 의무교육조항

'모든 국민은 그 보호하는 자녀에게 적어도 초등교육과 법률이 정하는 교육을 받게 할 의무를 진다'(헌법 제31조 제2항)고 하며, '의무교육은 6년의 초등교육과 3년의 중등교육으로 한다. 모든 국민은 의무교육을 받을 권리를 가진다'(교육기본법 제8조 제1항, 제2항)고 하여 모든 국민은 그 보호하는 자녀에게 교육을 받게 할 의무가 있으며, 의무교육을 받을 권리가 있음을 밝히고 있습니다.

(2) 의무교육제도의 법적 성격(가점 사안)

헌법은 의무교육조항을 두어 인간이 교육을 통하여 인간으로서의 존엄과 가치를 가지며, 행복을 추구할 수 있는 기반을 갖도록 하고 있습니다. 또한 헌법재판소는 의무교육제도의 법적 성격에 관하여, "국민의 교육을 받을 권리가 현실적으로 보장되기 위하여는 사회적·경제적 이유로 인한 차별을 받음이 없이 모든 사람에게 교육기관의 문호가 개방되어야 한다. 헌법은 이를 보장하기 위하여 국민에게는 그 보호하는 자녀를 초등교육과 법률이 정하는 교육에 취학시킬 의무를 부과하고 있으며 특히 오늘날 공교육제도를 수립하고 정비할 책임을 지고 있는 국가에 대하여는 의무교육의 무상실시와 시설확보의무를 부담시키고 있다."(헌재 1991. 2. 11. 90헌가27)라고 판시하고 있습니다.

(3) 이 사건의 경우

청구인은 중학교 2학년에 재학 중인 학생으로 헌법과 교육기본법이 정하고 있는 의무교육과정 중에 있습니다. 이런 청구인에게 중학교도 졸업하지 못하도록 하는 것은 어린 나이에 범한 일시적인 비행의 결과로서는 지나치게 가혹하여 청구인이 장차 사회공동체의 일원으로 건전하게 살아갈 수 없도록 국가가 조장하는 것에 해당합니다. 따라서 의무교육과정 중에 있는 학생에게는 퇴학처분이 허용되어서는 아니 될 것이므로,[5] 학폭법이 학교폭력의 가해학생으로 지목된 청구인에게 퇴학처분을 할 수 있도록 규정하고 있는 것은 의무교육조항에 위배되는 위헌규정이라 할 수 있습니다.

라. 명확성 원칙 위반

(1) 명확성 원칙의 의의

명확성의 원칙은 기본권을 제한하는 법규범의 내용은 명확하여야 한다는 헌법상의 원칙인바, 만일 법규범의 의미내용이 불확실하다면 법적 안정성과 예측가능성을 확보할 수 없고 법집행 당국의 자의적인 법해석과 집행을 가능하게 할 것이기 때문입니다. 다만 법규범의 문언은 어느 정도 일반적·규범적 개념을 사용하지 않을 수 없기 때문에 기본적으로 최대한이 아닌 최소한의 명확성을 요구하는 것으로서, 법문언이 법관의 보충적인 가치판단을 통해서 그 의미내용을 확인할 수 있고, 그러한 보충적 해석이 해석자의 개인적인 취향에 따라 좌우될 가능성이 없다면 명확성의 원칙에 반한다고 할 수는 없습니다(헌재 2005. 12. 22. 2004헌바45).

(2) 사안의 경우

이 사건 심판대상 조항인 학폭법 제17조 제7항 단서 제1호는 '품행이 불량하여 개전의 가망이 없다고 인정된 자'를 퇴학처분의 요건으로 규정하고 있습니다. 그러나 '품행이 불량'하다고 할 때, '품행'은 학생이 지녀야 할 본분과 태도와 같은 넓은 개념으로 이해될 수 있지만, 품행이 '불량'하다는 것은 학생이 어느 정도 일탈행위를 하였을 때를 불량하다로 볼 것인지 기준설정이 어려워 판단자의 주관에 따라 자의적인 해석을 할 수밖에 없습니다. 또한 '개전의 가망이 없다'는 부분도 어떤 태도가 이에 해당된다고 볼 수 있을지 알 수 없습니다. 따라서 퇴학처분조항은 보통의 상식을 가진 일반인이라도 그 의미를 알기 어렵고, 사후적으로 법관의 보충적인 가치판단을 통해서도 그 내용을 확인하기 쉽지 않을 뿐만 아니라, 그러한 보충적 해석이 해석자의 개인적인 성향에 따라 좌우될 가능성이 크기 때문에 명확성의 원칙에도 위배된다고 할 것입니다.

4. 소 결

따라서 사과명령조항은 양심의 자유 및 인격권을, 퇴학처분조항은 교육을 받을 권리 및 학부모의 자녀교육권 그리고 의무교육조항 및 명확성의 원칙에 반하여 모두 위헌규정이라 하겠습니다.

Ⅴ. 결 론

청구인의 이 사건 심판청구는 적법요건을 모두 구비하였으며, 이 사건 서면사과명령조항 및 퇴학처분조항은 모두 위헌, 무효에 해당되므로 청구취지와 같은 결정을 하여 주시기를 바랍니다.

첨부서류

1. 서면사과명령서 1부
1. 징계처분서 1부

5) 학교폭력예방 및 대책에 관한 법률[법률 제11948호, 2013. 7. 30. 일부개정] 제17조(가해학생에 대한 조치) ① 자치위원회는 피해학생의 보호와 가해학생의 선도·교육을 위하여 가해학생에 대하여 다음 각 호의 어느 하나에 해당하는 조치(수 개의 조치를 병과하는 경우를 포함한다)를 할 것을 학교의 장에게 요청하여야 하며, 각 조치별 적용 기준은 대통령령으로 정한다. 다만, 퇴학처분은 의무교육과정에 있는 가해학생에 대하여는 적용하지 아니한다. <개정 2009. 5. 8, 2012. 1. 26, 2012. 3. 21>

1. 위헌제청신청기각결정문 1부
1. 주민등록표등본 1부
1. 대리인선임서 1부
1. 담당변호사지정서 1부

2014. 1. 3.

청구인의 대리인 법무법인 진리
담당변호사 김 정 의 (인)

헌법재판소 귀중

제2문(20점)

소 장

청 구 취 지

1. 피고가 원고에 대하여 한
가. 2013. 6. 21. 서면사과명령처분,
나. 2013. 7. 5. 퇴학처분을
각 취소한다.[1)]
2. 소송비용은 피고가 부담한다.
라는 판결을 구합니다.

청 구 원 인

3. 이 사건 처분의 위법성

가. 처분사유의 부존재(피고의 사실오인)

피고는 원고가 같은 반 급우 조민우를 2학년 초부터 지속적으로 괴롭혔다는 이유로 원고에 대하여 이 사건 서면사과명령을 하였으며, 원고가 이를 거부하고 반성을 하지 않으면서 수업시간에 면학분위기를 저해하고 있다는 이유로 이 사건 퇴학처분을 하였습니다. 그러나 원고는 조민우를 2학년 들어서 처음으로 알게 된 후에 함께 귀가하면서 친하게 지내왔습니다. 원고는 어느 날 갑자기 돈이 필요해서 조민우에게 빌려 달라고 요청하였는데, 조민우는 이를 거절한 바 있습니다. 원고와 조민우는 그 때문에 두 번 정도 말다툼을 한 적은 있었지만, 조민우가 진술서에서 기술한 바와 같이 지속적으로 그를 때리거나 겁을 주는 등으로 괴롭힌 사실은 전혀 없습니다. 그럼에도 피고는 오로지 조민우의 2013. 5. 31.자 진술서와 담임선생님이 조민우와 상담하는 과정에서 듣게 된 사실만으로 원고가 조민우를 지속적으로 괴롭혀 왔다고 단정한 후 이 사건 서면사과명령을 하였습니다. 원고와 조민우는 중학교 2학년 학생으로 만 14세에 불과합니다. 그런데 원고가 조민우를 때린 적이 없다고 작성한 진술서는 중학교 2학년 수준의 문장과 형식으로 원고가 스스로 지난 일을 기억하여 작성한 것으로 보이는데 반하여, 조민우의 진술서는 중학교 2학년 학생이 작성하였다고는 도저히 볼 수 없는 단어와 문장 및 그 형식으로 되어 있습니다. 이는 조민우가 원고에게 불이익한 제재를 받도록 하기 위해서 법률전문가의 도움을 얻어 작성했거나 이미 작성된 문서를 그대로 베껴서 제출하였다고 의심할 수밖에 없기 때문에 그 내용의 진실성도 신뢰하기가

---

1) **'피고가 원고에게 한 2013. 6. 21. 서면사과명령처분 및 2013. 7. 3. 퇴학처분을 모두(각) 취소한다.'라고 기재하여도 무방하다.**
- 처분일자와 '원고에게 한'의 순서 변경 가능
- '원고에 대하여 한' 도 가능
- '원고' 대신 '김동식' 또는 '피고' 대신 '대한중학교장' 기재 시 감점
- '원고' 대신 '원고 김동식' 또는 '피고' 대신 '피고 대한중학교장' 기재 시 감점
- 처분 두 개 중 하나만 기재 시 감점
- '취소한다' 대신 '취소하라' 기재 시 큰 감점
- 처분일 기재 누락이나 오기시도 감점 대상임

어렵습니다. 무엇보다 피고는 원고가 폭력을 행사하는 등으로 조민우를 괴롭힌 사실이 있는지 여부를 확인하기 위하여 2학년 3반 학생들을 상대로 그 사실여부를 확인하였어야 함에도 전혀 이를 하지 아니하였습니다. 따라서 피고의 원고에 대한 이 사건 각 처분은 피고가 사실을 오인하여 처분 근거가 없는 가운데 행하여진 것이므로 위법하다고 할 것입니다.

나. 이유제시의무의 위반(처분서의 부실기재)

(1) 이유제시의 법적 근거

학교폭력예방 및 대책에 관한 법률(이하 '학폭법'이라 한다[2])) 제17조 제8항은 '학교의 장이 학폭법 제17조 제4항, 제6항, 제7항의 조치를 할 때에는 그 근거와 이유를 제시하여 가해학생과 그 보호자에게 통지하여야 한다'고 규정하고 있습니다. 따라서 피고는 원고에게 학폭법 제17조 제4항(피해학생에 대한 서면사과), 제7항(퇴학처분)의 조치를 하려는 경우에는 그 (처분)근거와 이유를 제시하여 원고와 그 보호자인 친권자에게 통지하여야 할 의무가 있습니다.

(2) 서면사과명령

피고의 원고에 대한 서면사과명령서에는 처분의 원인이 되는 사실관계에 관한 기재도 없고 처분근거법령과 그 이유도 제시되어 있지 않습니다.

(3) 퇴학처분

피고의 원고에 대한 퇴학처분에 관한 징계처분서에는 징계사유를 '품행 불량'으로만 추상적으로 기재되어 있을 뿐 처분근거법령과 그 이유가 제대로 제시되어 있지 않습니다.

다. 재량권의 일탈·남용(비례원칙 위반)

(1) 피고의 징계양정에서의 재량권과 그 한계

학폭법 제17조는 '가해학생에 대한 조치'로서 제1호 '피해학생에 대한 서면사과'에서부터 제9호 '퇴학처분'에 이르기까지 아홉 가지 종류를 제시하여 학교의 장이 가해학생에 대한 가장 적당한 방법을 선택할 수 있는 재량을 부여하고 있습니다. 그러므로 피고는 피징계자인 원고의 평소의 소행, 학교생활과 성적, 과거 징계처분을 받은 전력, 가정형편 및 학부모의 원고에 대한 관심도, 피해학생과의 분쟁의 원인 및 그 학생의 의사 등 여러 상황을 고려하여 가장 적합한 징계 양정을 하여야 할 의무가 있습니다.

(2) 서면사과명령

학폭법 제17조 제4항은 학교의 장은 가해학생에 대한 선도가 긴급하다고 인정할 경우 서면사과명령을 할 수 있다고 규정하고 있습니다. 그런데 피고는 원고가 가해사실을 부인하고 있어 보다 신중하게 과연 조민우의 주장처럼 폭행사실이 있었는지 여부를 확인하여야 함에도 이런 절차를 밟지 않고 오로지 조민우의 말만을 신뢰하여, 학폭법 제17조 제4항에서 규정하는 가해학생에 대한 '선도의 긴급성' 요건이 충족되지 않았음에도 원고가 조민우를 폭행하여 괴롭힌 것으로 단정한 가운데 폭력사실을 시인하고 그 잘못을 인정하고 용서를 구하라는 취지의 서면사과명령을 하였습니다.

피고로서는 '선도의 긴급성' 요건이 결여된 상황에서는 원고에 대하여 '훈계나 경고'와 같은 경미한 비행에 비례될 수 있는 조치를 취해야 할 의무가 있습니다. 사안의 서면사과명령은 원고의 양심과 인격을 침해하는 조치로

---

2) 위와 같이 장문의 법률인 경우 이하, '학폭법' 등으로 줄여 기재한다라고 표시한 후 줄여서 기재하는 것이 편하다.

서 권리침해가 가장 적게 이루어지는 수단을 선택하여 행사하여야 한다는 필요성과 적합하고 필요한 수단을 통해 달성하려는 공익과 침해되는 사익 사이에 적절한 균형이 이루어져야 한다는 상당성을 모두 불충족합니다. 따라서, 비례원칙을 위반하여 이루어진 이 사건 서면사과명령은 재량권을 일탈·남용한 위법한 처분으로 취소되어야 합니다.

(3) 퇴학처분

피고는 원고에 대하여 '품행 불량'이라는 사유로 퇴학처분을 하였습니다. 그러나 원고는 결석을 단 한 번도 하지 않을 정도로 착실하게 학교생활을 하여온 성실한 학생이며, 조민우와 사소한 문제로 말다툼을 몇 번 하였을 뿐으로 사회에서 문제되는 학교폭력과도 상관없는 경미한 사안에 불과합니다. 원고는 이 사건 발생 전에는 다른 학우와의 관계도 원만하였을 뿐만 아니라 성실하게 학업에 전념하여 왔으며, 원고의 부모 역시 유일한 자녀인 원고에 대하여 관심과 사랑을 쏟으며 양육하여 왔습니다. 아울러 원고와 조민우와의 이 사건 경위가 어찌되었든 앞으로 원고를 잘 선도하여 학교에 물의를 일으키지 않도록 할 것을 다짐하고 있습니다. 만약 원고가 피고의 서면사과명령을 이행하였더라면 퇴학처분을 당하지 않고 이 사건은 종결되었을 것입니다. 그런데 피고는 원고가 서면사과명령을 거부하였다는 이유로 이보다 훨씬 중한 퇴학처분까지 하게 되었으나, 원고가 서면사과명령을 거부한 것은 퇴학처분의 사유로 삼은 '품행 불량'에 해당하지 않습니다.

그러므로 피고의 원고에 대한 퇴학처분은 비례원칙을 위반하여, 급우 상호간의 경미한 다툼에 대하여 가장 가혹한 징계인 학생신분을 박탈하여 학교로부터 완전히 격리시키는 것이므로 징계양정에 관한 피고의 재량권을 일탈·남용한 위법한 처분으로 취소되어야 합니다.

라. 결 론

따라서 피고의 이 사건 처분은 사실오인으로 인하여 처분의 근거가 없는 가운데 행하여진 것이며, 처분의 이유제시를 하지 않은 하자가 있을 뿐만 아니라 비례의 원칙에 위반하는 재량권의 일탈·남용으로 위법하여 모두 취소되어야 합니다.

입증방법

(생 략)

첨부서류

(생 략)

2013. 7. 15.

원고 소송대리인

법무법인 진리 담당변호사 김정의

서울행정법원 귀중[3]

3) 공립학교인 대한중학교장의 처분에 대한 구제수단이므로 민사소송이 아닌 행정소송을 제기해야 한다.

2015년도 제4회

변호사시험

공법 기록형 해설

제1문(50점)

소 장

원 고 홍길동
서울 용산구 한강대로 67길 10 벽진아파트 101동 2309호
소송대리인 법무법인 희망
담당변호사 정환수
서울 서초구 서초중앙로 30길 10 희망빌딩 2층
전화번호 02－555－1234, 팩스 02－555－5678, 이메일 jhs@hop.com

피 고 안전행정부장관[1)]

징계처분취소 청구의 소

청구취지

1. 피고가 2014. 4. 3. 원고에 대하여 한 정직 3월의 징계처분을 취소한다.[2)]
2. 소송비용은 피고가 부담한다.

라는 판결을 구합니다.

청구원인

1. 이 사건 처분의 경위[3)]

원고는 1997. 3. 1. 7급 국가공무원으로 임용된 이후, 2005. 10. 3. 6급 주사, 2012. 5. 3. 5급 사무관으로 각 승진하여 현재 안전행정부 지방자치지원과에서 근무하고 있는 사람입니다(갑 제1호증의 1, 2, 갑 제2호증). 피고는 2014. 3. 12. 중앙징계위원회에 원고에 대하여 징계 의결을 요구하였고, 2014. 4. 3. 위 징계위원회의 의결에 따라 원고가 국가공무원법 제65조(정치운동 금지의무) 제4항, 같은 법 제56조(성실의무)를 위반하였다는 이유로, 원고에 대하여 같은 법 제78조 제1항 제1호에 따라 해임의 처분을 하였습니다(갑 제1호증의 1, 2, 갑 제3, 4호증). 원고는 위 해임의 징계처분에 불복하여 2014. 4. 25. 소청심사위원회에 그 취소를 구하는 소청심사청구를 하였고, 위 소청심사위원회는 2014. 5. 9. 원고가 국가공무원법상 정치운동 금지의무 위반행위 및 성실의무 위반행위를 한 사실은 인정되지만, 위와 같은 위반사실에 비해서 해임처분은 지나치게 무거우므로 위 해임처분을 정직 3월로 변경(이하 감경된 정직 3월의 징계처분을 '이 사건 처분'이라 한다)하였습니다(갑 제5호증).

---

1) 당초 문제에서는 원고와 피고 등 당사자는 따로 기재하지 말라고 안내되어 있다.
2) **2014. 4. 3. 해임처분이 소청심사의 결과 3월의 정직처분으로 변경되었는바, 취소소송의 대상은 '변경된 당초의 처분'이라는 것이 판례의 태도이므로, 2014. 4. 3.자 3월의 정직처분이 소송의 대상이 된다.**
3) 문제에서는 '기재 생략'하라고 되어 있지만 참고용으로 기재한다.

2. 이 사건 소의 적법성

가. 취소소송의 적법요건 일반(가점 사안)

행정청의 위법한 처분 등을 취소 또는 변경하는 취소소송을 제기하기 위해서는 ① 행정청의, ② 처분 등이 존재하고, ③ 그것이 위법하여, ④ 원고적격을 가진 자가, ⑤ 피고적격을 가진 처분청을 피고로 하여, ⑥ 제소기간 내에, ⑦ 예외적으로는 행정심판을 거쳐, ⑧ 관할 (행정)법원에, ⑨ 취소·변경을 구하는 것이어야 합니다.

나. 대상적격

취소소송은 행정청이 행하는 구체적 사실에 관한 법집행으로서의 공권력의 행사 또는 그 거부와 그 밖에 이에 준하는 행정작용 및 행정심판에 대한 재결을 그 대상으로 하며(행정소송법 제2조 제1항 제1호), 재결을 취소소송의 대상으로 할 때는 재결 자체에 고유한 위법이 있음을 이유로 하는 경우에 한합니다(행정소송법 제19조 단서).[4] 그러므로 취소소송은 행정청의 원처분을 대상으로 하되(원처분주의), 다만 재결 자체에 고유한 위법이 있음을 이유로 하는 경우에 한하여 행정심판의 재결도 취소소송의 대상으로 삼을 수 있습니다.[5]

사안의 경우 원처분은 피고가 2014. 4. 3. 원고에 대하여 한 해임처분이며, 이는 그 후 2014. 5. 9. 소청심사위원회의 결정에 의해 정직 3월의 징계처분으로 변경되었습니다. 한편 소청심사위원회의 본건 재결 자체에 고유한 위법이 있다고 보이지 않고, 원고도 위 결정 자체의 하자를 다투고 있는 것은 아니므로, 이 사건 취소소송의 대상은 2014. 4. 3. 행해진 정직 3월의 처분이라고 할 것입니다.[6]

---

4) **변시 소장작성시 대상적격(처분성 등) 부분에서 빠짐없이 들어가는 내용임.**

5) 공장설립변경신고수리취소처분취소[대법원 1997. 9. 12., 선고, 96누14661, 판결]

[1] **행정소송법 제19조에서 말하는 '재결 자체에 고유한 위법'이란 원처분에는 없고 재결에만 있는 재결청의 권한 또는 구성의 위법, 재결의 절차나 형식의 위법, 내용의 위법 등을 뜻하고, 그 중 내용의 위법에는 위법·부당하게 인용재결을 한 경우가 해당한다.**

[2] 행정처분의 상대방이 아닌 제3자는 일반적으로 처분이 있는 것을 바로 알 수 있는 처지에 있지 아니하므로 처분이 있은 날로부터 180일이 경과하더라도 특별한 사유가 없는 한 행정심판법 제18조 제3항 단서 소정의 정당한 사유가 있는 것으로 보아 심판청구가 가능하다고 할 것이나, 그 제3자가 어떤 경위로든 행정처분이 있음을 알았거나 쉽게 알 수 있는 등 행정심판법 제18조 제1항 소정의 심판청구기간 내에 심판청구가 가능하였다는 사정이 있는 경우에는 그 때로부터 90일 이내에 행정심판을 청구하여야 한다.

6) 행정청이 식품위생법령에 따라 영업자에게 행정제재처분을 한 후 당초 처분을 영업자에게 유리하게 변경하는 처분을 한 경우, 취소소송의 대상 및 제소기간 판단 기준이 되는 처분은 당초 처분임에 주의해야 한다. 피고는 **2002. 12. 26. 원고에 대하여 3월의 영업정지처분이라는 이 사건 당초처분**을 하였고, 이에 원고가 행정심판청구를 하자 재결청은 2003. 3. 6. "피고가 2002. 12. 26. 원고에 대하여 한 **3월**의 영업정지처분을 **2월**의 영업정지에 갈음하는 과징금부과처분으로 변경하라"는 일부기각(일부인용)의 이행재결을 하였으며, 2003. 3. 10. 그 재결서 정본이 원고에게 도달한 사실, 피고는 위 재결취지에 따라 2003. 3. 13. "3월의 영업정지처분을 과징금 560만 원으로 변경한다"는 취지의 이 사건 후속 변경처분을 함으로써 당초처분을 원고에게 유리하게 변경하는 처분을 하였으며, 원고는 2003. 6. 12. 이 사건 소를 제기하면서 청구취지로써 2003. 3. 13.자 과징금부과처분의 취소를 구하고 있음을 알 수 있다. 이 사건 후속 변경처분에 의하여 유리하게 변경된 내용의 행정제재인 과징금부과가 위법하다 하여 그 취소를 구하는 이 사건 소송에 있어서 위 청구취지는 이 사건 후속 변경처분에 의하여 당초부터 유리하게 변경되어 존속하는 2002. 12. 26.자 과징금부과처분의 취소를 구하고 있는 것으로 보아야 할 것이고, 재결에 따른 후속 변경처분에 의하여 변경된 내용의 당초처분의 취소를 구하는 이 사건 소 또한 위 행정심판재결서 정본을 송달받은 날로부터 90일 이내 제기되어야 하는데 원고가 위 재결서의 정본을 송달받은 날로부터 90일이 경과하여 이 사건 소를 제기하

다. 피고적격

취소소송의 피고는 다른 법률에 특별한 규정이 없는 한 그 처분 등을 행한 행정청입니다(행정소송법 제13조 제1항). 그러므로 원칙적으로 소송의 대상인 행정처분 등을 외부적으로 그의 명의로 행한 행정청을 피고로 하여야 합니다(대판 2013. 2. 28. 2012두22904). 따라서 안전행정부장관은 그의 명의로 원고에게 이 사건 처분을 하였으므로 피고적격이 있습니다.

라. 행정심판전치주의(소청심사위원회의 재결)

공무원이 징계처분, 그 밖에 본인의 의사에 반한 불리한 처분이나 부작위(不作爲)에 관한 행정소송은 소청심사위원회의 심사·결정을 거치지 아니하면 제기할 수 없으며(국가공무원법 제16조 제1항), 징계처분 처분사유 설명서를 받은 공무원이 그 처분에 불복할 때에는 그 설명서를 받은 날부터 30일 이내에 소청심사위원회에 이에 대한 심사를 청구할 수 있습니다(국가공무원법 제76조 제1항). 원고는 앞서 본 바와 같이 해임의 징계처분에 불복하여 2014. 4. 25. 소청심사위원회에 그 취소를 구하는 소청심사청구를 거쳐 이 사건 소를 제기하였으므로, 행정심판전치주의 역시 충족하였습니다.

마. 제소기간

일반적으로 행정소송법상 취소소송은 처분 등이 있음을 안 날부터 90일 이내에 제기하여야 한다. 다만, 다른 법률에 당해 처분에 대한 행정심판의 재결을 거치지 아니하면 취소소송을 제기할 수 없다는 규정이 있는 때에는 재결서의 정본을 송달받은 날부터 기산합니다(행정소송법 제20조 제1항). 그리고 송달받을 사람의 동거인에게 송달할 서류가 교부되고 그 동거인이 사리를 분별할 지능이 있는 이상 송달받을 사람이 그 서류의 내용을 실제로 알지 못한 경우에도 송달의 효력은 있습니다(대판 2005. 12. 5. 2005마1039).

사안의 경우 피고가 2014. 5. 14. 원고의 주소지로 송달한 소청심사위원회 결정문은 원고의 동거인인 원고의 아들 홍우식이 같은 날 송달받았습니다. 그리고 홍우식은 고등학교 2학년에 재학 중인 자로서, 위 결정문 송달의 의미를 이해하고 그가 영수한 서류를 원고에게 교부하는 것을 기대할 수 있는 정도의 능력은 있다고 할 것입니다. 따라서 원고가 2014. 5. 14. 다음날(15일)부터 기산하여[7] 제소기간 마지막 날에 해당하는 2014. 8. 12. 제소한 이 사건 청구는 제소기간을 준수하여 적법합니다.[8]

바. 관 할

취소소송의 제1심 관할법원은 피고의 소재지를 관할하는 행정법원으로 하며(행정소송법 제9조 제1항), 중앙행정기관, 중앙행정기관의 부속기관과 합의제행정기관 또는 그 장에 해당하는 피고에 대하여 취소소송을 제기하는 경우에는 대법원 소재지를 관할하는 행정법원에 제기할 수 있습니다(행정소송법 제9조 제2항 제1호). 이 사건 피고는 중앙행정기관인 안전행정부장관이므로 대법원 소재지를 관할하는 서울행정법원에 제소한 이 사건 청구는 관할도 준수하였습니다.

였다는 이유로 이 사건 소가 부적법하다고 판단한 원심판결은 정당하다(대판 2007. 4. 27. 2004두9302 식품위생법위반과징금부과처분취소).

7) 행정소송법에 기간의 계산에 관한 특별한 규정이 없어 초일을 산입하지 않는 민법의 규정을 따른다(행정소송법 제8조 제2항, 민법 제157조).

8) 2014. 5. 15.부터 기산하여 5월(17일) + 6월(30일) + 7월(31일) + 8월(12일): 90일

사. 소 결

이상에서 설명 드린 바와 같이, 이 사건 소의 대상은 피고 안전행정부장관이 2014. 4. 3. 행한 정직 3월의 징계처분으로서 필요적 행정심판전치주의를 거친 위 처분에 대한 소제기 기한은 2014. 8. 12.이며 관할은 서울행정법원이라고 할 것입니다. 그러므로 이 사건 소는 적법합니다.

3. 이 사건 처분의 위법성

가. 문제되는 쟁점(가점 사안)

이 사건 처분의 절차상 하자로 공무원 징계요구 확인서에 공적사항의 기재가 누락된 점이 존재합니다. 또한, 실체적 하자로, 이 사건 공무원 징계처분의 근거가 되는 국가공무원법 제65조 제4항과 공무원 복무규정 제27조 등에 포괄위임금지원칙 위반, 법률유보원칙위반(위임입법 한계일탈), 비례원칙 위반으로 인한 재량권의 일탈·남용 등의 하자가 존재하며 그 밖에 무죄추정의 원칙에도 위배되는 등의 문제점이 있습니다.

나. 이 사건 징계처분의 절차상 위법

(1) 관련 법령

원고와 같이 5급 이상의 공무원에 대해서는 소속 장관이 징계의결을 요구하여야 하며(공무원징계령 제7조 제1항), 소속 장관이 징계의결을 요구할 때에는 징계 등 사유에 대한 충분한 조사를 한 후에 그 증명에 필요한 관계자료를 첨부하여 관할 징계위원회에 제출하여야 하고, 중징계 또는 경징계로 구분하여 요구하여야 합니다(공무원징계령 제7조 제6항). 여기서 '각 호의 관계자료'란 공무원 징계의결 요구서 및 확인서를 말하는데 '별지 제1호의2 서식 확인서'에는 징계에 이르게 된 비위유형, 감경 대상 공적 유무 및 감경 대상 비위 해당여부와 징계혐의자의 평소 행실, 근무성적 등, 원고의 징계양정에 영향을 미칠 수 있는 중요한 일체의 사실을 기재하도록 하고 있습니다. 특히 징계위원회는 공적이 있는 경우에는 징계의 감경기준에 따라 징계를 감경할 수 있다(공무원징계령 시행규칙 제4조 제1항)고 규정하면서, 제2호에는 「정부표창규정」에 따라 국무총리 이상의 표창을 받은 공적을 포함시키고 있습니다.

(2) 피고의 원고에 대한 공적사항 기재 누락

판례는 "공무원 징계령 제7조 제6항 제3호는 공무원에 대한 징계의결을 요구할 때는 징계사유의 증명에 필요한 관계 자료뿐 아니라 '감경대상 공적 유무' 등이 기재된 확인서를 징계위원회에 함께 제출하여야 한다고 규정하고 있으므로, 징계위원회의 심의과정에 감경사유에 해당하는 공적 사항이 제시되지 아니한 경우에는 그 징계양정이 결과적으로 적정한지와 상관없이 이는 관계 법령이 정한 징계절차를 지키지 아니한 것으로서 위법하다"고 한 바 있습니다(대판 2012. 10. 11. 2012두13245).

사안에서 원고는 2008. 4. 12. 행정안전부 공무원으로서 국가발전에 기여한 공로를 인정받아 국무총리 표창을 수상한 바 있습니다. 그러므로 원고에 대한 징계의결을 요구하는 피고로서는 징계사유의 증명에 필요한 관계자료뿐 아니라 '감경대상 공적 유무' 등이 기재된 확인서를 징계위원회에 함께 제출하여 심의를 받도록 해야 합니다. 그런데 피고는 원고가 감경대상 공적인 국무총리 표창장 받은 사실이 있으므로 이를 기재한 확인서를 징계위원회에 제출하여 징계양정시에 감경되도록 해야 함에도 오히려 공적 사항란에 '해당사항 없음'이라고 사실과 달리 기재한 확인서를 제출하였습니다. 결국 피고가 법령의 절차에 따라 징계위원회에 확인서를 제출하기는 하였지만, 이는 원고의 공적 사항을 누락한 것으로 확인서를 제출하지 않은 것에 해당합니다.

(3) 절차상 하자의 독자적 위법사유 및 그 위법성의 정도

처분과정에서의 적법절차는 당해 처분의 공정성을 기해 위법의 가능성을 줄이는, 처분의 사전 심사절차로서 기능하는 바, 그 중요성에 비추어 처분의 절차상 하자만이 존재하는 경우에도 이를 독자적 취소사유로 삼을 수 있다고 할 것입니다. 한편, 위 절차상 하자를 독자적 취소사유로 삼을 수 없다 하더라도, 아래와 같이 실체적 하자가 존재하는 이상 역시 위법하여 취소되어야 할 것입니다.

(4) 사안의 경우

원고는 안전행정부의 모범공무원으로서 2008. 4. 12. 국무총리표창을 받은 바 있습니다. 원고의 이러한 공적은 이 사건 원처분 당시에 공무원 징계의결 등 요구시 확인서 등에 반영되어 징계처분에 반드시 고려되어야 함에도 불구하고, 이 사건 '확인서'에는 이러한 사항이 누락되어 있습니다. 판례에 의하면, 이러한 법령위반은 적법한 징계절차를 지키지 않은 것으로서 원고에 대한 이 사건 징계처분에는 절차상 하자가 있으며, 이는 독자적인 위법요소가 되는 것이지만 무효와 취소의 구별에 관한 판례와 통설의 입장인 중대명백설에 의할 때, 사안의 절차상 하자는 그 하자가 중대하나 명백하지는 아니한 경우에 해당하여 처분의 취소사유에 해당한다고 할 것입니다.

다. 국가공무원법상 정치운동 금지의무 위반행위 관련 근거 법령의 위헌성

(1) 관련 법령

국가공무원법(이하 '이 사건 국가공무원법'이라 한다) 제65조 제4항은 "같은 법 제3항 외에 정치적 행위의 금지에 관한 한계에 관하여 국회규칙, 대법원규칙, 헌법재판소규칙, 중앙선거관리위원회규칙 또는 대통령령으로 정한다."라고 규정하고 있고 국가공무원법은 공무원이 이를 위반한 때에는 징계의결 결과에 따라 징계처분을 하여야 한다고 하고 있습니다(제78조 제1항 제1호). 그리고 위 법률의 위임에 따른 국가공무원 복무규정 제27조 제1항은 "국가공무원법 제65조의 정치적 행위는 다음 각 호의 어느 하나에 해당하는 목적을 가진 것을 말한다."라고 정하면서 그 중 하나로 "국가 또는 지방자치단체의 정책을 반대하는 것"을 규정하고 있습니다(위 복무규정 제27조 제1항 제1호). 그리고 위 복무규정 제27조 제2항은 "제1항에 규정된 정치적 행위의 한계는 제1항에 따른 목적을 가지고 다음 각 호의 어느 하나에 해당하는 행위를 하는 것을 말한다."라고 규정하면서 그 중 하나로 "국가 또는 지방자치단체의 정책을 반대하는 의견을 집회나 그 밖에 여럿이 모인 장소에서 발표하거나 문서, 도서, 신문과 같은 간행물, 사회관계망서비스(SNS) 등에 게시하는 행위"를 규정하고 있습니다(위 복무규정 제27조 제2항 제3호, 이하 위 복무규정 제27조 제1항 제1호와 함께 '이 사건 국가공무원 복무규정'이라 한다).

(2) 포괄위임금지원칙 위반 여부[9][10]

권력분립주의의 원칙상 국민의 권리와 의무에 관한 중요한 사항은 입법부에 의하여 법률의 형식으로 결정하여야 할 것이나 여러 사정으로 인하여 위임입법이 허용됩니다. 헌법 제75조는 "대통령은 법률에서 구체적으로 범위를 정하여 위임받은 사항과 법률을 집행하기 위하여 필요한 사항에 관하여 대통령령을 발할 수 있다."라고 규정하여 위임입법의 근거를 마련함과 동시에 반드시 구체적·개별적으로 위임이 행하여질 것을 요구하고 있습니다. 이와 관련하여 헌법재판소는 "헌법 제75조는 '대통령은 법률에서 구체적으로 범위를 정하여 위임받은 사항

---

9) 이 부분은 헌재 판시에 따라 포괄위임에 해당하지 아니한다고 적시하여도 무방하나, 위법성을 주장하는 만큼 위와 같이 포괄위임금지의 원칙 및 명확성원칙에 위배된다고 설시함이 상당하다.

10) 의회유보원칙은 국민의 주요 기본권을 제한하거나 의무를 부과하는 경우 문제가 되므로 이 사건과 같이 공무원복무관계에서 문제되는 부분은 주장할 여지가 낮다고 할 것이다.

과 법률을 집행하기 위하여 필요한 사항에 관하여 대통령령을 발할 수 있다.'라고 규정하여 위임입법의 근거를 마련함과 아울러 위임입법의 범위와 한계를 명시하고 있으므로, 대통령령으로 기본권을 제한하는 경우에는 반드시 그에 관한 법률의 위임이 있어야 하고 그 위임은 구체적으로 범위를 정하여 위임하는 것이 아니면 안 된다."라고 판시하고 있습니다(헌재 2003. 11. 27. 2002헌마193).
사안에서, 국가공무원법 제65조 제4항은 "제3항 외에 정치적 행위의 금지에 관한 한계는 국회규칙, 대법원규칙, 헌법재판소규칙, 중앙선거관리위원회규칙 또는 대통령령으로 정한다."고 규정하고 있습니다. 그런데 위 국가공무원법 제65조 제4항은 공무원에 있어서 금지되는 정치적 행위의 한계에 대해 구체적인 사항을 전혀 정하지 않은 채, 대통령령인 국가공무원 복무규정에 이를 포괄적으로 위임하고 있습니다. 정치적 행위가 징계 사유의 하나임을 고려할 때, 침익적 처분에 있어서는 일반인이 대강의 내용이 예측이 가능할 정도로 위임이 이루어져야 함에도 이 규정은 지나치게 포괄적으로 규정된 것으로 위헌적이라 할 것입니다.

(3) 법률유보, 법률우위원칙 위반(위임입법의 한계 일탈 여부)

나아가, 법률이 특정 사안과 관련하여 시행령에 위임을 한 경우 시행령이 위임의 한계를 준수하고 있는지를 판단하는 기준과 관련하여 대법원은, "법률의 위임 규정 자체가 그 의미 내용을 정확하게 알 수 있는 용어를 사용하여 위임의 한계를 분명히 하고 있는데도 시행령이 그 문언적 의미의 한계를 벗어났다든지, 위임 규정에서 사용하고 있는 용어의 의미를 넘어 그 범위를 확장하거나 축소함으로써 위임 내용을 구체화하는 단계를 벗어나 새로운 입법을 한 것으로 평가할 수 있다면, 이는 위임의 한계를 일탈한 것으로서 허용되지 않는다"고 판시하고 있습니다(대판 2012. 12. 20. 2011두30878).
사안의 경우 국가공무원법 제65조 제4항의 위임으로 제정된 대통령령인 「국가공무원 복무규정」이 법률유보의 원칙상 모법의 수권 없이 제정된 것이라면 그 자체로 헌법에 위반된다고 할 수 있으며, 가사 근거규정이 있다 하더라도 그 위임의 범위를 넘은 것이라면 역시 헌법에 위반됩니다. 그런데 위 복무규정 제27조는 "국가 또는 지방자치단체의 정책을 반대하는 것"을 정치적 행위로 규정하였습니다. 그러나 정치 행위의 범위와 내용에 관하여는 국가공무원법 제65조 제1항, 제2항에서 직접 명확하게 정의하고 있기 때문에 위 복무규정은 새로운 정치행위의 유형을 신설할 수는 없습니다. 또한 위 복무규정은 '정치 운동'과 직접적인 관련이 없는 "국가 또는 지방자치단체의 정책을 반대하는 목적을 가지고 그 의견을 집회나 그밖에 여럿이 모인 장소에서 발표하거나 문서, 도서, 신문과 같은 간행물, 사회관계망서비스(SNS) 등에 게시하는 행위"(제27조 제2항 제3호)를 제한하고 있어 사실상 국가공무원법에서 정하고 있는 '정치 운동의 금지'의 범위를 넘는 내용을 규정하고 있습니다. 따라서 위 복무규정은 모법인 국가공무원법의 위임범위를 벗어나 공무원의 기본권 제한에 관한 사항을 새롭게 정한 것으로서 법률유보(법률우위) 원칙에 위배됩니다.

(4) 과잉금지원칙 위반

(가) 제한되는 기본권

이 사건 복무규정이, 공무원이 국가 또는 지방자치단체의 정책을 반대하는 목적을 가지고 그와 같은 의견을 집회나 그 밖에 여럿이 모인 장소에서 발표하거나 문서, 도서, 신문과 같은 간행물, 사회관계망서비스(SNS) 등에 게시하는 행위를 전면 금지(제한)함으로써 원고에 대하여 헌법 제21조가 보장하는 (정치적) 표현의 자유를 침해하는지 문제됩니다.[11)]

11) 표현의 자유의 보호범위도 언급하면 가점.

(나) 과잉금지원칙 위반 여부

1) 목적의 정당성 및 수단의 적합성

위 복무규정의 입법 목적은 공무원의 정치적 중립성을 확보하고자 하는 것으로서 정당하고, 공무원으로 하여금 국가 또는 지방자치단체의 정책을 반대하는 목적을 가지고 그와 같은 의견을 SNS 등에 게시하는 행위를 제한하는 것은 일응 공무원의 정치적 중립성을 확보하기 위한 효과적인 방법으로 보입니다.

2) 침해의 최소성

그러나 공무원의 정치적 중립성 확보라는 입법목적을 달성하는데 있어서도 특정인의 기본권을 제한하는데 있어 선택 가능한 방법 중에서 보다 덜 제한적인 방법을 택해야 하는 침해의 최소성을 갖추어야 합니다. 그런데 이 사건 복무규정은 국가 또는 지방자치단체의 정책이 공무원의 정치적 중립성 확보와 관련 없는 단순 행정정책인지 여부 등을 불문하고 일률적으로 그 정책을 반대하는 의견의 표현을 전면 금지하고 있습니다. 또한 개인만이 볼 수 있거나 일정한 사람들만 볼 수 있도록 허용하였는지 여부와 상관없이 SNS에 위와 같은 의견을 게시하는 것을 무조건적으로 금지하고 있고 표현의 수위와 관련하여 단순한 견해표명이라고 하더라도 위 정책을 반대라는 것이라면 이를 전면적으로 허용하고 있지 않습니다. 이처럼 위 복무규정은 공무원의 정치적 중립성을 훼손하지 않는 경우에서도 공무원의 표현의 자유를 포괄적이고 전면적으로 제한하고 있어 침해의 최소성을 결여하였습니다.

3) 법익의 균형성

법익의 균형성은 기본권 침해로 얻어지는 법익이 그로 인하여 기본권이 제한되는 자의 법익과 적절한 비례관계가 있을 때 충족됩니다. 따라서 공무원으로 하여금 국가 또는 지방자치단체의 정책을 반대하는 목적을 가지고 그 의견을 SNS 등에 게시하는 행위를 금지함으로써 달성하려는 공무원의 정치적 중립성 확보라는 공익이라는 측면과 공무원 개인의 표현의 자유 제약이라는 다른 측면 사이에 비례관계가 있어야 합니다.

사안의 경우, 공무원의 정치적 중립성 확보와 관련 없는 단순 행정정책인지 여부 등을 불문하고 일률적으로 국가 또는 지방자치단체의 정책에 관해서도 이를 반대하는 의견을 SNS 등에 게시하는 행위를 금지하는 것이 실질적으로 정치적 중립성 확보라는 공익 달성에 기여하는 정도가 어느 정도인지 분명치 않습니다. 그에 반해 공무원도 정치적 중립성을 훼손하지 않는 범위 내에서 국가 또는 지방자치단체의 정책에 관하여 의견을 표현할 자유가 있음에도 이를 전면적으로 금지함으로써 이로 인한 공무원의 기본권 침해가 극심한 점, 국가 또는 지방자치단체의 정책에 관하여 잘 알고 있는 공무원으로 하여금 자유로운 의사교환을 허용하게 함으로써 오히려 정책을 개선하고 발전시킬 수도 있는 점 등을 고려하면, 위 복무규정은 공익과 사익간의 합리적인 비례관계를 현저하게 일탈한 것으로서 법익의 균형성도 갖추지 못하고 있습니다.

(5) 소 결

따라서 위 복무규정은 법률유보원칙, 과잉금지원칙, 포괄위임금지 및 명확성원칙에 각 위반하여 헌법에 위반된 규정에 해당하고, 위헌법령에 근거하여 행하여진 이 사건 처분 역시 위법하여 취소되어야 합니다.[12)13)] 원고는

12) 하자 있는 행정처분이 당연무효로 되려면 그 하자가 법규의 중요한 부분을 위반한 중대한 것이어야 할 뿐 아니라 객관적으로 명백한 것이어야 하고, 행정청이 위헌이거나 위법하여 무효인 시행령을 적용하여 한 행정처분이 당연무효로 되려면 그 규정이 행정처분의 중요한 부분에 관한 것이어서 결과적으로 그에 따른 행정처분의 중요한 부분에 하자가 있는 것으로 귀착되고, 또한 그 규정의 위헌성 또는 위법성이 객관적으로 명백하여 그에 따른 행정처분의 하자가 객관적으로 명백한 것으로 귀착되어야 하는바, 일반적으로 시행령이 헌법이나 법률에 위반된다는 사정은 그 시행령의 규정을 위헌 또는 위법하여 무효라고 선언한 대법원의 판결이 선고되지 아니한 상태에서는 그 시행령 규정의 위헌 내지 위법 여부가 해석상 다툼의 여지가 없을 정도로 명백하였다고 인정되지 아니하는 이상 객관적으로 명백한 것이라 할 수 없으므로, 이러한 시행령에 근거한 행정처분

향후 재판 진행 중에 위 복무규정에 대하여 위헌법률심판제청신청을 할 예정입니다.

라. 처분사유의 부존재(국가공무원법상 성실의무에 관한 사실오인 내지 법리오해)

(1) 이 사건 집회와 성실의무와의 관계

국가공무원법 제56조는 "모든 공무원은 법령을 준수하며 성실히 직무를 수행하여야 한다."는 성실의무를 규정하고 있습니다. 이 사건에서 피고는 원고가 사전신고를 하지 않고 집회를 주최하고 미신고집회에 대한 해산명령에 불응하여 집회및시위에관한법률을 위반하여 국가공무원법상 성실의무를 위반했다고 주장합니다. 그런데, 이 사건에서 원고가 집회를 한 시간은 근무시간이 아닌 2013. 12. 14. 토요일 오후 2시경으로 휴일에 해당됩니다. 그리고 집회 장소 역시 근무지와 인접한 곳도 아닌 서울 종로구 청계1가에 있는 청계광장이었습니다. 성실의무는 경우에 따라 근무시간 외에 근무지 밖에까지 미칠 수는 있지만(대판 1997. 2. 11. 96누2125), 이때도 그 공무원의 직무수행과 관련성을 갖는 경우로 국한되어야 합니다. 따라서 원고의 집회 개최와 해산불응 행위는 성실한 직무수행의 대상이 될 수 없어 성실의무 위반으로 볼 수 없습니다. 만약 공무원이 위 집시법 위반과 같이 직무와 상관없이 법령을 위반하였더라도 품위유지의무 위반여부만 문제될 뿐이고, 성실의무의 내용인 법령준수의무를 위반한 것이라고 할 수 없습니다. 따라서 피고의 원고에 대한 이 사건 처분은 성실의무에 관한 법리오해로 인하여 징계재량권을 일탈·남용한 것으로 위법하다고 할 수 있습니다.

(2) 미신고 집회 주최 관련 사실오인 내지 법리오해

대법원은 "집회신고는 행정관청에 집회에 관한 구체적인 정보를 제공함으로써 공공질서의 유지에 협력하도록 하는 데 의의가 있는 것으로 집회의 허가를 구하는 신청으로 변질되어서는 아니되므로, 신고를 하지 아니하였다는 이유만으로 옥외집회 또는 시위를 헌법의 보호 범위를 벗어나 개최가 허용되지 않는 집회 내지 시위라고 단정할 수 없다."고 판시한 바 있습니다(대판 2012. 4. 19. 2010도6388). 비록 집시법 제6조 제1항이 옥외집회를 개최하고자 하는 경우 적어도 48시간 전에 관할 경찰서장에게 신고하도록 규정하고 있으나, 이 사건 집회는 48시간 전에 신고가 불가능한 긴급집회에 해당합니다(갑 제10호증). 그리고 원고는 이 사건 집회 당일 오전 10시경 종로경찰서에 집회에 필요한 신고서류를 작성하여 제출하였으므로, 원고는 신고가 가능했던 시점에 자신의 신고의무를 다하였다고 보아야 하므로 원고가 개최가 허용되지 않는 미신고집회를 주최하였다고 단정할 수 없습니다.

(3) 미신고 집회에 대한 해산명령 불응 관련 사실오인 내지 법리오해

판례는 "집시법 제20조 제1항 제2호가 미신고 옥외집회 또는 시위를 해산명령 대상으로 하면서 별도의 해산 요건을 정하고 있지 않더라도, 그 옥외집회 또는 시위로 인하여 타인의 법익이나 공공의 안녕질서에 대한 직접적인 위험이 명백하게 초래된 경우에 한하여 위 조항에 기하여 해산을 명할 수 있고, 이러한 요건을 갖춘 해산명령에 불응하는 경우에만 집시법 제24조 제5호에 의하여 처벌할 수 있다고 보아야 한다."고 판시하고 있습니다

의 하자는 취소사유에 해당할 뿐 무효사유가 되지 아니한다(대판 2007. 6. 14. 2004두619).

13) 위법한 법규명령의 효력과 그에 근거한 처분의 효력과 관련하여 위법한 법규명령은 처분과 달리 공정력이 인정되지 아니하는바, 법규명령의 하자는 무효사유가 된다고 할 것입니다. 따라서 위 법규명령은 무효입니다. 무효인 법규명령에 근거한 행정처분은 그 하자는 중대하나, 그 법규명령이 취소되기 이전에는 명백하지 않다고 할 것인바, 무효사유에 이르지는 아니하고 취소사유에 그친다고 할 것입니다. 따라서 이 사건 징계처분은 무효인 법규명령에 근거한 이상 취소사유가 존재한다고 할 것입니다. 결국, 이 사건 징계처분의 근거가 되는 국가공무원복무규정 제27조는 위헌, 위법하다고 할 것인바, 중대명백설에 따르는 통설과 판례에 의할 때, 위헌인 근거법령에 기초한 이 사건 징계처분에는 취소사유가 있다고 할 것입니다.

(대판 2012. 4. 19. 2010도6388). 그런데, 이 사건 집회는 평소 동성애 반대모임인 '건강가족지킴회'의 부회장직을 맡고 있던 원고가 위 모임의 회원들과 동성애 반대 번개모임을 갖자고 제의하여 개최된 것입니다. 따라서 원고는 서로 잘 아는 모임의 회원들과 소풍을 온 것처럼 가벼운 마음으로 이 사건 집회를 열었을 뿐이고 이를 넘어 타인의 법익이나 공공의 안녕질서에 대한 직접적이고 명백한 위험을 초래할 목적은 전혀 없었습니다. 실제로 이 사건 집회는 2013. 12. 14. 14:00경 개최되었는데 불과 약 35분 가량 지난 시점에 경찰로부터 최초 자진해산 요청을 받았고, 실제 집회가 이루어진 시간도 3차 해산 명령을 받은 15:05경까지 한 시간 남짓에 불과합니다(갑 제11, 12호증). 그리고 원고는 다른 회원들과 각자 급하게 준비해 온 플랜카드와 피켓 4개를 들고 한 사람씩 '동성애 반대'나 '건전사회 유지'와 같은 구호를 제창하며 집회를 진행하였을 뿐 타인의 법익이나 공공의 안녕질서에 대한 직접적이고 명백한 위험을 초래할 만한 다른 특별한 행동도 전혀 하지 않았습니다(갑 제11, 12호증). 결국, 이 사건 집회는 소규모로 한 시간 남짓 평화롭게 진행되었을 뿐이어서 이로 인하여 타인의 법익이나 공공의 안녕질서에 대한 직접적인 위험이 명백하게 초래되었다고 볼 수 없습니다. 따라서 원고가 집회 해산명령에 불응하였다고 하여 집시법 제24조 제5호를 위반하였다고 볼 수는 없습니다.

(4) 소 결

이 사건 집회는 긴급집회에 해당하고 원고는 신고가 가능했던 시점에 자신의 신고의무를 다하였던 이상 원고가 개최가 허용되지 않는 미신고집회를 주최하였다고 볼 수는 없습니다. 그리고 이 사건 집회는 소규모로 한 시간 남짓 평화롭게 진행되었을 뿐이어서 이로 인하여 타인의 법익이나 공공의 안녕질서에 대한 직접적인 위험이 명백하게 초래되지 않은 이상 원고가 집회 해산명령에 불응하였다고 하여 집시법 제24조 제5호를 위반하였다고 볼 수도 없습니다. 그럼에도 원고가 신고 없이 이 사건 집회를 주최하였고 미신고집회에 대한 해산명령에 불응하여 집시법을 위반하였다고 보아 피고가 원고에 대하여 한 이 사건 처분은 사실을 오인하였거나 법리를 오해하여 행하여진 것으로서 그 처분사유가 존재하지 않는 위법한 처분이므로 취소되어야 합니다.

마. 징계 재량권의 일탈·남용

(1) 관련 판례

대법원은 "공무원인 피징계자에게 징계사유가 있어 징계처분을 하는 경우 어떠한 처분을 할 것인가는 원칙적으로 징계권자의 재량에 맡겨져 있는 것이고, 다만 징계권자가 재량권을 행사하여 한 징계처분이 사회통념상 현저하게 타당성을 잃어 징계권자에게 맡겨진 재량권을 남용한 것이라고 인정되는 경우에는 그 처분이 위법하다. 공무원에 대한 징계처분이 사회통념상 현저하게 타당성을 잃었다고 하려면 구체적인 사례에 따라 징계의 사유가 된 비위사실의 내용과 성질, 징계에 의하여 달성하려는 행정목적, 징계양정의 기준 등 여러 요소를 종합하여 판단할 때에 그 징계내용이 객관적으로 명백히 부당하다고 인정할 수 있는 경우라야 하고, 징계권의 행사가 임용권자의 재량에 맡겨진 것이라고 하여도 공익적 목적을 위하여 징계권을 행사하여야 할 공익의 원칙에 반하거나, 일반적으로 징계사유로 삼은 비행의 정도에 비하여 균형을 잃은 과중한 징계처분을 선택함으로써 비례원칙에 위반하거나, 또는 합리적인 사유 없이 같은 정도의 비행에 대하여 일반적으로 적용하여 온 기준과 어긋나게 공평을 잃은 징계처분을 선택함으로써 평등원칙에 위반한 경우 이러한 징계처분은 재량권의 한계를 벗어난 처분으로써 위법하다"고 판시하였습니다(대판 2001. 8. 24. 2000두7704 등 참조).

(2) 비례원칙 위반

(가) 적합성

이 사건 원고에 대한 안전행정부 장관의 징계처분은 헌법이 보장하는 공무원의 정치적 중립성을 확보하기 위한 것으로서 그 처분의 목적의 정당성은 인정할 수 있으며, 징계처분을 통한 공무원에 대한 제재 또한 이를 달성하기 위해 적절한 수단임은 인정합니다.

(나) 필요성

그러나 이 사건 원고의 행위가 지방자치단체의 행정에 대한 단순한 견해표명에 지나지 않았다는 점에서 정직보다 가벼운 불문경고 등을 통해서 공무원의 정치운동에 대해 적절한 규제가 가능함에도 굳이 징계의 강도가 강한 중징계에 해당하는 해임 혹은 정직3월의 징계처분을 통해 이를 해결하려는 것은 필요성의 관점에서 위법하다고 할 것입니다.

(다) 상당성

이 사건 원고는 1997. 3. 1. 임용된 이래 약 18년간 공무원으로 재직하고 있는 자로서, 앞서 언급한 바와 같이 국무총리 표창의 공적을 비롯하여 최근 2년간의 근무평정에 있어서도 95, 96, 94, 97점을 받는 등 모범적인 근무를 해 오고 있습니다. 더 나아가 원고는 아직 고등학생인 아들과 처와 노부모를 봉양해야 하는 처지입니다. 이러한 원고에 대하여 3월의 정직처분이 내려진다면, 향후 원고의 공직생활에서 입게 될 인사상의 불이익은 지대할 것으로 생각됩니다. 아울러 3개월 간 수입 약 420만 원이 매월 상실됨으로 인한 경제적 불이익도 클 것입니다. 그에 반하여 이 사건 징계처분으로 인하여 확보되는 공무원의 직무상 중립확보라는 공익은 이 사건 원고의 행위가 단순한 의견표명에 지나지 않았음을 고려할 때, 미미할 것으로 사료됩니다. 따라서 이 사건 징계처분은 법익의 균형성 내지 상당성을 갖추지 못하였다고 할 것입니다.

(라) 소 결

위와 같이, 이 사건 처분은 징계사유로 삼은 비행의 정도에 비하여 균형을 잃은 과중한 징계처분으로서 비례의 원칙에 위배되어 재량권의 한계를 벗어난 위법한 처분이라 할 것입니다.

4. 결 론

그러므로 피고의 원고에 대한 이 사건 처분은 위법한 처분으로 취소되어야 하므로, 원고는 청구취지 기재와 같은 판결을 구하기 위하여 이 사건 청구를 제기합니다.

입증방법

첨부서류

2014. 8. 12.

원고 소송대리인
법무법인 희망
담당변호사 정환수 (인)

서울행정법원 귀중

제2문(50점)

헌법소원심판청구서

청구인　　홍길동
서울 용산구 한강대로 67길 10 벽진아파트 101동 2309호
청구인의 대리인
법무법인 희망
담당변호사 정환수

청구취지

1. 「집회 및 시위에 관한 법률」(2007. 5. 11. 법률 제8424호로 개정된 것) **제22조 제2항 중 제6조 제1항**의 '집회'에 48시간 전에 신고할 가능성이 없는 집회를 포함하는 것으로 해석하는 한 헌법에 위반된다.
2. 「집회 및 시위에 관한 법률」(2007. 5. 11. 법률 제8424호로 개정된 것) **제24조 제5호 중 제20조 제2항, 제1항 제2호 중 제6조 제1항**에 따른 신고를 하지 아니한 '집회'에 타인의 법익이나 공공의 안녕질서에 직접적인 위험을 명백하게 초래하지 아니하는 집회를 포함하는 것으로 해석하는 한 헌법에 위반된다.

라는 결정을 구합니다.1)

당해사건

서울중앙지방법원 2014고단12345 집회및시위에관한법률위반

심판 대상 법률조항

1. 「집회 및 시위에 관한 법률」(2007. 5. 11. 법률 제8424호로 개정된 것) 제22조 제2항 중 '제6조 제1항 본문에 관한 부분'
2. 「집회 및 시위에 관한 법률」(2007. 5. 11. 법률 제8424호로 개정된 것) 제24조 제5호 중 제20조 제2항, 제1항 제2호 중 '제6조 제1항에 따른 신고를 하지 아니한 집회에 관한 부분'

청구이유

1. 사건의 개요2)

청구인은 안전행정부 소속 공무원인데, 동성애를 반대하는 모임인 '건강가족지킴회'의 부회장을 담당하던 중,

---

1) 청구취지와 같은 한정위헌청구가 아닌 다음과 같은 단순위헌청구로 표현할 수 있다. **「집회 및 시위에 관한 법률」(2007. 5. 11. 법률 제8424호로 개정된 것) 제22조 제2항 중 '제6조 제1항 본문에 관한 부분' 및 제24조 제5호 중 제20조 제2항, 제1항 제2호 중 '제6조 제1항에 따른 신고를 하지 아니한 집회에 관한 부분'은 헌법에 위반된다**. 다만, 이 사건 기록에서 출제자가 요구하는 것은 헌재가 인정한 한정위헌 청구를 해보라는 취지로 보여진다. 관련 헌법재판소 결정 2014. 1. 28. 2011헌바174 사건을 보면 더욱 그러하다.

2) 기재생략이나 참고용으로 서술한다.

2013. 12. 13. 23:00경 서울시의회에서 동성애자를 비롯한 성소수자의 인권을 보호하는 인권조례안이 통과되었다는 소식을 접한 후 긴급히 집회를 개최하기로 결심하였습니다. 청구인은 2013. 12. 14. 00:30경 서울 용산구 한강대로 67길 10 벽진아파트 101동 2309호 그의 집에서 휴대전화를 이용하여 SNS(트위터)에 "금일 오후2시 청계광장에서 개최하는 규탄대회에 참여해 달라."는 취지로 글을 올려 '건강가족지킴회' 회원 등을 비롯한 팔로어들에게 집회사실을 알린 다음, 14:00경 황재철 등 20명과 함께 서울 종로구 청계1가에 있는 청계광장에서 '동성애 조례 반대'라고 적힌 플래카드 1개와 '동성애 반대', '서울시장 퇴진' 등의 구호가 적힌 피켓 4개를 들고, 소형 휴대마이크 1개를 동원하여 '동성애 반대'와 '건전사회 유지' 등의 구호를 제창하면서 미신고 집회를 주최하였습니다. 이에 종로경찰서장으로부터 권한을 부여받은 같은 경찰서 경비계장은 미신고 집회를 이유로 14:35경 자진해산을 요청하였고, 자진해산 요청을 따르지 아니하자 이에 경비계장이 계속하여 14:45경 1차 해산명령을, 14:55경 2차 해산명령을, 15:05경 3차 해산명령을 각 발하였음에도 청구인 등 집회 참가자들은 지체없이 해산하지 아니하였다는 이유로 청구인은 집시법위반으로 기소되어 약식명령으로 벌금 100만 원을 선고받고 이에 불복하여 정식재판을 청구하여 서울중앙지방법원에 위 사건이 계류 중입니다.

2. 재판의 전제성

가. 의 의

이 사건 위헌법률심판제청이 적법하기 위하여는 문제된 법률의 위헌여부가 재판의 전제가 되어야 한다는 재판의 전제성이 있어야 합니다. 재판의 전제성이라 함은, 첫째 구체적인 사건이 법원에 계속 중이어야 하고, 둘째 위헌여부가 문제되는 법률이 당해 소송사건의 재판과 관련하여 적용되는 것이어야 하며, 셋째 그 법률이 헌법에 위반되는지의 여부에 따라 당해사건을 담당한 법원이 다른 내용의 재판을 하게 되는 경우를 말합니다. 법률의 위헌여부에 따라 법원이 '다른 내용의' 재판을 하게 되는 경우라 함은 원칙적으로 제청법원이 심리 중인 당해사건의 재판의 결론이나 주문에 어떠한 영향을 주는 것뿐만이 아니라, 문제된 법률의 위헌여부가 비록 재판의 주문 자체에는 아무런 영향을 주지 않는다고 하더라도 재판의 결론을 이끌어내는 이유를 달리 하는데 관련되어 있거나 또는 재판의 내용과 효력에 관한 법률적 의미가 전혀 달라지는 경우에는 재판의 전제성이 있는 것으로 보아야 합니다[3](헌재 1992. 12. 24. 92헌가8).

나. 사안의 경우

이 사건 심판대상 법률조항은 서울중앙지방법원 2014고단12345 집회및시위에관한법률위반(이하 '집시법'이라고 함) 사건에 적용되는 것으로 위 법률조항들이 위헌으로 결정되면 청구인에 대한 위 형사재판은 무죄가 선고될 것으로 예상됩니다. 따라서 당해사건이 형사사건이고, 청구인의 유·무죄가 확정되지 아니한 상태에서는 처벌의 근거가 되는 형벌조항의 위헌확인을 구하는 청구에 대하여 재판의 전제성을 인정할 수 있을 것이므로 이 사건 심판청구는 재판의 전제성 요건을 갖추고 있습니다.

3) 위헌법률심판의 경우 반드시 답안에 적시해야 하는 부동문자에 해당한다.

3. 위헌이라고 해석되는 이유[4)]

가. 미신고 집회 처벌조항의 위헌성(집시법 제22조 제2항 중 제6조 제1항)

(1) 사전신고제 규정의 위헌성

우리 헌법 제21조는 소위 표현의 자유를 규정하면서, 언론·출판에 있어서의 (사전)검열과 집회·결사에 있어서의 (사전)허가제를 절대적으로 금지하고 있습니다. 특히 집회·결사에 있어서 허가제란, 사전에 집회 등의 실체적 내용 등에 대해 행정청이 심사를 하고, 그 결과 허가받지 아니한 집회는 원천적으로 개최가 불가하게 되는 것을 내용으로 한다고 할 것입니다. 이 사건 심판대상조항은 옥외집회 주최자는 신고서를 집회를 시작하기 48시간 전에 경찰서장에게 제출하도록 하고 있어 집회의 목적이 공공의 안녕질서를 해칠 우려가 있는지, 집회장소가 공공의 장소이거나 집회자가 임의로 사용할 수 있는 곳인지를 묻지 않고 있습니다. 또한 집회의 성격이 48시간 전에 계획된 것인지 48시간 전에 예측할 수 없는 우발적 집회나 긴급집회인지를 구별하지 않고 모든 옥외집회에 대하여 신고의무를 부과하고 있습니다. 그런데, 사전신고제는 집회예정시간보다 48시간 전에 신고하도록 하는 것이기에 신고 후 48시간 동안은 옥외집회를 금지하는 결과가 됩니다. 그 결과 **집회 여부를 48시간 전에 예측할 수 없는 우발적 집회나 긴급집회에 대하여 48시간 전에 신고하지 않았다고 하여 무조건 형사처벌하는 것은 우발적 집회나 긴급집회를 금지하는 것이나 다름없습니다. 따라서 위 심판대상조항이 정한 사전신고제는 그 자체로 헌법상 '사전허가제금지'에 위배되어 위헌**이라고 할 것입니다.

(2) 미신고 옥외집회 처벌조항으로 제한되는 기본권

(가) 집회의 자유

집회의 자유는 개인의 인격발현의 요소이자 민주주의를 구성하는 요소라는 이중적 헌법적 기능을 가지고 있습니다. 집회의 자유는 표현의 자유와 더불어 민주적 공동체가 기능하기 위하여 불가결한 근본요소에 속합니다. 그래서 헌법 제21조 제2항은 '집회에 대한 허가는 인정되지 아니한다'고 규정함으로써 다른 기본권 조항과는 달리 기본권을 제한하는 특정 국가행위를 명시적으로 배제하고 있습니다.

(나) 과잉금지원칙 위반

1) 입법목적의 정당성

심판대상조항은 옥외집회가 방해받지 않고 개최될 수 있도록 개최 전 단계에서 옥외집회 개최자와 제3자, 일반공중 사이의 이익을 조정하여 상호간의 이익충돌을 사전에 예방할 목적을 갖습니다. 옥외집회에 대한 사전신고를 하면 행정관청과 주최자가 상호 정보를 교환하고 협력함으로써 옥외집회가 평화롭게 구현될 수 있으며, 옥외집회로 인하여 침해될 수 있는 공공의 안녕질서를 보호하고 그 위험을 최소화할 수 있다는 점에서 입법목적의 정당성이 인정됩니다.

2) 수단의 적합성

심판대상조항은 긴급집회를 포함한 모든 집회에 대하여 신고의무를 부과하고 있습니다. 집회에 대한 사전신고가 없었더라도 우발적 혹은 소규모 옥외집회이거나 비교적 단시간의 옥외집회로서 평화롭게 옥외집회를 마치는 경우나 옥외집회 주최 중에 경찰관청과 주최 측이 협의하여 질서를 유지하면서 옥외집회를 하는 경우도 얼마든지 있을 수 있습니다. 집회의 사전신고의무는 궁극적으로 집회의 자유의 보장 및 관련법익의 조화를 위한 '수단'

---

4) 헌법재판소는 이 사건 심판대상조항에 대하여 합헌결정을 한 바 있다(헌재 2014. 1. 28. 2011헌바174, 282, 285, 2012헌바39, 64, 240(병합)). 이 답안은 이 사건 결정의 반대의견에 따라 작성되었다.

으로 고안된 것이라는 점에서 예외 없는 관철이 절실히 요구된다고 보기 어렵습니다. 따라서 긴급시에 개최되는 집회가 가능하도록 하는 어떤 조치도 취하지 않고 있다는 점에서 수단의 적합성을 갖는다고 할 수 없습니다.

3) 침해의 최소성

집회는 오히려 긴급히 개최될 필요성이 큼에도 신고 시간을 문제 삼아 그 집회를 제한하는 것은 집회의 자유를 침해하는 것입니다. 긴급집회와 평상적인 집회는 그 차이점만큼 규율도 달리해야 할 필요가 있습니다. 그럼에도 '사전신고'를 예외 없이 관철시키기 위하여 형벌의 제재로 신고의무의 이행을 강제하는 것은 수단의 확보를 위하여 목적이 되는 헌법상 집회의 자유를 전체적으로 위축시키는 결과를 가져올 수 있고, 신고제도의 본래적 취지에 반하여 허가제에 준하는 운용을 가능하게 합니다. 나아가 어떠한 예외도 두지 않고 법률상 금지된 집회의 주최자와 동일한 법정형으로 처단하고 있는바, 이는 헌법정신에 반하고 침해의 최소성에도 반하게 됩니다.

4) 법익의 균형성

긴급집회에 대하여 48시간 전에 사전신고를 의무화함으로써 옥외집회 개최자는 불편함이나 번거로움을 겪어야 합니다. 그러나 사전신고의 의무화는 이 같은 불이익 때문에 문제되는 것은 아닙니다. 사전신고를 할 수 없는 긴급한 상황에서 개최하려는 집회 자체가 원천적으로 봉쇄될 수 있다는 점에 큰 문제가 있는 것입니다. 사전신고를 하면 집회의 정보를 제공하여 집회시에 발생할지도 모를 위험이나 여러 상황에 대한 준비를 할 수 있는 공익이 있습니다. 그러나 사전신고 제도로 인하여 집회의 자유 자체를 누릴 수 없는 제약을 받게 되는 청구인의 기본권(사익)에 대한 제약이 훨씬 크다고 할 수 있어 법익균형성도 인정하기 어렵습니다.

(다) 소 결

따라서 심판대상조항은 48시간 전에 신고서를 제출할 수 없는 긴급집회 주최자에게 어떠한 예외도 규정하지 않고 모든 옥외집회에 대해 사전신고를 의무화하는 한편, 미신고 옥외집회 주최자 처벌규정은 단순한 행정절차적 협조의무 위반으로 행정상 제재에 그쳐야 할 것임에도 징역형이 있는 형벌을 부과하고 있는 것은 과잉금지원칙에 위배되어 청구인의 집회의 자유를 침해한다고 할 것입니다.

나. 미신고 집회 해산명령 불응에 대한 형사처벌 조항(집시법 제24조 제5호 중 제20조 제2항, 제1항 제2호 중 제6조 제1항)

(1) 과잉금지원칙 위반

동 조항 역시 공공질서 보호라는 정당한 목적을 가지고 **해산명령 및 불응시 형사처벌을 하도록 하여 집회의 자유를 제한**하고 있는바, 집회의 자유에 대한 제한은 헌법 제37조 제2항의 비례의 원칙을 엄격하게 준수하여야 합니다.

(가) 목적의 정당성

해산명령 제도는 적법한 집회를 최대한 보장하고 위법한 집회로부터 국민을 보호함으로써 집회의 권리 보장과 공공의 안녕질서가 적절히 조화를 이루도록 하기 위한 것이므로 입법목적의 정당성은 인정할 수 있습니다.

(나) 수단의 적합성

청구인이 개최한 집회는 행정청에 대한 협력의무로서의 사전신고를 하지 않았다는 점 외에는 집회를 제한할 말한 어떤 사유도 없었습니다. 그렇기에 집회를 개최될 수 있도록 하려면 집회현장에서 주최자에게 특정한 집회시간과 장소의 제한 및 집회의 방법 등을 고지하여 집회를 평화롭게 마치도록 하는 적합한 수단을 동원할 수 있습니다. 그럼에도 심판대상조항은 이러한 적절한 수단의 사용을 요구하지 않고 미신고 집회의 경우 곧바로 해산명령을 할 수 있도록 규정하고 있어 수단의 적합성을 갖추지 못하고 있습니다.

(다) 침해의 최소성

집시법 제20조 제1항 제2호는 미신고 옥외집회를 해산명령의 대상으로 하면서 별도의 해산 요건을 정하고 있지 않습니다. 그렇지만 미신고 집회라도 해산명령을 하기 위해서는 그 옥외집회로 인하여 타인의 법익이나 공공의 안녕질서에 대한 직접적인 위험이 명백하게 초래된 경우에 한하여 해산을 명할 수 있습니다. 무엇보다, 집회의 해산은 집회의 자유를 보다 덜 제한하는 다른 수단(예컨대 시위참가자수의 제한, 시위대상과의 거리제한, 시위방법, 시기, 소요시간의 제한 등)을 붙여 집회 허용 가능성을 모두 소진한 후 비로소 고려될 수 있는 최후 수단이라고 할 것이므로 집회의 성격이 집시법 제15조에 규정된 집회에 해당하는 경우에까지 미신고 옥외집회로 형사처벌을 하는 것은 지나치게 과중한 제재라 할 것입니다. 이처럼 집회 성격에 따라 세부 기준을 마련함이 없이 일률적으로 오로지 미신고 집회라는 사유만으로 해산을 명하고 그 위반시 형사처벌까지 하는 것은 집회를 자유에 대한 중대한 제한으로 침해의 최소성에도 반한다고 할 것입니다.

(라) 법익의 균형성

이 사건 기록에 의하면, 청구인은 동성애를 반대하는 모임인 '건강가족지킴이'의 부회장으로서 ① 청구인이 주최한 집회의 경우 2013. 12. 14 오전 2시부터 약 20명의 인원이 참가하는 소규모의 집회였고, ② 그 집회의 태양 또한 피켓 4개를 들고 행진하면서, 가끔 구호를 외치는 것으로서 1시간 정도에 그쳤으며, ③ 경찰의 계속된 해산명령으로 연행당시 집회현장에는 약 10명 정도만 잔류한 상황이었는바, 집시법 제15조에 의하여 신고의무의 적용이 배제되는 의식, 친목 등에 관한 집회라고 볼 수 있음에도 불구하고 일방적으로 신고대상에 해당한다고 간주하여 형사처벌까지 나아간 측면이 강합니다. 사안에서 평화로운 집회에 대한 해산명령과 그 참가자에 대한 형사처벌로 얻게 되는 공익은 미미한데 반하여, 그러한 해산명령 및 형사처벌로 인해 침해되는 개인의 집회결사의 자유의 정도는 매우 클 것으로 예상되는바, 결국 해산과 형사처벌로 침해되는 집회의 자유가 그로 인해 달성하고자 하는 공익으로서 공공의 질서유지보다 결코 작다고 할 수 없어 법익의 균형성 요건을 갖추지 못하였다고 할 것입니다.

(2) 소 결

따라서 심판대상조항은 단지 미신고 집회라는 사유로 집회의 해산요건에도 해당하지 않음에도 해산명령을 하고 그에 불응하였다고 하여 처벌을 할 수 있도록 하는 것은 입법목적을 달성하기에 필요한 조치의 범위를 넘는 과도한 제한(과잉형벌)으로 과잉금지의 원칙을 위반하여 집회의 자유를 과도하게 침해하는 위헌적인 규정이라 할 수 있습니다.

다. 평등원칙 위반의 점

평화로운 미신고집회에 대한 해산명령과 금지되는 폭력집회를 동일하게 취급하여 일률적으로 해산명령 대상으로 삼고 있는 것은 평등원칙에도 위배될 여지가 크다는 점을 언급하면 가점 사항.

4. 결 론

청구인의 이 사건 심판청구는 적법요건을 모두 구비하였으며, 이 사건 미신고 집회 및 미신고 집회 해산명령 불응에 대한 처벌조항은 모두 위헌에 해당되므로 청구취지와 같은 결정을 하여 주시기를 바랍니다.

첨 부 서 류

2014. 10. 27.[5)]

청구인의 대리인 법무법인 희망
담당변호사 정 환 수 (인)

헌법재판소 귀중

5) 제68조 제2항에 따른 헌법소원심판은 위헌 여부 심판의 제청신청을 기각하는 결정을 통지받은 날부터 30일 이내에 청구하여야 한다(헌법재판소법 제69조 제2항). 청구인은 2014. 9. 26. 위헌법률심판제청기각 결정문을 송달받았다. 그러므로 송달 다음날(27일)부터 기산하여 30일이 되는 10. 26.은 일요일이므로 그 다음날인 27일(월요일)이 심판청구의 마지막 날이 된다.

2016년도 제5회

변호사시험

공법 기록형 해설

제1문(50점)

헌법소원심판청구서

청구인(생략)

청구취지

「재외동포의 출입국과 법적 지위에 관한 법률」(2014. 12. 31. 법률 제34567호로 개정된 것) 제5조 제2항 본문 제4호와 「재외동포의 출입국과 법적 지위에 관한 법률 제5조 제2항 본문 제4호에서 규정하는 국가에 관한 고시」(2014. 12. 31. 법무부고시 제500-123호) 중 "우즈베키스탄" 부분은 헌법에 위반된다."라는 결정을 구합니다.

침해된 권리

평등권(헌법 제11조)
거주·이전의 자유(헌법 제14조)
직업(선택)의 자유(헌법 제15조)

침해의 원인

「재외동포의 출입국과 법적 지위에 관한 법률」(2014. 12. 31. 법률 제34567호로 개정된 것) 제5조 제2항 본문 제4호와 「재외동포의 출입국과 법적 지위에 관한 법률 제5조 제2항 본문 제4호에서 규정하는 국가에 관한 고시」(2014. 12. 31. 법무부고시 제500-123호) 중 "우즈베키스탄" 부분

청구이유

Ⅰ. 사건의 개요(기재 생략)

Ⅱ. 적법요건의 구비 여부(18점)

1. 청구인 능력(외국인의 기본권 주체성)

기본권주체성이 인정되는 자는 누구든지 청구인능력도 인정됩니다. 사안에서 청구인 김나타샤는 우즈베키스탄 국적의 외국인인데, 외국인에게 기본권 주체성이 인정되는지에 관하여, 헌법재판소는 특히 직업의 자유에 대하여 "직장 선택의 자유는 인간의 존엄과 가치 및 행복추구권과도 밀접한 관련을 가지는 만큼 단순히 국민의 권리가 아닌 인간의 권리로 보아야 할 것이므로 외국인도 제한적이나마 직장선택의 자유를 향유할 수 있다고 보아야 한다"고 판시[1)2)]하여 외국인의 직업의 자유를 인정하고 있습니다. 사안에서 청구인 김나타샤는 외국 국적 동

---

1) 직업 선택의 자유에 있어서 외국인의 기본권 주체성 인정 여부
직업의 자유는 자신이 원하는 직업 내지 직종을 자유롭게 선택하는 직업선택의 자유와 자신이 선택한 직업을 자기가 결정한 방식으로 자유롭게 수행할 수 있는 직업수행의 자유를 모두 포함하는 것으로 보아야 한다. 이러한 직업의 선택 혹은 수행의 자유는 각자의 생활의 기본적 수요를 충족시키는 방편이 되고 또한 개성신장의 바탕이 된다는 점에서 헌법 제10조의 행복추구권과 밀접한 관련을 갖는다(헌재 1997. 10. 30. 96헌마109; 헌재 1998. 7. 16. 96헌마246). 또한 개개인이 선택한 직업의 수행에 의하여 국가의 사회질서와 경제질서가 형성된다는 점에서, 직업의 자유는 사회적 시장경제질서라고 하는 객관적 법질서의 구성요소이기도 하다(헌재 2001. 6. 28. 2001헌마132). 직업의 자유 중 이 사건에서 문제되는 직장 선택의 자유는 인간의 존엄과 가치 및 행복추구권과도 밀접한 관련을 가지는 만큼 단순히 국민의 권리가 아닌 인간의 권리로 보아야 할 것이므로 권리의 성질상 참정권, 사회권적 기본권, 입국의 자유 등과 같이 외국인의 기본권주체성을 전면적으로 부정할 수는 없고, 외국인도 제한적으로라도 직장 선택의 자유를 향유할 수 있다고 보아야 한다(헌재 2000. 8. 31. 97헌가12). 이 사건 청구인들은 국내 기업에 취업함을 목적으로 외국인고용법상 고용허가를 받고 적법하게 우리나라에 입국하여, 우리나라에서 일정한 생활관계를 형성, 유지하며 살아오고 있는 자들이다. 이 사건에서 청구인들이 구체적으로 주장하는 것은 외국인고용법상 고용허가를 받아 취업한 직장을 자유로이 변경할 수 있는 직장 선택의 자유가 침해되었다는 것인바, 청구인들이 이미 적법하게 고용허가를 받아 적법하게 우리나라에 입국하여 우리나라에서 일정한 생활관계를 형성, 유지하는 등, 우리 사회에서 정당한 노동인력으로서의 지위를 부여받은 상황임을 전제로 하는 이상, 청구인들이 선택한 직업분야에서 이미 형성된 근로관계를 계속 유지하거나 포기하는 데 있어 국가의 방해를 받지 않고 자유로운 선택·결정을 할 자유는 외국인인 청구인들도 누릴 수 있는 인간의 권리로서의 성질을 지닌다고 볼 것이다. 그렇다면, 위와 같은 직장 선택의 자유라는 권리의 성질에 비추어 보면 이 사건 청구인들에게 직장 선택의 자유에 대한 기본권 주체성을 인정할 수 있다 할 것이다(헌재 2011. 9. 29. 2007헌마1083, 외국인근로자의 고용 등에 관한 법률 제25조 제4항 등 위헌확인 등). 한편 기본권 주체성의 인정문제와 기본권 제한의 정도는 별개의 문제이므로, 외국인에게 직장 선택의 자유에 대한 기본권주체성을 인정한다는 것이 곧바로 이들에게 우리 국민과 동일한 수준의 직장 선택의 자유가 보장된다는 것을 의미하는 것은 아니라고 할 것이다.

2) 한편, 헌법재판소는, '국민' 또는 국민과 유사한 지위에 있는 '외국인'은 헌법재판소법 제68조 제1항의 헌법소원을 청구할 수 있는 기본권 주체로서, 인간의 존엄과 가치 및 행복추구권 등과 같이 단순히 '국민의 권리'가 아닌 '인간의 권리'로 볼 수 있는 기본권에 대해서는 외국인도 기본권 주체가 될 수 있다고 하여 인간의 권리에 대하여는 원칙적으로 외국인의 기본권주체성을 인정하였다(헌재 2011. 9. 29. 2007헌마1083 등; 헌재 2014. 4. 24. 2011헌마474 등 참조). 이와 같이 외국인에게는 모든 기본권이 인정되는 것이 아니라 인간의 권리의 범위 내에서만 인정되는 것이므로, 심판대상조항이 제한하고 있는 기본권이 권리의 성질상 외국인인 청구인에게 기본권주체성을 인정할 수 있는 것인지를 개별적으로 결정하여야 한다(헌재 2011. 9. 29. 2007헌마1083 등 참조). 심판대상조항이 제한하고 있는 직업의 자유는 국가자격제도정책과 국가의 경제상황에 따라 법률에 의하여

포로서 한국에서 음식점 개업을 준비하기 위해 상가임대차계약서를 체결하는 등 적법하게 우리나라에 입국하여 국내에서 일정한 생활관계를 형성, 유지하고 있다는 점에서 직업의 자유 등 기본권의 주체성이 인정되므로 청구인능력을 갖추고 있다고 할 것입니다.

2. 공권력 행사성

헌법소원심판의 대상이 되는 공권력 행사 또는 불행사란 공권력주체에 의한 작위·부작위로서 그로 인해 국민의 권리·의무 내지 법적 지위에 직접적인 영향을 가져오는 행위를 말합니다. 여기서 공권력작용에는 원칙적으로 입법작용, 집행작용, 사법작용 등 모든 국가작용이 포함됩니다. 따라서 심판대상인 재외동포법 제5조 제2항 본문 제4호는 헌법소원의 대상인 공권력의 행사에 해당합니다. 한편, 행정규칙은 원칙적으로 헌법소원의 대상이 아니지만 예외적으로 상위법령과 결합하여 국민의 기본권에 영향을 미치는 경우 헌법소원의 대상이 된다는 것이 헌법재판소의 입장입니다. 이 사건 법무부 고시의 경우 법무부장관이 재외동포법 제5조 제2항 본문 제4호의 위임을 받아 재외동포체류자격이 제한되는 위험국가를 고시로 정한 것으로 이는 법령보충적 행정규칙에 해당하므로 헌법소원의 대상이 된다고 할 것입니다.

3. 청구인 적격(법적 관련성)

가. 자기관련성(단순노무행위에 해당하지 않을 것)3)

헌법소원은 원칙적으로 자신의 기본권이 직접 침해당한 경우에 청구할 수 있습니다. 청구인 김나타샤는 관련서류에 따르면 외국국적 동포에 해당함에 의문이 없으며, 우리나라에서 음식점 개업을 준비중인 자로서 단순노무행위 등 출입국관리법 시행령 제23조 제3항 각호의 제한사유에 해당하지 않습니다. 따라서 이 사건 법령에 의하여 직접적으로 재외동포(F-4) 체류자격이 제한된다고 볼 수 있으므로 기본권침해의 자기관련성이 인정됩니다.

제한할 수 있고 인류보편적인 성격을 지니고 있지 아니하므로 국민의 권리에 해당한다. 이와 같이 헌법에서 인정하는 직업의 자유는 원칙적으로 대한민국 국민에게 인정되는 기본권이지, 외국인에게 인정되는 기본권은 아니다. 국가 정책에 따라 정부의 허가를 받은 외국인은 정부가 허가한 범위 내에서 소득활동을 할 수 있는 것이므로, 외국인이 국내에서 누리는 직업의 자유는 법률 이전에 헌법에 의해서 부여된 기본권이라고 할 수는 없고, 법률에 따른 정부의 허가에 의해 비로소 발생하는 권리이다. 과거 헌법재판소의 결정례 중에는 외국인이 대한민국 법률에 따른 허가를 받아 국내에서 일정한 직업을 수행함으로써 근로관계가 형성된 경우, 그 직업은 그 외국인의 생활의 기본적 수요를 충족시키는 방편이 되고 또한 개성신장의 바탕이 된다는 점에서 외국인은 그 근로관계를 계속 유지함에 있어서 국가의 방해를 받지 않고 자유로운 선택과 결정을 할 자유가 있고 그러한 범위에서 제한적으로 직업의 자유에 대한 기본권주체성을 인정할 수 있다고 하였다(헌재 2011. 9. 29. 2007헌마1083 등 참조). 하지만 이는 이미 근로관계가 형성되어 있는 예외적인 경우에 제한적으로 인정한 것에 불과하다. 그러한 근로관계가 형성되기 전단계인 특정한 직업을 선택할 수 있는 권리는 국가정책에 따라 법률로써 외국인에게 제한적으로 허용되는 것이지 헌법상 기본권에서 유래되는 것은 아니다. 따라서 외국인인 청구인 신○권에게는 그 기본권주체성이 인정되지 아니한다(헌재 2014. 8. 28. 2013헌바359, 의료법 제27조 등 위헌확인 사건).

3) 이 부분은 가점사항이다. 출입국관리법시행령 제23조 제3항 제3호 및 동법시행규칙 제27조의2 제1항, 제2항에 의한 재외동포의 취업활동제한의 구체적 범위는 법무부장관이 지정하여 고시한다. 재외동포(F-4) 체류자격 소지자가 국내거소신고를 하면 단순노무활동 및 사행행위 등을 제외하고는 국내에서 모든 취업활동이 허용되는 등 광범위한 혜택을 받을 수 있다. 다만, 허용되는 취업활동이라도 국내 법령에 의하여 일정한 자격을 요구하는 때에는 그 자격을 갖추어야 한다. 다음의 경우를 제외하고는 체류자격의 구분에 따른 활동의 제한을 받지 아니한다. 참고로, 단순노무행위(법무부장관 고시 제2015-29호, 2015. 2. 1.)란 단순하고 일상적인 육체노동을 요하는 업무로서 한국표준직업분류(통계청고시)상의 단순노무직 근로자의 취업분야가 이에 해당한다.

나. 직접성

법령헌법소원의 경우 법률 또는 법률조항 자체가 헌법소원의 대상이 될 수 있으려면 그 법률 또는 법률조항에 의하여 구체적인 집행행위를 기다리지 않고 법률 그 자체에 의하여 자유의 제한·의무의 부과·권리 또는 법적 지위의 박탈이 생긴 경우이어야 합니다. 따라서 집행행위가 예정되어 있는 경우에는 원칙적으로 '직접성'이 인정되지 않지만, 집행행위가 예정되어 있더라도 집행행위를 대상으로 하는 구제절차가 없거나 불확실한 경우, 구제절차가 있더라도 권리구제의 기대가능성이 없는 경우, 법률이 일의적이고 명백해서 집행기관에 재량의 여지가 없는 경우에는 '직접성'이 인정됩니다. 사안의 경우 상위법인 재외동포법 제2조 제5항 본문 제4호(이하 '이 사건 법률')와 하위법령인 법무부고시(이하 '이 사건 고시')가 체계적으로 밀접분가분의 관계에 있고, 상·하위법령이 결합하여 직접적으로 청구인의 체류자격을 금지하고 있으므로 기본권침해의 직접성이 인정됩니다.

다. 현재성

이 사건 법령으로 인하여 현재 청구인의 기본권침해가 현실적으로 발생하고 있으므로 기본권침해의 현재성이 당연히 인정됩니다.

4. 보충성

헌법재판소법 제68조 제1항의 헌법소원은 다른 법률에 구제수단이 있는 경우 그 절차를 모두 거친 후 심판청구를 해야 하는데, 사안과 같은 법령헌법소원의 경우 그 법령의 효력을 직접 다투는 것을 소송물로 하여 일반법원에 구제를 구할 수 있는 절차(예컨대, 법률이나 법규명령에 대한 무효나 취소를 구하는 행정소송)가 존재하지 아니하므로, 이 경우 보충성의 예외에 해당하여 다른 구제를 거칠 것 없이 바로 헌법소원심판을 청구할 수 있습니다.

5. 청구기간

법령에 대한 헌법소원심판은 법령이 시행된 사실을 안 날로부터 90일 이내에, 그 법률이 시행된 날로부터 1년 이내에 청구하여야 하지만(헌법재판소법 제69조 제1항), 법령이 시행된 후에 비로소 그 법령에 해당하는 사유가 발생하여 기본권의 침해를 받게 된 경우에는 그 사유가 발생한 사실을 안 날로부터 90일 이내에, 그 사유가 발생한 날로부터 1년 이내에 청구하여야 합니다. 사안의 경우 청구인은 2015. 11. 16. 관계 법령상 재외동포(F-4) 체류자격이 부여될 수 없다는 사실을 알게 되었고, 그로부터 90일 이내에 헌법소원심판을 청구하였으므로 청구기간을 준수하였습니다.

6. 기타 적법요건

사안에서 헌법재판소가 이 사건 법령에 대해 위헌결정을 하게 되면 청구인에게 재외동포(F-4) 체류자격이 부여될 수 있으므로 권리보호이익이 인정되고, 청구인은 변호사를 대리인으로 선임하였으므로 변호사강제주의 요건은 문제되지 않습니다.

Ⅲ. 위헌이라고 해석되는 이유

1. 쟁점의 정리

사안에서는 이 사건 법령이 명확성원칙, 포괄위임입법금지원칙 및 과잉금지원칙 등을 위배하여 청구인의 직업의 자유, 거주·이전의 자유, 평등권을 침해하는지가 문제됩니다.

2. 문제되는 기본권

이 사건 심판대상 법령에 의하여 청구인에게 재외동포(F-4) 체류자격이 부정된다면 음식점 개업을 포기해야 하므로 직업(선택)의 자유가 침해되고, 강제출국 등으로 인한 거주이전의 자유의 침해가 발생할 뿐만 아니라, 이 사건 고시에 의해 위험국가로 지정되지 않은 국가의 외국국적동포 등과 차별이 발생하게 되어 평등권 침해 문제가 발생합니다.

3. 명확성 원칙 및 포괄위임금지원칙 위반

가. 명확성 원칙 위배

명확성의 원칙은 "입법자는 법률을 명확히 규정해야 하며, 행정부에 대한 수권을 내용으로 하는 법률이라면 수권의 목적, 내용 및 범위를 명확하게 규정함으로써 행정청의 자의적인 법적용을 배제할 수 있는 객관적인 기준을 제시하고 국민으로 하여금 행정청의 행위를 어느 정도 예견할 수 있도록 해야 한다"는 원칙입니다. 명확성의 정도는 개개의 법률에 따라 차이가 있을 수 있지만 이 사건 법률의 경우 재외동포 체류자격 제한 등 부담적 성격을 가지는 규정이므로 명확성 원칙 위반 여부를 더욱 엄밀하게 심사할 필요가 있다고 할 것입니다.
그런데, 이 사건 법률은 '위험 국가의 국적자'라고만 규정하고 있을 뿐 '위험'의 의미와 관련하여 그 정도나 범위, 내용에 대하여 아무런 기준을 제시하고 있지 않습니다. 이는 매우 불명확한 규정으로 통상적인 법감정을 가진 일반인을 기준으로 볼 때 그 대강을 판단하기 어렵고, 행정청의 자의적인 법적용이 이루어질 가능성이 매우 높다고 보여지므로 명확성의 원칙에 위반됩니다.

나. 포괄위임금지원칙 위배[4)]

법률이 입법사항을 대통령령이나 부령이 아닌 고시와 같은 행정규칙 형식으로 위임하는 것은 허용되나, 행정규칙은 법규명령과 같은 엄격한 제정 및 개정절차를 요하지 아니하므로, 기본권을 제한하는 법률이 입법위임을 할 때에는 법규명령에 위임함이 바람직하고, 고시와 같은 형식으로 입법위임을 할 때에는 적어도 행정규제기본법 제4조 제2항 단서에서 정한 바와 같이 법령이 전문적·기술적 사항이나 경미한 사항으로서 업무의 성질상 위임이 불가피한 사항에 한정된다고 할 것이며, 그러한 사항이라 하더라도 포괄위임금지의 원칙상 법률의 위임은 반드시 구체적·개별적으로 한정된 사항에 대하여 행하여져야 합니다.
그런데, 이 사건 법률의 경우 "법무부장관이 고시하는 위험 국가의 국적자인 경우"라고만 규정하여 포괄적으로 위임을 하고 있을 뿐 그 정도나 기준 등에 대해서 아무런 규정이 없어 고시에 어떠한 내용이 포함될지 전혀 예측할 수 없습니다. 뿐만 아니라 고시의 내용이 전문적·기술적 사항이나 경미한 사항이라고 보기도 어렵습니다. 따라서 이 사건 법률은 포괄위임입법금지원칙에 위배됩니다.

4. 과잉금지원칙 위반(거주이전의 자유, 직업선택의 자유 침해)

가. 목적의 정당성 및 수단의 적정성(적합성)

이 사건 체류자격 제한 조항은 대한민국에 대하여 위험국가의 국적을 지닌 외국인의 체류자격을 제한함으로써 대한민국 및 대한민국 국민의 안전 등을 보호하려는 것으로서 그 입법목적이 정당하고, 위험국가 국적의 외국인의 체류자격을 제한하는 것은 위와 같은 목적 달성을 위해 적절한 수단이 된다고 할 수 있습니다.

---

4) 의회유보원칙은 국민의 주요 기본권을 제한하거나 의무를 부과하는 경우 문제가 되므로 이 사건과 같은 외국인에 대해서는 주장할 여지가 낮다고 할 것이다.

나. 피해(침해)의 최소성 및 법익의 균형성

이 사건 체류자격 제한 조항은 대한민국 체류 목적 및 체류 경위, 체류기간, 체류자격 신청자의 경력 등을 전혀 고려하지 않고 있을 뿐만 아니라, 다른 체류 조건을 모두 충족하였는지 불문하고 법무부장관이 위험국가로 지정하는 경우에는 그 국적자는 어떠한 예외도 없이 체류자격을 부여하지 않도록 규정하고 있습니다. 특히 이 경우 법무부고시의 개정여부에 따라 체류제한 기간이 무한정 확대될 수 있는 가능성이 있다는 점에서 해당 국가의 국적자의 지위는 매우 불안정하게 됩니다.

또한, 청구인의 경우 이미 대한민국에 음식점 개업을 위해 상가임대차계약을 체결한 자로서 체류자격이 부정될 경우 중대한 재산상의 손해도 입게 될 가능성이 큰 바, 이 사건 체류제한 조항이 달성하고자 하는 불법체류 방지라는 공익적 목적에 비해 과도하게 외국인인 청구인의 거주이전의 자유 및 직업의 자유를 제한함으로써 침해의 최소성 및 법익의 균형성에 반합니다.

다. 소 결

따라서 이 사건 법령은 침해의 최소성 및 법익의 균형성에 반하여 청구인의 직업의 자유 및 거주이전의 자유를 과도하게 침해하는 것으로서 과잉금지원칙에 위반됩니다.

5. 평등권(평등원칙) 침해

가. 평등권의 의의

헌법 제11조 제1항에서 규정하고 있는 평등은 객관적 법원칙으로서의 평등 원칙과 주관적 공권으로서의 평등권을 포괄하는 조항으로서, 여기에서 말하는 평등이란 법 적용상의 평등뿐만 아니라 법 내용상의 평등까지 의미하고, 합리적인 이유가 있는 차별을 허용하는 상대적 평등을 의미합니다.

나. 비교집단의 존재

청구인은 법무부고시에 의하여 청구인의 국가가 위험국가로 지정되었다는 사실만으로 대한민국에서의 체류자격이 부정되고 있으므로, 위험국가로 지정되지 않은 국가의 외국국적동포 등과의 차별이 존재합니다.

다. 심사기준

평등원칙 위배여부를 판단하는 데에는 ① 헌법에서 특별히 평등을 요구하고 있는 경우와 ② 차별적 취급으로 인하여 관련 기본권(자유권)에 대한 중대한 제한을 초래하는 경우를 제외하고는 원칙적으로 국회의 입법형성권의 존중 차원에서 완화된 심사기준인 자의금지원칙을 적용합니다. 사안의 경우 재외동포 체류자격 제한은 헌법에서 특별히 평등을 요구하고 있는 경우라고 볼 수 없고, 기본권에 대한 중대한 제한을 초래하는 경우에 해당한다고 볼 수 없으며, 외국인에 대한 기본권 제한은 일반적으로 광범위한 입법형성권이 인정된다는 점에서 완화된 심사기준인 자의금지원칙에 따라 심사하는 것이 타당합니다.

라. 자의금지원칙 위반 여부(합리적 이유 존재 여부)

이 사건 법령조항은 외국 국적자의 대한민국 내 체류 목적 및 경위, 외국 국적자의 경력 등 다른 조건에 대한 고려 없이 단지 해당 국가의 법무부고시에 의한 위험국가 지정이라는 우연적인 사정만을 기준으로 체류자격 여부에 대한 차별을 하고 있으므로, 차별에 대한 합리적인 이유가 있다고 볼 수 없어 평등의 원칙에 위배됩니다.

Ⅳ. 결 론

위에서 살펴본 바와 같이 이 사건 법령조항은 포괄위임금지원칙 및 명확성의 원칙에 반할 뿐만 아니라, 과잉금지원칙에 위배되어 청구인의 직업선택의 자유 및 거주·이전의 자유를 침해하고, 합리적 이유 없이 다른 외국국적 동포와 차별을 함으로써 청구인의 평등권을 침해하고 있으므로 헌법에 위반된다고 할 것입니다.

첨부서류(생략)

2016. 1. 4.

청구인의 대리인 (인)

헌법재판소 귀중

제2문(50점)

소 장

원 고 옐레나 구르초바
남원시 광한루길 123
소송대리인 법무법인 지리산
(생략)
피 고 ① 전주출입국관리사무소장

② 체류기간연장 불허가처분 등 취소 청구의 소

③ 청 구 취 지

1. 피고가 원고에 대하여 한 2015. 9. 3. 체류기간 연장불허가처분과 2015. 11. 16. 출국명령처분을 각 취소한다.
2. 소송비용은 피고가 부담한다.

라는 판결을 구합니다.

청 구 원 인

1. 이 사건 처분의 경위(생략)

2. ④ 이 사건 소의 적법성(피고적격 · 대상적격 · 협의의 소익 · 제소기간만 기재)

가. 피고적격

취소소송은 다른 법률에 특별한 규정이 없는 한 그 처분 등을 행한 행정청을 피고로 하여야 합니다(행정소송법 제13조 제1항). 여기서 '처분 등을 행한 행정청'이라 함은 그 이름으로 처분을 한 행정기관을 말하며, 정당한 권한을 가진 행정청인지 여부를 불문합니다. 사안에서 2015. 9. 3. 체류기간 연장 불허가 결정(이하 '체류기간 연장 불허처분') 및 2015. 11. 16. 출국명령(이하 '출국명령')은 모두 전주출입국관리사무소장이 행한 것이고, 아울러 체류기간연장 불허결정은 법무부장관의 권한이 출입국관리사무소장에게 대외적으로 위임되어 있고(출입국관리법 제92조), 수임청의 이름으로 처분을 행하였으므로 전주출입국관리사무소장이 피고적격을 갖습니다.[5]

나. 대상적격

행정소송법상 취소소송은 처분 등을 대상으로 합니다(행정소송법 제19조). 여기에서 처분 등이란 '행정청이 행하는 구체적 사실에 관한 법집행으로 공권력의 행사 또는 그 거부와 그 밖에 이에 준하는 행정작용 및 행정심판에 대한 재결'을 의미합니다(동법 제2조 제1항 제1호). 그런데, 이 사건 피고가 원고에게 2015. 9. 3. 행한 체류기간 연장 불허는 행정청의 거부행위에에 해당합니다. 거부행위가 취소소송의 대상이 되기 위해서는 판례는 ① 그

5) 비교판례: 제1회 변시 천안시 동남구청장 사례와 같은, 권한의 **내부위임**의 경우, 피고는 수임관청이 아닌 위임청이 된다는 것이 대법원의 입장이다(대판 1991. 10. 8. 91누520).

신청한 행위가 공권력 행사 또는 이에 준하는 행정작용이어야 하고, ② 그 거부행위가 신청인의 법률관계에 어떤 변동을 일으키는 것이어야 하며, ③ 그 개인에게 그 행위발동을 요구할 법규상·조리상 신청권이 있어야 한다고 판시하고 있습니다.

사안의 경우, 피고의 체류기간 연장 불허가 처분은 출입국관리사무에 관한 공권력행사 또는 이에 준하는 행정작용에 해당하고, 피고의 이 사건 거부처분으로 원고는 강제출국이라는 불이익을 받게 되므로 원고의 법률관계에 변동을 일으키는 것이며, 출입국관리법 제25조, 동법 시행령 제31조 제1항, 동법 시행규칙 제76조 제2항 제6호 등에 의해 법규상 신청권을 가집니다. (다만 민원사무 이의신청 기각결정은 처분이 아니므로 대상적격이 없습니다.)

아울러 피고가 원고에게 2015. 11. 16. 행한 출국명령은 처분성을 가지므로 대상적격을 갖추고 있습니다.

다. (협의의) 소의 이익[6)]

---

6) **협의의 소익(권리보호 필요성) 사례 해결례**

1. 의의 – 협의의 소익이란 본안판결을 구할 정당한 이익 내지 필요성을 말함. 남소 방지, 소송경제
2. 기능 – 대상적격은 소송요건의 하나로서 법원의 직권조사사항이다. 따라서 법원은 직권으로 이를 조사하여 그 흠결시 소를 부적법 각하하여야 한다
3. 원칙 – 협의의 소익에 관하여 행정소송법은 제12조 제2문과 같은 예외적인 규정만을 두고 있을 뿐 일반규정을 두고 있지 않다. 다만 학설과 판례에 의하면, 가. 협의의 소익 인정되는 경우 – ① 처분 등의 효력이 존속 ② 취소로서 원상회복 가능 ③ 이익침해가 계속, 나. 협의의 소익 부정되는 경우 – ① 처분의 효력이 소멸 ② 원상회복이 불가 ③ 이익침해가 해소 ④ 기타 사유(보다 간이한 방법이 있음, 이론상으로만 의미, 부당한 목적, 소권의 실효)
4. 예외 '이제 막 시작된 ~': 협의의 소익+집행정지

   가. 문제점 – 처분의 효력소멸과 소의 이익… Case 직위해제 처분효력 상실 후 협의의 소익 인정 여부

   처분의 효력이 소멸한 경우 협의의 소익 인정되지 않음이 원칙이나, 행정소송법 제12조 후문은 처분의 효과가 소멸된 뒤에도 그 처분의 취소로 인하여 회복되는 법률상 이익이 있는 경우 예외적으로 소송을 제기할 수 있다고 규정. ① 후문의 성질과 ② 회복되는 법률상 이익의 의미가 문제된다.

   나. 행정소송법 제12조 제2문의 법적 성질

   – (소송요건으로서의 지위) ① 원고적격으로 보는 견해(입법상 비과오설)도 있으나, ② 제1문은 원고적격, 제2문은 협의의 소익으로 보는 견해(입법상 과오설)가 통설이며 입법취지를 보아 제2문은 협의의 소익을 규정한 것으로 보는 것이 타당하다.

   – (제12조 제2문에 따른 소송의 성격) ① 취소소송으로 보는 견해, ② 계속적 확인소송으로 보는 견해가 대립. 생각건대, 처분의 효력이 소멸된 후에는 취소가 불가능하므로 확인소송으로 봄이 타당하다.

   다. 회복되는 법률상 이익의 의미

   (1) 문제점 – 후문의 회복되는 법률상 이익을 전문보다 넓게 해석하여 명예·신용 등의 인격적·사회적 이익도 포함시킬 수 있는지 여부가 문제된다.

   (2) 학설

   1) 소극설 – 제12조 제1문의 법률상 이익과 동일한 개념으로 보는 견해

   2) 적극설 – 재산적 이익 외에 명예·신용 등 인격적 이익도 포함된다는 견해

   3) 정당한 이익설 – 원고의 경제·사회·문화적 이익, 사실적 이익을 모두 포함한다는 견해

   (3) 판례 – ① 종래 소극설의 입장이었으나 ② 당해 불이익 처분이 장래의 불이익 처분의 가중요건 사실이 되는 경우, 당해 규정의 법적 성질이 법규명령인지 행정규칙인지를 불문하고 장래 받을 불이익은 구체적, 현실적이라 하여 소의 이익을 긍정, 사실적 이익까지 포함하는 정당한 이익설 입장의 판례도 있고, ③ 명예·신용적 이익에 관하여 경기학원 임시이사 사건에서 법률상 이익이 있다고 판시하는 등 폭넓게 보고 있다.

   (4) 검토 – 국민의 실효적인 권리구제를 도모하기 위하여 정당한 이익설이 타당하다.
5. 구체적 검토

취소소송은 처분 등의 취소를 구할 법률상 이익이 있는 자가 제기할 수 있고, 처분 등의 효과가 기간의 경과, 처분 등의 집행 그 밖의 사유로 인하여 소멸된 뒤에도 그 처분 등의 취소로 인하여 회복되는 법률상 이익이 있는 자의 경우에도 동일합니다(행정소송법 제12조). 사안의 경우 체류기간연장불허처분은 체류기간이 이미 만료되었으므로 불허처분을 취소하더라도 곧바로 체류자격이 유지되는 것은 아니나, 취소판결이 확정되면 판결의 기속력에 의하여 원고의 체류기간 연장신청에 대하여 행정청이 재처분을 하게 될 것이므로 이 부분에서 소의 이익이 인정됩니다. 또한, 출국명령처분의 경우 취소될 경우 출국명령의 효력이 상실하게 되어 원고에게 출국이 강제되지 않게 되는 법률상이 이익이 생기게 되므로 소의 이익이 있다고 할 것입니다.

라. 제소기간

취소소송은 처분이 있음을 안 날로부터 90일 이내에 제기하여야 하고(행정소송법 제20조 제1항 본문), 처분이 있음을 알지 못한 경우에도 처분이 있은 날로부터 1년을 경과하면 소를 제기하지 못합니다(동법 제20조 제2항 본문). 사안의 경우 체류기간 연장불허처분의 경우 2015. 9. 7. 송달되어 안 날로 추정되는바, 그로부터 90일 내인

가. 위법한 처분이 반복될 위험이 있는 경우 – 헌법재판소는 마포경찰서유치장 화장실 사건에서 처분의 효력이 소멸되었지만 위법한 처분이 반복될 위험이 있다고 보아 소의 이익 긍정

나. 원상회복은 불가능하나 부수적 이익이 구제되는 경우 – 징계처분 후의 급여, 승진소요연한 등

다. 당해 불이익처분이 장래 불이익처분의 가중요건 사실(제재적 가중처분)이 되는 경우 … Case

(1) 문제점 - 법규명령형식의 행정규칙이 가중처분 규정을 두고 있는 경우, 그 전제가 되는 처분 종료 후에도 협의의 소익을 인정할 수 있는지가 문제된다.

(2) 학설 – ① 법적 성질을 기준으로 판단하는 견해(법규명령으로 인정시 협의의 소익을 긍정, 행정규칙으로 인정시 부정), ② 법적 성질과 관계없이 처분의 상대방이 장래 받을 현실적 불이익 가능성을 기준으로 판단하는 견해

(3) 판례 – 종래 가중요건이 법률·시행령으로 규정된 경우 협의의 소익을 인정하고, 시행규칙·행정규칙으로 규정된 경우 법규성을 부정하여 소의 이익 인정하지 않았으나, 대법원은 전원합의체 판결에서 그 법적 성질과 무관하게 선행처분을 받은 상대방이 장래 받을 불이익은 구체적, 현실적이라고 하여 협의의 소익 인정하고 있다(환경영향평가 대행업무 정지처분 사건).

(4) 검토 - 국민의 권리보호 확대 측면에서 현실적으로 가중처분 가능성을 기준으로 판단하는 것이 타당하다. (+ 경원자소송에서 허가 후순위도 아닌 경우에는 협의의 소익x)

라. 명예·신용 등 인격적 이익이 구제되는 경우

(1) 종래 자격정지의 취소 소송에서 명예·신용 등 인격적 이익이 침해되고 있더라도 그 불이익은 동처분의 직접적인 효과라 할 수 없어 협의의 소익 부정

(2) 대법원은 경기학원 이사장 해임사건에서 임기가 만료되었더라도 법률상 이익이 있을 수 있다고 판시, 과거보다 법률상 이익을 넓게 보고 있다.

마. 경원자 소송

서로 양립할 수 없는 출원을 제기, 일방에 대한 허가가 타방에 대한 불허가로 귀결. 경원자에 대하여 처분의 상대방이 아니라 하더라도 원고적격 인정(고흥LPG충전소 허가사건)하나, but, 경원자 소송이더라도 허가 후순위도 아닌 경우 협의의 소익 부정한다.

6. 사안의 해결(리딩사례)

사안의 경우.

- 이미 처분의 효력이 소멸하였으므로 원칙적으로 협의의 소익 부정된다. 그러나 처분을 취소함으로 인해 甲의 명예·신용 등 인격적 이익이 회복될 수 있으므로 협의의 소익을 인정함이 타당하다.
- 아울러 제재적 처분의 가중요건이 [시행규칙 별표]라는 법규명령형식의 행정규칙에 규정되었으나, 甲이 이로 인해 장래에 받을 불이익은 현실적·구체적이므로 협의의 소익 인정함이 타당하다.

2015. 12. 7.까지 소를 제기하여야 합니다. 다만 민원사무법상의 이의신청은 제소기간과 관련이 없습니다. 출국명령의 경우 2015. 11. 14. 송달되어 제소기간은 2016. 2. 15.까지입니다. 결국, 제소가 가능한 마지막 날짜는 먼저 만료되는 날을 기준으로 하게 되므로 2015. 12. 7.이 제소일자가 됩니다.

3. ⑤ 이 사건 처분의 위법성

가. 체류기간연장 불허처분 부분

(1) 처분의 법적 성격

기속행위와 재량행위는 1차적으로 법문언의 규정 형식에 따라 구별되고, 법규의 취지와 목적 등을 고려하여 구별합니다. 이 사건 출입국관리법 제25조(체류기간 연장허가)와 제46조(강제퇴거의 대상자), 제68조(출국명령) 등에 의하면, 이 사건 체류기간 연장불허처분은 행정청에게 행위 여부 및 행위 내용에 따른 처분 종류에 대한 선택 가능성이 부여되어 있으므로 재량행위에 해당한다고 할 것입니다.

(2) 처분사유의 부존재(사실오인, 법리오해에 근거한 처분의 법적 근거 부존재)

이 사건 원고에 대한 체류기간연장 불허처분의 경우 그 근거법령인, 출입국관리법 제25조, 동법 시행령 제33조 제1항, [별표 1]의 28의4. 다목, 동법 시행규칙 제76조 제2항 및 별표 5의2 등을 종합하면, 오히려 피고는 원고에게 체류기간을 연장해 주어야 함을 알 수 있습니다. 즉, 원고가 증거로 제출한 조정결정서, 소견서 등을 토대로 살펴보면, 원고의 경우 위 근거 법령상 체류기간 연장허가 대상자에 해당하는 '자신에게 책임 없는 사유로 정상적인 혼인 관계를 유지할 수 없다고 인정되는 사람'에 해당하는바, 피고의 이 사건 불허처분은 사실을 오인하고, 법리를 오해하여 위 근거 법령을 위반한 것으로 위법합니다.

(3) 신뢰보호원칙 위반

신뢰보호원칙이란 행정기관의 어떠한 언동에 대해 국민이 신뢰를 갖고 행위를 한 경우 그 국민의 신뢰가 보호할 가치가 있는 경우에는 그 신뢰를 보호해 주어야 한다는 원칙을 말합니다. 요건으로는 ① 행정청이 개인에 대하여 신뢰의 대상이 되는 공적인 견해 표명하고, ② 행정청의 견해표명를 신뢰한 데 대해 그 개인의 귀책사유가 없어야 하며, ③ 개인이 신뢰를 바탕으로 어떠한 행위를 하고, ④ 행정청이 견해표명에 반하는 행정처분을 한 경우 신뢰원칙에 반하게 됩니다.

사안의 경우, 원고가 2015. 7. 20. 법무부 출입국관리과에 "남편의 지속적인 폭행과 유기 등으로 인해 이혼소송을 준비하던 중, 소송절차를 신속하게 종료시키기 위하여 '확정판결' 대신 '조정에 갈음하는 결정'을 받는 경우에도 결혼이민(F-6) 체류자격이 유지되어 체류기간이 연장되는지 여부"에 관하여 질의를 하였고, 이에 대해 법무부장관은 2015. 7. 30. "출입국관리법 시행령 [별표 1] 28의4. 결혼이민(F-6) 다목의 규정에 따라 '국민인 배우자와 혼인한 상태로 국내에 체류하던 중 그 배우자의 사망이나 실종, 그 밖에 자신에게 책임없는 사유로 정상적인 혼인관계를 유지할 수 없다고 인정되는 사람'은 결혼이민(F-6) 체류자격이 인정되므로 남편의 지속적인 폭행과 유기 등으로 인해 이혼하게 되는 경우와 같이 '자신에게 책임 없는 사유로 정상적인 혼인관계를 유지할 수 없다고 인정되는 사람'으로 볼 수 있는 경우에는 결혼이민(F-6) 체류자격이 유지되는 것이며, 이 경우에 이혼의 방식은 '확정판결' 또는 '조정에 갈음하는 결정' 등 어떠한 방식에 따르더라도 무방하다."라고 회신함으로써, 이 사건 원고와 같은 조정에 갈음하는 이혼결정도 체류기간 연장사유가 된다고 회신하였습니다.

이에 그 후 원고는 2015드단1000 이혼 및 위자료 사건에서 조정에 갈음하는 이혼 결정에 대해 이의를 하지 않아 그대로 확정이 되었습니다. 그런데, 그 후 원고가 2015. 8. 24. 체류기간 연장허가 신청을 하자, 같은 법무부 소속 전주출입국관리사무소장은 당초 법무부 출입국관리과의 위 회신내용과 상반되는 체류기간 연장불허 사유에 해당한다는 이유로 거부처분을 하였는바, 이는 담당 행정청인 법무부의 견해표명을 신뢰하고 그 신뢰에 귀책사유가 없었던 원고의 신뢰를 심각하게 훼손하는 것으로 신뢰보호원칙에 위반되는 위법한 처분이라고 할 것입니다.

나. 출국명령 부분

(1) 출국명령의 법적성질

출입국관리법 제68조(출국명령) 제①항은 "지방출입국·외국인관서의 장은 다음 각 호의 어느 하나에 해당하는 외국인에게는 출국명령을 할 수 있다."라고 규정하여 관계 법령상 이 사건 출국명령은 재량행위에 해당한다고 할 것입니다.

(2) 처분사유의 부존재(사실오인, 법리오해에 기한 처분의 법적 근거 부존재)

앞서 살펴본 바와 같이, 원고의 경우 위 근거 법령상 체류기간 연장허가 대상자에 해당하는 '자신에게 책임 없는 사유로 정상적인 혼인 관계를 유지할 수 없다고 인정되는 사람'에 해당하는바, 출입국관리법 제46조 제1항 제8호에서 정한 강제퇴거대상자로서 동법 제25조를 위반한 사람에 해당하지 않습니다. 그렇다면, 원고는 출입국관리법 제68조에서 정한 강제출국명령 대상자에 해당하지 않는다고 할 것입니다. 따라서 이 사건 원고에 대한 피고의 출국명령처분은 사실을 오인하고, 법리를 오해한데서 비롯된 법적 근거를 가지지 못한 위법한 처분에 해당합니다.

(3) 비례원칙 위반

앞서 본 바와 같이 이 사건 출국명령은 행정청에게 행위 여부 및 그 내용에 관한 선택가능성이 부여된 행위로 재량행위에 해당합니다. 따라서 출국명령은 그 법적 요건의 충족뿐만 아니라, 재량의 외적·내적 한계인 재량권의 일탈·남용이 없어야 합니다(행정소송법 제27조).
한편, 재량권의 일탈·남용 여부에 대한 심사기준으로서 비례의 원칙이란, 행정목적과 이를 실현하는 수단 사이에는 합리적인 비례관계가 있어야 한다는 원칙으로, ① 특정한 행정목적을 실현하기 위해 사용되는 수단은 행정목적 달성하기에 적합해야 하고(적합성), ② 설정된 목적 달성을 위한 행정조치는 필요한 한도 이상으로 행하여져서는 안 되며(필요성), ③ 달성하고자 하는 공익과 침해되는 사익을 비교형량하여 그 균형을 갖추어야 합니다(상당성).
이 사건 기록 중 회의록과 소견서 등을 토대로 살펴보면, 이 사건 출국명령은 다음과 같은 이유에서 이미 원고에게 부여된 정당한 체류권한을 과도하게 침해하는 것에 해당합니다. 즉 비록 강제출국명령 등의 사유가 있다고 하더라도 원고의 기득권 침해를 정당화할 만한 중대한 공익상의 필요 또는 제3자의 이익보호의 필요가 있는 때에 한하여 원고가 받는 불이익과 비교형량하여 그 처분을 행하여야 하고, 그 처분으로 인하여 공익상의 필요보다 원고가 받게 되는 불이익 등이 월등히 큰 경우 재량권 행사의 한계를 일탈한 것으로 위법하게 됩니다. 사안에서 원고는 우즈베키스탄 국적으로 2012. 9. 4. 대한민국 국민 이몽룡과 결혼하여 결혼이민(F-6) 체류자격(기간: 2012. 9. 14. ~ 2015. 9. 13.)을 받아 전북 남원시에 3년 이상 거주하여 왔으며, 남편과의 원만한 결혼생활을 유지하기 위하여 노력하였으나, 남편의 지속적인 폭행과 유기 등으로 불가피하게 이혼하게 된 사정이 있습니다. 무엇보다, 원고는 고향 친구인 김나타샤와 서울 이태원에서 우즈베키스탄 전통 음식점을 동업하기로 약속하고, 그동안 모아온 자신의 전재산 3,000만 원을 투자하여 건물 임차계약까지 체결하는 등 새로운 삶을 살기를 기대하고 있습니다. 더불어 한국에서 돈을 벌어 우즈베키스탄의 친정에 경제적 도움을 주어야 하는 입장이므로, 자신의 잘못과 무관한 사정으로 한국을 떠나야 하는 것은 지나치게 가혹하다고 할 것입니다. 따라서 위와 같은 사정을 통해 볼 때, 피고의 원고에 대한 출국명령으로 달성하고자 하는 공익에 비해 침해되는 원고의 사익이 심히 크다고 할 것이므로, 이 사건 출국명령은 비례의 원칙에 반하여 재량권을 일탈 남용한 위법한 처분이라고 할 것입니다.

4. **결 론(생략)**

입 증 방 법

(생략)

첨 부 서 류

(생략)

⑥ 2015. 12. 7.

원고 소송대리인 (생략) (인)

⑦ **전주지방법원 귀중**

집행정지신청서

⑧ 신청취지

피신청인이 2015. 11. 16. 신청인에 대하여 한 출국명령처분은 이 법원 20xx구합1234호 체류기간연장불허가처분 등 취소청구 판결의 선고시까지 그 집행을 정지한다.
라는 결정을 구합니다.

신청이유

1. 이 사건 처분의 경위(생략)

2. 집행정지의 요건

가. 처분 등의 존재(생략)

나. 본안소송이 적법하게 계속 중임(생략)

다. 본안청구가 이유 없음이 명백하지 않음(생략)

라. ⑨ 그 밖의 요건

그 밖의 요건으로 ① 회복하기 어려운 손해를 예방하기 위한 긴급한 필요가 있어야 하며, ② 공공복리에 영향이 없어야 합니다. 사안에서 출국명령처분에 대한 집행이 정지되지 않는다면, 신청인은 불법체류자가 되고, 또한 강제출국으로 인하여 신청인이 한국에서 음식점을 개업하기 위하여 투자한 신청인의 전 재산에 해당하는 3,000만 원을 모두 잃게 된다는 점에서 회복하기 어려운 손해를 입게 될 것이 자명하므로 이를 예방하기 위한 긴급한 필요가 있고, 이 사건 신청인에 대한 집행정지로 인해 신청인과 같은 국내 체류 외국인들의 체류 질서에 대한 위협이나 부정적 영향 등 공공복리에도 영향을 미친다고 볼 수 없다고 할 것이므로 그 밖의 요건을 모두 충족하였다고 볼 수 있습니다. 따라서 신청인에 대한 이 사건 강제출국명령에 대한 집행은 이 사건 본안 판결 선고시 또는 확정시까지 정지할 필요가 있다고 할 것입니다.

2017년도 제6회

변호사시험

공법 기록형 해설

제1문: 취소소송 소장 (50점)

소 장

원 고 (생략)

피 고 ① 강원도 속초교육지원청 교육장

사 건 ② 금지해제결정취소처분 등 취소 청구의 소

③ 청구취지

1. 피고가 원고에 대하여 한
   가. 2016. 7. 4. 금지해제결정 중 '신청인은 2016. 8. 3.까지 강원도 속초교육지원청에 속초교육지원청 공무원 휴양시설 건립기금 10억 원을 납부할 것' 부분
   나. 2016. 8. 17. 금지해제결정취소처분
   다. 2016. 9. 5. 정보비공개결정 중 회의록에 기재된 발언내용에 대한 해당 발언자의 인적사항을 제외한 나머지 부분을 모두 취소한다.
2. 소송비용은 피고가 부담한다.

라는 판결을 구합니다.

청구원인

1. 이 사건 처분의 경위(생략)

2. 이 사건 소의 적법성(④)

가. 대상적격

취소소송은 '처분 등'을 대상으로 하고, '처분 등'이라 함은 행정청이 행하는 구체적 사실에 관한 법집행으로서의 공권력의 행사 또는 그 거부와 그 밖에 이에 준하는 행정작용(이하 '처분'이라 한다) 및 행정심판에 대한 재결을 말합니다(행정소송법 제19조, 제2조 제1호).

(1) 금지해제결정취소처분

이 사건 금지해제결정취소처분은 금지해제결정이 당시 아무런 하자 없이 적법하게 성립하였음에도 불구하고, 성립 후 새로운 사정으로 상래에 향하여 그 효력을 소멸시키는 것으로 이는 **수익적 행정행위의 철회**에 해당하여 행정소송법 제19조의 처분에 해당합니다.

(2) 건립기금납부명령

(가) 건립기금납부명령의 법적 성질

행정행위의 부관이란 행정행위의 효과를 제한하기 위하여 주된 의사표시에 부가된 종된 의사표시를 말하는데 이는 강학상 개념으로 실정법에서는 주로 '조건'으로 표시하고 있습니다. 이러한 부관은 그 형식적인 측면에서

행위의 존재 여부와 효력 여부에 의존하며, 내용적으로는 주된 행정행위와의 실질적 관련성이 있어야 하는데 종류로는 조건, 기한, 부담, 철회권 유보, 법률효과의 일부배제 등이 있습니다. 이 중 부담은 행정행위의 주된 내용에 부가하여 그 행정행위의 상대방에게 작위, 부작위, 급부, 수인 등의 의무를 부과하는 것으로서 다른 부관과는 달리 그 자체가 행정행위에 해당합니다.
사안의 경우 금지해제결정 통보서에 건립기금납부명령이 해제조건으로 되어 있으나, 납부명령의 불이행이 있더라도 그것이 조건의 성취로 되어 금지해제결정이 당연히 효력을 상실하는 것은 아니며, 단지 그 철회사유가 될 뿐이므로 통보서 기재에도 불구하고 그를 해제 '조건'으로 볼 수는 없으며, 이 사건 건립기금납부명령은 금지해제결정에 부가하여 건립기금 납부라는 금전적 부담을 명하는 것으로서 부관 중에 상대방의 작위, 부작위, 급부, 수인 등의 의무를 부과하는 '부담'에 해당합니다.

(나) 부담의 독립쟁송가능성

행정행위의 부관은 행정행위의 일반적인 효력이나 효과를 제한하기 위하여 의사표시의 주된 내용에 부가되는 종된 의사표시이지 그 자체로서 직접적인 법적 효과가 발생하는 독립된 처분이 아니므로 현행 행정쟁송제도 아래서는 부관 그 자체만을 독립된 쟁송의 대상으로 할 수 없음이 원칙입니다. 그러나 행정행위의 부관 중에서도 행정행위에 부수하여 그 행정행위의 상대방에게 일정한 의무를 부과하는 행정청의 의사표시인 부담의 경우 다른 부관과는 달리 행정행위의 불가분적 요소가 아니고 그 존속이 본체인 행정행위의 존재를 전제로 하는 것일 뿐이므로 부담 그 자체로서 행정쟁송의 대상이 될 수 있습니다.

(다) 소 결

따라서 부담인 건립기금납부명령만의 취소를 구하는 소송은 적법합니다.

(3) 정보비공개결정처분 중 일부

(가) 정보비공개처분의 법적 성질

이 사건 정보비공개결정은 피고인 강원도속초교육지원청 교육장이 원고의 정보공개신청에 따른 행위를 하지 않겠다고 거부한 행위에 해당합니다.

(나) 행정청의 거부행위가 처분이 되기 위한 요건

국민의 적극적 행위 신청에 대하여 행정청이 그 신청에 따른 행위를 하지 않겠다고 거부한 행위가 항고소송의 대상이 되는 처분에 해당하려면, 그 신청한 행위가 공권력의 행사 또는 이에 준하는 행정작용이어야 하고, 그 거부행위가 신청인의 법률관계에 어떤 변동을 일으키는 것이어야 하며, 그 국민에게 그 행위발동을 요구할 법규상 또는 조리상의 신청권이 있어야 한다고 할 것인바, 여기에서 '신청인의 법률관계에 어떤 변동을 일으키는 것'이라는 의미는 신청인의 실체상의 권리관계에 직접적인 변동을 일으키는 것은 물론, 그렇지 않다 하더라도 신청인이 실체상의 권리자로서 권리를 행사함에 중대한 지장을 초래하는 경우도 포함됩니다.

(다) 소결

피고가 속초시 학교환경위생정화위원회의 회의록 기재내용을 비공개함으로 인해 원고는 건립기금 조건 부가와 관련된 문제점을 파악할 수 없어 건립기금납부명령을 항고소송으로 다투는 등 그의 권리행사에 중대한 지장을 받게 됩니다. 한편, 정보공개법 제5조 제1항에 따라 원고에게는 피고 행정청에 대하여 정보공개청구권이 인정됩니다. 따라서 법규상 인정되는 신청권에 의한 신청에 대해 피고가 행한 이 사건의 비공개결정은 행정소송법 제19조 취소소송의 대상이 되는 거부처분에 해당한다고 할 것입니다.

나. 제소기간

행정소송법 제20조 제1항에 따라 취소소송은 처분 등이 있음을 안 날부터 90일 이내에 제기하여야 하고, 처분 등이 있은 날부터 1년을 경과하면 이를 제기하지 못합니다. 제소기간 기산점인 '처분이 있음을 안 날'이란 통지·공고 기타의 방법에 의하여 당해 처분이 있었다는 사실을 현실적으로 안 날을 의미하고 구체적으로 그 행정처분의 위법 여부를 판단한 날을 가리키는 것은 아닙니다. 사안에서 문제가 된 금지해제결정 및 건립기금납부명령, 정보비공개처분 중 먼저 있은 처분에 해당하는 건립기금납부명령의 송달일은 2016. 7. 5.이므로 이 날 처분의 상대방 박갑동은 납부명령의 존재를 알았다고 할 것이고, 초일불산입원칙에 따라 계산하면 2016. 10. 3.이 만료일이 되나 그날은 개천절로 관공서 공휴일에 관한 규정에 따라 공휴일에 해당하여 그 익일인 2016. 10. 4.이 만료일이 되며, 이 사건 처분들 중 제소기간의 만료일이 가장 빨리 도래하는 것에 해당합니다. 원고는 2016. 10. 4.에 이 사건 소송을 제기하였으므로 제소기간 내의 적법한 제소라고 할 것입니다.

3. 이 사건 처분의 위법성(⑤)

가. 금지해제결정 취소처분

(1) 수익적 행정행위 철회[1]의 한계

행정행위를 한 처분청은 그 처분 당시에 그 행정처분에 별다른 하자가 없었고 또 그 처분 후에 이를 취소할 별도의 법적 근거가 없다 하더라도 원래의 처분을 그대로 존속시킬 필요가 없게 된 사정변경이 생겼거나 또는 중대한 공익상의 필요가 발생한 경우에 한하여 제한적으로 별개의 행정행위로 이를 철회하거나 변경할 수 있습니다(대판 2004. 11. 26. 2003두10251,10268 등 참조). 즉, 수익적 행정행위의 철회는 상대방의 신뢰와 법적 안정성을 해칠 우려가 있으므로 철회를 요하는 공익상의 필요와 상대방의 신뢰 내지 기득권 및 법적 안정성에 대한 침해 등 관련되는 여러 이익을 비교형량하여 취소하여야 할 공익상 필요가 당사자가 입을 불이익을 정당화할 만큼 강한 경우에 한하여 취소할 수 있습니다(대판 1986. 2. 25. 85누664 참조).

(2) 신뢰보호원칙 위배

한편 이 사건에서 속초시 학교환경정화위원회는 2016. 7. 1. 원고의 의료관광호텔업은 학교보건법상 정화구역내 영랑중학교에 재학 중인 학생들의 학습과 학교보건위생에 나쁜 영향을 주지 아니한다고 판단하였고, 이에 속초교육지원청 교육장으로부터 적법한 금지해제결정을 받아 원고는 은행으로부터 막대한 자금을 대출받아 호텔 신축공사에 착수하였습니다. 그런데 호텔신축을 위한 바닥터파기 공사가 상당 부분 진척된 단계에서 특별한 사정변경이 없음에도, 같은 해 8월에 갑자기 이 사건 금지해제결정이 취소되어 원고는 상당한 재정적 어려움을 겪고 있습니다. 피고는 공사로 인한 소음·먼지 발생으로 인한 민원발생과 향후 관광호텔 영업이 본격화 될 경우 인근 학교의 학습환경이 나빠질 것이 예상된다는 점 등을 취소처분의 사유로 들고 있으나 이는 애초의 처분 당시 예견되고 심의·판단된 것이라 할 수 있으며, 무엇보다 유흥시설은 관광진흥법 시행령 제5조 관광사업의 등록기

1) **취소와의 구별**: 취소와 철회는 실정법상 용어가 혼용되어 사용되고 있고, 상대방에게 수익적인 행정행위를 취소 또는 철회할 경우에는 공익과 사익을 비교·형량하여 결정해야 하는 점에서 공통된다. 그러나, ① 원인과 관련해 취소는 처음부터 위법사유가 존재할 경우에 취소하는 반면, 철회는 처음에는 적법행위였으나 사후에 사정변경으로 인해 철회하는 것으로 서로 구별되고, ② 인정취지와 관련해 취소는 위법성의 시정인 반면, 철회는 합리적인 공익을 유지하기 위한 것으로 서로 구별되며, ③ 주체 면에서 취소는 처분청과 감독청이 모두 취소할 수 있다는 것이 다수설인 반면, 철회는 처분청만 가능하다는 것이 다수설이고, ④ 효과면에서 취소는 소급효 또는 장래효인 반면, 철회는 원칙적 장래효인 점에서 차이가 있다.

준에 따르면 원고의 사업에 부대시설로 설치될 수 없어 학습환경 저해의 이유가 될 수 없습니다. 이와 같이 면학분위기 조성 등 공익을 현저히 해할 우려가 있는 경우가 아님에도 불구하고 특별한 사정변경 없이 기존의 판단과 정반대되는 판단을 하여 내려진 이 사건 금지해제결정 취소처분은 피고의 금지해제결정을 신뢰하여 공사에 착수, 구체적 사업추진단계에 있는 원고의 신뢰이익을 심각하게 저해하는 위법한 처분이라 하겠습니다.

(3) 비례원칙 위배

이 사건에서 원고는 금지해제결정을 받아 신축공사를 추진하던 중에 갑작스런 피고의 철회처분으로 공사가 중단되면서 상당한 재정적 어려움을 겪고 있습니다. 피고는 원고의 부담 불이행을 이유로 철회한다고는 하지만, 부담 자체가 아래에서 보는 바와 같이 위법하므로 이를 근거로 한 철회도 위법하며, 더욱이 부담을 불이행하였다고 할지라도 공익에 비해 처분 상대방의 법익을 심각하게 저해하는 것은 아닌지 등 이익형량에 따른 고려 없이 수익적 행정행위를 곧바로 철회할 수는 없습니다(대판 2004. 11. 26. 2003두10251,10268; 대판 1986. 2. 25. 85누664 참조).

사안에서 보건대 원고의 의료관광호텔 사업은 학교보건법 제6조 제1항 각 호의 예로 규정한 제한상영관, 도축장, 화장장, 유흥시설 등의 행위 및 시설과 비교하여 상대적으로 학습환경에 미치는 영향이 비교적 적다고 할 수 있으며, 일반관광호텔과 달리 의료목적 시설인 점, 앞서 지적한대로 의료관광호텔의 특수성에 비추어 유흥시설은 설치될 수 없는 점 등에 비추어 면학분위기 등에 대한 영향은 크게 줄어든다 하겠습니다. 이와 같이 철회처분이 그로 달성하려는 영랑중학교 학생의 학습환경조성 및 학교보건위생 보호에 기여하는 바는 미미한 반면 금지해제결정을 신뢰한 원고는 호텔 신축공사 추진 중 갑작스러운 철회처분으로 재정적 어려움을 겪고 있을 뿐만 아니라 사업 존속을 기대할 수 없게 되었으므로 그에 대한 사익 침해는 지나치게 과도하여 이 사건 금지해제결정 취소처분은 비례원칙에도 위반하여 재량권을 일탈·남용한 위법한 처분에 해당한다고 할 것입니다.

(4) 절차의 하자[2)]

(가) 사전통지절차 위반

행정절차법 제21조에 따라 행정청은 당사자에게 의무를 부과하거나 권익을 제한하는 처분을 하는 경우에는 미리 '처분하려는 원인이 되는 사실과 처분의 내용 및 법적 근거', '처분에 대하여 의견을 제출할 수 있다는 뜻과 의견을 제출하지 아니하는 경우의 처리방법' 등을 당사자 등에게 통지하여야 합니다. 그런데 이 사건 처분은 금지해제결정으로 원고에게 회복된 의료관광호텔 사업 추진이라는 법률상 이익을 박탈하는, 즉 '권익을 제한하는 처분'에 해당함에도 사전통지가 없었으므로 그 절차에 하자가 있습니다.

(나) 청문절차 위반

행정절차법 제22조 제1항 제3호에 따라 행정청이 인허가 등의 취소처분시 행정절차법 제21조 제6호에서 정한 의견제출기한 내에 당사자 등의 청문신청이 있는 경우 청문을 실시하여야 합니다. 이 사건 금지해제결정취소처분은 수익적 행정행위의 철회로 인허가 등의 취소에 해당하고, 의견제출기한은 의견제출에 필요한 상당한 기간을 고려하여 정하여지는바 원고는 담당공무원과의 통화 후 즉시 청문신청을 하여 그 기한을 준수하였음에도 관할 행정청인 강원도 속초교육지원청 교육장은 이를 받아들이지 않았으므로 이 사건 처분은 적법한 청문절차를 거치지 아니한 하자가 있다고 할 것입니다.

(다) 사안의 경우

결국, 절차상 하자의 경우에도 독자적 위법사유로 인정되므로 이 사건 처분은 속히 취소되어야 마땅합니다.

---

2) '절차상 하자'를 (1)로 먼저 기술하고, (2) '실체상 하자'로 제목을 단 후 현재 (1), (2), (3)을 (가) 수익적 행정행위 철회의 한계 (나) 신뢰보호원칙 위배 (다) 비례원칙 위배로 목차구성하는 것도 가능하다.

(5) 소 결

나. 건립기금납부명령 부분

(1) 부당결부금지원칙

일반적으로 수익적 행정행위에 있어서는 법령에 특별한 근거규정이 없다고 하더라도 그 부관[3]으로서 부담을 붙일 수 있으나 그러한 부담은 부당결부금지의 원칙에 위반되지 않아야 합니다. 부당결부금지의 원칙이란 행정주체가 행정작용을 함에 있어서 상대방에게 이와 실질적인 관련이 없는 의무를 부과하거나 그 이행을 강제하여서는 아니 된다는 원칙을 말합니다.

(2) 부담의 독립취소가능성

부담은 주된 행정행위의 불가분적 요소가 아니므로 부담만에 관한 독립취소가 가능합니다. 이 사건 금지해제결정과 같은 재량행위에 부담이 부가된 경우 부담이 주된 행정행위의 본질적 부분인지에 따라 독립취소 여부를 판단하는 학설의 입장에 따르더라도 피고의 객관적 의사가 이 사건 건립기금의 납부명령 없이는 금지해제결정을 하지 않았으리라고 해석되지는 않습니다. 따라서 부담인 건립기금납부명령만의 취소가 가능합니다.

(3) 사안의 경우

속초교육지원청 공무원휴양시설은 피고 자체의 예산으로 건립되어야 하는 시설물임에도 불구하고, 피고는 원고에게 의료관광호텔사업 추진을 위한 금지해제결정을 하게 됨을 기화로 그 의료관광호텔사업과는 아무런 관련이 없는 별개의 피고 발주 건축물(교육공무원 연수원)의 건립기금을 납부하도록 원고에게 강요하는 부담을 붙이고 있는 바 이는 행정작용에 관한 부당결부금지원칙에 명백히 위반되어 위법합니다.

다. 정보비공개결정 부분

(1) 소의 이익이 없는지 여부

피고는 비공개결정의 이유로 회의록 기재내용이 이미 널리 알려진 것이라는 이유로 소의 이익이 없다는 취지로 주장하고 있으나, 대법원 판례(2008. 11. 27. 2005두15694 판결)에 따르면, 일반적으로 공개청구의 대상이 되는 정보가 이미 다른 사람에게 공개되어 널리 알려져 있다거나 인터넷이나 관보 등을 통하여 공개되어 인터넷검색이나 도서관에서의 열람 등을 통하여 쉽게 알 수 있다는 사정만으로는 소의 이익이 없다거나 비공개결정이 정당화될 수는 없다고 할 것입니다.

(2) 비공개 대상 정보에 해당하는지 여부

(가) 관련규정

의사결정과정에 제공된 회의관련 자료나 이 사건과 같이 의사결정과정이 기록된 회의록 등은 의사가 결정되거나 의사가 집행된 경우에는 더 이상 현행 정보공개법 제9조 제1항 제5호의 의사결정과정에 있는 사항 그 자체라고는 할 수 없으나, 의사결정과정에 있는 사항에 준하는 사항으로서 비공개대상정보에 포함될 수 있습니다. 다만 현행 정보공개법 제9조 제1항 제5호에서 규정하고 있는 비공개 사유로서 '공개될 경우 업무의 공정한 수행

3) 부관부행정행위의 경우 부관은 본체인 행정행위와 합하여 하나의 행정행위를 이루는 것이어서, 본체인 행정행위에 중요한 요소인 부관인지 여부를 불문하고, 부관만을 떼어 독립적인 쟁송수단으로 삼을 수 없고, 당해 행정행위 전체의 취소를 구하여야 한다. **다만, 부담에 대해서는 다른 부관과는 달리 그 자체로서 독립하여 항고소송의 대상이 되고, 부담만의 취소가 가능하다.** (예) 도로점용허가처분에 부가된 점용료(부담), 점용기간(기한)을 다투는 경우 등.

에 현저한 지장을 초래한다고 인정할 만한 상당한 이유가 있는 정보'라 함은 정보공개제도의 목적과 해당 비공개대상정보의 입법취지에 비추어 볼 때 공개될 경우 업무의 공정한 수행이 객관적으로 현저하게 지장을 받게 될 고도의 개연성이 존재하는 경우를 의미합니다. 이에 해당하는지 여부는 비공개에 의하여 보호되는 업무수행의 공정성 등의 이익과 공개에 의하여 보호되는 국민의 알권리의 보장과 국정에 대한 국민의 참여 및 국정운영의 투명성 확보 등의 이익을 비교·교량하여 구체적인 사안에 따라 신중하게 판단되어야 합니다.

(나) 사안의 경우

회의록의 발언내용에 대한 해당 발언자의 인적사항은 솔직하고 자유로운 의사교환으로 심의의 내실화를 달성하기 위해 비공개 대상 정보로 정한다 할지라도, 이 사건 회의록의 발언내용 중 중요한 사항은 관할 행정청이 밝히고 있듯이 이미 언론과 인터넷 등을 통해 알려져 있는 사항으로 업무수행의 불공정 우려가 미약한 반면, 국민들의 세금으로 충당되는 국가나 지방자치단체의 막대한 예산이 소요되는 공무원휴양시설 건립기금과 관련된 공익적 사항은 국민의 알권리보장과 행정의 투명성 확보 및 행정 상대방의 권리구제를 위해 공개가 필요한 사항이므로 부분공개결정을 하였어야 함에도 회의록의 발언내용까지도 전부 비공개결정을 한 것은 위법합니다.

4. 결 론(⑥)

이 사건 금지해제결정 취소 처분은 절차상 하자뿐만 아니라 신뢰보호 내지 비례원칙 위반의 실체적 하자가 있고, 건립기금납부명령은 금지해제결정과 실질적 관련성이 없이 부과된 부담으로 부당결부금지원칙에 위반되며, 회의록 전부비공개결정은 업무수행의 공정성을 해칠 우려가 없는 회의록의 발언내용마저 공개를 거부하였다는 점에서 위법하므로 세 가지 처분 모두 취소하여 주시기 바랍니다(혹은 청구취지와 같은 판결을 구합니다).

입증방법(생략)

첨부서류(생략)

⑦ 2016. 10. 4.

원고 소송대리인 (생략)

⑧ 춘천지방법원 강릉지원 귀중[4)]

---

4) 참고법령에 따르면 일반 민·형사사건과 달리 행정소송의 관할은 춘천지방법원 강릉지원이다. 앞으로 단순히 관할이 서울행정법원이라고만 묻는 문제는 지양될 것이므로 관할에 주의를 요한다.

제2문: 위헌법률심판제청신청서 (50점)

위헌법률심판제청신청서

사 건 ① 2016고단623 성매매알선등행위의처벌에관한법률위반(성매매)
피고인 (생략)
신청인 피고인

신청취지(②)[1)]

"구 성매매알선 등 행위의 처벌에 관한 법률(2014. 1. 28. 법률 제12458호로 개정되고, 2015. 12. 28. 법률 제23456호로 개정되기 전의 것) 제10조 중 성매수자에 관한 부분, 제26조 제1항 중 성매수자에 **관한 부분의 위헌 여부에 관한 심판을 제청한다."라는 결정을 구합니다.**

신청이유

Ⅰ. 쟁점의 정리(③)

이 사건 심판대상인 성매매알선 등 행위의 처벌에 관한 법률 중 제10조 성매매금지 규정 및 위 금지규정을 위반하여 성매매를 한 자를 처벌하는 제26조 제1항 소정의 처벌규정은 죄형법정주의의 법률주의 위배여부(혹은 포괄위임금지원칙 위배여부), 성적자기결정권과 사생활의 비밀과 자유에 대한 침해, 평등원칙 위배여부 등이 문제가 됩니다.

Ⅱ. 재판의 전제성(④)

재판의 전제가 된다고 함은 구체적인 사건이 법원에 계속 중이어야 하며, 그 법률이 당해사건의 재판에서 적용되는 법률이어야 하고 그 법률의 위헌 여부에 따라 당해사건 재판의 주문이 달라지거나 재판의 내용과 효력에 관한 법률적 의미가 달라져야 한다는 것을 뜻합니다.
이 사건에서 보건대, 신청인에 대한 형사재판이 춘천지방법원 속초지원 2016고단623 성매매알선등행위의처벌에관한법률위반(성매매) 사건으로 계속 중이고, 이 사건 심판대상조항들은 형사처벌의 근거가 된 조항으로 위 사건에 적용되며, 위헌으로 결정될 경우 신청인은 위 형사재판에서 무죄판결을 받을 수 있으므로 재판의 전제성이 있습니다.

---

1) 신청취지는 당해소송 법원으로 하여금 해당 법률조항에 대한 위헌여부의 심판을 헌법재판소에 제청해 줄 것을 구하는 방식으로 기재한다. 여기에서는 해당 법률조항을 특정하는 것이 문제된다. 구체적으로는 재판의 전제성이 있는 법률조항 부분을 특정해야 한다. 또한 법률조항의 **개정연혁**도 밝혀주어야 한다. 즉, 신청 당시 시행 중인 현행 법률인 경우 법률의 명칭 뒤에 ( ) 안에 예컨대 "2014. 6. 30. 법률 12345호로 전부(또는 일부) 개정된 것" 또는 "2014. 6. 30. 법률 12345호로 제정된 것"이라는 문구를 기재한다. 신청 당시는 이미 개정되어 구법 조항이 된 경우에는 법률명 앞에 "구"자를 기재하여 구법임을 표기한다. 이때 법률명의 뒤에 이어지는 ( ) 안에는 예컨대 "2010. 12. 30. 법률 제10000호 개정되고 2014. 6. 30. 법률 제12345호로 전부 개정되기 전의 것"이라고 기재한다.

Ⅲ. 이 사건 조항의 위헌성(⑤)

1. 죄형법정주의 위반

가. 죄형법정주의(형벌법규 법률주의)의 의의

형벌법규는 원칙적으로 형식적인 의미의 법률의 형태로 제정되어야 하고 예외적으로 법규명령 등에 위임을 허용한다 하더라도 그 위임은 특히 긴급한 필요가 있거나 미리 법률로써 자세히 정할 수 없는 부득이한 사정이 있는 경우에 한정되어야 하며, 그 경우에도 법률에서 범죄의 구성요건은 처벌대상인 행위가 어떠한 행위일 것이라고 이를 예측할 수 있을 정도로 구체적으로 정하고 형벌의 종류 및 그 상한과 폭을 명백히 규정하여야 합니다(헌재 2000. 6. 29. 99헌가16 등).

나. 사안의 경우

이 사건 심판대상조항인 "구 성매매알선 등 행위의 처벌에 관한 법률" 제10조는 구성요건조항인 성매매의 구체적 유형을 법률이 아닌 시행령에 위임하고 있으나, 그 행위 유형이 법현실 등 제반사정을 고려하여 정하여질 전문적인 사항이거나 달리 특수한 사정을 감안할 필요가 있는 것은 아니라 할 것이므로 법률에서 이를 규정하는 것이 곤란한 일이라고 볼 수 없습니다. 그러므로 심판대상조항에서 그 위임은 긴급한 필요가 있다거나 부득이한 사유가 있다고 보기 어렵고 이는 2015. 12. 28. 개정된 "성매매알선 등 행위의 처벌에 관한 법률" 제2조가 성매매의 유형을 직접 법률에서 규정하고 있음을 보더라도 명백합니다. 따라서 심판대상조항은 형벌 구성요건의 실질적 내용을 법률에 직접 규정하지 아니하고 시행령에 위임한 것은 범죄와 형벌에 관하여 입법부가 제정한 형식적 의미의 법률로써 정하여야 한다는 죄형법정주의 원칙에 위반됩니다.

2. 성적자기결정권, 사생활의 비밀과 자유 침해

가. 제한되는 기본권과 위헌 심사기준

(1) 성적 자기결정권

헌법 제10조는 "모든 국민은 인간으로서의 존엄과 가치를 가지며, 행복을 추구할 권리를 가진다. 국가는 개인이 가지는 불가침의 기본적 인권을 확인하고 이를 보장할 의무를 진다."라고 규정하여 개인의 인격권과 행복추구권을 보장하고 있습니다. 개인의 인격권·행복추구권에는 개인의 자기운명결정권이 전제되는 것이고, 이 자기운명결정권에는 성행위 여부 및 그 상대방을 결정할 수 있는 성적자기결정권이 포함되어 있습니다. 성매수행위에 대하여 형사책임을 묻는 심판대상조항은 신청인의 성적자기결정권을 제한하고 있습니다.

(2) 사생활의 비밀과 자유

이 사건 법률조항은 성생활이라는 내밀한 사적 생활영역에서의 행위를 제한하므로 우리 헌법 제17조가 보장하는 사생활의 비밀과 자유 역시 제한하고 있습니다.

(3) 위헌 심사기준

성적자기결정권 및 사생활의 비밀과 자유도 절대적으로 보장되는 기본권은 아니므로 헌법 제37조 제2항에 따라 국가안전보장, 질서유지 또는 공공복리를 위하여 필요한 경우에는 법률로써 제한할 수 있겠지만, 이러한 성적자기결정권 등에 대한 제한이 그 한계를 넘어 헌법 제37조 제2항에서 정하고 있는 과잉금지원칙에 위배되어서는 안 되므로 그 기본권제한에 대한 위헌성을 판단함에 있어서 엄격한 비례심사가 이루어져야 합니다.

나. 과잉금지원칙 위반 여부

(1) 목적의 정당성

성인 간의 자발적 성매매는 본질적으로 개인의 사생활 중에서도 극히 내밀한 영역에 속하고, 그 자체로 타인에게 피해를 주거나 건전한 성풍속 및 성도덕에 해악을 미친다고 보기 어렵습니다. 건전한 성풍속 및 성도덕이라는 개념 자체가 추상적·관념적이고, 내밀한 성생활의 영역에 국가가 개입하여 형벌의 대상으로 삼는 것은 입법자가 특정한 도덕관을 확인하고 강제하는 것이고 성매매 여성들의 인권 보호를 위한다는 명분으로 만들어진 조항이 오히려 성매매 여성들의 생존을 위협하는 결과를 낳고 있으며, 국민에 대한 최소보호의무조차 다 하지 못한 국가가 오히려 생계형 자발적 성매매 여성들과 그 상대방을 형사처벌까지 하는 것은 또 다른 사회적 폭력이므로 입법목적의 정당성을 인정할 수 없습니다.

(2) 수단의 적합성

성매매처벌법이 시행된 지 10여 년이 지났음에도 심판대상조항은 성매매 근절에 기여하지 못한 것으로 관련 연구보고서 등에서 드러났으므로 수단의 적합성도 인정되지 않는다고 할 것입니다. 무엇보다, 개인의 내밀한 성생활 영역에 대한 형사적 처벌은 그 적정성은 물론 실효성도 지극히 낮고 현대 형법의 사생활에 대한 비범죄화 경향에도 반한다고 할 것입니다.

(3) 침해의 최소성

성매매에 대한 최선의 해결책은 사회보장, 사회복지정책의 확충을 통하여 성매매 여성이 성매매로부터 벗어날 수 있도록 지원하는 것입니다. 나아가, 성매매 예방교육의 실시, 성 산업 자체의 억제 또는 일정구역 안에서만 매우 제한적으로 성매매를 허용하는 등의 보다 덜 제약적인 방법이 가능함에도 이를 일체 금지하고 그에 대한 형사처벌까지 가함으로서 기본적인 삶의 욕구를 억누르게만 기능한다는 점에서 이 사건 심판대상조항은 침해의 최소성에도 반한다고 할 것입니다.

(4) 법익의 균형성

마지막으로, 이 사건 심판대상조항을 통해 달성하고자 하는 건전한 성풍속 및 성도덕의 확립은 추상적이거나 모호하여 헌법적 가치에 해당한다고 볼 수 없는 반면, 성매수자들에 대한 형사처벌이 가져오는 사적 불이익(전과자로 낙인 등)은 실질적이고 구체적이며 그 불이익의 정도가 매우 크다는 점에서 법익 균형성도 상실하였다고 할 것입니다.

3. 평등원칙 위반(평등권 침해)

가. 평등의 의미

평등원칙에 있어 평등은 일체의 차별적 대우를 부정하는 절대적 평등을 의미하는 것이 아니라 입법과 법의 적용에 있어서 합리적인 근거가 없는 차별을 하여서는 아니 된다는 상대적 평등을 뜻합니다.

나. 비교집단의 존재

이 사건 심판대상조항은 특정인을 상대로 한 성매수자(일명 스폰서 계약)와 비교하여 불특정인을 상대로 한 성매수자를 구분하여 규율하고 있는바, 성매수는 특정인을 상대로 하든 불특정인을 상대로 하든 본질적으로 성매수행위라는 점에서는 동일하다고 할 것이므로 비교대상의 존재 역시 인정된다고 할 것입니다.

다. 심사기준

평등원칙위반에 대한 심사는 원칙적으로 자의금지원칙위반 여부, 즉 합리성 심사를 하고, 예외적으로 헌법에서 특별히 평등권을 강조하거나 당해 불평등이 특정 자유권적 기본권에 대한 중대한 침해를 야기하는 경우 엄격한 비례성 심사를 하는 것이 일반적입니다. 이 사건의 경우 헌법에서 특별히 평등을 강조한 부분이 아니며, 관련 기본권에 대한 중대한 제한을 초래하는 것도 아니므로 차별취급에 대하여 자의금지원칙에 따른 심사로 족하다고 할 것입니다.

라. 자의금지원칙 위반 여부

불특정 다수를 상대로 한 성매수가 특정인을 상대로 한 성매수보다 사회적 유해성이 크다거나 불법성이 크다는 것은 사회적인 편견에 불과하고, 특정인을 상대로 하든 불특정인을 상대로 하든 본질적으로 동일한 성매매임에도, 심판대상조항들이 불특정인을 상대로 한 성매수자만 처벌하여 양자를 달리 취급하는 것은 합리적인 이유가 없으므로 심판대상조항은 평등원칙에도 위반됩니다. 뿐만 아니라 성판매자의 불법성이 훨씬 큼에도 성판매자와 매수자를 합리적 이유 없이 동일한 법정형으로 처벌하는 점 역시 헌법상 평등원칙에 위반된다고 할 것입니다.

Ⅳ. 결 론(⑥)

이상에서 설명드린 바와 같이, 범죄구성요건인 성매수행위의 유형을 부득이한 사유없이 시행령에 포괄적으로 위임한 이 사건 심판대상조항 제10조는 죄형법정주의의 법률주의에 위배될 뿐만 아니라, 위 제10조는 그에 대한 형사 처벌규정인 제26조 제1항과 결합하여 과잉금지원칙에 반하여 제청신청인의 성적자기결정권, 사생활의 비밀과 자유 등을 침해하며, 합리적 이유 없이 불특정인에 대한 성매수자만을 차별적으로 처벌하여 평등원칙에도 위배(평등권 침해)된다고 할 것이므로, 이 사건 위헌법률심판제청신청에 이르게 되었습니다.

첨부서류(생략)

2017. (생략)

신청인의 대리인 ⑦ 법무법인 동해 담당변호사 나근면

⑧ 춘천지방법원 속초지원 귀중[2)]

2) 당해 형사사건의 관할은 강릉지원이 아닌 속초지원이며, 위헌제청신청사건의 관할 역시 속초지원이며, 속초지원의 당해 사건 담당재판부(이 사건에서는 단독판사)가 제청 여부를 결정한다.

2018년도 제7회

변호사시험

공법 기록형 해설

제1문(50점)

소　장

원　고　　1. 왕재수
서울 서초구 서초 중앙로 6길 33, 3동 101호(서초동, 헤리티지캐릭터빌)
2. 김정비
서울 강서구 신월로 15길 88, 205호(신월동, 서민빌라)
원고들 소송대리인 법무법인 필승
담당변호사 최강
서울시 서초구 중앙대로 50, 필승빌딩
전화번호 02－555－777, 팩스 02－555－999, 이메일 stronggest77@ryunpartners.com

자동차운전면허취소처분 취소 (청구의 소)

청구취지

1. 피고가 2017. 7. 31.
가. 원고 왕재수에 대하여 한 제1종 보통 운전면허취소처분과
나. 원고 김정비에 대하여 한 제1종 보통 운전면허취소처분 및 제1종 소형 운전면허취소처분을
모두(또는 각) 취소한다.
2. 소송비용은 피고가 부담한다.
라는 판결을 구합니다.

청구원인

Ⅰ. 이 사건 처분의 경위(생략)

Ⅱ. 이 사건 소의 적법성(생략)

Ⅲ. 이 사건 처분의 위법성

1. 자동차운전면허취소처분의 법적 성격

가. 기속행위와 재량행위의 구별실익 및 구별기준

(1) 구별실익

이 사건 자동차운전면허취소 처분의 위법성을 논하기에 앞서 자동차운전면허취소 처분의 법적 성격이 기속행위인지 재량행위인지 여부가 문제됩니다. 기속행위의 경우 법원이 사실인정과 관련한 법규의 해석, 적용을 통하여 일정한 결론을 도출한 후, 그 결론에 비추어 행정청이 한 판단의 적법여부를 판정하나, 재량행위의 경우 행정청의 재량에 기한 공익판단의 여지를 감안하여 법원은 당해 행위에 재량권의 일탈·남용이 있는지 여부만을 심사하므로, 사법심사의 방식이 다른 구별실익이 있습니다(대판 2005. 7. 14. 2004두6181).

(2) 구별기준

기속행위와 재량행위를 구별하는 기준에 관해 학설은 요건재량설, 효과재량설, 종합설 등이 있는데, 대법원 판례는 이와 관련하여, "기속행위와 재량행위의 구분은 당해 행위의 근거가 된 법규의 체제, 형식과 그 문언, 당해 행위가 속하는 행정분야의 주된 목적과 특성, 당해 행위 자체의 개별적 성질과 유형 등을 모두 고려하여 판단하여야 한다."라고 판시하고 있습니다(대판 2001. 2. 9. 98두17593 등).

(3) 사안의 경우

원고 왕재수의 경찰관 폭행행위를 이유로 한 운전면허취소처분은 도로교통법 제93조 제1항 등 관련 근거법령 규정상 필요적 취소사유에 해당하여 이른바 기속행위에 해당하고, 원고 왕재수와 김정비의 공동위험행위로 인한 운전면허취소처분은 임의적 취소사유에 해당하여 근거규정의 형식, 처분의 성격 등에 비추어 볼 때 재량행위에 해당한다고 할 것입니다.

나. 재량행위의 위법성에 대한 심사기준

행정소송법 제27조는 행정청의 재량에 속하는 처분이라도 재량권의 한계를 넘거나 남용이 있는 때에는 법원이 이를 취소 할 수 있다고 규정하고 있습니다. 대법원 판례 또한 어떤 행정처분이 재량권의 남용이나 일탈이 존재하는 경우, 사법심사의 대상에 해당함을 긍정하는 한편 그 재량권의 일탈·남용 여부는, 사실오인, 비례원칙, 평등원칙 위배 여부, 당해 행위의 목적 위반이나 동기의 부정 유무 등을 기준으로 종합적으로 판단하고 있습니다(대판 1990. 8. 28. 89누8255).

2. 원고 김정비에 대한 면허취소처분의 위법성[1)]

가. 절차상 하자

(1) 쟁 점

절차상 하자는 실체상 하자와 별도로 행정처분의 독자적인 위법사유입니다. 따라서 실체적 하자의 검토에 앞서

1) 참고로, 김정비가 승용자동차를 운전하였음에도 1종 보통면허뿐만 아니라 1종 소형면허까지 취소된 것이 부당결부금지원칙 위반으로 구성한 답안이 있다. 그러나, 행정법에서 말하는 부당결부금지의 원칙이란 행정기관이 행정작용을 함에 있어서 그 것과 실질적 관련성이 없는 상대방의 반대급부와 결부시키거나 그에 의존해서는 아니 된다는 원칙이다. 예를 들면 건축허가를 하면서 체납된 자동차세를 완납할 것을 조건으로 하거나 호텔건축허가를 하면서 인근 공원의 미화사업을 조건으로 하는 것은 부당결부로서 허용되지 않는다. 따라서 사안의 경우 부당결부의 문제가 아니므로 원칙적으로 배점은 없지만, 언급한 경우 채점위원에 따라 일부 1-2점의 가점을 줄 수도 있을 것으로 사료된다.

절차적 하자를 우선 검토할 필요가 있습니다.

(2) 사전통지 및 이유제시에 관한 근거 규정

운전면허취소처분을 할 때에는 도로교통법 제93조 제4항, 동 시행규칙 제93조 제3항 및 행정절차법 제23조 제1항에서 규정하는 대로 처분의 근거 및 이유를 제시하여야 합니다. 이는 행정청으로 하여금 이유제시를 하게 함으로써 행정청의 자의를 억제하고 판단의 근거를 알림과 동시에 처분의 결정과정을 알림으로써 행정절차를 투명하게 만들기 위한 목적을 갖고 있습니다. 또한 당사자가 법적, 사실적 관계를 명확하게 판단할 수 있게 됨으로써, 추후의 구제절차 시 불복여부의 판단 및 불복사유 주장에 도움을 주어 당사자의 방어권 보장에 기여할 수 있습니다.

(3) 사안의 경우

사안의 경우 원고 김정비에 대한 도로교통법 시행규칙 별지 제82호 서식의 운전면허처분 결정통지서(도로교통법 시행규칙 제93조 제1항)에 단순히 '도로교통법 위반'이라고만 기재되어 있을 뿐, 구체적인 처분사유나 근거 조문이 전혀 기재되어 있지 않습니다. 생각건대, 도로교통법상 운전면허와 관련된 행정처분의 사유가 매우 다양한 점, 이 사건에서는 그 중 공동위험행위 요건에 해당하는지 여부가 문제가 되는 점, 공동행위자 중 1인인 원고 왕재수는 필요적 면허취소사유인 '단순경찰폭행'사유가 추가되어 있으나 원고 김정비는 그와 다른 경우인 점 등을 비추어 볼 때, 이 사건 처분통지서에 기재된 단순 '도로교통법 위반'만으로는 원고 김정비에 대한 운전면허취소라는 불이익한 행정처분의 이유제시로서 충분하지 않다고 할 것입니다. 나아가, 원고 김정비에 대하여 도로교통법 시행규칙 별지 제81호 서식에 따른 사전통지(도로교통법 시행규칙 제93조 제3항)가 있었지만, 처분하려는 원인이 되는 사실과 처분의 내용 및 법적 근거, 의견을 제출할 수 있다는 뜻과 의견을 제출하지 아니하는 경우의 처리방법, 의견 제출기관의 명칭과 주소, 의견 제출기한 등이 일체 누락되어 이 사건 사전통지는 그 자체로도 내용이 매우 불충분하고 원고의 방어권행사를 보장하기에 부족하므로 행정절차법 제21조에 요구하고 있는 적법한 사전통지로 볼 수 없다고 할 것입니다.

(4) 이유제시의 예외에 해당하는지 여부(생략 가능)

한편, 현행 행정절차법 제23조 제1항은 ① 신청 내용을 모두 그대로 인정하는 처분인 경우 ② 단순·반복적인 처분 또는 경미한 처분으로서 당사자가 그 이유를 명백히 알 수 있는 경우 ③ 긴급히 처분을 할 필요가 있는 경우 이유제시의 예외에 해당함을 규정하고 있습니다. 그러나 본 사안에서는 이와 같은 사유에 해당하지 않기 때문에 이유제시를 하지 않은 피고 행정청의 절차상 위법이 면책되지 아니한다고 할 것입니다.

나. 처분사유의 부존재(사실오인)

(1) 공동위험행위의 요건

이 사건 운전면허취소처분의 근거가 된 도로교통법 제46조 제1항의 '공동위험행위'는 "도로에서 2명 이상이 공동으로 2대 이상의 자동차 등을 정당한 이유 없이 앞뒤로 또는 좌우로 줄지어 통행하면서 다른 사람에게 위해를 끼치거나 교통상의 위험을 발생하게 하는 것"입니다. 이러한 공동위험행위의 성립요건과 관련하여 대법원 판례는 '공동위험행위'란 2인 이상인 자동차 등의 운전자가 공동으로 2대 이상의 자동차 등을 정당한 사유 없이 앞뒤로 또는 좌우로 줄을 지어 통행하면서 신호위반, 통행구분위반, 속도제한위반, 안전거리확보위반, 급제동 및 급발진, 앞지르기금지위반, 안전운전의무위반 등의 행위를 하여 다른 사람에게 위해를 주거나 교통상의 위험을 발생하게 하는 것으로, 2인 이상인 자동차 등의 운전자가 함께 2대 이상의 자동차 등으로 위의 각 행위 등을 하는 경우에는 단독으로 한 경우와 비교하여 다른 사람에 대한 위해나 교통상의 위험이 증가할 수 있고 집단심리에 의해 그 위해나 위험의 정도도 가중될 수 있기 때문에, 이와 같은 공동 위험행위를 금지한다고 판시한 바 있습니다(대판 2007. 7. 12. 2006도5993).

(2) 사안의 경우

원고들은 인천신공항 서울방면 고속도로에서 경적을 울리거나 음악을 틀고 운행한 것일 뿐 다른 사람에게 특별한 위해를 끼치거나 고속도로에서의 교통위험을 발생시키지 않았는바, 나란히 운전하는 행위나 경적을 울리고 음악을 크게 트는 행동 자체가 바로 도로교통법상 금지되는 다른 사람에게 위해를 끼치거나 교통위험을 발생시키는 공동위험행위에 해당한다고 단정할 수는 없습니다. 무엇보다, 당시 원고들이 다른 사람에게 위해를 끼치거나 교통위험을 발생시켰다는 명백한 증거가 없으므로 이 사건 피고가 원고들의 위 행위가 도로교통법 제46조 제1항의 '공동위험행위'에 해당한다고 쉽게 간주한 것은 명백한 사실오인으로서 처분사유가 부존재하여 위법하다고 할 것입니다.

다. 자기구속원칙 위반

(1) 도로교통법 시행규칙 별표 28의 법적 성격

이 사건 운전면허취소처분의 근거가 된 도로교통법 시행규칙 별표 28은 형식은 부령(도로교통법 제93조 제1항 참조)으로 되어 있으나, 그 실질은 행정규칙의 성질을 갖고 있습니다(이른바, 법규명령 형식의 행정규칙). 형식은 법규명령이나, 실질은 행정규칙인 경우 그 법적 성질이 문제되는데 이와 관련하여, 학설은 ① 형식에 따라 법규명령으로 보는 견해 ② 실질에 따라 행정규칙으로 보는 견해 ③ 상위 법률의 수권이 있는지에 따라 판단하는 견해가 있습니다. 대법원 판례는, 대체로 제재적 처분기준이 부령형식인 경우에는 행정규칙으로 보고, 대통령령(시행령) 형식으로 제정된 경우는 법규명령으로 판단하고 있습니다(대판 1997. 12. 26. 97누15418). 사안의 경우 도로교통법 시행규칙 별표 28은 부령형식으로 행정기관 내부의 사무처리준칙을 규정한 것에 불과한 것으로서 대외적으로 국민이나 법원을 기속하는 효력을 가지는 것은 아니라고 할 것입니다.

(2) 자기구속원칙의 의의 및 내용

위에서 설명한 바와 같이 상급행정기관이 하급행정기관에 대하여 업무처리지침이나 법령의 해석 적용에 관한 기준을 정하여 발하는 이른바 '행정규칙이나 내부지침'은 일반적으로 행정조직 내부에서만 효력을 가질 뿐 대외적인 구속력을 갖는 것은 아니므로 행정처분이 그에 위반하였다고 하여 그러한 사정만으로 곧바로 위법하게 되는 것은 아닙니다. 그러나, 재량권 행사의 준칙인 행정규칙이 그 정한 바에 따라 되풀이 시행되어 행정관행이 이루어지게 되면 평등원칙 등에 따라 행정기관은 그 상대방에 대한 관계에서 그 규칙에 따라야 할 자기구속을 받게 되므로(재량준칙화), 이러한 경우에는 특별한 사정이 없는 한 그를 위반하는 처분은 평등원칙에 위배되어 위법한 처분이 됩니다.

(3) 사안의 경우

대법원 판례에 따르면 이 사건 도로교통법 시행규칙 별표 28의 법규성은 인정되지 않지만(대법원 판례 다수의견), 사무처리기준에 불과한 처분기준이라도 그 정한 바에 따라 되풀이 시행되어 행정관행이 생기게 되었으면, 특별한 이유 없이 그 처분기준을 따르지 않고 처분기준에 정한 것보다 더 중한 처분을 하는 것은 행정의 자기구속의 원칙에 위반됩니다. 그런데, 이 사건 도로교통법 시행규칙 별표 28의 개별기준에 따르면 공동위험행위로 형사입건된 경우 운전면허 정지사유이고, 구속된 경우는 운전면허 취소사유로 규정되어 있음을 알 수 있는바, 이 사건 원고 김정비는 불구속 상태로서, 위 별표규정대로라면 운전면허 정지가 원칙이므로 원고 김정비의 공동위험행위를 종전 처분관행과 달리 특별히 중하게 취급할 이유가 전혀 없습니다. 그럼에도 불구하고 원고 김정비에게 위 별표의 처분기준과 달리 기존 관행에 반하여 더 중한 이 사건 운전면허취소처분을 내린 것은 자기구속원칙에 위배되는 것입니다.

라. 비례원칙 위반 여부

(1) 의의

비례원칙이란 행정관청의 행정작용에 있어 행정목적과 행정수단 사이에 합리적인 비례관계가 있어야 한다는 원칙으로서 국가작용의 목적이 정당하여야 하며, 그 행사는 추구하는 목적과 관련하여 그 범위와 정도에 있어서 적절하여야 한다는 원칙입니다. 비례원칙은 헌법상 기본권 보장 규정, 헌법 제37조 제2항, 법치국가 원칙 등을 근거로 인정되는 행정법의 일반원칙으로서, 이러한 비례원칙에 반하는 행정권의 행사는 위법합니다. 판례에 따를 경우 이 사건 도교법 시행규칙(부령) 형식으로 되어 있는 행정처분 기준의 경우 그 법적 구속력이 인정되지 않으므로 행정처분이 그에 위반하였다고 하여 그러한 사정만으로 곧바로 위법하게 되는 것은 아닙니다. 다만, 앞서 본 바와 같이 재량권 행사의 준칙인 행정규칙이 그 정한 바에 따라 되풀이 시행되어 행정관행이 이루어지게 되면 평등원칙 등에 따라 행정기관은 그 상대방에 대한 관계에서 그 규칙에 따라야 할 자기구속을 받게 될 뿐만 아니라, 비례원칙을 위반한 처분은 재량권을 일탈·남용한 위법한 처분이 된다고 할 것입니다. 그러므로 이 사건 면허취소처분의 적법 여부는 시행규칙이 정한 처분기준 만에 의하여 판단할 것이 아니라 처분의 근거법령의 입법 취지 등에 따른 행정기관의 재량일탈 남용 여부 등 당해사건의 모든 정황을 고려하여 판단되어야 할 것입니다.[2)]

(2) 판단 기준(생략 가능)

(가) 적합성: 특정한 행정목적을 실현하기 위하여 사용되는 수단은 행정목적을 달성하기에 적합하여야 한다는 원칙입니다.

(나) 필요성(최소침해의 원칙): 설정된 행정목적을 달성하기 위하여 적합한 수단이 여러 가지일 경우에, 행정의 상대방(국민)의 권리를 최소한으로 침해하는 수단을 선택하여야 한다는 원칙입니다.

(다) 상당성(협의의 비례원칙): 행정목적이 추구하는 공익이 행정의 상대방이 받는 손해보다 커야 하며, 행정조치로 말미암은 사익의 침해가 그 행정조치로 달성하고자 하는 공익보다 매우 큰 경우에는 그 행정조치를 취하여서는 아니 된다는 원칙입니다.

(3) 사안의 경우

원고 김정비는 사건 당일 처음으로 원고 왕재수의 권유로 인천신공항 고속도로에 간 점, 순순히 경찰관의 단속에 응하였고 오히려 원고 왕재수와 경찰 사이의 시비를 적극 말린 점, 이 사건 운전면허취소로 인해 직장을 잃게 될 사정이 존재하는 점, 실직을 할 경우 가족의 치료비와 및 약값을 조달하기가 불가능해 질 수 있는 점, 본건 위반의 점 이외에 다른 특별한 교통위반의 전력이 없는 점, 사건을 일으킨 점에 대해 크게 반성하고 있는 점 등을 고려할 때 이 사건 운전면허 취소처분을 통해 달성하고자 하는 공익이 원고 김정비 개인이 받게 되는 불이익에 비하여 결코 크다고 볼 수 없다는 점에서 비례원칙에도 위반된다고 할 것입니다.

---

2) 부령에 딸린 별표의 법적 성질

- 형식설(법규명령설)에 의하면 별표는 법규명령이고, 영업허가정지처분은 기속행위 / 따라서 갑에 대한 영업정지처분은 법규에 따른 처분으로 적법하다고 할 것임
- 실질설(행정규칙설–종래 판례)에 의하면 별표는 행정규칙이고, 영업허가정지처분은 재량행위 / 따라서 이 경우에는 재량권의 일탈·남용 문제를 추가적으로 판단해야 함

3. 원고 왕재수에 대한 면허취소처분의 위법성

가. 절차적 하자(사전통지 누락)

(1) 쟁 점

대법원 판례는 행정청이 침해적 행정처분을 하면서 당사자에게 위와 같은 사전통지를 하거나 의견제출의 기회를 주지 아니하였다면, 그 사전통지나 의견제출의 예외적인 경우에 해당하지 아니하는 한, 그 처분은 위법하여 취소를 면할 수 없다고 판시하며, 절차적 하자의 경우 독자적인 위법사유를 인정하고 있습니다(대판 2000. 11. 14. 99두5870). 사안에서 피고는 원고 왕재수에 대한 면허취소처분과 관련하여 그 사전통지를 원고 왕재수에게 직접 하지 아니하고, 원고 김정비에게 대신 전달하도록 하였는바, 이와 같은 원고 왕재수에 대한 사전통지 누락의 절차상 하자는 행정처분의 독자적인 위법사유라고 할 것이므로 실체상 하자에 앞서 검토할 필요가 있습니다.

(2) 사전통지의 근거 규정

이 사건과 같은 운전면허취소처분의 경우 **도로교통법 제93조 제4항, 동 시행규칙 제93조 제1항, 행정절차법 제21조 등에서 사전 통지에 관하여 규정**하고 있습니다.

즉, 행정절차법 제21조 제1항에 의하면, 행정청이 당사자에게 의무를 부과하거나 권익을 제한하는 처분을 하는 경우에는 미리 '처분의 제목', '처분하려는 원인이 되는 사실과 처분의 내용 및 법적 근거', '이에 대하여 의견을 제출할 수 있다는 뜻과 의견을 제출하지 아니하는 경우의 처리방법', '의견제출 기관의 명칭과 주소', '의견 제출 기한' 등의 사항을 당사자 등에게 통지하여야 하고, 의견제출 기한은 의견제출에 필요한 상당한 기간을 고려하여 정하여야 하며(행정절차법 제21조 제3항), 다른 법령 등에서 필수적으로 청문을 하거나 공청회를 개최하도록 규정하고 있지 아니한 경우에도 당사자 등에게 의견제출의 기회를 주어야 하며(행정절차법 제22조 제3항), 다만 '해당 처분의 성질상 의견청취가 현저히 곤란하거나 명백히 불필요하다고 인정될 만한 상당한 이유가 있는 경우' 등에는 처분의 사전통지나 의견청취를 하지 아니할 수 있도록 규정하고 있습니다(행정절차법 제21조 제4항, 제22조 제4항).

(3) 사전통지의 예외 해당 요건(생략 가능)

행정절차법 제23조 제1항은 ① 신청 내용을 모두 그대로 인정하는 처분인 경우 ② 단순·반복적인 처분 또는 경미한 처분으로서 당사자가 그 이유를 명백히 알 수 있는 경우 ③ 긴급히 처분을 할 필요가 있는 경우 이유제시의 예외에 해당함을 규정하고 있습니다. 이러한 '의견청취가 현저히 곤란하거나 명백히 불필요하다고 인정될 만한 상당한 이유가 있는 경우'에 해당하는지는 해당 행정처분의 성질에 비추어 판단하여야 하며, 처분 상대방이 장차 행하여질 행정처분의 내용을 미리 알고 있었다는 이유만으로 사전통지를 생략할 수 없습니다.

(4) 사안의 경우

원고 왕재수와 원고 김정비의 이 사건 운전면허취소 처분사유가 서로 다르기 때문에 원고 왕재수가 원고 김정비로부터 처분사유를 정확하게 전해 들었다고 보기 어렵고, 무엇보다 당사자인 원고 왕재수가 피고로부터 사전통지를 직접 받지 못한 사실이 명백히 존재합니다. 가사 원고 김정비를 통하여 일부 내용을 통지 받았다 하더라도 사전통지제도의 취지에 비추어 볼 때에, 피고가 따로 문서에 의하여 원고 왕재수에게 사전통지를 하지 않은 것은 그 자체로 절차적 하자가 있는 위법한 처분이라고 할 것입니다.

나. 사실오인으로 인한 처분사유의 부존재

앞서 **원고 김정비에 대한 면허취소처분의 위법성 부분에서 상세히 설명드린 바와 같은 이유로** 원고 왕재수에 대한 면허취소 처분에는 사실오인의 실체상 하자가 있습니다. 즉, 이 사건 원고들은 인천신공항 서울방면 고속도로에서 경적을 울리거나 음악을 틀고 운행한 것일 뿐 다른 사람에게 특별한 위해를 끼치거나 고속도로에서의 교통위험을 발생시키지 않았는바, 나란히 운전하는 행위나 경적을 울리고 음악을 크게 트는 행동 자체가 바로 도로교통법상 금지되는 공동위험행위에 해당한다고 단정할 수는 없습니다. 무엇보다, 원고들이 어떤 위해를 끼치거나 교통위험을 발생시켰다는 명백한 증거도 없으므로 피고가 원고들의 행위가 도로교통법 제46조 제1항의 **'공동위험행위'에 해당한다고 간주한 것은 사실오인으로서 처분사유의 부존재에 해당하여 위법하다고 할 것입니다.**

Ⅳ. 결 론(생략)

입증방법

1. 갑1호증　행정처분통지서
2. 갑2호증　사전통지서
3. 갑3호증　재결서
4. 갑4호증　송달보고서

첨부서류

1. 소장 부본 1통
1. 위 입증방법 각 1통
1. 위임장
1. 담당변호사지정서

2017. 12. 4.

원고들 소송대리인 법무법인 필승
담당변호사 최강

서울행정법원 귀중

제2문(50점)

위헌법률심판제청신청서

사 건 (서울행정법원)2017구단1075 운전면허취소처분취소
원 고 생략
피 고 생략
신 청 인 원고

신청취지

"**도로교통법 제93조 제1항 제5호, 제46조 제1항** 및 **도로교통법 제93조 제1항 단서 중 제14호**에 관한 부분이 헌법에 위반되는지 여부에 관한 심판을 제청한다."라는 결정을 구합니다.

신청이유

Ⅰ. 재판의 전제성

헌법재판소법 제41조 제1항은 위헌법률심판을 제청하기 위하여 '재판의 전제성'을 요구합니다. 재판의 전제성이란 ① 구체적인 사건이 법원에 계속 중일 것 ② 당해사건에 적용되는 법률일 것 ③ 그 위헌 여부에 따라 당해사건 담당 법원이 다른 내용의 재판을 하게 되는 경우일 것을 말하고, '다른 내용의 재판'이란 재판의 주문이 달라지거나 그 내용과 효력에 관한 법률적 의미가 달라지는 경우를 의미합니다. 사안의 경우 ① 제청신청인들에 대한 운전면허취소처분을 다투는 행정재판이 서울행정법원에 계속 중이고, ② 심판대상조항들은 제청신청인들에 대한 운전면허취소처분의 근거가 된 조항으로서 당해사건에 적용되며, ③ 그 위헌 여부에 따라 당해사건의 주문이 달라지는 경우(운전면허취소처분 취소소송 인용)이므로 재판의 전제성이 인정된다고 할 것입니다.

Ⅱ. 이 사건 조항들의 위헌성

1. 도로교통법 제93조 제1항 제5호, 제46조 제1항 부분의 명확성원칙 위반 여부

가. 의 의

명확성의 원칙이란 법치국가원리의 한 표현으로서 기본권을 제한하는 법규범의 내용이 명확하여야 한다는 헌법상의 원칙을 말합니다. 즉 규범의 문언상 의미내용으로 수범자에게 허용되고 금지되는 것이 무엇인지 명확하게 판단할 수 있어야 한다는 원칙인바, 법률을 명확한 용어로 규정함으로써 법적 안정성과 예측가능성은 확보하고, 법집행 당국에 의한 자의적 집행을 예방하기 위한 원칙입니다(헌재 2011. 8. 30. 2009헌바128 등). 이러한 명확성의 원칙은 모든 법분야에 적용되는 원칙이지만, 특히 형사법분야에 있어서는 법적 안정성과 예측가능성이 확보되어야 하는 죄형법정주의의 요청에 따라 더욱 엄격히 적용이 됩니다.

나. 구체적 검토

(1) '정당한 사유 없이'

이 사건 규정은 '정당한 사유'라는 추상적인 내용을 가진 용어를 공동위험행위의 주요 판단기준으로 사용하고

있을 뿐만 아니라, 무엇이 '정당한 사유'인가에 대하여 아무런 구체적인 기준을 제시하지 아니하고 있습니다. 결국 공동위험행위 성립 여부를 법집행기관의 자의적 판단에 맡기고 있으므로 명확성원칙에 위배된다고 할 것입니다.

(2) '다른 사람에게 위해' 또는 '교통상의 위험'

또한, 이 사건 규정 내용 중 '위해성' 내지 '위험성'은 지극히 다의적이고 추상적이며 자의적인 개념을 사용한 불명확한 것입니다. 뿐만 아니라 동 규정에서는 어떤 행위가 '다른 사람에게 위해'를 주는 행위인 것인지, 어느 경우에 '교통상의 위험'이 발생하였다고 인정할 것인지를 판단하는 요소와 기준에 관하여 전혀 규정하고 있지 않으므로 헌법상 명확성원칙에 마찬가지로 위배된다고 할 것입니다.

2. 도로교통법 제93조 제1항 단서 중 제14호[1] 부분의 위헌 여부

가. 제한되는 기본권

위 도로교통법 규정은 운전면허를 필요적으로 취소하도록 함으로써 운전을 생업으로 하는 김정비에 대하여는 직업의 자유를 지나치게 제한하게 되고, 운전을 업으로 하지 않는 왕재수에 대하여는 일반적 행동의 자유를 제한하고 있습니다.

나. 직업의 자유 단계이론(가점사안)

직업의 자유를 제한하는 경우에 그 제한이 구체적으로 어느 정도까지 가능한가에 관하여 독일연방헌법재판소 판례(1958. 6. 11. BVerfGE 7, 377.)를 통하여 확립된 단계이론이 있는데 이 이론은 직업의 자유를 제한함에 있어서는 방법상 그 침해의 진지성이 적은 방법부터 선택하여야 한다는 것으로 우리 헌법재판소도 이 이론을 수용하고 있습니다. 단계이론은 먼저 1단계로 '직업행사(수행)의 자유의 제한'으로 직업선택의 자유에 대한 제한이 불가피한 경우에도 선택의 자유보다 침해가 경미한 수행의 자유를 제한하는 방법으로 목적을 달성해야 한다는 것으로 백화점과 대형마트의 영업일 제한, 택시의 합승행위 금지, 택시 격일제 영업제도, 유흥업소 및 식당의 영업시간 제한이 그 예입니다. 2단계로는 '주관적 사유에 의한 직업선택의 자유의 제한' 방법인데 이 방법은 기본권 주체의 '주관적 사유(시험의 합격, 교육과정의 이수 등)'를 이유로 직업선택의 자유를 제한하는 것으로서, 직업선택의 자유를 그 직업이 요구하는 일정한 자격과 결부시켜 제한하는 방법을 말합니다. 예로는 사법시험제도, 의사고시제도, 대학입학 고사제도 등이 있습니다. 마지막 3단계는 '객관적 사유에 의한 직업선택의 자유의 제한'으로 개인적인 능력 또는 자격과는 무관한 객관적 사유를 이유로 제한하는 것을 말하는데 이 제한은 직업선택의 자유에 대한 제한이 심대하기 때문에 공공의 이익에 대한 명백하고 현존하는 위험을 방지하기 위하여 불가피한 경우에만 허용된다고 할 것입니다. 예로는 화약류의 제조·판매·운송업 등이 있습니다.

사안의 경우 운전을 업으로 하는 자에 대해 운전면허를 박탈하도록 하여 운전과 관련된 직업을 영위하지 못하도록 제한함으로써 직업의 자유에 대한 단계이론 중 제1단계 직업수행의 자유 내지 제2단계 주관적 사유에 의한 제한에 해당하므로 비교적 완화된 기본권 제한에 관한 심사기준이 적용된다고 할 것입니다.[2]

---

1) 제93조(운전면허의 취소·정지) ① 지방경찰청장은 운전면허(연습운전면허는 제외한다. 이하 이 조에서 같다)를 받은 사람이 다음 각 호의 어느 하나에 해당하면 행정안전부령으로 정하는 기준에 따라 운전면허(운전자가 받은 모든 범위의 운전면허를 포함한다. 이하 이 조에서 같다)를 취소하거나 1년 이내의 범위에서 운전면허의 효력을 정지시킬 수 있다. 다만, 제2호, 제3호, 제7호부터 제9호까지(정기 적성검사 기간이 지난 경우는 제외한다), 제12호, 제14호, 제16호부터 제18호까지, 제20호의 규정에 해당하는 경우에는 운전면허를 취소하여야 한다.

14. 이 법에 따른 교통단속 임무를 수행하는 경찰공무원등 및 시·군공무원을 폭행한 경우

2) 완화된 심사기준이라고는 하지만 과잉금지원칙위반에 대한 심사과정을 모두 거쳐야 한다. 다만, 각 단계별로 엄격한 기준으로

다. 과잉금지원칙 위반(직업의 자유, 일반적 행동의 자유권)

(1) 의의

과잉금지원칙은 헌법 제37조 제2항에 의하여 국민의 기본권을 제한함에 있어서 국가작용의 한계를 명시한 것으로 법치국가원리 및 자유권의 본질로부터 도출되는 원칙입니다. 국민의 기본권을 법률로써 제한하는 것이 가능하다고 하더라도, 그 본질적인 내용을 침해할 수 없고 또한 비례의 원칙에도 위배되어서는 안 됩니다.

(2) 목적의 정당성

목적의 정당성이란 국민의 기본권을 제한하는 입법은 그 목적이 헌법과 법률의 체계 내에서 정당성을 인정받을 수 있어야 한다는 원칙입니다. 이 사건에서 문제가 되는 도로교통법 조항의 경우 경찰관의 교통단속 임무라는 공무수행을 보장하기 위한 것이어서 입법목적의 정당성은 인정된다고 볼 수 있습니다.

(3) 수단의 적합성

수단의 적합성이란 목적을 위해 선택된 기본권제한 수단이 입법목적의 달성에 유효하고 적절하여야 한다는 원칙을 말합니다. 당해 조항의 경우 교통단속 임무를 수행하는 경찰공무원 등을 폭행한 경우에 운전면허를 필요적으로 취소하도록 하는 것은 경찰공무원 등의 공무수행 활동을 보호하는데 기여할 수 있으므로 이는 입법목적을 달성하기 위한 적정한 수단에 해당하여 수단의 적합성도 인정됩니다.

(4) 침해의 최소성

침해의 최소성이란, 입법자가 공익실현을 위하여 기본권을 제한하는 경우에도 입법목적을 실현하기에 적합한 여러 수단 중에서 되도록 국민의 기본권을 존중하고 기본권을 최소로 침해하는 수단을 선택해야 한다는 원칙을 말합니다. 어떤 법률의 입법목적이 정당하고 수단이 적합하다고 하더라도, 입법자가 임의적 규정이나 기본권 제한이 덜한 다른 수단으로 법의 목적을 실현할 수 있음에도 불구하고 구체적 사안의 개별성과 특수성을 고려할 수 있는 가능성을 일체 배제하는 필요적 규정으로 법의 목적을 실현하려 한다면, 이는 비례원칙의 한 요소인 '침해의 최소성 원칙'에 위배됩니다.

그런데, 심판대상 도로교통법 조항은 교통단속 임무를 수행하는 경찰공무원 등을 폭행하기만 하면 폭행의 유형, 경중이나 그 위법성의 정도, 폭행에 이르게 된 경위 등 제반사정을 고려할 여지없이 필요적으로 면허를 취소하도록 규정하고 있습니다. 이러한 규정방식은 구체적 사안의 개별성과 특수성을 고려할 수 있는 여지를 일체 배제하여 경찰공무원 등을 단순히 폭행하기만 하면 그 위법의 정도나 비난의 정도가 미약한 경우를 포함하여 모든 경우에 운전면허를 취소할 수밖에 없도록 하는 것이어서 지나친 제재에 해당합니다. 무엇보다, 임의적 운전면허 취소 또는 정지제도만으로도 교통단속 임무를 수행하는 경찰공무원 등에 대한 폭행의 근절이라는 입법목적을 얼마든지 달성할 수도 있으므로 기본권침해의 정도가 월등하게 큰 필요적 운전면허 취소제도만을 규정하고 있는 이 사건 조항은 침해의 최소성 원칙에도 위반된다고 할 것입니다.

(5) 법익의 균형성

법익의 균형성은 입법에 의하여 보호하려는 공익과 그로 말미암아 침해되는 사익을 비교형량할 때, 보호되는 공익이 더 커야 한다는 원칙을 말합니다. 즉, 어떤 행위를 규제함으로써 초래되는 사적 불이익과 그 행위를 방치함으로써 초래되는 공적 불이익을 비교형량하여, 규제함으로써 달성하고자 하는 공익이 침해되는 사익보다 크거나 혹은 양자 간에 균형이 유지되어야 한다는 원칙을 말합니다.

이 사건 심판대상조항인 도로교통법 제46조(공동위험행위금지) 제1항을 2회 이상 위반하여 운전면허가 취소된 경우 운전면허가 취소된 날로부터 2년 동안 운전면허를 다시 받을 수 없도록 규정하고 있는바(도로교통법 제82

심사할 필요는 없다는 의미이다.

조 제2항 제6호), 심판대상 조항은 운전을 생업으로 하는 자에 대하여는 생계에 지장을 초래할 만큼 중대한 직업의 자유의 제약을 초래하고, 운전을 업으로 하지 않는 자에 대하여도 일상생활에 심대한 불편을 초래하여 일반적 행동의 자유를 제약하고 있습니다. 이는 심판대상조항에 의하여 달성하려는 공익에 비하여 운전면허 소지자의 기본권을 과도하게 제한하는 것으로서 법익의 균형성 원칙에도 위배된다고 할 것입니다.

라. 평등원칙 위반

(1) 의 의

헌법 제11조 제1항에서 규정하고 있는 평등원칙은 일체의 차별적 대우를 부정하는 절대적 평등을 의미하는 것이 아니라, 입법과 법의 적용에 있어서 합리적인 근거가 없는 차별을 하여서는 안 된다는 상대적 평등을 뜻하므로, 합리적인 이유가 있는 차별은 평등원칙에 반하지 않습니다(헌재 1999. 5. 27. 98헌바26 등).

(2) 평등원칙 위반 심사기준

평등원칙 위반이 되려면, 상호 배타적인 두 개의 비교집단이 있어야 하고, 그 비교집단 간의 차별취급이 있어야 하며, 그 차별 취급이 자의적이거나 비례의 원칙에 반하여야 합니다. 아울러, 침해적인 법률에 의한 차별이 발생할 때에는 입법부의 입법형성의 자유를 존중하는 의미에서 자의금지원칙을 우선적으로 적용하고, 예외적으로 비례의 원칙을 적용합니다. 헌법재판소는, ① 헌법이 스스로 차별의 근거로 삼아서는 아니 되는 기준을 제시하거나 차별을 특히 금지하고 있는 영역을 제시하고 있는 경우 ② 관련 기본권에 대한 중대한 제한을 초래하는 경우에는 입법형성권이 축소되어 보다 엄격한 심사척도가 적용되어야 한다고 판시하였습니다(헌재 1999. 11. 25. 99헌바28 등).

(3) 사안의 경우

(가) 비교집단의 존재

평등원칙에 위반된 차별취급이 존재하기 위해서는 우선 동질적인 비교집단이 존재해야 하고, 그 비교집단에 대한 차별취급이 존재해야 합니다. 사안의 경우 심판조항인 도로교통법 제93조 제1항 단서와 같이 운전면허의 필요적 취소사유를 규정하고 있는 조항과 대비하여, 동법 제93조 제1항 본문은 운전면허의 임의적 취소사유를 각 규정하고 있는바, 상호 동질적인 운전면허취소 사유들에 관하여 사안별로 서로 다르게 구분하여 규정하고 있어 비교집단이 존재한다고 볼 수 있습니다.

(나) 심사기준

사안의 경우, 헌법에서 특별히 평등을 요구하고 있는 경우라거나, 차별적 취급으로 인하여 관련 기본권에 대한 중대한 제한을 초래하는 경우라고 볼 수 없습니다. 즉, 이 사건 법률조항은 운전면허 취소라는 행정처분의 처분요건과 관련된 것으로 입법자의 광범위한 재량이 인정되는 영역이라 할 것인바, 차별기준 내지 방법의 자의성 여부가 심사기준이 된다고 할 것입니다. 따라서 평등권에 대한 심사는 자의금지라는 완화된 기준에 따라야 할 것인바, 그 심사기준은 ① 본질적으로 동일한 것을 다르게 취급하고 있는가 하는 차별취급의 존재 여부와 ② 그러한 차별취급이 자의적인가의 여부입니다. 여기서의 자의의 개념은 입법자에 대한 주관적인 책임 비난을 의미하는 것이 아니라, 법률에 의한 차별에 있어서 어떠한 합리적인 이유도 찾아 볼 수 없기 때문에 차별의 불합리성이 명백한 경우, 즉 객관적 자의를 말합니다.

(다) 검 토

이 사건에서 보건대, 도로교통법상 운전면허의 임의적 취소사유로 규정하고 있는 법 제93조 제1항 중 약물의 영향으로 운전을 정상적으로 하지 못하는 경우(제4호), 교통사고로 사람을 사상한 후 필요한 조치 또는 신고를 하지 아니한 경우(제6호), 자동차 등을 이용하여 살인 또는 강간 등 안전행정부령으로 정하는 범죄행위를 한 경우

(제11호)보다 이 사건 법률조항에서 필요적 취소사유로 규정하고 있는 경찰관 폭행행위는 그 반사회성, 가벌성의 정도가 훨씬 더 작을 수 있습니다. 그럼에도 불구하고, 이를 필요적 취소사유로 규정하고 있는 것은 차별의 합리성을 벗어난 불합리한 차별에 해당하여 평등원칙에도 위반된다고 할 것입니다.

Ⅲ. 결 론

이상에서 설명 드린 바와 같이 이 사건 심판대상 법률조항들은 헌법상 명확성원칙에 위배될 뿐만 아니라, 과잉금지원칙에 위배하여 과도하게 신청인의 직업의 자유, 일반적 행동자유권을 침해하고, 평등원칙에도 위배되어 위헌이라고 할 것이므로 이 사건 위헌법률심판 제청신청에 이르게 되었습니다.

신청인들의 대리인 법무법인 필승
담당변호사 최강

서울행정법원 행정1단독 귀중

2019년도 제8회

변호사시험

공법 기록형 해설

소 장

원 고 (생략)
피 고 ① 1. 교육부장관
2. 소청심사위원회
위원장 김기연
사건명 (생략)

② 청 구 취 지

1. 피고 교육부장관이 2018. 3. 5. 원고에 대하여 한 정직 3월 처분을 취소한다.
2. 피고 소청심사위원회가 2018. 4. 20. 원고에 대하여 한 기각결정을 취소한다.[1)]
3. 소송비용은 피고들의 부담으로 한다.

라는 판결을 구합니다.

청 구 원 인

1. 이 사건 처분의 경위(생략)

2. 이 사건 소의 적법성(③)

가. 대상적격

(1) 관련 법령

취소소송은 '처분 등'을 대상으로 하고, '처분 등'이라 함은 행정청이 행하는 구체적 사실에 관한 법집행으로서의 공권력의 행사 또는 그 거부와 그 밖에 이에 준하는 행정작용 및 행정심판에 대한 재결을 그 대상으로 하며(행정소송법 제2조 제1항 제1호), 재결을 취소소송의 대상으로 할 때는 재결 자체에 고유한 위법이 있음을 이유로 하는 경우에 한합니다(행정소송법 제19조 단서).[2)] 그러므로 취소소송은 행정청의 원처분을 대상으로 하되(원처분주의), 다만 재결 자체에 고유한 위법이 있음을 이유로 하는 경우에 한하여 행정심판의 재결도 취소소송의 대상으로 삼을 수 있습니다.[3)]

---

1) **"1. 피고 교육부장관이 2018. 3. 5. 원고에 대하여 한 정직 3월 처분과 피고 소청심사위원회가 2018. 4. 20. 원고에 대하여 한 기각결정을 각(모두) 취소한다."도 가능하다.**
2) 변시 소장작성시 대상적격(처분성 등) 부분에서 일반적으로 들어가는 내용이다.
3) **행정소송법 제19조에서 말하는 '재결 자체에 고유한 위법'이란 원처분에는 없고 재결에만 있는 재결청의 권한 또는 구성의 위법, 재결의 절차나 형식의 위법, 내용의 위법 등을 뜻하고, 그 중 내용의 위법에는 위법·부당하게 인용재결을 한 경우가 해당한다.**
한편, 행정처분의 상대방이 아닌 제3자는 일반적으로 처분이 있는 것을 바로 알 수 있는 처지에 있지 아니하므로 처분이 있은 날로부터 180일이 경과하더라도 특별한 사유가 없는 한 행정심판법 제18조 제3항 단서 소정의 정당한 사유가 있는 것으로 보아 심판청구가 가능하다고 할 것이나, 그 제3자가 어떤 경위로든 행정처분이 있음을 알았거나 쉽게 알 수 있는 등 행정심판법 제18조 제1항 소정의 심판청구기간 내에 심판청구가 가능하였다는 사정이 있는 경우에는 그때로부터 90일 이내에 행정심판을 청구하여야 한다.

(2) 사안의 경우

(가) 정직 3월 처분

이 사건 정직 3월 처분은 원고에게 불이익한 처분으로, 취소소송의 대상이 되는 처분에 해당합니다.

(나) 소청심사위원회 결정

이 사건 소청심사위원회 결정의 경우 재결에 고유한 위법이 있는 때에 해당하여 원처분과 별도로 취소소송의 대상이 됩니다.

나. 피고적격

취소소송은 다른 법률에 특별한 규정이 없는 한 그 처분 등을 행한 행정청을 피고로 하여야 합니다(행정소송법 제13조 제1항). 여기서 '처분 등을 행한 행정청'이라 함은 그 이름으로 처분을 한 행정기관을 말합니다. 따라서 이 사건 정직 3월 처분의 처분청은 교육부장관이고, 소청심사위원회 결정(재결)의 처분청은 소청심사위원회로서 각 피고적격이 있다고 할 것입니다.

다. 필요적 전치주의[4]

원칙적으로 행정소송 전에 행정심판을 반드시 거쳐야 하는 것은 아니지만, 다른 법률에서 반드시 행정심판을 거치도록 한 경우에는 필요적으로 행정심판을 거쳐야 한다고 규정하고 있습니다(행정소송법 제18조 제1항 단서). 특히, 공무원이 징계처분, 그 밖에 본인의 의사에 반하는 불리한 처분이나 부작위에 관하여 행정소송을 제기할 때에는 소청심사위원회의 심사·결정을 반드시 거쳐야 합니다(**국가공무원법 제16조 제1항**). 이 사건의 경우 원고

또한, 행정청이 식품위생법령에 따라 영업자에게 행정제재처분을 한 후 당초 처분을 영업자에게 유리하게 변경하는 처분을 한 경우, 취소소송의 대상 및 제소기간 판단 기준이 되는 처분은 당초 처분임에 주의해야 한다. 예컨대, 피고는 2002. 12. 26. 원고에 대하여 3월의 영업정지처분이라는 이 사건 당초처분을 하였고, 이에 대하여 원고가 행정심판청구를 하자 재결청은 2003. 3. 6. "피고가 2002. 12. 26. 원고에 대하여 한 3월의 영업정지처분을 2월의 영업정지에 갈음하는 과징금부과처분으로 변경하라"는 일부인용의 이행재결을 하였으며, 2003. 3. 10. 그 재결서 정본이 원고에게 도달한 사실, 피고는 위 재결취지에 따라 2003. 3. 13. "3월의 영업정지처분을 **과징금 560만 원으로 변경**한다"는 취지의 이 사건 후속 변경처분을 함으로써 이 사건 당초처분을 원고에게 유리하게 변경하는 처분을 하였으며, 원고는 2003. 6. 12. 이 사건 소를 제기하면서 청구취지로 '2003. 3. 13.자 과징금부과처분의 취소'를 구하고 있다. 그러나, **이 사건 후속 변경처분에 의하여 유리하게 변경된 내용의 행정제재인 과징금부과가 위법하다 하여 그 취소를 구하는 소송에 있어서 청구취지는 이 사건 후속 변경처분에 의하여 당초부터 유리하게 변경되어 존속하는** '2002. 12. 26.자 과징금부과처분의 취소'**를 구하고 있는 것으로 보아야 할 것이고,** 이는 위 행정심판재결서 정본을 송달받은 날로부터 90일 이내(2003. 6. 10.) 제기되어야 한다. 그런데 원고가 위 재결서의 정본을 송달받은 날로부터 **90일이 경과하여 이 사건 소를 제기하였다는 이유로 이 사건 소가 부적법하다**고 판단한 원심판결은 정당하다(대판 2007. 4. 27. 2004두9302).

4) **필요적 전치주의의 경우지만, 행정심판을 제기할 필요 없이 취소소송을 제기할 수 있는 경우**

- 행정소송법 제18조(행정심판과의 관계) ③ 제1항 단서의 경우 다음 각 호의 1에 해당하는 사유가 있는 때에는 행정심판을 제기함이 없이 취소소송을 제기할 수 있다. <개정 1994. 7. 27.>
  1. 동종사건에 관하여 이미 행정심판의 기각재결이 있은 경우
  2. 서로 내용상 관련되는 처분 또는 같은 목적을 위하여 단계적으로 진행되는 처분 중 어느 하나가 이미 행정심판의 재결을 거친 때
  3. 행정청이 사실심의 변론종결 후 소송의 대상인 처분을 변경하여 당해 변경된 처분에 관하여 소를 제기하는 때
  4. 처분을 행한 행정청이 행정심판을 거칠 필요가 없다고 잘못 알린 때

는 정직 3월의 징계처분에 불복하여 2018. 4. 2. 소청심사위원회에 소청심사를 청구하고, 심사 절차를 거친 후 이 사건 소를 제기하였으므로 행정심판전치주의 요건을 충족하였습니다.

3. 이 사건 처분의 위법성(④)

가. 절차적 위법성

(1) 출석통지절차 위반

공무원징계령 제10조 제1항에서는 징계위원회 개최 3일 전까지 출석통지서가 통보되어야 한다고 규정하고 있습니다. 이 사건의 경우 징계위원회는 2018. 3. 2. 개최되었고, 그 2일 전인 2018. 2. 28.에 출석통지서가 원고에게 통보되었으므로 절차상 위법이 존재합니다.

(2) 변호사 조사 참여 불허

공무원징계령 제11조 제2항에서는 징계혐의자에게 충분한 진술을 할 수 있는 기회를 주어야 한다고 규정하고 있습니다. 그런데 징계혐의자가 변호사를 선임하여 그와 함께 징계위원회에 출석하여 적절한 방어권을 행사할 수 있도록 하는 것은 위 징계령상 '충분한 진술의 기회'에 포함되는 것이며, 법치국가원리와 적법절차원칙에 입각해서도 보장되어야 마땅합니다.[5] 그럼에도 불구하고 이 사건에서 징계위원회에 원고와 함께 참여하고자 한 변호사 홍명변의 출석이 정당한 이유 없이 불허(거부)되었는바 이는 이 사건 징계처분에 절차상 위법이 있는 경우라고 할 것입니다.

(3) 소청심사위원회 구성의 하자

국가공무원법 제10조의2 제1항 제2호에서는 소청심사위원회위원의 결격사유 중의 하나로 정당법에 따른 정당의 당원을 들고 있습니다. 이 사건의 경우 소청심사위원회위원으로서 원고의 징계사건에 대한 심의·의결에 참여한 하영조가 미식가보호당의 당원이므로 결격사유가 있습니다. 따라서 소청심사위원회 구성에 하자가 있는 경우로서 행정소송법 제19조 단서에서 정하고 있는 재결 자체의 고유한 위법이 존재한다고 할 것입니다.

나. 실체적 위법성

(1) 처분사유의 부존재 - 법령상 징계사유에 해당하지 않음

(가) "집단성"의 부존재

판례는 국가공무원법 제66조 제1항의 '집단행위'에 해당하기 위해서는 공무원들의 행위가 반드시 같은 시간, 장소에서 행하여져야 하는 것은 아니지만, 일체 휴가나 집단적인 조퇴 정도의 '집단성'이 있어야 한다고 보고 있습니다. 이 사건의 경우 원고와 다른 공무원들이 동시에 행동을 한 것이 아니고, 팻말을 들고 릴레이 1인 피케팅 시위를 하거나 릴레이 SNS 글 올리기 등을 한 것에 불과하므로 집단성의 징표를 충족한 것으로 보기 어렵습니다.

---

5) 행정절차법 제12조 제1항 제3호, 제2항, 제11조 제4항 본문에 따르면, 당사자 등은 변호사를 대리인으로 선임할 수 있고, 대리인으로 선임된 변호사는 당사자 등을 위하여 행정절차에 관한 모든 행위를 할 수 있다고 규정되어 있다. 위와 같은 행정절차법령의 규정과 취지, 헌법상 법치국가원리와 적법절차원칙에 비추어 징계와 같은 불이익처분절차에서 징계심의대상자에게 변호사를 통한 방어권의 행사를 보장하는 것이 필요하고, 징계심의대상자가 선임한 변호사가 징계위원회에 출석하여 징계심의대상자를 위하여 필요한 의견을 진술하는 것은 방어권 행사의 본질적 내용에 해당하므로, 행정청은 특별한 사정이 없는 한 이를 거부할 수 없다(대판 2018. 3. 13. 2016두33339).

(나) "공익을 해할 목적"의 부존재

판례는 국가공무원법 제66조 제1항의 '집단행위'에 해당하기 위해서는 '공익에 반하는 목적'이 있어야 한다고 보고 있습니다. 그러나 이 사건의 경우 원고가 1인 릴레이 피케팅 시위 등을 한 것은 어디까지나 부당한 직위해제의 문제점을 지적하고자 한 것으로 공익을 해할 목적을 가지고 있다고 보기는 어렵습니다.

(다) "직무전념의무 해태"의 부존재

판례는 국가공무원법 제66조 제1항의 '집단행위'에 해당하기 위해서는 직무전념의무의 해태가 있어야 한다고 보고 있습니다. 이 사건의 경우 원고가 1인 릴레이 피케팅 시위를 한 것은 퇴근시간 이후이고, SNS에 글을 올린 것도 근무시간에 이루어졌다는 증거가 없으므로 직무전념의무의 해태가 있다고 보기 어렵습니다.

(2) 재량권의 일탈 · 남용

(가) 이 사건 정직 3월 처분의 법적 성격

이 사건 징계 처분은 근거규정의 형식, 처분의 성격 등에 비추어 볼 때 재량행위에 해당하며, 재량권의 일탈 · 남용이 있을 경우에는 처분이 위법하게 됩니다(행정소송법 제27조). 재량권의 일탈 · 남용 여부는 사실오인, 비례원칙, 평등원칙 위배 여부 등을 기준으로 종합적으로 판단하여야 합니다.

(나) 비례원칙 위반 여부

1) 비례원칙이란 행정작용에 있어 행정목적과 행정수단 사이에 합리적인 비례관계가 있어야 한다는 원칙으로서 적합성의 원칙, 필요성의 원칙, 상당성(협의의 비례)원칙을 그 내용으로 합니다.

2) 사안의 경우

가) 적합성의 원칙

적합성의 원칙이란, 특정한 행정목적을 달성하기 위하여 사용되는 수단은 행정목적을 달성하기에 적합한 수단이어야 한다는 것을 의미하는바, 이 사건 징계처분은 국가공무원에게 국민 전체의 봉사자로서 행정의 민주적이며 능률적인 운영이라는 목적을 달성하는데 적합한 수단이기에 적합성의 원칙은 충족합니다.

나) 필요성의 원칙

필요성의 원칙이란, 목적 달성을 위한 행정조치는 필요한 한도 이상으로 행하여져서는 안 된다는 것을 의미하는바, 이 사건에서 원고의 행위에 대하여 중징계가 아닌 경징계만으로도 목적을 충분히 달성할 수 있기에 필요성의 원칙에 위반됩니다.

다) 상당성의 원칙

상당성의 원칙이란, 행정목적에 의하여 추구되는 이익이 행정의 상대방이 받는 손해보다 커야 한다는 것을 의미합니다. 이 사건에서 원고는 평소 동료들로부터 성실함과 능력을 인정받으며 성실하게 근무하여 왔으며 지난 2년간의 근무성적도 96점과 95점으로 매우 우수한 점, 형사처벌이나 징계처분을 받은 전력이 전혀 없는 점, 동료의 억울한 직위해제처분에 대해서 문제점을 지적한 것에 불과하며 공무원의 정치적 중립성과 무관한 사안인 점, 퇴근 이후에 1인 피케팅 시위 등을 하였으므로 근무에 영향을 미치지 않은 점, 노모와 자녀 3명을 홀로 책임지고 있는 상황인 점 등을 고려할 때, 이 사건 정직 3월의 처분을 통해 달성하고자 하는 공익이 원고가 받게 되는 불이익에 비하여 결코 크다고 볼 수 없다는 점에서 상당성 원칙에도 위반됩니다.

(다) 평등원칙 위반 여부

행정 작용에 있어서도 불합리한 차별을 하여서는 안 된다는 평등원칙이 준수되어야 합니다. 이 사건에서 원고와 유사한 행위를 한 소외 최강우에 대하여 감봉 3월의 처분이 내려진 것과 비교할 때, 최강우는 원고의 징계사유와 동일한 사유인 릴레이 1인 피케팅 시위 및 SNS에 글 작성으로 인한 집단행위금지의무위반, 동물보호당 가입으로 인한 정당가입금지의무위반으로 감봉 3월의 징계 처분을 받았습니다. 그런데 소외 최강우는 원고와 같은 교육부 6급 공무원으로 직급도 동일하고, 근무기간, 근무성적도 비슷할 뿐만 아니라, 별도의 징계감경사유가 없기에 원고와 소외 최강우에 대해 징계처분을 한다면 특별한 사정이 없는 한 동등한 처우를 함이 상당합니다. 그럼에도 소외 최강우에게는 감봉 3월의 경징계를 한 반면, 원고에게는 정직 3월의 중징계를 하였는바, 원고에게 한 이 사건 정직 3월의 징계처분은 합리적인 이유가 인정되지 않는 차별 취급으로서 평등원칙에도 위반된다고 할 것입니다.

4. **결 론**(생략)

입 증 방 법 (생략)

첨 부 서 류 (생략)

2018. 6. 8.

원고 소송대리인 (생략)

⑤ **대전지방법원 귀중**[6)]

---

6) 취소소송의 제1심 관할법원은 피고의 소재지를 관할하는 행정법원 또는 지방법원의 본원으로 한다(행정소송법 제9조 제1항). 이 사건에서 피고 행정청인 교육부와 소청심사위원회의 소재지는 모두 세종특별자치시이므로 이를 관할하는 대전지방법원이 관할법원이 된다.

행정심판청구서

청구인 (생략)
피청구인 (생략)

① 청 구 취 지

"피청구인이 2018. 4. 30. 청구인에 대하여 한 정보비공개결정 중 회의록에 기재된 인적 사항 부분을 제외한 나머지 부분을 취소한다."
라는 재결을 구합니다.

청 구 이 유

1. 이 사건 처분의 경위(생략)

2. 이 사건 청구기간의 준수(②)

행정심판법 제58조에서는 처분시에 행정심판의 청구기간을 고지하도록 하고 있으며, 동법 제27조 제5항에서는 행정심판의 청구기간을 규정된 기간보다 긴 기간으로 잘못 알린 경우에는 알린 기간 내에 행정심판을 제기하면 청구기간을 준수한 것으로 보고 있습니다.
사안의 경우 처분청인 중앙징계위원회가 행정심판의 청구기간을 처분을 안 날로부터 120일로 잘못 고지하였는데, 행정처분의 송달일인 2018. 5. 4.을 기준으로 120일을 계산하면 2018. 9. 1. 토요일에 기간이 만료되므로, 민법 제161조에 따라 공휴일의 익일인 2018. 9. 3.이 취소심판을 제기할 수 있는 최종일이 됩니다. 따라서 이 사건 행정심판은 청구기간의 말일인 2018. 9. 3.에 제기되었으므로 청구기간을 준수하여 적법합니다.

3. 이 사건 처분의 위법·부당성

가. 부분공개의 가능성

중앙징계위원회 회의에서의 발언내용과 발언자의 인적사항은 분리가 가능하므로 비공개 사항인 발언자의 인적사항을 제외하고 발언내용에 대한 부분은 원칙적으로 공개함이 상당합니다.

나. 발언내용 부분에 대한 비공개 처분의 위법성

(1) 관련 판례의 입장

대법원 판례는 "「공공기관의 정보공개에 관한 법률」 제9조 제1항 제5호에서 규정하고 있는 '공개될 경우 업무의 공정한 수행에 현저한 지장을 초래한다고 인정할 만한 상당한 이유가 있는 경우'의 의미와 관련하여, 의사결정과정에 제공된 회의 관련 자료나 의사결정과정이 기록된 회의록 등은 의사가 결정되거나 의사가 집행된 경우에는 더 이상 의사결정과정에 있는 사항 그 자체라고는 할 수 없으나, 의사결정과정에 있는 사항에 준하는 사항으로서 비공개대상정보에 포함될 수 있다고 보고 있습니다. 또한, 비공개 사유에 해당하기 위해서는 업무의 공정한 수행이 객관적으로 현저하게 지장을 받을 것이라는 '고도의 개연성'이 필요한데, 여기에 해당하는지는 비공개에 의하여 보호되는 업무수행의 공정성 등의 이익과 공개에 의하여 보호되는 국민의 알권리의 보장 등의 이익을 비교형량하여 판단하여야 한다"고 판시하고 있습니다.[7]

(2) 이 사건의 경우

이 사건에서 회의록에 기재된 발언내용 부분은 발언자의 인적사항은 제외하고 발언내용만 공개된다는 점, 의사결정과정이 이미 종료되었다는 점 등을 고려할 때 업무의 공정한 수행이 객관적으로 현저하게 지장을 받을 것이라는 고도의 개연성이 존재하는 사항이라고 보기 어렵습니다. 뿐만 아니라 위 정보를 비공개할 경우 업무수행의 공정성이 보장되는 이익이 있는 반면, 공개할 경우 국민의 알권리가 보장되고 국정에 대한 국민의 참여 및 국정운영의 투명성이 확보되는 이익이 있다는 점을 비교·교량하면, 공개할 경우 얻을 수 있는 이익이 보다 크다고 할 것입니다. 결국 징계위원회 회의에서의 발언 내용은 공개의 대상이 되는 것이 타당하다고 보아야 할 것이므로 이 부분에 대한 공개 거부는 위법하다고 할 것입니다.

4. 결 론(생략)

증 거 서 류 (생략)
첨 부 서 류 (생략)

④ 2018. 9. 3.

청구인 대리인 (생략)

중앙행정심판위원회 귀중

7) 대판 2003. 8. 22. 2002두12946 등.

헌법소원심판청구서

① 청구인 박시훈

대리인 법무법인 우보

담당변호사 나형평

② 청 구 취 지

1. **국가공무원법 제65조 제1항**의 '정당가입'부분 및 **제78조 제1항 제1호의 '이 법' 부분 중 제65조 제1항의 '정당가입' 부분**은 헌법에 위반된다.
2. **국가공무원법 제66조 제1항** 본문의 '공무 외의 일을 위한 집단 행위'부분 및 **제78조 제1항 제1호의 '이 법' 부분 중 제66조 제1항 본문의 '공무 외의 일을 위한 집단 행위' 부분은** 헌법에 위반된다.[8)]

라는 결정을 구합니다.

당해사건(생략)

위헌이라고 해석되는 조항(생략)

청 구 이 유

1. 사건의 개요(생략)

2. 이 사건 청구의 적법성(③)

가. 재판의 전제성

(1) 일반론

이 사건 헌법소원이 적법하기 위하여는 문제된 법률의 위헌여부가 재판의 전제가 되어야 한다는 재판의 전제성이 있어야 합니다. 재판의 전제성이라 함은, 첫째 구체적인 사건이 법원에 계속 중이어야 하고, 둘째 위헌여부가 문제되는 법률이 당해 소송사건의 재판과 관련하여 적용되는 것이어야 하며, 셋째 그 법률이 헌법에 위반되는지의 여부에 따라 당해사건을 담당한 법원이 다른 내용의 재판을 하게 되는 경우를 말합니다. 법률의 위헌여부에 따라 법원이 '다른 내용의' 재판을 하게 되는 경우라 함은 원칙적으로 제청법원이 심리 중인 당해사건의

---

8) **다음과 같이 기재해도 정답 처리된다.**

1. 국가공무원법 제78조 제1항 제1호의 '이 법' 부분 중 제65조 제1항의 '정당 가입' 부분은 헌법에 위반된다.

2. 국가공무원법 제78조 제1항 제1호의 '이 법' 부분 중 제66조 제1항 본문의 '공무 외의 일을 위한 집단행위' 부분은 헌법에 위반된다.

<u>또는 "국가공무원법 제78조 제1항 제1호의 '이 법' 부분 중 제65조 제1항의 '정당가입' 부분 및 제66조 제1항 본문의 '공무 외의 일을 위한 집단행위' 부분은 헌법에 위반된다."</u>

재판의 결론이나 주문에 어떠한 영향을 주는 것뿐만 아니라, 문제된 법률의 위헌여부가 비록 재판의 주문 자체에는 아무런 영향을 주지 않는다고 하더라도 재판의 결론을 이끌어내는 이유를 달리 하는데 관련되어 있거나 또는 재판의 내용과 효력에 관한 법률적 의미가 전혀 달라지는 경우에는 재판의 전제성이 있는 것으로 보아야 합니다.

(2) 사안의 경우

헌법소원심판청구 당시 징계처분 취소소송(대전지방법원 2018구합12345 징계처분등취소)이 법원에 계속 중이고, 심판대상조항들은 청구인에 대한 징계처분의 근거가 된 규정들로서 당해 소송사건의 재판에 적용됩니다. 또한 그 조항들의 위헌 여부에 따라 청구인에 대한 징계처분이 취소되는 등 다른 내용의 재판을 하게 되는 경우에 해당하므로, 이 사건 재판의 전제성을 충족합니다.

3. 위헌이라고 해석되는 이유(④)

가. 국가공무원법 제65조 제1항에 대한 부분

(1) 제한되는 기본권

(가) 공무원 지위의 특수성

특별권력관계 내지 특수신분관계란 기본권의 주체인 국민의 한 사람으로써 법규정이나 당사자의 동의 등 특별한 법적 원인에 의거하여 행정주체와 국민 중의 일부 간에 성립하는 특별한 관계를 의미합니다. 즉, 이 사건 청구인과 같은 공무원은 공법상의 특별한 목적달성에 필요한 한도 내에서 행정주체가 일부 국민을 포괄적으로 지배하고 일부국민이 이에 복종하는 것을 내용으로 하는 공법상의 특수한 법률관계에 기한 이중적 지위를 가지는 한편(공무원 지위의 특수관계성), 헌법 제7조 제2항은 공무원의 정치적 중립성을 규정하여 공무원의 당파성을 막고 있습니다. 이러한 특수신분관계는 헌법질서의 테두리 내에서 헌법에 의해 설정된 특수한 생활관계로서 그러한 신분관계를 원활히 유지하기 위한 불가피한 기본권제한은 당해 특수신분관계와 제한되는 기본권이 서로 조화될 수 있는 합리적인 범위 내에서 일반 국민보다 추가적인 제한이 허용될 수 있지만, 이 경우에도 기본권제한에 관한 일반적 한계(과잉금지원칙, 본질내용침해금지원칙 등)는 준수되어야 합니다.

(나) 정당가입의 자유

헌법재판소는 정당 설립과 가입의 자유는 정당설립의 자유를 규정한 헌법 제8조 제1항과 결사의 자유를 보장하는 제21조 제1항에 의하여 보장된 기본권이라고 판시하고 있는바[9], 대의민주제 내지 의회국가에서의 정당 및 정치활동의 자유는 민주주의의 실천에 매우 중요한 부분이기에 헌법 제8조 제1항은 정당설립의 자유뿐만 아니라, 정당가입의 자유 보장하고 있다고 할 것입니다. 따라서 이 사건 법률조항은 공무원의 정당가입을 금지함으로써 공무원인 청구인의 정당가입의 자유를 제한하고 있다고 할 것입니다.

(2) 과잉금지원칙 위반

과잉금지원칙이란, 국민의 기본권 제한에 있어 헌법 제37조 제2항에서 도출되는 국가작용의 한계를 명시한 것으로, 목적의 정당성, 수단의 적합성, 침해의 최소성, 법익의 균형성을 그 내용으로 합니다. 목적의 정당성이란 기본권을 제한하는 목적이 정당해야 한다는 것이고, 수단의 적합성이란 목적 달성을 위한 수단이 목적달성에 적합해야 한다는 것이고, 침해의 최소성이란 목적 달성을 위해 적합한 수단 중 기본권에 최소한의 제한을 가지고 오는 것을 선택해야 한다는 것이고, 법익의 균형성은 공익과 사익을 비교형량하여 공익이 보다 크거나 적어

9) 헌재 1999. 12. 23. 99헌마135.

도 양자간에 균형이 유지되어야 한다는 것을 의미합니다.(생략 가능)

(가) 목적의 정당성

이 법은 공무원의 정당가입을 금지함으로써 공무원의 정치적 중립성을 확보하고 국민 전체에 대한 봉사자로서의 지위를 확인하기 위한 목적을 가지고, 이는 공무원에게 부여된 국가와 국민에 대한 의무이기도 하므로 정당가입금지조항의 목적의 정당성은 인정됩니다.

(나) 수단의 적합성

공무원의 정당 가입을 금지하는 이 사건 법률조항은 공무원이 특정 정당의 이익을 대변하는 것을 방지함으로써 공무원의 정치적 중립성을 확보하는 데 기여할 수 있으므로 수단의 적합성 또한 인정됩니다.

(다) 침해의 최소성

공무원은 이중적 지위를 가지는바, 근무시간 외에는 사인의 지위에서 정당 활동을 할 수 있는 자유가 보장되어야 합니다. 또한 정치적 중립성이 가장 문제되는 선거와 관련해서는 이미 다른 법 규정(국가공무원법 제65조 제2항)에 의해 선거운동이 금지되어 있고, 그 밖에 공무원은 법령준수의무 및 성실한 직무수행의무(제56조), 집단행위금지의무(제66조) 등의 의무를 지고 있으므로, 정치적 중립성을 확보하고 근무기강을 확립하는 방안이 충분히 마련되어 있습니다. 이와 같은 보다 덜 제한적인 수단이 있음에도 불구하고 모든 공무원으로 하여금 어떠한 예외도 규정하지 않고 일률적으로 정당가입을 금지하는 것은 침해의 최소성 원칙에 어긋납니다.

(라) 법익의 균형성

공무원의 정당가입의 자유를 전면적으로 박탈함으로써 발생하는 공무원의 기본권에 대한 제약은 매우 큰 반면, 정당가입을 금지함으로써 실현되는 정치적 중립이라는 공익은 그 효과에 있어 매우 불확실하고 추상적이므로, 법익의 균형성 또한 인정할 수 없습니다.

(3) 소 결

따라서 공무원의 정당 가입을 금지하는 이 사건 법률조항은 과잉금지 원칙에 위반하여 공무원의 정당 가입의 자유를 과도하게 침해하므로 헌법에 위반된다 할 것입니다.

나. 국가공무원법 제66조 제1항에 대한 부분

(1) 제한되는 기본권

공무원의 집단행위를 금지하는 이 사건 법률조항은 공무원의 표현의 자유를 제한합니다. 공무원이 표현의 자유의 주체가 되는지 여부와 관련하여 문제되나, 공무원은 직무의 특성상 일반 국민에 비하여 기본권 제한의 필요성이 크다고 할 것이지만 공무원의 이중적 지위에 비추어 볼 때 공무원 역시 사인으로서의 지위에서 표현이 자유의 주체가 될 수 있다고 할 것입니다. 이러한 표현의 자유는 헌법 제21조 제1항에서 규정하고 있으며, 인간의 존엄을 지키고 민주주의를 실현하는 수단이 되는 중요한 기본권으로서 제한은 최소한으로 이루어져야 합니다.

(2) 명확성 원칙 위반

(가) 명확성 원칙의 의의

명확성 원칙이란 법치국가원리의 한 표현으로서 기본권을 제한하는 법규범의 내용은 명확하여야 한다는 헌법상의 원칙을 말합니다. 법률을 명확한 용어로 규정함으로써 법적 안정성과 예측가능성을 확보하고 법집행 당국에 의한 자의적인 집행을 예방하기 위하여 인정되는 것입니다. 명확성 원칙의 위반 여부는 법규범의 문언뿐만 아니라 입법목적과 연혁, 체계적인 구조 등을 종합적으로 고려하여 판단하여야 합니다.

(나) 사안의 경우

'공무 외의 일을 위한 집단 행위'의 의미는 대법원 판례에 의하여 '공익에 반하는 목적을 위하여 직무전념의무를 해태하는 등의 영향을 가져오는 집단적 행위'로 축소해석되고 있으나, 그럼에도 여전히 다음의 점에서 명확성 원칙에 위배됩니다.

첫째, '공익'이라는 개념 자체가 추상적이고, '공익에 반하는 행위'인지 여부에 대한 판단 역시 판단 주체에 따라 달라지므로 결국 '공익'의 의미가 무엇인지가 매우 불명확합니다. 둘째, 직무전념의무를 해태하는 경우에 대해여 구체적으로 적시하지 않고 추상적으로만 규정하고 있어 어떠한 경우가 이에 해당하는지가 불명확합니다. 셋째, 이 사건과 같은 릴레이 1인 시위가 '집단행위'에 해당하는지 여부에 대하여 법원조차 원심과 대법원의 판단이 엇갈리는 등 개념의 정의 자체가 어려운 부분임에도 이를 구체적으로 규정하고 있지 않아 집단행위의 개념 자체가 불명확합니다.

(3) 과잉금지원칙 위반

(가) 목적의 정당성

이 법은 모든 국가 공무원에게 국민 전체의 봉사자로서 행정의 민주적이며 능률적인 운영을 기하게 하는 것을 목적으로 합니다. 공무원의 집단행위는 공무원 집단의 이익을 대변함으로써 국민전체의 이익 추구에 장애가 될 소지가 있으므로 이를 규제하고자 하는 이 사건 법률조항은 목적의 정당성이 인정됩니다.

(나) 수단의 적합성

공무원으로 하여금 집단행동을 금지함으로써 국민의 봉사자로서의 역할에 충실하게 할 수 있으며, 집단적으로 이루어지는 의사표출은 공직사회에 대한 국민의 신뢰에 영향을 미칠 우려가 있으므로 이를 금지하는 것은 입법목적을 달성하는 데 적합한 수단에 해당합니다.

(다) 침해의 최소성

'공무 외의 일을 위한 집단행위'이기만 하면 무조건 집단행위를 금지하고 있는 이 사건 규정은, 국가 정책을 결정하는 권한을 가지는 공무원 또는 일정한 직급 이상의 공무원에 대해서만 집단적 표현행위를 금지하더라도 충분히 입법목적을 달성할 수 있을 것임에도, 직무 및 직급에 따른 구분 없이 모든 공무원에게 집단적 표현행위를 금지하여 그 범위가 너무 넓고, 공무원 지위의 특수성과 밀접하게 관련되어 있다고 평가하기 어려운 일반적인 정책이나 내용에 대한 의사표현까지도 금지 대상에 포함시킴으로써 직무관련성 유무를 불문하고 모든 경우를 규제하고 있으며, 근무시간 외에 공적시설을 이용하지 않거나 권한을 행사하지 않는 경우 등 사인으로서의 행위임에도 불구하고 이 역시 금지함으로써 공무원이기만 하면 어떠한 예외도 두지 않고 기타 모든 행위를 금지하고 있어 침해의 최소성에 어긋납니다.

(라) 법익의 균형성

공무원 역시 표현이 자유의 주체성이 인정됨에도 불구하고 집단 행위를 통한 표현의 자유를 전면적으로 박탈함으로써 공무원에게 발생하는 기본권에 대한 제약이 매우 큰 반면, 집단 행위를 금지함으로써 국민 전체의 봉사자로서의 국가이익 추구라는 공익은 그 효과에 있어 매우 불확실하고 추상적이므로, 법익의 균형성 역시 인정되지 않는다고 할 것입니다.

(4) 소 결

따라서 공무원의 집단행위를 금지하는 이 사건 법률조항은 명확성 원칙에 위배되고, 과잉금지 원칙을 위반하여 공무원의 표현의 자유를 과도하게 침해하므로 헌법에 위반된다 할 것입니다.

4. **결 론(생략)**

첨 부 서 류 (생략)

⑤ 2018. 9. 6.[10)]

청구인 대리인(생략)

헌법재판소 귀중

10) 헌법재판소법 제68조 제2항에 따른 헌법소원심판은 위헌 여부 심판의 제청신청을 기각하는 결정을 통지받은 날부터 30일 이내에 청구하여야 한다(헌법재판소법 제69조 제2항). 위헌법률심판제청신청 기각 결정문을 2018. 8. 7. 송달받았으므로, 초일을 산입하지 않고 30일을 기산하면 2018. 9. 6.이 청구할 수 있는 마지막 날이 된다.

2020년도 제9회

변호사시험

공법 기록형 해설

제1문

소 장

① 피고
1. 서울서초구선거관리위원회
대표자 위원장 000
2. 중앙선거관리위원회
대표자 위원장 김영호
3. 서울특별시장

② 청구취지

1. 피고 서울서초구선거관리위원회가 2019. 3. 29. 원고에 대하여 한 인터넷홈페이지 게시판 폐쇄요청처분과 피고 중앙선거관리위원회가 2019. 4. 8. 원고에 대하여 한 공직선거법위반자 인적사항등 공개처분 및 피고 서울특별시장이 2019. 4. 15. 원고에 대하여 한 발행정지처분을 모두 취소한다.
2. 소송비용은 피고들이 부담한다.

라는 판결을 구합니다.

1. 사건의 경위(생략)

2. 이 사건 소의 적법성(③)

가. 대상적격

(1) '처분 등'의 개념

취소소송은 처분 등을 대상으로 합니다(행정소송법 제19조). 이때 처분 등이란 '행정청이 행하는 구체적 사실에 관한 법집행으로서의 공권력의 행사 또는 그 거부와 그 밖에 이에 준하는 행정작용 및 행정심판에 대한 재결'을 의미합니다(행정소송법 제2조 제1항 제1호). 이 사건에서 피고 서울특별시장이 원고에 대하여 한 신문발행정지처분의 경우 그 처분성 여부에 대하여 다툼이 없으나, 홈페이지 게시판 폐쇄요청 및 위반자 인적사항 공개는 처분성 여부가 문제될 수 있으므로 아래에서 다시 설명하도록 하겠습니다.

(2) 인터넷홈페이지 게시판 폐쇄요청(이하 "폐쇄요청")의 처분성

판례는 "공공기관의 장 또는 사용자에 대한 피고의 시정조치권고는 권고의 형식을 취하고 있어 그 상대방의 법률상 지위에 직접적인 법률적 변동을 일으키지 아니하는 행정지도의 일종으로 보여질 수 있으나, 그와 같은 형식에도 불구하고 법은 당해 공공기관의 장 또는 사용자에게 특별한 사유를 소명하지 못하는 한 이를 이행하여야 할 법적 의무와 그 처리결과의 내용을 피고에게 통보하여야 할 법적 의무를 동시에 부여하고 있으므로, 피고의 시정조치권고는 그 실질에 있어서 상대방에게 법적 의무를 부담시키는 행정처분이라고 할 것이다."라고 판시한 바 있습니다(서울고등법원 2005. 5. 26. 2004누4286).

사안의 경우 피고 서울서초구선거관리위원회의 폐쇄요청에 대한 명시적 이행의무를 부과하고 있는 점(공선법 제82조의4조 제4항), 폐쇄요청에 대한 이의신청제도를 규정하고 있는 점(동법 제82조의4조 제5항), 폐쇄요청에 대한 1회 미이행자에게 과태료, 2회 이상 미이행자에게 벌금을 부과하고 있는 점(동법 제261조 제6항 제4호, 제256조 제3항 제1호)에서 피고의 폐쇄요청은 행정청인 피고가 우월적 지위에서 원고에게 일정한 법률상 효과를 발생하게 하는 것으로서 항고소송의 대상이 되는 처분에 해당합니다.

(3) 위반자 인적사항등 공개(이하 "인적사항등 공개"라 합니다)의 성격 및 처분성

(가) 인적사항등 공개의 법적 성격

피고 중앙선거관리위원회의 인적사항등 공개는 대상자의 공선법 상 의무이행을 간접적으로 강제하기 위한 목적으로 행하여지는 불이행자 인적사항 공개라는 사실행위로, 공개대상자의 명예 등에 대한 침해를 가져오므로 이른바 '권력적 사실행위'라고 볼 수 있습니다.

(나) 인적사항등 공개의 처분성

피고의 인적사항등 공개행위는 원고의 **명예를 훼손하고 수치심을 느끼게 하여 의무이행을 간접적으로 강제**하려는 조치로서, 이 사건 인적사항 등의 공개로 인해 침해되는 원고의 권리나 이익 등에 비추어 보면, 이 사건 인적사항 공개는 피고가 행정청으로서의 **우월적 지위**에 근거하여 행한 법집행으로서 공권력 행사에 해당하므로 항고소송의 대상이 되는 처분에 해당합니다.

나. 협의의 소익

(1) 처분의 효력소멸과 소의 이익

처분 등의 효과가 기관의 경과, 처분 등의 집행 그 밖의 사유로 인하여 소멸된 뒤에도 그 처분 등의 취소로 인하여 회복되는 법률상 이익이 있는 자는 처분 등의 취소를 구할 법률상 이익이 있습니다(행정소송법 제12조).

(2) 인적사항 등 공개 취소소송의 소의 이익

사안의 경우, 원고의 인적사항 등의 공표가 계속되고 있는 점, 공개결정의 위법함이 확인되어 취소판결이 선고되는 경우 행정청은 취소판결의 기속력에 따라 위법한 결과를 제거하는 조치를 할 의무가 있는 점에서 원고에게 취소소송을 제기할 소의 이익이 있다고 볼 수 있습니다.

다. 제소기간

취소소송은 처분이 있음을 안 날로부터 90일 이내(행정소송법 제20조 제1항 본문), 처분이 있은 날로부터 1년(동법 제20조 제2항 본문)내에 제기하여야 합니다. 이때 '처분이 있음을 안 날'이란 송달 등의 방법으로 당해 처분이 있었다는 사실을 현실로 안 날을 의미합니다. 또한, 처분 등을 기재한 서류가 당사자의 주소로 송달되어 사회통념상 처분이 있음을 당사자가 알 수 있는 상태에 놓여진 경우 특별한 사정이 없는 한 처분이 있음을 알았다고 추정되며, 게시판 등에 공고하는 방법으로 효력이 발생하는 이른바 일반처분의 경우에는 처분의 효력발생일에 처분이 있음을 알았다고 봅니다.

사안의 경우, 폐쇄요청서는 2019. 3. 29., 발행정지처분서는 2019. 4. 19.에, 적법하게 송달되었으며, 인적사항 등 공개는 2019. 4. 8. 인터넷홈페이지를 통해 공개되었는바, 원고가 이 사건 소를 제기하는 2019. 6. 27.은 위 처분 모두의 제소기간을 충족합니다.

3. 이 사건 처분의 위법성(④)

가. 인터넷홈페이지 게시판 폐쇄요청의 위법성

(1) 폐쇄요청의 법적 성질

재량행위와 기속행위는 1차적으로 **법문언**의 규정 형식에 따라 구별되고, 만약 법령 규정이 명확하지 않은 경우에는 당해 행위의 근거법규의 문언, 당해 행위의 성질, 당해 행위가 속하는 행정분야의 주된 목적과 특성 등을 모두 고려하여 사안에 따라 판단하여야 한다는 것이 대법원의 입장입니다. 이 사건 처분의 근거법규인 공선법 제82조의4 제3항에 따르면 '~ 조치를 요청할 수 있다'라고 규정되어 있어 피고에게는 조치를 요청할 수 있는 재량권이 주어져 있음을 고려할 때 폐쇄요청은 재량행위에 해당합니다. 따라서 재량권의 한계를 넘거나 그 남용이 있는 때에는 위법하여 취소될 수 있습니다(행정소송법 제27조).

(2) 비례원칙 위반

공선법에 위반되는 정보가 게시된 게시판을 폐쇄토록 함으로써 허위사실 유포글이나 후보자 비방글 게시로 인한 후보자의 피해를 방지하고 공정한 선거질서를 확립하기 위한 처분의 적합성은 인정됩니다(적합성의 원칙). 그러나 게시글이 게시된 기간이 7일로 비교적 단기간인 점, 글의 게시자는 원고가 아니라 게시판 이용자인 점, 게시판이 폐쇄되면 방문자수 감소 및 구독자 감소 등 원고의 생업에 중대한 피해가 예상되는 점을 고려할 때, 특정 이용자의 계정사용을 정지하거나 게시판 사용을 일시정지하는 등 덜 침해적인 처분이 가능하였으므로 필요성의 원칙에 반합니다(필요성의 원칙). 또한 게시판 폐쇄로 인해 달성가능한 선거질서 확립 등 목적보다 폐쇄조치로 인한 원고의 홈페이지 방문자수 감소 및 구독자수 감소 등 사익의 침해가 적다고 볼 수 없어 상당성의 원칙에도 반합니다(상당성의 원칙). 따라서 피고의 폐쇄요청은 비례원칙을 위반한 처분입니다.

(3) 소 결

이와 같이 피고의 폐쇄요청은 비례원칙을 위반하여 재량권을 일탈남용한 위법한 처분이라고 할 것이므로 취소되어야 마땅합니다.

나. 법 위반자 인적사항 등 공개의 위법성

(1) 인적사항 등 공개의 법적 성질

앞에서 살펴본 바와 같은 기준에서 인적사항 등 공개의 법적 성질을 살펴보면, 동법 제280조 제1항에서 '~공개할 수 있다'고 규정하고 있는 점 등을 종합할 때 인적사항 등 공개는 재량행위에 해당합니다.

(2) 비례원칙 위반

인적사항 공개를 통해 객관적 근거자료 없는 선거결과 예측보도를 간접적으로 금지함으로써 선거질서를 확립하고 허위보도에 의한 선거결과의 조작을 방지하려는 처분의 적합성 인정됩니다(적합성의 원칙). 그러나, 원고는 비록 여론조사를 안 했지만 나름의 취재를 통해 근거자료를 수집하였던 점, 원고의 신문사가 영향력있는 언론사가 아니고 실제 선거결과도 보도내용과 일치하는 등 문제의 기사로 인해 선거의 공정성이 크게 손상되었다고 보기 어려운 점, 원고는 특별호와 홈페이지에 정정보도를 하였으며, 공선규칙 제160조 제5항에 따르면 이는 인적사항 등의 삭제사유인 점, 허위논평 및 보도를 한 경우에 대해 별도로 공선법상 처벌이 예정되어 있는 점을 고려할 때, 공선법상 처벌 이외에 별도로 인적사항까지 공개할 필요성이 있다고 볼 수는 없어 필요성의 원칙에 반합니다(필요성의 원칙). 또한, 원고의 인적사항 공개로 인해 달성가능한 선거질서 확립의 공익이 피고의 명예

침해 등의 사익의 침해보다 크다고 볼 수도 없어 상당성의 원칙에도 반합니다(상당성의 원칙). 따라서 피고의 인적사항 등 공개는 비례원칙을 위반한 처분입니다.

(3) 소 결

이와 같이 피고의 인적사항 등 공개는 비례원칙을 위반하여 재량권을 일탈남용한 위법한 처분이라고 할 것이므로 취소되어야 마땅합니다.

다. 발행정지처분의 위법성

(1) 사실오인에 기한 처분사유의 부존재

원고에 대한 발행정지 처분 사유는 '등록된 발행목적이나 발행내용을 현저하게 반복하여 위반'한 경우입니다. 그런데, 발행목적에 부합하는 '건강, 의학, 생명과학' 분야의 기사는 약 400여 건인 반면 발행목적 또는 발행내용에 반하는 기사는 약 109건에 불과한 점에서 이를 '현저하게 반복'되었다고 볼 수 없습니다. 따라서 피고의 발행정지 처분은 발행정지 처분사유에 해당하지 않음에도 해당하는 것으로 잘못 판단한 사실오인이 존재합니다.

(2) 재량권의 일탈·남용

(가) 발행정지 처분의 법적 성격

앞에서 살펴본 바와 같은 기준에서 발행정지 처분의 법적 성질을 살펴보면, 신문법 제22조 제2항에서 '발행정지를 ~ 할 수 있다'고 규정하고 있는 점 등을 종합할 때 발행정지처분은 재량행위에 해당합니다.

(나) 재량준칙 위반(자기구속원칙 위반)

재량권의 행사의 준칙인 행정규칙이 그 정한 바에 따라 되풀이 시행되어 행정관행을 이루게되면 평등의 원칙이나 신뢰보호의 원칙에 따라 행정기관은 그 상대방에 대한 관계에서 그 규칙에 따라야 할 자기구속을 받게 됩니다. 이와 관련하여 이 사건 관련 **서울시 예규인「신문등에 대한 제재처리시 업무처리요령」별표1**은 피고의 재량권행사 준칙인 행정규칙에 불과하나, 되풀이 시행되어 행정관행을 이루고 있으므로 피고는 이에 따라야 할 자기구속을 받습니다. 그런데 위 별표1에 따르면 1차 위반의 경우 발행정지 2월에 처하도록 되어 있음에도 피고는 별다른 사유 없이 이 사건 원고의 경우 발행정지 6월의 과도한 처분을 하였는바, 이는 자기구속원칙을 위반한 위법한 처분에 해당합니다.

(다) 비례원칙 위반

이 사건 피고의 발행정지 처분은 발행목적에 부합하지 않는 기사를 반복적으로 게재하는 언론사의 신문발행을 정지함으로써 건전하고 수준 높은 기사를 구독자에게 제공하고 허위기사나 잘못된 기사로 인한 피해를 방지하고자 하는 처분의 목적은 적합합니다(적합성의 원칙). 그러나 총 기사 중 발행목적과 관련없는 기사의 수가 차지하는 비중이 비교적 크지 않은 점, 원고는 위반횟수가 1회에 불과하며 업무처리요령 별표1에 따라 그동안 2월의 발행정치 처분을 해왔던 점 등을 고려할 때, 6월의 발행정지처분은 목적을 달성하기 위한 최소한의 처분이라고 볼 수 없습니다(필요성의 원칙). 또한 이러한 처분으로 인해 달성하고자 하는 공익이 원고의 신문발행정지에 따른 영업이익 침해 등의 사익보다 더 크다고도 볼 수도 없습니다(상당성의 원칙).

(라) 소 결

결국 피고의 이 사건 처분은 자기구속의 원칙, 비례의 원칙을 위반한 것으로 재량권을 일탈·남용한 위법한 처분입니다.

라. 결 론

이상에서 설명드린 바와 같이 피고의 이 사건 처분들은 처분사실을 오인한 위법한 처분이며, 재량권을 일탈·남용한 위법한 처분이므로 취소되어야 마땅합니다.

⑤ 날짜

2019. 6. 27.

제2문

헌법소원심판청구서

① 청구취지

"공직선거법(2018. 12. 31. 법률 제20202호로 개정된 것) 제90조의8 제2항, 제7항과 공직선거관리규칙(2018. 12. 31. 중앙선거관리위원회규칙 제750호로 개정된 것) 제45조의6 제4호는 헌법에 위반된다."라는 결정을 구합니다.

1. 사건 경위

2. 적법요건의 구비여부(②)

가. 법적관련성(청구인 적격)

(1) 자기관련성

기본권 침해의 자기관련성이 인정되기 위해서는 청구인이 공권력작용의 직접 상대방이어야 함이 원칙이나, 제3자라고 하더라도 직접적·법률적 이해관계가 있다면 자기관련성이 인정될 수 있습니다. 그런데, 이 사건 심판대상 조항의 직접적인 수범자는 인터넷 언론사이나, 청구인은 정당·후보자에 대한 지지·반대의 의견을 게시할 경우 실명확인 절차를 거쳐야 할 부담을 지게 되고 이를 거치지 않으면 정당·후보자에 대한 지지·반대의 의견이 삭제되는 불이익을 받게 되므로 자기관련성이 인정됩니다.

(2) 직접성

헌법소원심판의 대상이 될 수 있는 법령은 그 법령에 기한 다른 집행행위를 기다리지 않고 직접 국민의 기본권을 침해하는 법령이어야 합니다. 그런데, 이 사건의 심판대상조항인 공선법 제90조의8조 제2항과 공선법 규칙 제45조의6 제4호는 서로 불가분의 관계를 이루면서 전체적으로 하나의 규율내용을 이루어 실명확인절차를 일률적으로 의무화하고 있고, 공선법 제90조의8조 제7항은 실명인증표시가 없는 게시글을 삭제토록 운영자 등에게 의무를 직접 부과하고 있으므로 이 사건 헌법소원심판청구의 직접성이 인정됩니다.

(3) 현재성

원칙적으로 청구인이 현재 기본권을 침해당한 경우에만 제기 가능하나, 가까운 장래에 기본권침해가 있을 것이 확실히 예측된다면 현재성을 인정할 수 있습니다. 사안의 경우, 청구인이 글을 게시하게 되면 심판대상조항으로 인해 기본권의 침해가 발생할 것이 장래에 확실히 예측되므로 현재성도 인정됩니다(이른바, **상황성숙이론**).

나. 보충성

헌법소원심판은 다른 법률에 구제절차가 있는 경우 그 절차를 모두 거친 후에 청구할 수 있습니다(헌재법 제68조 제1항 단서). 그러나 사안의 경우, 헌법소원 심판의 대상은 법령인 바, 법령 자체의 효력을 직접 다투어 일반법원에 소송을 제기할 방법(법령에 대한 무효확인이나, 취소소송 등)이 현재로서는 존재하지 않으므로 다른 구제절차를 거치지 않고 바로 헌법소원심판을 청구할 수 있습니다.

다. 청구기간

앞서 살펴본 바와 같이 사안의 경우 아직 청구인에게 직접적인 기본권 침해가 발생하지 않아 현재성의 예외에 해당하므로 청구기간은 별도로 문제되지 않습니다.

3. 위헌이라고 해석되는 이유(③)

가. 쟁점의 정리

심판대상조항으로 인해 개인정보자기결정권 및 정치적 익명표현의 자유가 침해되는지가 포괄위임금지의 원칙 및 명확성의 원칙, 과잉금지원칙 위배 여부와 관련하여 문제됩니다.

나. 문제되는 기본권[1)]

(1) 정치적 (익명)표현의 자유

헌법과 법률에 따라 제도적으로 인정되는 참정권 이외에도 정치적 의사표현의 자유 역시 널리 인정되며, 무엇보다 자신의 구체적인 성명 등 신원을 밝히지 않은 채 익명으로 정치적 견해를 표명하고 전파할 익명표현의 자유도 헌법 제21조에서 보호하는 표현의 자유로서 보호된다고 할 것입니다. 따라서 이 사건에서 다가오는 국회의원 총선과 관련하여 청구인의 정치적 견해를 자유롭게 표방하지 못하도록 한 것은, 청구인의 정치적 표현의 자유 침해여부가 문제될 수 있습니다.

(2) 개인정보자기결정권

개인정보자기결정권은 자신에 관한 정보가 언제 누구에게 어느 범위까지 알려지고 또 이용되도록 할 것인지를 그 정보주체가 스스로 결정할 수 있는 권리로서 그 근거는 헌법 제10조, 제17조, 헌법 제37조라는 것이 헌법재판소의 견해입니다. 이 사건에서 문제가 되고 있는 실명확인정보는 개인의 동일성을 식별할 수 있는 정보로서 위 개인정보자기결정권의 보호대상이 되는 개인정보에 해당하고, 실명인증자료가 실명인증제도로 인해 수집·관리된다는 점에서 실명확인조항은 게시판 이용자인 이 사건 청구인의 개인정보자기결정권을 제한한다고 볼 수 있습니다.

다. 선거의 공정성과 기본권 제한의 한계

선거운동의 자유는 무제한적일 수 없고 선거의 공정성 보장을 위해 어느 정도 제한이 가해질 수 있는 바, 선거운동 방법 중 하나인 표현방법에 관하여도 일정한 제한이 가해질 수 있다고 할 것입니다. 그러나 사안의 경우 국민주권 행사의 가장 중요한 요소에 해당하는 선거운동의 자유를 제한하는 것으로서 궁극적으로 표현의 자유의 중요한 형태를 제한한다는 점에서 그 제한 입법의 위헌여부를 판단하는 기준으로는 엄격한 심사기준이 적용되어야 할 것입니다.

라. 포괄위임입법금지원칙 및 명확성원칙 위반

포괄위임금지의 원칙이란 법률이 하위법령에 입법을 위임할 때 반드시 구체적 범위를 정하여 위임하여야 하고 포괄적으로 위임하는 것은 허용되지 않음을 의미합니다(헌법 제75조). 그리고, 명확성의 원칙이란 법률로써 기본권을 제한하는 경우 그 법률은 적용을 받는 국민이 그 내용을 분명히 이해할 수 있도록 명확하여야 한다는 것을 의미합니다. 한편, 일반적으로 법률에서 일부 내용을 하위법령에 위임하는 경우 위임을 둘러싼 법률규정 자체에

---

1) 답안 목차와 관련하여, 위 '문제되는 기본권'을 과잉금지원칙 위반 부분에서 기술하여도 무방하다.

대한 명확성의 문제는, 그 위임규정이 하위법령에 위임하고 있는 내용과는 무관하게 법률 자체에서 해당 부분을 완결적으로 정하고 있는지 여부에 따라 달라진다고 봅니다.
즉, 법률에서 사용된 추상적 용어가 하위법령에 규정될 내용과는 별도로 독자적인 규율 내용을 정하기 위한 것이라면 별도로 명확성 원칙이 문제될 수 있으나, 사안과 같이 그 추상적 용어가 하위법령에 규정될 내용의 범위를 구체적으로 정해주기 위한 역할을 하는 경우라면 명확성의 문제는 결국 포괄위임입법금지원칙 위반의 문제로 포섭되어 포괄위임금지원칙의 위반여부에 대한 심사로 족하다는 것이 헌법재판소의 견해입니다(헌재 2011. 12. 29. 2010헌바385등 참조).
사안의 경우, 공선법 제90조의8 제2항에서는 '인터넷언론사의 정의'에 관하여 구체적인 범위를 정하지 않고 포괄적으로 중앙선거관리위선거규칙에 위임하고 있는바, 포괄위임금지원칙에 위반된다고 할 것입니다.

마. 과잉금지원칙 위반

(1) 목적의 정당성

먼저, 목적의 정당성과 관련하여 이 사건 심판대상조항은 선거운동기간 중 홈페이지 게시판 등을 통한 후보자에 대한 인신공격과 흑색선전을 근절하고, 부당 선거운동이나 소수에 의한 여론왜곡을 방지하여 이로 인한 사회경제적 손실과 부작용의 막고 선거의 공정성을 확보하기 위한 것으로 목적의 정당성이 인정됩니다.

(2) 수단의 적합성

다음으로 수단의 적합성과 관련하여 이 사건 심판대상조항으로 인해 실명인증조치 및 게시글 삭제의무가 부과됨으로써 익명성에 의존한 인신공격 게시글 등의 게재가 방지될 수 있고, 실명표현에 따른 부담으로 선거의 공정을 해하는 표현을 자제하게 되므로 수단의 적합성도 인정됩니다.

(3) 침해의 최소성

나아가, 침해의 최소성과 관련하여, 선거운동 기간 전체가 아니라 선거일이 인접하여 선거결과에 영향을 미칠 수 있는 최소한의 기간 동안만 실명인증조치 등의 의무를 부과하는 방법이 가능한 점, 실명인증조치 이외에 키워드 필터링 기능의 고도화나 사후적 블라인드의 방식 등 표현의 자유를 덜 침해하는 수단으로도 목적을 달성할 수 있는 점, 게시판 이용자가 실명글 및 익명글인지를 미리 알 수 있게 하여 선별적으로 접근할 수 있도록 할 수 있는 점, 허위·비방글 게시자에 대한 처벌조항이 이미 존재하며 처벌강화 등을 통해 익명표현의 자유를 침해하지 않고서도 목적달성이 가능한 점, 심판대상조항의 규제대상인 '인터넷 언론사'의 범위가 사실상 모든 웹사이트 인터넷 언론사로 지나치게 광범위하여 필요 이상으로 규제하고 있는 점에서 심판대상조항은 침해의 최소성의 요건을 충족하였다고 볼 수 없습니다.

(4) 법익의 균형성

마지막으로, 법익의 균형성과 관련하여, 선거운동기간의 정치적 표현의 자유는 민주주의의 근간이 되는 중요한 헌법적 가치라는 점을 고려할 때, 심판대상조항으로 인해 달성하고자 하는 선거질서 확립 등의 공익보다 이로 침해되는 정치적 익명표현의 자유 등 사익이 적다고 볼 수 없습니다.

바. 결 론

따라서 심판대상 조항은 포괄위임금지원칙과 명확성원칙, 과잉금지원칙 등에 위반되어 청구인의 정치적 표현의 자유 및 개인정보자기결정권을 침해하여 헌법에 위반된다고 할 것입니다.

2021년도 제10회

변호사시험

공법 기록형 해설

헌법소원심판청구서

청구인 임걱정(주소, 연락처 생략)

청구취지

"민법(2011. 3. 7. 법률 제10429호로 개정된 것) 제9조 제1항 및 가사소송법(2017. 10. 31. 법률 제14961호로 개정된 것) 제43조 제5항은 모두 헌법에 위반된다."라는 결정을 구합니다.

당해사건

대법원 2020스246 성년후견 개시

위헌이라고 해석되는 조항(생략)

청구이유

1. 사건의 개요(생략)

2. 이 사건 청구의 적법성

헌법재판소법 제68조 제2항의 규정에 따른 일반적인 적법요건으로서 ① 대상적격, ② 위헌제청신청 기각결정, ③ 재판의 전제성, ④ 청구기간 ⑤ 변호사 강제주의를 충족하여야 합니다.

가. 대상적격

심판 대상은 민법 제9조 제1항 및 가사소송법 제43조 제5항으로 모두 법률조항입니다. 따라서 대상적격을 충족합니다.

나. 위헌제청신청 기각결정

청구인은 심판대상조항에 대하여 대법원에 위헌제청신청을 하였으나, 2020. 10. 28. 기각 결정을 받은 바 이 부분은 적법요건을 충족합니다.

다. 재판의 전제성

(1) 재판의 전제성 일반이론

재판의 전제성이 인정되기 위해서는 ① 구체적 사건이 법원에 계속 중일 것, ② 대상 법률조항이 당해 소송사건의 재판에 적용될 것, ③ 당해 법률조항의 위헌 여부에 따라 다른 내용의 재판을 하게 되는 경우일 것의 요건을 충족하여야 합니다. 이때, '다른 내용의 재판'이란 법원이 심리중인 당해사건의 재판의 결론이나 주문에 어떠한 영향을 주는 경우뿐만 아니라, 그 이유를 달리함으로써 재판의 내용과 효력에 관한 법률적 의미가 달라지는 경우를 포함합니다.

(2) 사안의 경우

사안에서는 ① 임사랑 성년후견 개시결정에 대한 재항고심이 법원에 계속 중이고, ② 심판대상조항은 임사랑에 대한 후견개시결정 및 위 결정에 대한 청구인의 즉시항고를 각하한 항고심 법원의 근거가 된 규정으로서 모두 당해 사건에 적용되며, ③ 심판대상조항의 위헌 여부에 따라 임사랑에 대한 성년후견개시 결정 및 이에 대한 즉시항고를 각하한 결정의 결론이나 주문 등이 달라질 수 있는 경우이므로 재판의 전제성을 인정할 수 있습니다.

라. 청구기간

헌재법 제68조 제2항의 헌법소원심판청구는 위헌제청신청 기각 결정을 통지받은 날부터 30일 이내에 하여야 합니다(헌재법 제69조 제2항). 다만, 국선대리인선임신청을 하였다가 기각된 경우에는 위 **선임신청을 한 날부터 위 기각결정 통지를 받은 날까지의 기간은 위 청구기간에 산입하지 않습니다**(제70조 제4항). 사안의 경우, 청구인이 위헌제청기각결정을 통지 받은 날은 2020. 11. 4. 수요일이므로 그로부터 30일이 되는 같은 해 12. 4. 금요일까지 헌법소원심판을 청구하여야 합니다. 그런데 청구인은 2020. 11. 13. 금요일 국선대리인 선임신청을 하였다가 같은 해 11. 23. 월요일 기각결정을 통지받았으므로, 심판청구 만료일은 2020. 12. 15. 화요일이 되고, 이날 청구하는 이 사건 헌법소원은 청구기간을 준수하였습니다.

마. 변호사 강제주의

헌재법 제25조 제3항의 규정에 따르면 헌법소원심판을 청구하려는 사인은 본인이 변호사가 아닌 한 변호사를 대리인으로 선임하여야 합니다. 사안의 경우 청구인은 법무법인 산골을 대리인으로 선임하였으므로 이 요건을 충족하였습니다.

바. 소 결

이상 살펴본 바와 같이 이 사건 헌법소원은 헌법재판소법 제68조 제2항의 적법요건을 모두 충족하였습니다.

3. 위헌이라고 해석되는 이유

가. 쟁점의 정리

(1) 이 사건 민법조항

이 사건 민법 조항 중 제9조 제1항 성년후견대상자의 요건을 규정한 부분(이하 '성년후견대상자조항'이라고 합니다)의 경우, 추상적·포괄적 개념과 용어를 사용하여 명확성원칙에 위배되는지가 문제됩니다. 또한 위 민법 조항 중 성년후견개시심판 청구권자의 범위를 규정한 부분(이하 '성년후견청구권자조항'이라 합니다)의 경우, 과잉금지원칙에 위배하여 피성년후견인이 될 사람의 자기결정권을 침해하는지 여부가 문제됩니다.

(2) 이 사건 가사소송법 조항

이 사건 가사소송법 조항 중 제43조 제5항 즉시항고기간의 경우 사항의 대강조차 규정하지 아니하고 대법원규칙으로 포괄적으로 위임한 부분에 관하여 포괄위임금지원칙에 위배되는지 여부가 문제됩니다.

나. 이 사건 민법조항의 위헌성

(1) 명확성원칙 위배(성년후견대상자 조항)

명확성의 원칙은 법규범의 의미와 내용이 불확실하면 법적 안정성과 예측가능성을 확보할 수 없고 법집행당국의 자의적인 법해석과 집행을 가능하게 함을 그 근거로 하는바, 예측가능성 및 자의적 법집행 배제가 확보되는지 여부로 그 위배 여부를 판단합니다. 한편, 법규범의 의미내용은 법규범의 문언뿐만 아니라 입법목적이나 입법취지, 입법연혁 그리고 법규범의 체계적 구조 등을 종합적으로 고려하는 해석방법에 따라 구체화하게 됩니다. 그런데, 이 사건 성년후견대상자 조항은 성년후견 대상자의 요건을 "질병, 장애, 노령, 그 밖의 사유로 인한 정신적 제약으로 사무를 처리할 능력이 지속적으로 결여된 사람에 대하여"라고 규정하고 있는바, 질병이나 장애, 노령의 기준이 불명확하고, '사무를 처리할 능력이 지속적으로 결여된 사람'의 의미도 그 자체로 불명확하다 할 것입니다. 뿐만 아니라 입법목적이나 취지, 연혁 그리고 법규범의 체계적 구조 등을 종합적으로 고려하는 해석에 따르더라도 그 의미를 파악하기 어렵다 할 것입니다. 따라서 성년후견대상자 조항은 명확성원칙에 위배됩니다.

(2) 과잉금지원칙 위배(성년후견[1]청구권자 조항)

---

1) 비교 판례) 2022. 12. 22. 2020헌가8 사건(국가공무원이 피성년후견인이 된 경우 당연퇴직 되도록 하는 국가공무원법 위헌결정)
사실관계)
제청신청인들은 1990년부터 검찰공무원으로 계속 근무하던 A의 배우자와 자녀들로 A는 근무 중 저산소성 뇌손상을 입어 2년 동안 질병휴직을 했다. A의 배우자인 제청신청인 B는 휴직 기간 중 A를 대신해 그의 이름으로 금융거래업무 등을 하기 위해 법원에 A에 대한 성년후견개시심판을 청구했고 법원은 이를 받아들여 A에 대한 성년후견을 개시하고 B를 성년후견인으로 선임했다. 그런데 A는 저산소성 뇌손상을 입기 전 여러 차례 명예퇴직을 거론했기에 B는 A의 명예퇴직을 신청했다. 검찰총장은 명예퇴직 적격 여부를 검토하는 과정에서 A에 대한 성년후견이 개시된 사실을 알게 되자 명예퇴직 부적격 판정과 A에 대한 성년후견이 개시된 날로부터 국가공무원법 제69조에 따라 당연퇴직했음을 통지했다. 이후 A는 국민건강보험공단으로부터 당연퇴직일의 다음날부터 지역가입자로서의 건강보험료 미납액의 납부를 청구받았고 그 무렵 주식회사 C손해보험으로부터 당연퇴직일 이후 지급된 공무원·교직원 단체보험 보험금의 반환을 요구받았다. 또 부산고등검찰청 검사장으로부터 당연퇴직일 이후 지급된 15개월분의 급여 환수를 청구받아 제청신청인들은 위 각 채무를 모두 변제했다. 이에 A는 피고 대한민국을 상대로 공무원 지위의 확인의 소를 제기했으나 소제기 후 사망했고 제청신청인들은 제청법원에 변제한 각 금원의 반환을 청구하는 소를 제기하고 당해 사건 계속 중 국가공무원법 제69조 제1호 중 제33조 제1호 전체에 대한 위헌법률심판제청신청을 했다. 제청법원은 신청 중 일부를 인용해 국가공무원법 '피성년후견인'과 관련 있는 부분에 대해 위헌법률심판을 제청했다.
결정요지)
헌법재판소는 22일 재판관 6대 1의 의견으로 피성년후견인이 된 경우 당연퇴직 되도록 하는 규정은 헌법에 위반된다(2020헌가8)고 선고했다. 해당 규정이 직무수행의 하자를 방지하고 국가공무원제도에 대한 국민의 신뢰를 보호하기 위한 입법목적은 정당하고 성년후견이 개시된 공무원을 개시일자로 퇴직시키는 것에 대해 수단의 적합성은 인정되나 침해의 최소성, 법익균형성의 요건을 충족하지 못해 공무담임권을 침해한다. 그 근거로 헌재는 국가공무원법이 정신상의 장애로 직무를 감당할 수 없는 국가공무원에 대해 임용권자가 최대 2년, 공무상 질병 또는 부상은 최대 3년의 범위에서 휴직을 명하도록 하고 휴직 기간이 끝났음에도 직무에 복귀하지 못하거나 직무를 감당할 수 없게 된 때 비로소 직권 면직 절차를 통해 직을 박탈하도록 하는 점을 들었다. 성년후견이 개시된 국가공무원에게도 같은 절차를 둔다면 당연퇴직 대신 휴직을 통한 회복의 기회를 부여받을 수 있고 이 같은 절차적 보장에 별도의 조직이나 시간 등 공적 자원이 필요한 것도 아니어서 공무담임권 침해를 최소화할 수 있는 대안이 된다. 또 헌재는 "당연퇴직은 공무원의 법적 지위가 가장 예민하게 침해받는 경우이므로 공익과 사익 간의 비례성 형량에 있어 더욱 엄격한 기준이 요구되고 심판대상조항이 달성하고자 하는 공익은 헌법상 사회국가원리에 입각한 공무담임권 보장과 조화를 이루는 정도에 한하여 중요성이 인정될 수 있다"는 판단 기준을 제시했다. 그런데 당연퇴직 규정은 성년후견이 개시되지는 않았으나 동일한 정도의 정신적 장애가 발생한 국가공무원과 비교했을 때, 성년후견이 개시됐어도 정

(가) 제한되는 기본권[2)]

헌법 제10조 제1문이 보호하는 인간의 존엄성으로부터 개인의 일반적 인격권이 보장되는바, 모든 국민은 그의 존엄한 인격권을 바탕으로 하여 자율적으로 자신의 생활영역을 형성해 나갈 수 있는 권리, 즉 자기결정권을 가집니다. 이와 같이 자기결정권은 인간의 존엄성을 실현하기 위한 수단으로서 인간이 자신의 생활영역에서 인격의 발현과 삶의 방식에 관한 근본적인 결정을 자율적으로 내릴 수 있는 권리를 말합니다. 한편, 헌재법 제68조 제2항의 헌법소원은 '규범통제형 헌법소원'으로서 법률 또는 법률조항 자체의 위헌 여부를 그 심판대상으로 하므로(이른바, 객관소송), 청구인이 아닌 자의 기본권 침해 여부도 다툴 수 있다고 할 것입니다. 사안에서 문제가 된 이 사건 민법조항 중 성년후견청구권자조항은 피성년후견인이 될 사람 외에 다른 사람도 성년후견개시심판을 청구할 수 있도록 규정하고 있으므로 과잉금지원칙에 위배하여 '피성년후견인이 될 사람의 자기결정권'을 침해하는지 여부가 문제됩니다(헌재 2019. 12. 27. 2018헌바130).

(나) 과잉금지원칙 위반 여부

헌법 제37조 제2항 및 법치국가원리를 근거로 하는 과잉금지원칙은 국가가 국민의 기본권을 제한하는 내용의 입법을 함에 있어서 준수하여야 할 기본원칙 내지 입법활동의 한계로서 목적의 정당성, 수단의 적합성, 침해의 최소성, 법익의 균형성을 갖추어야 합니다.

1) 목적의 정당성과 관련하여, 성년후견청구권자 조항은 성년후견 대상자의 보호를 위하여 그의 이익을 대변할 수 있는 사람들로 하여금 법원에 성년후견개시심판을 청구하도록 한 것으로 입법목적의 정당성이 인정됩니다.

2) 수단의 적합성과 관련하여, 위 조항에 청구권자로 규정된 자들은 성년후견대상자를 보호할 수 있는 지위에 있다고 볼 수 있으므로 이들을 청구권자로 삼은 것은 일응 수단의 적합성이 인정된다 할 것입니다.

3) 침해의 최소성과 관련하여, 침해의 최소성이란 입법자가 선택한 기본권 제한의 조치가 입법목적 달성을 위하여 적절하다 할지라도, 보다 완화된 형태나 방법을 모색함으로써 기본권제한은 필요한 최소한도에 그치도록 하여야한다는 것을 의미합니다. 실제 성년후견심판의 심리과정에서 성년후견 대상자가 겪게 되는 현실적 어려움을 고려하면 심판의 청구단계에서 과잉청구를 막을 수 있는 장치가 필요하고, 청구권자의 범위는 가능한 축소되어야 합니다. 사안의 경우 지속적으로 사무처리 능력이 결여된 사람이라고 하더라도 일시적으로 능력을 회복하는 경우 또는 그 결여에 이르기 전 명시적으로 후견에 관한 의사표현을 한 경우가 있을 수 있음에도 이에 대한 고려가 전혀 없다는 점, 성년후견 청구 여부에 대한 판단 및 청구의 실행에는 타인의 조력을 받는 것이 얼마든지 가능한 점을 청구조항은 간과하고 있습니다.

또한, 본인의 청구가 불가능하거나 현저히 곤란한 때에 친족 등의 청구가 비로소 가능하도록 보충적인 방식으로 청구권자 부분을 규정할 수도 있습니다. 즉 설령 본인의 청구가 불가능하거나 현저히 곤란한 경우 등에 있어 성년후견 대상자의 이익을 대변할 수 있는 성년후견개시 심판청구권자를 규정할 필요가 있다고 하더라도, 검사 등 일정한 전문성을 갖춘 공공기관에 한정하여 보충적으로 규정할 수 있고, 이로써 성년후견 대상자의 보호라는 입법목적은 충분히 달성 가능합니다. 따라서 이 사건 성년후견청구권자 조항은 침해의 최소성에도 위반된다고 할 것입니다.

4) 법익의 균형성과 관련하여, 성년후견개시심판을 할 때 가정법원이 본인의 의사를 고려하도록 하고 있으나, 성년후견대상자가 성년후견개시를 원하지 않는 경우 관련 절차(감정절차나 가사조사, 당사자심문 등)에 응하여 지게 되는 부담이 매우 중대하다고 할 것입니다. 이러한 사정을 감안하여 성년후견 대상자를 보호하고자 하는 입

신적 제약을 회복하면 후견이 종료될 수 있다는 점을 고려했을 때 사익의 제한이 지나치게 가혹하다는 것이다. 나아가 "당연퇴직 사유를 임용결격사유와 동일하게 규정하려면 국가공무원이 재직 중 쌓은 지위를 박탈할 정도의 충분한 공익이 인정돼야 하나 심판대상조항이 달성하려는 공익은 이에 미치지 못한다"고 덧붙였다.

2) 명확성원칙 앞 부분에서 기술하여도 무방하다.

법목적 및 성년후견개시심판의 청구권자 범위를 넓게 규정함으로써 신속한 절차 진행이 가능하게 된 측면을 고려하더라도, 그러한 공익이 성년후견 대상자가 받는 자기결정권의 제한보다 더 크다고 할 수는 없습니다. 따라서 성년후견청구권 조항은 법익의 균형성도 인정되지 않는다고 할 것입니다.

(다) 소 결

따라서 성년후견청구권자조항은 과잉금지원칙에 위배하여 피성년후견인이 될 사람의 자기결정권을 침해한다고 할 것입니다.

다. 이 사건 가사소송법 조항의 위헌성(포괄위임금지원칙 위배)

헌법 제75조는 위임입법의 근거를 마련하는 한편, 대통령령으로 입법할 수 있는 사항을 법률에서 구체적으로 범위를 정하여 위임받은 사항으로 한정함으로써 위임입법의 한계를 제시하고 있습니다. 이와 같은 포괄위임금지의 취지는 하위법령이 실질적인 입법이 되는 경우 입법권은 국회가 보유하는 것으로 규정한 헌법 제40조에 위반되는 것이기 때문입니다. 이와 같은 법리는 위임입법이 대법원규칙인 경우에도 수권법률에서 이 원칙을 준수하여야 하는 것은 마찬가지로서, 포괄위임금지원칙의 위배여부는 위임입법의 필요성과 예측가능성을 기준으로 판단되어야 합니다.

사안에서 이 사건 심판대상 가사소송법 조항은 가사소송법상 심판에 대한 즉시항고 기간의 기산점을 대법원규칙으로 정하도록 하고 있습니다. 그런데, 즉시항고 기간의 기산일은 행정입법에의 위임이 허용되는, ① 특히 긴급한 필요가 있거나 미리 법률로써 자세히 정할 수 없는 부득이한 사정이 있거나, ② 규율대상이 지극히 다양하거나 수시로 변하는 성질의 것이어서 일일이 법률로 규정할 경우 상황에 맞게 적절히 대처할 수 없다거나, ③ 전문적인 지식을 갖춘 사법부로 하여금 이를 정하도록 할 필요가 있는 경우라고 할 수 없으므로 위임입법의 필요성이 인정되지 않습니다.

나아가, 이 사건 심판대상 가사소송법 조항이 대법원규칙에 위임하고 있는 즉시항고 기간의 기산일은 국민의 재판청구권을 직접 제한하는 사항이므로 위임입법의 예측가능성을 엄격한 기준에 따라 판단하여야 합니다. 그런데 이 사건 가사소송법 조항은 즉시항고 기간의 기산점에 대한 어떠한 단서도 규정하고 있지 아니한 채 대법원규칙에 포괄 위임함으로써 대법원규칙에 규정될 내용의 대강 내지 기본적 윤곽을 전혀 예측할 수 없도록 하고 있습니다. 따라서 이 사건 가사소송법 조항은 포괄위임금지원칙에도 위배됩니다.

라. 소 결

이상 민법 조항 중 성년후견대상자 부분은 명확성원칙에 위배되며, 성년후견개시심판 청구권자 부분은 과잉금지원칙에 위반하여 자기결정권을 침해하며, 가사소송법 조항은 포괄위임금지원칙에 위배되어 헌법에 위반됩니다.

4. 결 론(생략)

첨부서류 (생략)

2020. 12. 15.

청구인 대리인 (생략)

헌법재판소 귀중

소 장

원 고 거정임씨 임경엽공파 종중
대표자 임걱정

피 고 1. 경기도지방토지수용위원회 위원장
2. 중앙토지수용위원회 위원장
3. '주식회사 스타넷' 대표이사

사건명 수용재결무효확인 등 청구의 소(이의재결무효확인 등 청구의 소, 보상금 증액 등 청구의 소)

청구취지

– 주위적 청구

1. 피고 경기도지방토지수용위원회가 2020. 8. 20. 원고에 대하여 한 수용재결(처분) 및 피고 중앙토지수용위원회가 2020. 9. 20. 원고에 대하여 한 이의재결(처분)은 모두 무효임을 확인한다.
2. 소송비용은 피고들이 부담한다.

– 예비적 청구

1. 피고 주식회사 스타넷은 원고에게 금 256,543,600원 및 이에 대하여 2020. 11. 21.부터 소장부본 송달일까지는 연 5%, 그 다음날부터 다 갚는 날까지는 연 12%의 비율에 의한 금원을 지급하라.
2. 소송비용은 피고가 부담한다.
3. 제1항은 가집행할 수 있다.

라는 판결을 구합니다.

청구원인

1. 이 사건 처분의 경위(생략)

2. 이 사건 소의 적법성

가. 대상적격 및 피고적격

(1) 주위적 청구

행정소송법 제19조는 취소소송은 처분 등을 대상으로 하며, 예외적으로 재결취소소송의 경우 재결 자체의 고유한 위법이 있음을 이유로 하는 경우에 한함을 규정하고 있으며, 이는 제38조 제1항에 의하여 무효등 확인소송의 경우에도 준용됩니다. 이때 처분 등은 제2조 제1항 제1호에 규정된 것으로 행정청이 행하는 구체적 사실에 관한 법집행으로서의 공권력의 행사 그 밖에 이에 준하는 행정작용 및 행정심판에 대한 재결을 의미합니다. 원칙적 원처분주의에 따라 처분 자체에 대한 청구의 경우, 그 피고는 제13조에 따라 처분을 행한 행정청이 될 것이나 예외적으로 재결에 고유한 위법이 있는 경우, 이의재결을 한 기관을 피고로 하여 이의재결의 취소나 무효를 구할 수 있습니다.
사안의 경우, 이의재결 각하 이유가 부실한 고유한 하자와 각하 사유가 없음에도 각하한 하자가 있으므로, 이의재결을 대상으로 삼을 수 있습니다. 이에 따라 피고는 원처분 행정청인 경기도지방토지수용위원회가 아닌 재결을 한 기관인 중앙토지수용위원회로 삼아야 할 것입니다.

(2) 예비적 청구

당해 청구는 수용재결 자체의 불복이 아닌, 수용보상금에 대한 다툼으로서 보상금 증액을 요구하는 소송인 공법상 형식적 당사자소송(토지보상법 제85조 제2항)에 해당합니다. 이 경우 피고는 수용위원회가 아니라 사업시행자인 주식회사 스타넷이 됩니다.

나. 무효확인 소송의 소의 이익

항고소송인 무효확인등 확인소송에 있어 소의 이익이 인정되기 위해서는 행정소송법 제35조 소정의 '법률상 이익'이 있어야 합니다. 이는 근거 법률에 의하여 보호되는 직접적이고 구체적인 이익이 있는 경우를 의미합니다.
이러한 이익이 존재하는 경우, 별도로 무효확인소송의 보충성이 요구되는 것은 아니므로 이행소송 등과 같이 직접적인 구제수단이 있는지 여부를 따질 필요는 없습니다.
사안의 경우, 수용재결 자체를 무효화함으로써 원고의 임야 등 재산 및 그에 관련된 재산권을 보장받을 수 있는 구체적이고 직접적인 이익이 있다고 할 것입니다. 따라서 소의 이익 요건은 충족됩니다.

다. 제소기간

무효확인소송의 경우, 취소소송과 달리 제소기간을 규정한 행정소송법 제20조가 준용되지 아니하는바, 제소기간요건을 충족할 필요가 없다고 할 것입니다.
한편, 보상금증액청구는 공법상 형식적 당사자소송에 해당하는바, 형식적 당사자소송의 경우 행정소송법 제41조의 해석에 따라 개별 법령에 제소기간이 규정되어 있는 경우 이를 불변기간으로 본다는 규정 외에 제소기간에 관한 규정이 부존재하는 바, 제소기간의 존부가 문제된다 할 것입니다. 형식적 당사자소송은 민사소송이 준용되어 원칙적으로 제소기간의 제한이 없다고 해석할 수 있습니다. 따라서 사안의 경우 제소기간이 문제될 여지는 없다고 할 것입니다.[3)]

라. 원고적격

본 건 무효확인소송(항고소송)의 경우, 행정소송법 제35조 규정에 따라 처분 등의 효력 유무의 확인을 구할 법률상 이익이 있는 자만이 제기할 수 있습니다. 사안의 경우, 원고 종중은 앞서 본 바와 마찬가지로 법률상 이익이 있는

3) 토지보상법 제85조(행정소송의 제기) ① 사업시행자, 토지소유자 또는 관계인은 제34조에 따른 재결에 불복할 때에는 재결서를 받은 날부터 90일 이내에, 이의신청을 거쳤을 때에는 이의신청에 대한 재결서를 받은 날부터 60일 이내에 각각 행정소송을 제기할 수 있다. 이 경우 사업시행자는 행정소송을 제기하기 전에 제84조에 따라 늘어난 보상금을 공탁하여야 하며, 보상금을 받을 자는 공탁된 보상금을 소송이 종결될 때까지 수령할 수 없다. 사안의 경우 이의재결서 받은 2020. 9. 23. 다음날부터 60일 이내인 2020. 11. 23. 완료되었으므로 취소소송 제소기간이 도과한 상황이다. 다만, 이번 기록형 문제는 보상금 증액청구의 경우 원칙적으로 는 제소기간 도과로 청구가 불가능함이 상당하나, 이에 대해서는 보상금증액청구는 공법상 (형식적)당사자소송에 해당하므로, 형식적 당사자 소송의 경우 민사소송이 준용되어 제소기간의 제한이 없는 것으로 보아야 한다는 학설의 입장에서 관련 헌법재판소 판례(2014헌바206) 등을 언급하여 청구를 해 보라는 의도가 담겨 있다.

자로서 원고적격은 존재합니다. 다만, 이와 별개로 종중으로서의 당사자능력에 관한 검토가 필요할 것입니다. 보상금증액청구소송(당사자소송)의 경우에도 마찬가지로 민사소송상 당사자적격이 있어야 하며 당사자능력을 필요로 합니다.
사안의 경우, 원고는 대표자가 존재하는 종중이며, 단체성을 부정할만한 사정이 없는바, 그 당사자능력이 인정된다고 할 것입니다. 따라서 원고적격 역시 충족합니다.

마. 관할

행정소송법 제9조 제1항에서는 취소소송의 제1심 관할법원은 피고의 소재지를 관할하는 행정법원으로 한다고 규정하고 있으며, 제2항에서는 중앙행정기관, 중앙행정기관의 부속기관과 합의제행정기관 또는 그 장을 피고로 하는 경우 대법원 소재지를 관할하는 행정법원인 서울행정법원에 소를 제기할 수 있음을 규정하고 있습니다. 이는 제38조 제1항에 의하여 무효등 확인소송에도 준용됩니다.
사안의 경우, 중앙행정기관으로서 중앙토지수용위원회를 피고로 하여 무효 확인을 구하는 소를 제기한바, 서울행정법원은 관할권을 가지는 법원이라 할 것입니다. 경기지방토지수용위원회를 피고로 한 소의 경우, 관련재판적에 의하여 서울행정법원을 관할법원으로 정하여 소를 제기할 수 있으므로 관할에 관한 문제는 발생하지 않습니다.
한편, 보상금증감소송의 경우, 피고 소재지 행정법원에 보통재판적이 존재하는 바, 주소지인 서울시 강남구의 관할 법원은 서울중앙지방법원 본원과 서울행정법원으로 역시 관할에 관한 문제는 발생하지 않습니다. 따라서 사안의 경우, 서울행정법원을 관할법원으로 정한 것은 적법요건을 충족합니다.

3. 이 사건 각 처분의 위법성

가. 수용재결

(1) 무효와 취소의 구별

행정처분이 당연무효라고 하기 위하여는 처분에 위법사유가 있다는 것만으로는 부족하고 그 하자가 법규의 중요한 부분을 위반한 중대한 것으로서 객관적으로 명백하여야 하며, 하자가 중대하고 명백한 것인지 여부를 판별함에 있어서는 통설과 판례인 중대명백설에 따라 그 법규의 목적, 의미, 기능 등을 목적론적으로 고찰함과 동시에 구체적 사안 자체의 특수성에 관하여도 합리적으로 고찰하여야 합니다(중대명백설).

(2) 사업자지정요건 위반

지역개발법 시행령 제20조 제6항에서는 각호의 요건을 충족하는 자만 민간투자자가 될 수 있음을 규정하고 있는바, 동항 제2호에 따라 민간투자자가 시행자로 참여하기 위하여 전담기업을 설립한 경우 지역개발사업계획에서 정한 총사업비의 자기자본조달비율이 100분의 10 이상이어야 합니다. 그런데, 사안의 경우 총사업비 1,275억 원 중 자기자본은 100억 원에 불과한 바, 위 법률상 사업자지정요건을 충족하지 못하였으며, 이는 법정요건 미비로서 당연무효라 할 것입니다.
한편, 이러한 선행처분의 하자가 있음에도 불구하고 이를 간과한 채 수용재결을 한 것은 당연무효 사유에 해당한다고 할 것입니다. 즉, 해당 선행처분과 후행처분이 독립하여 별개의 법률효과를 목적으로 하는 때에도 선행처분이 당연무효이면 선행처분의 무효를 이유로 후행처분의 효력을 다툴 수 있습니다. 따라서 이 사건에서 지역개발사업시행자가 작성한 실시계획을 인가하는 처분은, 그 선행처분인 지역개발사업시행자 지정 처분이 당연무효인 경우에는 마찬가지로 무효인 처분에 해당한다고 할 것이고, 무효인 실시계획인가처분에 기하여 발하여진

이 사건 수용재결처분 역시 무효인 처분이라고 할 것입니다.

(3) 무효인 공탁

수용대상 토지가 지방자치단체에 의하여 압류되어 있다고 할지라도 그 토지의 수용에 따른 보상청구권이 압류되어 있지 아니한 이상 보상금을 받을 자는 여전히 토지소유자라 할 것이고, 사업시행자가 수용대상토지가 지방자체단체에 의하여 압류되어 보상금을 수령할 자를 알 수 없다는 이유로 공탁하였다면, 이는 토지수용법 제61조 제2항 제2조 소정의 공탁사유에 해당한다고 볼 수 없습니다. 이는 수용시기가 지난 후에 사업시행자가 공탁원인 사실과 피공탁자를 정정하고 토지소유자가 이의를 유보하더라도 이미 실효된 수용재결이 다시 효력을 갖게 되는 것은 아니므로 역시 마찬가지라 할 것입니다. 따라서 사안의 공탁은 무효에 해당합니다(대판 1993. 8. 24. 92누9548).

(4) 감정평가 절차 위반

토지보상법 제68조 제1항에서는 사업시행자는 토지등에 대한 보상액을 산정하려는 경우에는 감정평가법인 등 3인을 선정하여야 한다고 규정하고 있습니다. 그런데 사안의 경우 사업시행자는 감정평가기관으로서 대박감정평가법인 1곳만을 선정하여 감정을 받아 보상금액을 결정한 하자가 존재하며, 사업시행자가 직접 보상액을 산정할 수 있다는 예외적인 사정이 존재하지도 않습니다. 따라서 감정평가 절차 역시 위반하였습니다.

나. 이의재결

(1) 부적법 각하의 위법

이 사건 이의재결심판청구가 부적법하지 않음에도 각하한 재결은 심판청구인의 실체심리를 받을 권리를 박탈한 것으로 원처분에 없는 고유한 하자가 있는 경우에 해당합니다(대판 2001. 7. 27. 99두2970).

(2) 이의재결서 이유제시의 하자

또한 행정심판법 제46조 제3항에서는 재결서에 적는 이유에는 주문 내용이 정당하다는 것을 인정할 수 있을 정도의 판단을 표시하여야 함을 규정하고 있으나 사안의 이유제시는 그 정도를 충족하지 못하였습니다.

(3) 사안의 경우

본 사안에서는 위와 같은 고유한 하자를 가지는 경우에 해당하는바, 예외적으로 재결 자체의 고유한 위법을 다툴 이익이 있는 경우에 해당한다고 할 것입니다.

4. 보상금 결정의 위법성

가. 보상금액 산정 기준 위반

토지보상법 제70조 제1항은 “협의 또는 재결에 의하여 취득하는 토지에 대하여는 「부동산 가격공시 및 감정평가에 관한 법률」에 의한 공시지가를 기준으로 하여 보상하되, 그 공시기준일부터 가격시점까지의 관계 법령에 의한 당해 토지의 이용계획 등을 참작하여 평가한 적정가격을 보상하여야 함을 규정하고 있고, 제4항은 사업인정 후 취득의 경우 제1항에 따른 공시지가는 사업인정고시일 전의 시점을 공시기준일로 하는 공시지가로서 해당 토지에 관한 협의의 성립 또는 체결 당시 공시된 공시지가 중 그 사업인정고시일과 가장 가까운 시점에 공시된 공시지가로 한다”고 규정하고 있습니다. 그런데 사안의 경우 수용시점에서 가장 가까운 2020년의 공시지가가 아닌 2018년의 공시지가를 기준으로 보상금을 산정하고 있으므로 이는 위 토지보상법에 반합니다.

나. 보상금액 산정 과정의 위법

피고는 이 사건 토지의 수용시점인 2020년이 아닌 2018년 공시가격에 근거하여 364,126,400원의 보상금을 산정하고 있는데, 이는 잘못된 것이라 할 것입니다. 즉, 보상금 산정은 본 건 수용재결 당시 공시된 공시지가 중 사업인정고시일(사업실시계획 승인으로 의제)인 2020. 3. 27.과 가장 가까운 2020. 1. 기준 공시지가인 30,000원/㎡을 기준으로 계산하여야 하는바, 사안의 경우 20,689㎡ × 30,000원 = 620,670,000원에서 당초 수용재결에서 산정된 보상액인 364,126,400원을 공제한 256,543,600원이 본 건 보상금 청구금액이 된다고 할 것입니다. 한편 이때 발생하는 이자는 수용이 개시되어 대금지급의무가 발생하는 수용개시일인 2020. 11. 20.을 기준으로 그 다음날인 2020. 11. 21.부터 소장부본 송달일까지는 연 5%의, 그 다음날부터 다 갚는 날까지는 연 12%의 비율에 의한 금원을 지급하는 것으로 청구함이 상당합니다.

5. **결 론** (**생략**)

첨부서류(생략)

입증방법(생략)

2021. 1. 5.

원고의 소송대리인 (생략)

서울행정법원 귀중

2022년도 제11회

변호사시험

공법 기록형 해설

제1문 (50점)

소　　장

원고 (생략)
피고 ① 국가철도공단
　　　대전 동구 중앙로 242
　　　대표자 이사장 이윤재
사건명 (생략)

② 청 구 취 지

1. 피고가 원고에 대하여,
   가. 2021. 10. 22. 한 입찰참가자격제한처분,
   나. 2021. 11. 9. 한 공급자등록취소 및 공급자등록제한처분을 모두 취소한다.
2. 소송비용은 피고가 부담한다.

라는 판결을 구합니다.

청 구 원 인

1. 이 사건 처분의 경위 (생략)

2. 이 사건 소의 적법성(③)

가. 피고적격

(1) 관련 법리

취소소송은 다른 법률에 특별한 규정이 없는 한 그 처분 등을 행한 행정청을 피고로 하여야 합니다(행정소송법 제13조 제1항).

(2) 사안의 경우

국가철도공단은 공공기관운영법 제5조 제4항 제2호 나목에 따라 '위탁집행형 준정부기관'으로 지정된 공공기관입니다. 또한 국가철도공단은 공공기관운영법에 따른 '준정부기관'으로 지정됨으로써 공공기관운영법 제39조 제2항에 따라 입찰참가자격제한처분을 할 수 있는 권한을 부여받았으므로 '법령에 따라 행정처분권한을 위임받은 공공기관'으로서 행정청에 해당합니다.

나. 대상적격

(1) 관련 법리

행정소송은 처분등을 대상으로 하고(행정소송법 제19조 본문), '처분등'이란 행정청이 행하는 구체적 사실에 관한 법집행으로서의 공권력의 행사 또는 그 거부와 그 밖에 이에 준하는 행정작용 및 행정심판에 대한 재결을 말합니다(행정소송법 제2조 제1항 제1호).

한편, 공기업·준정부기관이 법령 또는 계약에 근거하여 선택적으로 입찰참가자격 제한 조치를 할 수 있는 경우, 계약상대방에 대한 입찰참가자격 제한 조치가 법령에 근거한 행정처분인지 아니면 계약에 근거한 권리행사인지는 원칙적으로 의사표시의 해석 문제입니다. 이때에는 공기업·준정부기관이 계약상대방에게 통지한 문서의 내용과 해당 조치에 이르기까지의 과정을 객관적·종합적으로 고찰하여 판단하여야 합니다. 그럼에도 불구하고 공기업·준정부기관이 법령에 근거를 둔 행정처분으로서의 입찰참가자격 제한 조치를 한 것인지 아니면 계약에 근거한 권리행사로서의 입찰참가자격 제한 조치를 한 것인지 여부가 여전히 불분명한 경우에는, 그에 대한 불복방법 선택에 중대한 이해관계를 가지는 그 조치 상대방의 인식가능성 내지 예측가능성을 중요하게 고려하여 규범적으로 이를 확정함이 타당합니다(대법원 2018. 10. 25. 선고 2016두33537 판결).

(2) 사안의 경우

(가) 입찰참가자격제한 처분

피고는 이 사건 입찰참가자격 제한 조치를 하기 전 원고에게 보낸 "입찰참가자격제한 사전 알림"에서 행정절차법의 규정에 따라 공공기관운영법 제39조에 따른 입찰참가자격 제한 처분을 할 계획이라는 취지를 기재하였고, 그 법적 근거로 공공기관운영법 제39조와 계약상 근거 규정을 함께 기재하였습니다.

또한 피고는 입찰참가자격 제한 조치를 하면서 원고에게 "입찰참가자격 제한 알림"이라는 제목의 문서를 교부하였는데, 공공기관운영법 제39조, 계약사무규칙 제15조, 국가계약법 시행령 제76조 및 시행규칙 별표2를 제재근거로 제시하고 있으며, 제재내용으로 입찰참가자격제한 3개월이 각 기재되어 있습니다. 반면 그 불복방법에 관하여는 행정심판 및 행정소송법상 절차를 안내하고 있습니다.

위와 같은 사정들을 앞서 본 법리에 비추어 살펴보면, 피고가 한 입찰참가자격 제한 조치는 계약에 근거한 권리행사가 아니라 공공기관운영법 제39조 제2항에 근거한 행정처분으로 봄이 타당합니다. 그 이유로는 첫째, 피고가 원고에게 통지한 각 문서에는, 해당 조치가 계약임을 전제로 한 내용과 행정처분임을 전제로 한 내용이 혼재되어 있어, 객관적으로 보아도 해당 조치의 성격과 근거를 명확하게 알기 어렵습니다. 둘째, 해당 조치에 이르기까지의 모든 과정을 살펴보더라도, 피고가 과연 어떠한 수단을 선택하여 입찰참가자격 제한 조치를 취한 것인지가 여전히 불분명합니다. 셋째, 피고는 행정절차법에 따라 입찰참가자격 제한에 관한 절차를 진행하였고, 원고에게 입찰참가자격 제한 조치에 대한 불복방법으로 일정한 기간 내에 행정심판법 또는 행정소송법에 따라 행정심판을 청구하거나 행정소송을 제기하여야 한다고 안내하였기 때문입니다.

원고가 이러한 상황에서, 피고의 위와 같은 통보에도 불구하고 입찰참가자격 제한 조치를 행정처분이 아니라 민사소송이나 공법상 당사자소송으로 다투어야 할 계약에 근거한 권리행사라고 인식하였을 것으로 기대하기는 어렵습니다.

따라서 위 처분은 행정청의 구체적 사실에 관한 법집행으로서 행정처분에 해당합니다.

(나) 공급자등록취소, 공급자등록제한 처분

한편, 국가철도공단은 위 입찰참가자격제한 처분과 별도로 공급자등록취소 및 등록제한조치를 하였습니다. 국가철도공단 내부 규정인 공급자관리지침 제3조 제1항에 따르면 국가철도공단이 발주하는 입찰에 참가하기 위해서는 공급자등록을 반드시 해야 하고, 공급자등록이 취소되면 공단에서 발주하는 입찰에 참가할 수 없게 됩니다. 또한 제8조 제1항 및 제2항에 의하여, 원고 회사는 이 사건 공급자등록취소 및 공급자등록제한 처분으로 인하여 향후 10년간 공급자등록신청을 할 수 없습니다. 따라서 위 처분은 피고가 우월적 지위에서 원고 회사의 권리의무에 영향을 미치는 불이익한 조치를 한 것으로, 원고 회사에 대하여 이루어진 구체적 사실에 관한 법집행으로서 행정처분에 해당한다고 할 것입니다.

다. 협의의 소의 이익

(1) 의의

취소소송은 처분등의 취소를 구할 법률상 이익이 있는 자가 제기할 수 있고, 처분 등의 효과가 기간의 경과, 처분 등의 집행 그 밖의 사유로 인하여 소멸된 뒤에도 그 처분 등의 취소로 인하여 회복되는 법률상 이익이 있는 자의 경우에도 동일합니다(행정소송법 제12조). 특히 원고가 소송에서 본안판결을 구하는 현실적 이익 내지는 필요성을 협의의 소익이라 하는데 이는 권리보호의 필요성이라고도 하는바, 소송에서 승소한다 해도 권리구제에 도움이 되지 않을 때에는 협의의 소의 이익이 없는 것으로 봅니다. 이와 관련하여, 행정소송법 제12조 후단 '법률상 이익'의 의미에 대해서는 원고적격에 관한 규정인지, 협의의 소익에 관한 규정인지의 대립이 있으며, 사안과 같이 가중적 제재처분에 관한 규정이 부령에 규정된 경우 제재처분 기간의 도과 후 협의의 소의 이익이 존재하는지가 특히 문제되는바, 이와 관련하여, 먼저 부령으로 정한 행정처분 기준의 법적 성질을 검토할 필요가 있습니다.

(2) 국가계약법 시행규칙 제76조 별표2의 법적 성질

이와 관련하여, 학설은 행정규칙의 성질을 가진 규정이 대통령령, 총리령, 부령 속에 들어가 있는 경우 그 형식에 따라 법규명령의 성질을 가지게 된다는 의미의 적극설(형식설)과 이러한 경우에도 그 실질에 따라 행정규칙에 불과하다는 소극설(실질설)이 대립되고 있습니다. 판례는 대통령령과 부령을 구별하여 대통령령의 경우 대외적 구속력을 인정하여 법규명령으로 보는데 반해 부령의 경우에는 구속력을 부정하여 행정규칙에 불과하다고 보고 있습니다. 이러한 판례의 태도에 대하여는 부령인 제재적 처분기준에 대하여는 원칙적으로 대외적 구속력을 부인하면서도 재량권의 한계를 판단하는 일응의 기준으로 작용한다고 보고 있는 반면, 대통령령인 제재적 처분기준에 대하여는 외부적 구속력을 인정하면서도 일정한 경우 위임규정의 취지 등에 따라 제재의 최고한도를 정한 것으로 해석이 됩니다.[1]

(3) 가중적 제재기준이 존재하는 경우 협의의 소의 이익 인정 여부

사안과 같이, 제재적 행정처분이 그 처분에서 정한 제재기간의 경과로 인하여 그 효과가 소멸되었으나, 부령인 시행규칙으로 정한 처분기준에서 제재적 행정처분을 받은 것을 가중사유나 전제요건으로 삼아 장래의 제재적 행정처분을 하도록 정하고 있는 경우, 그 규정이 법령이 아니라 (행정)규칙의 형식으로 되어 있다고 하더라도, 그러한 규칙이 법령에 근거를 두고 있는 이상 그 법적 성질이 대외적·일반적 구속력을 갖는 법규명령인지 여부와는 상관없이, 관할 행정청이나 담당공무원은 이를 준수할 의무가 있습니다. 따라서 이들이 그 규칙에 정해진 바에 따라 행정작용을 할 것이 당연히 예견되고, 그 결과 행정작용의 상대방인 국민으로서는 그 규칙의 영향을 받을 수밖에 없습니다. 그러므로 그러한 규칙이 정한 바에 따라 선행처분을 받은 상대방이 그 처분의 존재로 인하여 장래에 받을 불이익, 즉 후행처분의 위험은 구체적이고 현실적인 것이므로, 선행처분의 취소를 통하여 그 불이익을 제거할 필요가 있다고 할 것입니다(대법원 2006. 6. 22. 선고 2003두1684 전원합의체 판결).

---

1) 참고로, 시행령 별표는 법규명령이기는 하나 그 기준은 최고한도(액)를 정한 것을 의미하므로, 그 기준의 범위 내에서는 모법의 위임규정의 내용과 취지 및 비례원칙과 평등원칙 등에 비추어 같은 유형의 위반행위라 하더라도 그 규모나 기간, 사회적 비난정도, 위반행위로 인하여 다른 법률에 의하여 처벌받은 다른 사정, 행위자의 개인적 사정 및 위반행위로 얻은 불법이익의 규모 등 여러 요소를 종합적으로 고려하여 사안에 따라 적정한 기준을 정하여야 할 것이다. 따라서 시행령 별표의 기준에 따른 처분이라도 그 자체로 당연히 적법한 것은 아니고, 당해 처분이 별표 기준의 최고 한도 범위내에서 그 재량권의 한계를 준수하였는지 여부, 즉 비례원칙 위반여부를 검토하여야 한다.

(4) 사안의 경우

결국 이 사건 입찰참가자격 제한의 효력은 2022. 1. 25.까지 존속하므로, 현재 원고 회사는 위 처분의 취소를 구할 법률상 이익이 있으며, 나아가 국가계약법 시행규칙 제76조 별표2에서 장래 가중적 제재처분을 예정하고 있는 이상 위 처분을 받은 전력이 있는 것 자체가 원고 회사에게 불이익하므로 설령 제한기간이 소송 계속 중에 만료되더라도 협의의 소의 이익이 있다고 할 것입니다.

3. 이 사건 처분의 위법성(④)

가. 입찰참가자격제한 처분

(1) 처분사유의 부존재

(가) 입찰참가자격 제한요건 불충족

공공기관운영법 제39조상 입찰참가자격제한 처분의 상대방은 "공정한 경쟁이나 계약의 적정한 이행을 해칠 것이 명백하다고 판단되는 사람, 법인 또는 단체"입니다.

그런데 이수금은 피의자신문조서에서 받은 상품권의 금액이 50만 원밖에 안 되고, 대수롭지 않은 선물이라고 하였으며, 대가성 없이 오가는 정일뿐이고, 이미 계약이 체결된 이후에 받은 것이라 편의를 봐줄 여지가 전혀 없다고 진술하였습니다. 또한 백상권이 이수금에게 준 상품권은 백상권이 자기 돈으로 구입하여 개인적으로 전달한 것이고, 그 이유도 원만한 관계를 유지하기 위한 것이지 대가성이 있다고 볼 증거가 없고, 오히려 관례적으로 주고받은 선물로 보는 것이 타당합니다. 그렇다면 백상권이 이수금에게 50만 원 상당의 상품권을 제공한 것으로 인하여 원고 회사가 공정한 경쟁이나 계약의 적정한 이행에 영향을 미친 것으로 볼 수 없습니다. 따라서 위 처분은 그 사유가 부존재하여 취소되어야 합니다.

(나) 국가계약법 시행령 제76조 제3항 단서 면제사유에 해당

국가계약법 시행령 제76조 제3항 단서에서는 처분의 상대방인 계약상대자 등이 대리인, 지배인 또는 그 밖의 사용인의 부정당한 행위를 방지하기 위하여 상당한 주의와 감독을 게을리하지 아니한 경우에는 계약상대자 등에 대한 입찰참가자격을 제한하지 아니한다고 규정하고 있습니다.

그런데, 원고 회사는 주기적으로 청렴 교육을 실시하고 있고, 정부계약 업무를 담당하는 직원들에게 미팅 일지를 작성하게 하고 있으며, 직원 상호간 크로스 체크도 하고 있습니다. 또한 회사 내 준법감시인을 두고 윤리경영을 하려는 노력을 하고 있고, 2020년 및 2021년에 각 4회씩 임직원들을 대상으로 청렴 교육을 실시하였습니다. 그렇다면 원고 회사는 대리인의 부정당한 행위를 방지하기 위하여 상당한 주의와 감독을 게을리 하지 않았다고 보아야 하므로, 위 시행령 제75조 제3항 단서가 적용되어 입찰참가자격 제한 처분의 면제대상임에도 이를 간과한 채 처분이 내려졌으므로, 위 처분은 처분사유가 부존재하여 위법하며 취소되어야 합니다.

(2) 재량권의 일탈, 남용

(가) 재량행위 여부

재량행위와 기속행위의 구분은 당해 행위의 근거가 된 법규의 체재·형식과 그 문언, 당해 행위가 속하는 행정분야의 주된 목적과 특성, 당해 행위 자체의 개별적 성질과 유형 등을 모두 고려하여 판단하여야 합니다(대법원 2001. 2. 9. 선고 98두17593 판결). 사안에서, 입찰참가자격제한 처분의 근거인 공공기관운영법 제39조 제2항은 '제한할 수 있다'고 규정하여 그 문언상 재량행위에 해당하는 반면, 국가계약법 제27조 제1항은 '제한하여야 한다'고 규정하여 그 문언상 기속행위에 해당합니다. 그러나 해석상 공공기관운영법과 국가계약법 중 무엇을 적용

할지에 관하여 피고에게는 이른바 선택재량이 인정되고, 공공기관운영법 외에 국가계약법을 적용하는 경우에도 법규정의 해석상 당해 처분을 행할지 여부 및 구체적으로 몇 호 사유에 해당한다고 보아 참가자격을 제한할 것인지에 대한 결정재량이 인정된다고 볼 수 있습니다.

나아가, 이 사건 처분의 직접적 근거가 된 국가계약법 시행규칙 제76조 별표2의 법적 성질이 행정규칙으로 볼 경우, 행정규칙은 행정기관이 소속 공무원이나 하급행정기관에 대하여 세부적인 업무처리절차나 법령의 해석·적용 기준을 정한 것으로 상위법령의 구체적 위임이 있지 않는 한 조직 내부에서만 효력을 가질 뿐 대외적으로 국민이나 법원을 구속하는 효력이 없습니다. 따라서 행정규칙의 내용이 상위법령이나 법의 일반원칙에 반하는 것이라면 법치국가원리에서 파생되는 법질서의 통일성과 모순금지 원칙에 따라 그것은 법질서상 당연무효이고, 행정내부적 효력도 인정될 수 없습니다. 이러한 경우 법원은 해당 행정규칙이 법질서상 부존재하는 것으로 취급하여 행정기관이 한 조치의 위법여부와 당부를 상위법령의 규정과 입법 목적 등에 따라 추가로 판단하여야 하는바, 대표적인 재량 일탈, 남용사유로서 비례원칙을 준수하였는지 판단할 필요가 있습니다(대법원 2020. 5. 28. 선고 2017두66541 판결).

(나) 비례원칙 위반 여부

비례원칙이란 법치국가원리 및 기본권보장 원칙으로부터 도출되는 행정법상의 대원칙으로서, 행정주체가 구체적인 행정목적을 실현함에 있어서 목적과 수단간에 합리적 비례관계가 유지되어야 한다는 원칙입니다. 이에 따르면 모든 행정작용은 목적과 수단의 적합성, 최소 침해의 필요성, 공익과 사익 간의 상당성 요건을 모두 갖추어야 합니다.

사안에서, 피고 공단 직원인 이수금은 원고 회사 직원인 백상권에게 '돈을 달라'고 명시적으로 말을 하지 않았을 뿐 모든 행동이나 말투가 돈을 요구하는 태도였다고 하고, 백상권이 자신의 돈으로 상품권을 구매하여 줘서 원고 회사로서는 이를 파악할 수 없었고, 그 금액이 50만 원으로 미미하며, 원고 회사는 꾸준히 청렴 교육을 실시하고 있고 이번 일이 터지고 나서 좀 더 강화된 윤리 교육, 청렴 교육을 실시하고 있으며, 앞서 본 바와 같이 상품권 50만 원의 수수에 대가성을 인정할 증거가 없다는 점 등을 고려하면, 이 사건 입찰참가자격제한 처분은 원고 회사에 대한 침해가 과도하여 필요성 요건을 갖추지 못하였고, 이로써 달성되는 청렴성 제고의 공익은 추상적이거나 미미하지만 원고 회사는 3개월 간 입찰 업무를 할 수 없고 후속 조치들로 인하여 회사의 존립 자체가 위태로울 수도 있는 등 원고 회사가 입게 될 피해는 막심하여 상당성 요건 또한 갖추지 못하였습니다.

따라서 이 사건 입찰참가자격제한 처분은 비례의 원칙을 위반하여 위법한 처분이므로 취소되어야 합니다.

(3) 재량권의 불행사(감경조항의 부적용)

처분의 근거 법령이 행정청에 처분의 요건과 효과 판단에 일정한 재량을 부여하였는데도, 행정청이 자신에게 재량권이 없다고 오인한 나머지 처분으로 달성하려는 공익과 그로써 처분상대방이 입게 되는 불이익의 내용과 정도를 전혀 비교형량 하지 않은 채 처분을 하였다면, 이는 재량권 불행사로서 그 자체로 재량권을 일탈·남용한 것에 해당하여 당해 처분을 취소하여야 할 위법사유가 됩니다(대법원 2019. 7. 11. 선고 2017두38874 판결).

사안에서 국가계약법 시행규칙은 행정규칙에 불과하여 대외적 구속력이 없지만, 재량행사의 기준을 정하는 재량준칙에 해당합니다. 그런데, 위 시행규칙 제76조 별표2 제1호 다목에서는 입찰참가자격을 제한하는 경우 자격제한기간을 그 위반행위의 동기, 내용 및 횟수 등을 고려해 2분의 1의 범위에서 감경할 수 있다고 규정하여, 중앙관서의 장의 재량권을 명시적으로 인정하고 있습니다. 그럼에도 피고는 이 사건 처분으로 달성하려고 하는 공익과 처분 상대방인 원고가 입게 되는 불이익 등을 전혀 비교형량하지 않은 채 만연히 3개월의 입찰참가자격제한 처분을 하고 말았는바, 위와 같이 감경규정이 존재함에도 전혀 감경을 하지 않은 것은 이른바 재량권의 불행사로서 그 자체로 재량권을 일탈, 남용한 위법한 처분에 해당합니다.

나. 공급자등록취소 및 공급자등록제한 처분

(1) 처분사유 소멸(부존재)

이 사건 공급자등록취소 및 공급자등록제한 처분사유는 원고 회사가 부정당업자로 입찰참가자격제한 처분을 받았기 때문이므로, 위 입찰참가자격제한 처분이 취소되어 소멸하면 공급자등록취소 및 공급자등록제한 처분사유 역시 당연 소멸하여 위 처분들 모두 취소되어야 마땅합니다.

(2) 법률유보원칙 위반

처분의 상대방에게 불이익한 행정처분을 하기 위해서는 반드시 유효한 법적 근거가 있어야 하고, 이러한 법적 근거는 대외적 구속력이 있는 법률 내지 법규명령이어야 합니다.
그런데, 이 사건 공급자등록취소 및 제한 처분의 근거가 된 것은 피고가 제정한 '공급자관리지침'으로서, 이 사건 기록에 따르면 공공기관운영법이나 그 하위법령은 공기업이 거래상대방 업체에 대하여 공공기관운영법 제39조 제2항 및 공기업·준정부기관 계약사무규칙 제15조에서 정한 범위를 뛰어넘어 추가적인 제재조치를 취할 수 있도록 위임한 바 없음을 알 수 있습니다. 따라서 이 사건 공급자관리지침 특히, 등록취소 및 그에 따른 일정기간의 거래제한조치에 관한 규정들은 공공기관으로서 행정청에 해당하는 국가철도공단이 상위법령의 구체적 위임 없이 정한 것이어서 대외적 구속력이 없는 행정규칙에 불과합니다(대법원 2020. 5. 28. 선고 2017두66541 판결). 그러므로, 이 사건 공급자등록취소 및 공급자등록제한 처분은 법령에 근거 없이 피고가 행한 침익적 행정처분에 해당하므로 법률유보원칙에 위반하여 위법하다고 할 것입니다.

(3) 재량권의 일탈, 남용(비례원칙 위반)

이 사건 공급자등록취소 및 공급자등록제한 처분은 재량행위의 기준을 정한 재량준칙인 공급자관리지침 제8조 제2항 등을 근거로 하여 이루어진 것으로, 위 지침에 따르면 이 사건 각 처분은 재량행위에 해당하는바, 재량 일탈, 남용 사유로서 비례원칙 위반 여부를 살펴볼 필요가 있습니다.
사안에서, 위 공급자관리지침 제8조 제2항에 의하여, 원고 회사는 공급자등록취소의 통보를 받은 날부터 10년간 다시 등록신청을 할 수 없게 되었습니다. 그러나 원고회사 직원 백상권이 피고 직원 이수금에게 50만 원 상당의 상품권을 제공하였다고 하여 입찰참가자격제한 처분을 받고, 그에 연이어 이루어진 이 사건 공급자등록취소 및 등록제한 처분은 원고 회사에 대하여 그 침해가 지나치게 과도하여 필요성 요건을 충족하지 못하였고, 위 처분으로 달성되는 공익이 추상적이거나 미미한 반면 10년 간 다시 등록신청을 할 수 없어서 그 존립이 위태로워진 원고 회사에 대한 불이익이 극심하므로 상당성 요건 또한 충족하지 못하였습니다. 따라서 위 처분들은 비례원칙을 위반하여 재량권을 일탈, 남용한 위법한 처분이라고 할 것이므로 마찬가지로 취소되어야 할 것입니다.

4. **결론 (생략)**

입 증 방 법 (생략)

첨 부 서 류 (생략)

2022. 1. 11.

원고 소송대리인 (생략) (인)

○○지방법원 귀중

제2문 (50점)

헌 법 소 원 심 판 청 구 서

청 구 인 (생략)

① 청 구 취 지

"「게임산업진흥에 관한 법률」 제12조 제1항 제1호는 헌법에 위반된다."라는 결정을 구합니다.

침 해 된 권 리

침 해 의 원 인

청 구 이 유

Ⅰ. 사건의 개요 (생략)

Ⅱ. 적법요건의 구비 (②)

1. 자기관련성

헌법소원 청구의 적법요건으로서 자기관련성과 관련하여, 이 사건 법률조항의 문언상 직접적인 수범자는 '게임물관련사업자'이고, 게임물 이용자인 청구인은 제3자에 해당하나, 이 사건 조항이 게임물사업자가 게임이용자에 대한 본인인증이 완료되지 않으면 게임물 이용을 못하도록 강제하고 있는 이상 결과적으로 게임물 이용자의 개인정보, 사생활이 침해되는 불이익을 받게 되었으므로, 이 사건 법률조항의 입법목적, 실질적인 규율대상, 제한이나 금지가 제3자에게 미치는 효과나 진지성의 정도를 종합적으로 고려할 때, 이 사건 법률조항으로 인한 개인정보자기결정권, 일반적 행동의 자유 등 기본권침해와 관련하여 게임물이용자인 청구인의 자기관련성을 인정할 수 있습니다(헌재 2012. 5. 31. 2010헌마88).

2. 현재성

법령헌법소원의 적법요건으로서 청구인적격 중 현재성 요건과 관련하여, 아직 기본권의 침해가 발생하지는 않았으나 장래 불이익을 입게 될 수도 있다는 것을 현재의 시점에서 충분히 예측할 수 있는 경우에는 기본권침해의 현재성이 인정됩니다(상황성숙 이론). 헌법재판소는 이를 '현재성의 예외'라고 하기도 합니다. 따라서 법률이 일반적 효력을 발생하기 전이라도 공포되어 있거나 심판청구 후에 유효하게 공포·시행되었고, 그로 인하여 사실상의 위험성이 이미 발생한 경우에는 예외적으로 침해의 현재성이 인정됩니다(헌재 2001. 11. 29. 99헌마494등). 사안에서, 게임산업법 제12조의 개정규정은 부칙 제2조에 의하여 이 법 시행일(2020. 2. 1.) 후 2년이 경과한 날부터 적용되므로, 2022. 2. 1.부터 적용됩니다. 그러나 상황성숙 이론에 의하여 제12조의 개정규정이 일반적 효력을 발생하기 전이라도 공포되어 있고, 그로 인하여 사실상의 위험성이 청구인에게 이미 발생하였으므로, 현재성의 예외에 해당하여 침해의 현재성이 인정이 된다고 할 것입니다.

3. 청구기간

권리구제형 헌법소원은 기본권의 침해를 안 날로부터 90일 이내에, 침해가 있은 날로부터 1년 이내에 심판을 청구하여야 합니다(헌법재판소법 제69조 제1항 본문).
이러한 청구기간과 관련하여, 헌법재판소는 상황성숙이론에 입각하여 청구인이 법령에 의하여 아직 구체적으로 그 기본권을 현실적으로 침해받지 아니한 경우에도 그 침해가 확실히 예상되는 등 실체적 요건이 성숙하여 헌법판단에 적합하게 된 때에는 현재성요건이 충족된 것으로 보고 있습니다. 이러한 상황성숙이론이 청구기간에도 적용되는지에 관하여 헌법재판소는 초기에 상황성숙의 시점이 마치 청구기간의 기산점이 되는 것으로 보는 듯한 결정을 내린 바 있는데 이러한 판례에 의하면 청구기간의 기산점이 앞당겨짐으로써 청구기간이 단축되는 부작용이 발생합니다. 이에 헌법재판소는 상황성숙이론과 청구기간의 기산점을 분리시키는 방향으로 판례를 변경하여, 청구기간은 "기본권의 침해가 확실히 예상되는 때"로부터 기산할 것이 아니라 당해 법률이 청구인의 "기본권을 명백히 구체적으로, 또한 현실적으로 침해한 때"부터 기산하고 있습니다(헌재 1996. 3. 28. 93헌마198).
나아가, 같은 취지에서 헌법재판소는 시행유예기간이 아니라 시행일을 청구기간의 기산점으로 본다면 시행유예기간이 경과하여 정작 기본권 침해가 실제로 발생한 때에는 이미 청구기간이 지나버려 위헌성을 다툴 기회가 부여되지 않는 불합리한 결과가 초래될 위험이 있는 점, 일반국민에 대해 법규정의 개폐에 적시에 대처할 것을 기대하기가 사실상 어렵고, 헌법소원의 본질은 국민의 기본권을 충실히 보장하는 데에 있으므로 법적 안정성을 해하지 않는 범위 내에서 청구기간에 관한 규정을 기본권보장이 강화되는 방향으로 해석하는 것이 바람직한 점을 감안해, 시행유예기간이 존재하는 경우 청구기간의 기산점을 시행유예기간 경과일로 보아야 한다고 최근 판례를 변경한 바 있습니다(헌재 2020. 4. 23. 2017헌마479).
사안의 경우, 청구인이 게임산업법 제12조에 의하여 기본권을 침해당했음을 이유로 법령 헌법소원심판을 청구하는 경우로서, 청구기간의 만료일은 위 법률조항이 적용되는 2년의 유예기간이 경과한 2022. 2. 1.부터 90일이내지 1년이 지난 일자이며, 이 사건 2022. 1. 11.자 헌법소원심판 청구는 위 일자를 도과하지 아니하였음이 역수상 명백하므로 청구기간 요건도 유효하게 준수하였다고 할 것입니다.

Ⅲ. 위헌이라고 해석되는 이유 (③)

1. 제한되는 기본권

게임산업법 제12조 개정조문은 인터넷게임 이용자의 본인인증을 의무화하도록 규정하였습니다.
행복추구권은 그 구체적인 표현으로서 일반적 행동자유권과 개성의 자유로운 발현권을 의미하는바, 일반적 행동자유권의 보호영역에는 개인의 생활방식과 취미에 관한 사항이 포함됩니다(헌재 2003. 10. 30. 2002헌마518; 헌재 2014. 4. 24. 2011헌마659등 참조). 사안에서 본인인증 조항은 인터넷게임을 이용하고자 하는 청구인에게 본인인증이라는 사전적 절차를 거칠 것을 강제함으로써, 개개인이 생활방식과 취미활동을 자유롭게 선택하고 이를 원하는 방식대로 영위하고자 하는 일반적 행동의 자유를 제한합니다. 따라서 위 조항은 자기결정권을 포함한 청구인의 일반적 행동자유권을 제한합니다.
또한, 개인정보자기결정권의 보호대상이 되는 개인정보는 반드시 개인의 내밀한 영역이나 사사(私事)의 영역에 속하는 정보에 국한되지 않고 공적 생활에서 형성되었거나 이미 공개된 개인정보까지 포함하며, 그러한 개인정보를 대상으로 한 조사·수집·보관·처리·이용 등의 행위는 모두 원칙적으로 개인정보자기결정권에 대한 제한에 해당합니다(헌재 2005. 5. 26. 99헌마513등 참조).
사안에서 본인인증 조항과 동의확보 조항에 따라 인터넷게임 이용자 및 그 법정대리인이 본인인증 절차를 거치면 본인확인기관으로부터 게임물 관련사업자에게 본인확인 요청일시 또는 인증일시, 식별코드 등의 정보가 제공되고, 이러한 개인정보는 본인확인기관이 보유하고 있는 개인의 실명 등의 자료와 결합하여 이용자 개인의 동일성을 식별할 수 있게 하므로, 개인정보자기결정권의 보호대상이 되는 개인정보에 해당합니다. 그리고 인터넷게임을 이용하고자 하는 사람들은 본인인증 절차를 거치기 위한 전제로서 공인인증기관이나 본인확인 기관에 실명이나 주민등록번호 등의 정보를 제공할 것이 강제되고, 이러한 기관들은 개인정보의 보유 및 이용기간 동안 이러한 정보들을 보유할 수 있으므로(정보통신망법 제29조 제1항 제2호), 본인인증 및 동의확보 조항은 인터넷게임 이용자가 자기의 개인정보에 대한 제공, 이용 및 보관에 관하여 스스로 결정할 권리인 개인정보자기결정권을 제한합니다.

2. 심사 기준

일반적 행동자유권과 개인정보자기결정권은 자유권적 기본권으로서 개인의 인격발현과 밀접히 관련되어 있어 최대한 존중되어야 하는 것이므로 엄격한 과잉금지원칙에 따른 위헌 심사를 하여야 합니다.

3. 과잉금지원칙 위반

가. 목적의 정당성

이 사건 본인인증 조항은 인터넷게임 이용자의 연령을 정확하게 확인함으로써 청소년 보호법과 게임산업법이 마련하고 있는 인터넷게임에 대한 연령 차별적 규제수단을 실효적으로 보장하고, 인터넷게임 과몰입 내지 중독을 예방하고자 하는 것입니다. 따라서 이러한 입법목적에는 그 정당성이 인정됩니다.

나. 수단의 적절성

나아가, 대면접촉 없이 회원가입이 이루어지는 인터넷상으로는 신분증 등을 통해 이용자의 실명이나 연령을 정확히 사실대로 확인할 수가 없는 경우가 발생하게 됩니다. 따라서 이 사건 본인인증 조항은 이용자의 연령 등을 정확하게 확인하고자 하는 위와 같은 입법목적을 효율적으로 달성하기 위한 적절한 수단에도 해당됩니다.

다. 침해의 최소성

다만, 이 사건 본인인증 조항은 모든 국민을 잠재적 게임 과몰입자나 게임 중독자와 같이 취급하고, 청구인 등 게임이용자들이 실명이나 연령을 노출시키지 않고 인터넷게임을 이용할 기회를 박탈하며, 본인인증을 위하여 본인확인기관 등에 본인의 가장 핵심적인 정보인 성명, 생년월일(주민번호), 주소 등과 같은 정보를 제공하도록 강제하고 있습니다. 그런데, 앞서 목적의 정당성에서 살펴본 중독에 빠질 위험이 상대적으로 성인에 비해 큰 청소년 등의 게임 이용제한 등은 나이(연령)만 정확히 확인하는 다른 완화된 방법을 통해서도 충분히 입법목적을 달성할 수 있다고 할 것임에도 불구하고, 굳이 실명인증까지 하여야 하는 것은 보다 덜 침해적인 수단이 있음에도 더 기본권 침해적인 수단을 사용한 것에 해당하여, 침해의 최소성에 위반합니다.
무엇보다 본인확인을 위하여 개인정보를 제공함으로써 국가의 통제 가능성이 무한히 확장될 가능성이 존재하고, 그러한 가능성 자체만으로 청구인을 포함한 게임물 이용자들은 불안감을 느끼는 등 게임을 이용함에 있어 상당한 위축이 됩니다. 따라서 이 사건 심판대상조항은 이 점에서도 침해의 최소성 요건을 갖추지 못하였다고 할 것입니다.

라. 법익 균형성

위와 같이 이용자들에게 실명인증과 개인정보 제공을 강제하여 얻게 되는 게임 과몰입 내지 중독 방지 목적의 공익이 과연 실효성을 거둘 수 있을지 여부는 불확실하고 추상적인 반면, 청구인을 포함한 이용자들이 겪게 되는 기본권 침해 등의 피해는 현실적이고 구체적입니다. 따라서 법익 균형성 요건도 갖추지 못하였다고 할 것입니다.

마. 소결

결국, 이 사건 심판대상 규정은 입법목적의 정당성, 수단의 적합성은 인정이 되나, 침해의 최소성, 법익 균형성을 갖추지 못하여 과잉금지원칙을 위배하여 위헌이라고 할 것입니다.

4. 평등권 내지 평등원칙 위반

가. 의의

헌법은 제11조 제1항에서 모든 국민은 법 앞에서의 평등의 원칙을 선언하고 있는바, 헌법이 보장하는 평등은 실질적, 상대적 평등을 의미하고, 자유권에 비하여 상대적으로 입법자의 광범위한 입법 형성의 재량 영역에 속한다고 봅니다. 다만 그러하더라도, 비교의 대상을 이루는 두 개의 사실관계 사이에 동일한 취급을 정당화할 수 없을 정도의 차이가 있음에도 불구하고 그 두 사실 관계를 서로 같게 취급한다면 자의적인 입법으로 평등권을 침해한다고 봅니다.

나. 비교집단의 존재

<u>사안에서 모바일 게임에는 이러한 본인인증 절차가 없는데 비하여, 인터넷게임에만 이런 절차를 거치도록 하고 있으므로 서로 대비되는 두 비교집단 사이에 명백한 차별적 취급이 존재합니다</u>.

다. 심사기준

평등권 내지 평등원칙 위반 여부를 심사하는 경우 원칙적으로 입법자가 합리적 이유 없이 차별취급을 하였는지 여부를 심사하는 자의금지원칙에 따라 합리성 심사를 하되, ① 헌법이 특별히 평등을 요구하였거나, ② 관련 기본권에 중대한 제한이 된다면 엄격한 비례성 심사를 합니다. <u>사안에서 모바일 게임과 인터넷게임의 각 이용자를 달리 취급하고 있는 것은 헌법이 특별히 평등을 요구하였거나 관련 기본권에 중대한 제한이 된다고는 볼 수 없으므로, 자의금지원칙에 따른 심사를 하면 족하다고 할 것입니다</u>.

라. 사안의 경우

<u>모바일 게임과 인터넷게임은 중독성, 과몰입 위험의 측면에서 동일하고, 그 이용자들은 동일한 비교집단에 해당합니다. 또한 전자기기에 익숙한 청소년들이 성인에 비하여 모바일 게임에 대한 접근성이 상대적으로 높다는 점을 고려하였을 때, 접근성이 높은 모바일 게임에 대해서는 본인인증을 요하지 않으면서 오히려 접근성이 상대적으로 낮은 인터넷게임에 대해 본인인증을 요하는 것에서는 합리적 이유를 찾기 어렵습니다. 무엇보다 게임하는 사람의 절반 이상이 모바일 게임을 하고 있는 상황에서 모바일 게임은 본인인증 등의 절차를 강제하지 않으면서 인터넷게임에만 본인인증을 요구하는 것은 입법 목적을 달성할 수 없을 뿐만 아니라, 동일한 집단을 합리적 이유 없이 다르게 차별적으로 취급하는 것으로써 인터넷게임 이용자들의 평등권을 침해한다고 할 것입니다.</u>

Ⅳ. 결론 (생략)

입증방법(생략)

2022. 1. 11.

청구인의 대리인 (생략) (인)

헌법재판소 귀중

2023년도 제12회

변호사시험

공법 기록형 해설

소 장

원고: 한강직
소송대리인 법무법인 율도
담당변호사 전우치, 홍길동

피고: 보건복지부 장관

청 구 취 지

1. 피고가 원고에 대하여 한
   가. 2022. 4. 20. 직위해제처분을,
   나. 2022. 5. 13. 감봉 3월처분을

각 취소한다.

2. 소송비용은 피고가 부담한다.

라는 판결을 구합니다.

청 구 원 인

1. 사실관계

2. 이 사건 소의 적법성

가. 대상적격

취소소송은 처분등을 대상으로 하며, 이때 처분등이라 함은 행정청이 행하는 구체적 사실에 관한 법집행으로서의 공권력의 행사 또는 그 거부와 그 밖에 이에 준하는 행정작용 및 행정심판에 대한 재결을 말합니다(행정소송법 제19조, 제2조 제1항 제1호). 행정청의 행위가 항고소송의 대상이 될 수 있는지 구체적인 경우에 관련 법령의 내용과 취지, 그 행위의 주체·내용·형식·절차, 그 행위와 상대방 등 이해관계인이 입는 불이익 사이의 실질적 견련성, 법치행정의 원리와 그 행위에 관련된 행정청이나 이해관계인의 태도 등을 고려하여 개별적으로 결정해야 하며. 행정청의 행위가 '처분'에 해당하는지가 불분명한 경우에는 그에 대한 불복방법 선택에 중대한 이해관계를 가지는 상대방의 인식가능성과 예측가능성을 중요하게 고려하여 규범적으로 판단하여야 합니다(대법원 2022. 3. 17. 선고 2021두53894 판결).
사안의 경우 피고의 원고에 대한 직위해제처분은 징벌적 제재인 국가공무원법상 징계에 해당하지 않지만, 원고에게 불이익한 처분으로서 취소소송의 대상인 처분에 해당합니다.
한편, 징계처분이 있었고, 그 징계처분을 다투는 재결까지 거친 경우 항고소송의 대상적격은 원칙적으로 재결자체에 고유한 위법(하자)이 없는 한 원처분이 대상이 되고, 변경재결명령으로 변경처분이 있는 경우, 취소소송의 대상은 변경되고 남은 원처분을 대상으로 해야 한다는 것이 판례의 확립된 태도입니다. 무엇보다 공무원법상 징계는 공무원의 위법행위에 대하여 부과되는 징계적 성격을 가지기에 동일성이 있고, 징계권자의 징계결정에 있어서 재량이 인정되기에, 재결청이 원처분청과 다른 종류의 징계처분을 하더라도 새로운 처분이 아닌 원처분이 감축된 형태로 존속하는 것으로 보아야 합니다.

따라서 이 사건 징계처분의 경우, 피고의 2022. 5. 13. 정직3월의 처분이 있고 원고가 이에 대해 2022. 6. 8. 소청심사위원회으로부터 감봉3월로의 변경명령재결을 받아, 피고는 2022. 6. 13. 원고에 감봉3월의 변경처분을 하였기에 결과적으로 2022. 5. 13. 감봉3월의 처분이 이 사건 취소소송의 대상이 됩니다.

나. 협의의 소의 이익

취소소송은 처분등의 취소를 구할 법률상 이익이 있는 자가 제기할 수 있고, 처분등의 효과가 기간의 경과, 처분등의 집행 그 밖의 사유로 인하여 소멸된 뒤에도 그 처분등의 취소로 인하여 회복되는 법률상 이익이 있는 자의 경우 처분등의 취소를 구할 소의 이익이 있습니다(행정소송법 제12조). 특히 직위해제의 경우, 직위해제기간의 만료나 복직등으로 처분의 효력이 소멸한 경우에도 직위해제 처분의 소급적 취소로 봉급청구등의 부수적 이익이 있으면 직위해제처분의 취소를 구할 소의 이익이 있습니다.

사안의 경우 '공무원 보수규정' 제3호에 의하면 직위해제 된 자의 경우 봉급의 50%만 지급받게 되므로, 이 사건 원고에 대한 직위해제 처분이 취소된다면 원고로서는 미지급된 나머지 봉급을 청구할 수 있게 되어 소의 이익이 있습니다.

다. 제소기간

취소소송은 처분등이 있음을 안 날부터 90일 이내에 제기하여야 하며. 다만, 행정소송법 제18조 제1항 단서에 규정한 경우와 그 밖에 행정심판청구를 할 수 있는 경우 또는 행정청이 행정심판청구를 할 수 있다고 잘못 알린 경우에 행정심판청구가 있은 때의 기간은 재결서의 정본을 송달받은 날부터 기산합니다(행정소송법 제20조 제1항). 사안에서 원고는 2022. 6. 10. 특별행정심판절차에 따라 소청심사위원회으로부터 감봉3월의 처분재결서 정본을 받고, 그로부터 90일째 되는 날인 2022. 9. 8. 제기된 이 사건 소는 제소기간을 준수한 것으로 적법합니다.

라. 필요적 전치주의

취소소송은 법령의 규정에 의하여 당해 처분에 대한 행정심판을 제기할 수 있는 경우에도 이를 거치지 아니하고 제기할 수 있으나 다만, 다른 법률에 당해 처분에 대한 행정심판의 재결을 거치지 아니하면 취소소송을 제기할 수 없다는 규정이 있는 때에는 그 절차를 거쳐야 합니다(행정소송법 제18조 제1항). 한편, 국가공무원은 징계등 불이익처분에 대해서도, 국가공무원법 제75조에 따른 처분, 그 밖에 본인의 의사에 반한 불리한 처분이나 부작위(不作爲)에 관한 행정소송은 소청심사위원회의 심사·결정을 거치지 아니하면 제기할 수 없는바(국가공무원법 제16조), 사안에서 원고는 소청심사위원회의 심사를 거친 후 이 사건 소를 제기하여 이를 준수했습니다.

3. 이 사건 처분의 위법성

가. 절차적 위법성 – 처분이유제시의 하자

공무원 인사 관계 법령에 따른 징계와 그 밖의 처분, 이해 조정을 목적으로 하는 법령에 따른 알선·조정·중재(仲裁)·재정(裁定) 또는 그 밖의 처분 등 해당 행정작용의 성질상 행정절차를 거치기 곤란하거나 거칠 필요가 없다고 인정되는 사항과 행정절차에 준하는 절차를 거친 사항으로서 대통령령으로 정하는 사항은 행정절차법상 일반 행정절차 규정의 예외로서(행정절차법 제3조 제1항, 제2항 제9호), 행정절차법이 적용되지 않습니다.
다만, 국가공무원법 제75조 제1항, 공무원징계령 제19조 제2항 등에 의하면 징계의결서를 통해 당사자에게 징계의 이유를 반드시 제시해야 하고, 이유제시는 징계당사자의 불복과 관련하여 방어권이 보장되도록 처분서에 기재된 내용과 관계 법령 및 당해 처분에 이르기까지 전체적인 과정 등을 종합적으로 고려해 처분 당시 당사자가 어떠한 근거와 이유로 처분이 이루어진 것인지를 충분히 알 수 있도록 하여, 그에 불복하여 행정구제절차로 나아가는데 별다른 지장이 없을 정도로 안내되어야 합니다.

나. 소결

원고에 대한 이 사건 직위해제 및 징계처분의 경우 행정절차법이 적용되지 않는다고 해도 사안에서 원고에 대한 국가공무원법상 의무위반을 하였다는 점에 대해 어떠한 근거와 이유로 징계처분이 이루어진 것인지에 관한 이유제시가 불충분합니다. 따라서 징계처분을 함에 있어 징계사유 및 근거법령의 불충분한 제시라는 절차적 하자가 명백히 인정이 되고, 이러한 절차적 하자는 처분의 독립적(독자적) 위법 및 취소사유에 해당하기에 이 사건 징계처분은 마땅히 취소되어야 합니다.

다. 실체적 위법성

(1) 이 사건 처분의 성질 및 심사방식

특정 처분이 재량행위인지 여부는 당해 행위의 근거가 된 법규의 체재·형식과 그 문언, 당해 행위가 속하는 행정 분야의 주된 목적과 특성, 당해 행위 자체의 개별적 성질과 유형 등을 모두 고려하여 판단하여야 합니다.
한편, 사법심사에 있어 기속행위의 경우 그 법규에 대한 원칙적인 기속성으로 인하여 법원이 사실인정과 관련 법규의 해석·적용을 통하여 일정한 결론을 도출한 후 그 결론에 비추어 행정청이 한 판단의 적법 여부를 독자의 입장에서 판정하는 방식에 의하게 되나, 재량행위의 경우 행정청의 재량에 기한 공익판단의 여지를 감안하여 법원은 독자의 결론을 도출함이 없이 당해 행위에 재량권의 일탈·남용이 있는지 여부만을 심사하게 되고, 이러한 재량권의 일탈·남용 여부에 대한 심사는 사실오인, 비례·평등의 원칙 위배, 당해 행위의 목적 위반이나 동기의 부정 유무 등을 그 판단 대상으로 합니다.
국가공무원법 제73조의3(직위해제), 제78조(징계사유) 등의 조문체계에 비추어 보아 처분청으로 하여금 직위해제 및 징계에 대해 재량판단이 인정될 여지가 크므로 이 사건 각 처분은 재량행위에 해당합니다(특히 동법 제78조 징계사유 규정의 경우 문언 형식은 기속행위처럼 규정되어 있지만 직무 태만 및 체면과 위신을 손상하는 행위에 대한 판단과정에서 행정청의 재량이 개입될 여지가 높으므로 결론적으로 징계를 할지 말지는 재량행위에 해당한다고 할 것입니다.).

(2) 직위해제처분의 위법성

원고는 형사기소되었음을 이유로 직위해제 되었으나(법 제73조 제1항 제4호), 헌법상 무죄추정의 원칙이나 위와 같은 직위해제제도의 목적에 비추어 볼 때, 형사사건으로 기소되었다는 이유만으로 직위해제처분을 하는 것은 정당화될 수 없고, 당사자가 당연퇴직 사유인 국가공무원법 제33조 제1항 제3호 내지 제6호에 해당하는 유죄판결을 받을 고도의 개연성이 있는지 여부, 당사자가 계속 직무를 수행함으로 인하여 공정한 공무집행에 위험을 초래하는지 여부 등 구체적인 사정을 고려하여 그 위법 여부를 판단해야 합니다.
사안에서 원고는 양심선언 내용이 허위라는 이유로 직무유기죄 및 공무상 비밀누설죄 혐의로 기소되었으나, 이들 죄는 모두 블랙리스트에 대한 양심선언을 이유로 한 것이므로 뒤에서 언급하는 바와 같이 원고의 양심선언은 허위가 아닌 관계로 유죄판결의 위험이 없다고 보여지므로 유죄판결의 고도의 개연성 내지 공무집행의 위험성을 전제로 한 이 사건 직위해제처분은 명백히 위법하다고 할 것입니다.

(3) 징계처분의 위법성

(가) 처분사유의 부존재

1) 복종의무 위반 여부

공무원이 직무수행을 함에 있어 상관은 하관에 대해 범죄행위등 위법한 행위를 하도록 명령할 권한은 없는 것이고, 하관은 상관의 적법명령에는 복종할 의무가 있으나 위법한 명령인 경우에는 그에 따라야 할 의무가 없다고 봄이 상당합니다. 따라서 사안의 블랙리스트 작성은 명백한 위법이므로, 이에 불응한 것은 국가공무원법상 복종의무 위반이 아니라고 할 것입니다.

2) 비밀준수의무 위반 여부

국가공무원법상 직무상 비밀이라 함은 국가 공무의 민주적, 능률적 운영을 확보하여야 한다는 이념에 비추어 볼 때 당해 사실이 일반에 알려질 경우 그러한 행정의 목적을 해할 우려가 있는지 여부를 기준으로 판단하여야 하며, 구체적으로는 행정기관이 비밀이라고 형식적으로 정한 것에 따를 것이 아니라 실질적으로 비밀로서 보호할 가치가 있는지, 또한 공익 또는 행정목적 달성을 위하여 비밀로서 보호할 필요성이 있는지 등이 객관적으로 검토되어야 합니다. 블랙리스트 작성 지시 및 존재에 대한 사항은 비밀로서 보호할 가치가 있다고 볼 수 없는 위법한 행위에 대한 것이므로 원고의 양심선언을 비밀준수의무 위반으로 볼 수 없습니다.

3) 품위유지의무 위반 여부

국가공무원법 제63조는 "공무원은 직무의 내외를 불문하고 그 품위가 손상되는 행위를 하여서는 아니 된다."라고 규정하고 있으며, 여기서 품위유지의무란 공무원이 그가 맡은 직무 내외를 불문하고, 국민의 봉사자로서의 직책을 맡아 수행해 나가기에 손색이 없는 인품을 갖추는 한편 그에 걸맞게 본인은 물론 공직사회에 대한 국민의 신뢰를 실추시킬 우려가 있는 행위를 하지 않아야 할 의무라고 해석할 수 있습니다. 구체적으로 어떠한 행위가 품위손상 행위에 해당하는가는 수범자인 평균적인 공무원을 기준으로 구체적 상황에 따라 건전한 사회통념에 따라 판단하여야 합니다. 사안에서 원고는 국민전체에 대한 봉사자인 국가공무원으로서 민주주의와 법치주의를 사수하기 위하여 상관의 위법한 지시에 불응하고 이러한 사실을 공개한 것이므로 이를 두고 국가공무원법 제63조에서 규정한 품위유지의무 위반이라고 볼 수는 없다고 할 것입니다.

(나) 재량일탈·남용 사유로서 비례원칙 위반

행정청에 재량이 인정되는 행위라고 할지라도, 행정목적을 달성하는데 유효 적절해야 하고(적합성), 행정목적을 달성하는데 침해를 최소화해야 하고(필요성), 행정작용으로 인한 국민의 권리침해가 달성하려는 공익보다 커서는 안 됩니다(상당성). (행정기본법 제10조, 비례원칙) 사안에서 원고는 앞서 본 것처럼 징계처분 등에 해당하는 사유가 없으며, 설사 인정된다고 하더라도 징계처분은 재량행위로서 재량의 한계를 준수해야 합니다.

사안에서 원고에 대한 블랙리스트 작성 지시는 법치국가와 민주주의 사회에서 용납될 수 없는 위법, 부당한 지시였으며, 원고는 이러한 부당한 지시에 대항하여 자신의 양심을 지키기 위해 폭로행위를 한 것이고, 십수년간 공무원으로서 재직하는 기간 동안 성실히 봉사하며 형사처벌이나 징계 등을 받은 적이 전혀 없으며, 홀로 부모님을 모시며 살아온 점 등을 모두 고려한다면 본 사안의 경우 원고에 대해 본 건 징계등 처분을 통해 달성하려는 공직사회의 기강 확립 등의 공익보다 이 사건 각 처분으로 인해 침해되는 원고 개인의 권리가 월등히 크다고 할 것이므로 이 사건 피고의 처분은 재량권행사의 일탈 내지 남용의 위법이 충분히 인정된다고 할 것입니다.

4. **결 론** (생략)

입증방법(생략)

첨부서류(생략)

원고소송대리인(생략)

2022. 9. 8.

대전지방법원 귀중

헌법소원심판청구서

청구인 이제마
대리인 법무법인 율도
담당변호사 전우치, 임거정
주소연락처 (생략)

청구취지

"약사법 제20조 제1항, 재93조 제1항 제2호는 헌법에 위반된다"
라는 결정을 구합니다.

당해사건

서울중앙지방법원 2022고단2190 약사법위반

청구이유

1. 사건 개요

생략

2. 이 사건 청구의 적법성

가. 재판의 전제성

헌법재판소법 제41조 제1항에 따른 법률의 위헌 여부 심판의 제청신청이 기각된 때에는 그 신청을 한 당사자는 헌법재판소에 헌법소원심판을 청구할 수 있습니다(헌법재판소법 제68조 제2항). 위와 같이 헌법재판소법 제68조 제2항에 따른 헌법소원심판을 청구하기 위해서는 ① 위헌법률심판제청신청에 대해 기각결정이 있고, ② 재판의 전제성이 충족되고 ③ 제청신청의 기각결정을 받은 날로부터 30일 이내 제기해야 합니다. 이때 재판의 전제성이란 구체적 사건에 대해 소송이 계속중이고, 그 재판에 대해 전제된 법률이 적용되고, 그 법률의 위헌여부에 따라 법원이 다른 판단을 하게 되는 경우이어야 합니다.
사안에서, 이 사건은 약사법상 조항을 그 심판 대상으로 위헌법률심판제청신청을 할 당시 서울중앙지방법원 2022고단2190호로 청구인에 대한 관련 약사법위반 형사사건이 계속중이었으며, 심판조항이 위헌으로 결정될 경우 청구인으로서는 위 형사사건에서 무죄판결을 받을 수 있어 재판의 전제성 요건은 충족이 된다고 할 것입니다.

나. 청구기간

나아가, 청구기간과 관련하여 이 사건 청구인은 2022.9.20. 위헌법률제청신청을 하였으나. 서울중앙지방법원이 2022. 12. 1. 이를 기각하였고, 청구인은 그 결정문을 2022. 12. 5. 송달받은 후 2022. 12. 7. 국선대리인 선임신청을 하였으나, 같은 해 12. 16. 국선대리인 선임 신청기각 결정을 받았습니다. 따라서 기각결정을 받은 2022.

12. 5.의 다음 날인 12. 6.부터 30일을 기산하되, 국선대리인 신청일 및 그 기각결정을 받은 날(10일)은 기간 산정에서 제외하여야 하는바(헌법재판소법 제70조 제1항, 제4항), 청구인의 이 사건 심판청구는 그 제소기간 만료일이 2023. 1. 16.이 됩니다.

3. 위헌이라고 해석되는 이유

가. 제한되는 기본권

(1) 직업의 자유

헌법은 15조에서 직업의 자유를 보장하고 있으며, 이때 직업이란 생활의 기본적 수요를 충족하기 위한 계속적 소득활동으로서 그 성질이나 종류를 불문합니다. 이러한 기본권에는 국가 등의 부당한 간섭없이 직업을 선택할 자유, 직업을 수행할 자유를 내용으로 합니다. 또한 직업의 자유는 자연인 뿐 아니라 성질상 법인도 누릴 수 있는 기본권에 해당합니다. 사안의 심판 대상조항은 청구인과 같이 약사 자격 있는 자가 법인을 설립하여 약국을 운영할 자유를 제한하고 있습니다.

(2) 결사의 자유

헌법 제21조 제1항은 결사의 자유를 규정하고 있으며, '결사'란 자유의사에 기하여 결합하고 조직화된 의사형성이 가능한 단체를 말합니다. 사안의 경우, 약국 영업을 목적으로 하는 단체를 결성하거나 그에 가입할 자유가 제한되므로 결사의 자유 제한이 인정됩니다.

나. 심사 척도(기준)

일반적으로 자유권의 제한에 대해서는 국가안전보장·질서유지 또는 공공복리를 위하여 필요한 경우에 한하여 법률로써 제한할 수 있으며, 제한하는 경우에도 자유와 권리의 본질적인 내용을 침해할 수 없습니다(헌법 37조 2항, 과잉금지원칙).

특히 직업의 자유에 대한 제한의 경우, '단계이론'에 따라 1단계 직업수행의 자유에 대한 제한보다 2단계 주관적 사유에 의한 직업선택의 자유 제한 및 3단계 객관적 사유에 의한 직업선택의 자유에 대한 제한은 더욱 엄격한 기준에 따라 심사해야 합니다. 즉, 직업수행의 자유는 '합리적 공익목적', 주관적 직업선택의 자유는 '중대한 공익목적', 객관적 직업선택의 자유는 '월등하게 중대한 공익에 명백하고 현존하는 위험을 방지'하기 위한 것인지에 따라 심사해야 합니다.

사안의 경우, 직업수행의 자유에 대한 제한에 해당하나 약사 자격 있는 자로 하여금 법인 설립을 통한 약국을 운영할 자유를 금지하고 있으므로 이는 1단계 직업수행의 자유를 넘어서는 보다 중대한 기본권 제한으로 2단계 주관적 사유에 기한 직업선택의 자유 제한에 해당하므로 보다 엄격하게 그 위헌여부를 심사해야 합니다.

다. 과잉금지원칙 위반

(1) 목적의 정당성

목적의 정당성은 국민의 기본권을 제한하려는 입법의 목적이 헌법 및 법률의 체계상 그 정당성이 인정되어야 한다는 원칙입니다. 심판대상 조항은 일정한 교육과 시험을 거쳐 자격을 갖춘 약사에게만 약국을 개설할 수 있도록 하여, 의약품 오남용 및 국민 건강상의 위험을 예방하는 한편 건전한 의약품 유통체계 및 판매질서를 확립함으로써 궁극적으로는 국민 보건 향상에 기여하려는 것입니다. 즉 국민의 생명과 신체, 건강 등에 중대한 영향을 끼치는 의약품의 조제판매행위가 국민보건에 미칠 영향을 고려해 전문 약사가 아닌 자에 의한 의약품의 조제, 판매, 유통을 방지하여 국민의 보건 안전을 위한 것으로서 그 입법목적의 정당성은 충분히 인정이 된다고 할 것입니다.

(2) 수단의 적합성

수단의 적합성은 그 목적의 달성을 위하여 그 방법이 적절하여야 한다는 원칙입니다. 이 사건 심판대상조항은 약국의 개설단계부터 의약품에 관한 전문성이 결여되어 있고, 영리 목적이 강한 비약사의 개입을 사전에 차단하고 이를 위반하였을 때에는 형사처벌하고자 하는 것인바, 위 입법목적을 달성하는 데 적합한 수단이라고 할 것입니다.

(3) 침해의 최소성

침해의 최소성은 입법권자가 선택한 기본권 제한의 조치가 입법목적을 달성하기 위하여 설사 적절하다고 할지라도 더 완화된 형태나 방법을 모색함으로써 기본권 제한은 필요한 최소한도에 그치도록 하여야 한다는 원칙입니다. 즉 기본권을 제한하는 수단이 보다 덜 침익적인 수단이 존재하는 경우라면 그 제한은 침해의 최소성에 위배될 수 있는 것입니다. 사안의 경우 의약품 제조판매를 약사에 전담시키는 것을 전제로 약국의 개설을 약사 자격 없는 자에게 허용한다면 국민 보건에 대한 위험이 없을 것이며, 실제로 미국, 일본등 대다수의 선진국에서도 약국의 개설 자체를 규제하고 있지 않습니다. 또한 약국의 경영 주체와 관리주체를 분리하여 운영한다면 영리추구로 인한 의약품 오남용의 위험이 있다는 것은 의약분업이 정착된 현시점에 오히려 맞지 않습니다. 설령 약국의 경영주체와 관리주체의 분리로부터 여러 가지 부작용이 야기될 여지가 있다 하더라도, 그에 대해선 영업일시와 영업장소 제한 등 개별적 규제방식으로 방지할 수 있습니다. 이처럼 보다 덜 제한적인 수단이 있음에도 획일적으로 약국의 개설자체를 금지한바 침해의 최소성에 위배됩니다. 특히 위반행위에 대한 제재측면에서도, 약국의 등록취소나 업무정지를 명할 수 있도록 한 데에서 그치지 않고 형사처벌까지 규정하고 있어 이 점에서도 명백히 과도한 제한이라고 할 것입니다.

(4) 법익의 균형성

직업선택의 자유는 개인의 인격 실현에 중요한 수단이 되는 반면, 앞서 본 심판조항에서 방지하려는 부작용은 개별적으로 대처할 수 있어 심판대상조항으로 인해 달성하려는 국민보건이라는 공익은 모호하거나 작다고 볼 수 있습니다. 따라서 심판조항으로 통해 달성하려는 공익에 비해 침해되는 개인의 직업선택의 자유가 더 크기에 법익의 균형성을 상실했습니다.

라. 평등권 침해

(1) 의의

헌법 11조에서 평등권을 규정하고 있으며 이때 평등이란 본질적으로 동일집단임에도 합리적 이유 없는 차별을 금지하는 실질적 평등으로서 합리적 이유가 있는 차별은 인정이 됩니다.

(2) 비교집단의 존재

사안에서 의약품제조업자나 수입업자 역시 국민보건에 밀접한 의약품을 취급하는 자로서 약국 개설자와 동일함에도 제조업자는 약사일 것을 필요로 하지 않고 있어 동일 집단간 차별취급이 인정됩니다. 또한 약사는 전문 직종임에도 불구하고 같은 전문 직종인 변호사, 공인회계사처럼 법인을 이루어 영업하는 것을 금지하고 있어 차별취급을 하고 있습니다.

(3) 심사기준

평등권에 대한 위헌심사기준은 원칙적으로 입법이 명백히 자의적인지 아닌지 여부만 심사함이 원칙(자의금지원칙 내지 합리성심사)이나, 다만 헌법에서 특별히 평등을 요구하거나 차별취급으로 인해 관련 기본권에 중대한 제한이 초래되는 경우라면 엄격한 비례성심사를 행해야 합니다. 사안에서 청구인에 대한 평등권 제한은 위와 같이 엄격한 심사가 요구되는 특별한 경우에 해당하지 않는다고 할 것이므로 합리성 심사로 족하다고 할 것입니다. 한편 일반적으로 자의금지원칙에 관한 심사요건은 ① 본질적으로 동일한 것을 다르게 취급하고 있는지에 관련된 차별취급의 존재여부와, ② 이러한 차별취급이 존재한다면 이를 자의적인 것으로 볼 수 있는지 여부라고 할 수 있습니다.

(4) 사안의 경우

사안의 경우 법인 설립이 허용되는 의약품제조업 및 수입업자와 비교해 볼 때 약국운영을 목적으로 설립된 법인의 경우에도 의약품 취급관리를 약사에 전담시킴으로써 국민 보건의 안전이라는 목적을 충분히 달성할 수 있다고 할 것이므로 차별의 합리적 사유가 없으며, 약사 이외에 변호사와 회계사 같은 타 전문 직종과 관계에서 보더라도 유독 약사만 법인설립을 통해 영업을 하는 것을 금지(제한)하는 것은 합리적인 이유가 없는 명백히 자의적 차별이라고 할 것입니다.

4. **결론(생략)**

첨부서류 (생략)

2023. 1. 16.

청구인 대리인(생략)

헌법재판소 귀중

2024년도 제13회

변호사시험

공법 기록형 해설

소 장

원고: 한강직

① 원 고 주식회사 오션
강원 속초시 대포로 15(대포빌딩 2층)
대표이사 김 정 석
소송대리인 법무법인 새해
담당변호사 최 정 의
서울 서초구 서초대로 30번길 15, 법조빌딩 4층
전화 02－234－5678, 팩스 : 02－345－6789

② 피 고 1. 속 초 시 장
2. 속 초 시
법률상 대표자 시장 김 재 준[1)]

③ 사 건 명 영업자지위승계수리처분무효확인 등 청구의 소

④ 청 구 취 지

1. 피고 속초시장이 2022. 12. 29. (소외) 나양도에 대하여 한 식품영업자지위승계신고 수리처분은 무효임을 확인한다.
2. 피고 속초시는 원고에게 5,000,000원 및 이에 대한 2023. 3. 15.부터 이 사건 소장부본 송달일까지는 연 5%의, 그 다음날부터 다 갚는 날까지는 연 12%의 각 비율로 계산한 돈을 지급하라.
3. 소송비용은 피고들이 부담한다.
4. 제2항은 가집행할 수 있다.

라는 판결을 구합니다.

⑤ 이 사건 소의 적법성

1. 식품영업자지위승계신고수리처분 무효확인 청구 부분

가. 대상적격

행정소송법(이하 '행소법') 제38조 제1항, 제19조에 의해 무효등 확인소송은 '처분등'을 대상으로 제기할 수 있습니다. 행소법 제2조 제1항 제1호에 따를 때 '처분등'이라 함은 ① 행정청의 행위일 것 ② 구체적 사실에 관한 법집행 행위일 것 ③ 공법상의 행위일 것 ④ 권력적 단독행위일 것을 그 요소로 합니다.
본 사안에서는 이 사건 지위승계신고 수리행위의 법적 성격이 무엇인지가 문제되는 바, 이와 관련하여, 대법원 판례는 "구 식품위생법 제39조에서 규정하고 있는 영업양도에 따른 지위승계신고를 수리하는 허가관청의 행위는 단순히 양도인과 양수인 사이에 이미 발생한 사법상 사업양도의 법률효과에 의하여 양수인이 영업을 승계하였다는 사실의 신고를 접수하는 행위에 그치는 것이 아니라, 실질적으로 양도자의 사업허가 등을 취소함과 아울

1) 일반 항고소송과 달리 금전청구의 경우 당사자소송에 해당하므로 피고 표시는 위와 같이 대표자를 따로 표시해야 한다(다만, 대법원 판례는 국가배상청구 관할을 여전히 민사소송 관할로 하고 있으며, 이 경우에도 피고 당사자 표시는 동일하다).

러 양수자에게 적법하게 사업을 할 수 있는 권리를 설정하여 주는 행위로서 사업허가자 등의 변경이라는 법률효과를 발생시키는 행위이다(대법원 2012. 1. 12. 선고 2011도6561 판결).”라고 판시한 바 있습니다.
위 판례에 비추어 보면, 피고 속초시장이 2022. 12. 29. 소외 나양도에 대하여 한 식품영업자지위승계신고 수리처분(이하 ‘이 사건 수리처분’)은 위 나양도에게 새로운 영업허가를 하는 동시에 종래 원고에게 있던 영업허가권의 취소 내지 철회라는 침익적 법률효과(수익적 행정행위의 철회)를 발생시키는 행위로서 이른바, ‘처분등’에 해당합니다.[2] 그러므로, 이 사건 신고수리 처분을 대상으로 무효확인 청구의 소를 제기한 것은 적법하다고 할 것입니다.

나. 원고적격

행소법 제35조에 따라 처분등의 무효확인을 구할 법률상 이익이 있는 자는 무효확인 청구소송의 원고적격을 가집니다. 이는 근거 법률에 의하여 보호되는 직접적이고 구체적인 이익이 있는 경우를 의미합니다. 이와 관련하여 대법원 판례는 침익적 처분의 상대방은 원칙적으로 처분등의 취소 또는 무효확인을 구할 이익이 있다고 보고 있습니다. 사안의 경우, 앞서 본 바와 같이 이 사건 수리처분은 원고에게 영업허가취소라는 침익적 법률효과를 발생시키는 행위이므로, 처분의 상대방인 원고로서는 이 사건 수리처분의 무효확인을 구할 이익이 있으므로 원고적격을 가진다고 할 것입니다.

다. 피고적격

행소법 제38조 제1항, 제13조 제1항에 따라 다른 법률에 특별한 규정이 없는 한 ‘처분등을 행한 행정청’이 무효확인소송의 피고적격을 가집니다. 이 사건 수리처분은 피고 속초시장이 행한 것이므로 피고 속초시장은 피고적격이 있습니다.

라. 무효확인청구의 소의 이익(협의의 소익)

(1) 행소법 제35조(무효등 확인소송의 원고적격)의 ‘확인을 구할 법률상 이익’의 의의

대법원 판례에 따를 때, 무효확인소송에 관한 행소법 제35조의 ‘확인을 구할 법률상 이익’은 ① 그 대상인 현재의 권리 또는 법률관계에 관하여 당사자 사이에 분쟁이 있고, ② 그로 인해 원고의 권리 또는 법률상 지위에 불안·위험이 있으며, ③ 그 법률관계의 존부를 확정하는 것이 불안·위험을 제거하는데에 필요하고도 적절한 경우에 인정되고, ④ 법률상 이익이어야 하며, 단순히 사실적·경제적 관련이 있다는 것만으로는 확인의 이익이 없다고 보고 있습니다.

(2) 무효확인소송의 보충성 요건이 요구되는지 여부

처분등의 무효확인소송은 그 성질상 ‘확인소송’에 해당하므로, 민사소송의 경우와 같이 확인소송의 보충성 요건

---

2) 참고: 사인의 신고에 따라 행정청이 행하는 영업지위승계신고는 승계하는 영업의 종류에 따라 달리 판단될 수 있다. 즉 ① 허가를 요하는 영업의 양도에서 요구되는 신고는 허가신청에 해당하여 처분성이 인정된다고 할 것이며, ② 행정요건적 신고 요하는 영업의 양도에서 요구되는 신고는 행정요건적 신고에 해당하는 반면, ③ 자체완성적(자기완결적) 신고를 요하는 영업의 양도에서 요구되는 신고는 자체완성적 신고에 불과하여 그 처분성이 부정된다고 할 것이다. 한편, 행정청의 지위승계신고 수리로 인해 종전 영업자에 대한 영업허가 등은 효력 잃게 되므로 영업자지위승계신고 수리행위는 종전의 영업자의 권익을 제한하는 처분에 해당하므로, 행정청은 위 지위승계신고 수리 처분을 하면서 종전 영업자에게 행정절차법 상 사전통지나 의견제출의 기회를 주어야 함이 상당하다.

을 충족해야 하는지 문제될 수 있습니다. 이와 관련하여, 대법원 판례는 "확인소송의 보충성 법리는 처분등의 무효등확인소송에 적용되지 않으므로 이행소송 등과 같이 직접적인 구제수단이 있는지 여부를 따질 필요는 없다."고 판시한 바 있습니다. 따라서 확인소송의 보충성 요건의 구비 여부는 이 사건 소에서 특별히 문제되지 않습니다.

(3) 영업양도계약의 무효확인을 구함 없이 곧바로 이 사건 수리처분의 무효확인을 구할 이익이 있는지 여부

한편, 지위승계신고 수리의 성질이 위와 같더라도, 개개의 사안에 따라 실제로 그와 같은 권리 설정의 효과가 발생하는지 여부는 달라질 수 있습니다. 이와 관련하여 대법원 판례는 "영업자 지위승계신고 수리처분에 대해서는 이와 달리 영업자 지위양도행위가 존재하지 않는 경우 영업지위양도행위의 무효확인을 구할 필요 없이 곧바로 그 지위승계신고 수리처분을 다툴 법률상 이익이 있다."고 보고 있습니다(대법원 2005. 12. 23. 선고 2005두3554 판결[3]). 사안의 경우 아래에서 보듯, 원고와 나양도 사이의 영업양도양수계약은 법령에 위반되어 당연 무효이므로 원고는 위 영업양도양수계약의 효력을 다툼 없이 곧바로 이 사건 수리처분의 무효확인을 구할 법률상 이익이 있습니다.

2. 국가배상청구 부분

가. 관련성(견련성)이 인정되는지 여부

행소법 제38조 제1항, 제10조 제1항 제1호 및 대법원 판례에 따르면 국가배상청구 등 민사소송이 행정소송에 관련청구로 병합되기 위해서는 그 청구의 내용 또는 발생원인이 행정소송의 대상인 처분 등과 법률상 또는 사실상 공통되거나, 그 처분의 효력이나 존부 유무가 선결문제로 되는 등의 관계에 있어야 합니다.
사안의 경우, 이 사건 소 중 국가배상청구 부분(이하 '이 사건 국가배상청구')은 이 사건 영업양도신고 수리처분이 위법하여 무효임을 전제로 하여(선결문제) 발생한 손해의 배상을 구하는 소에 해당하므로 그 관련성이 충분히 인정됩니다.

나. 이 사건 수리처분에 대한 무효확인의 확정판결 없이 제기한 이 사건 국가배상청구가 적법한지 여부

대법원 판례에 의하면, 행정처분의 하자가 중대 명백하여 무효로 되는 경우 이외에는 권한 있는 기관에 의해 그 처분이 취소되기 전까지는 그 처분의 효력 내지 존재를 부인하지 못합니다(이른바, 행정행위의 '공정력' 및 '구성요건적 효력'). 그러나 아래에서 보듯 이 사건 신고수리 처분은 그 전제인 영업양도양수계약이 무효로 되어 이에 따른 신고수리 처분 또한 무효로 되는 경우로서, 행정행위의 공정력 내지 구성요건적 효력이 발생할 여지가 없는 경우에 해당하여 이 사건 국가배상청구는 그 자체로 적법합니다.

---

3) 사업양도·양수에 따른 허가관청의 지위승계신고의 수리는 적법한 사업의 양도·양수가 있었음을 전제로 하는 것이므로 그 수리대상인 사업양도·양수가 존재하지 아니하거나 무효인 때에는 수리를 하였다 하더라도 그 수리는 유효한 대상이 없는 것으로서 당연히 무효라 할 것이고, 사업의 양도행위가 무효라고 주장하는 양도자는 민사쟁송으로 양도·양수행위의 무효를 구함이 없이 막바로 허가관청을 상대로 하여 행정소송으로 위 신고수리처분의 무효확인을 구할 법률상 이익이 있다(대법원 2005. 12. 23. 선고 2005두3554 판결).

⑥ 처분의 위법성

1. 이 사건 수리처분의 법적성질 및 사법심사 방식

가. 재량행위와 기속행위의 구별 및 사법심사의 기준

대법원 판례는 재량행위와 기속행위의 구별과 관련하여, "당해 행정처분의 근거가 된 법령의 문언, 형식 및 체계뿐만 아니라 당해 행위가 속한 분야의 목적 및 특성, 당해 행위의 개별적 성질 등을 종합적으로 고려하여 판단"하고 있습니다(대법원 2001. 2. 9. 선고 98두17593 판결 등).

또한 대법원 판례는 "기속행위의 경우 관련법령의 해석 및 사실인정을 통해 법원이 독자적 결론을 도출한 뒤 이를 행정처분과 비교함으로써 그 위법성을 판단하나, 재량행위의 경우 행정청의 공익상의 판단의 여지를 고려하여 법원이 독자적 결론을 도출함 없이 사실오인, 절차위반, 동기부정, 평등의 원칙 또는 비례의 원칙과 같은 행정법의 일반원칙 위반 등 재량권의 일탈·남용이 있는지 여부를 기준으로 그 위법성을 판단하고 있습니다(대법원 2001. 2. 9. 선고 98두17593 판결 등).

나. 이 사건 수리처분의 경우

① 대법원 판례에 따르면 식품위생법상 유흥주점영업허가는 사인이 적법하게 영업을 할 수 있는 자유를 회복시켜주는 강학상 허가로서 기속행위로 보는바(대법원 1993. 2. 12. 선고 92누4390 판결), 이 사건 수리처분의 대상이 된 원고의 '오션캐슬' 유흥주점영업(이하 '이 사건 영업')허가는 기속행위에 해당합니다. ② 또한 이 사건 수리처분의 근거법령인 식품위생관리법 제39조 제1항, 제2항 및 동법 시행규칙 제48조 제1항에 따르면, 이 사건 영업의 지위승계신고시 신고관청에 제출하는 서류는 영업신고증 외에 영업양도·양수 사실을 증빙할 수 있는 서류로서 형식적 사유의 존부에 관한 것입니다. ③ 아울러 영업허가 등에 관한 업무처리지침(속초시규칙 제103호) 제1조, 제5조 제1항 내지 제3항에 따르면, 담당 공무원은 해당 신고의 수리와 관련하여 제출서류의 진위 여부에 대한 합리적 의심이 있는 경우 외에는 형식적 심사를 행함을 원칙으로 하고 있습니다.

따라서, 이 사건 수리처분은 형식적 요건 및 형식적 심사를 특징으로 하므로 기속행위에 해당합니다. 그러므로 관련 법령의 해석 및 인정사실에 따라 도출되는 결론에 비추어 이 사건 신고수리처분이 위법한지를 검토해야 할 것입니다.

2. 이 사건 수리처분의 위법성 및 그 효력

가. 이 사건 영업양도양수계약의 효력

대법원 판례는 "주식회사의 대표이사가 그 회사 영업의 전부를 양도함에 있어 상법 제374조 제1항 제1호, 제434조에 따른 주주총회 특별결의를 거치지 않았다면 그 영업양도양수계약은 무효"라고 보고 있습니다(대법원 2018. 4. 26. 선고 2017다288757 판결). 그런데 이 사건 영업양도양수계약은 원고회사의 적법한 주주총회 특별결의 없이 소외 나양도가 관련 서류를 위조하여 그 유일한 영업을 임의로 양도한 것으로서 상법 제374조 및 제434조에 반해 무효입니다.

나. 이 사건 영업지위승계신고의 효력

행정처분이 당연무효라고 하기 위하여는 처분에 위법사유가 있다는 것만으로는 부족하고 그 하자가 법규의 중요한 부분을 위반한 중대한 것으로서 객관적으로 명백하여야 하며, 하자가 중대하고 명백한 것인지 여부를 판별함에 있어서는 통설과 판례인 중대명백설에 따라 그 법규의 목적, 의미, 기능 등을 목적론적으로 고찰함과 동시에 구체적 사안 자체의 특수성에 관하여도 합리적으로 고찰하여야 합니다(중대명백설).
대법원 판례에 의하면, 사인의 공법행위로서 신고의 경우 그 신고행위에 하자가 존재하더라도 그 하자가 당연무효사유에 해당하지 않는 한 그 신고행위는 유효하다고 보고 있습니다(대법원 2005. 12. 23. 선고 2005두3554 판결). 그런데 이 사건 영업지위승계신고는, 그 신고 대상인 이 사건 영업양도양수계약이 당연무효로서 존재하지 않는 경우에 해당하므로, 그 하자가 중대하고 명백하여 신고 역시 당연무효라고 할 것입니다.

다. 이 사건 수리처분의 위법성 및 그 효력

한편, 사인의 공법행위로서의 신고가 행정요건적 신고에 해당하고 그 신고에 하자가 있는 경우, 이에 따른 행정처분의 효력이 또다시 문제됩니다. 이와 관련하여 신고가 무효인 경우와 취소사유만 있는 경우를 구분하여 전자는 무효, 후자는 취소사유에 불과하다는 취소·무효 구별설과 행정행위가 권력적 단독행위인 점을 논거로 한 원칙적 취소사유설이 대립합니다. 한편, 대법원 판례는 "신청이나 동의를 요하는 행정행위에서 신청이나 동의가 결여된 경우 그 행위는 무효로 보고 있으며, 특히 영업자지위승계신고의 수리와 관련해 대법원 판례는 허가 관청의 지위승계신고의 수리는 적법한 사업의 양도 양수가 있었음을 전제로 하는 것이므로 그 수리처분의 전제인 영업양도양수계약이 존재하지 아니하거나 무효인 경우로서 그 신고행위가 무효인 경우, 이에 대한 수리처분은 유효한 대상이 없는 것으로서 당연무효"라고 보고 있습니다(대법원 2005. 12. 23. 선고 2005두3554 판결).
위 법리와 판례에 따를 때, 이 사건 수리처분은 무효인 신고에 기초한 것으로서, 그 기본행위인 이 사건 영업양도양수계약이 무효로 존재하지 않으므로, 유효한 대상이 없는 처분으로서 위법하고, 그 하자가 중대 명백하므로 당연히 무효입니다.

⑦ 배상책임의 성립

1. 국가배상책임의 주체

국가배상법에 따른 국가배상책임은 원칙적으로 사무를 처리하는 자가 부담하므로 자치사무는 지방자치단체가, 기관위임사무는 국가가 배상주체가 될 것입니다. 이와 관련하여, 대법원 판례는 "자치사무와 기관위임사무의 구별에 있어 관련 법령의 규정 형식 및 취지를 우선적으로 고려하되 당해 사무가 전국에 걸쳐 통일적인 처리가 요구되는지, 그에 관한 경비부담과 최종적인 책임 귀속주체가 누구인지 등도 함께 고려하여 판단"하고 있습니다(대법원 2014. 2. 27. 선고 2012추145 판결 등).
사안의 경우, ① 식품위생법 제36조 및 제38조, 같은 법 시행령 제21조 제8호 다목, 제23조 제2호, 제46조 및 이에 따른 속초시 식품위생업소 시설기준 조례 제1조 및 제3조에 따르면 지방자치단체는 식품접객업 허가권자로 조례로서 시설기준에 관한 사항을 정할 수 있고, ② 또한 식품위생법 제41조, 제43조에 따라 지방자치단체는 식품안전·위생에 관한 교육에 관한 사무를 주관하며, 선량한 풍속을 유지하기 위해 영업을 일정하게 제한할 권리도 있으며, ③ 아울러 식품위생법 제39조 및 제92조 제1호, 같은 법 시행령 제23조 제2호, 속초시 영업허가신청등 수수료 조례 제3조에 따르면 식품영업자 지위승계신고는 지방자치단체에게 하는 것으로, 지방자치단체는 이에 대해 일정한 수수료를 받고 있습니다. 이러한 점을 모두 고려할 때, 이 사건 식품영업자 지위승계신고 수리사무는 고유(자치)사무이므로 그와 관련하여 손해배상이 문제되는 경우 속초시가 배상책임의 주체가 된다고 봄이 상당합니다.

2. 국가배상책임의 성립 요건(국가배상법 제2조 제1항)

국가나 지방자치단체는 공무원 또는 공무위탁사인이 직무 집행 중 고의 또는 과실로 법령을 위반하여 타인에게 손해를 입히고, 법령위반행위와 손해 간에 인과관계가 인정되는 경우에 국가배상책임을 부담합니다. 사안의 경우, 피고 속초시 공무원의 위법부당한 식품영업자 지위승계 신고수리로 인해 원고에게 손해가 발생한 사안이므로, 이하에서는 ① 피고 속초시 공무원의 고의 또는 과실 유무, ② 법령 위반, ③ 손해의 발생 및 ④ 인과관계가 있는지 여부 등을 중심으로 국가배상책임의 성립 여부를 검토하도록 하겠습니다.

3. 피고 속초시에게 국가배상책임이 성립하는지 여부

가. 고의 또는 과실의 유무

영업허가 등에 관한 업무처리지침 제5조 제3항에 따르면 담당 공무원은 형식적 심사만을 한 뒤 지위승계신고를 수리하는 것이 원칙입니다. 그런데 사안은 제출서류들이 위조되었다는 점 등을 육안으로도 쉽게 확인할 수 있었음에도 담당 공무원이 아무런 조치를 하지 않고 신고 수리를 바로 해주고 말았는바, 이는 명백히 주의의무를 위반한 것으로서 담당공무원의 과실이 일응 존재한다고 할 것입니다.

나. 법령 위반

대법원 판례에 따르면 "공무원이 행정규칙을 위반했다고 하여 곧바로 그 행위가 위법하다고 할 수는 없고, 일반 공무원을 표준으로 하여도 객관적 주의의무를 결여하여 그 행정처분이 객관적 정당성을 상실했다고 인정될 경우에 한하여 위법하다."고 보고 있습니다(대법원 2021. 6. 30. 선고 2017다249219 판결). 이때 '객관적 정당성의 상실'은 피침해 이익의 성질 및 종류, 침해행위의 태양 및 원인, 피해자 측의 관여 유무 및 정도, 손해의 정도 등 제반 사정을 종합하여 고려하고 있습니다(이른바 '상대적 위법성설', 대법원 2000. 5. 12. 선고 99다70600 판결 등).
그런데 이 사건에서 담당공무원은 영업허가 등에 관한 업무처리지침(속초시규치 제103호)을 위반하여 제출 서류가 위조되었다는 점에 대한 합리적 의심이 인정되는 경우임에도 보완요구를 하지 아니한 채 만연히 신고를 수리하였고, 이로 인해 원고는 영업을 할 지위를 박탈당하는 중대한 손해를 입게 되었으므로 이 사건 수리처분은 그 자체로 위법하다고 할 것입니다.

다. 손해의 발생

대법원 판례에 따르면, 국가배상법상의 '손해'란 적극적 손해뿐만 아니라 일실이익의 상실과 같은 소극적 손해도 포함한다고 보고 있습니다(대법원 1992. 4. 28. 선고 91다29972 판결 등). 따라서 원고는 이 사건 수리처분으로 영업을 하지 못해 일실이익이 상실되었으므로 일응 손해가 발생했습니다.

라. 인과관계

대법원 판례는 근거 법령 및 관련 법령이 직접적으로 또는 부수적으로라도 사익을 보호하는 취지가 있는 경우에 한해 상당인과관계를 인정하고 있습니다. 또한 판례는 영업자지위승계신고 수리의 경우 영업양도인에게는 침익적 효과를 가져오는 허가의 철회에 해당하므로 행정절차법상의 사전통지를 반드시 해야 한다고 판시하고 있는바(대법원 2010. 9. 9. 선고 2008다77795 판결 등), 관련 법령과 판례가 영업양도인인 원고의 이익(사익)도 명백히 보호하고 있으므로 원고가 입은 손해와 위 피고의 법령위반행위 상호 간의 상당인과관계도 충분히 인정된다고 할 것입니다.

마. 소 결

이상에서 설명드린 바와 같이 피고 속초시는 관할구역에 위치한 이 사건 유흥주점의 영업양도가 적법하게 이루어진 것인지에 대해 관리, 감독할 법률상 책임이 있습니다. 그럼에도 불구하고 담당공무원의 과실 있는 위법한 직무집행으로 원고에게 손해가 발생하였음이 명백하므로 국가배상책임이 성립합니다.
(사안에서 원고는 피고의 위와 같은 불법행위로 인하여 2023. 3. 15.부터 이 사건 유흥주점 영업을 하지 못하여 영업손해가 계속 발생하고 있는바, 구체적인 손해배상액은 차후 다시 산정하여 청구하기로 하고, 일단 소장에서는 영업손실에 관한 일부청구로서 금5,00,000원 및 2023. 3. 15.부터 소장부본 송달일까지는 연 5%, 그 다음날부터 다 갚는 날까지는 연 12%의 각 비율에 의한 금원의 지급을 구하는 바입니다.)[4]

⑧ 관할법원

춘천지방법원 강릉지원

가처분신청서

① 신 청 취 지

"「아동 성보호법」(2023. 12. 4. 법률 제25632호로 개정된 것) 제25조 및 「아동 성보호법」 부칙(2023. 12. 4. 법률 제25632호) 제1조 중 「아동 성보호법」 제25조에 관한 부분의 효력은 헌법재판소 2024헌마16 헌법소원심판청구 사건의 종국결정 선고 시까지 이를 정지한다."라는 결정을 구합니다.

② 가처분의 필요성

1. 헌법소원심판청구에 있어서의 가처분의 요건

헌법재판소법(이하 '헌재법') 제40조 제1항, 행소법 제23조 제2항 및 민사집행법 제300조에 따르면 ① 공권력 행사 또는 불행사의 효력을 유지할 경우 회복하기 어려운 손해가 발생할 우려가 있고, ② 그 효력을 정지시켜야 할 긴급할 필요가 있으며 ③ 가처분 인용 후 종국결정 기각 시의 손해보다 가처분 기각 후 종국결정 인용 시의 손해가 더 큰 경우(이른바 '이중기준 이론')로서 ④ 본안심판이 부적법하거나 이유있음이 명백한 경우가 아닌 경우에 신청인은 공권력 행사 또는 불행사를 대상으로 하여 가처분을 신청할 수 있습니다(헌재 2021. 1. 4. 2020헌사1304 결정 등).

2. 이 사건의 경우

가. 회복하기 어려운 손해의 발생

이 사건 심판대상조항이 시행되면 신청인은 아동이용음란물의 발견 및 즉시 삭제, 전송 방지 또는 중단을 위한 기술적인 조치를 취해야 하는데, 이러한 추가적인 부담으로 인해 신청인은 더 이상 온라인서비스제공사업 운영이 불가능하게 되는 상황에 처하게 됩니다. 아울러 이를 이행하지 않으면 형사처벌을 받게 될 수도 있는 이는

4) 기록 제5면에서 소장 양식 등에서 '손해배상의 범위'는 생략하라고 하였으므로 이 부분은 따로 기재하지 아니하여도 무방하다.

회복하기 어려운 손해의 발생이 충분히 예상되는 경우에 해당합니다.

나. 긴급성

이 사건 심판대상조항은 겨우 3개월의 유예기간만을 가진 후에 곧바로 시행되게 됩니다. 따라서 지금 당장 해당 법률의 효력을 정지하는 가처분 결정이 있어야만 위와 같은 손해를 막을 수 있으므로 긴급성 요건도 충족합니다.

다. 이익형량

위와 같은 가처분 신청을 인용하는 결정이 있은 뒤 청구가 기각되더라도 개정 아동 성보호법 조항의 시행 시기가 늦춰지는 정도에 불과합니다. 반면 가처분 신청이 기각되었으나 청구가 인용될 경우, 신청인과 같은 온라인서비스제공업을 하는 다수의 사람들이 위 법에 따른 조치를 위해 막대한 부담을 지게 되고, 따라서 인용 시점에 이미 사업 운영 자체가 불가능한 상태에 빠질 가능성이 매우 높습니다. 아울러 신청인이 관련 법령 위반으로 형사처벌까지 되어 사회적 신용 내지 명예가 돌이키기 어려울 정도로 침해될 수도 있습니다. 따라서 이 사건 가처분 인용 후 본안 종국 결정에서 청구 기각 결정이 있는 경우보다 가처분 기각 후 청구 인용 결정 시의 불이익이 더욱 큰 경우에 해당합니다.

라. 본안심판이 부적법하거나 이유 없지 않을 것

이 사건 심판대상에 관한 본안심판 청구인 2024헌마16 사건의 심판청구서에서 살펴본 바와 같이, 이 사건 본안 심판청구는 모든 적법요건을 갖추고 있고, 신청 단계에서 이유 없음이 명백하다고 볼만한 사정도 특별히 없습니다.

헌법소원심판청구서

① 청 구 취 지

"「아동 성보호법」 아동 성보호법(2023. 12. 4. 법률 제25632호로 개정된 것) 제25조 및 「아동 성보호법」 부칙(2023. 12. 4. 법률 제25632호) 제1조 중 「아동 성보호법」 제25조에 관한 부분은 헌법에 위반된다."라는 결정을 구합니다.

② 적 법 요 건

1. 청구인 적격(법적 관련성)

가. 자기관련성

헌법소원심판은 원칙적으로 공권력의 행사 또는 불행사의 직접 상대방에 대해서만 자기관련성이 인정됩니다. 사안에서 청구인은 아동 성보호법 제2조 제8호에 따른 온라인서비스제공자로서 이 사건 심판대상조항의 직접적인 수범자이므로 자기관련성이 인정됩니다.

나. 직접성

한편, 헌법재판소는 원칙적으로 공권력의 행사 또는 불행사가 집행행위를 매개하지 않고 그 자체로 상대방의 권리 내지 법적 지위에 직접 영향을 초래하는 경우에 직접성을 인정하고 있습니다. 사안에서, 청구인은 이 사건 심판대상조항으로 인해 아동이용음란물을 발견하기 위한 조치를 취하여야 하고, 더 나아가 발견된 아동이용음란물을 즉시 삭제, 전송 방지 및 중단하는 기술적인 조치를 취할 의무를 부담하게 되므로 직접성도 인정됩니다.

다. 현재성

또한, 헌법재판소 결정에 의하면, 원칙적으로 법률을 대상으로 한 헌법소원은 법률이 현재 시행이 되고 있는 경우에 현재성을 인정하고 있습니다. 그러나 예외적으로 헌법재판소는 법률이 현재 시행되고 있지 않더라도, 장래에 시행됨으로써 청구인의 기본권 침해가 명백하게 예측(예상)되는 경우에는 예외적으로 현재성을 인정하고 있습니다(이른바, '상황성숙 이론'). 사안의 경우 이 사건 심판대상조항은 비록 현재 시행되고 있지는 않으나, 짧은 유예기간이 경과한 장래에 시행될 경우 청구인은 앞서 본 의무를 부담하게 될 것임이 명백하므로 현재성 요건도 충족된다고 할 것입니다.

2. 보충성

한편, 헌법재판소법 제68조 제1항의 헌법소원은 다른 법률에 구제수단이 있는 경우 그 절차를 모두 거친 후 비로소 심판청구를 해야 하는바, 현행 제도 하에서는 법률로 인해 직접 기본권을 침해받은 경우 일반법원에 그 법률 자체의 효력을 다툴 수 있는 수단(법률에 대한 무효나 취소를 구하는 행정소송)이 마련되어 있지 않습니다. 따라서 이러한 경우 보충성의 예외에 해당하여 청구인은 다른 구제수단을 거칠 필요없이 바로 헌법소원심판을 청구할 수 있다고 할 것이므로 보충성 요건도 충족합니다.

3. 청구기간 및 변호사강제주의

가. 청구기간

헌재법 제69조 제1항에 따르면 헌재법 제68조 제1항에 따른 헌법소원심판(이른바 '권리구제형 헌법소원심판')청구는 사유 있음을 안 날로부터 90일, 사유가 있은 날로부터 1년 내에 청구해야 합니다. 다만, 헌법재판소는 현재의 기본권 침해는 없으나 장래의 기본권 침해가 명백히 예상되는 경우에는 미리 헌법소원심판청구를 할 수 있고, 별도로 청구기간 도과여부가 문제되지 않는다고 보고 있는바, 이 사건은 장래의 기본권 침해가 명백히 예상되어 미리 헌법소원심판청구를 하는 경우에 해당하므로 청구기간은 문제가 되지 않습니다.

나. 변호사강제주의

헌재법 제25조 제3항은 당사자인 사인은 변호사를 대리인으로 선임하지 않으면 심판청구를 할 수 없다고 규정하고 있는데, 청구인은 법무법인 새해를 대리인으로 선임했으므로 위 요건도 충족했습니다.

③ 위헌이라고 해석되는 이유

1. 제한되는 기본권

헌법 제15조에 의해 모든 국민은 직업의 자유를 가집니다. 헌법재판소는 이와 관련해 '직업의 자유'란 직업선택의 자유, 직업수행의 자유, 직장선택의 자유, 직업교육장 선택의 자유 등을 포함한다고 보고 있습니다. 이 중 '직업수행의 자유'에는 영업의 방식을 자유롭게 선택할 수 있는 '영업수행의 자유'도 포함되어 있습니다. 사안의 경우 청구인은 이 사건 심판대상조항으로 인해 온라인서비스제공자로서 사업을 영위함에 있어 아동이용음란물에 관한 일련의 조치를 해야 하는 의무를 부담하는바, 영업수행의 자유가 제한된다고 볼 것입니다(헌재 2018. 6. 28.

2016헌가15 결정).[5)]

2. 이 사건 심판대상조항이 청구인의 영업수행의 자유를 침해하는지 여부

가. 죄형법정주의 명확성의 원칙 위반[6)]

헌법의 일반원칙인 법치국가 및 죄형법정주의 원칙에서 파생되는(근거한) 명확성 원칙은, 누구나 근거법률에 의해 처벌대상이 되는 행위 및 그 처벌의 내용이 무엇이고, 그에 대한 형벌이 어떠한 것인지를 예견할 수 있으며, 그에 따라 자신의 행위를 결정할 수 있도록 구성요건을 명확하게 규정하여야 한다는 원칙입니다. 헌법재판소는 형벌의 구성요건을 정한 법률의 내용이 불명확하거나 그 적용범위가 지나치게 광범위하여, 어떠한 것이 범죄인가를 입법자가 법률로 확정하는 것이 아니라 사실상 이에 대해 법관 등 법 운영당국의 자의적인 재량으로 정하는 결과가 될 경우 법치주의에 위배되고 죄형법정주의에도 위배된다고 보고 있습니다(헌재 2001. 1. 18. 99헌바112 결정).

그런데 이 사건 심판대상조항인 아동 성보호법 제25조 중 '자신이 관리하는' 및 '아동이용음란물'이라는 용어는 근거법률 및 관련법령을 종합해 보아도 그 의미가 구체적으로 무엇인지 알기 어렵습니다. 또한 '발견 조치', '삭제 및 전송방지 조치'라는 것이 어떤 방법으로 어느 정도로 취해야 하는 것인지도 해당 조문만으로는 도저히 그 의미를 파악해 낼 수 없으며, '조치가 미흡한 경우'와 관련하여서도 도대체 어느 정도까지의 조치를 취해야 하는지도 불분명하며, '면책가능성'의 경우에도 발견하기 위한 상당한 주의를 다한 경우 내지 기술적으로 발견이 현저히 곤란한 경우에도 처벌이 되는지 것인지 불명확합니다. 따라서 이 사건 심판대상조항은 명확성 원칙에 반해 청구인의 영업수행의 자유를 침해한다고 할 것입니다.

나. 형벌과 책임의 비례 원칙 위반[7)]

헌법원칙인 죄형법정주의 및 법치국가 원칙에 근거한 형벌과 책임의 비례원칙은 형사처벌과 행위자의 책임은 비례해야 함을 의미합니다. 그런데 이 사건 심판대상조항은 조치가 미흡한 정도, 피해자인 아동의 피해 정도, 온라인서비스제공자의 고의 또는 과실 유무 등을 전혀 고려하지 않은 채 일률적으로 동일한 법정형의 형사처벌을 예정하고 있고, 면책조항도 없습니다. 따라서 이 사건 심판대상조항은 형벌과 책임의 비례원칙에 반해 청구인의 영업수행의 자유를 침해합니다.

다. 과잉금지원칙 위반[8)]

(1) 과잉금지원칙의 내용

헌법 제37조 제2항 및 법치국가 원리에 근거한 과잉금지원칙은, 국민의 기본권을 제한하는 법률 등은 ① 목적의 정당성, ② 수단의 적합성, ③ 침해의 최소성 및 ④ 법익균형성의 요건을 모두 충족해야 한다는 헌법상의 일반원칙을 의미합니다.

---

5) 직업의 자유의 경우 일반적으로 단계이론을 언급하면 약간의 가점이 주어지나, 사안의 경우 1단계 영업수행의 자유가 명확하므로 특별히 언급할 여지는 크지 않으며, 실무상으로도 최근 직업의 자유 관련 헌재 결정에서 단계이론을 따로 언급하지 않는 경우가 일반적인 듯 하다.
6) 형벌조항에 대한 명확성원칙이 문제되는 경우 소제목을 '죄형법정주의 명확성원칙'으로 달아야 한다. 다만, 죄형법정주의를 생략해도 일정부분 점수는 주어질 것이다.
7) 이 부분은 아래에서 나오는 과잉금지원칙의 내용으로 볼 수 있으므로 생략해도 무방하다.
8) 배점이 제일 많은 부분인 만큼 답안 분량도 충분히 할애해야 한다.

(2) 위반 여부

(가) 목적의 정당성

아동 성보호법 제1조에 따르면 이 사건 심판대상조항은 온라인서비스제공자가 정보통신망을 통해 직·간접적으로 아동이용음란물 유통을 돕거나 방치하는 행위를 처벌함으로써 정보통신망에서 아동이용음란물의 유통을 억제 및 차단하여 아동을 성범죄로부터 보호하려는 목적을 가지므로 입법목적의 정당성은 인정됩니다.

(나) 수단의 적합성

수단의 적합성은 입법자가 선택한 방법이 입법 목적 달성에 최적의 것이 아니라 하더라도 그 수단이 입법 목적 달성에 유효한 수단이라면 일반적으로 인정이 됩니다. 사안에서 온라인서비스제공자가 이 사건 심판대상조항에 따른 조치를 하여도 미처 발견할 수 없는 아동이용음란물이 있다거나, 서비스이용자가 온라인서비스제공자의 기술적 조치를 우회하여 아동이용음란물을 보관, 전송하는 것이 가능하더라도 그것이 부분적으로 차단되거나 손쉽게 되지 않음으로써 아동이용음란물의 유포나 전파를 어느 정도 억제하는 효과를 가져오므로 수단의 적합성 또한 인정됩니다.

(다) 침해의 최소성

그러나 이 사건 심판대상조항은 ① 조치 미이행에 따른 이행강제금 또는 과태료 부과 등의 점진적 조치를 통해 목적을 달성할 수 있음에도 불구하고 일률적으로 가장 강한 제제 형태인 형사처벌만을 규정하고 있습니다. ② 또한 온라인서비스제공자라도 그 사업의 규모, 서비스이용자의 숫자 등에서 현저한 차이가 있을 수 있음에도 처벌에 있어 이를 전혀 고려하지 않은 채 이들 모두에게 일률적으로 동일한 의무를 부과하고 있습니다. ③ 아울러 위와 같이 사업 규모나 회원수 등에 차이가 나는 온라인서비스제공자로 하여금 유예기간을 차등적으로 적용케 함으로서 법 시행에 따른 기본권 제한을 최소화 할 수 있었음에도 그러한 조치도 전혀 없이 이들 모두에게 일률적으로 동일한 시점에 의무를 부과하고 있습니다. ④ 마지막으로 아동이용음란물 발견의무를 이행하기 위한 조치로는 신고접수 조치, 인식목적 기술적 조치 등 다양한 조치가 있을 수 있으며, 후자의 경우에는 '금칙어 인식기술', '대조 인식 기술' 등 그 방식이 다양함에도 이러한 고려 없이 일률적으로 포괄적이고 광범위한 의무를 부과하고 있습니다. 이런 점에 비추어 이 사건 심판대상조항은 침해의 최소성 원칙에 명백히 위배됩니다.

(라) 법익의 균형성

아울러 이 사건 심판대상조항이 시행된다 하더라도 조문의 불명확성, 포괄적인 의무부과, 과도한 부담 등으로 실효적인 권리구제 내지 보호가 이뤄진다고 보기 어려운 반면, 법 시행으로 인한 이 사건 청구인 등 서비스제공업자의 사업 축소 내지 폐지와 형사처벌 가능성이라는 사익 침해는 중대하므로 법익의 균형성도 위반된다고 할 것입니다.

3. 결 론[9)]

이상에서 살펴본 바와 같이, 이 사건 심판대상조항은 명확성 원칙, (형벌과 책임의 비례원칙), 과잉금지원칙에 위반하여 청구인의 영업수행의 자유를 침해하고 있으므로 청구취지와 같은 결정을 내려주시기를 간곡히 바랍니다.

9) 기록 제7면 청구서 양식에서 '4. 결론' 부분은 생략하라고 하였으므로 이 부분은 따로 기재하지 아니하여도 무방하다.

저자약력

성중탁 교수

약력

· 제44회 사법시험 합격(사법연수원 34기 수료)

· 성균관대학교 대학원 법학박사

· 경북대학교 법학전문대학원 교수(공법 담당)

주요 경력

· 제44회 사법시험 합격(사법연수원 34기)
· 법무법인(유) 에이펙스 변호사
· 서울지방변호사회 인권위원회 부위원장
· 성균관대학교 겸임교수
· 한국법학교수회 사무차장
· 대구광역시 자치경찰위원회 위원
· 대한변호사협회 인권위원회 위원
· 권익위 중앙행정심판위원회 비상임 위원
· 환경부 중앙환경분쟁조정위원회 비상임 위원
· 국토부 중앙주택분쟁조정위원회 위원
· 환경부 과징금심의위원회 위원
· 법제처 법령해석심의위원회 위원
· 한국법조윤리협의회 전문위원
· 한국의료분쟁조정중재원 조정위원
· 대구지검 형사상고심의위원회 위원
· 경상북도 인사소청심사위원회 위원
· 경북경찰청 수사심의위원회 위원
· 국세청 국세심사위원회 위원
· 신용보증기금 인사위원회 위원
· 관세청 적극행정위원회 심의위원
· 경북대학교 대외협력홍보실장
· 경북대학교 법학연구원 부동산법 센터장
· 한국공법학회, 헌법학회, 행정법학회, 비교공법학회, 토지공법학회, 입법학회, 행정판례연구회, 국가법학회, 지방자치법학회, 사이버안보법정책학회, 문화예술법학회 등 상임이사 및 회원
· 미국 UC버클리 로스쿨 Visiting Scholar
· 미국 UC데이비스 로스쿨 Visiting Scholar
· 법무부 사법시험, 변호사시험 시험위원

주요 논문 및 저서

· 한국의 정치자금법제의 개선방안
· 헌법상 문화국가원리의 의미와 바람직한 전개방향
· 4차 산업혁명과 사회국가 실현 등에 대한 전망과 과제
· 스마트폰 압수, 수색에 대한 헌법상 쟁점
· 동성(同性)혼에 관한 법적 쟁점과 전망

· 사실행위에 대한 사법적 통제 경향 및 그 개선방안
· 행정부작위 헌법소원에서의 작위의무와 국가의 기본권보호의무
· 우리나라 집회시위 관련 소음문제와 그 개선방안
· 집시법 제10조에 대한 헌법재판소 한정위헌 결정의 문제점과 바람직한 집시법 개정 방안
· 선행과세처분의 근거법이 위헌선고된 경우 과세채권의 집행을 위한 후행체납처분의 효력
· 직장내 여성 차별에 관한 최신 미연방대법원 판례와 우리 법제에 대한 시사점
· 대형마트 영업제한의 법리적 쟁점과 개선방안
· 한국의 홈리스(Homeless)문제 해결 방안에 관한 소고
· 최근 미국의 사내(社內) 소셜 미디어 정책 관련 법제 동향과 우리 법제에 대한 시사점
· 미국에서의 투표자신원확인법 도입을 둘러싼 논란과 우리 선거법제에 대한 시사점
· 낙태문제 해결을 위한 대안의 제시
· Hate Speech에 대한 비교법적 검토와 우리 법제의 개선방안
· 정보프라이버시권에 관한 최근 동향과 발전과제
· 현대 사회국가와 행정법의 과제
· 지방소멸 위기 극복을 위한 입법적 대응 방안
· 행정입법의 지나친 확대화 경향에 대한 반론(反論)
· 행정소송법 제19조 단서 재결 자체의 고유한 하자에 관한 해석론
· 행정소송으로서 당사자소송 활성화 방안
· 공공갈등 분쟁해결의 실효성 제고를 위한 과제 – 행정계획에 대한 통제와 예방적 금지소송의 도입가능성을 중심으로 –
· 지방자치단체의 (인허가) 권한 등과 국토의 균형개발
· 부담금제도에 대한 비교법적 검토와 개선방안
· 부정청탁금지법의 문제점과 개선방안
· (형사)공공변호인 제도의 바람직한 운영 방안에 대한 소고
· 조정제도와 변호사의 역할
· 로스쿨 체제하 법학 학문 후속세대 양성의 문제점과 그 대안
· 로스쿨 실무교육 강화방안으로서 리걸클리닉 강화 및 부설 로펌 설립 문제
· 재개발, 재건축사업 과정에서의 세입자 보상실무 개선방안
· 정비사업조합의 조세법적 성질과 취득세 과세문제
· 도시정비사업조합 해산을 둘러싼 법적 쟁점
· 조합설립인가처분 무효를 둘러싼 몇 가지 법적 쟁점
· 우리나라 도시재생 뉴딜사업 관련 법정책의 방향
· 농어촌개발 관련 법제도의 문제점과 개선방안
· 우리나라 공영개발의 문제점과 향후 나아갈 방향
· 부동산 공시지가와 부동산 조세제도의 견련관계에 관한 법적 쟁점과 전망
· 정부 부동산 조세정책의 몇 가지 법률상 쟁점 및 개선과제
· 평등기본법 제정에 관한 연구(3인 공저; 나은재단, 2019년)
· 도시정비사업의 법적 쟁점과 해설(저서; 집문당, 2016년)
· 헌법재판법 강의(저서; 경북대출판사, 2023년)

제3판
공법기록특강

초판발행 2020년 2월 20일
제3판발행 2024년 2월 20일

지은이 성중탁
펴낸이 안종만 · 안상준

편 집 장유나
기획/마케팅 장규식
표지디자인 유지수
제 작 고철민 · 조영환

펴낸곳 (주) 박영사
서울특별시 금천구 가산디지털2로 53, 210호(가산동, 한라시그마밸리)
등록 1959. 3. 11. 제300-1959-1호(倫)
전 화 02)733-6771
f a x 02)736-4818
e-mail pys@pybook.co.kr
homepage www.pybook.co.kr
ISBN 979-11-303-4710-3 93360

정 가 56,000원